신라 화백제도와 화랑도

박남수 지음

주류성

신라 화백제도와 화랑도

朴南守 著

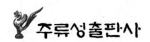
주류성출판사

한국 고대사학계는 1989년 '필사본『화랑세기』'가 발견된 이래 그 진위문제를 둘러 싸고 20여 년 가까이 지리한 논쟁을 벌였다. 그 과정에서 '필사본『화랑세기』'에 보이는 신라사회의 난혼과 모계적인 습속, 화랑도의 제사집단으로서의 성격을 당연시하고자 하는 경향이 없지 않았다. 그러나 2007년도에 '필사본『화랑세기』'의 초고인 '『화랑세기』' 잔본이 새로이 발견되고, 『화랑세기』와 같은 전적이 남아 있지 않음을 한탄한 박창화의 술회가 밝혀짐으로써, '필사본『화랑세기』'는 박창화의 창작 욕구에서 비롯한 소설류에서 위서로 탈바꿈한 것으로 판명되었다. 실로 지루한 진위 논쟁이 학계의 정력을 소모하게 만든 셈이다.

새로운 사료의 출현은 항상 연구자들을 들뜨게 한다. 박창화의 『화랑세기』에 대한 진위 논쟁은 새로운 자료에 대한 우리 학계의 갈증을 단적으로 보여준다. 사실 그 동안 우리 학계는 많은 새로운 자료를 접할 수 있었다. 1970년의 「울주 천전리 서석명」으로부터 1978년의 「단양 적성신라비」, 1988년의 「울진 봉평신라비」, 1989년의 「영일 냉수리신라비」, 1995년의 능산리 사지 「창왕명 석조사리감」, 2007년 10월의 전 왕흥사지 「창왕명 금은동사리기」, 2009년 1월의 미륵사지 서탑 「금동사리봉안기」, 2009년 5월의 「포항 중성리신라비」, 그리고 최근에 「집안 고구려비」가 발견되었다. 이들 사료는 당대의 1차 사료라는 점에서 더 이상의 진위 논쟁은 없지만, 새로운 사료의 출현은 그 동안 우리가 통설로 여겨왔던 많은 사실들이 허망한 것이었음을 드러내는 한편으로 백가쟁명식 논쟁의 불씨가 되기도 한다. 그러나 이들 사료는 기왕에 문헌상에서는 전혀 알 수 없었던 새로운 정보를 전함으로써 동시대의 사회상을 보여준다. 우리가 차분하고도 열린 마음으로 '우리를 행복하게 만든 사료'를 대해야 하는 이유이다.

책
머
리
에

역사는 시간을 다루는 학문이다. 따라서 하나의 용어 속에서 변화상을 찾아내고 당대의 사회상을 복원하는 작업을 지속함으로써 평가를 아끼지 않는다. 흔히들 신라를 「골품제사회」라고 이야기한다. 신라 사회를 관철한 골품제는 신라를 움직이는 힘이었고 당해 사회를 유지시키는 기본 틀이었다. 신라 사회가 일관하여 골품제를 운영할 수 있었던 것은, 진골 귀족 내부의 합의를 위한 '화백제도'와 신분을 초월하여 소통을 가능하게 한 '화랑도'가 사회의 융합 원리로 작용한 때문이 아니었을까 한다. 이 책의 제목을 「신라 화백제도와 화랑도」라 명명한 까닭이다.

따라서 이 책은 화백제도와 화랑도의 변화·운영상을 밝히는 것을 목적으로 한다. 제 I 편에서는 화백제도와 화랑도의 정치 사회적 배경으로서 신라 김씨 왕권의 성장·발전 및 관등제와 골품제, 6부제의 성립과정, 그리고 통일 주도세력의 형성과정을 다루었다. 제 II 편은 화백제도의 기능과 성격, 그리고 남당과 갈문왕제와의 관계, 신라 전 시기의 회의체 운영 양상과 변천 과정을 다루었다. 제 III 편은 화랑도 제정 과정과 운영상의 변화, 그리고 혼돈된 상태로 전하는 화랑 관련 여러 이름들을 분석하여 그 갈래와 각 시기별 변천 과정의 틀을 제시하고자 하였다. 마지막으로 '필사본 「화랑세기」' 진위에 대한 일반 독자들의 이해를 돕기 위하여 박창화의 「화랑세기」 잔본을 소개한 글을 부록으로 실었다.

사실 이 책의 화랑도 연구는, 「화랑세기」 잔편(실제로는 박창화의 「화랑세기」 초고본)을 소개한 연유로 인하여, '올바른 신라 화랑상'의 규명을 위한 「한국 고대사학회 학술회의」의 발표를 맡게 되면서 비롯한 것이었다. 그동안 신라 수공업사와 고대 교역사의 연구에 치중한 필자가 불현듯 정치사 저서를 간행한다는 것이 낯설게 여겨질 수도 있을 것이다. 그러나 필자의 최초의 논문은 신라 김씨계의 기원과 화백회의에 관한 것이었다. 화백에 대한 관심은 이기동 선생님의 대학원 박사과정 수업에서부터였다. 당시에 선생님께서 교시하신 『삼국유사』 진덕왕조 오지암회의 개최 시기에 대한 의문이 화백에 대한 지속적인 관심으로 이어진 듯하다. 선생님의 학은에 항상 감사드린다.

필자가 화백에 대한 연구를 하게 된 것은 이기동 선생님의 지도 덕분이었지만, 인쇄된 글로 발표할 수 있게 된 것은 당시 동국대 경주캠퍼스 신라문화연구소 소장을 역임하면서 『통일기의 신라사회연구』(1987)를 기획한 김상현 선생님의 배려 때문이었다. 불과 며칠 전에 돌연히 세상을 등진 김상현 선생님의 목소리가 아직도 귀에 쟁쟁하다. 선생님의 비보가 꿈인가 한다. 삼가 선생님의 영전에 이 책을 올린다.

이 책을 엮기까지 격려와 도움을 아끼지 않았던 東岳의 여러 교수들과 선배, 동료, 후배, 그리고 국사편찬위원회의 여러 선생님들, 학문의 도반으로서 격려와 힘을 아끼지 않은 학회의 여러 선생님들께도 감사드린다. 또한 이 책의 출간을 거리낌 없이 승낙하고 도와주신 주류성의 최병식 사장님과 이준 이사, 편집에 힘써 준 국사관의 정미영 선생께도 감사드린다.

무엇보다도 나의 작업을 말없이 감내해준 아내와 두 딸에게 항상 고맙고 미안한 마음을 전한다.

2013년   7월 29일

朴南守 識

차
례

◆ 책머리에

Ⅰ. 신라 상대 김씨왕권의 성장과 정치과정

신라 상고 김씨계의 기원과 등장

1. 머리말 ··· 3
2. 상고 김씨계의 기원에 관한 문제 ·· 4
3. 김씨 왕계金氏王系의 등장 ·· 15
4. 맺음말 ··· 26

「포항 중성리신라비」의 신석新釋과 지증왕대 정치개혁

1. 머리말 ··· 28
2. 「포항 중성리신라비浦項 中城里新羅碑」의 판독 ····························· 30
3. 「포항 중성리신라비」 석독釋讀에 대한 검토 ······························ 36
  1) '모참벌牟旵伐'·'등奪'에 대한 존의存疑 ································· 36
  2) 모자牟子와 쟁인爭人 ··· 39
  3) 지명과 인명의 구분 ··· 44
4. 「포항 중성리신라비」의 문장구성과 해석 ································· 51
5. 신라 율령비의 서식書式과 지증왕 즉위 초의 정치 개혁 ··············· 55
6. 맺음말 ··· 63

「포항 중성리신라비」에 나타난 신라 6부와 관등제

1. 머리말 ··· 66
2. 「포항 중성리신라비」에 나타난 신라 6부와 그 변화 ················· 69
3. 「포항 중성리신라비」와 신라 경외京外 관등제官等制의 정비 ······· 78
4. 신라 6부 성격론과 골품제骨品制 형성에 대한 단상 ··················· 97
5. 맺음말 ··· 108

「울주 천전리서석명」에 나타난 진흥왕의 왕위계승과 입종갈문왕

1. 머리말 ··· 112
2. 천전리서석川前里書石 원명原銘·추명追銘의 검토 ······················ 114
   1) 추명追銘 기미년과 원명原銘·추명追銘 을사년 기사의 검토 ······· 114
   2) 추명追銘 팔사년八巳年·정사년丁巳年 기사의 검토 ··················· 126
3. 진흥왕의 왕위계승과 입종갈문왕立宗葛文王 ··························· 135
   1) 진흥왕의 즉위와 법흥왕비法興王妃의 섭정 ·························· 135
   2) 진흥왕 왕위계승의 배경과 입종갈문왕 ······························ 144
4. 맺음말 ··· 158

통일 주도세력의 형성과 정치개혁

1. 통일 주도세력의 형성 ··· 162
   1) 김춘추의 등장 ··· 162

차

례

　　2) 김유신 가문의 등장 ……………………………………………… 173

　　3) 김춘추 일파의 비담·염종란毗曇·廉宗亂 진압 ……………… 177

　2. 김춘추 일파의 정치개혁 ……………………………………… 184

　　1) 진덕왕대의 정치개혁 ……………………………………… 184

　　2) 무열왕의 즉위와 왕권의 전제화 ……………………………… 191

Ⅱ. 신라 화백제도와 회의체의 운영

신라 화백회의 관계기사의 검토

1. 머리말 ……………………………………………………………… 201

2. 중국 사서 신라전에 나타난 화백회의 ………………………… 203

　1)『수서』신라전 ………………………………………………… 204

　2)『신당서』신라전 ……………………………………………… 211

3. 화백회의 기사의 성격 …………………………………………… 218

4. 맺음말 ……………………………………………………………… 227

신라 화백회의의 기능과 성격

1. 머리말 ……………………………………………………………… 230

2. 화백회의의 기능과 변화 ………………………………………… 232

　1) 국왕 추대 …………………………………………………… 232

　2) 국가 중대사의 결정과 법령제정 ……………………………… 238

3. 오지암회의의 개최시기와 몇 가지 문제 ·················· 246

4. 화백회의의 구성원과 그 성격 ····························· 258

5. 맺 음 말 ·· 269

신라 화백회의와 남당·갈문왕제 : 신라 화백회의에 관한 재검토

1. 머리말 ·· 272

2. 화백회의와 남당南堂 ··· 276

3. 화백회의와 갈문왕葛文王 ···································· 288

4. 중고기 왕권과 화백회의 ······································ 301

5. 맺음말 ·· 309

신라 화백회의 연구현황과 중층적 회의 구조

1. 머리말 ·· 312

2. 화백회의 연구 현황 ··· 314

  1) 화백和白의 어의語義와 의사議事·의결규칙議決規則 ········ 314

  2) 화백회의 발전단계론 ······································ 317

3. 화백회의 발전단계론의 쟁점과 현안 ···················· 327

  1) 『삼국유사』진덕왕조 오지암회의 기사와 대등회의 ·········· 327

  2) 영일 냉수리신라비와 등회의等會議·제간회의諸干會議 ·············· 331

  3) 상대등上大等·갈문왕葛文王의 성격과 중대 전제왕권론 ·········· 336

4. 신라의 중층적 회의 구조와 그 운영 ····················· 345

차

례

5. 맺음말 ·· 361

Ⅲ. 신라 화랑도의 제정과 운영

신라 진흥왕대 정치사회와 화랑도 제정

1. 머리말 ·· 369
2. 화랑도花郎徒 제정의 정치사회적 배경 ·································· 371
3. 원화源花·화랑花郎의 제정과 그 기원起源 ··························· 381
4. 맺음말 ·· 394

신라 중고기 화랑의 출신 가계와 화랑도 운영의 변화

1. 머리말 ·· 397
2. 화랑의 출신가계와 선출 ··· 399
   1) 화랑의 출신가계出身家系 ··· 399
   2) 화랑 선출방식選出方式의 변화 ·· 407
3. 진평왕대 화랑도花郎徒 운영의 변화 ····································· 411
   1) 신라 군제軍制의 변화와 화랑도 ···································· 411
   2) 직역職役과 군역軍役, 6부 통치체제의 변화와 화랑도 ············ 418
4. 맺음말 ·· 423

신라 중고기 화랑도의 교육과 출사出仕

1. 머리말 ………………………………………………………… 427
2. 화랑도의 교육이념과 세속오계世俗五戒에 대한 존의存疑 ………… 429
3. 중고기 교육의 실상과 화랑도 교육 ……………………… 438
4. 화랑도의 출사出仕와 그 성격 ……………………………… 442
5. 맺음말 ………………………………………………………… 450

최치원의 난랑비서鸞郎碑序와 화랑 관련 제명칭의 갈래

1. 머리말 ………………………………………………………… 453
2. 최치원의 난랑비서鸞郎碑序와 풍류도風流道 ……………… 456
3. 화랑 관련 제명칭諸名稱의 갈래와 풍월도風月道 …………… 466
4. 맺음말 ………………………………………………………… 479

[부록]
신발견 박창화의 『화랑세기』 잔본과 '향가' 1수

1. 머리말 ………………………………………………………… 482
2. 남당南堂 박창화朴昌和의 행장行狀 ……………………… 485
3. 새로 발견한 『화랑세기』 잔본의 내용 구성 ……………… 491
   1) 영랑공永郎公의 전기 ……………………………………… 492
   2) 배장공裵長公(舅)의 미행微行과 전기 1 ………………… 494
   3) 배장공裵長公(舅)의 전기 2 ……………………………… 496

차

례

4. 『화랑세기』 잔본과 기발견 『화랑세기』 두 본과의 관계 ·········· 503

5. 박창화의 벽해상백파가碧海上白波歌와 파랑가波浪歌 ····················· 521

6. 맺음말 ·· 530

◆ 찾아보기   ▸533

◉ 본서 수록 논문 발표지명 및 연월(발표연대순)

新羅上古金氏系의 起源과 登場	『慶州史學』 6	1987
통일주도세력의 형성과 정치 개혁	『통일기의 신라사회연구』	1987
新羅 和白會議 關係記事의 檢討	『何石金昌洙교수화갑기념사학논총』	1992
신라 화백회의의 기능과 성격	『박영석교수화갑기념논총』	1992
신라 화백회의에 관한 재검토	『신라문화』 21	2003
신라 화백회의 연구현황과 중층적 회의구조	『신라문화』 30	2007
신발견 朴昌和의 『花郞世紀』 殘本과 '鄕歌' 一首	「동국사학」 43	2007
蔚州 川前里 書石銘에 나타난 眞興王의 王位繼承과 立宗葛文王	『한국사연구』 141	2008
新羅 眞興王代 政治社會와 花郞徒 制定	『史學研究』 92	2008
新羅 中古期 花郞徒의 敎育과 出仕	『歷史敎育』 108	2008
신라 중고기 花郞의 出身 家系와 花郞徒 운영의 변화	『한국고대사연구』 51	2008
崔致遠의 鸞郞碑序와 花郞 관련 諸名稱의 갈래	『石門 李基東敎授 停年紀念論叢』	2009
포항중성리신라비의 新釋과 지증왕대 정치개혁	『한국고대사연구』 60	2010
포항중성리신라비에 나타난 신라 6부와 관등제	『사학연구』 100	2010

신라 상대 김씨왕권의 성장과 정치과정

신라 상고 김씨계의 기원과 등장
「포항 중성리신라비」의 신석新釋과 지증왕대 정치개혁
「포항 중성리신라비」에 나타난 신라 6부와 관등제
「울주 천전리서석명」에 나타난 진흥왕의 왕위계승과 입종갈문왕
통일주도세력의 형성과 정치개혁

신라 상고 김씨계의 기원과 등장

1. 머리말
2. 상고 김씨계의 기원에 관한 문제
3. 김씨 왕계王系의 등장
4. 맺음말

1. 머리말

신라 상고사 연구에 있어서 고대국가 형성과정 및 그 世系의 紀年 문제는 중요한 관심사 중의 하나였다. 그러나 이러한 연구는 사료의 빈곤과 함께 그 윤색된 기록으로 인하여 정설이 없는 상태이다.

이와 관련하여 중고中古 이후 신라 왕통을 이어가는 김씨계의 유래도 경주 토착세력으로 거의 비판 없이 수용되고 있는 입장이다. 그러나 신라에서 성씨가 나타난 때가 진흥왕대였다는 점, 그리고 김씨계가 경주 토착세력이었으리라는 논거가 단순히 언어학적인 방법에서 출발하였다는 점 등은 이에 대하여 새로이 검토할 필요성을 절감케 한다.

특히 『삼국사기』에 전하고 있는 구도仇道라는 인물에 주의를 기울일 때, 그가 백제와의 전투를 벌였던 지역과 당시 신라의 국세國勢, 그리고 그의 신라 김씨왕계와의 관련성 등을 천착함으로써 새로운 가설을 제시할 수 있지 않나 한다.

2. 상고 김씨계의 기원에 관한 문제

지금까지 신라 상고기의 김씨계는 경주 토착세력이었다는 것이 학계의
일반적인 통설이다. 특히, 김철준金哲埈은 이러한 논거로서 박씨, 석씨 왕
계의 왕비족으로 나타나는 김씨의 존재를 제시하고, 아울러『삼국사기』·
『삼국유사』에 전하는 알閼·아로阿老·아루阿婁·아례阿禮 등의 인명을 여진
어의 아록조阿祿阻와 동일한 것으로 파악하면서 '금金'나라의 명칭이 '아록
조'에서 출발한 것과 마찬가지로 신라의 '김金'성 또한 알閼·아로阿老 등에
서 유래한 것이라고 추론하였다. 때문에 박혁거세朴赫居世의 비妃로 나타나
는 알영閼英은 토착 김씨족의 존재를 보여주는 것이며, 또한 이주한 박씨
족단과 토착 김씨 족단의 연맹 사실을 나타내는 것이라고 해석하였다.[1]

그런데 고대 차자 표기체계에서 '금金'에 대한 차자借字가 소문蘇文 내지는
소소素 등으로 반영된 사실을 감안할 때,[2] 신라어에 있어서도 후기 중세 국어
와 같이 '*쇠'로 읽혔을 가능성이 크다.[3] 이는 '금金'에 대한 새김釋이 알閼
또는 아루阿婁 등으로 차자될 수 없음을 보여준다. 특히『삼국유사』에 전하
고 있는 혁거세赫居世·김알지金閼智의 설화에서 혁거세 또한 알지閼智로 불
리웠고 이후 김알지의 출현이 혁거세의 고사와 같음으로 인하여 알지라고
칭해졌다는 사실을 통하여도[4] 알閼(智)이 김씨성과 무관함을 알 수 있다.

그러면, 이와 관련하여 박·석씨의 왕비로 나타나는 김씨들에 대해서는
어떻게 설명할 것인가 하는 문제가 대두된다. 이는 신라에서 성씨가 언제
성립되는가 하는 문제와도 관련된다.

---

1) 金哲埈, 1962,「新羅上古世系와 그 紀年」,『歷史學報』17·18 : 1975,『韓國古
   代社會硏究』, 知識産業社, 71쪽.
2) "蓋蘇文(或云蓋金) …"(『三國史記』권 49, 列傳 9, 蓋蘇文) "素那(或云蓋金) …
   "(『三國史記』권 47, 列傳 7, 素那)
3) "鐵日歲"(『鷄林類事』)
4) "位號曰居瑟邯(或作居西干 初開口之時 自稱云 閼智居西干一起 因其言稱之 自
   後王者之尊稱)"(『三國遺事』권 1, 紀異 2, 新羅始祖 赫居世王) "… 開櫃有童男
   臥而卽起 如赫居世之故事 故因其言 以閼智名之 閼智卽鄕言小兒之稱也"(『三
   國遺事』권 1, 紀異 2, 金閼智 脫解王代)

박·석·김과 6부의 사성賜姓에 나타난 성씨들에 대하여 종래에는 부정적인 견해로 일관되어 왔던 바5) 『양서』 신라전에,

> 그 나라는 백제의 동남쪽 5천여리 밖에 있다. 동으로는 큰 바다와 연해 있고, 남북으로는 고구려 · 백제와 접하고 있다. 위魏나라 때는 신로新盧라 불렸고, 송宋나라 때는 신라新羅 또는 사라斯羅라 하였는데, 나라가 작아서 독자적으로 사신을 파견할 수 없었다. 보통 2년[A.D. 521, 법흥왕 8년)에 성은 모募, 이름은 진秦인 [신라]왕이 처음으로 사신을 파견하였는데, 백제를 따라와 방물을 바쳤다.

이라 하여 양 무제武帝 보통普通 2년(A.D. 521) 당시의 신라왕 법흥法興을 모진募秦이라고 기록하고 있는데 반하여, 같은 내용의 기사를 『북제서』 권 7, 세조무성기世祖武成記에는 '신라왕 김진흥新羅王 金眞興'이라 하여 진흥왕대에 이르러 비로소 신라왕실에서 김씨성을 사용하고 있음을 보여준다.6) 이러한 사실에 대하여 지금까지 신라에서 성씨가 출현하게 된 것이 중국과 교섭과정상의 요구로서 나타나는 것으로서, 대외적으로는 자신의 격格을 중국식으로 수식하고 대내적으로는 중국의 칭성稱姓방식을 차용함으로써 피지배층에 대한 권위를 표현하고자 하였던 것으로 이해하여 왔다.7) 따라서 상고 신라의 성씨는 혼돈된 계보관념에 의해 후대에 소급하여 추가 윤색한 결과로서 인식된다는 것이다. 이러한 결과로서 동일 인물에게 명명된 성씨가 김씨 혹은 박씨로서 각 사서 또는 동일 사서에조차 혼돈된 상태로 나타나고 있는 것이다.8) 이처럼 혼돈된 상태의 신라 성씨제에서

---

5) 李弘稙, 1971, 「新羅의 勃興期」, 『韓國古代史의 硏究』, 新丘文化社, 437쪽.
　權丙卓, 1966, 「新羅 專制的 支配階級의 構造와 性格」, 『東洋文化』 5, 大邱大
　東洋文化硏究所, 13쪽.
6) "河淸 4年(眞興王 25年 : 565) 2月甲寅 詔以新羅國王金眞興爲使持節東夷校尉
　樂浪郡公新羅王"(『北齊書』 권 7, 世祖武成記)
7) 申東河, 1979, 「新羅骨品制의 形成過程」, 『韓國史論』 5, 서울대 국사학과, 21쪽.
8) 『三國史記』에서 朴提上으로 되었던 것이 『三國遺事』에는 金提上으로, 『三國
　史記』 內에서도 昔利音(奈音)을 葛文王 朴奈音으로, 許婁葛文王 또는 朴 또는
　金氏로 傳하는 것이 그 代表的인 例이다.

과연 김씨계의 기원을 어떻게 찾을 것인가. 이러한 문제 해결의 실마리는 신라 상고기에 있었던 백제와의 전투기록에서 찾을 수 있지 않나 한다.

신라·백제 간의 초기 전투기사에 대하여는 이미 선학들이 그 의문을 제기한 바 있다. 즉 신채호申采浩는 당시 한반도의 정황, 양국의 국세國勢 및 병세兵勢 등에 비추어 『삼국사기』에 전하는 전투기사에 상당한 의문점이 있음을 지적하였다.9) 이러한 의문에 대하여 종래의 연구자들이 몇 가지 해석을 시도한 바 있으니, 백제와 소백산맥 일대에서 상쟁相爭한 주체를 신라로 보는 입장과 진한계辰韓系로 보는 입장으로 구분할 수 있다. 전자는 신형식申瀅植·신동하申東河 등으로, 후자는 천관우千寬宇·최병운崔炳云 등으로 대표된다.

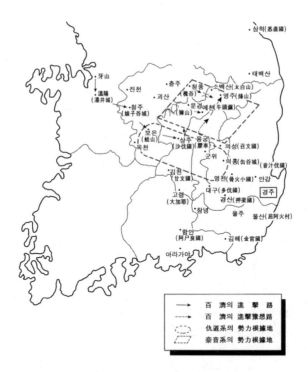

[그림] A.D. 1〜3세기 신라·백제 전투 지역도

---

9) 申采浩, 1983, 『韓國上古史』, 丹齋申采浩先生紀念事業會, 308〜309쪽.

신형식은 그 전투지역을 보은報恩·옥천沃川 일대로 비정하고, 이 지역의 철 생산 및 정치적·군사적 중요성으로 인하여 백제와 신라가 상쟁하였던 것으로 설명하였다.[10] 신동하는 신라의 지방통치체제의 유형을 구분하면서, 2~3세기경 소백산맥 일대에서 벌어진 나·제간의 전투를 신라로부터 기왕의 지위를 인정받은 족장들에 의하여 수행된 것이라 하였다.[11]

한편, 천관우는 탈해脫解대로부터 아달라阿達羅대에 이르기까지 일어난 나·제 간의 전투를 남하중인 구진국舊辰國=진한계辰韓系에 의한 대백제전 對百濟戰으로, 이후 2~3세기 경에 나타난 전투는 남하한 진한계가 석씨 왕계를 형성한 뒤에 북상하면서 나타난 것이라 하였다.[12] 최병운은 천관우와 거의 동일한 견해를 가지고 있으나, 당시에 대백제전을 치룬 주체를 단순히 진한계라고만 하여 유보적인 태도를 취하고 있다.[13]

【표】 『삼국사기』 所傳의 신라 영역 확장 과정 도표

	地理志 (『三國史記』)				本紀 (『三國史記』)		三國遺事 王曆
	征服地	地理志名	高麗	現地名	征服地	現地名	
1. 婆娑尼師今 (A.D.80~112)	屈阿火村 音汁伐國 奈己郡 悉直國	臨關郡 河縣 義昌郡 音汁火縣 奈靈郡 三陟郡	蔚州 安康縣 剛州	蔚山 安康 榮州 三陟	婆娑王23년(102년) 婆娑王29년(108년) 音汁代國 押督(梁)國 悉直國 比只國 多伐國 草八國	安康 慶山 三陟 昌寧 達丘伐(大邱) 陜川郡 草溪面	
2. 祗味尼師今 (A.D.112~134)	押梁小國	獐山郡		慶山			音質國 安康 押梁國 梁山
3. 伐休尼師今 (184~196)					伐休 2 (185년) 召文國	義城	
4. 助賁尼師今 (230~247)	骨火小國	臨皋郡 臨川縣	永州	永川	助賁2(231) 甘文國 助賁7(236) 骨伐國	金泉 永川	
5. 沾解尼師今 (247~261)	沙伐國	尙州		尙州			
6. 法興王 (514~540)	金官國 阿尸良國	金官小京 咸安郡		金海 咸安			
7. 眞興王 (540~576)	大伽倻國	高靈郡		高靈			

10) 申瀅植, 1971, 「新羅王位繼承考」, 『柳洪烈博士華甲紀念論叢』, 58~59쪽. 申瀅植, 1983, 「三國時代 戰爭의 政治的意味」, 『韓國史研究』 43, 9쪽.

11) 申東河, 앞의 논문, 5쪽.

12) 千寬宇, 1976, 「三韓의 國家形成(上)」, 『韓國學報』 2, 一志社, 31~46쪽.

13) 崔炳云, 1982, 「서기 2세기경 新羅의 領域擴大」, 『全北史學』 6, 43쪽.

이처럼 나·제 간의 초기 전투기사에 대하여 여러 견해가 있음에도 불구하고 사료의 한계성으로 말미암아 의견이 일치되지 않고 있다. 그러나 이들 기록을 면밀히 살펴볼 때 몇 가지 사실을 발견할 수 있다.

즉, 백제는 위의 지도에 나타난 바와 같이 시간의 경과에 따라 낭자곡성 娘子谷城을 기점으로 하여 소백산맥 이동으로 진출하고 있음을 알 수 있다. 이에 따라 나·제 간의 전투지역은 소백산맥 일대의 중부지역에 집중되고 있어서 신라의 영역확장과정과 비교할 때 크나큰 지리적·시간적인 공백이 나타난다.14) 이러한 지리적·시간적인 공백의 문제점을 해결하기 위하여 여러 선학들이 시도했던 해석에 대하여는 전기한 바 있다. 특히 천관우는 석씨昔氏가 왕위를 승계한 이후에 벌인 중부지역의 전투를 석씨왕계의 사로국斯盧國이 소문국召文國(義城)에 진출한데서 온 여파로서 설명하고, 이러한 이유로서 기병騎兵의 기동력과 일시적인 침투작전에 의한 가능성을 들고 있으나 여전히 의문점이 상존한다.15) 즉, 당세에 아직 영천永川(骨火小國)에도 미치지 못한 사로국의 국세로서16) 과연 의성 일대의 소문국을 정벌하여 이를 거점으로 백제와 장기간 성을 쌓고 교전할 수 있었겠는가 하는 문제가 그 하나이며, 또 다른 문제로서 초기 나·제 간의 전투가 대부분 백제의 선공으로 비롯되며 소위 '신라'는 항상 수세守勢의 입장에서 곤궁에 빠져 있었다는 사실을 지적할 수 있다. 이러한 문제는 오히려 구도仇道 등의 독자적인 재지세력을 상정했을 때 합리적인 사세로 이해할 수 있게 된다. 이러한 상정을 가능케 하는 기사가 『삼국지』 위서 한전에 전하고 있다.

[후한의] 환제桓帝·영제靈帝 말기에는 한韓과 예濊가 강성하여 [한漢의] 군·현이 제대로 통제하지 못하니, [군현의] 많은 백성들이 한국韓國으로 유입되었다. 건안建安 연간(A.D.196~220, 백제 초고왕 31~구수왕 7년)에 공손강

---

14) 『三國史記』 所傳의 신라 영역 확장 과정 도표 참조.
15) 千寬宇, 앞의 논문, 46쪽.
16) 『三國史記』 地理志에서 永川(骨火小國)의 복속이 助賁尼師今代(230~247)이고 보면, 本紀에 나타난 伐休尼師今代(184~196)의 召文國(義城) 진출은 무리가 있게 된다.

公孫康이 둔유현屯有縣 이남의 황무지를 분할하여 대방군帶方郡으로 만들고, 공손모公孫模·장창張敞 등을 파견하여 한漢의 유민遺民을 모아 군대를 일으켜서 한韓과 예濊를 정벌하자, [한·예에 있던] 옛 백성들이 차츰 돌아오고, 이 뒤에 왜와 한은 드디어 대방에 복속되었다. 경초景初 연간(A.D.237~239, 백제 고이왕 4~6년)에 명제明帝가 몰래 대방태수帶方太守 유흔劉昕과 낙랑태수樂浪太守 선우사鮮于嗣를 파견하여 바다를 건너가서 [대방·악랑의] 두 군郡을 평정하였다. 그리고 여러 한국韓國의 신지臣智에게는 읍군邑君의 인수印綬를 더해 주고, 그 다음 사람에게는 읍장邑長[의 벼슬]을 주었다. [한족韓族의] 풍속은 의책衣幘을 입기를 좋아하여, 하호下戶들도 [낙랑이나 대방]군에 가서 조알할 적에는 모두 의책을 빌려 입으며, [대방군에서 준] 자신의 인수를 차고 의책을 착용하는 사람이 천여 명이나 된다. 부종사部從事 오림吳林은 낙랑樂浪이 본래 한국韓國을 통치했다는 이유로 진한8국辰韓八國을 분할하여 낙랑에 넣으려 하였다. 그 때 통역하는 관리가 말을 옮기면서 틀리게 설명하는 부분이 있어, 신지臣智와 한인韓人들이 모두 격분하여 대방군帶方郡의 기리영崎離營을 공격하였다. 이 때 [대방]태수 궁준弓遵과 낙랑태수 유무劉茂가 군사를 일으켜 이들을 정벌하였는데, 준遵은 전사하였으나 2군郡은 마침내 한韓을 멸하였다. …

상기 기사는 후한 환제·영제(A.D. 147~188)로부터 위 명제 경초(A.D. 237~239)까지 당시 한韓의 정황을 보여준다. 물론 중국측 사서의 내용이 일정한 화이관에 의하여 과장된 부분이 있긴 하나, 2세기 중엽에 중국의 군현이 한韓 사회의 강성으로 이를 능히 제압할 수 없게 되자 이의 대책으로서 후한 헌제 건안중(A.D. 196~220)에 대방군帶方郡을 설치하고 위 명제 경초중(A.D. 237~239)에는 한韓 사회에 대한 일종의 회유책으로 생각되는 인수印綬·의책衣幘 등의 증여가 있었으나, 중국측의 대한對韓 정책을 과장한 것으로 생각되는 '진한 8국을 나누어 낙랑에게 주었다 分割辰韓八國以與樂浪'는 정책에 반발하는 한韓 사회의 대대적인 저항에 태수 궁준太守弓遵이 전사하는 등 궁지에 몰린 중국 군현의 상황을 상상하기 어렵지 않다. 그럼에도 불구하고 '2군이 드디어 한을 멸하였다二郡遂滅韓'고 표현하고 있는 것은 한韓 사회의 소멸·통합을 중국 군현 자신들에 의한 소치로서 과장한데 불과한 것으로 생각된다.[17] 결국 이러한 정황은 2세기 중엽으로부터 3세기 중엽에 이르기까지 한韓 사회가 상당한 세력으로 존재하고 있었음을 보여주는 것이며, 더욱이 '진한 8국을 나누어 낙랑에게 주었다'는 기사를 접할 때 중국측 기록의 과장된 표현을 삭제하고 보면 진한辰韓 사회 내부에 의연히 존재하고 있는 독자적인 수 개의 세력이 있었음을 알 수 있다. 특히 중국 사서에 신라의 이름이 최초로 등장한 때가 동진東晉 효무제 태원 2년(A.D. 337)이며[18] 그 개국開國의 시기가 진晉·송宋 교체기(A.D. 356~402)라는 『한원翰苑』의 전승[19]과 『삼국유사』 왕력 신라 흘해이사금조에 '이 왕대(A.D. 310~355)에 백제병이 처음으로 내침하였다'는 기록, 그리고 『진서晉書』 진한辰韓조에 무제 태강 7년(286)까지 나타나는 진한辰韓의 조공朝貢 기사 등은 전기한 전투기사와 관련하여 소백산맥 일대에서 활약하고 있던 '구도仇道 등의 독자세력의 존재'를 상정케 한다.[20]

특히 초기 나·제 간의 전투기사에 나타나는 구도仇道라는 인물은 『삼국사기』에 신라 김씨왕계金氏王系의 조선祖先으로서 그 계보가 전하고 있어서,[21] 그 세력의 추이를 추적함으로써 신라 김씨왕계의 유래를 밝힐 수 있지 않나 한다.

---

17) 천관우는 三韓의 時代的 下限은 樂浪郡·帶方郡이 한반도에서 逐出되고 中國 正史에서 韓이 消滅하는 때로서 A.D. 313~4年境이라고 論記하였다.(千寬宇, 1976, 「三韓의 國家形成(下)」, 『韓國學報』 3, 150~156쪽) 이에 대해 김원룡은, 南韓에서 三韓時代는 『三國史記』의 기록대로 서기 1세기경에는 消滅된 것으로 보았다.(金元龍, 1967, 「三國時代開始에 관한 一考察」, 『東亞文化』 7, 서울大 東亞文化硏究所, 24쪽)

18) 『資治通鑑』 권 104, 晉紀 26, 太元 2年조에는 "春高句麗·新羅·西南夷 皆遺使 入貢于秦"라고 하여 新羅의 이름이 中國 史書에 최초로 등장한다.

19) "開源祐(拓)構 肇基金水之年(括地志云 案守(宋)書元嘉中 倭王自稱使持 節都督 倭·百濟·任那·秦(韓)·慕韓六國諸軍事 此則新羅有國 在晉宋之間 且晉齊·梁(普) 並無正傳 故其有國所由靡得詳也 金水晉宋之也)"(『翰苑』 권 30, 蕃夷部 新羅)

20) 신형식은 이를 尙州一帶의 金部族이라 설명함으로써 그 독자적인 勢力임을 暗示하였고(申瀅植, 1971, 앞의 논문, 58~59쪽), 최병운은 辰韓系 流移民出身의 羅將이라 하여 당시에 이미 小白山脈 일대를 新羅의 영역으로 간주하는 모순을 내재하였다.(崔炳云, 앞의 논문, 43쪽)

21) 『三國史記』 권 2, 新羅本紀 2, 味鄒尼師今 즉위년.

이러한 때문에 중부지역, 특히 소백산맥 일대를 중심으로 하여 활동하였던 구도仇道의 세력에 대한 검토가 요구되며, 이러한 검토는 2, 3세기경 동 지역에서 대백제전對百濟戰을 수행하였던 소위 '신라장군羅將'들에 대한 검토로부터 비롯되어야 할 것이다.

당시 소백산맥 일대의 중부지역에서 활동하던 소위 '신라장군'들은 『삼국사기』에 전하는 그들 지위의 승계 및 동일 전투지역에 참가했다는 사실 등에 의하여 편의상 구도계열仇道系列과 나음계열奈音系列로 구분할 수 있다.

【표】 2~3세기경 소백산맥 일대의 전투에 참가했던 '羅將'의 명단

	인명	지위	전투지역	참가시기	기 타
仇道系列	仇道	波珍湌(左軍主)	김文國 母山城 狗壤 蛙山·圓山·岳谷	185년(伐休 2) 188년(伐休 5) 189년(伐休 6) 190년(伐休 7)	·阿達羅 19년 波珍湌에 임명 ·岳谷城主로 貶
	薛支	左軍王		190년(伐休 7)	·仇道의 지위 仍襲
	薛夫	城主	腰車城	214년(奈解19)	·被殺
奈音系列	仇須兮	一吉湌(右軍主)	김文國	185년(伐休 2)	·阿達羅 19년 一吉湌
	利音(奈音)	伊伐湌	沙峴城	214년(奈解19)	·線車城攻略에 보복
	忠萱	"		220년(奈解25)	·利音의 辛로 承繼
		"	牛頭州·熊谷	222년(奈解27)	·貶爲鎭主
	連珍	"		222년(奈解27)	·忠萱의 지위 仍襲
			烽山	224년(奈解29)	·築烽山城
	翊宗	一伐湌	槐谷	255년(沾解 9)	·一吉湌으로 褒賞
	直宣	城主	烽山	266년(味鄒 5)	
	正源	波珍湌	槐谷	278년(味鄒17)	

(『삼국사기』 본기 기사에 의하여 작성)

위의 표에서 양 계열의 단서는 아달라이사금 19년(172) 구도仇道와 구수혜仇須兮에게 각각 파진찬·일길찬의 관등이 사여되고 벌휴이사금 2년(185) 각각 좌·우군주로 임명됨으로써 나타난다. 이러한 사실에 대하여 천관우는 "경주의 토착세력으로서 박씨왕계의 왕비족이기도 하였던 김계의 구도仇道가 비록 제4관등인 파진찬이기는 하지만 정권에 관여하였다는 것은 박석朴昔 왕계王系 교체의 또 하나의 전주前奏같은 것이 아닐 수 없다.

… 다시 말하여 진한계辰韓系＝석씨昔系는 경주지방에 내도來到하면서 곧 김계金系와 제휴한 것으로 보이며, 그것은 박계朴系의 고립화를 의미하게 된다."라고 논기하였고,[22] 신형식의 경우는 단순히 김부족金部族과의 타협하에 군사권을 위임한 사실로 보고 있다.[23] 그러나 양 설을 좇을 때 전기前記한 지리적 공백에 대해서는 설명할 수 없게 되며, 신라 관등 및 행정지역이 자비마립간대에 이르러 정비되고 있음을 상기할 때 상당한 문제점을 지니게 된다.[24] 더욱이 벌휴이사금 2년조의 '군주의 이름이 이에 비롯하였다軍主之名始於此'란 구절은 지증왕 6년조 기사에도 나타나는 바 제반 문물의 정비 및 한자적 어의에 의한 국명國名의 확정사실로 미루어 볼 때, 군주 이름軍主之名의 시행은 지증왕대의 사실로 생각된다. 그러나 벌휴이사금조의 군주의 이름軍主之名은 그 나름대로의 의미를 지닌 것으로 생각된다. 즉 구수혜仇須兮의 뒤를 이었다고 생각되는 나음계열奈音系列의 활동무대가 지금의 예천醴泉(牛頭鎭·熊谷)·영주榮州(烽山)·청풍淸風(槐谷)일대에 비정되고, 구도계仇道系의 활동무대가 보은報恩(蛙山)·상주尙州(腰車城)·의흥義興(岳谷城) 등지에 비정되어 경주로부터 서북 방향으로 보아 각각 좌·우에 해당된다는 사실은 큰 시사점을 던져준다.[25] 즉, 전기前記한 신라의 영역확장과정 및 전투지역을 비교할 때 이들 군주명軍主名은 각각의 세력기반을 의미하는 것이 아닌가 하며, 군주軍主의 이름이 후대에 소급·증여된 것으로 생각할 때 이러한 해석의 가능성이 높아진다고 할 것이다.

그러면 앞에서 추론하였던 구수혜仇須兮와 나음奈音의 관계를 검토하기로 한다. 먼저 『삼국사기』에 전하는 나음奈音 또는 이음利音으로 전하는 인물은 셋으로 구분된다. 즉, 나해이사금 12년조에는 '왕자이음은 혹은 나음이라고 한다王子利音 或云 奈音' 하고,[26] 열전列傳 물계자전勿稽子傳에는

---

22) 千寬宇, 1976, 「三韓의 國家形成(下)」, 『韓國學報』 3, 42쪽.
23) 申瀅植, 1971, 앞의 논문, 64쪽.
24) 申東河, 앞의 논문, 49쪽.
25) 앞의 「A.D. 1~3세기 新羅·百濟 戰鬪地域圖」 참조. 박남수, 1996, 「新羅金氏系의 勢力基盤과 登場」, 東國大學校 大學院 碩士學位論文, 3~19쪽.
26) "(奈解尼師今)十二年 春正月 拜王子利音(或云奈音)爲伊伐湌兼知內外兵馬事"(『三國史記』 권 2, 新羅本紀 2, 奈解尼師今 12년)

'왕손내음王系椋音'으로,[27] 유례이사금 즉위년조에는 '갈문왕 나음葛文王奈音(朴氏)'[28]으로 각각 나타난다. 여기에서 전자 2인은 나해이사금 14년 기사와 물계자전 기사를 비교할 때 동일한 인물임을 알 수 있다.[29] 그러면 왕자 나음王子奈音(王孫椋音)과 갈문왕 나음葛文王奈音의 관계는 어떠한가. 양인은 먼저 석씨왕계昔氏王系와 유관한 바, 1인은 왕자로서 다른 1인은 유례이사금의 외조부로서 석씨 왕계에 관계한다. 왕자 이음(奈音)은 그 졸년이 나해이사금 25년(220)이며 갈문왕 나음의 외손인 유례의 즉위왕이 284년이라는 점을 상기할 때 양인이 동시대인임을 쉽게 알 수 있다. 더욱이 왕자 이음의 승계자가 활동했던 지역이 예천·문경·영주 일대인데 반하여 조분이사금(230~247) 당시 신라의 북진세력은 영천(骨火小國)에도 미치지 못하였다는 점을 생각할 때, 왕자 이음(或云奈音)으로서 전하는 기록에는 상당한 무리가 있음을 알 수 있다. 필자의 추측으로는 왕자 이음利音(奈音), 왕손 내음椋音, 갈문왕 나음奈音 등의 기록은 나음奈音이 석씨 왕계에 적극적으로 관여한 까닭으로 후대의 사관이 그 계보를 착각함으로써 잘못 전승된 것이 아닌가 한다. 한편 나음奈音과 구수혜仇須兮의 관계에 유의하여 구도계열仇道系列의 활동영역에 비교되는 나음계열奈音系列의 활동영역을 생각할 때, 나음계열奈音系列이 구수혜仇須兮의 계통을 잇고 있음을 쉽게 간파할 수 있다. 그러나 여기에서 새로운 문제로서 부각되는 것은 왜 나음계열奈音系列에서 소위 「우군주右軍主」의 이름이 사라졌는가 하는 것이다. 이는 구도仇道가 와산전투蛙山之戰에서 패퇴한 이후 좌군주左軍主 지역의 세력이 와해됨으로써 이에 대응하는 우군주右軍主 이름이 유명무실화된 소치가 아닌가 싶다. 따라서 단순히 기왕에 구수혜仇須兮가 지녔던 이벌찬의 명호로써 그 지위를 잉습하였던 것으로 보인다.

그러면 구도계열仇道系列의 세력상실이 의미하는 바는 무엇인가. 구도仇

27) "尼師今使王孫椋音 奉近郡及六部軍 往救 遂敗八國兵…"(『三國史記』권 48, 列傳 8, 勿稽子)
28) "助賁王長子 母朴氏 葛文王奈音之女 …"(『三國史記』권 1, 新羅本紀 1, 儒禮尼師今卽位年)
29) 兩 記事 모두 蒲上八國을 敗退시키는 事件을 記錄하고 있다.

道의 한 세력지로 생각되는 혀재의 상주尚州는 요거성腰車城이 위치했던 곳이며, 사벌국沙伐國이 근거지로서 일시 백제에 투강했다가 점해이사금대에 신라에 복속된 것으로『삼국사기』에 전하고 있다.30) 이러한 사실은 구도계의 세력상실 이후에 나타난 것으로서 기존에 구도계가 지녔던 세력의 형태를 짐작케 한다. 즉 구도계仇道系는 와산성蛙山城·요거성腰車城·모산성母山城·구양狗壤·원산항圓山鄕·부곡성缶谷城 등지에서 일정한 연맹체를 구성했던 세력으로 추측할 수 있다. 당시 한 성城의 규모는 남녀 합하여 500인 정도였으며 그 병력은 200여에 불과했던데 비하여,31) 구도仇道의 병력이 500 내지 그 이상이었던 것32)을 통하여 당시의 형세를 어느 정도 알 수 있다. 특히 구도仇道에 의해 수행된 전투는 대부분 구도가 직접 병兵을 거느린 형태, 즉 수병帥兵 또는 졸병卒兵의 형태로서 이루어진다. 이러한 사실은 구도의 지위를 더욱 확인해 주는 것이다. 때문에『삼국사기』에 구도를 부곡성주缶谷城主로 폄貶한 기사는 본래의 근거지로 그 세력이 위축되었음을 의미한다고 할 수 있으며33) 구도계仇道系가 지녔던 연맹체의 와해는 나음계奈音系로 하여금 자구책을 강구케 하였고 이러한 사실이 요거성腰車城의 이탈 이후 나음奈音의 사현성沙峴城 공략으로 나타난 것으로 생각된다. 이후 구도계열仇道系列과 나음계열奈音系列은 신라의 왕계에 등장하게 되는데, 그 과정에 대한 규명은 신라가 고대국가를 수립하는 문제와 직결되는 만큼 그 중요성이 자못 큰 것이다.

---

30) "沾解王在位時 沙梁伐國舊屬我 忽背而歸百濟 于老將兵往討滅之"(『三國史記』 권 45, 列傳 5, 昔于老)

31) "十四年 秋七月 百濟襲破國西二城 虜獲民口一千而去"(『三國史記』 권 2, 新羅本紀 2, 阿達羅尼師今 14년)
　　"五年 秋八月 百濟來攻烽山城 城主直宣率壯士二百人 出擊之"(『三國史記』 권 2, 新羅本紀 2, 味鄒尼師今 5년)

32) "七年 秋八月 百濟襲西境圓山鄕 又進圍缶谷城 仇道率騎五百擊之 百濟兵佯走 仇道追及蛙山 爲百濟所敗…"(『三國史記』 권 2, 新羅本紀 2, 伐休尼師今條 7년)

33) 신형식은, 仇道가 缶谷城主로 貶된 사실은 金部族의 세력이 신라 내에서 강화되고 있음에도 불구하고 新羅王室에서 金部族에 의한 戰鬪事實에 敗走로 기록하고 缶谷으로 추방하였기 때문인 것으로 추측하였다.(申瀅植, 1971, 앞의 논문, 65쪽)

3. 김씨 왕계金氏王系의 등장

중부지역 구도계仇道系의 세력이 그들의 근거지로 여겨지는 부곡성缶谷城 일대로 위축된 이후에 언제, 어떠한 과정을 거쳐 신라의 중앙 정치 무대에 등장하는가의 문제를 해결하기 위해서는 신라 왕계상王系上에 나타나는 기년紀年 문제가 선결되어야 한다. 그러나 주지하다시피 신라 상고기년上古紀年이 너무 혼미한 상태로 전하고 있고, 이를 명확히 할 만한 자료가 빈곤하여 이에 대한 연구가 어려운 형편이다.

그러나 이러한 난점에도 불구하고 기존에 시도되었던 견해는 그 경향에 비추어 두 가지로 구분할 수 있다. 즉, 일본 학자들에 의하여 주로 제기되었던 것으로 나물마립간 이전의 세계世系를 허구로 돌리는 입장이 그 하나이며[34] 근자에 국내 학자들이 사서상에 전하고 있는 세계世系에서 일정한 역사성을 도출하려는 긍정적인 경향이 또 다른 하나이다.[35] 물론 일본 학자들의 주장이 식민사관으로 일관하여 한국사에 있어서 고대국가의 기원을 가능한 한 후대의 소치로 돌리려는 입장이고 보면, 이러한 편견은 마땅히 비판받아야 하며 또한 비판의 대상이 되어 온 것이 사실이다. 특히 일본인 학자들의 허구론에 대한 비판적인 견해로서 김철준金哲埈·김광수金光洙씨 등의 연구를 들 수 있다.

김철준은 사서에 전하고 있는 신라 상대세계上代世系의 모순이 삼성병렬적三姓並列的인 것을 그 기년紀年의 인상引上을 위해 삼성교립三姓交立의 형태로 변형한 것에 기인한다고 전제하였다. 즉, 나물마립간 이후까지 계속되는 김씨세계金氏世系와 나물마립간 직전까지의 석씨세계昔氏世系에 대한 기년상의 위치를 비교적 사실史實대로 두고, 이 석·김씨 세계世系와 병렬적이었던 박씨 세계世系만을 석씨세계 이전으로 인상하여 놓은 것이 신라 상대왕계上代王系라고 해석하였다. 특히, 신라 상대왕계 중 김씨들이 박씨 또는

---

34) 前間恭作, 1925,「新羅王の世次と其の名につきて」,『東洋學報』15-2. 末松保和, 1954,「新羅上古世系考」,『新羅史の諸問題』第二篇.
35) 金哲埈,「新羅上古世系와 그 紀年」, 1975, 앞의 책. 金光洙, 1973,「新羅上古世系의 再構成試圖」,『東洋學』3.

석씨의 왕모王母·왕비王妃로서 나타나고 있다는 점에서 김씨 일반을 토착세력으로 보고, 문무왕릉비문에 나타나는 김씨 세계世系를 가락국駕洛國의 세계世系와 대조하여 김씨 시조 성한星漢의 대두시기를 나물마립간 즉위년인 356년부터 역산하여(356년-[30년×5代]=206년) 얻은 206년 경이라고 추측하였다. 이와 같은 추산에 의하여 박씨 유리이사금은 207년 전후, 박씨 파사이사금은 237년 전후, 김씨 시조 성한星漢은 206년 전후에 각각 나타나 3부족 간에 부족연맹部族聯盟이 성립하여 타부족국가他部族國家에 대한 영도세력으로 등장하였다고 결론을 맺고 있다.[36] 또한, 아달라이사금조에 보이는 구도仇道에 대해서도 『삼국유사』의 왕력王曆을 쫓아 나물왕의 부父로서 보고 그 세계世系를 계산하였던 바, 박씨 세계를 석씨 세계 위에 인상하였을 때 『삼국사기』에 전하는 기사대로 구도仇道의 생존시기가 아달라·벌휴이사금대로부터 나물마립간 이전까지에 이른 것처럼 나타나는 것으로 해석하였다.[37]

그러나 이러한 논리를 따른다면 중부 일원에서 일어났던 나·제간의 전투사실 및 신라의 영역확장과정과 그 정세에 대한 상황을 설명할 수 없게 된다. 이러한 모순은 김철준의 이론이 세계상世系上의 문제에만 천착한 소치의 결과가 아닌가 싶다. 그러나, 세계상의 문제에만 국한한다 하더라도 구도仇道의 딸이 조분·점해이사금의 어머니로서 나타나고, 구도仇道의 아들이 되는 말구末仇가 구도보다 선대先代에 석씨계昔氏系의 이벌찬으로서 활약하게 된다는 점은 보다 충분한 검토를 요하게 하는 것이다.

한편 김철준의 삼성병렬론三姓並列論에 반하여 김광수金光洙는 기본적으로 박·석·김 삼성교체론三姓交替論을 견지하면서도, 김씨계를 경주 토착족으로서 인정하면서 신라 상대上代 왕력王曆은 거칠부 『국사國史』 이래의 전승에 대한 사실반영史實反映이며, 이에 따른 근본적인 기년구성체계紀年構成體系를 인정해야 한다는 입장이다. 이러한 기본적 입장에서 김씨 세계와 관련하여, 미추味鄒의 기년紀年이 인상되었음을 지적하고 미추왕·죽엽군

---

36) 金哲埈, 위의 논문, 위의 책, 102~108쪽.
37) 金哲埈, 위의 논문, 위의 책, 111쪽.

의 설화 또한 이러한 결과로서 이루어졌다고 해석하면서 왕계를 수정하여 점해沾解-유례儒禮-기림基臨-흘해訖解-미추味鄒 등으로 재조정하였다.[38] 그러나 이러한 재조정 과정에서 나타나는 미추味鄒-말구末仇의 관계 정립에는 단순히 양자의 모호한 관계로 돌려 그 해석을 유보하고 있다.[39] 결국 이러한 시론들에도 불구하고 신라 상대 세계의 문제는 여전히 잔존하며, 특히 신라상대계승의 원리가 모계母系 및 부계父系 전승의 이중 구조가 양존하는 체계 속에서 나타나는 만큼 더 이상의 진척을 어렵게 한다.[40]

그러나 사서상의 전승과는 달리 「문무왕릉비문」·「광조사진철대사보일승공탑비문」·」비로암진공대사보법탑비문」 등의 금석문상에 나타난 기록은 신라 상대 세계상의 문제 해결에 대한 하나의 단서를 제공한다. 즉 금석문 상의 공통점은 김씨계金氏系의 시조를 성한星漢(勢漢·熱漢·聖韓)으로 인식하고 있다는 점이다. 특히 신라사회에서 성씨의 출현시기가 진흥왕대의 일이고 보면, 각 성씨의 세계世系에 대한 수식 및 시조에 대한 인식 또한 거의 동 시기에 출발했을 것으로 생각된다.

관련하여 사기에 전하는 나해奈解, 유리儒理, 유례儒禮, 눌지訥祇 등의 명칭은 일반적으로 세世의 의미인 '*누리'로서 이해되고 있다.[41] 특히 이러한 명칭을 지녔던 왕들의 공통적인 요소는 타성他姓 내지는 동성同姓이라 할지라도 이계열異系列이 세계계승世系繼承의 사이에 존재하고 있다는 것이다. 즉, 남해차차웅 이후에 나타난 탈해脫解와 유리儒理 간의 쟁위爭位, 사실상 석씨계의 첫 등위자登位者인 벌휴이사금 이후 나해奈解와 조분助賁의 쟁위爭位, 점해니사금 이후 미추味鄒와 유례儒禮의 쟁위爭位, 나물마립간 이후의 실성實聖과 눌지訥祇의 쟁위爭位라는 사실로부터 '*누리'라는 의미를 재확인할 수 있으며 세계의 대한 수식이 있었음을 짐작할 수 있다.

---

38) 金光洙, 앞의 논문, 14~25쪽.
39) 金光洙, 위의 논문, 22쪽.
40) 申東河, 앞의 논문, 22~23쪽.
41) 丁仲煥, 1962, 「斯盧六村과 六村人의 出自에 대하여」, 『歷史學報』 17·18, 419쪽.

한편『삼국유사』권 1, 기이 2의 이서국伊西國조에서 이서국의 내침을 제3대 노례왕弩禮王 14년이라 한데 반하여 동 미추왕·죽엽군味鄒王·竹葉軍조에서는 제14대 유리왕대儒理王代의 사실로서 전하고 있다. 이에 대해『삼국사기』의 경우는 후자를 따르고 있으나[42] 이러한 소치는『삼국유사』나『삼국사기』가 저본으로 했던 본래의 전승이『삼국유사』의 체제와 같은 설화식의 기록이었다는 점에 비롯하는 것으로 생각되며, 관련하여 세계世系 또한 양 사서의 정립단계에 여전히 잔존했으리라 생각되는 혼돈된 형태로 사서상에 전한 것으로 보인다. 때문에 합리적 사관을 표방하는『삼국사기』에는 고본古本의 기록 중 하나를 택할 수 있었는데 반하여, 고래의 기록을 존중한『삼국유사』의 경우 양 기록을 병기함으로써 그 자신의 판단을 유보하고 후고後考를 기약했던 것으로 생각된다.

한편 이기동李基東의「신라 태조성한太祖星漢의 문제와 흥덕왕릉비興德王陵碑의 발견」이란 논문에서 세계상世系上의 새로운 문제점을 제기한 것은 시사하는 바 크다. 즉 선생은 지금까지 소홀시 되었던『한원翰苑』및『통전通典』에 인용된『수동번풍속기隋東藩風俗記』의 기사를 주목하였던 바,

> 괄지지括地志에, 신라왕新羅王은 성姓이 김씨金氏인데 그 선조의 소출所出은 자세하지 않다고 하였다. 수동번풍속기隋東藩風俗記에서는 김성金姓이 서로 계승한 지 30여 대代에 이른다고 하였다 … (『한원翰苑』권 30, 번이부藩夷部 신라국新羅國)
> 그 왕의 성姓은 金이고 이름은 진평眞平이다.(수동번풍속기隋東藩風俗記에 이르기를 김성金姓은 서로 계승한 지 30여엽三十餘葉에 이른다고 하였다) …(『통전通典』권 185, 변방邊防 1, 동이 東夷 상上, 신라국)

에서『동번풍속기』는 수나라 때(581~618)의 것이므로 신라 26대 진평왕대(579~632)의 정황을 기록했을 것으로 확언하고, 진평왕을 30여 대째의 김씨왕金氏王이라고『동번풍속기』에 전하는 사실의 의미는 무엇인가 하고 의문을 제기하였다.[43] 결국『동번풍속기』의 기록을 따를 때 기존의

---

42)『三國史記』권 2, 新羅本紀 2, 儒禮尼師今 14년.

신라 세계世系에 대한 지식은 지난한 문제점을 내재하게 되고, 오히려 구도仇道 등의 김씨계가 소백산맥 일대의 중부지역의 재지세력으로서 그 지역의 연맹장적인 지위를 지녔다는 점을 상기할 때『동번풍속기』의 내용은 큰 단서를 제공하는 것이다. 이러한 점은 신라의 적석목곽분積石木槨墳이 출현하는 시기를 생각할 때 일련의 관련성을 찾을 수 있지 않나 한다. 특히 한 묘제의 출현은 묘제 자체가 가지고 있는 보수성향에 의해 정복 및 사회적 변화를 수반하는 것으로 생각되기 때문이다.44)

삼국시대 신라의 대표적인 묘제는 적석목곽분이며, 이는 묘제의 발전과 정상 수혈식석곽묘堅穴式石槨墓에서 변모된 것으로서 북방의 목곽분과 연결된다고 할 수 있다. 이러한 사실은 신라의 왕호王號, 금관金冠 등에서 나타나는 북방적 성격을 보아서도 알 수 있다.45) 결국 신라 사회에서 적석목곽분이 출현하게 된 것은 그 이전의 견혈식 석곽묘제 및 옹관묘제를 사용하던 족단을 적석목곽분을 사용하는 새로운 북방계의 족단이 정복·흡수했음을 의미한다. 그러나 적석목곽분의 출현시기와 관련하여 그 편년은 학자에 따라 일정하지 않다. 흔히들 신라 적석목곽분의 편년에 있어서 그 기준이 되는 것은 호우총壺杅塚과 서봉총瑞鳳塚에서 각각 출토된 '을묘년국강상광개토지호태왕 호우 10 乙卯年國岡上廣開土地好太王壺杅十'의 청동호우 명문靑銅壺杅銘文과 '연수원년 태세재묘 3월중 대왕이 삼가 합우合杅를 3근 6량으로 만들었다 ; △△ 원년 태세 신辛에 해당하는 해에 △대왕이 삼가

---

43) 李基東, 1979,「新羅太祖星漢의 問題와 興德王陵碑의 發見」,『大丘史學』15·16, 10~11쪽.

44) 신동하는, 새로운 墓制의 出現은 先行墓制의 主人公들을 정복 흡수하면서 그 위에 이룩된 것으로 보았다.(申東河, 앞의 논문, 6쪽) 박영복은, 積石木槨墳의 出現은 신라내부에서 政治的·經濟的·社會的인 變化의 시기를 시사하는 것으로(朴永福, 1977,「古新羅時代의 墓制考察」,『史學志』11, 17쪽), 그리고 최병현은 어느 한 墓制의 起源硏究는 墓制 자체가 갖고 있는 傳統的 保守性向에 따라 그 墓制 營造者들의 種族의 배경을 찾는 지름길이기도 하다(崔秉鉉, 1981,「古新羅積石木槨墳硏究(上) - 墓制와 그 性格을 中心으로」,『韓國史硏究』31, 7쪽)고 이해하였다.

45) 金元龍, 1976,「斯盧六村과 慶州古墳」,『역사학보』70, 13쪽. 朴永福, 위의 논문, 9~10·34쪽.

합盒을 만들었다'라고 한 은제합銀製盒의 명문이다.46) 이러한 명문의 존재
에도 불구하고 일본학자들은 고신라 적석목곽분의 상한을 5세기 초 이전
으로 소급시킬 수 없다는 주장이며, 그 근거로서 호우총壺杅塚의 호우壺杅
를 전세품傳世品으로 간주하고 호우총 축조시기를 그 기년과 관계없이 이
보다 늦은 시기로 설정하고 있다. 이에 반하여 국내 학자들은 서봉총瑞鳳冢
의 은제합銀製盒을 통하여 서봉총의 축조시기를 눌지왕 35년(451)으로, 호
우명문에 의거하여 호우총의 축조시기를 415년(乙卯)~451년경으로 설정
하고 있다.47) 때문에 지금까지의 고신라 적석목곽분의 편년은 이러한 기
준 하에서 시도되었기 때문에 양자의 입장을 크게 벗어나지 않는다. 그러
나 양자의 공통된 견해로서 황남리皇南里 제109호 고분 제3·4곽을 가장
이른 시기의 고분으로 인정하고 있다는 점을 들 수 있다. 따라서 황남리
제109호 고분의 편년이 곧 경주에서 적석목곽분이 출현하는 시기가 된다.
이러한 황남리 109호분의 출현시기는 근자의 국내학자들의 연구에 의하
여 대체로 4세기 초엽으로 인정되고 있다.48) 4세기 초엽에 적석목곽분이
경주지방에 출현되었다고는 하나, 그 고형으로 생각되는 의성義城 탑리塔
里·대리大里의 고분은 시사하는 바 크다. 즉, 여기에서 출토된 특이한 양식
의 우형관羽形冠 및 경주지방 적석목곽분에서 출토된 것보다 선행 양식으
로 보이는 이식耳飾 등은 그 연대의 인상을 가능케 하는 것이다.49) 특히
김기웅金基雄이 그 발굴조사보고서에서 지적한 바, 출토유물과 분상墳上의
크기가 내부주체인 적석곽積石槨의 특이함에 비해 양적으로나 질적인 면에

46) 尹世英, 1974, 「古新羅·伽倻古墳의 編年에 관하여」, 『白山學報』 17, 100~
    101쪽 再引用.
47) 尹世英, 위의 논문, 102~103쪽. 李弘稙, 1971, 「延壽在銘 新羅銀合杅에 대한
    一·二의 考察」 ; 『韓國古代史의 硏究』, 465쪽.
48) 尹世英, 앞의 논문, 106~107쪽. 崔秉鉉, 1981, 「古新羅 積石木槨墳의 변천과
    편년」, 『韓國考古學報』 10·11, 203쪽. 김원룡, 1974, 「삼국시대의 고고학적
    연구」, 『서울대학교논문집-인문·사회』 19, 28~29쪽 ; 1976, 앞의 논문, 4~
    5쪽.
49) 金元龍, 1967, 앞의 논문, 31쪽. 金基雄, 1968, 「義城大里古墳發掘調查報告」,
    『史學硏究』 20, 106~107쪽. 尹世英, 위의 논문, 106~107쪽. 金載元·尹武
    炳, 「義城塔里古墳」, 『國立博物館 古蹟調查報告書』 第3冊, 69~70쪽.

있어 매우 빈약하다고 하면서 이는 피장자의 사회적 지위의 정도보다는 당시의 문화발전 정도에 기인한다고 해석한 것은 달견이라 할 수 있겠다.[50] 결국 의성은 소문국召文國이 위치했던 곳으로서, 구도仇道와 구수혜仇須兮에 의하여 이미 복속되었다는 사실 및 의성 탑리·대리의 고분 축조 시기가 3세기 말까지 인상될 수 있다는 점, 경주에서 적석목곽분의 출현 시기가 4세기 초엽이라는 점 등등은 중부지방 일대에 세력을 떨쳤던 구도계仇道系의 김씨족이 경주지방에 유입함으로써 빚어진 소치가 아닌가 하며, 이후 본격적이 영역국가로 발돋움하는 신라의 국세가 바로 이러한 적석목곽분의 문화를 재래齎來한 김씨족단金氏族團에 의해 이루어졌을 것으로 생각되는 것이다.

그러면 중부지역에서 활약하였던 구도계仇道系가 어떠한 과정을 거쳐 신라왕계에 등장하는가 하는 본래의 문제에 돌아가 이를 검토하기로 한다. 특히 구도仇道-미추味鄒로 이어지는 일련의 기사는 그 세계상世系上의 문제점을 내재한다 하더라도[51] 최소한 구도계가 신라의 정치무대에 등장하는 과정을 보여주리라 생각된다.

구도계가 신라의 정치무대에 등장하는 첫 단서는 점해이사금沾解尼師今대의 갈문왕葛文王 추봉追封 사실에서 비롯된다. 물론 구도仇道가 이전에 벌휴이사금의 아들 골정骨正의 외구外舅로서, 나해이사금奈解尼師今의 처조妻祖로서, 조분이사금助賁尼師今의 외조부外祖父로서의 관계를 맺었다고 하나, 기실 구도계仇道系가 신라의 중앙정치무대에 참여한 첫 징후는 점해니사금대의 갈문왕 추봉사실에서 찾을 수 있다. 갈문왕 추봉사실은 『삼국사기』 권 2, 점해이사금 즉위년조에 다음과 같이 나타난다.

점해이사금 원년(247) 가을 7월에 시조묘始祖廟에 배알하고 아버지 골정骨正을 세신갈문왕世神葛文王으로 봉하였다. 논하여 말한다. 한漢 선제宣帝가 즉위하니 담당 관리가 아뢰었다. "남의 뒤를 이은 사람은 그 사람의 아들이 되는 것입니다. 그러므로 자기의 부모를 낮추어 제사를 지내지 않으니, [이것은]

---

50) 金基雄, 위의 논문, 107쪽. 崔秉鉉, 앞의 논문, 90쪽.
51) 金光洙, 앞의 논문, 10쪽.

조종祖宗을 높인다는 뜻입니다. 이 때문에 황제의 생부를 친親이라 하고 시호를 도悼라 하며, 어머니는 도후悼后라고 하여 제후왕에 맞도록 해야 합니다" 이것이 경전의 뜻과 맞아 만세萬世의 법이 되었다. 그러므로 후한後漢의 광무제光武帝와 송宋 영종英宗은 이를 본받아 시행하였다. 신라는 왕의 친족 신분으로서 왕통을 이은 임금이 그 아버지를 받들어 봉하여 왕으로 칭하지 않은 일이 없었다. 이와 같을 뿐만 아니라 그 장인도 봉하여 역시 그런 일이 있었다. 이것은 예에 맞지 않으므로 진실로 법도로 삼아서는 안될 것이다.

위의 사론史論에서 김부식金富軾은 신라의 갈문왕葛文王 추봉제도追封制度를 중국의 법제에 비교하면서 그 예禮가 아님을 비판하고 있다. 즉 신라의 갈문왕 추봉제도는 새로이 군주君主에 오른 자의 부父 뿐만 아니라 그 외구外舅까지 왕의 지위에 상당한 갈문왕에 추봉하는 것으로서 진실로 법을 삼을만한 것이 되지 못한다는 것이다. 이러한 김부식의 사론을 통하여 볼 때, 점해이사금의 부父인 골정骨正을 갈문왕에 추봉함과 아울러 외구外舅인 구도仇道에 대하여도 당시에 이미 갈문왕에 추봉하였음을 알 수 있다. 즉, 김부식 자신이 이를 비례非禮로 간주하고 점해이사금대에 이루어졌던 구도仇道에 대한 갈문왕 추봉사실을 도저히 법으로 삼을 수 없다 함으로써, 이를 미추이사금 2년조에 옮겨 적은 것이 『삼국사기』에 전승되고 있는 것으로 생각된다. 또한 점해니사금 이전에도 갈문왕의 명칭이 나타나고 있다고는 하나 정작 갈문왕제가 시행된 것은 점해이사금대로부터 비롯된 것이 아닌가 한다. 이는 골정骨正의 자子로서 왕위에 오른 이가 점해이사금 이전에 조분이사금이 있었음에도 불구하고, 뒤에 등위登位한 점해이사금 대에 왕王의 부父에 대하여 갈문왕으로 추봉되었다는 사실에서 짐작할 수 있다. 이러한 갈문왕제가 점해니사금대에 시작되었다는 사실은 신라 정치무대에 강력히 등장하는 구도계仇道系에 대한 일종의 회유 내지는 무마책으로서 이루어진 것을 생각되며, 오아자王者의 부父나 외구外舅에 대해서도 형식상이나마 일률적으로 소급·추봉하였던 사실의 반영이 점해니사금 이전의 기록에 나타난 갈문왕의 명칭이 아닌가 한다.[52]

52) 이기백은 葛文王의 소급, 追封에 대하여 비판하였다.(李基白, 1984, 「新羅時

한편 김씨계金氏系가 신라 정치무대에 등장하는 또 하나의 단서로는 점해이사금의 훙거薨去가 '폭질暴疾'로 인한 것임과 점해이사금의 뒤를 이은 미추이사금의 즉위가 '국인이 세웠다 國人立之'는 사실을 들 수 있다.[53] 이러한 사실은 당시에 김씨계의 세력이 신라의 중앙정치무대에 강력히 대두되고 있다는 사세로 미루어 정변의 발생을 상정케 한다. 그러나 미추이사금으로 대표되는 김씨계의 세력이 신라사회의 실세를 획득했다고는 하나 이들이 기존의 석씨세력을 무시할 수 없었던 듯하다. 즉 석씨왕계에서 나타난 계보가 조분이사금 이전에는 구추각간九鄒角干으로부터 벌휴이사금으로 내려오는 전승을 중히 여긴 반면에, 그 후에는 모든 석씨왕계가 조분이사금의 계통을 중시하고 있음을 보여준다. 이러한 경향은 미추이사금의 즉위에 있어서도 그가 조분이사금의 딸인 광명부인光明夫人과 혼인한 사실이 중시되고 있다는 사실에서 알 수 있는데, 이는 김씨계가 신라의 중앙정치무대에서 그 실력을 발휘하고 있음에도 불구하고 기존의 석씨왕계의 힘을 도외시할 수 없었음을 보여준다고 하겠다.

한편 석씨부족은 유례이사금을 추대하는 과정에서 나음계奈音系와 결탁한 것으로 보이는 데, 유례이사금의 모母가 동 석씨계同昔氏系의 아이혜부인阿爾兮夫人이 아닌 갈문왕나음葛文王奈音의 딸인 박씨朴氏라는 사실과 유례儒禮의 탄생을 '일찍이 밤에 다니다가 별빛이 입에 들어와 그로 인해 임신하게 되었다. [유례왕이] 태어난 날 저녁에 이상한 향기가 방에 가득하였다'[54]고 하여 설화적으로 수식하고 있음에서 당시의 정황을 짐작할 수 있다. 그러나 구도仇道-미추味鄒系의 승계자로 인식되는 말구末仇가 유례이사금대에도 계속 중직을 맡고[55] 미추왕·죽엽군味鄒王·竹葉軍 사건이 유례이사금 14년(A.D. 297)에 일어나고 있음은 당시 김씨계가 지닌 세력의

代의 葛文王」;『新羅政治社會史研究』, 一潮閣, 20쪽)
53) 지금까지의 硏究에서는 '國人立之'라는 사실에 대하여 金氏系의 勢力伸張의 결과로서 설명하고 있다.(申瀅植, 1971, 앞의 논문, 64~66쪽 : 金光洙, 앞의 논문, 23쪽 : 申東河, 앞의 논문, 32쪽)
54)『三國史記』권 2, 新羅本紀 2, 儒禮尼師今 즉위년.
55) "春正月 拜末仇爲伊伐飡 末仇忠貞有智略 王常訪問政要"(『三國史記』권 2, 新羅本紀 2, 儒禮尼師今 8년)

정도를 시사해 준다고 하겠다. 특히 미추왕·죽엽군 기사는 상당한 의미를 내재하고 있으리라 생각된다.

> 옛 이서국伊西國이 금성金城을 공격해 왔다. 우리 측이 크게 군사를 일으켜 방어했으나 물리치지 못했다. 문득 이상한 군사들이 왔는데 그 수가 헤아릴 수 없이 많았다. 사람들이 모두 대나무 잎을 꽂고 있었는데, 우리 군사와 함께 적을 공격해 깨뜨린 후 어디로 간 지를 알 수 없었다. 사람들이 대나무 잎 수만 장이 죽장릉竹長陵에 쌓여 있는 것을 보았다. 이로 인해 나라 사람들이 이르기를 "선왕先王이 음병陰兵으로써 싸움을 도왔다"고 했다.[56]

위의 기사에서 '문득 이상한 군사들이 왔는데' '우리 군사와 함께 적을 공격해 깨뜨린'의 기사를 통하여 군사적 동맹이 있었음을 짐작할 수 있으며, 아울러 동맹군의 내원을 선왕인 미추이사금의 음덕으로 생각하였다는 점에서 그 동맹군이 미추이사금과 무관하지 않음을 알 수 있다. 특히 당시에 신라가 고대국가의 단계에 이르지 못하였다는 점을 상기할 때, 위의 기사는 석씨족과 그 연맹군이 금성金城에 내침한 이서고국인伊西古國人을 패퇴시켰다는 사실의 반영이 아닌가 한다.[57] 이러한 해석이 가능할 때 앞에서 살핀 의흥義興·의성義城 일대의 구도계仇道系 세력은 석씨왕족과 혼인을 통하여 경주의 석씨계 세력과 연맹관계를 맺고, 이후에 일시 미추이사금이 석씨왕족의 외척이라는 족적 기반과 그들의 군사력을 바탕으로 연맹장의 지위에 오를 수 있었다는 사실을 상정할 수 있으며, 이후에 석씨왕족과 나음계奈音系 세력의 제휴로 인하여 이들에게 연맹장의 지위를 양도하면서도 신라의 중앙정치무대나 연맹체 내에서 그 세력을 견지하였던 사실의 반영이 '죽엽군竹葉軍'의 기사로 나타나고 있다고 생각할 수 있다.

결국 구도계仇道系의 세력은 석씨왕족과의 혼인을 통한 연맹과정에서 신라의 중앙정치무대에 참여하게 되고, 이를 바탕으로 경주에서 그 족적 기

---

56) 『三國史記』 권 2, 新羅本紀 2, 儒禮尼師今 14년.
57) 김광수는, 당시에 味鄒는 生存人物이며, 竹葉軍은 味鄒의 軍事力이 아닌가 하고 推測하였다.(金光洙, 앞의 논문, 21쪽)

반을 쌓아가다가 나물마립간대에 이르러 석씨왕계를 전복시키고 강력한 국가체계를 구성하지 않았나 하는 것이다. 이러한 저변의 상황은 흘해이 사금의 즉위시에 '우리 집안昔氏王族을 흥하게 할 자 반드시 이 아이이다興吾家(昔氏王族)者 必此兒也'[58]라고 표현한 석씨부족의 위기의식 및 나물마립 간대에 '위두衛頭를 보내 부씨苻氏의 진秦[전진前秦]에 토산물을 바쳤다. 부견苻堅이 위두에게 "해동海東의 일이 옛날과 같지 않다고 경이 말하는 것이 무슨 뜻인가?"라고 물으니, 위두가 "또한 중국과 마찬가지로 시대가 변혁되고 이름이 바뀌는 것이 지금 어찌 같을 수 있겠습니까?"라고 대답하였다'[59]라는 기사에서도 엿볼 수 있다. 특히, 나물마립간이 부진苻秦에 사신을 보낸 기사에서 '시대변혁時代變革'과 '명호개혁名號改革'이란 문구는 단순히 문물의 정비나 국호의 개명만을 의미한다기 보다는 오히려 전면적인 체제의 변혁을 의미하는 정변을 시사하는 것으로 생각된다.

한편 김씨계金氏系의 세력이 신라의 정권을 장악하면서 나타나는 일련의 정치적 변혁과 궤를 같이하여, 박·석씨계와 본래의 토착씨족이 지녔던 신앙형태 및 각 시조에 대한 제사 등을 허용함으로써 사상적인 면에서 그 타협의 여지를 두면서, 그들의 선조에 대한 신앙형태 또한 강화시켰던 듯하다. 이는 고대 중국에서 은왕조가 은허殷墟에 수도를 건설하면서 그 지역 토착민의 신앙형태를 흡수하여 그들의 조종신화祖宗神化하고, 아울러 토지의 정령精靈을 제사하는 '사祀'를 조영하여 토착민들이 지니고 있는 신앙체계를 인정함으로써 사상적인 면에서도 토착민을 융화하고 그 지배적인 지위를 획득했던 사실에 비견되는 것이다.[60] 이러한 면은 『삼국유사』미추왕·죽엽군조에 나타난 '왕이 국가를 보호하려는 노력이 크지 않다고 할 수 없다. 그러므로 나라의 사람들이 그 덕을 기리며 삼산三山과 함께 제사지내기를 게을리 하지 않고 서열을 오릉五陵의 위에 두었다'라는 기사에서 단적으로 표현되고 있다. 즉 삼산三山은 각 씨족의 시조탄생지始祖誕生地로서 그 토착민의 절대적인 성지聖地임에도 불구하고,[61] 방인邦人으로

---

58) 『三國史記』 권 2, 新羅本紀 2, 訖解尼師今 즉위년.
59) 『三國史記』 권 3, 新羅本紀 3, 奈勿麻立干 26년.
60) 貝塚茂樹, 1952, 『中國の古代國家』 アラネ文庫 198, 弘文堂, 45쪽.

표현된 토착민이 김씨 왕족의 조선祖先인 미추味鄒의 제사를 이의 제사와 동일시할 뿐 아니라 그 제질蹄秩에 있어서 미추의 제사를 박씨계 왕릉으로 보이는 오릉五陵에 우선하고 있음을 볼 수 있다. 이러한 사실은 토착민의 시조신始祖神에 대한 신앙을 정복민인 김씨 부족의 조종신화祖宗神化하면서 삼산三山과 미추이사금味鄒尼師今에 대한 제사를 동일시하는 것으로 나타나고, 기존의 박씨왕족이 행했던 제사를 인정하나 그 제질蹄秩을 김씨부족의 제사와 차등을 둠으로써 그 사상적인 면에서도 구도계의 김씨부족이 경주사회에서 지배적 위치를 점하였다는 정황을 시사한다고 할 것이다.

4. 맺음말

본 논고는 중고 이후에 신라 왕통을 이어가는 김씨계가 경주 토착세력으로서 출발하여 신라의 고대국가를 완성하였다는 종래의 견해에 의문을 가지고 시작하였다. 즉 신라 상고에 있었던 백제와의 전투기사, 이에 따라 신라의 영역확장과정에서 나타나는 문제점, 특히 이러한 전투과정에 나타나는 구도仇道라는 인물의 계보, 그리고 4세기 초엽 경주일원에 나타나는 적석목곽분의 존재에 대한 검토를 통하여 새로운 가설을 제시할 수 있었다.

첫째, 3세기 초까지 소백산맥 일대에서 백제와 전투를 벌였던 세력이 신라 장수로서 전하게 된 것은, 이들 세력이 소위 백제라 하는 세력에 의하여 위축·남하함으로써 신라에 통합된 소이에 의한 것으로 추측하였다.

둘째, 소백산맥 일대에서 활약했던 구도계仇道系가 신라왕계에 들어서는 과정에서 신라고대국가의 형성과정을 확인할 수 있었다. 즉 구도계仇道系의 김씨부족이 석씨왕족과 통혼함으로써 일시 연맹의 형태를 띠게 되나, 이후 신라사회에서 김씨계가 형성한 정치적 기반과 군사력에 의하여 나물마립간의 등위登位가 이루어져 고대국가의 단서를 연다는 것이다. 이러한

---

61) 末松保和, 1954, 「新羅六部考」, 『新羅史の諸問題』, 110쪽.

과정은 경주일원에 나타나는 적석목곽분積石木槨墳이 출현하는 과정과 궤를 같이하는 것이었다. 때문에 지금까지 경주토착세력으로 보아왔던 김씨계를, 소백산맥 일대의 중부지역에서 세력을 형성하였던 진한계辰韓系가 신라사회에 이주하여 형성한 족단으로서 파악하고자 하였다.

이러한 가설에서 필자의 천식과 편견으로 말미암아 많은 비약과 억측이 있으리라 생각되며, 이러한 문제점은 앞으로 보완·수정해 갈 것임을 약속한다. 특히 본고에서 미진한 채로 남겨둔 신라 상고 기년문제, 신라정치사에 있어서 토착신앙의 문제 등은 계속해서 숙고해야 할 연구과제로서 후고를 기약키로 한다.

「포항중성리신라비」의 신석新釋과 지증왕대 정치개혁

1. 머리말
2. 「포항중성리신라비浦項中城里新羅碑」의 판독
3. 「포항 중성리신라비」 석독釋讀에 대한 검토
   1) '모참별牟旵伐'·'등尊'에 대한 존의存疑
   2) 모자牟子와 쟁인爭人
   3) 지명과 인명의 구분
4. 「포항 중성리신라비」의 문장구성과 해석
5. 신라 율령비의 서식과 지증왕 즉위 초의 정치 개혁
6. 맺음말

1. 머리말

2009년 5월 「포항 중성리신라비」(이하 「중성리비」)가 발견된 지 1년이 지나면서 모두 세 차례에 걸친 학술회의가 개최되었다.[1] 그 과정에서 국립경주문화재연구소와 한국고대사학회를 중심으로 자세한 석독과 여러 관점에서의 검토가 이루어졌다.

이에 본 비의 건립 연도, 6부 표기방식, 쟁송의 대상물과 주체 등이 쟁점으로 부상되었다. 본 비의 가장 핵심인 건립 연도에 대해서는 441년설[2]과

---

1) 국립경주문화재연구소, 2009.9.3, 『포항 중성리신라비 발견기념 학술심포지엄』 포항정신문화연구원·한국고대사학회, 2009.10.7~8, 『신발견 포항중성리신라비에 대한 역사학적 고찰』; 한국고대사학회, 2009.12, 『한국고대사연구』 56. 한국고대사학회, 2010.4.10, 『제113회 한국고대사학회 정기발표회 발표문』(한국고대사학회 홈페이지 자료실) : 한국고대사학회, 2010.9 『한국고대사연구』 59.

2) 노중국, 2010.9, 「포항중성리비를 통해 본 麻立干시기 신라의 분쟁처리 절차와 六部체제의 운영」, 『한국고대사연구』 59, 63쪽. 한편 권인한은 '辛巳' 이하의 자획을 '斯盧'로 보아 261, 321, 441년 중의 하나로 보았다.(권인한, 2009.9.3, 「포항중성리신라비의 어문학적 검토」, 『포항 중성리신라비 발견기념 학술심포지엄』, 65쪽)

501년설,[3] 그리고 501년일 가능성이 높지만 441년일 가능성의 여지도 남겨야 한다는 신중론[4]도 있었다. 쟁송의 대상물에 대해서는 연구자마다 금광金鑛,[5] 주민住民,[6] 식읍食邑,[7] 토지土地에 대한 권리(수조권收租權),[8] 궁宮[9] 등으로 추론한다. 이는 냉수리비에서 분쟁의 대상물을 '재財'로써 표현한 것과 대비된다. 몇 글자를 제외하고는 거의 모든 판독이 가능한 「중성리비」에 대해 이처럼 다양한 견해가 제기된 것은, 본 비에 대한 석독에 문제가 있는 것이 아닌가 의심케 한다.

필자는 지난해 대학원 강의 중에 국립경주문화재연구소 측의 사진자료를 중심으로 비문을 개략적으로 살필 기회가 있었고, 금년 여름 8월 1일 경주문화재연구소를 방문하여 의문시하였던 글자를 3D 파일 자료로써 확

---

3) 이우태, 2009.9.3, 「포항중성리비의 건립연대와 성격」, 『포항 중성리신라비 발견기념 학술심포지엄』, 84쪽.
전덕재, 2009.12, 「포항중성리 신라비의 내용과 신라 6부에 대한 새로운 이해」, 『한국고대사연구』 56, 90~91쪽.
고광의, 2010.2, 「포항 중성리 신라비의 서체와 고신라 문자생활」, 『신라문화』 35, 129~131쪽.
이영호, 2009.12, 「흥해지역과 포항중성리신라비」, 『한국고대사연구』 56, 231~232쪽.
김희만, 2009.12, 「포항 중성리신라비와 신라의 관등제」, 『동국사학』 47, 5~6쪽.
김창석, 2010.6, 「新羅 法制의 형성 과정과 律令의 성격」, 『한국고대사연구』 58, 192쪽.
주보돈, 2010.9, 「浦項 中城里新羅碑에 대한 硏究 展望」, 『한국고대사연구』 59, 16쪽.
노태돈, 2010.9, 「포항중성리신라비와 外位」, 『한국고대사연구』 59, 53쪽.
4) 이문기, 2009, 「포항중성리신라비의 발견과 그 의의」, 『한국고대사연구』 56, 40~43쪽.
강종훈, 2009, 「포항중성리신라비의 내용과 성격」, 『한국고대사연구』 56, 166쪽.
하일식, 2009, 「포항 중성리신라비와 신라 관등제」, 『한국고대사연구』 56, 180쪽.
박방룡, 2009, 「포항 중성리신라비」, 『경주문화』 15, 24쪽.
5) 이우태, 앞의 논문, 84~85쪽.
6) 이문기, 앞의 논문, 35~36쪽.
7) 전덕재, 앞의 논문, 112~121쪽.
8) 하일식, 앞의 논문, 193~196쪽. 이영호, 앞의 논문, 238쪽.
9) 김창석, 2009, 「포항 중성리신라비에 관한 몇 가지 고찰」 『한국사연구』 147, 387~389쪽.

인할 수 있었다. 사실 이 글을 쓸 수 있는 것은 전적으로 국립경주문화재연구소 자료실 관계자와 박종익 학예실장의 협조와 배려에 힘입은 바 크다. 본 지면을 빌어 깊이 감사드린다.

「중성리비」의 판독에 대해서는 이미 여러 연구자들이 보고한 바이지만, 필자가 의문시하였던 이른바 '모단벌牟旦伐'과 '탈奪'자에 대한 자획을 확정하여 문제의 발단을 삼고자 한다. 또한 그 동안 쟁점이 되어온 '본모자本牟子', '백쟁인白爭人', 그리고 인명과 지명의 구분, 입비 연대 등을 관련 자료와 비교 검토하여 본 비문에 대해 새로운 석독과 해석을 더하고자 한다. 나아가 신라 율령비 서식의 정비과정을 검토함으로써 지증왕 즉위 초의 강력한 개혁정책의 기조를 살피고자 한다. 그 밖에 본 비와 관련하여 6세기 금석문에 보이는 왕경 6부의 명칭과 구조, 京外 관등의 정비 과정도 주요한 문제이긴 하나, 한정된 지면으로 인하여 별고10)에서 다룰 수밖에 없음을 아쉽게 생각한다. 부디 기왕의 연구에 사족이 되지 않기를 기대하며, 제현의 질정을 바란다.

2. 「포항 중성리신라비浦項 中城里新羅碑」의 판독

국립경주문화재연구소는 2009년 9월 3일 「포항 중성리신라비 발견기념 학술심포지엄」에 앞서 『포항중성리신라비浦項中城里新羅碑』라는 도록을 발간하여 석독문과 원석, 탁본, Ambient 효과사진, 3D 실측사진 등을 제시하였다.11) 이로써 200여 자에 달하는 대부분의 글자를 판독할 수 있게 되었고, 각 연구자들은 이를 바탕으로 몇 글자를 정정하는 방식으로 석독문을 제시하여 왔다.

「중성리비」를 석독하는 데 있어서 가장 주목되었던 것 가운데 하나가 2회 등장한다는 '모단벌牟旦伐'이다. 그 밖의 '본모자本牟子', '백쟁인白爭人', 그리고 인명과 지명의 구분, 입비 연대 등도 주요한 쟁점이었다. 서술의

---

10) 박남수, 2010.12, 「浦項 中城里新羅碑'에 나타난 新羅 六部와 官等制」 『史學研究』 100.
11) 국립경주문화재연구소, 2009.8, 『浦項中城里新羅碑』, 23~31쪽.

편의상 먼저 국립경주문화재연구소의 『포항중성리신라비』의 석문12)을 바탕으로, 원석과 탁본, 3D 사진을 참조하여 판독문을 제시하고, 새로이 석독한 부분과 기왕의 쟁점이 되는 글자를 별도로 제시함으로써 논의를 진행하고자 한다.

【표】 포항 중성리 신라비 판독문

XII	XI	X	IX	VIII	VII	VI	V	IV	III	II	I	
	■	■	■	■	■	仈[6]	喙	■	■			1
	■	■	■	ㅇ	/[10]	喙	沙	■				2
		全[20]	珎	干	郡	干	斯	利	敎	■		3
導		旦[21]	伐	支	須	支	利	夷	沙	■		4
人		代[22]	壹	沸	智	祭	壹	斯	喙	△?		5
者		喙	晉[17]	竹	世	智	伐	利	尒	喙		6
沙	与	伍[23]	云[18]	休[13]	食	壹	叐[7]	白	抽	部	亲	7
喙	重	民	豆	壹	干[12]	伐[11]	朱[8]	爭	智	習	巳	8
心	罪	沙	智	金	居	使	智	人	奈	智	△	9
刀	典	干	沙	知	伐	人	卒	喙	麻	阿	△	10
哩[25]	書	支	干	郱	壹	奈	波[9]	評	喙	干	(△?)	11
谷?[26]	与	使	支	音	斯	蕪	喙	公	部	支	卜[1]	12
	牟	人	宮	支	利	毒	柴	斯	卒[4]	沙	拓[2]	13
	豆	果[24]	日	村	蕪	只	干	弥	智	喙	靈	14
	故	西	夫	卜	豆	道	支	沙	奈	斯		15
	記	牟	智	多[14]	古	使	弗	喙	麻	德[3]		16
		利	宮	干	利	喙	乃	夷	卒	智		17
		白	尊[19]	支	村	念	壹	須	牟	阿		18
		口	尒	毛[15]	仇	牟	伐	牟	子	干		19
		若	今	介[16]	郡	智	金	昌[5]				20
		後	更	壹	列	沙	評					21
		世	還	金	支							22
		更		知								23

※ ■는 본래 글자가 없는 부분으로 추정됨.13)

---

12) 국립경주문화재연구소, 위의 책, 23~24쪽.
13) 하일식의 견해(하일식, 앞의 논문, 175~177•179쪽)에 무리가 없다고 여겨 그에 따른다.

[1] 대부분의 연구자들이 '중中'으로 보았다.14) 다만 '중中'으로 석독할 때에 '구口'의 중앙을 관통하는 'ㅣ'획의 흔적이 보이지 않고 '구口'와 분리되어 새겨져 있다는 점이 의문으로 남는다.15) 이를 '지𠫗'의 일부로 보기도 하나,16) '구口'아래의 왼쪽획은 ' ⁄ '이 아닌 'ㅣ'임이 분명하다.

[2] 대부분의 연구자들은 '절折'로 석독하였는데, 권인한은 '사斯'의 이체자로 추독하였다.17) 그런데 국립경주문화재연구소측이 제시한 탁본 자료로 보면 '절折'로 읽을 수 있으나, 우측 원석사진에서 살필 수 있듯이 글자의 오른쪽 상단부가 일실되고 오른쪽 하단부에 ' ⁄ '획의 흔적이 있어 '扚'로 판독된다. 고광의도 우측 훼손 부분에 일부 필획의 자획이 보여 세밀한 조사가 필요하다는 견해를 피력한 바 있다.18)

[3] 글자의 오른쪽 하단 부분이 파손되어 德 또는 使로 추정하기도 하지만,19) 잔존한 자형으로 볼 때에, 『비별자신편碑別字新編』에 인용된 「위임성왕비리씨묘지魏任城王妃李氏墓誌」의 '덕德'의 이체자 '徳'과20) 동일한 것으로 판단된다.

[4] '본夲' 또는 '모牟', '졸卒', '지至' 등으로 추정하기도 하나,21) 『사성편해四聲篇海』에 의하면 '夲'은 '졸卒'의 이체자이다.22)

[5] 대부분의 연구자들이 이를 '단旦'으로 석독하였으나, 후술하듯이 '일日

---

14) 선석열, 2009.9.3, 「포항중성리신라비의 금석학적 고찰」『포항 중성리신라비 발견기념 학술심포지엄』, 40쪽.
    이문기, 앞의 논문, 11쪽. 강종훈, 앞의 논문, 134쪽.
15) 고광의, 앞의 논문, 103쪽.
16) 전덕재, 앞의 논문, 89~90쪽. 이영호, 앞의 논문, 228쪽.
    이용현, 2010.4.10, 「중성리비의 기초적 검토」『제113회 한국고대사학회 정기발표회 발표문』, 4쪽.
17) 권인한, 앞의 논문, 61쪽.
18) 고광의, 앞의 논문, 104쪽.
19) 李文基, 앞의 논문, 10~11쪽.
20) 中華民國 敎育部 國語推行委員會, 2004, 『異體字字典』, 德字.(http://dict.variants.moe.edu.tw 참조 : 이하『異體字字典』은 동 홈페이지를 참조함)
21) 李文基, 앞의 논문, 11쪽.
22) 中華民國 敎育部 國語推行委員會, 앞의 책, 卒字.

'변 아래에 '산山'이 분명하므로 '햇살 비칠' '참㬎'으로 석독해야 할 것이다.

[6] 伐은 윗부분이 탈락되었으나 전후 문맥이나 글자의 모양으로 보아 기존에 '벌伐'로 석독했던 것이 옳다고 본다.

[7] '피皮'의 초서체이다.

[8] 말末 또는 미米로 보기도 하나, '말末'자 왼쪽 상단의 ' / ' 획이 분명히 보여 '주朱'로 석독한 견해23)를 따른다.

[9] 대부분의 연구자가 '파波'로 석독하였으나, '피彼'의 이체자로 보기도 한다.24) 필자 또한 『비별자신편碑別字新編』의 「위내사△광묘지魏內司△光墓誌」의 '피彼' 이체자 '波'로 본다.25)

[10] 국립경주문화재연구소측은 이를 '사沙'로 석독하였으나,26) 남아 있는 획으로는 '사沙'로 보기 어렵고 불명의 인명27) '△'으로 보는 것이 옳다고 본다.

[11] 3D 사진으로는 '대代'로 보이지만 대체로 '벌伐'의 오각으로 보고 있다.28) 이 글자를 '벌伐'로 석독하는 데는 이론이 없지만, 원석의 마지막 획 ' / ' 부분에 흠집과 함께 실획이 아닐까 추정되는 부분이 있어, 오각으로 처리하기 위해서는 보다 세밀한 조사가 필요하지 않을까 생각한다.

[12] 새겨진 글자는 '간干'이 분명하다.29) 다만 문맥상 '우于'가 더 적당하다는 견해30)에 따라 '우于'로 석독한다.

[13] 휴休의 오른쪽 아래 획을 흠집으로 본다면 '부付'로 석독되어 위의 '죽竹'과 함께 '부符'로 석독할 수도 있다. 다만 휴休의 오른쪽 아래 획에 대해서는 직접 원석을 살핀 박종익실장과 기 연구자들의 견해에 따라 실획으로 처리해 둔다.

---

23) 고광의, 앞의 논문, 110~111쪽. 李文基, 앞의 논문, 11쪽. 강종훈, 앞의 논문, 139쪽.
24) 권인한, 앞의 논문, 62쪽. 이영호, 앞의 논문, 229쪽.
25) 中華民國 敎育部 國語推行委員會, 앞의 책, 彼字.
26) 국립경주문화재연구소, 2009.8, 앞의 책, 23~24쪽.
27) 전덕재, 앞의 논문, 91쪽.
28) 강종훈, 앞의 논문, 139~140쪽.
29) 고광의, 앞의 논문, 107쪽. 김창석, 2009, 앞의 논문, 382쪽.
30) 이문기, 앞의 논문, 22쪽. 권인한, 앞의 논문, 63쪽. 선석열, 앞의 논문, 41쪽.

[14] '㣦'을 대부분 '악岳'으로 석독하였으나,31) '보步'자로 보기도 한다.32) 그러나 '악岳'으로 보기에는 글자 아래 부분의 획을 '산山'의 초서체로 보기 어렵고, '보步'자 또한 위쪽의 '竹'변이 나오기 어려우므로, 오히려 평平의 이체자 '㞢'33)으로 보아야 하지 않을까 한다.

[15] 대부분의 연구자들이 '주走'로 석독하였으나, '걸乞'로 석독한 견해34)가 옳다고 본다. 㞢의 윗 획이 '상上'이므로 주走의 이체자 '㞢' 또는 '㞢'와 차이가 있어, 『한례자원漢隷字源』에 인용된 「파군태수번민비巴郡太守樊敏碑」의 '걸乞'의 이체자 '㞢'35)로 본다.

[16] 국립경주문화재연구소측은 '근斤'으로 석독하였으나, '인人'변이 분명하여 '개介'로 판독한 견해36)가 옳다고 본다.

[17] 이를 석晳,37) 서書,38) 보普39) 등으로 석독하고 있다. 이와 정확하게 일치하는 글자는 아직 찾을 수 없었으나, '진晉'의 이체자로서 『한례자원漢隷字源』에 인용된 「형주종사원진비荊州從事苑鎭碑」의 '晉', 또는 『금석문자변이金石文字辨異』에 인용된 「한로자명漢老子銘」의 '晉'의 필획40)을 단순화한 것이 아닐까 한다.

[18] '기記' '평評'의 '언言'변과 같은 글꼴을 보인다는 점에서 '언言'으로 석독하기도 한다.41) 그러나 글꼴이나 문장 구조상으로 보아 '운云'이 분명하다.

[19] 대부분의 연구자들이 '奪'으로 판독하여 '탈奪'로 석독하였으나, 후

---

31) 국립경주문화재연구소, 2009.8, 앞의 책, 23~24쪽.
　　강종훈, 앞의 논문, 140쪽. 하일식, 앞의 논문, 178쪽. 고광의, 앞의 논문, 112쪽.
32) 전덕재, 앞의 논문, 92쪽.
33) 中華民國 敎育部 國語推行委員會, 앞의 책, 平字.
34) 권인한, 앞의 논문, 63쪽.
35) 中華民國 敎育部 國語推行委員會, 앞의 책, 乞字.
36) 이문기, 앞의 논문, 11쪽.
37) 강종훈, 앞의 논문, 140쪽. 하일식, 앞의 논문, 178쪽. 권인한, 앞의 논문, 64쪽.
38) 고광의, 앞의 논문, 113~114쪽.
39) 이문기, 앞의 논문, 12쪽.
40) 中華民國 敎育部 國語推行委員會, 앞의 책, 晉字.
　　邢澍•楊紹廉 著 : 北川博邦 閱, 1980, 『金石異體字典』, 雄山閣出版, 175쪽.
41) 하일식, 앞의 논문, 178쪽.

술하듯이 이는 '艹'변에 등等의 이체자 '苃'을 조합한 '莘'의 모양이다.

[20] 대부분의 연구자들이 '모牟'로 석독하였으나, '坴'는 후술하듯이 「당 여음군 여음현령 배곤묘지명唐汝陰郡汝陰縣令裴琨墓誌銘」에 보이는 '지至'의 이체자이다.

[21] '且'은 후술하듯이 '단旦' 또는 '차且'의 이체자이다.

[22] 대부분의 연구자들이 '대代'를 '벌伐'의 오각으로 보고, '坴旦代'를 '모단벌牟旦伐'로 석독하였으나,42) 후술하듯이 명문의 '대代'는 오각이 아닌 바 '지 단대 至且(旦)代'로 석독하는 것이 옳다.

[23] 『금석문자변이金石文字辨異』에 인용된 「한북해상경군명漢北海相景君銘」 중의 '작作'의 이체자이다.43)

[24] 다른 '목木'변의 획과 달리 '목木'의 좌우 아래 획이 모두 점으로 보이고 있어 '비畀'로 볼 여지가 있으나,44) 필자는 '과果'로 석독한 견해를 따른다.

[25] 경주문화재연구소에서는 '리里'로 보았으나, 지적되듯이 왼쪽에 구口변이 있으므로 '리唎'로 판독한 견해45)를 따른다. '도리'는 인명에 관용된 원의原義 '석石'(壽命堅固)을 뜻하는 미사尾辭로서 신라 시대 이래로 근세까지도 '돌乭'로 씌여졌다.46)

[26] '구口'의 획을 확인할 수 있다 하여 '점占'자로 추독하기도 한다.47) 흠집이 많아 글꼴이 분명하지 않지만 '구口'의 획을 인정할 수 있어 『갑골문자집석甲骨文字集釋』 권 2, 공자公字에 인용된 '공公'의 이체자 '仚'48)이 아닐까 추정한다. 이에 심도리공心刀唎公은 본비의 내용을 기록한 자로 여겨진다.

---

42) 고광의, 앞의 논문, 110쪽.
43) 中華民國 教育部 國語推行委員會, 앞의 책, 作字.
44) 고광의, 앞의 논문, 115쪽. 하일식, 앞의 논문, 179쪽. 김창석, 2009, 앞의 논문, 382쪽.
45) 고광의, 위의 논문, 102~103쪽. 李文基, 앞의 논문, 10~11쪽. 이영호, 앞의 논문, 229쪽. 김창석, 위의 논문, 382쪽.
46) 양주동, 1965, 『增訂 古歌研究』, 一潮閣, 547~548쪽.
47) 고광의, 앞의 논문, 116쪽.
48) 中華民國 教育部 國語推行委員會, 앞의 책, 公字.

3. 「포항 중성리신라비」 석독釋讀에 대한 검토

1) '모참벌'牟묘伐·'등챵'에 대한 존의存疑

'모단벌牟旦伐'은 「중성리비」를 특징 짓는 지명으로 일컫는다. 기왕에는
Ⅳ행-19, 20열, Ⅴ행-1열, 그리고 Ⅹ행 3~5열을 모두 '모단벌牟旦伐'로
석독하였다. 그러나 다음 사진(원석, 탁본, 3D)에서 보듯이 전자는 '모참
벌牟묘伐'이고, 후자는 '지단대坴토代'로서 차이가 있다. 지금까지는 '모牟'
와 '지坴'를 '모牟'의 이체자, '참묘'과 '단토'을 '단旦'의 이체자로 석독하고,
Ⅹ행-5열의 '대代'를 '벌伐'의 오각으로 보았다.

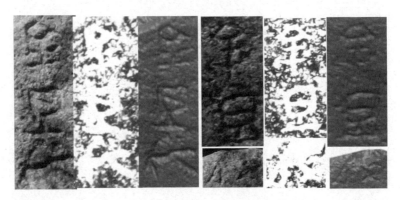

'坴토代' (Ⅹ-3~5) 　　　'牟묘伐' (Ⅳ-19~20, Ⅴ-1)

그러나 '牟'는 『돈황속자보敦煌俗字譜』에 '모牟'의 이체자로, '坴'는 『광비
별자廣碑別字』에 인용된 「당 여음군 여음현령 배곤묘지명唐汝陰郡汝陰縣令裴
琨墓誌銘」에 '지至'의 이체자로 사용되어 차이가 있다. 또한 '참묘'은 일日변
에 산山이 있는 '햇살 비칠 참묘'이 분명하고, '토'은 『한례자원漢隷字源』과
『돈황속자보敦煌俗字譜』에 '단旦'의 이체자로 씌였으며, 달리 '차旦'의 이체
자로도 사용되었다.[49] 따라서 기왕에 이들을 '모단벌牟旦伐'로 석독했던 견
해는 수정되어야 한다.

---

49) 中華民國 敎育部 國語推行委員會, 위의 책, 牟·至·旦字.

이에 IV행-19,20열, V행-1
열은 '모참벌牟旵伐', X행의 3~5
열은 '지차대至且代' 또는 '지단대
至旦代'로 석독한다. 특히 후자의
'지至'는 앞행 마지막 글자 '환還'

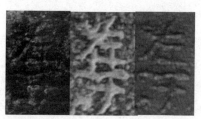

'等'(IX-18)

과 함께 '…에 돌아와 이르다(還
至)' 또는 앞의 '령令'과 연계하여
'…에 돌이켜 이르도록 하
라' 정도의 종지형 동사가
된다. 아울러 '차대且(旦)代'
로부터 새로운 문장이 시작

'此七王等'의 '等'(좌,「냉수리비」원석)
'等所敎事'의 '等'(중·우,「봉평비」원석·탁본)

되어 '또한 …를 대신하여'
란 의미로 새겨지는 바 문
맥상 '旦'은 '且'의 이체자
로 보는 것이 옳다고 본다.

다음으로 본「중성리비」를 이해하는 데 핵심적인 IX행 18열의 '等' 또는
'等'자에 대한 석독의 문제이다. 기왕에는 모든 연구자들이 이를 '탈奪'의
이체자로 보고, 쟁송을 야기시킨 모종의 대상물을 빼앗고 돌려받는 과정
이 있었던 것으로 이해하여 왔다.

그런데 '탈奪'의 이체자로서 하단에 '촌寸'을 사용한 것은 '夲' '奪' '蕫'
'䈪' 등이다.「중성리비」의 '等' 또는 '等'은 '대大'와 '芋', 또는 '艹'와 '芋'을
조합한 형상이다. '芋'은『송원이래속자보宋元以來俗字譜』죽부竹部에 인용
된「교홍기嬌紅記」에서 등等의 이체자로 사용되었다.[50]

'等'은 3D 사진에는 머리부분의 대大자 왼쪽 상단의 삐침이 흐릿하나,
원석과 탁본에서 '火'의 형상을 확인할 수 있는 바,『봉평비』'등소교사等
所敎事'의 '等'의 '艹'변과 유사하다. 이는「중성리비」'等'과『봉평비』'等'의
'火'변이 '艹'변임을 시사하며, '초艹'변으로써 '죽竹'변을 대신한 것으로 여

---

50) 中華民國 敎育部 國語推行委員會, 위의 책, 奪·等字.

겨진다. 「냉수리비」 '칠왕등七王等'의 '䓝'은 『비별자신편碑別字新編』 등자等字에 인용된 「제왕혜우조상기齊王惠愚造象記」의 '등等'의 이체자인데, 역시 '죽竹'변을 대신하여 '艹'변을 사용하였다. 따라서 「중성리비」의 '䓝'은 '艹'변에 등等의 이체자 '芽'을 조합한 것으로서 『봉평비』의 '䓝'에 가깝고, 『편류비별자偏類碑別字』 죽부竹部 등자等字에 인용된 「수왕원등삼십팔인조상隋王遠等三十八人造象」의 '등等'의 이체자 '芽'과 흡사하다.[51] 따라서 「중성리비」의 '䓝'은 탈奪이 아닌 '등等'의 이체자로 보는 것이 옳다고 본다.

사실 「중성리비」·「냉수리비」·「봉평비」 세 비의 '등等'은 각각 '두지사간지궁일부지등豆智沙干支宮日夫智宮等', '칠왕등 공론七王等 共論', '…등等 소교사所敎事'라고 하여 각 비의 최고위급에 붙여진 복수형 접미어로서 나타난다. 이러한 '등等'은 『일본서기日本書紀』 권 6, 수인천황垂仁天皇 2년 7월조에 "의부가라국왕意富加羅國王의 아들로, 이름은 도노아아라사등都怒我阿羅斯等인데 우사기아리질지간기于斯岐阿利叱智干岐라고도 합니다"라고 하여 귀인의 존칭 '지간기智干岐'와 같은 의미의 경어敬語로 여겨지고 있다.[52] 기왕에 『냉수리비』의 '칠왕등七王等'의 석독과 관련하여 대등大等의 전신으로서 '등等'이 있었던 것으로 이해하기도 하지만,[53] 「중성리비」에서도 「냉수리비」·「봉평비」와 동일한 '등等'이 등장하고, 인명이 아닌 궁宮에 붙여졌다는 점에서, '등等'이 신라 최고위 계층에 대한 존칭의 복수 접미사로 사용되었음을 확인할 수 있게 되었다.[54]

---

51) 中華民國 敎育部 國語推行委員會, 위의 책, 等字.
52) 中田薰, 1956, 「蘇那曷叱知考」, 『古代日韓交涉史斷片考』, 創文社, 20쪽.
53) 李喜寬, 1990(a), 「迎日 冷水里碑에 보이는 至都盧葛文王에 대한 몇가지 問題」, 『韓國學報』 60, 95~96쪽. 金羲滿, 1990, 「迎日冷水碑와 新羅의 官等制」, 『慶州史學』 9, 18~21쪽. 盧鏞弼, 1990, 「新羅 眞興王代 大等의 分化와 그 정치적 배경」, 『歷史學報』 127, 6쪽. 李鍾旭, 1990, 「迎日冷水里碑를 통하여 본 新羅의 統治體制」, 『李基白先生古稀紀念 韓國史學論叢』 上, 일조각, 128쪽. 李泳鎬, 1999, 「蔚珍鳳坪新羅碑의 內容과 性格」, 『韓國古代社會와 蔚珍地方』, 蔚珍郡·韓國古代史學會, 36~37쪽. 金羲滿, 2003, 「新羅 和白會議의 人的 構成과 運營」, 『新羅文化』 21, 236~238쪽.
54) '七王等'에 대한 연구사적 검토는 박남수, 2007, 「신라 화백회의 연구현황과 중층적 회의구조」, 『신라문화』 30 참조.

'두지사간지궁·일부지궁등豆智沙干支宮·日夫智宮等'에 뒤이어 나오는 '이亽'
에 대해서는 지시대명사,[55] 또는 종지형 어미[56] 정도로 이해하기도 한다.
그런데 「중성리비」는 불필요한 조사를 전혀 사용하지 않고 있다. 곧 「중
성리비」의 "약후세갱도인자 여중죄若後世更導人者 与重罪"는 어떤 종지형 어
미 없이 '여중죄与重罪'로 마무리한 데 대해, 동일한 투식의 「냉수리비」 "약
갱도자 교기중죄이若更導者 教其重罪爾"는 '교기중죄이教其重罪爾'라고 하여 종
지형 어미 '이爾'를 사용한다는 차이점을 보인다. 특히 '이亽'는 「냉수리비」
안에서 종지형 조사 '이爾' '이耳'와 구분하여 사용하였을 뿐만 아니라, 일반
으로 '너 이亽'로도 많이 사용된다. 「냉수리비」의 '차이왕교 용진이마촌절
거리위증 이영기득재교이此二王教用珍而麻村節居利爲證亽令其得財教耳'의 '이亽'
를 지시대명사로 보거니와[57], 「중성리비」의 '이亽' 또한 지시대명사로 보
아 크게 어긋나지 않을 것이다.

따라서 "云 豆智 沙干支宮·日夫智宮等 亽今更還至"는 앞의 '령亽'과 연결되어
'두지사간지궁豆智沙干支宮과 일부지궁日夫智宮 등 너희는 이제 다시 돌이켜
이르도록[돌려 보내도록] 하라'로 해석이 가능하다. 이는 기왕에 모종의
재화를 빼앗고 뺏는 그러한 개념이 아니라, 두지사간지궁豆智 沙干支宮과
일부지궁日夫智宮 등으로 하여금 사람으로 추정되는 무언가를 '환지還至'시
키도록 하는 조치로 이해되며, 비록 목적어가 보이지는 않지만 완결된 문
장 구조를 갖추게 된다. 아마도 두지사간지궁豆智 沙干支宮과 일부지궁日夫
智宮 등이 환지還至시켜야 할 목적어는 본 교령教令이 있게 된 배경 설명에
있을 것으로 예상된다.

2) 모자牟子와 쟁인爭人

본 비문을 이해하는 관건 가운데 하나가 지금껏 보이지 않던 생소한
용어 곧 '본모자本牟子'와 '백쟁인白爭人'을 어떻게 이해할 것인가의 문제였

---

55) 권인한은 「냉수리비」의 '爲證亽'와 동일한 한문 용법으로 이해하여 '亽'를 목적
   격 지시대명사로 보았다.(권인한, 앞의 논문, 68쪽)
56) 이용현, 앞의 논문, 19~20쪽.
57) 남풍현, 2000, 『吏讀研究』, 태학사, 73~74쪽.

다. 먼저 '본모자本牟子'에 대해서는 본모本牟를 인명人名으로 본 '본모本牟의 아들',58) '본모자本牟子' 전체를 인명으로 본 견해,59) 그리고 감시하는 직함으로 본 '본래의 모자牟子',60) 원래의 소유자,61) 고위자에게 보고하는 역할을 맡은 하급관리로 본 '본디 모자',62) 사건의 실상을 조사하고 쟁인爭人의 평의 결과를 보고하는 역임자63)로 풀이하는 등 다양한 견해가 있었다.

그런데 『일본서기日本書紀』 지통천황持統天皇 7년(693) 봄 2월 기축조에는 '표류해 온 신라인 모자모례牟自毛禮 등 37명을 신라 사신 박억덕朴憶德 등에게 딸려 보내주었다'64)는 기사를 전한다. '신라인 모자모례牟自毛禮 등 37명'에서 '모례毛禮'는 『삼국유사』 아도기라阿道基羅조에서 일선군一善郡에 사는 이의 이름으로 나타나고 있어 이름으로 흔히 사용되었음을 인정할 수 있으며,65) '모자牟自'는 「중성리비」의 '모자牟子'와 음이 동일하다. 대체로 신라인들은 출신지를 관칭하였다는 점에서 '모자牟子'와 동일한 음가를 가진 '모자牟自'는 지명일 가능성이 높고, 후술하듯이 모자牟子에 뒤이어 탁사리喙沙利, 이사리夷斯利 등 인명이 나온다는 점에서 '모자牟子'를 지명으로 보는 것이 옳다고 본다. 특히 『일본서기』에서 신라인 모자 모례牟自毛禮 등이 표류했다는 것으로 보아, 「중성리비」가 소재한 포항지역과 모종의 관련이 있을 것으로 추측되는 바, 경주시 동방동 혹은 경주시 외동읍 부근으로 추정되는 동기정東畿亭 곧 모지정毛只亭66)에 비정할 수 있지 않을까 한다.

그렇다면 '본本'은 '본래 … 이었다'는 의미로 풀이할 수 있다. 이는 「봉평

---

58) 이문기, 앞의 논문, 15쪽.
59) 이수훈, 2009.9.3, 「포항중성리비의 건립연대와 성격 토론문」, 『포항 중성리 신라비 발견기념 학술심포지엄』, 87쪽. 전덕재, 앞의 논문, 95쪽. 이용현, 앞의 논문, 7쪽.
60) 이영호, 앞의 논문, 233쪽.
61) 이우태, 앞의 논문, 82쪽.
62) 선석열, 앞의 논문, 40쪽. 강종훈, 앞의 논문, 148~149쪽.
63) 김창석, 2010, 앞의 논문, 198쪽.
64) 『日本書紀』 권 30, 高天原廣野姬天皇 持統天皇 7년 봄 2월 己丑.
65) 『三國遺事』 권 3, 興法 3, 阿道基羅.
66) 정구복 외, 1997, 『역주 삼국사기』 4 주석편(하), 한국정신문화연구원, 211쪽.

비」(법흥왕 11년, 524)의 별교령別敎令에서 "거벌모라남미지 본시노인居伐 牟羅男彌只 本是奴人"의 '본本'에 상응하며, 『삼국사기』 지리지에서 지명의 서술 방식 곧 "신광현神光縣 본동잉음현本東仍音縣"이라는 서술법과 동일하다.67) 따라서 '본모자本牟子'의 해당 구절 "사탁부 이추지나마·탁부 졸지나마 본모자탁사리·이사리沙喙部 尒抽智奈麻·喙部 卒智奈麻 本牟子喙沙利·夷斯利"는 "사탁부 이추지尒抽智 나마와 탁부 졸지卒智 나마는 본래 모자牟子의 탁사리喙沙利와 이사리夷斯利였다"로 풀이된다.68) 이는 바로 「중성리비」의 쟁송이 있게 된 배경이 되며, 앞서 살핀 두지사간지궁豆智沙干支宮과 일부 지궁日夫智宮 등이 환지還至해야 할 대상이 바로 사탁부 이추지나마尒抽智奈麻와 탁부 졸지나마卒智奈麻이며, 이들을 사탁부와 탁부로부터 환지還至해야 하는 곳이 왕경 동쪽 일원으로 추정되는 모자牟子 지역임을 보여 준다.

그러므로 본 쟁송의 문제 제기자는 모자牟子의 탁사리喙沙利69)와 이사리夷斯利의 신분으로 되돌아가고자 하는 사탁부 이추지나마尒抽智奈麻와 탁부 졸지나마卒智奈麻가 된다. 또한 '백쟁인白爭人'의 '백白'은 '교敎'와 마찬가지로 쟁송의 문제 제기자 곧 사탁부 이추지尒抽智 나마와 탁부 졸지卒智 나마가 어떤 사실을 '사뢰었다'는 종지형 동사로서 기능하였음을 알 수 있다.

물론 '백쟁인白爭人'에 대해서 소송을 제기한 사람,70) 그리고 '쟁인爭人'만으로 분쟁을 일으킨 사람,71) 또는 분쟁에 직간접으로 연관된 자들로 왕경

---

67) 이용현은, 「봉평비」의 '本是奴人'은 과거의 사실을 서술한 데 대해, '本牟子'의 '本'은 시제를 구분한 것이 아니므로 '본디'로 볼 가능성이 낮다 하고 인명으로 보았다.(이용현, 앞의 논문, 6~7쪽)

68) 필자의 석독에 대해 본 논문의 심사 과정에 '한 사람이 異名을 가질 수 있는가' 하는 의문이 제기되었지만, 堤上을 毛末(毛麻利叱智), 居柒夫를 荒宗, 異斯夫를 苔宗으로 표기한 사례가 있고, 乙祭를 飮葛文王, 閼川과 동일인물로 추정되기도 한다는 점을 참고할 수 있다. 더욱이 지증왕대 國號 改名 등의 사례로 볼 때에 지방민이 왕경인으로 편제되면서 개명하였을 가능성은 충분하다고 본다.

69) '喙沙利'를 대부분의 연구자들이 '喙(部)의 沙利'로 석독하였으나, 권인한은 별다른 설명이 없었지만 인명으로 해석하였다.(권인한, 앞의 논문, 66쪽)

70) 이우태, 앞의 논문, 81쪽.

71) 이문기, 앞의 논문, 16~17쪽. 강종훈, 앞의 논문, 149쪽.

의 지배층에게 판정을 호소한 사람,[72] 쟁송을 실무선에서 제기한 사람,[73] 쟁송의 심의와 판결 전의 1차 평결을 맡았던 사람 또는 분쟁의 당사자[74] 등으로 추정하기도 한다. 앞서 살폈듯이 쟁송의 제기자가 사탁부 이추지 尒抽智 나마와 탁부 졸지卒智 나마이고 보면 '쟁인爭人'은 또다른 성격의 존재로서 이해해야 할 것이다.

쟁인爭人의 '인人'은 「냉수리비」(503)의 전사인典事人, 「봉평비」(524)의 대인大人, 서인書人, 신인新人, 입석비인立石碑人, 「천전리서석 원명」(525)의 작공인作功人, 작식인作食人, 작서인作書人의 '인人'에 상응한다. 이들 'ㅇㅇ 인人'은 신라 상고 말, 중고기 초엽의 직임을 표기하는 방식이었다. 이들은 「천전리서석 추명」(539)에서 보듯이 'ㅇㅇ신臣'으로 변모되었다.[75] 따라서 「중성리비」에서의 '쟁인爭人'은 '쟁신爭臣'의 의미로 풀이된다.

특히 「중성리비」의 '쟁인爭人'은 '사인使人'과 대응하는 존재로서, 별도의 동사가 없이 출신부와 성명, 관등(또는 무관등)만이 기술되었다. 이는 「냉수리비」의 전사인이나 「봉평비」의 대인과 마찬가지로 교의 주체자가 쟁인爭人의 직임에 열거된 인원을 구성하도록 교敎한 것임을 의미한다. 따라서 사인使人이 세령世令을 지방민에게 내리는 주체였다면, 쟁인爭人은 앞서 탁부 습지아간지와 사탁부 사덕지아간지 등의 교로써 구성되어, 사탁부 이추지나마와 탁부 졸지나마가 사뢴 내용에 대해 쟁의爭議하는 소임을 맡았던 것으로 보인다.[76] 이는 「냉수리비」에서 칠왕七王이 공론共論하는 과정에,[77] 그리고 「봉평비」에서 매금왕, 갈문왕을 비롯하여 12명의 6부 소속 관료들이 교를 내린 주체로 나오는 것에 비교할 수 있다.

---

72) 하일식, 앞의 논문, 183쪽.
73) 하일식, 위의 논문, 190쪽.
74) 김창석, 2009, 앞의 논문, 382~383쪽 : 2010, 앞의 논문, 198쪽.
75) 박남수, 2008, 「蔚州 川前里 書石銘에 나타난 眞興王의 王位繼承과 立宗葛文王」, 『한국사연구』 141, 33쪽.
76) 『삼국사기』 파사이사금 23년(102)조에 音汁伐國이 悉直谷國과 강역을 다툴 때에 首露王이 '立議하여 처결'한 사례로 보면, 「중성리비」 爭人의 소임은 '立議된 사안'을 爭議하는 직임이지 않았을까 생각된다.
77) 이용현, 앞의 논문, 14쪽.

한편 '모참벌牟묘伐'은 모량부를 일컬은 명칭이 아닌가 한다. 곧 고음古音은 기음氣音을 피하였다는 점에 유의할 때에,[78] '모참벌牟묘伐'의 '참묘'은 「봉평비」(524)의 '잠탁부쓱喙部'의 '잠쓱'과 음이 서로 통한다고 할 것이다. 사실『삼국사기』유리이사금 9년조에는 '점량부는 혹은 모량부라고도 한다漸梁部 一云 牟梁部'라고 일컬은 바, 「봉평비」(524)의 '잠탁부쓱喙部', 「남산신성비 제2비」(591)의 '모탁부牟喙部'에서 그 실례를 살필 수 있다. 따라서 점량부는 본래 기왕의 지명이었던 '모참벌牟묘伐'로 일컫다가, 「봉평비」(524)단계에서는 '잠탁부쓱喙部', 「남산신성비」(591) 단계에서는 '모탁부牟喙部'로 일컬었으며, 그후 점량부漸梁部 또는 모량부牟梁部로 칭하게 된 것이 『삼국사기』에 전승된 것으로 판단된다. 특히 「중성리비」에서 '모참벌牟묘伐'은 신라 6부인 탁부·사탁부와 본피부 사이에 기술된 바, 이를 신라 6부 중의 하나인 모량부라고 보아 옳을 것이다.

또한 '금평△간지 제지일벌 金評△干支祭智壹伐'은 관등 구성이 '간지干支-일벌壹伐'로 되어 있어, 앞의 '본피부本彼部의 탁시간지喙 干支와 불내일벌弗乃 壹伐'과 비교할 때에 '금평金評'을 지명으로 보는 것이 옳을 것이다.[79] 이에 '모참벌牟묘伐'이 지명으로서 후일의 잠탁부쓱喙部(漸梁部) 또는 모탁부牟喙部(牟梁部)로 정비된 것처럼, 금평金評 또한 신라 6부 가운데 어느 한 곳을 지칭하는 명칭이 아닐까 추측된다. 필자는 후술하듯이 금평金評을 금산金山가리촌加利村을 본거지로 한 한지부의 본래 명칭이 아닐까 추정하고 싶다.

요컨대 쟁인은 '탁평공喙評公 사미斯弥, 사탁부沙喙部의 이수夷須, 모참벌牟묘伐의 탁사리 일벌喙斯利 壹伐과 피주지皮朱智, 본피부本彼部의 탁시간지喙柴干支와 불내일벌弗乃 壹伐, 금평金評의 △간지干支와 제지 일벌祭智 壹伐'로 구성되었다. 당시에 아직 6부의 이름이 후대의 그것처럼 고정화되지는 않았지만, 6부 상호간에 일종 협의체계가 있었음을 살필 수 있다. 이들은 본피부와 금평의 경우처럼 간지干支와 일벌壹伐이 함께 참여하고 있어 5개부의 대표진으로 여겨진다. 또한 사탁부 이추지나마小抽智奈麻와 탁부 졸지

78) 梁柱東, 앞의 책, 89쪽.
79) 이용현, 앞의 논문, 11쪽.

나마卒智奈麻가 그들의 본향本鄕 곧 모자牟子 지역으로 귀환하고 본래의 신분으로 환원하려는 사안을 논의하기 위해 국왕의 교에 따라 구성된 집단으로서, 논의 결과는 당연히 뒤이어 나오는 사인使人에 의해 관계 지방에 포고되었던 것으로 이해된다.

3) 지명과 인명의 구분

본 비문에서는 지명과 인명을 구분하기 어렵고, 탁부喙部 관련 명칭이 다양한 형태로 나타나고 있다. 신라 6부 가운데 오직 탁부喙部의 경우에만 '탁부喙部, 탁평喙評, 탁喙' 등으로써 소속 부를 표기한 것이나, '모참벌탁사리일벌피주지 본피탁시간지불내일벌 금평△간지제지일벌牟旵喙斯利壹伐皮朱智 本彼喙柴干支弗乃壹伐 金評△干支祭智壹伐', '사인나소독지도사 탁념모지사탁추수지使人奈蘇毒只道使 喙念牟智 沙喙鄒須智', '거벌일사리소두고리촌구추열지居伐壹斯利蘇豆古利村仇鄒列支' 등에서 인명과 지명, 부명 등을 어떻게 볼 것인가에 대한 많은 논의가 있다.

첫째, '탁부喙部−탁평喙評−탁喙'의 관계에서 탁부喙部만을 '부部'로 기재한 것은 국왕 통치체제 안에서의 6부를 가장 일찍 정비했기 때문이라는 견해[80]와 탁부喙部가 가장 우세한 부이기 때문이라는 견해[81]가 있다. 탁평喙評과 관련하여서는 '탁평喙評의 공사미公斯弥'[82] 또는 '탁喙의 평공評公과 사미斯弥'[83], '탁평공喙評公 사미斯弥'[84]로 이해한다. 금석문 가운데 'ㅇㅇ공公'을 일컫는 사례는 「냉수리비」의 전사인典事人 '탐수도사 심자공躭須道使 心訾公'과 「봉평비」의 서인書人 '모진사리공牟珍利公', 「황초령비」의 △전典 '이공흔평소사襄公欣平小舍'를 들 수 있다. 전자는 이름에 붙여 사용한 존칭

---

80) 이문기, 앞의 논문, 44쪽. 김희만, 2009, 앞의 논문, 8~9쪽.

81) 이영호, 앞의 논문, 232쪽.

82) 전덕재, 앞의 논문, 97쪽.

83) 강종훈, 앞의 논문, 150쪽. 김희만, 2009, 앞의 논문, 7쪽.

84) 권인한은 '喙評公'을 관등을 대신한 명칭으로 이해하였다.(권인한, 앞의 논문, 66쪽)

으로 '심자공心訾公' '모진사리공牟珍斯利公'으로, 그리고 후자는 이름 '흔평欣平'과는 별도의 호칭 '이공僰公'이라 칭하였다. 「중성리비」는 후자의 사례로 여겨지므로 '탁평공喙評公 사미斯弥'라고 할 수 있다. 여기에서 '탁평喙評'은 후술할 '금평金評'에 대비되는 명칭으로, 탁평공喙評公 이하의 인물들이 6부 소속이라는 점에서 탁평공喙評公은 '탁喙'과 관련된 이름으로 볼 수 있다.[85]

한편 연구자들 가운데서는 '모참벌탁사리일벌피주지 본피탁시간지불내일벌牟묘伐喙斯利壹伐伐皮朱智 夲彼喙柴干支弗乃壹伐'의 구절에 대하여, 『양서』신라전 6탁평 기사를 원용하여 '모참벌탁牟묘伐喙', '본파탁夲波(彼)喙' 등으로 석독한다. 당시에 6부 가운데 탁喙, 사탁沙喙 외의 4부는 '부部'와 동일한 의미의 '탁喙'을 사용하였는데, 그후 이들 '탁喙'이 탈락하여 잠탁부, 본피부 등으로 일컬었다는 주장이다.[86] 또한 「중성리비」 단계의 6부는 6'탁평喙評'으로서, 탁喙, 평評, 탁평喙評의 사례로 볼 때에 부명部名이 「중성리비」 단계의 탁喙으로부터 시작하여 524년 「봉평비」 이전에 6탁평喙評으로 확산 정착되었고, 「봉평비」에서 '6부六部'로 거듭난 것이라고 보기도 한다.[87] 여기에서 기왕에 모단벌牟旦伐로 보았던 지명은 앞서 살폈듯이 모참벌牟묘伐로서, 모량부의 전신이다.

그렇다 하더라도 과연 이를 모참벌탁牟묘伐喙, 본피탁夲彼喙으로 일컬었을까 의문이다.[88] 나아가 모참벌탁牟묘伐喙과 마찬가지로 본모자탁夲牟子喙

---

85) 노태돈은 部內部 집단의 명칭을 '評'이라 하지 않았을까 추론한 바 있는데(노태돈, 1975, 「삼국시대의 部에 관한 연구」, 『한국사론』 2, 서울대 국사학과, 29쪽), 「중성리비」에서 '喙評'은 6부 '喙'의 거주 지역명으로 인정되는 바, '喙評'의 '評'은 金評과 마찬가지로 탁부의 본래 거주지역을 지칭하는 명칭으로 이해해야 하지 않을까 생각한다.

86) 이문기, 앞의 논문, 17~18·45쪽. 전덕재, 앞의 논문, 103~105쪽. 이러한 주장은 일찍이 部內部를 '評'이라 일컫다가 병합의 과정을 거쳐 나중에 남은 것이 '6喙評'이 되고, 그것이 다시 '6部'로 변모한다는 가설(노태돈, 1975, 앞의 논문, 29쪽)과 매우 흡사하다는 점을 지적해 둔다.

87) 이용현, 앞의 논문, 11~12쪽.

88) 강종훈은, '牟묘伐喙'으로 읽을 경우 그 뒤의 인물들이 爭人이 될텐데도 전혀 무관한 것처럼 나오고 있어 앞뒤 맥락에 문제가 된다고 지적하고, '牟묘伐'을 인명으로 이해하여 '喙'과 나누어 보았다.(강종훈, 앞의 논문, 151쪽) 한편 '本

도 붙여볼 여지가 없을까 하는 견해가 표출되기도 하였다.[89] 만일 이러한 견해를 따른다면, 먼저 '모자탁사리이사리牟子啄沙利夷斯利'는 '모자탁牟子啄의 사리沙利와 이사리夷斯利였다'로 풀이되어, 어떤 기록에도 찾을 수 없는 새로운 부명 '모자탁牟子啄'을 창출하게 된다.

그런데 당시에는 '사리斯利'와 관련된 인명을 쉽게 찾을 수 있다. 곧 「중성리비」의 '모참벌탁사리牟旵伐啄斯利'를 비롯하여 모자牟子의 '이사리夷斯利', 거벌居伐의 '일사리壹斯利', 그리고 「냉수리비」에서는 별교령別敎令의 '거벌모라 지사리居伐牟羅 只斯利', 서인書人 '모진사리공牟珍斯利公'[90] 등을 살필 수 있다. 이에 당시 신라인들이 '사리斯利'를 인명의 뒤에 돌림자로서 즐겨 사용하였음을 알 수 있다. 모자탁사리牟子啄沙利의 '사沙'는 '사斯'와 글자 차이만 있을 뿐 발음이 동일하며, 『일본서기』 신공황후神功皇后 62년(262)조에서 가라국加羅國의 '국사리國沙利'라는 이름을 확인할 수 있어서,[91] '사리斯利'와 마찬가지로 '사리沙利'도 당시대인들의 이름자 뒤에 즐겨 사용된 돌림자였음을 알 수 있다.[92]

사리沙利가 이름자 뒤에 사용된 돌림자였고, 신라 왕경 가운데 '모자탁牟子啄'이라는 새로운 부명으로 일컫기 어려우며, 모자牟子가 지명으로 판단되므로, '모자탁사리牟子啄沙利'는 '모자牟子지방의 탁사리啄沙利'로 석독하는

波啄柴干支'의 경우 「냉수리비」에는 왜 '本波啄'이나 '本波啄部' 등이 나오지 않는 것인가에 대한 해명이 필요함을 지적하기도 한다.(강종훈, 위의 논문, 153~154쪽 ; 주보돈, 앞의 논문, 23쪽) 전자의 경우 자의적인 문단 풀이에 대한 문제를 지적할 수 있으나, 후자의 지적은 옳다고 본다.

89) 주보돈, 앞의 논문, 10쪽 각주 6.

90) '牟珍'을 '모들'로 읽고 '牟梁'으로 보기도 하나(문경현, 1990, 「영일냉수리신라비에 보이는 部의 성격과 정치운영문제」, 『한국고대사연구』 3, 155쪽), 이는 인명의 뒤에 붙는 돌림자 '斯利'와 함께 쓰인 인명으로 보아야 할 것이다.

91) 『日本書紀』 권9, 神功皇后 62년.

92) 김희만은 '壹斯利' '夷斯利' 등 '사리'라는 인명이 '沙利' '斯利' 등으로 표기된 것에 대하여, '우리의 호칭이 한자화되면서 이러한 현상이 나타난 것'으로 추정하였다.(김희만, 2009 앞의 논문, 19쪽) 대체로 이러한 지적은 옳으나, '斯利'와 '沙利'는 『三國遺事』 王曆의 未鄒尼叱今의 母 述禮夫人, 『世宗實錄地理志』 慶州府條의 驛名 "沙利 古作 活里"에서 보듯이 '生·活'의 訓讀 '살·솔'과 관련된 이름(梁柱東, 앞의 책, 279쪽)의 돌림자로 생각한다.

것이 옳을 것이다. 마찬가지 이유로 '모참벌탁사리일벌牟皀伐喙斯利壹伐'은 '모참벌牟皀伐의 탁사리喙斯利 일벌壹伐'로 석독되며, 「중성리비」 건립 당시에 이름자에 '탁喙'을 쓰는 것이 하나의 유행이지 않았을까 생각된다. 이에 쟁인爭人으로 참여한 '본피탁시간지불내일벌本彼喙柴干支弗乃壹伐'은 '본피本彼의 탁시간지喙柴 干支와 불내일벌弗乃 壹伐'로 풀이하는 것이 옳을 듯하다.

더욱이 2회 등장한다는 '모단벌탁牟旦伐喙' 가운데 하나는 '지 차대탁至 旦 代喙'의 오독誤讀이며, 다른 하나는 점량부에 선행하는 지명 '모참벌牟皀伐'에 불과하다. 금평金評 또한 후술하듯이 신라 6부 가운데 하나를 지칭한 지명임이 분명한 데도, 금평金評의 뒤에 별도의 '탁喙'이 표기되지 않았다는 데서 「중성리비」 단계에서 '부部'와 동일한 의미의 '탁喙'을 붙여 사용했다는 주장은 근거가 없다고 할 것이다. 이에 '모단벌탁牟旦伐喙''본피탁本波(彼)喙'설說은 「중성리비」 단계에서 경외京外 수장급들이 이름자에 즐겨 사용하던 '탁喙'을 부명部名의 일부로 오해한 데서 비롯한 것으로서, 이사금시대에 6부가 이미 성립되었다는 설을 보강하기 위해 부회한 착상에 불과하다고 본다.[93]

둘째, 쟁인爭人 가운데 보이는 '금평△간지제지일벌金評△干支祭智壹伐'에 대해서는, 대체로 '금평金評△간지干支와 제지일벌祭智壹伐'[94] 또는 '금평金評 △간지干支의 제지일벌祭智壹伐'[95]이라 하여 '금평金評△' 또는 '금평金評'을 인명으로 풀이한다. 그런데 이들 인물들의 관등은 '간지干支-일벌壹伐'로서 본피本彼의 탁시간지喙柴 干支-불내일벌弗乃 壹伐와 동일하지만, 영슈

---

93) 주보돈, 앞의 논문, 23~24쪽.
94) '金評ㅁ'을 대체로 인명으로 이해하여 본피부에 최소한 2명의 干支가 있었고, 6부는 자치적인 관리조직과 지배기반을 보유한 여러 지역 집단, 즉 부내부 집단 또는 서로 다른 하위 집단들이 중층적으로 편제된 것으로 이해하기도 한다.(전덕재, 앞의 논문, 109~112쪽 ; 주보돈, 앞의 논문, 26쪽 ; 노중국, 앞의 논문, 79~81쪽 ; 선석열, 앞의 논문, 37쪽 ; 김창석, 2009 앞의 논문, 390~391쪽 ; 노태돈, 2010, 앞의 논문, 45~47쪽) 그러나 앞서 살폈듯이 金評은 6부명이 정착되기 이전의 한지부 지명으로 추정되며, 喙·沙喙 이외의 왕경 4부는 각 부별로 '간지-일벌' 1개조의 조직만을 살필 수 있을 뿐이다. 따라서 「중성리비」 단계의 6부는 喙과 沙喙, 그리고 여타 4개부 간에 관등 체계가 달랐던 것으로 여겨진다.
95) 강종훈, 앞의 논문, 154쪽.

을 받는 촌주급 인물들의 관등 곧 고리촌古利村과 나음지촌那音支村의 관등 '간지干支−일금지壹金知'와 차이가 있다. 이는 앞서 살폈듯이 금평金評이 왕경에 소속된 지명임을 시사한다.

'평評'은『일본서기日本書紀』계체천황繼體天皇 24년(530)조에 "배평은 지명인데 또한 능비기부리라고 이름한다 背評 地名 亦名能備己富里也"라고 하여 '부리富里'로 일컬었다.96) 이는 '발發, 부여夫餘, 부리夫里, 벌伐, 불不, 불弗, 비沸' 내지 '평枰, 평坪', '화火, 열烈'에 상응하는 '원原, 야野'를 뜻하는 '블'이다.97) 따라서 '금평金評'은 '싀블' 정도가 되겠는데, '금성金城'은 '싀잣(쇠잣)'으로서 별칭 '싀블'98)이라고 하였다. 이에 '금평金評'은 금성金城을 지칭한다고도 볼 수 있겠으나, 금평이 6부의 마지막 순서로 배열되어 있고 본피부의 간지와 동일한 관등을 소지하였다는 점에서, 왕궁王宮인 금성金城과 관련된 이름으로 보기는 어려울 듯하다. 금평金評에 앞서 서술한 쟁인들이 모두 6부 소속 인물이고, 모참벌牟旵伐이 지명으로써 점량부를 대신하였으며, 금평金評 소속 인물의 관등이 '간지干支−일벌壹伐'로서 앞선 본피夲彼 소속 인물과 동일하기 때문에, 금평金評은 6부 가운데 어느 한 부의 지명이라 할 수 있다.

이에 '금金'을 포함한 신라 6촌 가운데 하나인 한지부의 본거지 '금산 가리촌金山 加利村'을 주목할 수 있다. 금산金山은 금평金評과 더불어 모두 '금金'자를 차용한다는 점에서 동일 계통의 지명으로 인정되며, 가리촌加利村의 '가리加利'는 '갈래' '가람'과 동일계통의 어휘로서 큰 하천의 갈래를 뜻하는 "한기부漢歧部는 또한 한기부韓歧部라고도 쓴다"의 '기歧', 그리고 '광야曠野, 대촌大村'을 뜻하는 '대포大庖, 한지漢祇, 한지漢只' 내지 '한지閑只'에 다름 아닌 것으로 생각한다.99) 그런데 이러한 명칭은 「진흥왕 창녕순수비」(561)에서야 비로소 '한지漢只'라는 명칭으로 등장한다. 이에 「중성리비」에 보이는 금평金評은 금산金山으로부터 비롯한 것으로서, 그 훈차가 금성金城과 유사함으로 인하여 가리촌加利村에서 비롯한 '광야曠野, 대촌大村'의 「한디」로 바뀌

---

96)『日本書紀』권 17, 繼體天皇 24년(530) 秋 9월.
97) 梁柱東, 앞의 책, 386·391쪽.
98) 梁柱東, 위의 책, 386쪽.
99) 梁柱東, 위의 책, 159·569~570쪽.

어 정착되었던 것은 아닐까 추측된다.[100] 따라서 금평金評은 한지부의 본거지 금산金山과 관련된 지명으로서, '모참벌牟旵伐'을 후일에 '잠탁부岑啄部', '모탁부牟啄部' 등으로 고쳐 일컬은 것과 같은 이유로 「진흥왕 창녕순수비」(561)에 '한지漢只'로 나타난 것으로 생각된다.[101] '한지漢只'의 전신 금평金評이 「중성리비」에 등장한 것은 혹시 『삼국유사』 왕력王曆에서 지증왕의 비妃로 나온 영제부인迎帝夫人의 출신지 한지漢只와 관련될 지도 모르겠다.

셋째, '사인나소독지도사탁념모지사탁추수지使人奈蘇毒只道使啄念牟智沙啄鄒須智'와 '거벌일사리소두고리촌구추열지居伐壹斯利蘇豆古利村仇鄒列支'에서 지명과 인명을 어떻게 구분할 것인가의 문제이다.

먼저 나소독지奈蘇毒只에 대해서는 '지只'가 지명의 어미로 많이 나타난다는 점에서 지명으로 파악하지만,[102] 인명으로 보기도 한다.[103] 또한 6세기 금석문에서 도사道使는 1명으로 나오기 때문에, 도사와 사인의 직임을 각각 나누어 맡았던 것으로 이해하기도 한다.[104] 그렇지만 6세기 신라 금석문에서 도사道使의 직함은 지명地名을 관칭하고 있어 나소독지奈蘇毒只라는 곳에 두 명의 도사가 파견되었다는 지적이 옳다고 본다.[105]

---

100) 한지벌의 지명과 관련하여, '한지벌부 → 한지벌훼 → 한지벌(훼)부 → 한기부'의 변화과정을 상정하기도 한다.(전덕재, 앞의 논문, 105쪽 ; 김창석, 2009, 앞의 논문, 393쪽)

101) 이용현도 필자와 마찬가지로 爭人을 직임으로 풀이함으로써, 관등 '간지-일벌' 체계와 6부명이 배열되었다는 점으로써 '金評'이 지명임을 밝혔다.(이용현, 앞의 논문, 11~12쪽) 다만 씨는 '金評'에 대하여, '金'의 訓이 '쇠'이므로 '斯彼(習比,習)部'의 '斯(習)'와 통한다고 보아, 이를 습비부로 비정하였다. 그러나 「냉수리비」에 이미 '斯彼'가 보이고 있어, 2년만에 왕경 6부의 주요부의 명칭을 金評으로부터 '斯彼'로 바꿀 수 있었을까 의문이다.

102) 이문기, 앞의 논문, 20~21쪽. 전덕재, 앞의 논문, 95쪽. 강종훈, 앞의 논문, 156쪽.

103) '使人인 奈蘇와 毒只(또는 奈蘇毒只), 道使인 啄의 念牟智와 沙啄의 鄒須智'로 이해하기도 한다.(이우태, 앞의 논문, 81쪽 ; 이영호, 앞의 논문, 236쪽)

104) 하일식은 한 지역에 두 명의 도사가 파견된 사례가 없으므로, 奈蘇毒只 道使 啄의 念牟智만이 도사의 직함을 가졌고, 沙啄의 鄒須智는 使人의 직함만을 가진 것으로 이해하였다.(하일식, 앞의 논문, 188쪽)

105) 선석열, 앞의 논문, 43~45쪽. 이문기, 앞의 논문, 20~21쪽. 강종훈, 앞의 논문, 156쪽.

다음으로 소두蘇豆를 인명으로 볼 것인가 아니면 고리촌과 연계된 소두고리촌蘇豆古利村이라는 지명으로 볼 것인가의 문제를 주목할 수 있다.[106] 「중성리비」에는 교령을 받는 자가 대체로 두 사람씩 짝지워져 있고, 전서典書를 담당한 '모두牟豆'의 사례로 미루어 볼 때에, 소두蘇豆는 '두豆'의 돌림자 형식의 인명이 아닌가 생각된다. 또한 '고리古利'란 '골'을 음사音寫한 것으로[107] 고리산古利山의 사례처럼[108] 단독 지명으로 여겨지는 만큼, 『삼국사기』 제사祭祀조에서 사대도제四大道祭를 거행하였던 곳 가운데 하나인 경주 동쪽의 '고리古里'에[109] 비정할 수 있다. 이는, 앞서 모자牟子가 경주시 동방동 혹은 경주시 외동읍 부근의 동기정東畿亭 곧 모지정毛只亭으로 비정되는 것에 상응한다. 나음지촌那音支村은 의창군의 영현인 신광현神光縣의 본래 이름 동잉음현東仍音縣의 '잉음현仍音縣'에 상응하는 옛 이름일 것으로 여겨진다.[110] 거벌居伐은 음차한 지명, 그리고 진벌珍伐은 훈차와 음차로 조합된 지명 곧 '돌벌' 정도로[111] 이해된다. 이에 '거벌일사리소두고리촌구추열지居伐壹斯利蘇豆古利村仇鄒列支'는 '거벌의 일사리壹斯利와 소두蘇豆, 고리촌의 구추열지仇鄒列支 간지干支와 비죽휴沸竹休 일금지壹金知'로 풀이되며, 본 비의 법령을 포고한 지역이 모자牟子와 인접한 거벌居伐, 고리촌古利村, 나음지촌那音支村, 진벌珍伐로서, 지금의 경주 동쪽 일원과 포항 지역을 아우르는 지역이었음을 알 수 있다.

---

106) 노태돈·노중국은 '蘇豆古利村'을 지명으로 보았다.(노태돈, 2010, 앞의 논문, 46~47쪽 ; 노중국, 앞의 논문, 85~86쪽)

107) 양주동, 앞의 책, 95쪽.

108) 『三國史記』 권 43, 列傳 3, 金庾信 下.

109) 『三國史記』 권 32, 雜志 1, 祭祀 四大道祭. 한편 노중국은 '소두고리촌'으로 읽고, 오늘날 월성의 고리와 음은 상 연결되므로 잠정적으로 월성 고리 지역으로 비정하였다.(노중국, 앞의 논문, 86쪽)

110) 전덕재, 앞의 논문, 96쪽 각주 8. 노중국, 위의 논문, 86쪽. 일찍이 양주동은 『삼국사기』 지리지의 지명을 바탕으로 '仍'이 '느, 너'에 사용되다가, '乃'에 유추되어 '내'로 俗讀, 音借되어 후세에 원음 '잉'으로 일컬어졌음을 지적한 바 있다.(梁柱東, 앞의 책, 782~783쪽)

111) 양주동, 위의 책, 708쪽.

4. 「포항 중성리신라비」의 문장구성과 해석

본 「중성리비」의 쟁점 중의 하나는 입비 연도를 보여주는 '신사辛巳'와 관련된 문장에 대한 석독이다. '신사辛巳' 뒤로 두 세 자 정도의 글자가 일실되었는데, 국립경주문화재연구소에서는 "신사辛巳△△중절로中折盧??"라고 판독하였다.112) 이를 '지절로只折盧??'로 석독함으로써 지철로갈문왕智哲盧葛文王으로 보기도 하나,113) 지적되듯이 그 뒷부분 비문의 여백으로 보아 '문왕文王'이 들어갈 가능성은 거의 없다고 한다.114) 앞서 살폈듯이 'ㅏ'과 '折'의 자획 또한 불분명한 상황이다.

한편 「중성리비」에서 敎를 내린 인물 가운데 하나인 '사탁 사덕지 아간지沙喙 斯德智 阿干支'를 「냉수리비」에서 사탁 지도로갈문왕沙喙 至都盧葛文王에 뒤이어 나오는 '사덕지 아간지斩德智 阿干支', 그리고 '운云' 이하에 보이는 일부지궁日夫智宮의 '일부지日夫智'를 「냉수리비」 전사인典事人 사탁부의 '일부지 나마壹夫智 奈麻'115)와 동일시할 수 있는가 하는 문제가 있다. 그러나 지적되듯이 「냉수리비」에서 '斩'가 '사斯'와 함께 사용되었고, '斩'를 '사斯'로 석독한 것은 추정에 불과하다.116) 또한 일부지日夫智와 일부지壹夫智에서 '부지夫智'가 신라 인명에 존칭의 접미어로 사용되고 두 인물의 차이는 '일日'과 '일壹'로 구분되므로, 양자를 동일 인물로 보는 것은 성급하지 않는가 한다.

결국 「중성리비」의 건립연대를 현재의 석독문만으로는 해결할 수 없다는 것이 옳다.117) 이에 문장 형식이나 서체, 문체, 그리고 율령비의 형식 등을 통하여 건립연대를 살필 수밖에 없다고 본다.

---

112) 국립경주문화재연구소, 앞의 책, 24쪽.
113) 선석열, 앞의 논문, 42쪽. 전덕재, 앞의 논문, 89~91쪽. 이영호, 앞의 논문, 231쪽. 이용현, 앞의 논문, 4~5쪽.
114) 李成市, 2009.9.3, 「선석열, 『포항중성리신라비의 금석학적 위치』에 대한 토론문」, 국립경주문화재연구소, 『포항 중성리신라비 발견기념 학술심포지엄』, 55쪽.
115) 김희만은 중성리비의 日夫智와 냉수리비의 壹夫智를 동일시 할 수 있다면, 중성리비의 건립연대를 해결할 수 있을 것으로 기대한 바 있다.(김희만, 2009, 앞의 논문, 6쪽)
116) 이문기, 앞의 논문, 41~42쪽.
117) 이문기, 위의 논문, 40~43쪽.

「중성리비」의 문장 구성상의 특징을 살피기 위한 가장 주효한 방법은 동사의 용법을 이해하는 것이라고 할 수 있다.[118] 먼저 본「중성리비」가운데 가장 쉽게 이해할 수 있는 부분은, "약후세갱도인자 여중죄若後世更導人者 与重罪" 부분이다. 이와 유사한 문구를「냉수리비」와「봉평비」,「적성비」에서도 살필 수 있기 때문이다.

이들 4개 비는 모두 법령의 준수를, '포고한 법령을 다시 말하거나 지키지 않는 이들은 중죄重罪 내지 하늘에 죄를 얻을 것'이라 함으로써 강제하고 있다.[119] 특히「중성리비」와「냉수리비」의 투식은 거의 동일한데,「냉수리비」는 "후막갱도차재 약갱도자 교기중죄이後莫更導此財 若更導者 教其重罪爾"라고 하여 보다 세련된 형식을 취하고 중죄를 내리는 것을 교敎로써 확증하고 있다. 이에 대해「중성리비」에서는 '여중죄与重罪' 곧 '죄를 준다'고 함으로써 종지형 어미를 사용하지 않으며, 우리 말 형식의 동사로 '여与'를 채택하였다.[120] '여与'는「적성비」의 "국법중 분여國法中 分与"라는 용법과 동일하다. 또한 '고기故記'는 '교가 있었으므로 기록한다'로 풀이되므로, '전서여모두典書与牟豆'까지가 교의 내용에 포함된다. 따라서 '전서여모두典書与牟豆'는 '여与'를 동사로 보는 것이 문맥상 옳으므로 '전서典書(의 직임)를 모두牟豆에게 준다(맡긴다)'로 보고자 한다.

다음으로 중성리비의 전체 문장 구성상 가장 주요하고 특징적인 동사는 '교敎'와 '세령世令', '운云', '백白' 등이라 할 수 있다. 주지하듯이 교敎의 주체는 교敎의 앞에 있는 인물 '┣朾盧ㅗㅗ△? 탁부 습지아간지啄部 習智阿干支·사탁 사덕지아간지沙啄 斯德智阿干支' 등이 될 것이다. 교敎의 뒤에 오는 인물들을 수교자受敎者로 보기도 하나,[121] 이미 지적되듯이 6세기 전반 신라 율령비적 성격의 금석문에서 특정인이 왕의 교敎를 받는 경우는 없었다.[122]

---

118) 李成市, 앞의 토론문, 56쪽. 이문기, 앞의 논문, 13쪽.
119) 이기백, 1988,「蔚珍 居伐牟羅碑에 대한 考察」,『아시아문화』4, 한림대 아시아문화연구소, 237쪽.
120) 권인한, 앞의 논문, 70쪽.
121) 이문기, 앞의 논문, 14~15쪽. 강종훈, 앞의 논문, 147~148쪽. 하일식, 앞의 논문, 181쪽.
122) 李成市, 앞의 논문, 56쪽. 이용현, 앞의 논문, 10쪽. 노중국, 앞의 논문, 64쪽.

「냉수리비」와 같이 '교教'로써 종지형을 삼거나, 「봉평비」의 소교사所教事, 별교령別教令, 「적성비」의 왕교사王教事, 절교사節教事와 같이 명사형으로 교령教令의 유형을 구분하는 방식만이 있었다.

「중성리비」에서 교령을 받는 대상을 분명히 한 경우는, 세령世令에서처럼 어조사 '우于'를 표기함으로써 분별하였다.[123] 이러한 구문상의 특징이 인정되는 바, 「중성리비」의 '교教'는 「냉수리비」와 같이 특별한 수교受教 대상이 없이 불특정 다수를 대상으로 한 것이라고 보아 좋을 것이다. 또한 「냉수리비」와 같은 별교別教의 형식이 보이지 않으므로, 앞서 살폈듯이 '교教' 이하 마지막 문장 '고기故記' 앞까지의 모든 내용을 하교下教한 것으로 이해된다. 이에 「중성리비」의 '교教'도 종지형 동사로서 풀이된다. '백白'도 같은 이유로 '사뢰다'라는 종지형 동사로 여겨진다. 다만 '세령世令'의 경우 목적어가 보이지 않지만, 그 구체적인 내용을 '운云' 이하에 서술함으로써 매우 정돈된 문장 형식을 이루고 있다.

'운云' 이하의 문장은 다시 두 개의 구문으로 되어 있다. 두 개의 구문을 나누는 것이 '차且'인데, 이는 「냉수리비」에서 두 개의 '별교別教'로 문장을 구분한 것과 흡사하다. 따라서 첫 문장은 '환지還至' 곧 '돌이켜 이르도록 하라'로 문장을 마치고 있다. 둘째 문장에서는 '대代'가 '탁喙의 작민사간지' 를 목적어로 취하면서 훈독과 음차한 '사뢰구[고]白口'의 이두식 표기로 써[124] 연접의 형태로 구문을 나누고, 두 개의 '줄 여与'로써 중문을 만들어 「냉수리비」와 유사한 형태의 '만일 … 자는 중죄를 내릴 것이며[与],[125]

---

123) 이문기, 앞의 논문, 21~22쪽.

124) '白口'를 이두식 한자(김희만, 2009, 앞의 논문, 11쪽), '口若'을 국어 어순을 따른 순한문적 요소(권인한, 앞의 논문, p.68), 오늘날 '흰소리'와 같은 의미(주 보돈, 앞의 논문, 10쪽 각주 7) 등으로 추측하기도 한다. 또한 '噵'와 마찬가지의 중의적인 표기 방식으로(이용현, 앞의 논문, 21쪽) 이해하기도 하는데, 필자는 '若' 이하의 문구는 「냉수리비」의 그것과 동일한 것이므로, '白口'로써 구문을 나눈 연접형으로서 후일의 '白遣(숣고)'(양주동, 앞의 책, 510쪽)에 상응하는 초기적 이두 형식의 '숣구[고]'가 아닐까 추정한다.

125) '白'에 주목하여 '若後世更噵人者 与重罪'를 사인 과서모리가 건의한 것으로 보기도 하나(이문기, 앞의 논문, 30~31쪽), 중죄 규정은 전체 教에 연계되는 문구, 혹은 교령비 서식에 입각한 준수다짐 규정으로 해석한 것이 옳다고 본다.(이용현, 앞의 논문, 23쪽)

전서典書의 직임은 모두 牟豆에게 준다[与, 맡긴다]'로 구성하였음을 알 수 있다.

이상에서 중성리비 전체 문장의 구조를 이해한 것에 큰 무리가 없다면, 다음과 같이 문단을 나누고 해석할 수 있다.

【표】「浦項中城里新羅碑」의 釋文

대분류	소분류	원문 문단구성	해석문
立碑年		「辛巳△△[△?]	辛巳年 △△,
敎의 주체		丨扗盧ᵈᵈ「△? 喙部 習智阿干支·沙喙斯德智阿干支…」「敎	丨扗盧ᵈᵈ?과 喙部 習智阿干支·沙喙斯德智阿干支는 敎한다.
敎의 내용	敎令의 원인	沙喙 尒抽智奈麻·喙部 卒智奈麻 夲牟子」喙沙利·夷斯利 白	沙喙 尒抽智奈麻, 喙部 卒智奈麻는 본래 牟子의 喙沙利, 夷斯利라고 사뢰었다(白).
	爭人 구성	爭人 喙評公 斯弥·沙喙 夷須, 牟旵「伐 喙斯利 壹伐·皮朱智, 夲彼 喙柴干支·弗乃壹伐·金評」「△干支·祭智壹伐	[이에] 爭人은 喙評公 斯弥·沙喙 夷須, 牟旵伐 喙斯利 壹伐·皮朱智, 夲彼의 喙柴 干支·弗乃 壹伐, 金評의 △干支·祭智 壹伐이다[로 구성하였다].
	使人 파견	使人 奈蘇毒只 道使 喙 念牟智, 沙」「喙 鄒須智 世令 于 居伐 壹斯利·蘇豆, 古利村 仇鄒列支」「干支·沸竹休壹金知, 那音支村卜平干支·乞介壹金知」, 「珎伐 壹晉	使人 奈蘇毒只 道使 喙 念牟智, 沙喙 鄒須智는, 居伐 壹斯利·蘇豆, 古利村 仇鄒列支 干支·沸竹休 壹金知, 那音支村 卜平 干支·乞介 壹金知, 珎伐 壹晉에게 世令126)[널리 令]하라.
	敎令 1	云 豆智 沙干支宮·日夫智宮等尒今更還」至	[슈하여] 이르기를 '豆智沙干支宮과 日夫智宮 등 너희는 [沙喙 尒抽智奈麻, 喙部 卒智奈麻로] 이제 [사탁부·탁부 소속으로부터 본래의 牟子 喙沙利, 夷斯利로] 다시 돌이켜 이르도록 하라(還至)'.
	敎令 2	且 代喙作民沙干支 使人果西牟利 白口 若後世更」「導人者 与重罪 典書 与牟豆	또한 喙의 作民 沙干支를 대신하여 使人 果西牟利가 [그 결과를] 사뢰[도록 하]고[白口], 만일 후세에 다시 [이를] 말하는 사람은 重罪를 내릴 것이며(与), 典書는 牟豆에게 맡긴다[준다](与)'
비문 기록 배경		故記」	그러므로[敎가 있었으므로] 기록한다.
書者		「沙喙心刀哩公(?)」	沙喙 心刀哩公(?)

---

126) 노태돈, 2010, 앞의 논문, 42쪽.

5. 신라 율령비의 서식書式과 지증왕 즉위 초의 정치 개혁

앞 장에서 「중성리비」에 대한 석문을 검토하여 그 내용을 새로이 풀이하였다. 그 결과 「중성리비」는 「냉수리비」와 「봉평비」, 「적성비」에 상응하는 투식을 사용하고, 교教를 내리는 방식이 「냉수리비」와 흡사함을 알 수 있었다. 필자는 중고기 화백회의를 다루면서 「냉수리비」와 「봉평비」, 「적성비」의 투식을 비교하여 중고기 신라가 법령을 공포하는 데 있어서 일정한 서식이 있었음을 살핀 바 있다.127) 이제 「중성리비」의 발견으로 법흥왕 율령 반포 이전의 투식이 정비되어 가는 과정을 좀 더 보완할 수 있게 되었다. 이에 기왕에 살핀 세 비문의 서식과 「중성리비」를 비교하여 표로 정리하면 다음과 같다.

【표】신라 율령비 서식 비교표

	浦項 中城里新羅碑 (지증왕 2년, 501?)	迎日 冷水里新羅碑 (지증왕 4년, 503)	蔚珍 鳳坪新羅碑 (법흥왕 11년, 524)	丹陽 赤城新羅碑 (~진흥왕 12년, 551)128)
紀年	辛巳△△[△?]	癸未年九月廿五日	甲辰年正月十五日	△△△△月中
教	教(주체) 教의 내용(배경, 爭人 구성)	教(大綱, 주체)	所教事 주체	王教事 節教事(주체, 내용)
別教	令(실행자, 受令者, 令의 내용,	別教 ①, ②	別教令	別教
立碑	典書 임명)	典事人의 구성 立碑儀式	立碑儀式 典事人의 구성 行 刑	典事人의 구성
	立碑 관련자	立碑관련자	立碑관련자	立碑관련자

먼저 위의 표에서 쟁인爭人은 쟁의爭議의 직임을 맡은 자를 일컬은 것으로 생각되는데, 신라에는 일찍부터 화백和白으로 대표되는 합의 문화가 발달하였다. 「냉수리비」에서는 갈문왕葛文王을 포함한 7왕王이 공론共論하

---

127) 박남수, 1992, 「신라 화백회의의 기능과 성격」, 『水邨朴永錫教授華甲紀念 韓國史學論叢(상)』, 216~221·232~233쪽.

128) 李基東, 1978, 「신라 관등제도의 성립연대 문제와 적성비의 발견」, 『역사학보』 78 ; 1984, 『신라 골품제사회와 화랑도』, 384~385쪽.

여, 「봉평비」에서는 13명의 6부 소속 고위급 관료가 매금왕·갈문왕과 함께 일련의 논의를 거쳐 교를 내렸다. 「적성비」에서는 여러 대중등大衆等이 국왕의 교에 따라 논의 과정을 거쳐 절교사節敎事한 바, 이들 법령을 제정하는 과정은 국가 중대사를 논의하여 결정하였다는 화백회의로 이해할 수 있다.129) 또한 「중성리비」에서 탁부喙部와 사탁沙喙에 귀속된 지방 세력자에게 주어졌던 나마奈麻가 「봉평비」에서는 교敎의 주체이면서도 대인大人으로도 등장하고 있는 것은, 이들 교敎의 주체자들이 각 가계를 대표하였던 때문이 아닐까 한다.

한편 「봉평비」의 서식은, 법흥왕 7년(520) 율령이 반포된 지 4년 뒤의 것이지만, 「냉수리비」(503)와 크게 차이가 없음을 살필 수 있다. 다만 「중성리비」에서는 '교敎'의 안에, 교를 내린 주체, 쟁인爭人의 구성과 영令, 법령의 준수, 전서典書의 직임자 임명까지 모두 포함하고 있다. 이들은 「냉수리비」에서는 교의 주체, 별교, 전사인, 입비의식으로 세분화되어 정비되었다. 특히 「중성리비」의 영令 가운데 영令의 전달자[使人]와 영令을 받는 자, 그리고 영令의 구체적인 내용(환지還至 조치, 중죄重罪의 명기, 법령의 준수, 전서典書의 임명)은 「냉수리비」, 「적성비」의 별교別敎나 「봉평비」의 별교령에 상응하며, 이들 내용을 별교로써 구분하지 아니하고 교敎에 포함하였음을 알 수 있다. 물론 「중성리비」에는 「냉수리비」와 「봉평비」의 희생의례가 보이지 않고, 「냉수리비」의 전사인典事人도 달리 간략하게 전서典書만을 임명하고 있지만, 「중성리비」의 투식이 「냉수리비」에 선행하는 형식임을 분명히 알 수 있다.

「냉수리비」의 투식은 「봉평비」와 거의 유사한 형태이다. 이로써 법흥왕 7년 신라가 율령을 반포하기 이전부터 이미 율령격식 가운데 '식式'에 해당하는 고유한 서식 곧 「냉수리비」의 서식이 있었음을 알 수 있다. 이러한 서식은 법흥왕 7년의 율령에 반영되어 「봉평비」의 서식으로 정형화된 것으로 이해된다. 사실 「적성비」에서도 왕권 신장에 따른 일부 변화만을 반영한 채130) 대체적인 서식은 「봉평비」의 체제를 유지하고 있다.131)

---

129) 박남수, 1992, 앞의 논문, 218~221쪽.

이들 율령비의 형식상 「중성리비」는 「냉수리비」에 선행하면서도, 앞서 살핀 「중성리비」의 "약후세갱도인자 여중죄若後世更導人者 与重罪"와 「냉수리비」의 "약갱도자 교기중죄이若更導者 教其重罪爾"가 거의 동일한 관용구적 성격을 보인다. 또한 '소蘇'의 어魚와 화禾가 앞뒤로 뒤바꾸어 기록된 점, '고기故記'의 표현, 관등이 없는 도사道使 등은, 「중성리비」와 「냉수리비」의 작성 연대가 근접함을 시사한다. 따라서 「중성리비」를 지증왕 2년 (501)의 '신사辛巳'로 보아 좋을 것이다.132) 이에 「중성리비」의 비문 형식이 「냉수리비」와 같이 정비된 것은 지증왕 즉위 초의 정치적 상황과 무관하지 않으리라 생각한다.

『삼국유사』권 1, 기이紀異 1, 지철로왕智哲老王조에는, 지증왕이 '경진년庚辰年 혹은 신사년辛巳年'에 즉위하였다고 전한다. 지증왕 즉위 4년(503)에 세워진 「냉수리비」에서 지증왕을 '지도로갈문왕'이라 일컫고 있는 데서, 그의 즉위과정이 순탄하지 않았음을 알 수 있다.133) 지증왕은 즉위 3년 (502) 2월에 순장殉葬을 금지한 이후 신궁神宮에 친히 제사를 지내고, 주군 주州郡主를 임명하였다. 또한 농사를 장려하고 우경牛耕을 시작하였으며, 즉위 4년(503)에는 국호를 제정하고 왕호를 채택하였다. 동왕 5년(504)에

---

130) 주보돈, 1989, 「울진봉평신라비와 법흥왕대 율령」, 『한국고대사연구』 2, 122~123쪽.

131) 박남수, 1992, 앞의 논문, 220~221쪽. 李成市도 「봉평비」가 「적성비」와 동일한 서식을 보인다는 점에 주목하여, 예로부터 定式化되었던 것으로 추측한 바 있다.(李成市, 1989, 「蔚珍鳳坪新羅碑の基礎的研究」, 『史學雜誌』 98-6, 15~16쪽)

132) 주보돈, 2010, 앞의 논문, 15~16쪽.

133) 이희관, 1990(b), 「신라상대 지증왕계의 왕위계승과 박씨왕비족」, 『동아연구』 20, 72쪽. 한편 소지왕이 유폐되었다가 순장을 금지한 지증왕 3년 3월에 죽은 것(정구복, 1990, 「영일냉수리신라비의 금석학적 고찰」, 『한국고대사연구』 3, 42~43쪽), 소지왕이 폐위된 후 502년 2월에 죽은 것(장창은, 2007, 「신라지증왕의 집권과 대고구려 방위체계의 확립」, 『한국고대사연구』 45, 107쪽)으로 보거나, 지도로 갈문왕이 소지왕의 죽음으로 그를 대리하고 「냉수리비」건립 다음 달 왕호 창정의 기사가 있을 때에 즉위한 것(武田幸男, 1990, 「新羅六部와 그 展開」, 『碧史李佑成教授 停年退職紀念論叢 民族史의 展開와 그 文化』 上, 117쪽)으로 풀이하기도 한다.

는 상복법喪服法을 제정하고, 그 이듬해(505)에는 군주軍主제를 시행하였다.[134] 일련의 과정은 지증왕 즉위 초에 매우 활발하게 제도를 정비하였음을 보여준다.

지증왕이 모량부에서 배필을 구한『삼국유사』기이 1, 지철로왕조의 일화는 모량부와의 제휴과정을 보여주는 것으로 보아 좋을 듯한데,[135]『삼국유사』왕력王曆에는 지증왕의 비妃 영제부인迎帝夫人을 '한지漢只 등허登許는 혹은 △△간간角干의 달이라고도 쓴다'라고 한 바, 영제부인迎帝夫人은 법흥왕의 모母 영제부인迎帝夫人에 틀림 없다. 왕력의 등허각간登許角干은『삼국사기』지증마립간 즉위년조의 이찬伊湌 등흔登欣이다. 따라서『삼국유사』왕력 관계기사와『삼국사기』지증왕 즉위년 기사는 상호 일관된 서술 내용을 전한다. 이에 따르면 지증왕비 영제부인은 한지부 출신이 되는데,『삼국유사』기이 1, 지철로왕조에 따르면 지증왕비는 모량부 상공의 딸을 '궁중에 맞이하여 황후로 봉하였다迎入宮中 封爲皇后'라고 함으로써 지증왕 즉위 이후에 들인 왕비임을 밝히고 있다. 따라서 지증왕은 즉위하기 이전에 법흥왕의 모母 영제부인迎帝夫人, 곧 한지부 등허각간登許角干의 딸과 혼인하여 법흥왕을 낳았고, 그후 즉위에 즈음하여 모량부 상공의 딸을 맞이한 것으로 보인다.[136] 이는, 지증왕이 한지漢只 곧 금평金評과 혼인으로 맺어졌으나, 즉위에 즈음하여 모량부와 다시 제휴한 사실을 설화한 것이 아니겠는가 생각한다. 이로써 볼 때에 지증왕은 즉위를 전후하여 6부와의 제휴를 위하여 상당한 노력을 경주하였을 것으로 짐작된다.

한편 지증왕이 농사를 장려하고 우경牛耕을 시작한 것은 민심을 수습하

---

134)『三國史記』권 4, 新羅本紀 4, 智證王.
135) 이영호, 앞의 논문, 239~240쪽. 이용현, 앞의 논문, 16쪽.
136) 노중국, 1999,「신라시대 성씨의 분지화와 식읍제의 실시」,『한국고대사연구』 15, 200~202쪽. 김희만, 2000,「신라 지증·법흥왕대의 정치개혁과 그 성격」,『경북사학』23, 169쪽. 장창은, 앞의 논문, 109~110쪽. 이영호, 앞의 논문, 239~240쪽. 이에 대해 迎帝夫人과 牟梁部 相公의 딸을 동일 인물로 보거나(이종욱, 1980,「신라 상고시대 6촌과 6부」,『진단학보』49, 46쪽 ; 이희관, 1990(b), 앞의 논문, 76쪽), 영제부인을 모량부 출신으로 이해하기도 한다.(李文基, 1980,「新羅 中古의 六部에 관한 考察」,『歷史教育論集』1, 80쪽)

고자 하는 노력의 일단을 시사한다. 즉위 3년(502) 2월에 순장殉葬을 금지하고 동왕 5년(504) 상복법喪服法을 제정한 기사는, 전왕 소지왕의 장례와 관련된 조치로서 신라의 왕실 상장 의례가 개혁된 사실을 반영하는 것으로 생각된다.[137] 순장殉葬 금지조치는 국왕의 가매장시에, 그리고 상복법喪服法의 제정은 3년상을 치르면서 각각 이루어진 것으로 풀이하기도 한다.[138]

그러나 지증왕 즉위 3년(502) 2월 순장殉葬을 금지한 해는 『삼국유사』에서 지증왕 즉위년에 대한 혹설或說의 신사년辛巳年에 해당하며, 『삼국사기』의 기사대로라면 소지왕이 죽은 지 3년이 되는 해이다. 「중성리비」가 건립되었다는 '신사辛巳'년 또한 이와 같은 해로 생각되는데, 탁부喙部가 사탁沙喙에 앞서 기재되고, 매금왕이나 지도로갈문왕이 명확하게 드러나지 않는 것도 전왕의 상중이라는 이러한 상황과 관련되지 않을까 추측된다. 또한 「냉수리비」나 「봉평비」와 같은 공론共論이나 각 부 공동의 하교下敎 형식이 보이지 않고, 탁부喙部와 사탁沙喙의 아간지阿干支가 하교下敎하면서 6부의 쟁인爭人을 별도로 구성하여 현안 문제를 쟁의토록 한 것도, 전왕의 상중喪中이라는 특수한 상황에서 지도로갈문왕이 전면에 나설 수 없는 모종의 정치적 상황을 보여주는 것은 아닐까 짐작된다.

여기에서 주목되는 것은, 신라의 장례 풍속이 고구려·백제의 3년상과 달리 1년상으로 전하는데, 모두 진평왕대의 사정을 전하는 『수서隋書』에서부터라는 점이다.[139] 그런데 『삼국사기』에는 순장금지령이 지증왕 3년에 내려지면서 순장의 습속이 국왕國王의 장례의식과 관련됨을 서술하고 있다. 따라서 순장금지 조치는 전왕前王 곧 소지왕炤知王의 장례와 관련됨을 알 수 있다. 이로써 볼 때에 당시에는 신라도 고구려·백제와 마찬가지

---

137) 신종원은 지증왕대의 殉葬 禁止 조치를 喪葬令에서의 王禮로 이해하고, 喪服制의 제정으로 喪葬令의 범위가 일반에게까지 적용된 것으로 보았다.(辛鍾遠, 1990, 「6세기 初 新羅의 犧牲禮」, 『震檀學報』 70, 12쪽) 이에 대해 박성천은, 殉葬의 廢止는 예법에 대한 개선을 뜻하는 것으로 이해하였다.(박성천, 2003, 「신라 지증왕의 즉위과정에 대한 연구」, 『경주문화연구』 6, 65쪽)

138) 정구복, 1990, 앞의 논문, 42쪽.

139) 『隋書』 권 81, 東夷列傳 46, 新羅. 『北史』 권 94, 列傳 82, 新羅.

로 3년상을 치렀던 것이 아닌가 생각된다. 사실 「천전리서석 추명」에서 정사년丁巳年(537)에 지몰시혜비가 죽고 나서 3년이 되는 기미년己未年(539)에 법흥왕비와 탁부 소속 인사들이 대거 참여한 것도 당시 신라의 상례가 3년이었을 가능성을 보여준다.140) 이에 지증왕 5년(504)에 상복법喪服法을 제정한 것은, 순장을 폐지한 이후 상례의 개편에 따른 상복의 개혁을 지칭한 것으로 여겨진다.

한편 지증왕 3년에 주군主州郡主를 임명하여 파견함으로써 지방통치체제를 정비하였다. 또한 동왕 4년(503)에 모든 신료들이 국호國號와 왕호王號를 상신하는 과정은141) 여타 제도의 정비와 함께 지증왕의 무단적인 힘을 느끼게 하며, 아울러 그에 바탕한 강력한 개혁 정책의 실체를 짐작하게 한다.

특히 「냉수리비」의 투식이 「봉평비」와 거의 유사한 것은, 지증왕대에 일련의 제도 개혁과정에 율령의 정비도 포함되었음을 보여주는 것으로 판단된다. 「중성리비」가 세워진 신사년辛巳年은 전왕 소지왕炤知王의 상중喪中이었다. 이 무렵에 탁부喙部, 사탁沙喙에 귀속한 지방민들의 귀환 청원에 대한 처결은, 즉위 초의 혼란스러운 정국에서 일종 사면과 같은 성격의 은전으로 보아 좋을 것이다. 「냉수리비」에서 거벌모라居伐牟羅 절거리節居利의 재산권에 대한 청원 또한 전왕의 법이라는 구법舊法과 지증왕 3년 주군主州郡主 임명·파견이라는 신법新法 간에 빚어진 모종의 갈등을 반영한 것이 아닐까 생각된다. 다시 말하면 본 「중성리비」의 율령 반행頒行의 서식이 「냉수리비」에서 매우 세분화되어 정비된 것이나, 왕경 6부와 지방 간의 분쟁에 대한 조치로서 「중성리비」와 「냉수리비」와 같은 사안에 대한

---

140) 박남수, 2008, 앞의 논문, 37쪽.
141) 지증왕 4년 王號의 개정은 「냉수리비」에서 6부 수장층을 '干'王'으로 칭하였던 것을 금제하는 조치도 포괄하였을 것으로 여겨지거니와(정구복, 1990, 앞의 논문, 43쪽 : 주보돈, 1990, 「6세기 초 신라왕권의 위상과 관등제의 성립」, 『역사교육논집』 13·14, 250~251쪽 : 하일식, 1998, 『신라 관등제의 기원과 성격』, 연대 박사학위논문 ; 2006, 『신라 집권 관료제 연구』, 혜안, 113쪽), 「봉평비」에서 확인되듯이 麻立干으로부터 寐錦王으로의 칭호 개정으로 풀이된다.

처결이 나타난 것, 특히 「중성리비」에서 '사탁沙喙 이추지나마尒抽智奈麻와 탁부喙部 졸지나마卒智奈麻를 본래의 출신지 모자牟子 지방으로 귀환'시킨 조치는, 지증왕 즉위 초의 제도개혁과 그에 따르는 사회적 갈등을 지방 출신의 청원을 수용하는 일종의 은전恩典의 형태로 해소하고자 하는 모습이 아닐까 생각된다.[142]

또한 「중성리비」에서는 탁부와 사탁부의 역할이 주요한 것으로 나타난다. 교의 주체가 탁부喙部와 사탁沙喙 소속이고, 타喙의 작민사간지作民沙干支를 대신하여 그 사인使人 과서모리果西牟利로 하여금 조치 결과를 최종 보고하게 한 데서 이를 짐작할 수 있다. 여기에서 교령을 직접 받은 두지사간지궁豆智 沙干支宮·일부지궁日夫智宮은 「중성리비」 교령教令의 발단이 된 모자牟子 출신 탁사리喙沙利(沙喙 尒抽智奈麻)와 이사리夷斯利(喙部 卒智奈麻)가 소속된 궁宮으로서 그들을 관장하는 지위에 있었고, 작민사간지作民沙干支는 6부에 귀속된 지방민들의 편제에 관한 직임을 맡았던 것으로 추정된다. 이들 두지 사간궁豆智 沙干支宮과 일부지궁日夫智宮이 탁사리喙沙利와 이사리夷斯利를 저들에게 귀속시켰지만 결국 6부 쟁인爭人의 쟁의 결과를 수용하였던 것은, 2궁이 지증왕 즉위 초의 정치적 상황 곧 6부의 결속과 지방민의 포용이라는 정책 방향을 수용한 때문이 아니었을까 추측된다.

한편 「중성리비」에 「냉수리비」·「봉평비」와 같은 희생의례가 보이지 않는 것도, 「중성리비」 건립 당시에 희생의례와 같은 제도 개편이 이루어지지 않았음을 반영하는 것으로 생각한다. 「냉수리비」에서는 '소백료사所白了事 살우발고煞牛 拔誥'한 바, 「봉평비」에서는 '신라6부新羅六部 살반우煞斑牛 연목맥誚沐麥'이라고 하여 신라 6부의 이름으로 반우斑牛를 희생하여 맥

---

142) 「봉평비」에서 거벌모라의 남미지촌은 신라의 영토에 편입된 뒤에 새로 반포된 율령에 입각해서 다른 일반촌과 동일한 처우를 받은 노인법의 은전을 입은 것으로 이해해거니와(이기백, 앞의 논문, 237쪽), 「중성리비」에서 본래 牟子 지역의 수령급이었을 喙沙利, 夷斯利가 沙喙과 喙部에 귀속되어 奈麻에 보임되었다고 하지만 왕경 6부 출신과는 차별이 있었던 바, 이러한 이유로 喙沙利와 夷斯利의 청에 따라 그들 본래의 근거지라 할 수 있는 모자지방의 본래 신분으로 귀환하는 조치가 내려졌다. 이에 양자는 일종 지방민의 포용책의 일환으로서 상호 통하는 것으로 풀이된다.

麥의 풍작을 기원하였다. 이러한 희생의례는 「천전리 서석 원명」까지 유지되나 그 후 「천전리서석 추명」부터는 법흥왕의 살생 금지 조치로 인하여 그 습속이 폐지된 듯하다.[143]

아무튼 「냉수리비」부터 희생의례가 나타난 것은, 「중성리비」 이후 「냉수리비」 건립 이전 시기에 희생의 의례가 새로이 신라에 수용된 때문으로 생각한다. 지적되듯이 희생의례는 지증왕 초년 제도 개편의 과정에서 중국의 주례적 성격의 사령祀令을 수용함으로써, 전통적인 6부 협의의 과정을 회맹會盟의 성격을 띤 '살우煞牛' 의식으로 강제한 것으로서 이해된다.[144] 중국 제도를 수용한 흔적은 지증왕대의 국호國號·왕호王號·시호諡號·상복법喪服法·주군주제州郡主制 등을 비롯하여,[145] 「봉평비」의 '장 60杖六十·장 100杖百' 등에서도 확인할 수 있거니와,[146] 그러한 단초는 이미 지증왕 즉위 초 희생의례의 신설로부터 살필 수 있는 것이다. 이와 같은 중국 예제禮制의 수용이나 지방제도 개편, 국호 및 왕호의 제정 등은, 즉위 초기 각 부를 대표하는 귀족들과 타협하던 정책과는 달리 유교적 이념을 통치에 적극 채용하여 중앙집권화를 꾀하였던 사실을 반영하며[147] 중고기를 예비하는 탁喙·사탁沙喙(부부) 주도의 정치 개혁의 기조를 보여주는 것으로 보아 좋을 것이다.[148]

---

143) 박남수, 2008, 앞의 논문, 34~35쪽.
144) 辛鍾遠, 앞의 논문, 7~9·12~13쪽. 한편 이기백은 과실을 저지른 사람들의 처벌을 얼룩소를 잡아 판단하는 전통에서 비롯하였을 것으로(이기백, 앞의 논문, 232~233쪽), 武田幸男은 6부가 토속적·주술적인 의례를 공동으로 시행하는 제사공동체로서(武田幸男, 1990, 앞의 논문, 108·115쪽), 李成市는 고유의 습속으로서 新羅6部人과 本奴人 사이에 공통의 供犧·呪術을 믿고 행하였던 것으로(李成市, 1989, 앞의 논문, 16~19·32~33쪽) 각각 이해하였다.
145) 辛鍾遠, 1984, 「三國史記 祭祀志 研究」, 『사학연구』 38, 39쪽.
146) 李基白, 앞의 논문, 235쪽. 주보돈, 1989, 앞의 논문, 129~131쪽. 李成市, 1989, 앞의 논문, 29쪽.
147) 辛鍾遠, 1984, 앞의 논문, 39~40쪽. 김기흥, 1993, 「한국 殉葬制의 역사적 성격」, 『건대사학』 8, 18쪽.
148) 李基東, 1972, 「新羅 奈勿王系의 血緣意識」, 『역사학보』 53·54 ; 1984, 앞의 책, 65쪽.

6. 맺음말

2009년 5월에 발견된 「포항 중성리신라비」는 지금까지 발견된 신라 최고最古의 비碑로서 여러 연구자들의 주목을 받았다. 그러나 새로운 용어와 지명, 다양한 이체자, 문투의 고졸함 등으로 쉽게 풀이하기 어려운 점이 있었다. 그동안 다방면의 연구 성과가 있었지만, 대부분의 글자를 명확히 살필 수 있음에도 불구하고 통일된 석문이 나오지 않았다. 이에 경주문화재연구소측이 제시한 자료를 바탕으로 새로이 석독을 시도함으로써, 본 비가 포괄하고 있는 많은 내용 가운데 신라 지증왕대 정치 개혁에 한정하여 그 의미를 밝히고자 하였다. 이를 요약 정리함으로써 맺음말에 대신하고자 한다.

첫째, 본 「중성리비」의 가장 특징적인 것으로 꼽았던 '모단벌牟旦伐'과 '탈奪'을 여러 이체자의 사례와 비교·검토한 결과 오독誤讀임을 확인하였다. 곧 '모단벌牟旦伐'로 당연시하여 일컬었던 Ⅳ행의 '牟㫞伐'과 Ⅹ행의 '牟㫞代'를 각각 '모참벌牟㫞伐'과 '지차대至㫞代'로 다시 판독判讀하고, 기왕에 '탈奪'로 보았던 Ⅸ행의 '等'을 「냉수리비」와 「봉평비」에 보이는 '등等'에 상응하는 것으로 파악하였다.

둘째, 그 동안 쟁점이 되어온 '본모자本牟子'의 '모자牟子'를 『일본서기』지통천황持統天皇 7년(693)조의 '신라인 모자 모례牟自 毛禮'로부터 지명으로 이해하고, 경주시 동방동 혹은 경주시 외동읍 부근으로 추정되는 동기정東鑾亭 곧 모지정毛只亭에 비정하였다. 또한 '백쟁인白爭人'의 '쟁인爭人'을 직임으로 이해하였다. 이에 쟁인爭人 가운데 보이는 '금평△간지제지일벌金評△干支祭智壹伐'을 '금평金評 지역의 △간지干支와 제지일벌祭智壹伐'로 보고, 당시에 아직 6부의 이름이 후대의 그것처럼 고정화되지는 않았지만, 6부 상호간에 일종 협의체계가 있었음을 알 수 있었다.

셋째, 지명과 인명이 불분명한 '모참벌탁사리일벌피주지 본피탁시간지 불내일벌牟㫞伐喙斯利壹伐皮朱智 夲彼喙柴干支弗乃壹伐'은, '사리斯利'와 '사리沙利'가 당시 신라인들의 이름자 뒤에 즐겨 사용된 돌림자였다는 점, 금평金評의 뒤에 별도의 '탁喙'이 표기되지 않았다는 점 등에서 '모단벌탁牟旦伐喙''본파탁本波(彼)喙'설說의 문제점을 지적하고, '모참벌牟旵伐의 탁사리喙斯利 일벌壹伐과 피주지皮朱智, 본피本彼의 탁시喙柴 간지干支와 불내弗乃 일벌壹伐'로 석독하였다. 또한 모참벌牟旵伐은 잠탁부岑喙部와 모탁부牟喙部의 선행 명칭, 그리고 금평金評은 금산金山 가리촌加利村으로부터 유래한 한지부漢只部의 선행 명칭으로 각각 풀이하였다. 또한 '사인나소독지도사탁념모지사탁추수지使人奈蘇毒只道使喙念牟智沙喙鄒須智'와 '거벌일사리소두고리촌구추열지居伐壹斯利蘇豆古利村仇鄒列支'는 나소독지奈蘇毒只와 거벌居伐, 고리촌古利村을 지명으로 이해하였다.

넷째, 앞의 석독을 바탕으로 「중성리비」 전체 문장 구성상의 특징을 '교敎'와 '세령世令', '운云', '백白' 등의 동사로부터 추출하여 새로이 해석하였다. 이에 「중성리비」는, 사탁沙喙 추수지나마尒抽智奈麻, 탁부喙部 졸지나마卒智奈麻가 본래 모자牟子의 탁사리喙沙利, 이사리夷斯利라고 사뢴 데 대해, ↖扵盧ᆢ△?와 탁부, 사탁의 아간이 쟁인의 논의를 거쳐 '두지사간지궁豆智沙干支宮과 일부지궁日夫智宮 등에게 사탁沙喙 이추지나마尒抽智奈麻, 탁부喙部 졸지나마卒智奈麻를 본래의 모자牟子 탁사리喙沙利, 이사리夷斯利로 다시 돌이키도록 하라[還至]'고 교敎하고, 이를 사인使人들로 하여금 관계 지방에 포고하도록 한 성격의 비碑임을 알 수 있었다.

다섯째, 「중성리비」의 건립연도는 현재의 석문만으로는 정확히 밝힐 수는 없었으나, 비문의 형식, 문체, 글자의 용법, 관용구적 성격의 "약후세갱도인자 여중죄若後世更導人者 与重罪" 등으로 보아 「냉수리비」에 선행하되, 그 작성시기가 서로 근접한 것으로 판단되어 지증왕 2년(501) '신사辛巳'년으로 보았다. 이에 「중성리비」의 신사년은, 「삼국유사」에 지증왕이 신사년에 즉위하였다는 혹설或說에 상응하며, 지증왕이 전왕의 상중에 본비의 사안이 발생하여 이를 처결한 내용을 공포하기 위해 세웠던 것으로 이해하였다.

여섯째, 지증왕 즉위 초의 제도 개혁과 관련하여 왕경 6부와 지방간의 분쟁에 대한 조치로서 「중성리비」와 「냉수리비」와 같은 사안에 대한 처결이 나타난 것, 더욱이 「중성리비」에서 '사탁沙喙 이추지나마尒抽智奈麻와 탁부喙部 졸지나마卒智奈麻를 본래의 출신지 모자牟子 지방으로 귀환'시킨 조치는 지방민을 포용하고자 하는 일종의 은전으로서 지증왕 즉위 초년의 사회적 갈등을 해소하고자 하는 모습으로 이해하였다. 또한 본「중성리비」의 율령 반행頒行의 서식이「냉수리비」에서 매우 세분화되고 그것이「봉평비」에 반영된 것은 지증왕 즉위 초 제도개혁에 율령의 정비까지 포함되었던 까닭으로 판단되었다. 아울러「중성리비」에 보이지 않던 희생의례가「냉수리비」에 나타난 것은 중국 예제禮制 수용의 단편을 보여주는 것으로 이해하였다. 이러한 일련의 개혁은 지증왕 즉위 초 지방제도의 개편이나, 국호 및 왕호의 제정 등과 흐름을 같이 하는 것으로서, 즉위 초기 각 부를 대표하는 귀족들과 타협하던 정책과는 달리 유교적 이념을 통치에 적극 채용하여 중앙집권화를 꾀하였던 사실을 반영하는 것으로 이해하였다.

「포항 중성리신라비」에 나타난 신라 6부와 관등제

1. 머리말
2. 「포항 중성리신라비」에 나타난 신라 6부와 그 변화
3. 「포항 중성리신라비」와 신라 경외 관등제의 정비
4. 신라 6부 성격론과 골품제 형성에 대한 단상
5. 맺음말

1. 머리말

한국고대사학계는 1978년 「단양적성신라비」(이하 「적성비」)를 발견한 이래로, 1988년과 1989년에 각각 「울진 봉평신라비」(이하 「봉평비」)와 「영일 냉수리신라비」(이하 「냉수리비」)를 발견함으로써 신라 6부와 관등제에 대한 새로운 지견知見을 가질 수 있었다. 곧 「적성비」의 발견으로, 그동안 분분했던 신라 17관등제와 외위제가 늦어도 551년까지는 성립된 것으로 밝혀진 바 있다.[1] 또한 「봉평비」와 「냉수리비」의 발견으로 '신라6부新羅六部'와 갈문왕의 존재를 확인함으로써, 진흥왕 때까지 3부만이 존재하다가 6부로 증치되었다는 견해가 설 자리를 잃게 되었고,[2] 갈문왕이 살아 생전에 매금왕에 버금하는 주요한 역할을 했으며, 법흥왕 때에 6부가 성립되었음을 분명하게 살필 수 있었다. 2009년 5월에는 「포항 중성리

---

1) 李基東, 1978, 「新羅 官等制度의 成立年代問題와 赤城碑의 發見」, 『歷史學報』 78 ; 1984, 『신라 골품제사회와 화랑도』, 일조각, 377~391쪽.
2) 李基白, 1988, 「蔚珍 居伐牟羅碑에 대한 考察」, 『아시아문화』 4, 한림대 아시아문화연구소, 228쪽.
李成市, 1989, 「蔚珍鳳坪新羅碑の基礎的研究」, 『史學雜誌』 98-6, 8쪽.

신라비」(이하 「중성리비」)가 발견됨으로써 다시 신라 6부의 생성과 구조, 경외京外 관등제官等制에 관한 문제 해결의 실마리로서 주목되었다.

그러나 본 「중성리비」의 난해함과 새로운 용어의 등장, 그리고 결정적인 판독의 오류까지 겹쳐 그 의미를 제대로 파악하지 못한 점이 있었다. 필자는 본고에 앞서 「중성리비」를 다시 석독함으로써, 기왕에 「중성리비」를 특징 짓는 지명으로 일컬었던 2개의 '모단벌牟旦伐'을 각각 '모참벌牟㫑伐'과 '지차대至旦代'로 판독하였다. 또한 '쟁송을 야기시켜 모종의 대상물을 빼앗고 돌려받는 과정이 있었던 것'으로 추정하게 한 '募'의 석독 '탈奪'이 '등等'의 오독임을 밝혔다. 나아가 새로운 용어로서 일컬었던 '본모자本牟子'를 '본래 모자牟子 지방의 … 였다'로, '쟁인爭人'을 직임으로, '금평金評'을 신라 6부 가운데 하나인 한지부의 전신 지명으로 각각 이해함으로써 새로운 석문을 제시할 수 있었다. 이에 서술의 편의상 필자의 「중성리비」 석문을 다시 제시하고 본고의 논의를 진행하고자 한다.

신사년辛巳年 △△에 ㇐㇏盧ᆢ△?과 탁부喙部 습지아간지習智阿干支·사탁沙喙 사덕지아간지斯德智阿干支는 교教한다.

사탁沙喙 이추지나마尒抽智奈麻, 탁부喙部 졸지나마卒智奈麻는 본래 모자牟子의 탁사리喙沙利, 이사리夷斯利라고 사뢰었다.[白]

[이에] 쟁인爭人은 탁평공喙評公 사미斯弥, 사탁沙喙 이수夷須, 모참벌牟㫑伐 탁사리喙斯利 일벌壹伐·피주지皮朱智, 본피本彼의 탁시간지喙柴干支·불내일벌弗乃壹伐, 금평金評의 △간지干支·제지일벌祭智壹伐이다[로 구성하였다]

사인使人 나소독지奈蘇毒只 조사道使 탁喙 염모지念牟智와 사탁沙喙 추수지鄒須智는, 거벌居伐 일사리壹斯利·소두蘇豆, 고리촌古利村 구추열지 간지仇鄒列支 干支·비죽휴 일금지沸竹休 壹金知, 나음지촌那音支村 복평 간지卜平 干支·걸개 일금지乞介 壹金知, 진벌珎伐 일진壹晉에게 세령卋令[널리 令]하라.

[영令하여] 이르기를 '두지사간지궁豆智沙干支宮과 일부지궁日夫智宮 등等 너희는 [사탁沙喙 이추지나마尒抽智奈麻, 탁부喙部 졸지나마卒智奈麻를] 이제 [사탁·탁부 소속으로부터 본래의 모자牟子 탁사리喙沙利, 이사리夷斯利로] 다시 돌이켜 이르도록 하라.遠至 또한 탁喙의 작민사간지作民 沙干支를 대신하여 사인使人 과서모리果西牟利가 [그 결과를] 사뢰[도록 하]고[白口], 만일 후세에 다시

[이를] 말하는 사람은 중죄重罪를 내릴 것이며[与], 전서典書는 모두牟豆에게
맡긴다[준다](与)'

그러므로[교教가 있었으므로] 기록한다.

사탁沙喙 심도리공心·刀哩公

　필자는 위의 석문과 관련하여, 신라 6세기 전반 율령비의 서식이 정비
되는 과정을 검토함으로써 지증왕 즉위 초의 강력한 개혁정책의 기조를
살폈다. 이에 「중성리비」의 신사년을 '지증왕이 신사년에 즉위하였다'는
「삼국유사」의 혹설或說에 상응한 것으로 추정하였다. 또한 「중성리비」 교
령教令 반행頒行의 투식이 「냉수리비」에서 매우 정비된 형태로 나타난 것
이나, 「중성리비」·「냉수리비」와 같은 사안에 대한 처결이 있었던 것 등을
지증왕 즉위 초년의 정치개혁과 사회적 갈등을 해소하고자 하는 모습으로
풀이하였다.3)

　본고에서는 전고에서 살피지 못했던 신라6부新羅六部의 추이와 구조, 그
리고 경외京外 관등官等의 문제를 「중성리비」와 6세기 전반 금석문을 중심
으로 검토하고자 한다. 이로써 신라의 왕경 6부는 전통적인 족적 기반의
거주지 중심의 구획으로부터 지연적인 행정단위체로 개편하였음을 밝히
고자 한다. 또한 6부 생성 단계의 '간지-일벌'의 체계로부터 분화·발전한
신라의 관등제가, 「중성리비」에서 탁喙·사탁沙喙의 관등체계, 그리고 왕경
여타 4부의 '간지干支-일벌壹伐' 체계 및 지방 촌村 단위의 '간지干支-일금
지壹金知'의 삼중체계를 거쳐, 법흥왕의 율령 반포 때에 경외 관등체계로
정비되었다가, 6세기 중반 「울주 천전리서석 추명」(539)으로부터 「적성
비」(~551)·「창녕비」(561) 무렵에 경위 17관등, 외위 11관등제로 정비되
는 과정을 밝히고, 신라 6부 성격론 및 골품제 형성에 관한 문제를 살피고
자 한다. 부디 제현의 아낌없는 질정을 바란다.

---

　3) 박남수, 2010,12, 「浦項 中城里新羅碑'의 新釋과 지증왕대 정치 개혁」, 『한국
　　고대사연구』 60.

2. 「포항 중성리신라비」에 나타난 신라 6부와 그 변화

「중성리비」에는 '탁부喙部'와 '탁평喙評', '탁喙'이 혼재하여 나타나는 반면에, 모량부·한지부의 전신인 모참벌牟旦伐·금평金評과 같은 새로운 지명이 보인다. 이는 기왕의 6부에 대한 이해와는 다른 것으로서 신라 6부의 생성, 발전 문제를 해결할 수 있는 단서로서 주목되었다.

『삼국사기』에는 유리이사금 9년 3월에 '6부의 이름을 고치고 17관등을 두었다'는 기사를 전한다. 이에 대해 6촌을 왕경 행정구역으로서의 6부로 개편한 것으로 인정하기도 하지만,[4] 6부의 생성시기를 3세기 후반 이사금대,[5] 내물왕대,[6] 또는 자비왕이 경도京都 내에 방리명坊里名을 정했던 때로 보거나,[7] 눌지왕 또는 소지왕대,[8] 6세기 중엽[9] 등으로 보기도 한다. 한편으로 이들 6부가 동시에 성립된 것이 아니라 단계적으로 성립하였다는 견해[10]도 있었다.

---

4) 정중환, 1962, 「사로6촌과 6촌인의 출자에 대하여」, 『역사학보』 17·18, 415~417쪽. 이종욱, 1980, 「신라 상고시대의 六村과 六部」, 『震檀學報』 49, 51~53쪽 ; 1994, 「영일냉수리비를 통하여 본 신라의 통치체제」, 『이기백선생 고희기념 한국사학논총』 상, 일조각, 135쪽 ; 1999, 「신라 상대의 왕경육부」, 『역사학보』 161, 11쪽. 이문기, 1981, 「金石文資料를 통하여 본 新羅의 六部」, 『歷史敎育論集』 2, 110쪽.

5) 전덕재, 1996, 『新羅六部體制硏究』, 일조각, 32~34쪽.

6) 문경현, 1990, 「영일냉수리신라비에 보이는 부의 성격과 정치운영문제」, 『한국고대사연구』 3, 157~158·178쪽.

7) 이병도, 1976, 「신라의 기원문제」, 『한국고대사연구』, 박영사, 602쪽. 李基東, 1982, 『韓國史講座』 고대편, 일조각, 151쪽 : 1982, 「신라의 골품제도와 일본의 씨성제도」, 『역사학보』 94•95 ; 1997, 『신라사회사연구』, 일조각, 63쪽. 전미희, 2000, 「냉수리·봉평비에 보이는 신라 6부의 성격」, 『한국고대사연구』 17, 246쪽.

8) 김철준, 1952, 「新羅 上代社會의 Dual Organization (下)」, 『歷史學報』 2, 87~88쪽.
노태돈, 1975, 「삼국시대의 部에 관한 연구」, 『한국사론』 2, 서울대 국사학과, 19쪽.

9) 村上四男, 1962, 「新羅王都考略」, 『朝鮮學報』 24 ; 1978, 『朝鮮古代史硏究』, 開明書院, 121쪽.

먼저 탁부의 명칭과 관련하여, 최치원은 "진한辰韓은 본래 연인燕人들이 피난해온 자들로서 탁수涿水의 이름을 취하여 사탁沙涿, 점탁漸涿 등 거처한 읍리邑里의 이름을 삼았다"고 일컬었다.[11] 이를 『삼국사기』에는 유리이사금 때에 옛 지명 양산부楊山部 등을 양부梁部 등의 6부 이름으로 고쳤다[12]고 하였고, 『삼국유사』에서는 진한의 땅에 예로부터 6촌이 있었는데 이들이 6부가 되었다[13]고 전한다. 『삼국사기』와 『삼국유사』의 기록간에는 약간의 차이가 있지만, 옛 지명을 바탕으로 하여 새로이 6부명으로 고쳤다는 점이 동일하다. 최치원의 언급에서도 최소한 '거처한 읍리의 이름을 고쳐 6부명을 삼았다'는 사실은 인정할 수 있다.

「중성리비」에는 6부의 명칭 가운데 탁喙, 사탁沙喙, 본피本彼의 경우 이미 후대의 명칭과 동일한데, 모참벌牟旵伐과 금평金評의 경우 고유 지명으로 나타난다. 이는, 6부가 옛 지명을 바탕으로 하여 점차적으로 정비되지 않았을까 추측하게 한다. 이미 살폈듯이 『삼국사기』의 '점량부는 혹은 모량부라고 이른다漸梁部 一云 牟梁部'라는 기사는 6세기 금석문상의 '모참벌牟旵伐(501, 「중성리비」) → 잠탁부岑喙部(524, 「봉평비」) → 모탁부牟喙部(591, 「남산신성비 제2비[14]」)'의 변모과정을 요약 기술한 것이었다. 점량부漸梁部나 모량부牟梁部의 명칭이 모두 '모참벌牟旵伐'이라는 지명으로부터 유래하였음을 알 수 있다. '금평金評'의 경우 변천 과정을 자세히 살필 수 없으나, '금평金評' 자체가 금산金山으로부터 비롯한 것으로서, 그 훈차가 금성金城과 유사함으로 인하여 가리촌加利村에서 비롯한 '광야曠野, 대촌大村'의 「한디」로 바뀌어 정착되었던 것으로 추정된다.[15]

이에 6세기 신라 금석문에서 6부 표기 방식의 변화를 주목할 수 있다.

---

10) 末松保和, 1936, 「新羅六部考」, 『京城帝國大學創立十周年記念論文集 : 史學篇』 ; 1954, 『新羅史の諸問題』, 302~307쪽.

11) 『三國遺事』 권 1, 紀異 1, 辰韓.

12) 『三國史記』 권 1, 新羅本紀 1, 儒理尼師今 9년 春 3월.

13) 『三國遺事』 권 1, 紀異 1, 新羅 始祖 赫居世王.

14) 이문기는 「남산신성 제5비」의 '△△喙部' 또한 '牟喙部'로 추정하였다.(李文基, 1981, 앞의 논문, 100~101쪽)

15) 박남수, 앞의 논문 참조.

「중성리비」에서는 오직 탁부 만이 '탁부喙部', '탁평喙評', '탁喙' 등이 혼재하여 나타나는 반면 여타 부의 경우 '부部'를 칭하지 않고 고유지명만을 기재하였다. 「냉수리비」에서는 전혀 '부部'가 보이지 않은데, 「봉평비」에서는 모든 6부에 '부部'를 칭하면서도 탁부의 경우에만 '탁부喙部'와 '탁喙'을 병기하였다. 진흥왕의 4개 순수비에서는 동일비 내에서 만큼은 모든 6부가 '부部'를 칭하든지 생략하든지 일관성을 보인다. 「남산신성비」에서는 제3비와 5비에서만 '탁부喙部'라 칭하고 여타 비에서는 '부部'를 생략하였다. 그밖에 「영천청제비 정원명」에서도 '탁喙'만을 칭하고 있으나, 대체로 「봉평비」 이후로는 모두 6부명에 '부部'를 붙여 일컬었다. 이는 분명히 「중성리비」나 「냉수리비」와는 다른 양상이다. 따라서 「중성리비」와 「봉평비」에서만 '탁부喙部'와 '탁喙'을 병기한 것은, 일정한 의도가 투영된 것이 아닐까 생각된다.[16)]

「중성리비」에서 '탁부喙部'를 칭한 인물은, 교를 내린 습지아간지習智阿干支와 쟁송을 제기한 모자牟子 출신 졸지나마卒智奈麻이다. 「봉평비」에서는 사탁부沙喙部 등 여타 5개 부가 모두 '부部'를 칭하고 있는 데 대해, 탁부喙部의 경우 소교사所教事의 주체로 참여한 관료군만이 '탁喙'을 일컫고, 모즉지매금왕牟卽智寐錦王을 비롯하여 대인大人, 실지군주悉支軍主, 신인新人, 입석비인立石碑人 등 직임을 가진 자는 '탁부喙部'로써 출신지를 표기하였다.

주지하듯이 「봉평비」는 법흥왕 7년(520) 율령이 반포된 4년 뒤에 건립되었고, '신라6부新羅六部'를 명기하고 있다. 그런데도 「봉평비」에서 '탁喙'과 '탁부喙部'가 병기된 것은, 행정단위로서의 6부로 정비된 이후에도 탁부喙部 내에 전통적인 족적 성격이 잔존한 때문으로 추측된다. 사실 '부部'를 칭하지 않은 '탁喙' 출신 인물들은 소교사를 주도한 자들로서, 「냉수리비」의 '7왕七王'과 동일한 성격으로 이해된다.

---

16) 이용현은 「중성리비」에 喙部, 喙 등이 공존한 것은, 部가 도입은 되었으나 정착되지 않고 표류 혹은 모색되는 단계였음을 의미하므로 喙部, 喙評, 喙가 서로 다른 실체라고 보기는 어려울 것이라고 보았다.(이용현, 2010.4.10, 「중성리비의 기초적 검토」, 『제113회 한국고대사학회 정기발표회 발표문』, 12~13쪽)

「중성리비」에서 '탁喙'만을 칭한 인물은 작민사간지作民 沙干支와 무관등의 나소독지奈蘇毒只 도사道使 염모지念牟智, 사인使人 과서모리果西牟利이다. 나소독지 도사는 '탁喙'과 '사탁沙喙'에서 각 1명씩 나소독지 지역에 파견되었는데, 다시 사인使人으로 임명되어 교령을 포고하는 직임을 맡았다.[17] 도사道使는 「냉수리비」까지는 무관등자로 등장하고, 「봉평비」에 이르러 비로소 '탁부喙部' 소속의 소사제지小舍帝智의 관등을 칭하였다. 이에 '도사道使'란 본래 '탁喙'과 '사탁沙喙' 등 족적 기반하에 있던 사인使人으로부터 출발하여 「봉평비」 단계에 이르러 '탁부喙部'라는 행정체계에 편제됨으로써 관등을 부여받았던 것이 아닌가 추측된다. 그렇다면 「중성리비」 단계의 도사는, 아직 '탁부喙部'나 국왕의 직속 지방관으로 편제되지 않고, 오히려 '탁喙'과 '사탁沙喙'이라는 족적 기반을 바탕으로 운영되는 직임이지 않았을까 생각할 수 있다.

작민사간지作民沙干支는 6부에 귀속된 지방민들의 편제에 관한 직임을 맡았던 자로 추측되는데, 사인使人 과서모리果西牟利가 그를 대신하여 사안의 처결에 관한 사항을 보고하였다.[18] 이러한 성격의 사인使人은『삼국

---

17) 김창석은, 나소독지 도사를 나소독지에 파견된 지방관으로 珍伐을 관할하고 있었다고 하였다.(김창석, 2010.6, 「新羅 法制의 형성 과정과 律令의 성격」,『한국고대사연구』58, 194쪽) 그런데 「중성리비」에서 이들 道使는 使人으로서 珍伐 등의 지역에 법령을 포고하는 직임을 맡았음을 확인할 수 있을 뿐이다.

18) 果西牟利 앞의 사간지 부분에 대한 해석에 이론이 있으나, 대체로 과서모리를 사간지의 사인으로 보고 있다.(이우태, 2009.9.3, 「포항중성리비의 건립연대와 성격」,『포항 중성리신라비 발견기념 학술심포지엄』, 국립경주문화재연구소, 81쪽 : 李文基, 2009, 「포항중성리신라비의 발견과 그 의의」,『한국고대사연구』56, 30~31 : 강종훈, 2009, 「포항중성리신라비의 내용과 성격」,『한국고대사연구』56, 160쪽) 이에 대해 김재홍은 '왕경인으로 본비에서 소송과 관련된 임무를 수행한 사람'으로(김재홍, 2009.9.3, 「이우태선생님의 "포항중성리비의 건립연대와 성격"을 읽고」,『포항 중성리신라비 발견기념 학술심포지엄』, 91쪽), 이용현은 「봉평비」의 대인집단이 나마와 도사가 한 조를 이룬 점에 비추어 사간지와 사인으로(이용현, 앞의 논문, 22쪽) 각각 이해하였다. 한편 「중성리비」의 '모단벌훼 작민 사간지의 使人 卑(果)西牟利'는 異議 제기에 대한 포고를 작민 사간지를 대신 했기 때문에 기록한 것이라고 보기도 하나,(김창석, 앞의 논문. 196쪽 각주 46) 果西牟利는 작민 사간지를 대신하여

유사』죽지랑조의 사리使吏 간진侃珍에서도 살필 수 있다. 간진侃珍은 추화촌推火郡의 능절조能節租 30석을 거두어 성중城中으로 전송轉送하는 임무를 맡았다.[19] 추화촌推火郡 능절조能節租는, 이를 거두어 왕경으로 운송하는 직임을 맡은 사리使吏 간진侃珍이 자의로 처분한 것으로 미루어, 귀족 소유의 식읍으로부터 거둔 조租가 아니었을까 짐작된다. 이에 간진은 이들 조租를 거두는 직임을 맡은 귀족의 사인使人으로 추정할 수 있다. 따라서 「중성리비」단계의 사인使人은 간진과 같이 귀족의 식읍으로부터 조租를 징수하여 수송하거나, 과서모리果西牟利와 같이 귀족들을 대신하여 일을 처결하는 등의 일을 맡는 사적私的 성격의 존재였다고 여겨진다. 곧 이들은 고구려 대가들 휘하의 사자, 조의, 선인과 같은 가신적 성격의 사인으로 헤아려진다.

한편「봉평비」에서 '탁부喙部'를 칭한 인물들은 모즉지매금왕을 비롯하여 대체로 대인大人, 서인書人, 신인新人, 입석비인立石碑人 등의 직임을 지니고 있다. 이는 분명히 '7왕七王'의 성격을 띤 '탁喙' 소속 귀족들과는 구분되며, '탁부喙部'와 '탁喙'을 의도적으로 구분하였음을 시사한다. 「남산신성제3비」에는 탁부喙部 주도리主刀里의 축성 책임자로서 탁부喙部의 부감部監이 등장한다. 이는 6부소감전六部少監典의 별칭 6부감전六部監典에 상응하는 것으로서 탁부 내의 리작상인里作上人 단위의 공사를 지휘하는 직임으로 이해되는 바 '탁부喙部'의 행정 단위체로서의 성격을 확인해준다.[20]「중성리비」에서 모자牟子 지방 출신인 탁사리喙沙利와 이사리夷斯利가 '탁부喙部'와 '사탁沙喙'에 각각 귀속되어 나마의 관등을 받은 것은, '탁부喙部'와 '사탁沙喙'이 전통적인 족적 기반을 탈피하여 인위적으로 부部 구성원을 편제한 사실을 보여준다.

일의 처결 결과를 보고하는 일을 맡았을 뿐이다.
19)『三國遺事』권 2, 紀異 2, 孝昭王代 竹旨郎.
20) 武田幸男, 1965,「新羅骨品制社會」,『歷史學硏究』299, 10~11쪽 각주 8 : 1990,「新羅六部와 그 展開」,『碧史李佑成敎授 停年退職紀念論叢 民族史의 展開와 그 文化』上, 84~85쪽.
朴南守, 1996,「상대에 있어서 장인의 사회적 지위변동」,『新羅手工業史』, 262~273쪽.

따라서 「중성리비」에서 '탁부'는 국왕을 정점으로 하는 행정 단위체를 시사하며, '탁喙'은 귀족 개별 세력들의 전통적인 족적 출신지를 표기한 것이라고 할 수 있다. 또한 「봉평비」에서 '탁喙'만을 칭한 소교사의 주체들도 국왕의 관등체계에 포함되었다고는 하나, 국왕 중심의 행정단위인 '탁부喙部'에는 포함되지 아니한 채로 족적 전통을 여전히 유지한 귀족군이었을 것으로 여겨진다. 물론 「중성리비」에서는 敎敎의 주체가 '탁부喙部'를 칭하였거니와, 이는 당시에 전왕前王 소지왕炤知王의 상중喪中으로 왕이 부재하였던 까닭에 그 소속 관료가 본 사안을 처결하였던 때문으로 생각한다.[21]

그런데 「중성리비」의 쟁인으로 등장한 '탁평공 사미喙評公 斯弥'에서 사미斯弥는 이름이 분명하므로, '탁평喙評'은 지명이거나 직명일 것으로 여겨진다. 『양서』 신라전에는 "성城을 건모라健牟羅라 부르고, 그 읍邑의 안에 있는 것을 탁평喙評, 밖에 있는 것을 읍륵邑勒이라 하는데, 중국의 군현을 말한다. 나라에는 6탁평喙評, 52읍륵邑勒이 있다"고 하였다.[22] 기왕에는 6탁평喙評에 대해 6세기 중엽 신라 왕성의 기내畿內 6정停을 지칭한 것으로 생각하였지만,[23] 「중성리비」의 발견으로 '부部'라는 한자식 명칭이 사용되기 이전에 '부部'를 대신하여 '탁喙'이 사용되었을 것으로 추정하기도 한다. 곧 6부 가운데 탁喙, 사탁沙喙 외의 4부는 '부部'와 동일한 의미의 '탁喙'을 사용하였는데, 그후 이들 탁喙이 탈락하여 잠탁부, 본피부 등으로 일컬었다는 주장이다.[24] 또한 「중성리비」 단계의 6부는 6'탁평喙評' 곧 탁喙, 평評, 탁평喙評으로 일컬었는데, 부명部名이 「중성리비」 단계의 탁喙으로부터 시작하여 524년 「봉평비」 이전에 6탁평喙評으로 확산 정착되었고, 「봉

---

21) 6부가 모두 '部'를 칭하였던 시기에 건립된 「영천청제비」의 '喙' 소속 인물은, 억지컨대 「봉평비」의 喙과 마찬가지로 '喙'의 족적 기반에 바탕한 '使人'인 까닭으로 '喙'을 칭하지 않았을까 추측된다.

22) 『梁書』 권 54, 東夷列傳 48, 新羅.

23) 末松保和, 1954, 「梁書新羅傳考」, 『新羅史の諸問題』, 東洋文庫, 394~395쪽.

24) 李文基, 2009, 앞의 논문, 17~18·45쪽.
    전덕재, 2009, 「포항중성리 신라비의 내용과 신라 6부에 대한 새로운 이해」, 『한국고대사연구』 56, 103~105쪽.

평비」에서 '6부六部'로 거듭난 것으로 풀이하기도 한다.[25]

「중성리비」에 보이는 '탁평喙評'은, 뒤이어 나오는 쟁인爭人들이 모두 6부 관련 지명을 칭하였다는 점에서, 탁喙 출신임을 밝히는 것에 분명하다. 이는 '탁평喙評'이 '탁喙'과 관련된 명칭임을 시사한다. 사실 '탁평喙評'의 '평評'은 『일본서기』계체천황繼體天皇 24년(530)조에 "배평背評은 지명地名으로 또한 能備己富里라고 이름한다"라고 하여 '부리富里'로 일컬었다.[26] '부리富里'는 '발發, 부여夫餘, 부리夫里, 벌伐, 불不, 불弗, 비沸' 내지 '평平, 평坪', '화火, 열列'에 상응하는 '원原, 야野'를 뜻하는 '벌'의 음차이다.[27] 「중성리비」에 보이는 '탁부喙部'의 '부部'가 한자식 표현이고 보면, 신라의 왕경을 '건모라健牟羅' 곧 '큰마을'이라 했듯이 6부 또한 순수한 우리말로 일컬었음이 분명하다. 그것은 '터'를 뜻하는 '도', '들·벌판'을 뜻하는 '벌伐·평評' 등이 적절해 보인다. 이에 '탁평喙評'은, 점량부를 모참벌牟岊伐, 한지부를 금평金評이라 일컬었듯이, 탁喙을 지칭한 지명으로 여겨진다.

사실 '탁평공喙評公'은 고구려 고국천왕 12년(190) 패자沛者 어비류於畀留와 함께 난을 일으켰던 좌가려左可慮의 직임 평자評者[28]에 상응하는 직임이 아닐까 추측된다. 일찍이 부내부설部內部說을 주장하는 논자 가운데는 부내부部內部 집단의 명칭을 '평評'이라 하지 않았을까 추론하기도 하였다.[29] 그런데 「중성리비」에서 '탁평喙評'은 6부 '탁喙'의 전신 명칭으로 인정되는 바, '평評'은 거주지역을 중심으로 한 지역명으로서, 후일 한자어 '부部'로 바뀜으로써 '탁부喙部'가 출현한 것으로 이해된다. 좌가려左可慮의 직임 평자評者는 바로 이들 지역을 관장하는 자이며, 「중성리비」의 탁평공喙評公 또한 그에 상응한 직임이 아닐까 추측된다.[30] 이에 『양서』신라전

---

25) 이용현, 앞의 논문, 11~12쪽.
26) 『日本書紀』권 17, 繼體天皇 24년(530) 秋 9월.
27) 梁柱東, 1965, 『增訂 古歌硏究』, 一潮閣, 386·391쪽.
28) 『三國史記』권 16, 高句麗本紀 4, 故國川王 12년·권 45, 列傳 5, 乙巴素.
29) 노태돈, 앞의 논문, 29쪽.
30) 「중성리비」에서 '喙評公'은 「냉수리비」의 七王과 같은 성격의 爭人 그룹으로서 등장하거니와, 喙評 곧 喙를 대표한 자로서 이해된다. 그런데 『隋書』고구려전에는 "(고구려에는) 다시 內評·外評·五部 褥薩이 있다"는 기록이(『隋書』권 81,

의 6탁평은 국왕 출신지인 '탁평喙評'의 명칭으로써 6부를 대표하는 이름으로 삼은 데서 비롯한 것이 아닐까 생각된다.

지금까지 살핀 6부의 명칭을 6~7세기 금석문의 표기에 따라 정리하면 다음과 같다.

【표】 금석문에 나타난 신라 6부명 표기 변천

왕경 6부	중성리비 (501)	냉수리비 (503)	봉평비 (524)	적성비 (~551)	창녕비 (561)	마운령비 (568)	통일기
탁부	喙評, 喙, 喙部,	→ 喙	→ 喙 喙部	→ 喙部	喙(部)	喙部	
사탁부	沙喙		→	沙喙部	沙喙(部)	沙喙部	
점량부	牟旦伐		→	岑喙部		→	牟喙部(591)
본피부		本彼	→	本波部	本波(部)	本波部	
한지부	金評			→ 漢只(部)			漢只伐部(681)
습비부		斯彼(503)		→			習部(681, 710)

위의 표에서 '탁부喙部'는 본래의 이름 '탁평喙評'에서 '평評'을 한자식 표현 '부部'로 전환함으로써 나타난 명칭임을 알 수 있다. 이에 「중성리비」의 탁부喙部는 국왕을 정점으로 하는 행정단위체로서의 한자식 명칭인 6부部의 단초를 여는 이름이며, 이러한 명칭이 「냉수리비」에서 사라진 것은 사탁沙喙 출신 지도로갈문왕이 즉위하면서 나타난 현상이 아닌가 한다. 「봉평비」에서 6부가 모두 '부部'를 칭하였던 것은 율령의 반포로 관등제가 정비되면서 6부 또한 행정단위체로서 정비된 사정을 반영한다. 그러나 여전

東夷列傳 46, 高句麗) 보인다. 이 기사에 대해 『삼국사기』에는 "일설에는 … 다시 內評·外評이 있어서 내외의 일을 나누어 맡았다"고 하였다.(『三國史記』 권 40, 雜志 9, 外官) 이에 고구려 內評·外評이 내외의 일을 나누어 맡는 관사였음을 알 수 있다. 고구려 고국천왕 12년(190) 沛者 於畀留와 함께 난을 일으켰던 左可慮의 직임 評者는 『隋書』의 內評을 관장하는 직임과 관련될 것으로 여겨지거니와, 「중성리비」의 탁평공 또한 그와 유사한 성격을 지녔던 것은 아닐까 추측해 볼 수 있을 듯하다.

히 '탁喙' 출신 귀족들이 등장한 것은, 아직 왕권이 그 출신지인 '탁喙'을 벗어버리지 못한 단계에서, 본피부·잠탁부의 '간지'와 마찬가지로 '탁喙' 출신 귀족들의 독자성 곧 '탁喙'의 족적 기반의 전통을 인정한 때문으로 풀이하고 싶다.

「적성비」단계에서 국왕은 더 이상 출신부를 칭하지 않게 되었거니와, 이제 6부가 명실상부한 행정단위체로 기능하였음을 보여준다. 이로써 진흥왕 순수비에서는, 비에 따라 각각 '부部'를 생략하든지 칭하든지 하는 형태로 나타나지만, '부部'를 칭하던 칭하지 않던 간에 더 이상 어떠한 의미도 갖지 못했던 것이라 생각한다.

이들 '탁喙'과 '사탁沙喙'은 본래 국왕과 갈문왕의 출신부로서,31) 저들 두 부部의 관등이 다른 부의 관등과 달리 매우 분화된 형태로 나타난다. 이는 모자牟子의 탁사리, 이사리의 사례와 같이 지방 수장급 출신들을 지속적으로 수용함으로써 이들 두 부部 내부의 관등 분화가 촉발된 데서 비롯할 것이다.

또한 「중성리비」에는 두지사간지궁과 일부지궁이 등장하는데, 이들 외에도 여러 궁이 있었을 것으로 생각된다. 「중성리비」의 궁宮은 그 소속부가 보이지 않지만, 이를 탁喙의 작민사간지作民沙干支가 관장하고 소속 사인使人이 그를 대신하여 일을 처결하였다. 따라서 이들 두지사간지와 일부지 등 고위 귀족들은 가신을 거느리고 왕王에 버금하는 지위를 누림으로써 왕궁王宮과 같은 궁宮을 소유하였던 것으로 여겨진다. 「냉수리비」에서 매금왕 및 갈문왕과 함께 등장한 '7왕七王'과 같은 존재들이 이들 궁宮의 주인이었을 것이다. 여타 4부의 '간지干支'도 동일한 형태의 궁을 소유하였을 것으로 짐작된다. 이러한 배경에서 진평왕 7년(585) 대궁大宮·양궁梁宮·사량궁沙梁宮에 각각 사신私臣을 두어32) 국왕과 갈문왕 소속부의 전통적인 지배형태를 국왕에게 집중시키는 조치를 취할 수 있었으며,33) 문무왕 2년(662) 본피궁本彼宮의 재화와 전장田莊, 노비를 김유신과 김인문에게 나누

---

31) 武田幸男, 1990, 앞의 논문, 116~117쪽.
32) 『三國史記』 권4, 新羅本紀 4, 진평왕 44년.
33) 박남수, 1995, 『신라수공업사』, 55~57쪽.

어 주고, 신문왕 1년(681) 본피궁을 내성 산하 기관으로 귀속시켰음을[34) 알 수 있다. 특히 문무왕 2년 본피궁의 재화를 나누어 준 기사에서 볼 수 있듯이 각각의 궁宮은 재화財貨와 전장田莊, 노비奴婢를 소유하였을 것으로 생각된다.[35)

3. 「포항 중성리신라비」와 신라 경외京外 관등제官等制의 정비

신라 왕경 6부는 지증왕대 제도의 정비와 왕권을 집중하는 과정에서 변화하였을 것인데, 6세기 전반 금석문 자료에 나타난 관등으로부터 그 추이를 살필 수 있다. 그 동안 신라 관등제에 대한 연구는 그 성립시기 및 정비과정에 관한 논의로 요약된다.

6세기 전반의 금석문 자료가 발견되지 않았을 때에는 신라의 관등이 『양서』와 『남사』 신라전의 5~6개 관등(법흥왕 8년, 521)으로부터 『수서』의 17관등(진평왕 16년, 594)으로 발전한 것으로 보거나,[36) 『양서』의 단계로부터 6세기 말~7세기 전반 무렵 고구려·백제의 관등제에 대응하여 12, 13관등제를 정비하였다가 진덕여왕 때에 당나라의 정종正從 9품品 관

---

34) 『三國史記』 권 6, 新羅本紀 6, 文武王 2년 春 2월·권39, 雜志 8, 職官 中 內省 本彼宮.
35) 대부분 연구자들은 '宮'을 후일의 '宅'에 해당한 것으로 보고 있다.(李文基, 2009, 앞의 논문, 25~26쪽 : 하일식, 2009.12, 「포항 중성리신라비와 신라 관등제」, 『한국고대사연구』 56, 187~188쪽) 한편 전덕재는 고대 일본의 子代·名代와 같은 것으로서 食邑을 지칭한 것(전덕재, 앞의 논문, 116~120쪽), 김창석은 田莊의 莊舍와 같은 시설물(김창석, 2009, 「포항 중성리신라비에 관한 몇 가지 고찰」, 『한국사연구』 147, 388~389쪽), 이용현은 일본 고대의 미야케와 같은 성격으로(이용현, 앞의 논문, 20~21쪽) 각각 풀이하기도 한다. 필자는, 「중성리비」의 宮 소유자가 「냉수리비」의 七王에 준하는 존재라는 점, 그리고 진평왕 때에 개편된 양궁과 사량궁, 문무왕 2년에 김유신·김인문에게 본피궁의 재화 등을 분여한 사실로 보아, 「봉평비」의 七王과 같은 존재들이 財貨·田莊·奴婢를 소유한 宮으로 보고자 한다.
36) 曾野壽彦, 1955, 「新羅の十七等の官位成立の年代についての一考察」, 『東京大學敎養學部人文科學科紀要』 5, 114~122쪽.

위제를 수용함으로써 17관등제가 성립된 것으로 보아왔다.[37] 일본학계의 대세를 이루던 이들 주장은 6세기 전반의 금석문의 발견으로 잘못임이 판명되었다.[38] 세부 관등의 성립 문제에 있어서도 경위 제15관등 대오大鳥 이하의 관등이 신라 통일 이후 사회 조직의 확충과 함께 신설되었다는 주장[39]은 「영천청제비 병진명」(536)에서 '대오제大鳥第·소오제小鳥第'가 확인됨으로써 무너졌다. 또한 진흥왕대에 대나마大奈麻~길사吉士가, 진평왕대에 대오大鳥~조위造位가 추가되었다는 견해는[40] 「천전리 서석 추명」(539)과 「영천청제비 병진명」의 발견으로 수정이 불가피하게 되었다.

특히 「적성비」의 발견으로, 그동안 분충했던 신라 17관등제와 외위제가 늦어도 551년까지는 성립되었음이 밝혀졌다.[41] 그후 「봉평비」와 「냉수리비」가 발견되면서 법흥왕대에 경외 관등제가 갖추어졌다는 주장[42]이 있는 한편으로, 법흥왕대에 17관등제가 완성되고 532~550년 또는 524~561년 무렵에 외위제가 완비되었다는 견해[43]가 있었다. 이러한 견해 차이에도 불

---

37) 宮崎市定, 1959, 「三韓時代の位階制について」, 『朝鮮學報』 14, 264~271쪽.
38) 武田幸男, 1977, 「金石文資料からみた新羅官位制」, 『江上波夫教授古稀記念論叢-歷史篇』, 67~68쪽.
39) 井上秀雄, 1974, 「新羅の官位制度の成立」, 『新羅史基礎研究』, 東出版, 228쪽.
40) 三池賢一, 1970, 「新羅官位制度」 上, 『法政史學』 22, 22쪽.
41) 李基東, 1978, 앞의 논문 ; 1984, 앞의 책, 377~391쪽.
42) 변태섭은 나물마립간 때에 수 개의 고위관등이 성립하기 시작하여 분화하고 다시 하위 관등이 생김으로써 법흥왕대에 17관등제가 성립된 것으로 이해하였고(변태섭, 1956, 「신라관등의 성격」, 『역사교육』 1, 79쪽), 이기백도 520년에 반포한 율령 가운데 17관등제가 포함되었을 것으로 보았다.(이기백, 1976, 『한국사신론』, 58쪽) 이에 학계 일반으로 17관등제의 성립을 법흥왕의 율령반포로부터로 보는 듯하다.(李基東, 1978, 앞의 논문 ; 1984, 앞의 책, 389~390쪽 : 노태돈, 1989, 「울진봉평신라비와 신라의 관등제」, 『한국고대사연구』 2, 186쪽 : 선석열, 1990, 「영일냉수리신라비에 보이는 관등·관직문제」, 『한국고대사연구』 3, 191쪽 : 윤선태, 1993, 「신라 골품제의 구조와 기반」, 『한국사론』 30, 서울대 국사학과, 38쪽 : 하일식, 1998, 『신라 관등제의 기원과 성격』, 연대 박사학위논문, 87쪽 ; 2006, 『신라집권적 관료제 연구』, 혜안, 112쪽 : 전미희, 앞의 논문, 233~234쪽 : 이기동, 2003, 「신라 왕권 연구의 몇 가지 전제」, 『신라문화』 22, 7쪽)
43) 주보돈은, 京外 官等制의 성립시기를 법흥왕 7년 율령 반포시로 보았다가(주

구하고 양 비의 발견으로 왕경 여타 4부의 수장급이 '간지'를 칭하였음을 확인할 수 있어, 탁喙·사탁沙喙의 관등이 왕경 여타 4부에 확대·관철되어 감으로써 신라의 관등제가 체계화되었음을 알 수 있게 되었다.[44]

지난해에 발견된 「중성리비」는 지금까지 관등제와 외위제 성립에 대한 또 다른 정보를 보여준다. 곧 탁喙(部), 사탁沙喙의 경우 후일 경위 관등에 준하는 명칭들이 보이지만, 왕경 여타 4부의 경우 '간지干支-일벌壹伐'로서 지방 촌村 단위의 '간지干支-일금지壹金知' 체계와 유사하다는 특징을 지닌다. 이들 탁喙(部), 사탁沙喙 이외의 관등 체계는 점차 후일의 경위 17관등과 외위 11관등 체계로 정비되는 경향을 보이거니와, 6세기 금석문으로부터 이들 관등이 탁喙·사탁沙喙, 여타 왕경 4부, 지방별로 각각 변화하였음을 살필 수 있다.

먼저 「중성리비」·「냉수리비」에서는 탁喙(部)·사탁沙喙의 경우 후일 6두품 계열의 '아간지阿干支-일간지壹干支[45]-사간지沙干支-거벌간지居伐干支'

보돈, 1986, 「신라 중고기 촌락구조에 대하여(Ⅰ)」, 『경북사학』 9, 16~19쪽 : 주보돈, 1989, 「울진봉평신라비와 법흥왕대 율령」, 『한국고대사연구』 2, 122~123·128쪽), 外位制의 성립시기를 다시 수정하였다. 곧 그는 「봉평비」·「창녕비」의 외위 관련 기사를 바탕으로, 신라가 가야 일부세력을 병합한 532년 이후 550년에 이르는 사이에 干群 外位의 분화로 11관등의 외위제가 완성된 것으로 이해하였다.(주보돈, 1990, 「6세기 초 신라왕권의 위상과 관등제의 성립」, 『역사교육논집』 13·14, 267~268쪽) 한편 외위제 성립시기를, 권덕영은 지증왕, 법흥왕대 체제정비의 일환으로(권덕영, 1985, 「신라 외위제의 성립과 그 기능」, 『한국사연구』 50·51, 88~93쪽), 하일식은 536년 이전~550년 무렵으로(하일식, 2006, 앞의 책, 238~243쪽) 각각 이해하였다. 이에 노중국은 524~561년 무렵에 상위급 외위가 정비됨으로써 외위제가 완성된 것으로 보았으나(노중국, 1997, 「신라 17관등제의 성립과정」, 『계명사학』 8, 28~29·33쪽), 다시 이를 수정하여 503~521년 사이에 경위 17관등과 외위 11관등이 완성된 것으로 보았다.(노중국, 2010,9, 「포항중성리비를 통해 본 麻立干시기 신라의 분쟁처리 절차와 六部체제의 운영」, 『한국고대사연구』 59, 58·78·88~89쪽) 서의식은 외위를 지방관으로 나간 진골들에게 僚佐의 설치와 운용을 허용한 형태에서 나타난 것으로서 법흥왕 25년(538) 外官의 '携家之任' 조치 때에 성립된 것으로 보았다.(서의식, 1999, 「6~7세기 新羅 眞骨의 家臣層과 外位制」, 『한국사연구』 107, 61~63·72쪽)

44) 武田幸男, 1990, 앞의 논문, 118쪽.

등의 관등과 후일 5두품 계열의 나마奈麻를 확인할 수 있다. 아간지阿干支
는 하교下敎의 주체였지만, 나마奈麻는 「중성리비」에서 지방 출신을 수용
하면서 베풀어졌고, 「냉수리비」에서는 전사인典事人 가운데 책임자급에게
주어진 관등이었다. 그 밖의 직임을 가진 쟁인爭人, 도사道使, 사인使人, 서
인書人 등은 관등을 가지고 있지 않았다. 두 비의 무관등자 가운데 도사道使
는 「봉평비」에서 소사제지小舍帝智로, 서인書人은 「봉평비」에 길지지吉支
智, 「천전리 서석 원명」(525)에 대사제지大舍帝智, 「창녕비」에 대사大舍로
등장하고 있다. 따라서 「중성리비」에서 무관등의 직임을 가진 자들도 「봉
평비」 이후로 관등체계에 편제되었음을 알 수 있다. 그렇다면 「중성리비
」·「냉수리비」 단계에서는 나마奈麻까지의 관등만이 있었고, 그 이하 대사
로부터 조위에 이르는 관등은 아직 설치되지 않았다고 할 수 있다.[46]

---

45) 노중국, 1992, 「영일 냉수리비」, 『역주 한국고대금석문』 제2권, 한국고대사회
연구소, 10쪽. 이기동, 2003, 앞의 논문, 7쪽. 기왕에 「냉수리비」의 '壹干支'를
『南史』 新羅傳의 壹干支에 상응하는 것으로 보아 후일 京位 제2관등 伊湌으로
비정하여 왔다.(선석열, 앞의 논문, 190~191쪽 : 주보돈, 1990, 앞의 논문,
260쪽 : 김희만, 1990, 「迎日 冷水碑와 新羅의 官等制」, 『경주사학』 9, 14~15
쪽 : 하일식, 2006, 앞의 책, 110쪽 : 전덕재, 2000, 「7세기 중반 관직에 대한
관등규정의 정비와 골품제의 확립」, 『한국 고대의 신분제와 관등제』 대우학술
총서 489, 305쪽), 이에 문경현은 伊湌의 관위가 의심되며 일길간지가 아닌가
의문을 표한 바 있는데(문경현, 앞의 논문, 166쪽), 伊湌은 『적성비』에 '伊干△
', 『창녕비』에 '一尺干'으로 등장한다. 또한 금석문상에서 '壹干支'는 오직 「냉수
리비」에만 보이고, 신라 최고위급이 참여한 「냉수리비」와 「봉평비」에는 干支
를 제외한 가장 상위 관등으로서 각각 '阿干支'와 '大阿干支'만 나타나는 한편으
로 『봉평비』와 『천전리서석 원명』에는 '一吉干支'가 등장하고 있다. 따라서 「냉
수리비」의 '壹干支'는 「봉평비」의 '一吉干支'에 상응하는 후일 경위 제7관등 一
吉湌으로 보아야 할 것이다. 한편 『남사』 신라전의 '壹干支'를 壹吉干支의 잘못
으로 볼 수 없는 것으로 이해하기도 하나(노태돈, 2010.9, 「포항중성리신라비
와 外位」, 『한국고대사연구』 59, 50쪽), 후술하듯이 『양사』와 『남사』 신라 관
등은 진흥왕 10년(549) 양나라가 신라 입학승 覺德과 함께 사신을 보낼 무렵에
취득한 자료를 바탕으로 소략하게 기술된 것으로서, 同名異稱인 '壹告[吉]支(一
吉干支)'와 '壹干支'를 별개의 관등으로 오해하여 병기된 것으로 생각한다.
46) 윤선태는 「냉수리비」 단계에서 나마가 최하위 관등임과 함께 관직적 의미를
공유한 것으로 보았다.(윤선태, 앞의 논문, 32쪽) 이용현은, 「중성리비」 爭人

중성리비(501)				냉수리비(503)			봉평비(524)			천전리서석 원명(525)	천전리서석 추명(539)
喙部	喙·沙喙	4부	지방	喙·沙喙	4부	지방	喙·沙喙	4부	지방	喙·沙喙	喙·沙喙
				갈문왕, 七王			매금왕 갈문왕			葛文王	葛文王
		干支		干支			五干支 干支				
											波珎干支
							太阿干支				
阿干支	阿干支			阿干支			阿干支				
		壹伐		壹干支			一吉干支			壹吉干支	
	沙干支									沙干支	沙干支
				居伐干支			居伐干支				居伐干支
							太奈麻				
奈麻	奈麻			奈麻			奈麻			奈☒	奈麻
							邪足智			大舍帝智	
		干支			干支		小舍帝智		下干支		
		壹金知			壹今智		吉之智		一伐		
									一尺		
							小鳥帝智		波旦		
									一金智		

특히 탁부喙部의 졸지나마와 사탁沙喙의 이추지나마는 본래 모자 지방 출신이었다. 이들은 비록 모자牟子 지방의 무관등자였으나, 왕경의 탁부喙部와 사탁沙喙에 귀속되면서 나마奈麻에 보임되었다. 사실 신라는 일찍부터 새로이 내부한 세력을 6부에 이주시킴으로써 포용하였다.47) 조분이사금

가운데 喙評과 沙喙의 고위 정책 결정자 중 관등을 갖지 않은 이들이 두드러진 것은, 이들 주류 2부에서 관등이 관철되지 않은 단계인 때문으로 이해하였다. (이용현, 앞의 논문, 15쪽). 또한 김희만은 무관등의 도사와 인명이 빈출한 데 대해, 하일식은 사인 등의 무관등자와 부명을 표기하지 않은 典書가 나타나는 양상에 대해, 신라의 관등이나 관직은 아직 세분화가 덜 이루어진 초창기 모습일 것으로 평가하였다.(김희만, 2009, 앞의 논문, 17·20쪽 : 하일식, 2009, 앞의 논문, 202쪽)

47) 木村誠, 1976, 「6世紀新羅における骨品制の成立」, 『歴史學研究』428, 31쪽. 李文基는, 중고기 사량부의 김씨왕통은 새로이 정복한 지역의 유력지배세력을 사량부에 편입시킴으로써 사량부의 세력확대를 꾀하고 이를 바탕으로 왕

영천청제비 병진명(536)		적성비 (~551)		창녕비(561)			『삼국사기』	
喙·沙喙	지방	喙·沙喙	지방	喙·沙喙	4부	지방	京位	外位
				大一伐干			大角干	
		伊干△		一伐干			(1) 伊伐飡	
				一尺干			(2) 伊飡	
				迊干			(3) 迊飡	
		波珎干支					(4) 波珍飡	
		大阿干△					(5) 大阿飡	
		阿干支					(6) 阿飡	
							(7) 一吉飡	(1) 嶽干
				沙尺干		述干	(8) 沙飡	(2) 述干
		及干支		及尺干	及尺干		(9) 級伐飡	(3) 高干
				大奈末			(10)大奈麻	(4) 貴干
			撰干	奈末			(11) 奈麻	(5) 選干
大舍第		大舍		大舍			(12) 大舍	(6) 上干
小舍第	干支		下干				(13) 舍知	(7) 干
							(14) 吉土	(8) 一伐
大烏第		大烏之					(15) 大烏	(9) 一尺
小烏帝							(16) 小烏	(10)彼日
			阿尺				(17) 造位	(11)阿尺

　7년 골벌국왕骨伐國王 아음부阿音夫와 그 무리에게 제택第宅과 전장田莊을 내리고 그 땅을 군郡으로 삼거나,[48] 나물이사금 18년 백제 독산성주禿山城主가 300명을 이끌고 투항하자 6부에 분거시켰다는 것,[49] 그리고 법흥왕 19년(532)

권의 강화와 여타부에 대한 지배력을 확대해 가는 대체적인 의도를 보여주는 것으로 보았다.(李文基, 1980, 「新羅 中古의 六部에 관한 考察」, 『歷史敎育論集』 1, 84쪽) 그가 김씨 왕통의 출신지를 사량부로 본 것은 「봉평비」와 「냉수리비」 발견으로 수정되어야 하겠지만, 본 「중성리비」에서도 지방민의 왕경 이주 사실이나 그가 지적한 대체적인 6부의 성격을 드러내는 경향성을 확인할 수 있다. 武田幸男도, 「적성비」 '沙喙部武力智'의 사례로 보아 沙喙部의 경우 異國의 異族에 대해 전혀 폐쇄적인 집단이지 않았음을 지적하고, 6부가 단순한 부계적 혈연집단이라고 고정적으로 상정하는 것은 위험하다고 지적한 바 있다.(武田幸男, 1990, 앞의 논문, 105쪽) 전덕재도 喙·沙喙部의 세력확장이 소국 수장층이나 지배층을 양 부에 귀속시킨 데 있었다고 보았다.(전덕재, 1996, 앞의 논문, 71~74쪽)
48) 『三國史記』 권 2, 新羅本紀 2, 조분이사금 7년.

금관국왕 김구해金仇亥가 왕비 및 세 아들과 함께 내항하자 구해왕에게 상등上等의 관등을 내리고 금관국을 식읍食邑으로 준 데서도50) 이를 살필 수 있다.

이들 사례로 볼 때에, 탁사리와 이사리는 모자母子 지역의 수장급이었던 것으로 추정된다. 지방의 수장급을 포용하여 나마에 보임한 것은 이미 눌지마립간 2년(418) 삽량주간歃良州干 박제상朴堤上이 왕제王弟 복호卜好를 고구려에서 귀환할 때에 나마奈麻의 관등을 칭한 데서도 짐작할 수 있다.51) 지방 수장급들은 탁부와 사탁에 귀속되면서 저들 본래 근거지에 대한 권리를 식읍食邑의 형태로 보장받고, 제택第宅과 전장田莊을 받았을 것이다. 지방 수장급을 포용하여 나마의 관등을 보임하는 전통은 신라가 백제를 통합하고 나서 그 관료들을 지위에 따라 대나마大奈麻·나마奈麻 이하의 관등에 보임한 데까지 이어져, 중고기 신라 사회를 움직이는 동력으로 작용하였던 것으로 믿어진다. 당시에 촌주에게 부여된 관등 '간지干支'는 후일 외위의 '간干'에 상응하며, 그것이 경위京位 나마奈麻에 대응한다. 이에 이들 촌주급 상당의 지방 수장급을 나마에 보임함으로써 신라 경위와 외위 관등 수여의 기준을 삼지 않았나 한다.

특히 신라가 가야나 고구려 등 투항 왕족에게 진골위眞骨位 또는 상등上等이나 아찬의 관등을 내렸던 것52)과는 달리, 모자母子의 탁사리와 일사리에게 나마의 관등을 부여한 것은, 나마와 그 상급의 거벌간지 사이의 간극

---

49) 『三國史記』 권 3, 新羅本紀 3, 내물이사금 18년.
50) 『三國史記』 권 4, 新羅本紀 4, 法興王 19년(532).
51) 『삼국사기』 권 3, 新羅本紀 3, 訥祇麻立干 2년·권 45, 列傳 5, 朴堤上.
김용선은, 박제상이 '歃良州干'을 칭하였다는 점에서 재지세력가로 보았다.(김용선, 1979, 「朴堤上小考」, 『全海宗博士華甲紀念 史學論叢』, 605~606쪽), 선석열은 박제상의 奈麻에 주목하여 「냉수리비」의 耽須道使가 奈麻의 관등을 지녔던 것으로 풀이함으로써 지방에 파견한 도사로 이해하였다.(선석열, 1997, 「朴堤上의 出自와 관등 奈麻」, 『慶大史論』 10, 59~65쪽) 그러나 「냉수리비」의 耽須道使는 무관등자였음이 분명하고, 「중성리비」의 사례로 볼 때에 박제상은 '歃良' 지역의 수장급인 干이었다가 고구려에 파견될 무렵 왕경에 귀속됨으로써 나마에 보임된 것이 아닌가 생각된다. 따라서 '奈麻'의 관등은 최소한 5세기 초반에 이들 지방세력을 포용하는 과정에 첨설된 것이 아닌가 생각된다.
52) 『삼국유사』 권 2, 文虎王 法敏. 『三國史記』 권 4, 新羅本紀 4, 法興王 19년(532).

을 느끼게 한다. 곧 그 상급의 관등이 모두 모某'간지干支'인 데 대해, 나마奈麻는 그와는 구별 될뿐더러 본래 지방 출신이라는 성격으로부터 후일 그로부터 분화된 대나마大奈麻와 함께 5두품 신분으로서 위치지워진 것이 아닌가 한다.53) 아무튼 「중성리비」에서 모자牟子의 탁사리와 이사리를 탁부喙部와 사탁沙喙에 귀속시켰다는 것은, 탁부와 사탁이 기왕의 족적 기반으로부터 일탈된 행정적 성격의 부였음을 시사한다.54)

다음으로 탁부·사탁과 달리 본피本彼·금평金評은 '간지干支-일벌壹伐' 체계를 보인다. 모참벌牟旵伐의 경우 탁사리 일벌喙斯利 壹伐과 무관등자가 등장하나, 본피本彼와 금평金評의 경우로 미루어 그 체계는 '간지干支-일벌壹伐'이었을 것으로 판단된다. 쟁인爭人으로서 탁평喙評과 사탁沙喙의 무관등자 2명, 본피의 간지-일벌, 모참벌의 일벌-무관등자, 금평의 간지-일벌 등의 구성은, 이를 배열함에 있어서 각 부간의 세력의 정도와 구성원의 등급을 조정한 듯이 여겨지지만,55) '간지干支-일벌壹伐'이나 무관등자라 하여 일괄하여 신분이 낮은 자라고 일컬을 수는 없을 것이다.

사실 본피本彼·모참벌牟旵伐·금평金評의 '간지干支'가 어떠한 지위를 점하는지는 분명하지 않다. 다만 이들 왕경의 '간지干支-일벌壹伐' 체계는 지방의 '간지干支-일금지壹金知' 체계와 유사하지만 분명한 차이가 있으므로, 왕경의 간지干支와 지방의 간지干支를 동일시할 수는 없을 듯하다.

왕경의 간지干支는 「봉평비」의 '본파부本波部 △부지夫智 오간지五干支56)'

---

53) 이는『三國史記』권 33, 雜志 2, 屋舍조에서 "外眞村主與五品同"이라 규정한 것과도 상통한다.

54) 이문기는 6부민 구성의 변화로서, 1) 지방민이나 타국인이 왕경인으로 편입되는 현상, 2) 6부인의 거주지 이동 등을 들고, 이로써 신라 중대에 6부의 성격이 변질된 바, 왕경인으로 편입된 이들은 부명을 밝히기 보다는 오히려 왕경인만을 강조하게 되었던 것으로 이해하였다.(李文基, 1981, 앞의 논문, 117~122쪽) 그런데 「중성리비」에는 이미 501년 喙部와 沙喙이 지방민을 소속부로 편입하였던 사실을 살필 수 있다.

55) 이용현, 앞의 논문, 15쪽.

56) 심현용, 2009, 「고고자료로 본 5-6세기 신라의 강릉지역 지배방식」, 『문화재』 42-3, 21쪽 각주 36의 판독문. 주보돈, 2010.9, 「浦項 中城里新羅碑에 대한 硏究 展望」, 『한국고대사연구』 59, 25~26쪽. 노중국, 2010, 앞의 논문,

와 '잠탁부_{岑喙部} 미흔지_{美昕智} 간지_{干支}'를 마지막으로 더 이상 등장하지 않는다. 「봉평비」는 법흥왕 7년(520) 율령을 반포한 4년 뒤에 건립된 것으로서, 법흥왕의 율령 반포시에 정비된 관등체계를 반영한다. 특히 「봉평비」는 「중성리비」나 「냉수리비」와는 달리 소속 부보다는 관등순으로 인명을 배열하였으므로, 왕경 '干支'의 지위를 짐작케 한다. 곧 「봉평비」 소교사_{所敎事}를 주도한 14명의 인물 가운데 본파부_{本波部} △부지_{夫智} 오간지_{五干支}와 잠탁부_{岑喙部} 미흔지_{美昕智} 간지_{干支}는 모즉지매금왕_{牟卽智寐錦王}과 사부지갈문왕_{徙夫智葛文王}에 뒤이어 나오며, 이점지_{而粘智} 대아간지_{大阿干支} 앞에 배열되어 있다. 따라서 본파부_{本波部}와 잠탁부_{岑喙部}의 간지_{干支}는 후일의 경위 17관등 가운데 제1관등 이벌찬_{伊伐飡}으로부터 제4관등 파진찬_{波珍飡}에 이르는 지위였음을 알 수 있다.[57]

79~80쪽. 심현용은 '本波部 巫夫智 五干支'로 판독하였으나, '巫'는 접착제 부분으로 맨 아래의 'ㅡ' 획만이 나타난다. 다만 五干支의 '炁'는 '五'의 篆書로서 『武榮碑』와 『孔龢碑』(中華民國敎育部 國語推行委員會, 2004, 『異體字字典』, 五字 ; http://dict.variants.moe.edu.tw), 그리고 본 「봉평비」의 간기 '甲辰年正月十五日'의 '炁'와 동일하다.

57) 윤선태, 앞의 논문, 33쪽. 한편 「봉평비」에서 本波部·岑喙部의 干支가 牟卽智寐錦王과 徙夫智 葛文王에 뒤이어 나오고 沙喙部 大阿干支 앞에 배열된 것에 대하여, 이들 干支를 왕경 여타 4부 諸干을 일반적으로 지칭한 것으로 보고 6부체제하에 관습화된 예우거나 실제로 참석한 간지의 정치사회적 지위 때문이라고 보거나(서의식, 1994, 『신라 상대 '干'層의 형성·분화와 重位制』, 서울대 박사학위논문, 35~36쪽), 그들의 실질적인 지위가 격상된 것이 아니라 기존 部主로서의 전통적인 지위를 명목상으로 인정받을 뿐, 경위제를 확립시켜 가는 과정에서 주도적 역할로부터는 소외된 것을 보여주는 것이라고 풀이하기도 한다.(하일식, 2006, 앞의 책, 116쪽 ; 하일식, 2009, 앞의 논문, 200쪽). 또한 후자와 동일한 관점에서 敎를 내린 고위귀족들 중에 本波部나 岑喙部 출신은 두 干支 외에는 한 명도 보이지 않는다는 사실로부터 왕경 여타 4부 干支는 구지배층에 대한 예우차원에서 서열을 높이한 것에 불과한 것으로 이해하기도 한다.(노태돈, 2010, 앞의 논문, 51쪽) 이에 왕경의 여타 4부가 本波部를 필두로 하여 점차 주류 2부 곧 喙·沙喙部의 경위체제에 편입되어 가기 시작한 것을 보여주는 것으로서 이해하고, 이들 여타 4부의 관등 호칭이 외위로 轉移되는 흐름을 보여주는 것으로 풀이하기도 한다.(武田幸男, 1990, 앞의 논문, 118쪽 ; 이용현, 앞의 논문, 13·19쪽)

이들 간지干支는 「냉수리비」에서는 탁喙·사탁沙喙의 아간지阿干支·일간지壹干支·거벌간지居伐干支와 함께 '7왕七王'으로 지칭되고, 「봉평비」에서도 최상위 관등인 대아간지大阿干支의 상위자로서 나타난다. 이는 「봉평비」 단계에 아간지로부터 대아간지를 새로이 분화·첨설하는 등 관등제 정비에 수반하여 「냉수리비」 단계의 '7왕七王'의 지위에 맞게 '간지'의 지위를 보장한 조치였던 것으로 여겨진다. 사실 「봉평비」에는 매금왕·갈문왕이 등장하는데도 후일 17관등제의 최상위급 관등인 '이벌찬~파진찬'의 관등이 전혀 보이지 않는다. 이는, 대아간지가 처음 등장한 「봉평비」 단계까지는 17관등 가운데 이벌찬 등 상위 4개 관등이 아직 설치되지 않았음을 의미한다.

그런데 『양서』 신라전의 신라 관등 '자분한지子賁旱支·제한지齊旱支·알한지謁旱支·일고지壹告支·기패한지奇貝旱支'는 「봉평비」의 관등과 분명한 차이가 있다. 『양서』의 신라 관등명 가운데 '한지旱支'는 「적성비」 단계까지 '간지干支'로서 나타난다. 또한 '자분한지子賁旱支'는 『일본서기』 권 9, 중애천황仲哀天皇 9년조의 '조부리지간助富利智干

'本波部△夫智
弐[干支]'
(「봉평비」)

'으로서 '경장京長'의 뜻인 이벌간伊罰干·각간角干·서발한舒發翰·서불감舒弗邯에 상응하며, 제한지齊旱支는 '성장城長'의 뜻인 '잣한'으로서 '잡간迊干·잡판迊判'에 대응하는 것으로 보고 있다.58) '알한지謁旱支·일고지壹告支·기패한지奇貝旱支'는 각각 '아간지·일간지·거벌간지'로 보아 좋을 듯하다.59) 그렇다면 『양서』 신라전의 신라 관등 기사는 「봉평비」에 보이는 대나마 이하의 관등을 궐하고 「봉평비」에 보이지 않는 자분한지子賁旱支와 제한지齊旱支를 기술한 것이 된다. 이에 『양서』 신라전 관등 기사는 양梁 보통普通 2년(521) 법흥왕 때의 정보와는 상당한 차이가 있음을 알 수 있다.

---

58) 양주동, 앞의 책, 387쪽.
59) 曾野壽彦, 앞의 논문, 122쪽. 武田幸男, 앞의 논문, 66쪽.

I. 신라 상대 김씨왕권의 성장과 정치과정　**87**

『양서』는 당唐 요사렴姚思廉이 629에서 636년에 걸쳐 502년에서 557년에 이르는 중국 남조의 양나라에 대한 역사를 기록한 것이다. 이에 신라전은 대체로 568~578년 무렵 진나라에 들어간 신라사신으로부터 획득한 자료로 이루어진 것으로 이해하기도 한다.[60] 그런데 『양서』에는 신라에 문자가 없었다고 하는 등 잘못된 정보 뿐만 아니라 관등제의 내용 또한 매우 소략함을 알 수 있다. 그런데도 『양서』의 5관등이나 같은 내용의 『남사』의 6관등에 대한 기록을 신라가 양에 사신을 보낸 보통 2년(법흥왕 8년, 521)의 상황을 전한 것으로 풀이하면서, 신라 17관등제가 이로부터 비롯하여 진평왕대에 성립하였다고 보거나,[61] 법흥왕 율령 반포시에 경위 17관등이 완성된 것으로 이해하기도 한다.[62]

그러나 앞서 살폈듯이 「봉평비」에는 『양서』 신라전의 자분한지子賁旱支와 제한지齊旱支에 상응하는 관등이 전혀 보이지 않는다. 이들 관등은 「천전리서석 추명」(539)의 파진간지波珎干支와 「적성비」(~551)의 이간伊干△에서 비로소 확인된다. 따라서 『양서』의 신라 관등은 진흥왕 10년(549) 양나라가 신라 입학승 각덕覺德과 함께 사신을 보낼[63] 무렵에 취득한 정보를 간략히 서술한 것이 아닌가 여겨진다.[64]

아무튼 무전행남武田幸男은 「봉평비」의 간지干支를 꽤 상위의 경위 상당으로서 인정하면서도, 경위체계의 전개가 부마다 달랐고, 적어도 「봉평비」 단계에서 탁喙·사탁부沙喙部의 관등체계가 다른 부에로 확대·관철되어 갔

---

60) 末松保和, 앞의 논문, 앞의 책, 375-380쪽.
61) 曾野壽彦, 앞의 논문, 114~122쪽.
62) 노중국, 1997, 앞의 논문, 28~29쪽 : 2010, 앞의 논문, 78쪽.
63) 『삼국사기』 권 4, 신라본기 4, 법흥왕 8년·진흥왕 10년.
64) 하일식은, 『양서』 신라전의 기록이 521년 당대의 정보를 전하는 것으로 이해하고, 그 한계성으로 인하여 관등명을 모두 전하는 것은 아니라고 지적한 바 있다.(하일식, 2000, 「신라 경위 관련 사료와 경위의 기원문제」, 『한국 고대의 신분제와 관등제』, 대우학술총서 489, 221~231쪽) 한편 「양서」 최후의 성립이 唐 初(629~636)의 일이기에 그 이전의 신라에 대한 지식이 개입되지 않았다고 단언할 수 없음을 지적하기도 한다.(末松保和, 앞의 논문, 앞의 책, 376쪽 : 李基東, 1977, 「신라 골품제 연구의 현황과 그 과제」, 『역사학보』 74 ; 1984, 『신라골품제사회와 화랑도』, 47쪽)

으며, 본피·잠탁부 2부에서는 아직 경위체계가 관철되지 않은 것으로 보았다.[65] 물론 '간지'가 「중성리비」의 '간지-일벌' 체계로부터 비롯하였고 탁喙·사탁沙喙과 왕경 여타 4부간에 상이한 체계가 있었으며, 경위京位의 경우 통합되어 가는 경향은 인정할 수 있다.

그러나 「봉평비」에서 기왕의 왕경 여타 4부의 '壹伐'이 사라지고 '干支'가 매금왕·갈문왕에 버금하는 대아간지 상위에 위치지워졌다는 것은, 상이한 두 개의 경위 체계를 통합한 것으로 보아야 하지 않을까 한다. 곧 「봉평비」에서 '오간지五干支'라는 명칭이 '간지干支'와 함께 등장한 것은, 종래 각부의 수장을 지칭하는 '간지干支'가 관등화되었음을 시사한다.[66] 곧 이 무렵 신라 6부가 완비된 것이나 기왕의 일벌壹伐이 경위에서 사라지고 외위에 등장한 것은, 6부 소속인들이 모두 경위 체계에 편입된 사실을 반영하며, 외위의 간지干支가 하간지下干支로 바뀐 것도 이미 경위로서 편제된 간지干支와 구분하기 위한 조치가 아니었는가 생각되기 때문이다.[67]

「중성리비」에서의 왕경 '일벌壹伐'은, 「봉평비」에서는 거벌모라居伐牟羅 니모리尼牟利의 관등 곧 외위 '일벌一伐'로 등장하면서 더 이상 나타나지 않는다.[68] 이에 「중성리비」의 왕경 '일벌壹伐'을 왕경에 거주한 지방민이 칭

---

65) 武田幸男, 2009, 앞의 논문, 111~112•118쪽
66) 五干支를 5명의 간지로 풀이하기도 하나(주보돈, 2010, 앞의 논문, 26쪽), 노중국은 4부의 내부 분화로 4부 안에 일정한 지위를 가지고 있는 자들의 수가 늘어나면서 나타난 관등명으로서 후일 신라 중위제의 기원으로서 이해하였다.(노중국, 2010, 앞의 논문, 79~80쪽) 선석열은 「봉평비」에 보이는 干支를 이벌찬으로 풀이하고, 마립간 시기의 部別 단위로 되어있던 신료조직을 하나의 관등체계로 통합한 것으로 이해하였다.(선석열, 1991, 「신라 관등체계의 성립」, 『부산사학』 20, 26•31쪽) 필자는, 干支가 종래의 족적인 성격으로부터 비롯한 것은 사실이지만, 「봉평비」 단계에 간지 휘하의 壹伐이 사라진 점, 그리고 이미 6부가 행정체계에 돌입하였다는 점에서, '간지'는 「봉평비」 단계에 喙·沙喙部의 관등과 통합된 京位로 서열화된 것으로서, 「봉평비」에 '五干支'가 출현한 것은 이미 법흥왕대에 제정된 율령에 경위로서의 서열화가 포함된 때문으로 보고자 한다.
67) 주보돈, 1990, 앞의 논문, 265쪽. 하일식, 2006, 앞의 책, 232~234쪽.
68) 김창석은 '壹伐'을 외위 '一伐'과는 다른 경위 관등으로서 기존 관등의 별칭으로 보아야 할 것이라 지적하고, 사간지보다는 낮은 관등으로서 京位의 하나로

한 관등으로 보기도 하나,[69] 「창녕비」에는 탁탁(部)의 '한지漢只△△ 굴진지屈珎智 대일벌간大一伐干'과 '△△지智 일벌간一伐干'이 국왕 바로 아래의 관등 곧 경위京位 최상위급 관등의 일부로 다시 등장하고 있다. 이는 '일벌壹伐' 또는 '일벌一伐'이 수장의 바로 아래 등급에 해당하는 명칭이었음을 시사한다. 곧 「창녕비」의 '국왕國王-일벌간一伐干' 체계는 「중성리비」의 왕경 여타 4부의 '간지干支-일벌壹伐' 체계나 「봉평비」의 외위 '간지-일벌(一피일)'의 체계에 상응한다.[70] 이에 「중성리비」의 '간지干支-일벌壹伐' 체계가 「봉평비」의 외위 체계에 적용되고, 다시 「창녕비」의 경위 최고위 관등에까지 채용되었음을 알 수 있다.

「창녕비」의 '국왕國王-일벌간一伐干' 체계는 국왕을 간지干支로 대체하였을 때에, 왕경의 여타 4부의 '간지干支-일벌壹伐' 체계와 동일하다. 이로써 신라의 고대국가 발전 과정에서 국왕이 탁탁에서 배출되면서, 종래의 탁탁의 간지干支는 마립간麻立干(국왕)으로, 그 휘하의 일벌壹伐은 '간지干支' 계열의 관등으로 등급 상승하여, 「중성리비」에 보이는 '아간지阿干支-일간지壹干支-사간지沙干支-거벌간지居伐干支'로 분화되었음을 짐작할 수 있다. 그 후 탁탁·사탁沙喙의 주도로 지방의 수장급을 수용함으로써 나마의 관등이 첨설된 것으로 여겨진다.

「봉평비」 단계에 이르러 '대아간지大阿干支'가 처음으로 나타나거니와, 이로부터 아간지阿干支가 대아간지大阿干支-아간지阿干支로 분화되었음을 알 수 있다.[71] 또한 대아간지大阿干支의 상위에 위치한 본피本彼와 잠탁岑喙의

사용되다가 중고기에 소멸한 것으로 보았다.(김창석, 2009, 앞의 논문, 395쪽)

69) 李文基, 2009, 앞의 논문, 45~46쪽, 하일식, 2009, 앞의 논문, 207~209쪽.

70) 주보돈은 왕경세력과 지방 세력자가 공히 '干支'로 일컬은 것은 양자의 정치사회적 기반이 원래는 동일하였음을 시사하는 것으로 이해하였거니와(주보돈, 1990, 앞의 논문, 262~263쪽), '干支-壹伐'이 왕경 여타 4부로부터 외위, 그리고 다시 경위에 적용되는 과정 또한 그러한 관념이 적용된 것이 아닐까 생각한다.

71) 曾野壽彦은 신라의 관등제에 있어서 아찬, 나마, 사지, 오지가 각각 대소로 나뉘어 대아찬-아찬, 대나마-나마, 대사-소사, 대오-소오로 분화된 것으로 추정한 바 있다.(曾野壽彦, 앞의 논문, 117~118쪽) 다만 그는, 이러한 분화가 법흥왕대로부터 진흥왕대에 걸쳐 신라의 국세의 발전에 따라 마립간의 칭호를 버리면서 나타난 것으로 보았으나(曾野壽彦, 위의 논문, 125쪽), 「봉평비」

'간지干支'는 「봉평비」 이후 보이지 않지만, 그후 「천전리 서석 추명」(539)
에서는 '파진간지波珎干支', 「적성비」에서는 '이간伊干△-파진간지波珎干支'
로, 「창녕비」에서는 '대일벌간大─伐干-일벌간─伐干-잡간迊干' 등으로 등장
하고 있어, 「천전리 서석 추명」이 새겨진 539년 무렵에 다시 분화되었음을
확인할 수 있다. 이와 같은 관등의 시기별 분화양상은, 결국 「봉평비」에
보이는 왕경의 간지干支를 그후 다시 조정하여 '대일벌간大─伐干-일벌간─伐
干-일척간─尺干-잡간迊干-파진간波珎干' 등으로 정비하였음을 보여준다.

요컨대 「중성리비」의 '간지-일벌' 체계는 신라 관등제의 단초를 여는
형태로 인정되는데, 탁喙(部)이 사로국의 국왕 출신부로 등장하면서 '국왕
-아간지阿干支-일간지壹干支-사간지沙干支-거벌간지居伐干支' 체계로 분화
하여 여타 왕경 4부의 '간지干支-일벌壹伐' 체계와 공존하였다. 그후 지방
세력자나 내항자를 탁喙·사탁沙喙 중심으로 수용함으로써 「중성리비」·「냉
수리비」에서 보듯이 '나마奈麻'의 관등을 첨설하였던 것으로 생각된다. 이
들 관등은 「봉평비」 단계에서는 다시 간지군干支群(五干支·干支-太阿干支-阿
干支──吉干支-居伐干支)과 나마군奈麻群(大奈麻-奈麻), 제지군帝智(之)群([邪足
智 : (大)舍帝智?]72)-小舍帝智-吉之智-[(大)烏帝智]-小烏帝智)으로 나뉘었다가,

─────────

에서 이미 이들 관등의 분화 양상을 살필 수 있다. 따라서 그의 관등 분화의
기준은 어느정도 인정되나, 그것은 법흥왕대에 율령을 반포하면서 관등을 정
비할 때에 대소로 나눈 데서 비롯한 것으로 보아야 할 것이다.

72) '邪足智'는 유일하게 「봉평비」에만 등장한다. 일반으로는 이를 『三國史記』 권38
   職官上에 보이는 '先沮知'로 이해하고 있다.(김창호, 1988, 「蔚珍鳳坪鹽祭碑의
   검토」, 『향토문화』 4, 17쪽 : 최광식, 1989, 「울진봉평 신라비의 석문과 내용」,
   『한국고대사연구』 2, 102쪽 : 노태돈, 1989, 앞의 논문, 181쪽 : 이우태, 1989,
   「울진봉평신라비를 통해 본 신라의 지방통치체제」, 『한국고대사연구』 2, 195
   쪽 : 武田幸男, 1990, 앞의 논문, 111쪽 : 선석열, 1990, 앞의 논문, 186쪽 : 주
   보돈, 1990, 앞의 논문, 264쪽) 다만 이기백은 '邪'를 앞의 인명 뒤에 오는 '那'로,
   '足智'를 '是智'로 판독하여 大舍에 비정할 수 있는 '舍知'로 이해하였다.(李基白,
   1988, 「蔚珍 居伐牟羅碑에 대한 考察」, 『아시아문화』 4, 한림대 아시아문화연
   구소, 234쪽) 김희만은 '是智'보다는 '邪足' 그 자체가 '舍知'와 음상사한 점을 들
   어 舍知로 보았다.(김희만, 1991, 「울진봉평비와 신라의 관등제」, 『경주사학』
   10, 52쪽). 사실 '邪足智'는 「봉평비」에 2차에 걸쳐 등장하고, 그 배열 순서로
   보아 '大舍帝智' 내지 '舍帝智'가 되어야 할 것인데, 뒤이어 나오는 小舍帝智 자체

「적성비」·「창녕비」건립 무렵에 오간지五千支·간지千支가 '대일벌간大—伐干—일벌간—伐干—일척간—尺干—잡간迊干(—파진간波珎干)'으로 분화되었음을 알 수 있다. 특히 '일벌간—일척간—(잡간)—파진간'의 구분은, 후술하듯이 촌주급 (하)간지(下)千支 휘하의 외위를 '일벌—伐—일척—尺—파단波旦'으로 구분한 데서 그 원형을 볼 수 있다.

왕경의 '일벌壹伐'은 「중성리비」에만 나타나는 바, 간지를 보좌하는 일급 신료란 의미로 새겨진다. 이는, 「봉평비」에서 지방 촌주 간지千支 휘하의 상위급 관리에게 부여됨으로써 외위 '일벌—伐'로 등장하고, 「창녕비」에서 국왕의 일급 신료란 의미로서 국왕 직하의 '일벌간—伐干'이란 칭호로 이어졌다. 「중성리비」에서 이들 왕경 여타 4부 간지千支의 휘하 관리였던 일벌壹伐과 무관등자들은, 「명활산성작성비」(551)에서 본파부本波部 상인라두上人邏頭 이피이리伊皮尒利가 경위 제14관등 길지吉之로서, 「창녕비」(561)에서는 본파本波 말△지末△智가 경위 제9관등 급척간及尺干으로 등장하고 있어, 「냉수리비」이후 아마도 법흥왕 율령반포시에 경위 체계에 편입되었을 것으로 짐작된다.

한편 「중성리비」, 「냉수리비」단계에서는 지방의 수장급들 가운데 '촌村'으로 편제된 지역의 경우 어김없이 '간지千支—일금지壹金知(壹今知)' 체계를 유지하였다. 이에 대해 지명만이 기술된 거벌居伐과 진벌珍伐의 경우 무관등자 1~2명이 등장한다. 이들의 배열순은 오히려 거벌居伐이라는 지명만을 가진 지역이 고리촌古利村이나 나음지촌那音支村에 우선하고 있다. 그런데도 거벌 지역의 인물은 관등이 없는 채로 등장하고 있어, 이들 지방 무관등자의 지위가 촌명을 칭한 지역의 '간지千支—일금지壹金知'에 비해 결코 낮지 않음을 알 수 있다. 사실 모자牟子의 탁사리, 일사리가 무관등자였음에도, 탁부喙部·사탁沙喙에 귀속되면서 나마奈麻의 등급에 보임된 것으로 미루어 보면, 무관등자라도 모두 촌주급 지위에 상응하다고 보아 좋을 것이다.[73] 동일한 지위로 여겨지는 지방 세력자 가운데 촌명이 부여된 지방

가 舍帝智를 전제로 한 명칭이어서 단정하기 쉽지 않다. 현재의 자료로서 '邪足智'는 '邪'와 '舍', '足智'와 '帝智'가 음운상 대응할 가능성이 많고. 그 배열 순서로 볼 때에도 '大舍帝智'를 지칭한 '舍帝智'의 별칭이 아닌가 판단된다.

73) 김창석은, 珍伐 출신자가 무관등자로 등장한 데에 대해, 「鳳坪碑」 3개 촌의

에만 '간지干支-일금지壹金知' 체계가 보이는 것은, 지방에 촌제村制를 시행하면서 '간지干支-일금지壹金知'를 부여한 때문으로 판단되는 바, 이를 외위外位의 전신으로 보아 좋을 것이다.

왕경 여타 4부의 '간지干支-일벌壹伐'도 촌주村主의 '간지干支-일금지壹金知'에 상응하는 바, 이들 양자의 체계 또한 중앙 정부가 일괄 부여한 것으로 보아야 할 듯하다.[74] 따라서 '간지干支-일벌壹伐'은 각 부의 수장층에게 부를 총괄하고 대표하는 성격의 직임을 표시함과 아울러 신라 6부 사회에서의 지위를 표시하는 관등의 성격을 지닌 것으로 생각된다. 앞서 살폈듯이, 왕경 여타 4부의 '간지干支'는 매금왕이나 갈문왕과 함께 국가 대소사의 공론共論에 참여하고 당해 부部를 총괄·대표한다는 측면에서는 직임으로 볼 수 있다. 한편으로는 모든 일의 처결에 있어서 탁·사탁 소속 상위 관등자에 상당하는 지위를 지녔고 그것이 일원화된 것이 「봉평비」의 관등체계라는 점에서 관등의 성격을 띤다고 할 수 있다. 이에 「중성리비」에 보이는 왕경 여타 4부의 '간지干支-일벌壹伐'은 관직과 관등이 미분화된 칭호로서, 촌村의 '간지干支-일금지壹金知'에 상응하는 경위京位의 전신이라 보아 좋을 것이다.[75]

무관등 使人들이 처벌 대상자로서 관등을 박탈당했기 때문이라는 지적(武田幸男, 1990, 앞의 논문, 111쪽 ; 文暻鉉, 1991, 「居伐牟羅南彌只碑의 新檢討」, 『水邨 朴永錫敎授 華甲紀念韓國史學論叢』上, 291쪽)을 원용하여, 그가 진벌의 수장으로서 궁을 빼앗은 主犯이었던 때문으로 보았다.(김창석, 2010, 앞의 논문, 200쪽) 그러나 「중성리비」의 발견으로 당시의 使人들은 아직 관등체계에 포함되지 않았음을 확인할 수 있고, 본문에서 서술하였듯이 「중성리비」단계에서 珍伐이 아직 촌제에 편입되지 않은 때문으로 보아야 할 것이다.
74) 왕경의 干支를 部主로 상정하고 상징적인 차원에서 독립적인 지위를 인정받은 존재로 이해하고, 지방의 간지에 대해서는 외위제가 정비되기 이전에 중앙정부의 묵인하에 지방사회의 유력자가 사용하던 일반적인 칭호였던 것으로 보기도 한다.(하일식, 2006, 앞의 책, 222~223쪽). 그러나 「중성리비」에서 왕경 여타 4부가 喙·沙喙과 달리 모두 干支-壹伐의 체계를 지녔고, 그것이 喙·沙喙의 관등체계의 전신으로 인정되며, 「봉평비」단계에서 왕경의 간지와 그 휘하의 일벌은 각각 경위 및 외위에 통합되었고, 지방의 '간지-일금지'가 각각 하간지와 외위 최하위의 일금지로 등급지워진 데서, 이들 '간지-일벌'과 '간지-일금지'는 경위 17관등과 외위 11관등의 전신으로서 「중성리비」이전 시기에 왕경과 村에 각각 부여된 초기적 형태의 관등체계로 보아야 할 것이다.
75) 김희만은 일찍이 「냉수리비」의 壹今知를 외위로서 파악하였거니와(김희만,

아무튼 「중성리비」·「냉수리비」에서 촌주들이 칭한 '간지干支-일금지壹
金知(壹今知)' 체계는 「봉평비」에 이르러 '하간지下干支-일벌—伐-일척—尺-
파단波旦76)-일금지—金智77)'로 분화되었다. 이러한 관등 체계는 후일 외위
제의 '간干-일벌—伐-일척—尺-피일彼日-아척阿尺'과 동일한데, 간지干支와
일금지壹金知의 사이에 '일벌—伐-일척—尺-피일彼日'을 첨설한 양상이다.
다만 '하간지下干支78)는 상간지上干支를 전제로 한 명칭으로 여겨지거니와,
이미 경위에 '간지干支'가 있고 보면 이와 구분하기 위한 것으로 보아야
할 듯하다.79) 곧 「봉평비」에서 상간지上干支를 확인할 수 없고, 이미 경위
에 오간지五干支-간지干支 등의 명칭이 있고 보면, 율령 제정시 이들을 구
분할 필요가 있었다고 본다. 이후 「영천청제비」에 외위 '간지干支'가 등장
한 것은, 「천전리서석 추명」의 '파진간지波珎干支'에서 살필 수 있듯이 이
미 경위의 간지干支가 17관등 상급의 경위로 분화된 때문으로 생각한다.

1990, 앞의 논문, 27~28쪽), 「중성리비」를 검토하면서 왕경에 '干支-壹伐'의
경위체계가 있었을 개연성이 크며, '干支-壹金知' 또한 외위 11등급으로 정비되
기 이전의 외위체계를 보여주는 것으로 이해하였다.(김희만, 2009, 앞의 논문,
15~16쪽) 이에 대해 6부 소속 인물이 칭한 '干支-壹伐'을 외위로 보고, 6부
구성원 가운데 6부와 모종의 관련을 가진 지방민이 있었던 것으로 보기도 한
다.(李文基, 2009, 앞의 논문, 45~46쪽) 또한 '干支-壹伐'을 경위나 외위 체계
에 편입되기 전 단계의 위계로서 이해하여, 喙部나 沙喙部에 존재하였던 여러
단위집단(部內部)의 장이나 주요 왕족들인 간지들을 으뜸 간지인 자기 휘하의
一伐과 一尺, 波旦 등에 임명하고, 일벌과 간지를 결합한 '一伐干支'의 형태의
신료로 편제하였다고 보기도 한다.(노태돈, 2010, 앞의 논문, 48~49쪽)
76) '波旦'을 지명으로 보기도 하나(이명식, 1989, 「울진지방의 역사·지리적 환경
   과 봉평신라비」, 『한국고대사연구』 2, 36쪽 : 남풍현, 1989, 「울진봉평신라비
   에 대한 어학적 고찰」, 『한국고대사연구』 2, 48쪽), 관등으로 보는 것이(이기
   백, 앞의 논문, 234쪽 : 최광식, 1989, 「울진봉평신라비의 석문과 내용」, 『한
   국고대사연구』 2, 102쪽 ; : 노태돈, 1989, 앞의 논문, 182쪽 : 이문기, 1989,
   앞의 논문, 142쪽) 옳다고 본다.
77) 김희만, 1991, 앞의 논문, 52~53쪽. 이용현, 앞의 논문, 18쪽. 국사편찬위원회
   한국사데이타베이스 (http://db.history.go.kr) 『역주 한국고대금석문』 신라
   碑文, 「蔚珍 鳳坪碑」 이미지 자료 참조.
78) 李基東은 下干이 상간의 바로 아래 관등인 점으로 미루어 보아, 외위 제7등인
   干으로 보았다.(李基東, 1978, 앞의 논문 ; 앞의 책, 388쪽)
79) 주보돈, 1990, 앞의 논문, 266쪽.

한편 「봉평비」에서 일금지一金智의 상위에 '일벌一伐-일척一尺-피일彼日'을 첨설한 것은, 경위의 '간지干支-일벌壹伐' 체계를 외위外位에 적용한 결과로서 이해된다.[80] 그후 외위 체계에서 '일금지壹金智(一金智)'의 명칭이 사라진 듯한데, 이는 경위의 '사족지邪足智'와 같은 성격의 것으로서 후일에 아척阿尺으로 명칭이 바뀌었든지, 아니면 안압지 출토 금동판명金銅板銘의 '의일금지義壹金智'[81]와 같이 외위 아척阿尺을 일금지壹金智와 함께 일컬음으로써 후대까지 그 명칭이 전승되었을 가능성도 있다고 본다.[82]

이후 고위급 외위로서 「적성비」에서는 찬간撰干이, 「창녕비」에서는 술간述干이 등장한다. 이는 기왕에 하간지下干支에 더하여 '악간嶽干-술간述干-고간高干-귀간貴干-선간選干' 등을 첨설한 사실을 보여준다. 아울러 상급의 경위 관등의 분화와 함께 경위京位 '간지干支'의 명칭이 사라지면서, 외위外位 하간지下干支를 '하간下干'으로 고치고 '상간上干'을 첨설하였을 것으로 짐작된다.[83] 이는 진흥왕대의 영역확장에 수반하여 지방 세력을 통섭

---

80) '干支-一伐-一尺-彼日' 체계는 소국의 수장인 干의 지배조직으로부터 유래한 것으로서, 喙·沙喙을 제외한 왕경 여타 4부 및 지방 수장급 휘하에 이미 그 체계가 있었던 것으로 보거나(김철준, 1956, 「高句麗·新羅의 官階組織의 成立過程」, 『李丙燾博士華甲記念論叢』; 1975, 『한국고대사회연구』, 지식산업사, 151~154쪽 : 노태돈, 1975, 앞의 논문, 28쪽 : 김희만, 1990, 「迎日 冷水碑와 新羅의 官等制」, 『경주사학』 9, 16~17쪽 : 노중국, 1997, 앞의 논문, 6~7쪽 ; 전덕재, 2009, 앞의 논문, 108~109쪽), 京位 干群과 非干群 대부분이 명칭상 이사금기 당초부터 병존하였던 것으로 파악하기도 한다.(하일식, 2000, 앞의 논문, 280~282쪽) 그러나 「중성리비」에 '간지-일벌' 이외에는 모두 무관등자로 나오고 있어 '干支-一伐-一尺-彼日' 체계는 「봉평비」 단계에서 일정한 기준하에 관등을 등급화한 것임이 분명하다.
81) 황수영 편, 1981, 『한국금석유문』 제3판, 490쪽.
82) 김희만은 壹金智를 一伐 또는 一尺과 연결되는 외위로(김희만, 1990, 앞의 논문, 29쪽), 하일식은 안압지 출토 금동판명의 '義壹金知'의 사례로 미루어, 壹金知가 외위가 아닌 다른 명칭일 가능성이 있는 것으로 보았다.(하일식, 2009, 앞의 논문, 210~211쪽) 그러나 『봉평비』의 '居伐牟羅 尼牟利一伐 你宜智波旦 繰只斯利 一金智'의 구절에서 '一金智'가 외위 一伐, 一尺, 波旦의 하위 관등으로 등장하고 있어 外位 가운데 阿尺의 이칭일 가능성이 높지 않나 한다.
83) 주보돈, 1990, 앞의 논문, 266쪽. 윤선태, 앞의 논문, 36쪽. 노중국, 1997, 앞의 논문, 32~33쪽.

하는 과정에 그 세력의 크기에 따라 층위를 두어 촌제를 시행한 데서 말미암은 것으로 생각된다.[84] 따라서 외위는 촌주 하위의 관등을 '일금지壹金知'로부터 '일벌─伐─일척─尺─피일彼日─일금지壹金知(阿尺)'로 층위를 두어 정비하였고, 촌주급은 촌의 세력 차이에 따라 '간干(支)'을 상하로 구분하면서, 고위급 외위직인 악간嶽干으로부터 선간選干에 이르는 관등을 첨설한 것으로 이해된다. 신라가 지방의 촌제를 언제부터 시행했는지는 분명하지 않으나, 『삼국사기』 박제상전에 눌지왕 즉위년(417) 당시 수주촌간水酒村干 벌보말伐寶靺, 일리촌간─利村干 구리내仇里迺, 이리촌간利伊村干 파로波老 등이 기술된 것으로[85] 보아 5세기 초엽에는 이미 신라 영역에서 지역별로 촌제가 시행되었다고 여겨진다.[86]

「봉평비」에서 외위를 '간干─일벌─伐─일척─尺─피일彼日'로 나누던 관념은, 「창녕비」에서 확인되듯이 국왕 직하의 '일벌간─伐干─일척간─尺干─잡간(迊干)─파진간波珎干'의 체제에 원용되었다. 이는 '간干─일벌─伐─일척─尺─피일彼日'의 외위 체계가 이미 있었다기보다는, 촌 단위의 '간지─일금

다만 노중국은, 下干支는 간지 계열 외위인 壹今知가 바뀐 것으로 풀이하고, '일벌─일척─피일─아척'의 관제가 이사금기에 이미 성립된 것으로 보았다. 그러나 壹今知는 「봉평비」에서 살필 수 있듯이 하간지와 별개인 최하위급 외위였으며, '일벌~피일'에 이르는 외위는 법흥왕대에 첨설된 것이 분명하다.(각주 80 참조)

84) 「磨雲嶺眞興王巡守碑」의 "新古의 백성을 어루만져 기를 것(撫育)을 생각하나" 등은 지방민을 포섭하는 정책을 표방한 것으로 이해되며,(박남수, 2008a, 「新羅 眞興王代 政治社會와 花郎徒 制定」, 『사학연구』 92, 12~13쪽) 이에 따른 내부 또는 투항한 여러 등급의 촌주들을 일괄 편제할 필요가 있었을 것으로 여겨진다. 진흥왕대 촌주급의 고위 외위직이 첨설된 것은 이러한 진흥왕대의 사정과 무관하지 않으리라 생각한다.

85) 『三國史記』 권 45, 列傳 5, 朴堤上.

86) 김창석은 「중성리비」에 보이는 村에 '촌주'의 직명을 쓰지 않은 것으로 보아 자연촌락의 수장이 아직 촌주로 재편되지 않을 정도로 중앙으로부터 자율성을 갖고 있었던 것으로 보았다.(김창석, 2009, 앞의 논문, 386~387쪽) 그러나 「중성리비」에서 무관등의 자연촌이 확인되고, '村'명의 경우에만 외위의 초기 형태로 여겨지는 관등을 칭하고 있어, 이들 村의 경우 중앙이 직접 편제하였던 것으로 여겨진다.

지'의 체계로부터 분화되어 「봉평비」를 전후한 단계에서 상하를 구분짓는 기준으로 세워졌고, 그것이 먼저 지방에 적용됨으로써 「봉평비」의 외위체계로 나타났으며, 그후 「적성비」·「창녕비」의 중앙 상급 간지군에 적용되어 '일벌간-일척간-(잡간)-파진간'으로 체계화된 것이라 보아야 할 것이다.

결국 『삼국사기』 직관지의 경위 17관등과 외위 11관등은 「천전리서석추명」 무렵으로부터 「적성비」와 「창녕비」 단계에 이르는 시기에 완비된 것으로 인정된다. 이에 법흥왕의 율령으로 반포된 관등제는 「봉평비」에 보이는 관등체계 곧 경위京位 '간지-대아간지~소오제지 또는 조위'에 이르는 13~14관등과, 외위外位 '하간지~일금지'에 이르는 5관등 정도였다고 본다.

4. 신라 6부 성격론과 골품제骨品制 형성에 대한 단상

신라 6부의 성격에 대해서는 행정구역설,[87] 왕경 지배자 공동체설,[88] 그리고 단위정치체설[89] 등이 있고, 특히 단위정치설 가운데 연맹체를 형성한 독자적인 부체제 또는 부내부部內部를 상정하기도 한다.[90] 사실 6부의 성립과 성격에 대한 논의는, 『삼국사기』 유리이사금 9년 3월조에서 살필 수 있듯이 17관등제의 성립과정에 대한 논의와 병행되었다.

주지하듯이 신라의 관등제는 그것을 운영하는 원리 곧 골품제의 외피라고 할 수 있다.[91] 이에 6세기 전반 금석문에 나타난 관등제의 전개과정을 6부의 정비에 따라 각 시기별, 곧 이사금기尼師今期(6부생성단계 : 2~3세기), 이사금尼師今 중기~마립간기麻立干期(4~6세기 초), 내금왕기寐錦王期, 대왕기大王期로 나누어 도표화하면 다음과 같이 정리할 수 있다.

---

87) 이종욱, 1980, 앞의 논문 : 1994, 앞의 논문 : 1999, 앞의 논문. 전미희, 앞의 논문, 244~247쪽.
88) 武田幸男, 1965, 「新羅の骨品體制社會」, 『歷史學硏究』 299, 10쪽.
89) 李文基, 1980, 앞의 논문, 69쪽.
90) 노태돈, 1975, 앞의 논문, 9~10쪽. 전덕재, 1996, 앞의 책, 106쪽.
91) 이기동은, 관등제도가 족제적인 신분제에 의해 규제된 형태로 제정되었음을 지적한 바 있다.(이기동, 1982, 앞의 논문 ; 1997, 앞의 책, 64~65쪽)

【표】 6세기 新羅 6部와 官等制의 전개 과정

尼師今期 (2~3세기)	尼師今 中期~麻立干期(4~6세기 초) 「중성리비」(501), 「냉수리비」(503)			寐錦王期 「봉평비」(524)	
propher- 6部	喙評·喙喙部-沙喙-本彼 -牟呂伐-斯彼-金評			喙喙部-沙喙部-本波部 -岑喙部-(斯彼部)-(漢只部)	
	喙·沙喙	4부	지방	6부	지방
	(麻立干)			寐錦王	
				갈문왕	
干支	갈문왕	干支(王)		五干支 干支	⇨
				太阿干支 阿干支	
壹伐 ⇨	阿干支 壹干支 沙干支 居伐干支	壹伐		一吉干支 沙干支 居伐干支	
	奈麻			太奈麻 奈麻	
			干支	邪足智[大舍帝智?] 小舍帝智	下干支
				吉之智	*一伐
				(大烏帝智) 小烏帝智	*一尺 *波旦
			壹金智	(造位?)	一金智

※ ▨(연회색) 는 첨설된 관등. ※ ▨(굵은테) 는 大小, 上下로 분화된 관등 ※ ( )는 실재 추정 관등

위의 표에서 살필 수 있듯이 신라 6부 생성의 1단계 곧 2~3세기 무렵의 신라 왕경에는 '진한6부辰韓六部'로 일컬어지는 6개의 정치체(proper-6部)가 존재하였거니와, 당시에는 6부의 세력이 균등한 상황에서 각 부 모두 '간지干支-일벌壹伐' 체계가 아니었을까 추정된다. 이는 『삼국유사』권 5, 피은避隱 8, 물계자勿稽子조에 "나해왕奈解王 즉위 17년(212) … 왕은 태자 날음과 장군 일벌 등太子榇音將軍一伐等에게 명하여, 병사를 거느리고 그들을 막도록 하였다"라고 하여 관등으로 여겨지는 '일벌一伐'이 등장한 데서,[92] 3세기 초에 이미 「중성리비」의 '간지-일벌' 체계에 상응하는 관등체계가 있었던 것이 아닐까 생각되기 때문이다.

| 大王期 「천전리서석추명」(539) 「적성비」(~551), 「창녕비」(561) | | 『三國史記』 | |
| 喙部-沙喙部-本波部 -(牟喙部)-(斯彼部)-漢只部 | | 梁部-沙梁部-本彼部 -漸梁部-習比部-漢岐部 | |
6부	지방	京位	外位
大王			
갈문왕			
大一伐干		大角干	
*一伐干		(1) 伊伐湌	
*一尺干(伊干△)		(2) 伊湌	
迊干		(3) 迊湌	
*波珎干支		(4) 波珍湌	
大阿干△		(5) 大阿湌	
阿干支		(6) 阿湌	
	(嶽干)	(7) 一吉湌	(1) 嶽干
沙尺干	述干	(8) 沙湌	(2) 述干
及尺干	(高干)	(9) 級伐湌	(3) 高干
大奈末	(貴干)	(10) 大奈麻	(4) 貴干
奈末	撰干	(11) 奈麻	(5) 選干
大舍(第)	(上干)	(12) 大舍	(6) 上干
小舍(第)	下干	(13) 舍知	(7) 干
		(14) 吉士	(8) 一伐
大鳥(第)		(15) 大鳥	(9) 一尺
小鳥(帝)		(16) 小鳥	(10) 彼日
	阿尺	(17) 造位	(11) 阿尺

※ * 는 동일 기준에 의해 분화된 관등

신라 6부 정비 2단계는 김씨 왕족이 주도하던 4세기 중엽 이후 마립간 기까지라고 할 수 있다. 신라는 이 시기에 주변 소국들을 복속하고 지방 수장급과 민을 탁·사탁에 귀속시키면서 양적 팽창을 거듭하였고, 그 과정 에서 이들을 통할하기 위한 관등을 분화·설치하였던 것으로 믿어진다.

---

92) 노중국은 '一伐'을 관등이 아닐까 추정하고, 『삼국사기』에 전하는 棱昔의 관등 이벌찬을 후대의 그것을 소급·부회한 것으로 파악한 바(노중국, 1997, 앞의 논문, 7~9쪽), 「중성리비」의 발견으로 그의 추론이 확인된 셈이다. 다만 그가 나해이사금 17년(212) 무렵에 '一伐~阿尺'이 이미 존재한 것으로 파악한 견해 는, 앞서 살폈던 이유로 수정이 불가피한 것으로 여겨진다.

탁·사탁의 관등은 '아간지阿干支-일간지壹干支-사간지沙干支-거벌간지居伐干支'의 '간지' 그룹과 '나마'로 나뉘는데, 나마는 「중성리비」의 사례로 미루어 지방 수장급을 양 부에 귀속시키면서 부여한 것이었다. 이에 대해 탁·사탁의 '간지' 그룹의 관등은 기왕의 일벌壹伐이 분화된 것으로서, 마립간을 중심으로 한 김씨 각 가계의 우두머리 정도가 아닐까 생각된다. 사실 이들은 왕경 여타 4부의 간지干支와 동일한 지위를 지니면서 「냉수리비」에서는 7왕七王으로서 국가의 대소사를 공론共論하는 존재였다. 특히 7왕七王으로 일컬어지는 존재들은 왕자王者적 지위로서 궁宮을 소유했던 것으로 여겨지는데, 「중성리비」의 두지사간지궁豆智沙干支宮과 일부지궁日夫智宮이 바로 그것으로 추측된다. 여기에서 이들 '간지' 그룹과 '나마' 그룹간의 층위가 간취된다. 곧 전자는 탁·사탁의 마립간의 김씨 족단을 비롯하여 proper-6부部 출신의 수장급이, 그리고 후자는 지방에서 내항한 수장급들에게 주어졌던 바, 경외 수장급의 구분이 신분적 분깃점의 기준으로 작용하였으리라고 본다.

신라 6부 정비 3단계는 법흥왕의 율령 반포로 행정단위체로서의 신라 6부를 완비하고, 경외 관등제의 체계를 수립한 매금왕기寐錦王期라고 할 수 있다. 이 무렵 왕경 6부는 모두 '부部'를 칭하게 되었고, 2단계에서 6부와 공론共論하던 절차 대신 매금왕과 갈문왕, 그리고 신라사회를 주도한 탁·사탁부 소속의 왕족, 그리고 왕경 여타 4부의 대표 그룹이 함께 하교下敎하는 방식을 취하였다. 특히 공론共論에서 하교下敎하는 방식으로의 전환은 국가 대소사의 처결이 매우 행정화되었다는 것을 시사하며, 이는 소교사 그룹에 참여한 최상위 귀족들도 관등순에 따라 배열되었다는 점과도 상통한다.

이 무렵 신라는 경위 관등에 대소로 구분한 사제지舍帝智, 오제지烏帝智를 신설하면서 아간지阿干支와 나마奈麻도 대소로 구분하였다. 「중성리비」에서 확인할 수 있듯이 아간지는 탁·사탁 왕족 지파의 최상위 관등이었고, 나마는 지방세력자를 탁·사탁에 귀속시키면서 부여한 관등이었다. 「봉평비」 단계에 이르러 이들을 각각 대·소로 구분한 것은, 왕경 여타 4부 수장급의 간지干支를 최상위 관등으로 등급화하면서 신분을 구분하기 위한 조

치가 아니었을까 추정된다. 이는 『삼국사기』 직관지에서 아찬阿湌과 나마
奈麻에 중위제를 두었던 것에서 짐작할 수 있다. 곧 대나마와 나마의 중위
제는 새로이 6부에 귀속한 지방세력자의 대·소 크기에 따라 신분적 우열
을 나눈 조치로, 그리고 아찬의 중위제는 아찬과 대아찬 간의 신분적 층위
를 둔 것으로 풀이된다. 이는 대·소 아찬과 나마의 분화가 법흥왕 율령
반포 무렵에 동시에 이루어졌다는 것, 그리고 왕경 여타 4부 수장급의
간지干支를 최상위 관등으로 등급화하면서 대아간지를 첨설한 것이 탁·사
탁 소속의 간지군 가운데 진골 출신자를 6두품 계열과 구분하기 위한 때문
으로 생각되기 때문이다.93) 사족지邪足智 이하 하위 관등은 「중성리비」에
무관등자로 나타난 도사나 각 부 사인, 서인 등을 등급화한 조치로서 이해
된다. 여기에서 지방 수장급 출신과 하위 관직자간의 층위를 간취할 수
있다.
  외위外位 '간지干支'는 왕경의 간지干支가 탁·사탁의 관등과 통합되면서
'하간지下干支'로 칭해지고, 하간지와 일금지 사이에 '일벌一伐-일척一尺-파
단波旦'이 첨설되었다. 일벌壹伐은 2단계에서 왕경 여타 4부 간지干支의 버
금 지위였던 바, 일벌壹伐[一伐] 그 자체가 '버금 지위'를 뜻하는 것으로 풀
이된다. 이에 '일척一尺'과 '파단波旦'의 의미는 불명이나 제3, 제4의 지위를
뜻하지 않았을까 추정된다. 이러한 관등의 첨설은 법흥왕대에 신라가 영
역을 넓혀가면서 새로이 복속한 지방민을 편제하고자 한 데서 비롯하였을
것으로 생각된다. 여기에서 하간지下干支와 일벌一伐, 그리고 일벌一伐과 일
척一尺·파단波旦, 일금지一今智 간의 층위를 상정할 수 있다. 이로써 경위의

---

93) 『三國史記』 권 40, 雜志 7, 職官 上. 한편 奈麻의 중위제 설치에 대해서는
  이를 부정하기도 하지만(末松保和, 1954, 「梁書新羅傳考」, 앞의 책, 406~408
  쪽 ; 변태섭, 앞의 논문, 70~75쪽), 4두품 출신의 國學 수료자 특진의 길(三池
  賢一, 1971, 「新羅官位制度」 下, 『駒澤史學』 18, 20~21쪽), 中代 4두품 계열
  次村主의 특진의 방법(이종욱, 1974, 「남산신성비를 통하여 본 신라의 지방통
  치체제」, 『역사학보』 64, 62쪽), 신문왕대에 구백제인을 위한 특진의 방법(권
  덕영, 1991, 「신라 관등 아찬·나마에 대한 고찰」, 『국사관논총』 21, 49~55
  쪽), 진평왕대에 고구려·백제와의 전쟁에 따른 특진의 방법(노중국, 1997, 앞
  의 논문, 42~43쪽)으로 보기도 한다.

사제지숨帝智 그룹과 길지지吉之智, 오제지烏帝智 그룹, 그리고 조위造位 간
의 층위가 있었을 것으로 추측된다. 그렇다면 이러한 구분이 혹 법흥왕의
율령 제정시 4~1두품으로 구획되었다가 후일 그 구분이 사라진 것은 아
닌가 추측해 볼 수 있을 듯하다.

신라 6부 정비 4단계의 가장 큰 특징은 국왕이 이제 더 이상 출신부를
관칭하지 않았다는 점이다. 이는, 국왕이 명실상부한 초월적 지위를 지니
게 된 것으로서, 법흥왕 21년(534) 무렵 대왕의 칭호를 칭하면서94) 나타
난 현상이 아닐까 생각된다. 이때에 이르러「봉평비」왕경 여타 4부의
'간지干支'가 다시 '대일벌간大一伐干-일벌간一伐干-일척간一尺干-잡간迊干-
파진간波珎干'으로 분화·정비되었다. 여기에서 '일벌간-일척간-(잡간)-파
진간'은 3단계에서 간지 이하의 외위를 등급화한 방식을 따른 것으로서,
매우 인위적인 구분법이라 할 수 있다. 그후 외위군에 있어서도 3단계
때의 하간下干(지支) 위에 상간上干을 더하고, 그 위에 다시 (악간嶽干)-술간
述干-(고간高干)-(귀간貴干)-찬간撰干 등을 첨설한 것으로 판단된다. 말하
자면 제4단계에서의 관등은 경외京外를 막론하고 최상위급을 첨설한 양상
이다.

최상위급 경위의 첨설은,「봉평비」에서 오간지五干支-간지干支에서 확
인할 수 있듯이 간지 그룹이 지속적으로 분화되고 있는 상황에서 이를
해결하고자 한 조치로 이해된다. 이는 탁·사탁부 소속 왕족들 가계의 분
지화가 가속화되고,95) 전쟁으로 인한 포상 등이 큰 요인으로 작용했으리
라 생각된다. 최상위급 외위外位의 첨설 또한 전쟁으로 인한 영역 팽창과
내항 지방민의 포섭 등을 위한 조치였다고 믿어진다. 이에 신라는 법흥왕
후반~진흥왕대에 이르러서야『삼국사기』직관지에 보이는 경위 17관등,
외위 11관등의 체계가 완비되었다고 하겠다. 이러한 경외 관등제의 정비
양상은 기왕에 족적 기반을 통합하는 과정에서 '일벌一伐-일척一尺-파단波

---

94) 박남수, 2008b,「蔚州 川前里 書石銘에 나타난 眞興王의 王位繼承과 立宗葛文
王」,『한국사연구』141, 38~39쪽.

95) 李基東, 1972,「新羅 奈勿王系의 血緣意識」,『역사학보』53·54 ; 1984,『신라
골품제사회와 화랑도』, 82~83쪽.

ㅂ'이 중첩적으로 채용되어 성립되었다는 주장96)과는 달리, 법흥왕 율령 반포시에 외위제에 적용되던 기준이 상위급의 경위에 채용된 것임을 분명하게 보여준다.

경외 관등제京外 官等制의 정비와 함께 신라 정치사회를 특징짓는 골품제骨品制 또한 정비된 것으로 여겨진다. 「중성리비」에서 보듯이 지방 수장층을 탁·사탁에 귀속시켜 나마를 설치함으로써 왕경출신과 지방출신간의 계선, 곧 후일 5두품과 6두품의 계선을 획정하였던 것으로 보인다. 여기에서 먼저 敎교를 내린 탁부喙部·사탁沙喙의 간지 계열 관등자와 6부部 쟁인爭人 간의 구분을 상정할 수 있을 듯하다. 또한 「냉수리비」에서 왕경 여타 4부의 간지干支가 탁·사탁의 간지 그룹 관등자와 함께 7왕七王으로 분류되어 있어, 탁·사탁의 '간지' 그룹 관등자와 왕경 여타 4부의 간지干支는 동일한 신분적 지위에 있었던 것으로 이해된다.

「중성리비」의 왕경 여타 4부의 '일벌壹伐'은, 「냉수리비」에 등장하지 않으나 「중성리비」에서는 쟁인爭人으로서 전서典書와는 구분되고 있다. 나마奈麻는 「냉수리비」에서 전서典書를 총괄하는 전사인典事人으로 등장한다. 이는 일벌壹伐과 나마奈麻 간에 신분적 층위가 있었음을 시사한다. 그밖에 「중성리비」와 「냉수리비」에서는 일련의 무관등자 그룹 곧 사인使人의 직임을 가진 도사道使, 전서典書, 귀족의 개별적인 사인使人을 살필 수 있다. 이로써 「중성리비」, 「냉수리비」 단계에서 왕경의 신분층은 '탁喙·사탁沙喙의 간지 그룹 관등자·왕경 여타 4부의 간지干支-왕경 여타 4부의 일벌壹伐-지방 출신 나마奈麻-왕경의 무관등자'로 구분할 수 있다.

「봉평비」에서 소교사所敎事의 주체로서 탁喙·사탁沙喙의 간지 그룹 관등자와 왕경 여타 4부의 간지가 참여한 것은 「냉수리비」와 동일하나, 이에 더하여 탁·사탁의 대나마大奈麻·나마奈麻 그룹이 참여하고 있다. 대나마·나마 그룹이 소교사의 주체로 참여한 것은 이미 탁·사탁 내부에서의 분화가 가속화되어 이들 敎교의 주체자들이 각 부部 안의 각 가계를 대표한

---

96) 김철준, 1956, 앞의 논문 ; 1975, 앞의 책, 151~154쪽. 노태돈, 1975, 앞의 논문, 28쪽. 권덕영, 1985, 앞의 논문, 86~88·105쪽. 노중국, 1997, 앞의 논문, 7~9쪽. 서의식, 1999, 앞의 논문, 70~71쪽.

때문이 아닐까 생각된다. 이에 소교사에 참여한 나마 그룹 또한 간지그룹과 마찬가지로 모두 소교사 그룹으로 분류되었다는 점에서 동일 신분으로 보아 좋을 것이다.[97]

「봉평비」의 소교사 그룹은 대인大人 그룹을 형성한 나마奈麻, 사족지邪足智, 도사道使 소사제지小舍帝智, 그리고 「냉수리비」 전사인典事人에 해당하는 서인書人 길지지吉支智, 신인新(刻)人 소오제지小烏帝智 등과 구분된다. 외위外位의 하간지下干支와 경위京位의 사제지舍帝智 그룹(사족지邪足智, 소사제지小舍帝智)의 대응 관계를 고려한다면, 대인大人 그룹 내에서도 나마奈麻와 사제지舍帝智 그룹간의 계선을 상정할 수 있을 듯하다. 또한 외위 간지干支 그룹과 일벌一伐의 계선을 고려할 때에 경위 사제지舍帝智 그룹과 길지지吉支智, 그리고 외위 일벌一伐과 일척一尺·파단波旦 간의 구분은 경위 길지지吉支智와 오제지烏帝智 그룹 간의 계선을 구획하는데 작용하지 않았을까 추측된다.

그런데 여기에서 「중성리비」에서의 왕경 여타 4부의 일벌壹伐을 어디에 위치지웠을까 하는 의문이 남는다. 「중성리비」와 「냉수리비」에서 일벌壹伐은 분명히 그들 상위의 간지干支 그룹과 층위가 있었다고 여겨진다. 현재의 자료만으로는 단정할 수 없으나, 이들이 간지干支 그룹과 나마奈麻 사이에 위치지워졌던 만큼, 이들을 관등화하면서 6두품 계열의 신분으로 규정하지 않았을까 추정된다.[98]

따라서 「봉평비」 단계에는 간지干支 그룹으로 대표되는 제1골과 왕경 여타 4부의 일벌壹伐 출신으로 대표되는 6두품, 그리고 지방 출신인 대나마大奈麻·나마奈麻의 5두품을 상정할 수 있다. 그 이하 4~1두품 계열은 사

---

97) 윤선태, 앞의 논문, 32·40쪽. 하일식, 2006, 앞의 책, 118~119쪽.

98) 전덕재는 골품제를 진평왕대에 성립된 것으로 보면서, 왕경 여타 4부의 지배층들이 6두품을 형성하였을 것으로 이해하였다.(전덕재, 2000, 앞의 논문, 311쪽) 그가 喙·沙喙部 이외 수장급 가운데 진골계열 관등자가 보이지 않는다 하여 그들을 일괄하여 6두품으로 상정한 점은 골품제의 성립 시기를 진덕왕대로 파악한 데서 비롯한 것이 아닌가 여겨지며, 「냉수리비」·「봉평비」에 등장한 왕경 여타 4부 수장급 '干支'는 분명히 매금왕·갈문왕에 버금하는 지위였음을 지적해 두고자 한다.

제지弟帝智 그룹과 길지지吉支智, 오제지鳥帝智 그룹, 그리고 「봉평비」에서는 확인되지 않으나 외위 일금지一金智에 상응하는 경위 17등급의 조위造位로 편제되었을 것으로 생각된다. 그렇다면 신라는 「중성리비」단계에 이미 네 그룹(간지 그룹-일벌-나마-무관등 그룹)의 신분층을 형성하고, 다시 「봉평비」와 같은 체계를 갖추었다고 할 수 있다. 특히 간지干支 그룹은 탁·사탁의 진출이 두드러지지만 6부 수장 그룹을 포괄하여 제1골로 구분되었을 것으로 생각된다. 이에 대해 왕경 여타 4부의 일벌壹伐 그룹은 점차 6두품으로 정착되고, 지방 수장급 출신 가운데 왕경에 귀속된 자들의 경우 5두품에 위치지워져 신분적 구분이 이루어졌던 것으로 보인다. 또한 왕경 6부의 무관등 하위직의 경우 각각 4~1두품에 등급 설정되었음을 추단할 수 있다.

그러므로 신라 골품제의 근간이 되는 '진골-6두품-5두품-4두품'의 신분 구분은 이미 마립간기에 정립되었고, 그것이 진골과 6~1두품으로 확대 정비됨으로써 법흥왕의 율령에 반영되었다고 보아 좋을 것이다.[99] 이에 신라의 두품제가 진흥왕 18년 이후 북주의 9명제九命制를 고구려 또는 백제를 통하여 간접적으로 수입하였다는 주장[100]이나 혈연적 신분제로서의 골제는 6세기~7세기 전반에 제도화되어 사회적 기능을 결여하다가 신라 통일에 의해 정치적인 골제도骨制度가 만들어졌고, 지연적 신분제로서의 두품제는 흥덕왕대 김헌창의 난으로 귀족연합체를 명시하기 위하여 성립하여 9세기 중엽에 일원화되었다는 견해,[101] 그리고 법흥왕 7년(520)에 성골·진골·비골이 성립되고 진평왕 43년(621) 두품제가 완성됨으로써 제도화되었다는 견해,[102] 법흥왕대의 신분제를 바탕으로 진덕왕대에 확

---

99) 이기동은 골품제 자체를 율령 수용과정의 소산으로 이해하였거니와(이기동, 1982, 「신라의 골품제도와 일본의 씨성제도」, 『역사학보』94·95 ; 1997, 『신라사회사연구』, 일조각, 83~84쪽), 지증왕대의 중국율령 수용과정에서 마립간기의 '간지 그룹-일벌-나마-무관등 그룹'의 신분적 구분이 제도화되고, 법흥왕대에 율령으로 규정된 것이 아닌가 한다.

100) 武田幸男, 1965, 앞의 논문, 13쪽.

101) 井上秀雄, 1974, 「新羅の骨品制度」, 『新羅史基礎研究』, 東出版, 304~324쪽.

102) 木村誠, 앞의 논문, 30~32쪽.

립되었다는 견해103) 등은 전면적인 재검토가 불가피한 것으로 여겨진다. 아무튼 법흥왕 율령반포시에 규정된 골품제가 신라 17관등제에 적용된 것은 17관등제가 완비된 법흥왕 후반~진흥왕대 무렵일 것이다.

신라 6부는 「중성리비」 단계에는 탁喙·사탁沙喙의 경우 매우 지연적인 성격을 띠고 있었다. 왕경 여타 4부의 '간지-일벌' 체계는 족적인 기반에서 비롯하였던 것으로 보인다. 그러나 이들은 촌의 '간지-일금지'와 마찬가지로 중앙 정부로부터 부여받았다는 점에서 소속 부를 총괄·대표하는 관직官職이자 위계를 나타내는 관등官等으로 보아 좋을 것이다. 다만 이 단계의 6부를 행정구역으로 볼 것이냐, 지배자 공동체로 볼 것이냐, 아니면 단위 정치체로 볼 것이냐 하는 것은, 당시 신라 정치사회를 추동하는 동력이 무엇인가, 그리고 당시의 통치체의 성격을 어떻게 규정하느냐에 따라 달라질 것으로 생각된다.

「중성리비」에서 모자牟子 지역의 수장급이 탁부喙部·사탁沙喙에 귀속되어 경위 나마를 부여받은 사실에서, 경위京位를 proper-왕경인王京人에게만 부여하였다는 주장은104) 무의미한 것으로 판명되었다. 또한 신라 6부가 원原 왕경인 중심의 배타적 혈연적 신분제에 바탕하여 지배자 공동체를 형성하였다는 주장은105) 수정이 불가피하게 되었다. 아울러 기왕에 6부의 성립을 단위정치체의 연맹체 성립으로 규정한 부체제설部體制說 또는 부내부설部內部說은,106) 그 논리적 근거였던 '일벌一伐-일척一尺-파단波旦'의 관등체계가 이사금기가 아닌 법흥왕 율령반포 무렵에 이르러서야 나타나고, 「중성리비」에서 본피本彼에 2명의 간지가 있었던 것이 아니라 각각 본피本彼와 금평金評의 간지干支라는 점, 그리고 탁평喙評·금평金評·모참벌牟旵伐 등 '6부六部' 전신의 명칭이 등장한다는 점에서, 그 성립 근거를 상실

103) 전덕재, 2000, 앞의 논문, 304~316쪽.
104) 末松保和, 앞의 논문, 앞의 책, 289쪽.
105) 武田幸男, 1965, 앞의 논문, 9~10쪽.
106) 김철준, 1956, 앞의 논문 ; 1975, 앞의 책, 151~154쪽. 노태돈, 1975, 앞의 논문, 28쪽. 전덕재, 1996, 앞의 책, 44~56·106쪽. 노중국, 1997, 앞의 논문, 7~9쪽.

하게 되었다.[107]

그렇다 하더라도 탁喙·사탁沙喙·본피本彼·모참벌牟旵伐·금평金評·사피斯彼, 그리고 이에 속한 궁宮 등은 분명히 6개 거주지역으로 구획된 '진한6부辰韓六部'로부터 비롯하였을 족적 기반의 것이었다. 한편으로는 탁喙·사탁沙喙이 지방민을 귀속시켜 관등을 수여하고, 왕족인 김씨 족단이 탁喙과 사탁沙喙에 나뉘어 살며, 부자간에 부 소속이 다른 것, 율령의 반포 등은 분명히 행정단위체에서나 가능한 것이었다. 또한 6부인이 함께 국가 대소사를 공론共論하거나 교를 내리는 것은 6부 공동의 의사결정 행위임이 분명하다. 이러한 6부의 제반 성격 가운데 어떠한 것이 당시 신라 사회를 추동하는 힘이었는가를 밝히는 것이 당시 신라 사회구조를 이해하는 관건일 것이다.

필자는 5~6세기 신라의 국정은 탁喙·사탁부沙喙部에 기반을 둔 김씨 세력에 의해 주도되었다고 본다. 그들은 지방 세력자를 지속적으로 그들 양부部에 귀속시킴으로써 왕경 6부 뿐만 아니라 지방을 장악할 뿐더러, 안정적인 왕권을 도모하고 영토 팽창에 박차를 가할 수 있었다고 생각한다. 이러한 양 부部의 추동력은 「진흥왕순수비」의 '사방으로 국경을 넓히고 널리 백성과 토지를 획득하며 … 옛 백성과 새로운 백성을 기른다 四方託境廣獲民土…撫育新古黎庶'[108]에서 보듯이, 사방을 경략하여 백성과 토지를 획득함으로써 지방세력을 끊임없이 그들의 부部에 귀속시킴으로써 얻을 수

107) 본고에서 部體制說에 대해 논쟁할 여유는 없으나, '단위정치체인 6부의 성립으로 연맹체가 수립'되었다는 부체제설의 구상은, 6개 세력이 균등한 사로국 또는 소국단계에나 가능한 것으로 여겨진다. 더욱이 현재의 자료로는 部體制說에서 주장한 신라의 '部內部'의 관등조직에 대한 추론이 잘못된 것이고 '部內部' 또한 확인할 수 없으며, 史書에 전하는 6部의 명칭이 「봉평비」에 이르러서야 등장하고 있음을 확인할 수 있을 뿐이다. 또한 신라는 3세기 무렵에 이미 연맹체의 틀을 일탈한 영역국가로 발전하였고 4세기 후반 고대국가체제를 갖춘 바, 부체제란 6부의 성립을 전제로 한 것임에도 3세기 후반~5세기 전반에 6부가 성립되었다(=연맹체 결성)고 함으로써, 고대국가 성립단계에 비로소 연맹왕국이 결성되었다는 논리적 모순을 태생적으로 안고 있음을 지적해 둔다.
108) 韓國古代社會研究所 편, 1992, 「磨雲嶺眞興王巡守碑」, 『譯註 韓國古代金石文』 2, 87·89~90쪽.

있었다고 믿는다. 이는, 7세기 중반 외위제의 소멸로 신라의 골품제가 왕경인 중심의 폐쇄적이고 배타적인 신분제로부터 개방된 골품체제로 전환하였다는 주장[109]과는 전혀 다른 양상이다. 신라는 「중성리비」를 건립한 501년 이전에 이미 새로이 복속한 지역의 수장급과 백성을 부단히 포용함으로써, 탁喙·사탁부沙喙部 주도의 나물왕계奈勿王系 왕권王權의 추동력을 얻었던 것으로 여겨진다.

5. 맺음말

한국 고대사학계는 1978년 「적성비」를 발견한 이래로, 1988년과 1989년에 각각 「봉평비」와 「냉수리비」를 발견함으로써 신라 6부와 관등제에 대한 새로운 지견을 넓힐 수 있었다. 또한 2009년 5월에 「중성리비」의 발견으로 고유 지역명을 칭한 6부명 뿐만 아니라 탁喙·사탁沙喙과 왕경 여타 4부, 지방이 각각의 관등체계를 지녔음을 살필 수 있었다. 이는 기왕에 알려지지 않은 새로운 사실로서, 6부의 성격이나 관등제·골품제의 생성을 밝히는 주요한 단서로서 평가된다. 이에 지금까지 살핀 신라 6부와 관등제의 정비과정, 그리고 6부 성격론과 관련하여 골품제 형성의 문제에 대한 논의를 정리함으로써 맺음말에 대신하고자 한다.

먼저 「중성리비」의 모참벌牟旵伐, 금평金評과 관련하여 6세기 금석문에 보이는 6부명을 검토함으로써 '모참벌牟旵伐'로부터 '잠탁부岑喙部→모탁부牟喙部'로의 변천과정, 그리고 '탁평喙評→탁평喙評·탁喙·탁부喙部→탁喙·탁부喙部→탁부喙部', '금평金評→한지漢只'로의 변천과정 등을 추출할 수 있었다. 이에 신라 6부는, 각 본거지의 이름으로부터 출신지의 명칭이 유래하여 각 부의 명칭으로 일컬어졌고, 그것이 법흥왕 율령반포와 더불어 행정단위체로서의 6부명으로 완비되었음을 「봉평비」에서 확인할 수 있었다.

특히 「중성리비」에서는 탁喙, 사탁沙喙 출신의 귀족들 가운데 궁宮을 소

---

109) 武田幸男, 1965, 앞의 논문, 11~12쪽.

지한 자들은 개별적인 사인使人을 두었는데, 이는 국왕의 개별적 사인使人으로서의 도사道使와 같은 성격으로 이해되었다. 후일 제도의 정비과정에서 도사는 지방관으로서 관등제에 편입되었지만, 개별 귀족들의 사인使人은 『삼국유사』죽지랑조의 사리使吏 간진侃珍과 같이 귀족들의 사적인 존재로서 귀족들의 식읍으로부터 조租를 징수하거나, 「중성리비」에서와 같이 궁宮을 관장하는 관료의 일을 대신 처리하였다.

「중성리비」의 궁宮은 그 소속부가 보이지 않지만, 이를 탁喙의 사간지沙干支가 관장하고 소속 사인使人이 그를 대신하여 일을 처결하였다. 이러한 성격의 궁宮은 탁喙뿐만이 여타 6부에도 있었으리라 여겨지는데, 「냉수리비」에서 갈문왕과 함께 등장한 '7왕七王'과 같은 존재들이 이를 소유하고 개별적인 사인使人을 휘하에 두었던 것으로 짐작된다.

다음으로, 「중성리비」에서는 모자牟子 지방의 수장급으로 믿어지는 탁사리·이사리가 중앙의 탁부喙部·사탁沙喙에 귀속되어 나마奈麻에 보임된 사실을 살필 수 있었다. 또한 탁부喙部·사탁沙喙이 '[국왕(갈문왕)]−아간지阿干支−일간지壹干支−사간지沙干支−거벌간지居伐干支−나마奈麻'의 관등체계인데 대해, 왕경 여타 4부는 '간지干支−일벌壹伐', 그리고 촌村의 경우 '간지干支−일금지壹金知'의 체계를 보여준다. 이를 6세기 전반 금석문과 비교한 결과, 6부의 세력이 균등하였던 때의 '간지−일벌' 체계가, 탁喙이 사로국의 국왕 출신부로 등장하면서 '국왕−아간지阿干支−일간지壹干支−사간지沙干支−거벌간지居伐干支' 체계로 분화하여 여타 왕경 4부의 '간지−일벌' 체계와 공존하였고, 그후 탁喙·사탁沙喙은 새로이 지방 세력자를 수용함으로써 '나마奈麻'의 관등을 첨설하여 「중성리비」·「냉수리비」와 같은 관등체계를 갖추었다. 「봉평비」 단계에서는 간지군干支群(五干支·干支−太阿干支−阿干支−−吉干支−居伐干支)과 나마군奈麻群(大奈麻−奈麻), 제지군帝智(之)群([邪足智 : (大)舍帝智?]−小舍帝智−吉之智−[(大)烏帝智]−小烏帝智)으로 나뉘었다가, 「천전리서석 추명」 무렵으로부터 「적성비」·「창녕비」 단계에 이르는 시기에 다시 간지군干支群 가운데 상위의 '간지干支'가 '대일벌간大─伐干−일벌간─伐干−일척간─尺干−(잡간迊干)−파진간波珍干'으로 분화·첨설되었다. 이는 「봉평비」에서 촌주급 하간지下干支 휘하의 외위를 '일벌─伐−일척─尺−파단波

旦'으로 구분한 데서 그 원형을 볼 수 있으며, 기왕의 하간下干(支)에 상간上干을 더하고 '악간嶽干−술간述干−고간高干−귀간貴干−선간選干' 등의 상위급 촌주층이 첨설된 것과 흐름을 같이 한다.

현재 금석문상에 나타난 자료로 보았을 때에 신라 관등체계는, 탁喙·사탁沙喙이 신라 정치사회를 주도하여 저들의 관등체계를 중심으로 왕경 여타 4부의 관등체계와 단일화함으로써, 법흥왕 7년 율령을 반포하면서 경위 13~14관등, 외위 5관등으로 정비하고, 다시 「천전리서석 추명」으로부터 「적성비」·「창녕비」에 이르는 단계에 경위 17관등과 외위 11관등을 완비한 것으로 판단된다. 그후 관등명칭의 이동이 있었으나 그 기본적인 체제는 진흥왕대의 그것을 유지하였다고 여겨진다.

마지막으로 신라 골품제의 형성 과정은 그 외피라고 할 수 있는 관등제에 투영되었다고 본다. 이에 탁·사탁은 저들의 신분적 질서에 바탕하여 6부와 지방 세력을 아우르는 골품제와 관등제를 정비하였던 것으로 이해된다. 이에 골품제의 근간이 되는 '진골−6두품−5두품−4두품'의 신분 구분은 이미 마립간기에 정립되었고, 그것이 진골과 6~1두품으로 확대 정비됨으로써 법흥왕의 율령에 반영되었던 것으로 여겨진다. 그후 진흥왕대에 진종眞鍾의 개념을 창출함으로써 6부 진골귀족과 신분적 구별을 꾀하였고, 중고기를 통하여 김씨 왕족 내부에서의 혼인 등으로써 성골聖骨의 개념을 형성하였을 것으로 추측된다.

특히 그동안 6부의 성격에 관하여 행정구역설, 왕경 지배자 공동체설, 단위정치체설 등이 있었다. 그런데 「중성리비」에서는 이미 지방민을 포용하여 탁·사탁에 귀속시켰음을 확인할 수 있었다. 또한 왕경 여타 4부의 '간지−일벌' 체계는 족적인 기반에서 비롯한 것임에도 불구하고, 촌村의 '간지−일금지'와 마찬가지로 중앙 정부로부터 부여받았다는 점에서 소속 부를 총괄·대표하는 관직官職이자 위계를 나타내는 관등官等의 성격을 띠었으며, 「중성리비」 사안의 처결을 위하여 6부 쟁인이 함께 논의하였음을 확인할 수 있었다. 요컨대 상고 말 중고기 신라 왕경사회는 매우 복합적인 성격을 지닌 바, 하나의 성격만으로 당해 사회를 이해하기 보다는 오히려 당시 신라 정치사회를 추동하는 동력이 무엇인가를 밝히는 것이 유효한 것으로 판단되었다.

　5~6세기 신라의 국정은 탁·사탁부에 기반을 둔 김씨 세력에 의해 주도
된 것이 분명한 만큼, 저들이 어떻게 신라 국정을 주도하고 운영하였는가
를 밝히는 것이 신라사회를 이해하는 관건일 것이다. 「중성리비」에서 확
인할 수 있듯이 탁·사탁부 6세기 초반에 이미 지방 세력자를 그들 양 부部
에 귀속시킴으로써 왕경 6부 뿐만 아니라 지방을 장악할 뿐더러, 안정적
인 왕권을 도모하고 영토 팽창에 박차를 가할 수 있었다고 생각한다. 이러
한 과정에서 획득한 경험과 법령의 축적으로부터, 법흥왕은 신라6부新羅六
部의 운영뿐만 아니라 경위체계京位體系의 일원화, 골품제骨品制의 규정, 의
관제衣冠制로 상징되는 정치집단의 신분적 질서의 체계적 편성110) 등을
율령律令에 담아 신라 사회를 움직이는 규범으로 삼았고, 진흥왕대의 사방
경략의 발전을 구가할 수 있었던 것으로 생각한다. 지난해에 발견된 「중
성리비」는 「냉수리비」·「봉평비」 등 6세기 전반 금석문과 함께 신라 관등
제와 6부의 구조, 6부 공동의 협의과정을 보여줌으로써, 탁부·사탁부가
6부와 지방 수장급을 지속적으로 포용함으로써 신라사회를 주도하였던
사실을 드러낸다는 점에서 그 의의를 찾을 수 있을 것이다.

---

110) 武田幸男, 1974, 「新羅·法興王代の律令と衣冠制」, 『古代朝鮮と日本』, 龍溪
　　書舍, 110쪽.

「울주 천전리서석명」에 나타난
진흥왕의 왕위계승과 입종갈문왕

1. 머리말
2. 천전리서석川前里書石 원명原銘·추명追銘의 검토
 1) 추명追銘 기미년己未年과 원명原銘·추명追銘 을사년乙巳年 기사의 검토
 2) 추명追銘 팔사년八巳年·정사년丁巳年 기사의 검토
3. 진흥왕의 왕위계승과 입종갈문왕立宗葛文王
 1) 진흥왕의 즉위와 법흥왕비法興王妃의 섭정
 2) 진흥왕 왕위계승의 배경과 입종갈문왕
4. 맺음말

1. 머리말

　「울주 천전리서석蔚州 川前里書石」(이하 '서석書石')이 1970년 12월 동국대학교 박물관 울주지역 학술조사단에 의해 발견된[1] 지 37년이 지났다. 이 서석명書石銘 가운데 원명原銘과 추명追銘으로 일컬어지는 을사년명乙巳年銘과 기미년명己未年銘은 법흥왕대 신라 왕실의 핵심 인물이 모두 등장한다는 점에서 발견 당시부터 주목되었다. 특히 살아있는 갈문왕을 확인함으로써 갈문왕의 성격에 대한 기왕의 이해를 수정할 수밖에 없게 하였고, 그 후 「울진봉평신라비蔚珍鳳坪新羅碑」와 「영일냉수리신라비迎日冷水里新羅碑」가 1988년과 1989년에 차례로 발견됨으로써 중고기 신라사 연구는 그 어느 때보다 활기를 띠게 되었다.

　그 동안의 연구 결과 「울주 천전리서석蔚州 川前里書石」 원명原銘(이하 '원명原銘')의 을사년乙巳年은 법흥왕 12년(525), 「울주 천전리서석蔚州 川前里書

---

　1) 黃壽永, 1971.5.10, 「新羅의 蔚州書石」, 『東大新聞』; 黃壽永·文明大, 1984, 『盤龜臺岩壁彫刻』, 동국대학교, 152~153쪽.

石」추명追銘(이하 '추명追銘')의 기미년己未年은 법흥왕 26년(539)으로 밝혀졌다.[2] 또한 원명原銘의 주인공은 법흥왕의 아우이며 진흥왕의 아버지인 입종갈문왕立宗(徙夫知)葛文王으로 연구자들의 의견이 대체로 일치한다. 그러나 추명追銘에 대하여는 문맥의 난해함과 글자의 결락 등으로, 명문銘文의 주인공을 비롯하여 문장의 구성, 사건의 추이, 등장 인물의 이름에 대하여 많은 견해 차이를 보이고 있다. 따라서 이 명문이 발견된 지 40여 년이 다 되어가는 현 시점에서도 이에 대한 연구성과는 다른 금석문에 비하여 매우 빈약한 편이다.

필자는 회백회의를 다루는 과정에서 갈문왕의 성격을 살핀 바 있다. 신라 상고 말 중고 초엽의 갈문왕은 준왕적 존재로서, 그의 지위는 자신의 가계 내에서 계승되었으며, 전왕이 후사 없이 돌아갔을 경우 왕위 계승 제1 서열자로서 국왕을 대리하고, 화백에서 왕실의 대변자로서의 역할을 하였던 것으로 이해하였다. 이러한 데는 신라 중고기 왕실이 상고기에 빈번하였던 타성他姓이나 다른 혈족에 의한 왕위계승을 배척하는 한편 나물왕계 일족, 나아가 지증왕계 일족에 의한 왕위계승 원칙을 세움으로써 왕권의 안정성을 기하기 위한 조치였다고 보았다.[3] 그러나 당시 필자의 주요한 관심은 화백제도에 있었던 만큼, 울주 천전리 서석명에 보이는 사부지갈문왕徙夫知(立宗)葛文王과 진흥왕의 왕위 계승 문제를 전혀 살피지 못하였다. 이는 천전리서석명川前里書石銘의 난해한 특성으로 인하여 별도의 논문으로 다루어야 한다고 판단했기 때문이었다.

사실 『삼국사기』나 『삼국유사』 등 어느 기록에도 입종갈문왕立宗葛文王의 사망연대는 보이지 않으며, 나이 어린 진흥왕이 어떤 과정을 통하여 왕위에 오를 수 있었는지에 대해서도 분명하지 않다.[4] 그러나 이를 밝히

---

2) 武田幸男, 1977, 「金石文資料からみた新羅官位制」, 『江上波夫教授古稀記念論集』 歷史篇, 61~64쪽 ; 金龍善, 1979, 「蔚州 川前里書石 銘文의 硏究」, 『歷史學報』 81, 20쪽.
3) 朴南守, 2003, 「新羅 和白會議에 관한 再檢討」, 『新羅文化』 21, 12~27쪽.
4) 이에 대한 연구성과도 적지 않지만, 대체로 천전리 서석에 대한 엄밀한 검증 없이 연구자의 관점에 따라 기왕의 석독 가운데 하나를 취하는 형태로 연구가

는 것이 중고 초엽 정치과정을 밝히는 주요한 문제임을 의심하지 않는
다. 진흥왕이 살아있는 갈문왕의 아들로서 즉위하였음을 서석書石에서
살필 수 있기 때문이다. 이러한 전후 관계를 밝히기 위해서는 무엇보다
도 서석書石의 원명原銘과 추명追銘을 분명하게 밝히는 것이 선결되어야
한다.

　그러므로 본고는 원명原銘과 추명追銘에 대한 그 동안의 석독문을 분석
함으로써 그 쟁점과 문제점을 살피고, 필자의 해석을 제시하는 것을 1차
적인 목표로 한다. 다음으로 필자의 석문을 바탕으로 진흥왕의 즉위과정
과 그에 따른 갈문왕의 성격의 일단을 살피고자 한다. 이를 통하여 기왕의
논의와는 달리 진흥왕이 어린 나이로 즉위할 때 섭정하였던 태후太后는
법흥왕비法興王妃 보도부인保刀夫人이었으며, 입종갈문왕立宗葛文王이 그의
아들 심맥부지深麥夫知(眞興王)를 국왕으로 옹립하고 이후 신라의 정치과정
에서 탁부·사탁부 주도의 정치 향방을 이끄는 데 큰 역할을 하였음을 밝히
고자 한다. 많은 질정을 바란다.

2. 천전리서석川前里書石 원명原銘·추명追銘의 검토

1) 추명追銘 기미년己未年과 원명原銘·추명追銘 을사년乙巳年 기사의
검토

　「울주 천전리서석蔚州 川前里書石」 원명原銘과 추명追銘에 대해서는 그 동
안 많은 연구가 있었고, 그 결과 몇몇 글자를 제외하고는 대부분의 석독이
가능하게 되었다. 원명과 추명의 작성시기가 각각 법흥왕 12년(525)과 법
흥왕 26년(539)이라는 절대연대를 찾은 것을 비롯하여, 원명原銘의 주인공
사부지갈문왕徒夫知葛文王이 법흥왕의 아우이며 진흥왕의 아버지인 입종갈

　진행되었다는 점을 지적하고자 한다. 진흥왕의 즉위와 관련된 연구사 정리는
　金昌鎌, 1996, 「新羅 眞興王의 卽位過程」, 『韓國上古史學報』 23 참조.

문왕立宗葛文王이라는 것, 그리고 추명追銘에 보이는 지몰시혜비只沒尸兮妃가 진흥왕의 어머니로서 입종갈문왕의 부인이라는 것, 모즉지태왕비另卽知太王妃 부걸지비夫乞支妃는 법흥왕의 비妃였다는 것 등을 알게 되었다. 또한 사부지갈문왕의 소속부가 사탁부였다는 사실이 밝혀지는 한편, 당시 신라 여성의 지위가 매우 높았고, 사부지갈문왕 일행의 서석곡 유행이 단순한 유오遊娛는 아니었으며, 그에 따른 어떤 의례가 치러졌을 것이고 그 의례의 주도자로서 함께 갔던 여성들이 주목되었다.

그러나 추명에 있어서는 글자의 결락과 흠집이 많고 문장구조가 복잡한 때문에, 연구자마다 서로 다른 석독과 해석이 많다. 곧 석독에 따라 명문의 주인공을 사부지갈문왕이나 갈문왕의 왕비인 지소부인只召夫人, 또는 두 사람 모두로 보기도 한다. 따라서 울주천전리 서석명문에서 당시의 역사상을 추출하기 위해서는, 무엇보다도 그 동안 여러 연구자들의 석독에 따른 문제의 소재를 살피고, 명문의 정확한 내용을 밝히는 것이 선결되어야 한다. 이를 위하여 서술의 편의상 필자가 석독한 원명과 추명을 제시하고 이에 대해 논의하고자 한다. 다음은 이문기李文基의『역주 한국고대금석문』석독 자료[5]를 바탕으로 문단구성과 글자의 자형을 비교 검토하여 수정한 것이다. 필자가 수정한 부분은 각주로 표시하였다.

원명과 추명에 대하여 많은 연구가 축적되었지만 여전히 의견의 일치를 보지 못한 쟁점들이 남아 있다. 먼저 위의 원명과 추명을 비교할 때에 원명原銘 (A)①㉠㉡㉢은 추명追銘 (B)①㉠으로 요약 정리와 함께 보충된 것임을 알 수 있다.[6] 따라서 양자를 서로 비교하여 살펴보면 그 내용을 쉽게 이해할 수 있다.

---

5) 李文基, 1992,「蔚州 川前里書石」, 韓國古代社會硏究所 편,『譯註 韓國古代金石文』2, 155·160쪽.
6) 武田幸男, 1993, 앞의 논문, 9쪽.

행	川前里書石 原銘(A)	川前里書石 追銘(B)
1	ⓐ㉠ 乙巳▨』	① ㉠ 過去乙巳⑦年六月十八日昧沙喙」
2	沙喙部葛』	部徙⑧⑧夫知葛文王妹於史鄒⑨女⑩郞」
3	文王①覓遊來始得見谷」	三⑪共遊來 ㉡ 以後⑭年八⑫年過去 ㉢ 妹王⑬考」
4	之古谷无名谷 ㉡ 善石得造書」	妹王⑭過人 ㉣丁⑨巳⑯年王⑰過去其❷①⑱妃
5	乙以下爲名書石谷字作之」	只沒⑩⑲尸兮妃」
6	㉢ 幷遊友②妹麗德③光妙於史」	愛自思 ㉣ 己未年七月三⑳日興㉑王㉒与妹共見書石」
7	鄒④女⑤郞三⑥之」	叱見來谷 ㉣ 此時共三㉓來 另卽知太子妃夫乞」
8	㉣ 食多煞 ㉠ 作功人尒利夫智奈▨」	支妃徙㉔夫知王㉕子⑪㉖郞深㉗㉘夫知共來 ③ 此時▨」
9	悉淂斯智大舍帝智 ㉡ 作食人」	㉠ 作功臣喙部礼夫知沙干支㉒㉑泊六知」
10	榮知智壹吉干支妻居知尸笑夫人」	居伐干支 ㉡ 礼臣丁乙尒知奈麻 ㉢ 作食人眞」
11	眞宍智沙干支妻阿兮牟弘夫人」	宍知ラ彼 珎干支婦阿兮牟呼夫人尒夫知居伐干支婦」
12	㉢ 作書人慕ᵖ尒智大舍帝智」	一利等次夫人居礼次㉒干支婦沙㢨功夫人 分共作之」

※ A①~③, B①~③과 ㉠·㉡·㉢·㉣ 등은 각 문장의 내용을 필자 나름대로 구분한 표시임.

※ ①~㉘은 후술할 銘文의 탁본(黃壽永·文明大, 1984, 『盤龜臺岩壁彫刻』 所載 84, 「主銘文」 사진 활용) 번호임.

---

7) 이문기는 '女?'으로 읽었으나(이문기, 1992, 앞의 책, 155쪽), 문경현이 석독한 '女'를 따른다.(文暻鉉, 1987, 「蔚州 新羅 書石銘記의 新檢討」, 『慶北史學』 10, 9·29~30쪽)

8) '徙'는 논자에 따라 '徒'(金昌鎬, 1983, 「新羅中古 金石文의 人名表記 Ⅰ」, 『大丘史學』 22, 3~4쪽), 또는 '從'(武田幸男, 1993, 「蔚州書石における新羅·葛文王一族」, 『東方學』 85, 3·9~10쪽)으로 석독하기도 하나, 追銘 7행의 '徙夫知王'의 '徙'로 석독한 李文基의 설을 따른다[탁본 ⑧㉔ 참조].

9) 이를 '乙巳年'으로 풀이하기도 하나(김용선, 앞의 논문, 4~5쪽 ; 李文基, 1983, 「蔚州 川前里 書石 原·追銘의 再檢討」, 『歷史敎育論集』 4, 125쪽 ; 金昌鎬, 위의 논문, 3쪽. 이문기는 1992, 앞의 책, 160쪽에서는 '丁?巳年'으로 고쳐 보았다), 이를 따를 경우 앞의 '過去乙巳年'과 중복되는 문제가 있고, 자획으로 보아 '丁'으로 읽히므로 田中俊明, 1984·1985, 「新羅の金石文(11)~(12) : 蔚州川前里書石」, 『韓國文化』 6-7, 6-10, 7-1, 7-3, 駐日大韓民國大使館과 文暻鉉, 앞의 논문, 9·34쪽의 '丁巳年'을 따른다[탁본 ⑮ 참조].

10) 이를 '須'(黃壽永, 1976, 『韓國金石遺文』, 一志社, 27쪽 ; 金龍善, 앞의 논문, 3쪽) 또는 '汷'(武田幸男, 1993, 앞의 논문, 18쪽)으로 석독하기도 하지만, 이문기(1992, 앞의 책, 160쪽)의 석독 '沒'(金昌鎬, 앞의 논문, 3쪽)을 취한다[탁본 ⑲ 참조].

11) 이문기는 '子?'로 읽었으나(李文基, 1992, 앞의 책, 160쪽), 文暻鉉이 석독한 '子'(文暻鉉, 앞의 논문, 9·34쪽)를 따른다.

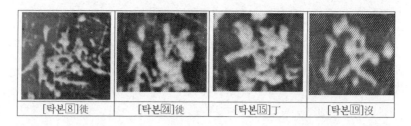

| [탁본⑧]徙 | [탁본㉔]徙 | [탁본⑮]丁 | [탁본⑲]沒 |

   그동안 연구자 간의 쟁점으로서, 먼저 (A)ⓒ의 '并遊友妹麗德光妙於史鄒女
郞三之'에서 인적 구성을 어떻게 이해하는가 하는 문제를 들 수 있다. 다음
으로는 추명追銘의 문단 구성에 대한 이해의 문제인데, 주로 (B)①ⓛ~②ㄱ
에 이르는 부분에 대하여 어떻게 이해하느냐에 따라 추명追銘의 주인공이
바뀔 뿐만 아니라 등장인물들의 생사生死, 지칭되는 인물이 달라지게된다.
이에 대해서는 (B)①ⓛ '以後▨年八巳年過去'의 '▨年八巳年'과 '過去'에 대한
해석, (B)①ⓒ의 '妹王考妹王'을 어떻게 이해하며 '過人'을 어떻게 새길 것인
가 하는 문제, ①ⓔ의 '丁巳年王過去其王妃只沒尸兮妃愛自思'의 연기年紀와 문
장구성 및 주어主語의 문제, ②ㄱ '己未年(539)七月三日興王与妹共見書石叱見
來谷'의 주어와 문장 구성의 문제라고 할 수 있다. 그 밖의 문제는 내용을
이해하는 데는 큰 문제가 되지 않는 인명들의 석독과 관련된 것이다. 그런
데 원명과 추명의 서술방식을 살필 때 다음과 같은 몇 가지 특징을 찾을
수 있다.

   첫째, 원명의 서술은 대체로 신라어의 어순을 따랐다. 이는 신라화된
한문표기방식으로 「임신서기석壬申誓記石」 등 많은 신라 금석문에서 발견
되는 현상이다. 곧 원명의 '삼지三之', '작지作之' 등은 동사의 종지형으로
활용되었는데,[12] 「임신서기석」의 '가용행서지可容行書之', 「단양적성신라
비丹陽赤城新羅碑」의 '거사지去使之', 「무술오작비戊戌塢作碑」의 '작기지作記之'
와 '작사지作事之', 「남산신성비南山新城碑」의 '서사지誓事之', 「영천청제비永
川菁堤碑」의 '치기지治記之'와 '치내지治內之', '치사지治使之', 「선림원종명禪林
院鐘銘」의 '종성내지鐘成內之', 「갈항사석탑기葛項寺石塔記」의 '입재지立在之', '
성재지成在之' 등에서도 확인된다.[13] 이러한 '지之'자의 용례는 이두吏讀나

---

12) 문경현, 앞의 논문, 593쪽.

향찰鄕札에 자주 나오는 '재齊'와 같은 것으로 추측되고 있다.[14] 이처럼 대부분의 문장이 신라어의 어순을 따르는 것은 추명의 경우도 동일하다. 그러나 원명은 '지之'로써 동사의 종지어형으로 삼은 데 대해, 추명에서는 오직 '분공작지分共作之'에서만 그 용례를 볼 수 있다. 이는 원명原銘과 추명追銘의 작서지作書人의 성향이나 양 명문銘文의 시기적 차이로 인한 한문 용법의 차이와 관련될 것이다. 특히 추명의 경우 향찰로 여겨지는 '애자사愛自思'나 '질叱' 등이 사용된 점이 특징적인데, 만일 이를 향찰로 인정할 수 있다면 현재 발견된 금석문상에 나타나는 최고最古의 향찰鄕札일 것이다.

둘째, 문장구성에 있어서 원명은 연기年紀를 적은 이후에 사건의 시말을 적고 수종인물들을 기록하고 있다. 이러한 방식은 중고기 대부분의 금석문이 동일하며, 당시에 나름대로 일정한 투식이 있었음을 보여준다.[15] 추명의 경우도 이를 크게 벗어나지 않는다. 특히 추명의 경우 사건의 추이에 따라 연기年紀를 적었음을 확인할 수 있는데, 추명追銘의 본문이 되는 기미년己未年 기사의 배경으로서 을사년乙巳年 유행遊行 이후 모종의 사건이 일어났고, 기미년己未年에 본론격인 사건이 서술되었다.

그런데 위의 추명追銘 (B)①과 (B)②에 대해서는 연구자마다 문장 구성에 대한 이해에 차이가 있다. 특히 (B)①ⓛ부터 ②ⓛ에 이르는 부분에 대한 이해에 차이가 많다. 이에 추명追銘의 전체 문단을 [도입부—본문—수종인명]으로 이해할 때, 다음과 같이 정리할 수 있다.

문단구성	문장 구분		내용
[도입부]	(B)①㉠~①㉣	己未年 來谷의 背景	乙巳年 이후 事件의 推移
[본문]	(B)②㉠~②ⓛ	己未年 來谷	己未年 來谷사실과 同伴 來谷者
[수종인명]	(B)③㉠~③㉣	己未年 來谷한 隨從人名	己未年 來谷의 隨從人의 役割과 構成

13) 이우태, 1997, 「울주천전리서석 원명의 재검토」, 『國史館論叢』 78, 54~55쪽.
14) 李基文, 1961, 『改訂 國語史槪說』, 민중서관, 47~50쪽.
15) 朴南守, 1992, 「신라화백회의의 기능과 성격」, 『水邨朴永錫敎授 華甲紀念 韓國史學論叢』 上, 220쪽.

추명의 내용을 이해하기 위하여, 먼저 [본문]의 내용을 확인하고, 그 [도입부]의 내용이 [본문]과 어떠한 관계가 있는지를 살필 필요가 있다. 추명追銘의 본문에 해당하는 기미년 己未年 기사 (B)②㉠~②㉡은 그 자

[탁본 ㉑]興   [탁본 ❷]其

체만으로 완성된 문장구조를 보인다. 곧 사건이 일어난 때를 보여주는 연기年紀인 '기미년 7월 3일 흥己未年七月三日興', 그리고 본문 가운데서도 핵심 구절인 '왕여매공견서석질곡래곡王与妹共見書石叱見來谷'이 주술부의 구조를 갖추고 있다. 연기年紀 부분은 앞의 도입부 '과거을사년육월십팔일매過去乙巳年六月十八日昧'에 대응하는 부분으로, 뒤이어 나오는 '흥興'이 '매昧'에 상응하는 것이라는 지적이 있었다.[16] 과거 을사년 過去 乙巳年에 일어났던 시각까지 보완하여 적었다면, 기미년己未年 현재 내곡來谷한 시각을 적는 것은 당연한 것이라고 생각된다. 그동안 이를 '기其'자로도 보아 왔으나,[17] 탁본상으로 보아도 그 앞 문단(4행) '기왕비其王妃'의 '기其'[탁본❷]와는 형태가 다르며, '흥興'의 1, 2획 등을 확인할 수 있어 발견 당시의 석독처럼 '흥興'으로 보는 것이[18] 옳을 듯하다[탁본 ㉑].

다만 이렇게 볼 때, 그 뒤에 이어 나오는 '왕王'과 연결하여 '흥왕興王'으로 이해함으로써, 이를 법흥왕 또는 진흥왕으로 파악한 견해가 제기되기도 하였다.[19] 그러나 이 시기 금석문에서 이와 같은 서법書法을 찾을 수

---

16) 이문기는 興을 '昧'에 대응하는 말로 '자고 일어날 무렵'으로 풀이했는데(李文基, 1983, 앞의 논문, 127~128쪽), 당시에 모종의 시간을 표시하는 방식이 있었을 것으로 생각되므로, '昧'나 '興' 모두 그러한 표기법의 하나가 아니었을까 추측된다.

17) 이를 '興'자로 읽어 眞興王 또는 法興王으로 풀이한 이른바 '興王說'에 대한 대안으로, 文暻鉉은 '其'자로 석독한 田中俊明의 설을 수용하여 '其王' 곧 사부지갈문왕으로 풀이하였다. 그 후 이문기는 1992, 앞의 책, 160쪽에서 '其'로 고쳐 풀이하였고, 武田幸男 또한 이를 수용하였다.(武田幸男, 1993, 앞의 논문, 14쪽)

18) 黃壽永, 1971.5.10, 앞의 글.

19) 黃壽永은 서석명문을 발견한 당시에 이를 법흥왕으로 풀이하였다(黃壽永, 위의 글) 한편 金龍善은 이를 진흥왕으로 풀이하고, 李基東선생의 敎示에 따라 『三

없다는 유력한 반론이 이미 제기된 바이고,[20] 본 추명에 있어서도 법흥왕은 모즉지태왕另卽知太王, 진흥왕은 '사부지왕 자랑 심맥부지徙夫知王 子郞 深麥夫知'로 나오고 있어, 이를 시간을 나타내는 '흥興'으로 보고자 한다.

그러면 '王与妹共見書石叱見來谷'에서 주어는 무엇인가. 이를 한문식으로 읽는다면, '왕과 매가 함께 서석을 보았다王与妹共見書石'까지는 순조롭게 풀이되지만, 그 이하 '질견래곡叱見來谷'은 해석되지 않는다. 이 문장을 신라어의 어순을 따라 풀이하면, '왕과 매가 함께 본 서석을 보러 래곡來谷하였다'로 풀이할 수도 있다. 그러나 이렇게 읽을 때 주어가 없다는 점, 그리고 (B)②ⓛ의 '차시공삼래此時共三來'의 '삼三'이 3명이 아니라 '왕王과 매妹, 함께 온 모즉지태왕비另卽知太王妃와 사부지왕 자랑徙夫知王子郞' 모두 4명이 된다는 난점이 있다.

사실 이러한 문제로 인하여 김용선金龍善은 (B)②ⓛ의 '차시공삼래此時共三來'의 '공삼래共三來'의 '삼三'을 '왕王(법흥왕)과 매妹'를 제외한 '공삼래共三來' 이하의 '모즉지另卽知와 법흥왕비인 부걸지비夫乞支妃의 사徙인 왕도랑王두郞·△△(양견梁畎)부지夫知'로 풀이하였다.[21] 이문기李文基도 동일한 관점에서 문맥을 이해하였지만, 그는 '왕王과 매妹'를 각각 '법흥왕과 려덕광묘麗德光妙'로, 함께 온 3인을 '모즉지태왕비 부걸지비另卽知太王妃 夫乞支妃와 사부지왕徙夫知王, 왕랑양견부지王郞梁畎夫知'로 풀이하였다.[22] 김창호金昌鎬도 문맥을 보는데는 동일하지만, '왕王과 매妹'를 '도부지갈문왕徙夫知葛文王과 도부지갈문왕의 매妹인 어사추여랑於史鄒女郞'으로, 그리고 함께 온 사람을 '모즉지태왕비 부걸지비另卽知太王妃 夫乞支妃와 사부지왕 자랑 심▨부지徙夫知王子郞 深▨夫知'로 보고, 이 가운데 모즉지태왕비 부걸지비另卽知太王妃 夫乞支妃는 어사추여랑於史鄒女郞이 시집간 이후의 이름이므로 모두 세

國史記』新羅本紀 법흥왕대의 기록 가운데 1년씩 차이가 있는 기사들이 특히 많다는 점을 들어 법흥왕의 사망이 기미년(539)의 일이었고, 따라서 書石谷에 온 興王이란 진흥왕일 것으로 풀이하였다.(金龍善, 앞의 논문, 19~22쪽)

20) 문경현, 앞의 논문, 48~52쪽. 武田幸男, 1993, 앞의 논문, 14쪽.
21) 金龍善, 앞의 논문, 24~25쪽.
22) 李文基, 1983, 앞의 논문, 133~135쪽.

사람이 되며, 원명과 추명의 사부지갈문왕은 입종갈문왕과는 별개의 사람일 가능성이 높다는 가설을 내놓았다.[23]

문경현文暻鉉은 기미년己未年에 사부지갈문왕 내외가 법흥왕비 부걸지비夫乞支妃와 사부지갈문왕 자랑徙夫知葛文子郞 심맥부지와 함께 서석곡에 왔었고, 당시에 법흥왕이 재세在世했으며, 법흥왕은 서석곡에 온 사실이 없고, 실제로 사부지 갈문왕은 입종갈문왕이 틀림 없다고 주장하였다. 이러한 논지에서 그는 '공삼래共三來'를 '공왕래共王來'로 석독하고, 해석의 과정에서 '왕'을 주어로 하면서도 '매妹'가 기미년에 함께 온 것으로 이해하였다.[24]

한편 이희관李喜寬은 기미년己未年 기사의 주어를 그 앞 문단 4행의 '기왕비 지몰시혜비其王妃 只沒尸兮妃'로 이해하여, 정사년丁巳年조의 기사를 '왕과 거王過去'로 종결하고 '기왕비 지몰시혜비其王妃 只沒尸兮妃가 애자사愛自思하여 기미년己未年에 … 했다'로 풀이하였다.[25] 문경현의 석독에서는 '정사년丁巳年에 사부지갈문왕이 지몰시혜비와의 지나간 사랑을 그리워하였다'고 풀이한 데 대해, 이희관은 '사부지갈문왕이 정사년에 죽자 그 비妃인 지몰시혜비가 그리워하여, 기미년에 서석곡에 갔다'고 이해하였다. 이렇게 볼 때에 (B)②ⓛ의 '차시공삼래此時共三來'의 '삼三'에 대한 해석은 가능하지만, 기왕비其王妃가 애자사愛自思한 목적어가 없게 되고, 추명의 본문이 되는 기미년己未年 기사의 문장 첫 머리부터 주어를 생략한다는 현상이 일어난다. 이러한 현상은 이 시기 신라 금석문이 일반적으로 연기年紀를 표시하고 독립된 문장을 갖추었던 것과 크게 어긋난다. 무전행남武田幸男의 해석도 대체로 이희관의 견해와 동일한데, 다만 '공삼래共三來'를 '비주지妃主之'로 석독한 데에 차이가 있다.[26]

---

23) 金昌鎬, 1983, 앞의 논문, 6~7쪽. 金昌鎬, 1995, 「울주천전리서석의 해석문제」, 『한국상고사학보』 19, 390~391쪽.
24) 문경현, 앞의 논문, 47~52쪽.
25) 李喜寬, 1990, 「新羅上代 智證王系의 王位繼承과 朴氏王妃族」, 『동아연구』 20, 서강대 동아연구소, 88~89쪽.
26) 武田幸男, 1993, 앞의 논문, 18~19쪽.

기왕의 논의에서 문단 구성을 제외하고는 '차시공삼래此時共三來'의 '삼三'(㉓)이 쟁점 가운데 하나였다. '삼三'자는 3행의 '삼공유래三共遊來'(⑪), 5행의 '7월3일七月三日'(⑳), 원명 7행 '삼지三之'의 '삼三'(⑥)자와 비교하면, 대체로 탁본 ⑪과 ⑳, ⑥은 '삼三'에 위로부터 내리긋는 흠집이 있다 하더라도, 마지막 획이 위의 두 획보다 길게 쓰여 있어서 '왕王'자의 용례와 다른 유형임을 알 수 있다. 다만 ㉓은 '왕王'자로 읽을 가능성이 있지만, 추명 3행의 '매왕妹王'(⑬), 4행의 '매왕妹王'(⑭)과 '기왕비其王妃'(⑱), 5행의 '왕여매王与妹'(㉒), 7행의 '사부지왕徙夫知王'(㉕)의 '왕王'과 비교해 보면, 어쩐지 가로로 쓴 획이 가늘고 특히 '왕王'자의 마지막 가로획과는 차이가 있어 보인다. 그런데 '삼공유래三共遊來'의 탁본 ⑪은 '삼三'의 자형으로 인정되고, '차시공삼래此時共三來'는 '삼공유래三共遊來'와 동일한 용법으로 인정되므로 탁본 ㉓은 '삼三'으로 석독한 최초 판독자의 견해가 옳다고 본다.['三'과 '王'의 탁본자료 참조]

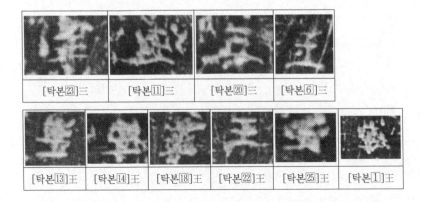

[탁본㉓]三	[탁본⑪]三	[탁본⑳]三	[탁본⑥]三		
[탁본⑬]王	[탁본⑭]王	[탁본⑱]王	[탁본㉒]王	[탁본㉕]王	[탁본①]王

그러면 '王与妹共見書石叱見來谷'에 있어서 주어는 무엇일까. 가능한 주어는 '왕여매王与妹'와 '왕王' 외에는 달리 찾을 수 없는데, '왕王과 매妹'를 주어로 할 때에는 앞서 살핀 바와 같이 '… 叱見來谷'에 대한 이해가 쉽지 않으며, (B)②ⓝ의 '차시삼공래此時三共來'의 '삼三'이 3명이 아니라 '왕王과 매妹, 함께 온 모즉지태왕비另卽知太王妃와 사부지왕 자랑徙夫知王子郞' 모두 4명이 된다는 난점이 있다.

사실 추명에 있어서 모든 기년紀年의 첫 머리에 '왕王'이 주어로 나오고 있어, 추명의 주인공이 '왕王'이며, 과거 을사년으로부터 정사년을 거쳐 기미년에 이르기까지 그의 행적을 일관되게 서술하고 있다. 그렇다면 '왕王'이 주어가 되며, '질叱'은 오늘날 문법체계에서 '여与'를 받는 목적격이라고 할 수 있다. 곧 '왕은, 매와 더불어 함께 본 서석을 보러 래곡來谷하였다'로 풀이된다. '질叱'은 향가鄕歌에서 일반적으로 사용되는 축음자促音字나 소유격의 'ㅅ' 외에 「도천수관음가禱千手觀音歌」의 '흐든홀 노흐 흐든홀 더웁디 一等下叱放一等肹除惡支'27)에서와 같이 목적격 조사로 쓰인 사례가 있으므로, 여与 이하 서석書石까지의 구절을 받는 목적격으로 볼 수 있다.

따라서 추명의 본문인 "己未年(539)七月三日興王与妹共見書石」叱見來谷 此時共三來 另卽知太王妃夫乞」支妃徒夫知王子郎深▨夫知共來"는 '기미년 7월 3일 흥興에 왕은, 매妹와 더불어 함께 보았던 서석書石을 보러 래곡來谷하였다. 이때 함께 셋이서 왔다. 모즉지태왕비 부걸지비另卽知太王妃 夫乞支妃와 사부지왕徒夫知王의 자랑子郎인 심맥부지深麥夫知가 함께 왔다'로 해석된다.

천전리서석 원명의 본문 (A)①㉠㉡㉢과 추명의 (B)①㉠은 서로 대응 관계에 있다. 따라서 원명原銘의 '을사년乙巳年 사탁부갈문왕沙啄部葛文王'은 추명追銘의 '사탁부 사부지갈문왕沙啄部徒夫知葛文王'이 된다. 그는 법흥왕의 아우로서 진흥왕의 아버지가 되는 인물이다. (A)①㉢ '幷遊友妹麗德光妙於史鄒女郎三之'은 (B)①㉠의 갈문왕 이하 구절의 '妹於史鄒女郎三共遊來'에 상응할 것인데, (B)①㉠에는 '려덕광묘麗德光妙'가 보이지 않고 생략되어 있다. 만일 (A)①㉢의 '삼지三之'와 (B)①㉠의 '삼공유래三共遊來'에서 '삼三'의 석독이 분명하다면, '매어사추여랑妹於史鄒女郎'은 두 사람이 되어야 하고, 사탁부갈문왕을 포함하여 세 사람이 된다.

이러한 까닭으로 기왕의 연구자들은 을사년에 서석곡에 온 세 사람을 밝히고자 주목하였다. 황수영선생은 일찍이 이를 '幷遊友妹麗德光妙於史郎安郎主之'로 석독한 바 있다.28) 이에 따르면 사탁부갈문왕沙啄部葛文王과 함

---

27) 梁柱東은 「禱千手觀音歌」에서의 '叱'을 목적격 조사 '肹'과 함께 쓴 용례로 풀이하였다.(梁柱東, 1965, 『增訂 古歌硏究』, 일조각, 455·471쪽)

28) 黃壽永, 1971.5.10, 앞 글.

께 놀러遊 온 우友와 매妹는 려덕광묘麗德光妙한 '어사랑於史郎'과 '안랑安郎'으로 사탁부 갈문왕과 함께 세 사람이 된다. 이는 추명追銘 (B)①㉠의 '삼공유래三共遊來'를 염두에 둔 해석이다. 이러한 석독을 바탕으로 화랑花郎의 명칭으로 생각되는 '어사랑於史郎'과 '안랑安郎'이 실재한 것으로 여겨 화랑도의 제정이 법흥왕대까지 소급되지 않을까 추정하는 견해도 있었다.[29]

그런데 김용선金龍善은 (A)①①㉢의 구절을 '幷遊友妹麗德光妙於史鄒安郎三之'로 석독함으로써, (B)①㉠을 '사탁부沙啄部의 도徒인 입종갈문왕과 그의 매妹 려덕광묘麗德光妙와 우友인 어사추안랑於史鄒安郎'으로 풀이하였다.[30] 그 후 이는 이문기李文基와 김창호金昌鎬에 의하여 수용됨으로써,[31] 을사년 서석곡書石谷에 온 유행자遊行者가 3인이라는 설을 이루었다.

한편 문경현은 '어사추안랑於史鄒安郎'을 '어사추여랑於史鄒女郎'으로 석독하고, '여랑女郎'이란 「광개토대왕릉비廣開土大王陵碑」의 '모하백여랑母河伯女郎'의 여랑女郎과 같이 '따님', '아가씨'의 높임말이며, 려덕광묘麗德光妙는 어사추여랑於史鄒女郎을 수식하는 아려명호雅麗名號라고 보았다. 이와 함께 김용선金龍善이 석독하였던 원명原銘의 '於史鄒女郎三之'를 '於史鄒女郎主之'로 석독하여 '여랑님이시다'로 풀이함으로써 2인설의 단초를 열었다. 그리고 추명追銘 (B) ①㉠ … 於史鄒女郎 三共遊來'의 '삼三'을 '왕王'으로 석독하였다.[32] 또한 매妹의 용례로써 매妹를 '연인'의 뜻으로 풀이하고, 사부지 갈문왕과 어사추여랑於史鄒女郎은 연인 사이, 나아가 약혼한 사이가 아니겠는가고 추론하였다.[33] 이희관李喜寬도 2인설을 따르면서, '幷遊友妹'의 '우友'를 '래來'와 통하는 '未'자로, △△광묘光妙는 매妹인 '어사추여랑삼於史鄒女郎三'을 수식하는 말로 풀이하였지만,[34] '우友'

[탁본 ②]友

---

29) 李基東, 1979, 「新羅 花郎徒의 社會學的 考察」, 『歷史學報』 82 ; 1984, 『新羅 骨品制社會와 花郎徒』, 一潮閣, 331쪽.

30) 金龍善, 앞의 논문, 23~24쪽.

31) 李文基, 1983, 앞의 논문, 139~140쪽. 金昌鎬, 1983, 앞의 논문, 6쪽.

32) 문경현, 앞의 논문, 29~30쪽.

33) 문경현, 위의 논문, 30~32쪽.

34) 이희관, 앞의 논문, 87~88쪽.

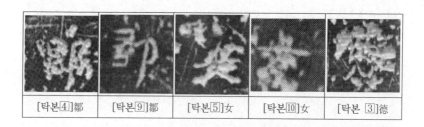

| [탁본4]鄒 | [탁본9]鄒 | [탁본5]女 | [탁본10]女 | [탁본3]德 |

는 기존 판독대로 석독하는 것이 옳을 듯하다[탁본 ② 참조].

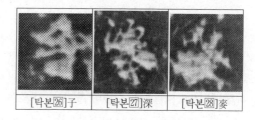

| [탁본26]子 | [탁본27]深 | [탁본28]麥 |

이상에서 (B)①㉠의 '삼공유래三共遊來'와 (B)② ㉡의 '공삼래共三來'는 '삼三'으로 석독한 견해가 타당하며, 또한 종래 '어사랑안랑於史郎安郎'으로 새겼던 구절은 '어사추여랑於史鄒女郎'이 분명하고[탁본 ④⑨의 '추鄒'와 ⑤⑩의 '여女' 참조], (A)①㉡의 '려덕광묘麗德光妙'는 인적 구성과는 무관한 수식어임을 알 수 있었다.['덕德'자의 자획은 탁본 ③ 참조] 따라서 (A)①㉡과 (B)①㉠에 등장하는 인물은 사탁부갈문왕과 '어사추여랑於史鄒女郎'이 3인의 수를 만족해야 하므로, '어사추여랑於史鄒女郎'은 두 명을 지칭해야 한다. 그런데 '여랑女郎'은 원명原銘과 추명追銘에서도 별다른 꾸밈없이 '따님'의 뜻으로 사용된 것으로 판단되는데, 추명에 보이는 '사부지왕徙夫知王의 자랑 심맥부지子郎 深麥夫知'의 '자랑子郎'에[35] 상응하기 때문이다[탁본 ㉖의 '자子'와 ㉗㉘의 '심맥深麥' 참조]. 그렇다면 추명(B)① ㉠에 보이는 '徙夫知葛文王妹於史鄒女郎'은 '사부지갈문왕徙夫知葛文王과 그의 매妹인 어사추於史鄒와 그녀의 딸'로 풀이할 수 있다. 어사추를 지칭하는 '매妹'가 있기 때문에 어사추於史鄒는 이에 참가한 구성원이 되고, 여랑女郎은 '사부지왕 자랑 심맥부지徙夫知王子郎深麥夫知'에서 심맥부지深麥夫知

---

35) 문경현, 앞의 논문, 21쪽. 深津行德, 2002, 「韓半島 出土 金石文에 보이는 親族呼稱에 대하여」, 『新羅文化祭學術發表會論文集』 23, 157쪽.

란 이름을 생략한 것과 동일한 형식을 취하고 있기 때문이다. 여기서 '유우遊友'는 '유遊의 '놀(다)'과36) 음차音借인 '우友'가37) 합쳐져 '노른(놀은, 논)'으로 보는 것이 어떨까 한다. 따라서 원명原銘의 본문 (A)①과 추명의 (B)①㉠ 부분을 다음과 같이 해석할 수 있다.

> (A)①㉠ 을사년(525) 사탁부갈문왕이 구하여 찾아와(覓遊來) 비로소 谷▨의 옛 골짜기인 无名谷을 보았다. ㉡ 善石을 얻어 만들어 글을 쓰게 하여 아래에 서석곡으로 이름을 삼아 글자를 쓴다.
>
> (A)①㉡ 다맛38) 놀은(遊한) 妹 麗德光妙한 於史鄒와 女郎과 셋이서 함께 하였다.
>
> (B) ①㉠ 지나간(過去) 乙巳年(525) 6월 18일 昧에 沙喙部 徒夫知葛文王과 妹인 於史鄒, 女郎(어사추의 따님) 셋이서 함께 놀러 왔다.

2) 추명追銘 팔사년八巳年·정사년丁巳年 기사의 검토

원명原銘의 본문과 이에 해당하는 추명追銘 머리부분에 대한 이해를 바탕으로 하여 추명追銘의 도입부분을 살피면, (B)①㉠~㉡과 (B)①㉢이 독립된 문장을 이룬다. 곧 전자는 을사년 이후의 사건의 추이를, 후자는 정사년의 사건을 기술하였다. 특히 (B)①㉡~㉢ 부분은 연구자마다 가장 논란이 많은 부분이다. 이에 대한 기왕의 논자들의 석독과 해석문을 제시하면 다음과 같다.

다음 표에서 각 연구자들의 견해에 나타난 쟁점은, '팔사년八巳年'에 대한 풀이, '매왕고매왕과인妹王考妹王過人'에 대한 이해, 정사년丁巳年 기사의 문장 구조에 대한 문제 등으로 요약된다.

---

36) 梁柱東, 앞의 책, 397쪽.
37) 梁柱東은 詞腦歌 중에 보이는 '友'는 모두 '우'에 音借되었음을 밝힌 바 있다. (梁柱東, 위의 책, 600쪽)
38) 梁柱東, 위의 책, 732쪽.

연구자	석독문과 문단 [(B)①ⓛ~ⓒ]	해석 [(B)①ⓛ~ⓒ]	전거
金龍善	以後▨年八巳年過去 /妹王考妹王過人/ 乙巳年王過去其王妃 只須尸兮妃」愛自思	以後 ▨年八巳年이 지났다. / 妹(麗德光妙) 王考妹(考 지증왕의 妹), 王(입종갈문왕)이 돌아가셨다. / 乙巳年에 왕이(입종갈문왕)이 그 왕비 只須尸兮妃와 愛自思(결혼)하였다.	앞의 글, 20·24쪽.
李文基	위와 같음	이후 □년이 (지났다). / 八巳年 과거의 妹王考 (습보갈문왕)와 妹王(지증왕)은 위대했으므로 / 지나간 乙巳年에 입종갈문왕과 그 왕비인 지소부인이 (그들을) 추모하였다.	1983, 앞의 글, 125·140~1 41쪽
金昌鎬	以後▨年八巳年過去 /妹王考」妹王過人/ 乙巳年王 過去其王妃只沒尸兮 妃」愛自思	이후 △年 八巳年이 지났다. / (사탁부의 도부지갈 문왕이) 妹王(另卽知太王)을 생각해보니 / 妹王은 (己未年)에 죽었다. / 乙巳年에 도부지갈문왕이 지난(=죽은) 그 왕비 지몰시혜비를 사랑하여 스스로 생각하였다.39)	1983, 앞의 글, 11쪽.
文暻鉉	以後今年八巳年過去 /妹王考」妹王過人/ 丁巳年王 過去其王妃 只沒尸兮妃」愛自思	이후 14해가 지났다. / 누이와 왕을 생각하니 누이와 왕은 지난날의 사람들이다. / 丁巳年에 왕이 지나간 날의 그 왕비 지몰시혜비를 그리워하사(사랑하사)	앞의 글, 46~47쪽.
李喜寬	以後仐年八□年過去 /妹王考」妹王過人 /丁巳年王過去/ 其王妃只沒尸兮妃」 愛自思	이후 올해로 △년이 지나갔는데, / 妹(於史鄒女郞三) 와 왕(立宗葛文王)을 생각하지만 / 妹와 王은 이미 죽은 사람이다. / 법흥왕 24년(丁巳年)에 입종갈 문왕이 죽자 / 그의 왕비인 只沒尸兮妃가 (그와의) 사랑을 스스로 생각하여	앞의 글, 88~89쪽.
武田 幸男	以後□□八年過去/ 妹主考」/妹主過人/ 丁巳年(537)王過去/ 其王妃只沒尸兮妃」 愛自思	以後 △△八年이 지나갔다. / 妹主(於史鄒女郞)을 생각하니, / 妹主는 지나간(죽은) 사람이다. / 丁巳年에 王(徙夫知葛文王)도 지나갔다(죽었다). / 그 왕비 只沒尸兮妃는 (지나가 죽은자)를 사랑스러이 스스로 생각하여,	1993, 앞의 글, 18~19쪽.
深津 行德	以後△ △八△年過 去/妹王考」/妹王 過人/丁巳年(537) 王過去/其王妃只 沒尸兮妃」愛自思	以後, △ △八△年이 지났다. / 妹王△妹王은 過人이 되었다. / 丁巳年, 王도 죽었다. / 그 왕비 只沒尸兮妃, 사랑한다고 생각함으로써,	앞의 글, 160 ~161쪽.

첫째, "以後▨年八巳年過去"를 '이후 ▨년年 팔사년八巳年이 지났다'는 시간 또는 사건의 추이를 보여준다는 데에서는 의견을 같이 한다.40) 김창호

---

39) 김창호는 이러한 해석에 덧붙여 "乙巳年에는 徙夫知葛文王妃인 只沒尸兮妃가
   죽어서 누이동생인 妹가 오빠를 데리고 川前里書石에 왔다고 판단되고, 己未年
   에는 另卽知太王이 죽어서 另卽知太王妃인 夫乞支妃를 데리고 오빠인 徙夫知
   葛文王이 여기에 왔다고 추측된다"고 하였다.(金昌鎬, 1983, 앞의 논문, 11쪽)
40) 김용선, 앞의 논문, 20쪽. 문경현, 앞의 논문, 48쪽. 이희관, 앞의 논문, 88~

는 앞의 '년年'자를 '십十'으로 석독하여, '사巳'자는 '사四'로 되고 '팔八'자는 첨가된 글자로 보아 '십사년十四年'이 될 가능성이 있음을 시사하였다가,[41] 다시 '이후以後육六□심팔일년과거十八日年過去'로 석독하여 '이후로 6월 18일에는 해마다 (서석곡을) 지나갔다'고 풀이하였다.[42] 또한 문경현은 '팔사년八巳年'이란 8에다 6(巳가 12간지의 6번째라는 점에서 6의 수를 취함)을 더하면 14가 되는데, 을사년으로부터 기미년까지가 14년이란 뜻이라고 풀이하였다.[43] 전자의 해석은 지나간 주체가 불분명하며, 여기서의 '과거過去'는 시간의 흐름을 나타내는 것이 분명한데 서석곡을 해마다 지나갔다고 해석하는 자체가 어색하다. 또한 후자는 기발한 발상이긴 하지만 뒤의 정사년丁巳年과의 관계가 애매하다. 한편 이문기는 '팔사년과거八巳年過去'를 '팔사八巳년이 지난 과거의 일을 적고 있는 것이며, 그것은 을사년보다도 더 먼 과거의 일을 말한다'고 하여 그 이하에 등장하는 인물을 습보갈문왕과 지증왕에 비정함으로써 사탁부 갈문왕 등이 서석곡에 간 것은 이들을 추모하기 위한 것이라 주장하였다.[44] 이는 일면 천전리서석명을 발견한 황수영 선생의 견해, 곧 을사년으로부터 거슬러 올라가 8번째 '사巳'의 간지를 지닌 해(96년 전)를 지칭한 것으로 보아 을사년乙巳年을 자비마립간 8년(465)으로 본 견해[45]와 유사하다.

사실 "이후以後▩년年팔사년과거八巳[46]年過去"의 석독을 그대로 인정한다면[탁본 [7] [12] [16] 참조], '을사년 이후로 몇 년이 되어 팔사년八巳年이 지나면서' 정도로 해석이 가능하다. 이 구절로만 본다면, '팔사년八巳年'은 불필요한 문구이지만, 굳이 이렇게 한 이유가 무엇일까. 대체로 '팔사八巳'는

89쪽. 武田幸男, 1993, 앞의 논문, 13쪽.

41) 김창호, 1983, 앞의 논문, 16쪽.

42) 김창호, 1995, 앞의 논문, 393쪽.

43) 문경현, 앞의 논문, 48쪽.

44) 이문기, 1983, 앞의 논문」 130~133쪽.

45) 황수영, 1971, 앞의 글.

46) 사실 "以後▩年八巳年過去"의 '巳'는 '巳'로 석독하기에는 어려움이 있다. 자획이 불분명하고 書石 原銘과 追銘에 보이는 '巳'의 書法과 차이가 있기 때문이다. 그럼에도 딱히 '巳' 이외의 글자로 석독하기 어려우므로 여기서는 기존의 견해대로 '巳'로 읽는다.

128 신라 화백제도와 화랑도

월지月支를 기준으로
일지日支를 대조하면
서 '정인正寅, 이묘二
卯, 삼신三申, 사축巳
丑, 오술午戌, 육유六

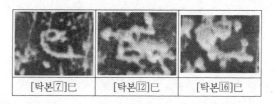

[탁본[7]]巳   [탁본[12]]巳   [탁본[16]]巳

酉, 칠진七辰, 팔사八巳, 구오九午, 십미十未, 십일해十一亥, 십이자十二子'라
하여 8번째의 간지干支로 일컬어지는 이름이다. 이 때에는 농사에 있어서
파종을 하여도 수확을 거둘 수 없다 하여 금기시하기도 한다.[47] 따라서
을사년乙巳年의 유행遊行은 이러한 제액의 의례와 관련되지 않을까 추측해
볼 수 있다. 그렇다면 이 구절에서의 '팔사년八巳年'은 일종 신라인에게는
'액운이 낀 해' 정도의 의미를 지녔던 것으로 추측된다.

　둘째, "매왕고매왕과인妹王考妹王過人"에서 '과인過人'을 '죽은 사람이다'로
보는 견해와 '위대한 사람'으로 풀이하는 관점이 있고, '매왕고매왕妹王考妹王
'을 인물을 지칭하는 용어로 보거나 '고考'를 동사로 이해하는 견해가 있다.
김용선은 일찍이 '매왕고매왕妹王考妹王'을 '매妹와 왕고매王考妹 및 왕王'으로
풀이하고 '과인過人'을 '돌아가셨다'의 의미로 이해하였으나,[48] 이문기는 기
미년에 매와 입종갈문왕이 여전히 서석을 찾고 있으므로 '돌아가셨다'는 어
색하다 여기고, 이를 '다른 사람보다 뛰어나다' '위대하다'는 의미로 풀이하
였다. 따라서 '매왕고(습보갈문왕)와 매왕(지증왕)은 위대했으므로' 그 뒷
문장의 '애자사愛自思'의 대상이 되었던 것이라고 풀이하였다.[49]

　이러한 이문기의 견해에 대하여는 지증왕을 매왕妹王이라 하고 습보
갈문왕을 매왕고妹王考라 한 것은 전대미문의 호칭이며, 왕족의 호유豪

---

47) "下種 忌丁亥 又枯焦日不生芽 又忌田痕日 五穀種同 直說補日 博物志云 枯焦
　　日種穀不生芽 正月辰 二月丑 三戌四未 五卯六子 七酉八午 九寅十亥 十一申
　　十二巳 謂之枯焦日 甲寅田祖死 丁亥田父死 丁未田母死 乙巳田主死 癸巳后稷
　　葬 右日最忌耕犁播種揷秧 又云 正戌二亥 三子四丑 五寅六卯 七辰八巳 九午十
　　未 播種無所收"(朴趾源, 『燕巖集』 170, 別集, 課農小抄, 播穀)
48) 金龍善, 앞의 논문, 24쪽. 李喜寬도 '過人'을 죽은 사람으로 이해하여 김용선의
　　설을 따랐다.(李喜寬, 앞의 논문, 89쪽)
49) 李文基, 1983, 앞의 논문, 130~133쪽.

遊를 기념하기 위해 명기를 남겼다고 보는 것이 순리적이라는 반론이 있었다.[50] 또한 호칭의 기준이 왕이 아닌 매에 있었던 이유가 분명하지 않으며, 전후 맥락 없이 지증왕과 습보갈문왕이 등장하지 않으면 안되는 사유를 납득할 수 없고, 본 명기에서 친족 호칭이 보일 뿐인데 1인으로서 그 고유이름을 기록하였다는 사유를 납득할 수 없다는 지적도 있었다.[51]

김창호는 '과인過人'을 '죽은 사람이다'고 이해함으로써 김용선의 설을 따랐으나, '매왕고매왕妹王考妹王'의 '매왕妹王'을 모즉지태왕另卽知太王으로 보았다. 곧 도부지갈문왕徒夫知葛文王의 매妹인 려덕광묘麗德光妙가 모즉지태왕에게 시집을 가 태왕비太王妃 부걸지비夫乞支妃가 되었던 것인데, 도부지갈문왕에게 모즉지태왕은 '매부妹夫인 왕王'이므로, 인류학에서 말하는 간접호칭인 '매왕妹王'이라 일컬었다는 것이다. 따라서 도부지갈문왕은 법흥왕의 아우인 입종갈문왕이 아닌 또다른 갈문왕이라고 주장하였다.[52]

문경현은, 사부지갈문왕은 입종갈문왕이 틀림없으며, 법흥왕의 처남이 아니라 법흥왕의 아우이자 사위이므로 김창호의 설이 성립될 수 없다고 비판하였다. 또한 '매왕고매왕妹王考妹王'의 '매왕妹王'을 '매妹와 왕王'으로, '고考'를 지난날의 추억을 회고한다는 의미의 '생각하니'로 풀이한 바, '과인過人'이란 '지난날의 사람들' 곧 '지난날의 매와 왕의 관계'를 가리킨다는 것이다. 이로써 '왕과 왕비'의 관계로 바뀐 기미년에 '지난 날의 왕과 매의 관계'를 그리워하였다는 것이다. 그러므로 원명과 추명의 '매妹'는 애인의 의미이며, 사부지갈문왕의 매로 나오는 어사추여랑於史鄒女郞이 후일 그의 왕비 지몰시혜비只沒尸兮妃가 되었다고 주장하였다.[53] 무전행남武田幸男은 '매왕妹王'을 '매주妹主'로 석독하는 한편 '고考'를 동사로 풀이하여, 매주妹主를 어사추여랑於史鄒女郞으로 보았다.[54]

---

50) 문경현, 앞의 논문, 50~52쪽.
51) 武田幸男, 1983, 앞의 논문, 13쪽.
52) 金昌鎬, 1983, 앞의 논문, 8~11쪽.
53) 문경현, 앞의 논문, 30~35쪽.

이처럼 '매왕고매왕과인妹王考妹王過人'에 대하여 여러 가지 의견이 있지만, '고考'를 동사로 이해하는 견해는 주어가 불분명하다는 점과 '매왕妹王을 생각하니(매왕妹王은 죽은 사람이다)'라는 연문衍文을 중복하여 서술하였다는 점에서 의문점을 남긴다. 따라서 '매왕고매왕妹王考妹王'은 인물들을 지칭하는 명칭의 나열로 보아야 할 것인데, 추명에 있어서 이러한 명칭의 배열에는 일정한 원칙이 있었다. 당연하겠지만 '사탁부 사부지갈문왕沙喙部 徒夫知葛文王─매 어사추妹 於史鄒─여랑女郎' '왕여매王与妹' '모즉지태왕비 부걸지비另卽知太王妃 夫乞支妃─사부지갈문왕 자랑 심██부지徒夫知 王子郎 深██夫知'에서 살필 수 있듯이 인물의 배열은 신분의 서열순이었다. 이를 '매왕고매왕妹王考妹王'에 적용한다면, '매왕고妹王考─매왕妹王'으로 구분할 수밖에 없다. 또한 추명追銘의 중심 모티브가 을사년乙巳年의 사부지갈문왕徒夫知葛文王과 매妹 어사추於史鄒의 유행遊行 이후 사건의 경과, 그리고 기미년己未年의 또다른 서석곡書石谷 유행遊行이었다는 점을 고려할 때, 매왕妹王은 지적되듯이 사부지갈문왕徒夫知葛文王의 매妹 어사추於史鄒여야 한다.[55]

그런데 '과인過人'은 인물을 가리키는 명사 뒤이어 나오기 때문에 '지나간 사람' 정도가 되겠는데, 「영태2년명 석조비로자나불조상기永泰二年銘 石造毘盧遮那佛造像記」(766)의 '과거위비사두온애랑원위過去爲飛賜豆溫哀郎願爲'가 '돌아가신 두온豆溫 애랑哀郎의 원願을 위하여'로 풀이되기 때문에 '지나가다'에서 파생된 '돌아가시다' 또는 '죽은 사람이다'로 풀이하는 것이[56] 합리적일 것이다. 이러한 해석은 기미년己未年 기사의 '과거過去'에서도 동일한 것으로 생각된다.

그러면 매왕妹王이란 무엇인가. 사실 탁본상으로도 분명히 매왕妹王으로

---

54) 武田幸男, 1993, 앞의 논문, 13쪽.
55) 武田幸男은 '妹王'을 '妹主'로 석독하면서도, 그가 於史鄒女郎이라고 보았다. (武田幸男, 1993, 앞의 논문, 13쪽)
56) 南豊鉉, 1988, 「永泰二年銘 石造毘盧遮那佛 造像記의 吏讀文 研究」, 『新羅文化』 5, 11~12쪽. 南豊鉉, 1993, 「신라시대 이두문의 해석」, 『書誌學報』 9, 8쪽.

확인된다[앞의 탁본 13 14 참조]. 여기에서 매왕妹王이 '과인過人'이 되었다는 점을 고려한다면, 왕의 매가 죽으면 그녀를 '매왕妹王'으로 추봉하였던 것은 아닐까 추측해 볼 수 있다. 「영일냉수리신라비迎日冷水里新羅碑」에서 대신大臣들을 '7왕七王'이라 하여 '왕王'을 칭했던 사실을 확인할 수 있고,[57] 천전리서석川前里書石 계사년명癸巳年銘의 '… 왕부인王夫人'에서도 갈문왕을 포함한 고위귀인층이 왕王이 되고, 다수의 왕의 배우자들이 왕부인王夫人이라 칭하였음을 살필 수 있기 때문이다.[58] 또한 무열왕의 어머니 천명부인天明夫人의 시호를 문정태후文貞太后로 추봉하거나,[59] 희강왕의 어머니 박씨를 순성태후順成太后로 추봉한 사례[60]에서, 일반 왕녀王女들 또한 그녀가 죽은 후에 모종의 추봉 등에 준하는 조처가 있었으리라 예상할 수 있다. 을사년乙巳年의 왕매王妹 어사추於史鄒가 그녀의 여랑女郞을 데리고 서석곡書石谷에 갔다면 결혼 후가 되겠으므로, 아무래도 그녀가 일종의 '왕王'호를 받은 것은 그녀가 죽은 이후여야 할 것이다. 사실 왕녀王女에 대한 추봉追封 사례는 서석書石 추명追銘이 유일하기 때문에 어떠한 결론을 내리기 어렵지만, 신라사회에서 왕녀에 대한 이러한 관념이 훗날 선덕왕善德王의 국왕 즉위를 가능하게 했던 것은 아닐까 한다.

한편 여기에서 '매왕고妹王考'를 주목할 수 있다. 이는 매왕妹王 곧 어사추於史鄒의 죽은 아버지라는 뜻이겠는데, 어사추於史鄒가 입종갈문왕의 친 누이라면 '성고聖考',[61] '금왕고今王考',[62] '왕지고王之考',[63] '선고先考'[64] '왕고王考'[65] 등으로 기술해야 할 것이다. 그런데 '매왕妹王의 고考'라고 쓴 데는

57) 朴南守, 1992, 앞의 논문, 217～219쪽.

58) 武田幸男, 1998, 「蔚州書石「癸巳六月銘」の研究—新羅·沙喙部集團の書石谷行」, 『朝鮮學報』 168, 17～19쪽.

59) 『三國遺事』 권 1, 王曆 1, 第二十九 太宗武烈王

60) 『三國史記』 권 10, 新羅本紀 10, 僖康王 2년 春正月

61) 『三國遺事』 권 1, 紀異 2, 柰勿王 金堤上·太宗 春秋公·권 2, 紀異 2 萬波息笛.

62) 『三國遺事』 권 2, 紀異 2, 萬波息笛.

63) 『三國遺事』 권 2, 紀異 2, 元聖大王·金傳大王.

64) 『三國遺事』 권 3, 塔像 4, 皇龍寺鍾 芬皇寺藥師 奉德寺鍾.

65) 金穎, 「月光寺圓朗禪師塔碑」, 한국고대사연구소 편, 1992, 『譯註 韓國古代金石文』 3, 144쪽.

입종갈문왕과 아버지를 달리한다는 의미인 바, 어사추於史鄒는 입종갈문왕의 친누이가 아닌 왕실 친족의 범주에 있는 매妹가 된다. 『삼국사기』권 32, 잡지 1, 제사祭祀조에는 남해왕이 시조 혁거세묘始祖 赫居世廟를 세우고 사시四時로 제사를 지냈는데 '친매 아로親妹 阿老'로써 제사를 주관하게 하였다 하고, 『삼국유사』왕력王曆 진성여왕眞聖女王조에는 진성여왕이 '정강왕定康王의 동모매同母妹'였다고 하였다. 이로써 보건대 '매妹'는 친매親妹뿐만 아니라 이모異母의 매, 친족의 매妹를 포괄하는 개념이었음을 알 수 있다. 따라서 어사추於史鄒는 포괄적인 왕실 친족 내의 '매妹'였고, 굳이 추정한다면 일명의 지증왕 형제 또는 자매의 딸이거나, 아니면 자비왕의 형제·자매 계열의 딸이었을 것으로 추정된다. 이들은 어떠한 경우라도 나물왕계의 왕실 친족으로서, 매妹 어사추於史鄒에 대한 입종갈문왕의 각별한 마음은 당시 나물왕가계 내에서의 끈끈한 친족의식을 보여주는 것으로 풀이된다.

셋째, 추명追銘의 정사년丁巳年조에 대해서는 이를 독립된 하나의 문장으로 보는 관점과 뒤이어 나오는 기미년己未年의 기사와 연결되는 것으로 풀이한 견해가 있다. 독립된 문장으로 보는 견해는 입종갈문왕立宗葛文王(사부지갈문왕)이나 입종갈문왕과 왕비王妃를 주어로, 그리고 정사년 기사가 기미년 기사와 연결된다는 관점은 왕비를 주어로 채택한다.[66] 먼저 왕비를 주어로 삼을 경우 왕은 죽은 사람이 되고, 왕을 주어로 할 경우 왕비가 죽은 사람이 된다. 전자의 경우, '왕이 죽었다. 그 왕비 지몰시혜비가 애자사愛自思하여'라고 풀이함으로써 무엇을 그리워했는지가 분명하지 않다. 그러나 이를 하나의 독립된 문장으로 이해할 경우에 '정사년(537)에 왕이 지나간(죽은) 그 왕비 지몰시혜비只沒尸兮妃를 애자사愛自思[67]하였다'고 하

---

66) 위의 표에서 보듯이, 문경현의 경우 기미년의 주어를 왕으로 보았다. 또한 정사년조의 기사를 독립된 문장으로 이해함으로써 己未年 遊行의 계기로 파악하였다.

67) '愛'의 訓은 '듯'으로서 '思·念·憶' 등의 뜻으로 사용되었다고 한다. 따라서 忠談師의 「安民歌」에 보이는 "臣隱愛賜尸母史也"는 '臣은 듯 샬 어시여'로 새겨진다.(梁柱東, 앞의 책, 245·253쪽) 이에 따른다면 '愛自思' 또한 '듯 샤' 정도로 새길 수 있겠으나, 아무튼 '그리워하다'의 뜻인 것만은 분명하다고 하겠다.

여 완성된 문장구조를 이룬다. 이는 추명의 각 문장이 「기년紀年―주어―서술형 동사」의 구조로 짜여진 원칙과 부합하며, 추명의 모든 기사의 주인공이 과거過去 을사년乙巳年으로부터 정사년, 기미년에 이르기까지, '사탁부 사부지갈문왕沙喙部 徙夫知葛文王―왕王―왕王'으로 서술되어 일관성을 갖게 된다. 또한 사부지갈문왕 그 자신이 을사년의 유행遊行 이후 다시 서석곡을 찾은 의의와 을사년의 원명原銘 뒤에 추명追銘을 덧붙일 수 있었던 배경을 이해할 수 있게 된다. 지금까지 검토한 내용을 바탕으로 원명과 추명을 해석하면 다음과 같다.

川前里 書石 原銘(A)	川前里 書石 追銘(B)
1 문단 ①㉠ 을사년(525) 사탁부갈문왕이 구하여 찾아와 (覓遊來) 비로소 谷▨의 옛 골짜기인 无名谷을 보았다. ①㉡ 善石을 얻어 만들어 글을 쓰게 하여 아래에 서석곡으로 이름을 삼아 글자를 쓴다. ①㉢ 다맛 놀은(遊한) 妹 麗德光妙한 於史鄒와 女郎과 셋이서 함께 하였다.	**1 문단** ①㉠ 지나간(過去) 乙巳年(525) 6월 18일 昧에 沙喙部徙夫知葛文王과 妹인 於史鄒, 女郎(어사추의 딸) 셋이서 함께 遊來했다. ①㉡ 이후 ▨年 八巳年이 지나갔다. ㉢ 妹王의 考와 妹王이 돌아갔다. ①㉣ 丁巳年(537)에 王은 돌아간 그 왕비 只沒尸兮妃를 그리워하였다. ②㉠ 己未年(539) 7월 3일 興에 王은, 妹와 더불어 함께 본 書石을 보러 골짜기에 왔다. ①㉡ 이때 함께 셋이서 왔는데, 另卽知太王妃 夫乞支妃와 徙夫知王子郎 深▨夫知와 함께 왔다.
2 문단 ② 食多煞 ①㉠ 作功人 尒利夫智奈▨, 悉淂斯智 大舍帝智 ①㉡ 作食人 榮知智壹吉干支 妻 居知尸奚夫人, 眞宍智沙干支 妻 阿今牟弘夫人」 ①㉢ 作書人 慕ᒣ尒智大舍帝智	**2 문단** ③ 함께 온 이때의 ▨ ①㉠ 作功臣 喙部 知礼夫知沙干支, ▨泊六居伐干支 ①㉡ 礼臣 丁乙尒知奈麻 ①㉢ 作食人 眞宍知ᒣ彼珎干支 婦 阿今牟呼夫人, 尒夫知居伐干支 婦 一利等次夫人, 居礼次▨干支 婦 沙爻功夫人인데, 나누어 함께 지었다.

3. 진흥왕의 왕위계승과 입종갈문왕立宗葛文王

1) 진흥왕의 즉위와 법흥왕비法興王妃의 섭정

천전리서석川前里書石 원명原銘과 추명追銘을 검토한 결과 을사년乙巳年 (525) 이후 기미년己未年(539)에 이르기까지 서석곡書石谷 유행遊行에 따른 모든 행적의 주인공은 사부지갈문왕徙夫知葛文王이었다. 그는 을사년 유행 遊行 이후 매妹 어사추의 아버지와 어사추를 잃었으며, 정사년에는 그의 왕비 지몰시혜비를 여의고 그리워하였다. 기미년에 그는 형수인 모즉지태 왕비另卽知太王妃 부걸지비夫乞支妃와 그의 아들 심맥부지深麥夫知를 데리고 서석곡書石谷을 다시 찾았다.

주지하듯이 사부지갈문왕徙夫知葛文王은 법흥왕의 아우이자 진흥왕의 아 버지인 입종갈문왕立宗葛文王이며, 그의 왕비 지몰시혜비只沒尸兮妃는 법흥 왕의 딸로서 진흥왕의 어머니인 지소부인只召夫人이다. 또한 모즉지태왕另 卽知太王은 법흥왕이고, 태왕비太王妃 부걸지비夫乞支妃는 보도부인保刀夫人 박씨朴氏이며, 심맥부지深麥夫知는 기미년 다음해에 즉위한 진흥왕眞興王이 다.68)

천전리서석川前里書石 추명追銘에서는 지소부인只召夫人[只沒尸兮妃]이 정사 년(537)에 서거하고, 입종갈문왕立宗(徙夫知)葛文王이 기미년(539)까지 살아 있음을 확인할 수 있었다. 이는『삼국유사』의 '진흥왕 즉위 후 지소태후只 召太后가 섭정했다'는 기록과 차이가 있다.

> C. 제24대 진흥왕은 왕위에 올랐을 때 나이가 15세였으므로 태후가 섭정
> 을 하였다. 태후는 법흥왕의 딸로서 입종갈문왕立宗葛文王의 부인이었
> 다. 임종할 때에 머리를 깎고 법의를 입고 운명했다.(『삼국유사』권
> 1, 기이 1, 진흥왕)

---

68) 金龍善, 앞의 논문, 15~16쪽.

따라서 기왕의 논자들은 위 『삼국유사』의 기록을 채용하여 진흥왕이 즉위한 540년에는 입종갈문왕이 이미 죽었기 때문에 나이 어린 진흥왕을 태후太后가 섭정하였다는 관점을 견지하였다.[69] 한편으로는 서석書石의 명문銘文에서 입종갈문왕立宗葛文王과 지소부인只召夫人이 살아 있는 것으로 이해함으로써, 진흥왕이 즉위할 때에 입종갈문왕과 지소부인이 상당한 역할을 했을 것으로 보거나,[70] 서석書石의 '도부지갈문왕徒夫知葛文王'과 '지몰시혜비只沒尸兮妃'는 입종갈문왕이나 지소부인이 아닌 다른 사람이라는 견해를[71] 제기하기도 하였다. 이와 관련하여 다음 『삼국유사』와 『삼국사기』 신라본기의 진흥왕 즉위 관련 기사를 주목하고자 한다.

D① 제24대 진흥왕. 이름은 삼맥종彡麥宗이며, 또는 심맥종深麥宗이라고 한다. 김씨인데, 아버지는 법흥法興의 동생 입종갈문왕立宗葛文王이다. 어머니는 지소부인只召夫人으로 또는 식도부인息道夫人이라고 하는데, 박씨이며 모량리牟梁里 영실각간英失角干의 딸이다. 임종할 때에 또한 승려가 되어 죽었다. 경신庚申에 즉위하여 37년간 다스렸다.(『삼국유사』 권 1, 왕력王曆)

② 살피건대, 진흥왕은 법흥왕의 조카이고, [그의] 비는 사도부인 박씨思刀夫人 朴氏이니 모량리牟梁里 영실英失 각간의 딸이다. 또한 출가하여 비구니가 되었다.(『삼국유사』 권 3, 흥법興法, 원종흥법 염촉멸신原宗興法 厭髑滅身)

69) 村上四男, 1976, 「新羅眞興王と其の時代」, 『朝鮮學報』 81 ; 1978, 『朝鮮古代史研究』, 開明書院, 79쪽. 金龍善, 위의 논문, 24쪽. 李明植, 1990, 「新羅 中古期의 王權强化過程」, 『歷史敎育論集』 13·14, 322~323쪽. 李基東, 1994, 「新羅 花郎徒 연구의 現段階」, 『李基白先生古稀紀念 韓國史學論叢』 上, 一潮閣, 156쪽. 李晶淑, 1994, 「眞興王의 卽位에 대한 몇 가지 문제」, 『釜山女大史學』 12, 7쪽. 李晶淑, 1994, 「眞平王의 卽位를 전후한 政局動向」, 『釜山史學』 27, 49~50쪽. 金昌鎌, 앞의 논문, 168쪽. 김선주, 1997, 「眞興王의 卽位와 只召太后의 攝政」, 『한국학대학원논문집』 12. 朴成熙, 2001, 「신라 眞興王 卽位前後 정치세력의 동향」, 『韓國古代史研究』 22, 174~175쪽.
70) 文暻鉉, 앞의 논문, 52쪽.
71) 金昌鎬, 1983, 앞의 논문, 9~10쪽.

③ 제24대 진흥왕의 성은 김씨이고, 이름은 삼맥종三麥宗인데, 또는 심
맥종深麥宗이라고도 한다. 양梁 대동大同 6년 경신庚申(540)에 즉위
하였다. 백부伯父 법흥왕의 뜻을 흠모하여 일심으로 불교를 받들
어 널리 불사佛寺를 일으키고 도인度人으로 승니僧尼가 되게 하였다.
…(『삼국유사』 권 3, 탑상塔像4, 미륵선화 미시랑 진자사彌勒仙花 未尸
郎 眞慈師)

E① 진흥왕이 왕위에 올랐다. 이름은 삼맥종彡麥宗이다[또는 심맥부深麥
夫라고도 썼다] 이때 나이는 7세 였다. 법흥왕의 동생인 갈문왕 입종
立宗의 아들이다. 어머니는 부인夫人 김씨로 법흥왕의 딸이고, 왕비
는 박씨 사도부인思道夫人이다. 왕이 어려서 왕태후王太后가 섭정하였
다.(『삼국사기』 권 4, 신라본기 4, 진흥왕 즉위년)

② 진흥왕 37년 … 왕은 어린 나이에 즉위하여 일심으로 불교를 받들었
다. 말년에는 머리를 깎고 승복을 입었으며, 스스로 법운法雲이라고
칭하다가 죽었다. 왕비 또한 비구니가 되어 영흥사永興寺에 머물다가
죽었는데, 나라 사람들이 예禮를 갖추어 장사를 지냈다.(『삼국사기』
권 4, 신라본기 4, 진흥왕 37년)

③ 진지왕眞智王이 왕위에 올랐다. 이름은 사륜舍輪이다[혹은 금륜金輪이
라고 한다] 진흥왕의 둘째 아들인데, 어머니는 사도부인思道夫人이
고, 왕비는 지도부인知道夫人이다. 태자가 일찍 죽었으므로 진지가
왕위에 올랐다.(『삼국사기』 권 4, 신라본기 4, 진지왕 즉위년)

F. 신사년辛巳年(561, 진흥왕 22) 2월 1일에 세우다. 과인寡人은 어려서
왕위에 올라 정사政事를 보필輔弼하는 신하에게 맡겼다.幼年承基 政委輔
弼…(「창녕신라진흥왕탁경비昌寧新羅眞興王拓境碑」, 한국고대사회연구
소 편, 1992, 『譯註 韓國古代金石文』 II)

먼저 D의 기사는 『삼국유사』, 그리고 E는 『삼국사기』 신라본기에 보이
는 진흥왕 즉위 관련기사이다. 이들 가운데 『삼국유사』 왕력王曆의 기사(D
①)에 대해서는 여러 가지 지적이 있었다. 곧 '지소부인은 또는 식도부인
이라고 한다只김夫人一作息道夫人'를 위 D②로 미루어 진흥왕의 모母인 입종
갈문왕비라기보다는 진흥왕비인 사도부인思道夫人의 잘못으로 보기도 하

고,[72] 『삼국유사』의 기술원칙 곧 '부父-모母-비妃'의 순서로 기술하는 원칙에 비추어 '모지소부인母只召夫人' 이하에 '김씨 법흥왕의 딸인 왕비 △△부인金氏 法興之女 妃△△夫人'이 결락되었다고 보는 견해가 있었다.[73] E③의 기사를 보아도 사도부인思道夫人 또는 식도부인息道夫人 박씨朴氏가 진평왕의 모母, 진흥왕의 비妃였던 것은 분명하다. 이는 『삼국유사』 편찬자들이 왕의 가계를 기술하는 데 있어서 오류가 있었음을 보여준다.

또한 『삼국유사』 기이편 진흥왕조 C 기사에서는 진흥왕이 즉위할 때에 15세였다 하고, 『삼국사기』 신라본기 진흥왕 즉위년조(E①)에는 '진흥왕이 7세의 어린 나이로 즉위하였다' 하여, 양 사서 간에 차이가 있다.[74] 『삼국사기』에서는 E①의 '이때 나이는 7세 였다時年七歲…왕이 어려서王幼少'와 E②의 '왕이 어려서 즉위하여王幼年卽位'에서 보듯이, 진흥왕이 어린 나이에 즉위하였음을 일관되게 서술하고 있다. 이러한 『삼국사기』의 기사는 「창녕신라진흥왕척경비」에서 진흥왕 스스로 '어려서 왕위에 오른幼年承基' 사실을 밝힌 것[75]과 일치한다. 또한 '유년幼年'이란 일반적으로 '소년기 이전'을 일컬으므로, 진흥왕이 7세에 즉위하였다는 『삼국사기』의 기사가 사실에 보다 가까운 것으로 생각된다.[76]

한편 위 C의 기사 '태후는 법흥왕의 딸로서 입종갈문왕의 부인이었다. 太后乃法興王之女子 立宗葛文王之妃'는 그 앞 구절 '태후섭정太后攝政'을 부연 설

---

72) 村上四男, 앞의 논문 ; 앞의 책, 79~81쪽. 李文基, 1980, 「新羅 中古의 六部에 관한 一考察」, 『歷史教育論集』 1, 경북대, 80쪽. 盧泰敦, 1997, 「筆寫本 花郎 世紀는 眞本인가」, 『韓國史研究』 99·100, 353쪽.

73) 金龍善, 앞의 논문, 15~16쪽.

74) 진흥왕의 즉위시의 나이와 관련해서는 『三國史記』의 7세설을 지지하는 연구자(李丙燾·村上四男·李基白·李基東·鄭孝雲, 김선주, 앞의 논문, 67쪽. 박성희, 앞의 논문, 171~172쪽)와 『三國遺事』의 15세설을 지지하는 연구자(金龍善·李晶淑), 그리고 7세에 법흥왕의 선위를 받아 15세에 친정하였다는 설(金昌鎌)이 있다. 학설사 정리는 김창겸, 앞의 논문, 176~184쪽 참조.

75) 「昌寧新羅眞興王拓境碑」, 한국고대사연구소 편, 1992, 『譯註 韓國古代金石文』 제2권, 55쪽.

76) 李基東, 1972, 「新羅 奈勿王系의 血緣意識」, 『歷史學報』 53·54 ; 1984, 앞의 책. 69쪽.

명하는 일종의 주석과 같은 성격을 띤다. 이와 같은 주석형식의 서술법은
『삼국유사』에서 적지 않게 찾을 수 있는데, "남해거서간은 또한 차차웅次
次雄이라고도 한다. 이는 존장尊長의 칭호이니 오직 이 임금만 이렇게 불렀
다"[77]나 "알지閼智는 우리 말鄕言로 아이小兒를 일컫는 말이다"[78] 등과 같
은 사례를 들 수 있다. 따라서 C의 기사는 후자의 형식을 취하여 '태후太后'
를 반복 기술함으로써 부연 설명한 것이라 할 수 있다. 이에 C의 태후
관련 기사는 다른 자료를 전재하였다기보다는, 『삼국유사』 찬자의 주관적
판단에 의하여 기술된 것이라 할 수 있다. 사실 『삼국유사』 편찬자가 자의
적으로 서술한 것으로 인정되는 부분에서는 적지않은 기년상의 오류를
발견할 수 있다.[79]

   그러면 『삼국유사』에서 진흥왕의 '태후섭정太后攝政' 관련 기사를 편찬자
의 판단에 따라 서술한 것은 어디에서 비롯하는 것일까. 주지하듯이 『삼
국유사』 편찬자들은 『국사國史』라 일컫는 『삼국사기』를 두루 섭렵하였다.
『삼국사기』에는 E①에 보듯이 '진흥왕이 즉위 할 때에 나이 7세였고, 왕
이 유소幼少하여 왕태후王太后가 섭정하였다'고 하였다. 문장 중간 부분의
'부父─모母─비妃'에 대한 가족사항은 일종 협주와 같은 성격이라 하겠는
데, 이는 『삼국사기』 찬자가 별개의 두 종류 자료, 곧 왕의 즉위와 함께
왕태후가 섭정하였다는 기사와 진흥왕의 가계에 대한 기사를 바탕으로
신라본기 진흥왕 즉위년조를 서술하였음을 의미한다.

   『삼국사기』는 섭정의 주체를 '왕태후王太后'로 기술하고 있어, 진흥왕과
동일하게 어린 나이로 즉위한 혜공왕의 경우 '태후太后'가 섭정한 것으로
서술한 것과[80] 차이가 있다. 사실 『삼국사기』에 보이는 왕모王母는 대체
로 태후太后라고 칭하였다.[81] '왕태후王太后'란 '태왕太王'제를 전제로 하는

---

77) 『三國遺事』권 1, 紀異 2, 第二南解王.
78) 『三國遺事』권 1, 紀異 2, 金閼智 脫解王代.
79) 朴南守, 1992, 앞의 논문, 222～223쪽.
80) 『三國史記』권 9, 新羅本紀 9, 혜공왕 즉위년.
81) 『三國史記』권 15, 高句麗本紀 3, 태조대왕 69년·권 17, 高句麗本紀 5, 동천왕
    8년·권 18, 高句麗本紀 6, 장수왕 54년·권 19, 高句麗本紀 7, 文咨明王 28년·
    권 32, 雜志 1, 祭祀.

명칭으로서, '태왕태후—왕태후'의 서열을 이루는 개념이다.

그런데 신라 금석문에 나타난 법흥왕대 후기 이후의 모든 신라왕은 대왕大王 내지 태왕太王의 명칭을 사용한[82] 반면에, 왕모王母는 태후太后를 칭하였다.[83] 이에 대해『삼국사기』에서는 신라의 국왕을 '왕王'으로 서술하면서도, 왕모王母의 경우는 태후太后의 칭호를 그대로 사용하였다. 이는 『삼국사기』의 찬자가 신라 고유의 '태왕太王'호號를 '왕王'으로 고쳤을 가능성을 시사한다. 그렇다면『삼국사기』에서 서술한 '왕태후王太后'란 본래 '태왕태후太王太后'를 지칭하는 호칭이었을 가능성이 높다.

요컨대『삼국사기』신라본기 진흥왕 즉위년조의 '왕태후王太后'는 '태왕太王'을 '왕王'으로 격하시키면서 나타난 명칭으로 생각된다. 서석書石 추명追銘에서 진흥왕 즉위 1년 전 법흥왕비인 부걸지비夫乞支妃의 칭호는 '태왕비太王妃'였고, 정사년丁巳年에 죽었다는 진흥왕의 어머니 지몰시혜비只沒尸兮妃는 '(갈문葛文)왕비王妃'로 일컬어졌음을 확인할 수 있었다. 따라서 '모즉지태왕비另卽知太王妃 부걸지비夫乞支(保刀)妃'를 '태왕태후太王太后'로 일컬었던 것을, 『삼국사기』 찬자들이 신라 국왕의 본래 칭호인 '태왕太王'을 '왕王'으로 격하하면서, 진흥왕 즉위년조의 '왕태후王太后'가 나타나게 된 것이라 판단된다.[84] 사실 모즉지태왕另卽知太王은 진흥왕에게 부계父系로 큰

---

82) 김창호, 1983, 앞의 논문, 6쪽. 문경현, 앞의 논문, 40쪽.

83) 이는『三國史記』권 32, 雜志 1, 祭祀조의 고구려·백제제사의례에 인용된『古記』에서도 동일하다. 곧 "古記에서는 다음과 같이 기록하였다. 동명왕 14년 가을 8월에 왕모 柳花가 동부여에서 죽으니, 그 왕 金蛙가 太后의 예로써 장사지내고 드디어 神廟를 세웠다. 태조왕 69년(121) 겨울 10월에 부여에 거둥하여 太后廟에 제사지냈다"는 데서도, 고대사회 일반으로 '王母'를 '太后'로 일컬었음을 알 수 있다.

84)『三國史記』진흥왕조의 '王太后' 기사는, '王母'를 '太后'라 일컫는 것과는 성격을 달리하였던 것으로 이해된다. 이러한 사정을 간과하였던『三國遺事』찬자는 '王太后'의 '王'자를 연문으로 여겼을 것이고, 그러한 판단하에 군이 불필요한 '王' 자를 삭제하는 방향으로 편찬 방침을 정하였던 것으로 보인다. 그 결과 지소부인은 진흥왕의 어머니가 분명하기 때문에, 이를 개별 문장으로 처리하기 보다는 하나의 문장으로 통합하여 정리하는 것이 유효하다고 판단함으로써『三國遺事』紀異篇 眞興王條의 '지소부인 섭정 기사'가 나타나게 된 것으로 생각된다. 이와 관련하여 崔淑卿은 전후 설명은 없으나 "法興王妃의 眞興王의

아버지가 되기 때문에 진흥왕을 법흥왕의 왕통을 잇는 계승자로 지목하여 양자로 들였을 가능성이 높으며, 법흥왕비가 선왕의 왕후라는 점에서 '왕태후王太后'로 일컬었을 것으로 생각된다.[85] 여하튼 서석書石 추명追銘에 보이는 '태왕비太王妃'가 법흥왕 당시 보도부인을 칭하는 일반적인 명칭이었

攝政"을 언급한 바 있고[崔淑卿, 1972, 『韓國女性史』 I, 이화여대출판부, 82쪽], 李丙燾는(『國譯 三國史記』, 1977, 을유문화사) 진흥왕 즉위년조에서 "왕이 어리므로 王太后(法興王妃)가 섭정하였다"고 해석함으로써, 왕태후를 법흥왕비로 보았지만 이에 대한 전후 설명이 없었다. 그러나 이러한 견해는 진흥왕조의 '王太后'를 '法興王妃'로 풀이한 선구적인 견해로서 주목된다.

85) 『三國史記』에서 진흥왕의 王太后攝政 기사를 제외하고 王太后 관련 기사로서 다음 3건의 기록을 찾을 수 있다.
① 景文王 六年 春正月 封王考爲懿恭大王 母朴氏光和夫人爲光懿王太后 夫人金氏爲文懿王妃 立王子晸爲王太子(『三國史記』 권 11, 新羅本紀 11, 景文王 6년) ② 敬順王 元年 十一月 追尊考爲神興大王 母爲王太后(『三國史記』 권 12, 新羅本紀 12, 敬順王 원년) ③ 東川王 二年 春二月 王如卒本 祀始祖廟 大赦 三月 封于氏爲王太后(『三國史記』 권 17, 高句麗本紀 5, 東川王 2년) 경문왕이 母 朴氏 光和夫人을 光懿王太后로 삼은 기사(①)와 경순왕이 母를 王太后로 삼은 기사(②)는, 王考를 '大王'으로 추봉하면서 내린 조치였다. 따라서 '王太后'란 '大王'에 상응하는 칭호였으며, 본래의 명칭이 '大王太后'였을 가능성이 높다. 다만 이를 '大王太后'라 일컬었을 때 고려시대 일반의 '太王太后-王太后'의 개념에 혼선을 예상할 수 있고, 더욱이 『三國史記』 찬자들이 삼국의 국왕을 '王'으로 칭하는 기준과도 상충된다. 이러한 까닭으로 王考를 '大王'으로 추존하는 경우에만 '王太后'란 명칭을 사용하였던 것으로 판단된다. 한편 고구려 동천왕이 고국천왕과 산상왕의 왕후였던 于氏를 왕태후로 책봉한 기사(③)는 여러 가지 면에서 진흥왕의 王太后攝政 기사와 유사하다. 곧 고국천왕-산상왕, 법흥왕-입종갈문왕이 형제라는 점, 고국천왕과 법흥왕이 후계자 없이 돌아갔다는 것, 동천왕과 진흥왕이 고국천왕 아우인 산상왕과 법흥왕 아우인 입종갈문왕의 아들이라는 점에서 매우 유사한 모습을 보인다. 그런데 于氏의 王太后는 故國川王의 王后로서 책봉된 명칭인 듯하다. 곧 『삼국사기』 고구려 본기 동천왕 8년조에는 于氏를 '太后'라 칭하였는데, 이는 아무래도 우씨가 죽음을 앞두고 '산상왕의 옆에 묻어달라는 유언을 남긴 것'과 관련하여 일컬은 명칭으로 생각되기 때문이다. 따라서 于氏의 경우, 王太后는 고국천왕의 왕후로서, 太后는 산상왕의 왕후로서 각각 구별하여 일컬은 명칭으로 풀이된다. 따라서 于氏의 사례로 보아 『삼국사기』 진흥왕 즉위년조의 王太后는 保刀夫人을 前王 法興王의 王后로서 일컬은 명칭으로 여겨진다.

고, 진흥왕 즉위 이전에 왕의 생모生母 지소부인이 서거하였다는 점에서, 진흥왕대에 보도부인保刀夫人을 칭할 수 있는 명칭으로는 '태왕태후太王太后'가 가장 적절하리라 생각된다.

그러므로 진흥왕의 왕위계승은 '왕태후王太后의 섭정攝政'으로 상징되듯이 전왕 법흥왕비法興王妃의 협조와 그의 생부生父인 입종갈문왕立宗葛文王의 세력 기반을 바탕으로 가능하였던 것으로 판단된다.[86] 양자 간의 제휴는 법흥왕이 죽기 1년 전 심맥부지深麥夫知(진흥왕)를 데리고 나란히 서석곡書石谷을 찾은 데서 상징적으로 나타난다.

법흥왕비 박씨 보도부인保刀夫人은 당시 신라의 정치적 상황을 분명하게 보여주는 것으로, 이 시기를 논자에 따라서는 박씨朴氏 왕비족王妃族의 시대라고 일컫기도 한다.[87] 「울진봉평신라비蔚珍鳳坪新羅碑」에서 보듯이, 법

---

[86] 필자는 화백회의를 다루는 과정에서, 진흥왕의 즉위에 대하여 "진흥왕이 7세의 나이로 즉위할 수 있었던 것은 법흥왕의 딸인 왕태후와 지증왕가계의 통일된 힘에 가능했다"고 서술하였으나(박남수, 1992, 앞의 논문, 213쪽), 이제 천전리 서석명을 검토하여 '王太后'가 '法興王妃'였음이 밝혀진 이상, 후술하겠지만 "진흥왕이 7세의 나이로 즉위할 수 있었던 것은 法興王妃인 왕태후와 지증왕가계, 나아가 나물왕계 김씨왕실의 통일된 힘에 가능했다"로 수정한다.

[87] 신라 중고시대 박씨 왕비에 관하여, 末松保和는 같은 씨족 내의 두 개의 通婚群으로서 金氏, 朴氏의 존재를 상정하였으나(末松保和, 1954, 「新羅中古王代考」, 『新羅史の諸問題』, 169～170쪽), 三品彰英은 姓의 사용이란 점에서 김씨 박씨의 相婚 사실을 부인했다.(三品彰英, 1963, 「骨品制社會」, 『古代史講座』 7, 197～198쪽) 李基白은 중고기 갈문왕의 책봉관계로 보아, 왕제의 경우보다는 못하지만 왕족에 준하는 왕비족·왕모족 및 女王匹族의 사회적 중요성이 인정된다고 보면서, 왕비족을 언급한 바 있다.[李基白, 1973, 「新羅時代의 葛文王」, 『歷史學報』 58 ; 1974, 『新羅政治社會史研究』, 一潮閣, 23쪽]. 李基東은 중고 왕실의 혼인을 김씨 부족내의 한 씨족 집단인 나물왕계 내부에서의 혼인으로서, 씨족내의 리니이지를 단위로 해서 생각한다면 오히려 족외혼의 성격을 갖는 것으로 생각하였다.(李基東, 1975, 「新羅 中古時代 血緣集團의 特質에 관한 諸問題」, 『震壇學報』 40 ; 1984, 앞의 책, 100～102쪽) 한편 이에 대해 李鍾旭은 이 시기에 왕권이 크게 강화되어 왕들이 구태여 김씨족과 족내혼을 할 필요가 없었기 때문에 왕의 지위를 견제할 수 있는 김씨족내혼을 피하고 세력이 그다지 강하지 않았던 박씨족과 혼인하였다고 하였고[李鍾旭, 1980, 『新羅上代王位繼承研究』, 嶺南大, 209～210쪽], 李文基는 중고시대에

흥왕대의 정치 세력은 탁부와 사탁부가 다른 부에 비하여 우월하긴 하였
지만 결코 절대적이지는 않았다. 비록 탁부와 사탁부의 구성원이 다른 부
部에 비하여 많았다고 하나, 법흥매금왕이 6부 공동의 이름으로 소교사를
하달하는 내용은 당시 국왕의 지위나 6부 협의의 정치적 상황을 보여준
다.88) 또한 법흥왕 15년 불교 공인에 따른 조정 중신들의 반발은 당시
왕권의 한계를 보여주며, 지증왕과 법흥왕의 왕비가 박씨였던 것도 그러
한 6부 협의의 전통을 당시 김씨 왕실이 극복할 수 없었음을 드러낸다.
이러한 상황에서 법흥왕비의 협력은 6부 여타 세력을 아우르는 데 유효하
였을 것이다. 진흥왕이 박씨 사도부인을 왕비로 맞이한 것도 법흥왕비 보
도부인의 섭정하에서는 자연스러운 현상으로 이해된다.

섭정기의 진흥왕은 법흥왕의 정책을 충실히 이행한 것으로 나타난다.
곧 『삼국유사』 권 3, 탑상 4, 미륵선화 미시랑 진자사조의 "진흥왕이 …
즉위하여 백부 법흥왕의 뜻을 흠모하여 일심으로 불교를 받들어 널리 불
사佛寺를 일으키고 도인度人으로 승니僧尼가 되게 하였다"(D③)나, 『삼국사
기』 신라본기 진흥왕 37년조의 "왕은 어린 나이에 즉위하여 일심으로 불
교를 받들었다"(E②)는 기사에서 보듯이, '큰아버지 법흥왕의 뜻을 사모하

박씨 왕비족의 존재를 부정하면서도, 牟梁部 내에서 연속되는 4명의 박씨를
배출하는 집단의 존재를 인정한다고 함으로써 적극적인 논의를 피하였다[李
文基, 1980, 「新羅 中古의 六部에 관한 一考察」, 『歷史敎育論集』 1, 경북대,
80~81쪽] 이에 대해 鄭孝雲은 중고기에 박씨족이 왕비족으로서 정치적 영향
력을 가지고 있었다고 이해하였고(鄭孝雲, 1986, 「신라 중고시대의 왕권과
개원에 관한 연구」, 『考古歷史學志』 2, 16~17쪽), 이희관은 지증왕이 왕위에
오를 수 있었던 것은 혼인을 통하여 박씨족과 정치적 연합관계를 맺은 데 있으
며, 진흥왕의 왕위 계승 또한 법흥왕비를 중심으로 한 박씨족의 지지로 가능하
였던 것이고, 지증왕계 왕위계승기의 박씨왕비족의 존재는 귀족 연합적인 성
격의 상대사회에서 전제왕권으로 상징되는 중대사회로의 이행과정을 잘 보여
주는 것이라고 이해하였다.(李喜寬, 앞의 논문, 75~78·93·104쪽) 辛鍾遠도
중고기 왕비족 박씨를 상정하였는데, 이들은 모량부출신으로서 탁부소속 왕
족 김씨와 통혼권을 형성한 것으로 보았다.(辛鍾遠, 1994, 「斷石山 神仙寺造
像銘記에 보이는 彌勒信仰集團에 대하여」, 『歷史學報』 143, 15쪽)
88) 박남수, 1992, 앞의 논문, 231쪽.

여 일심으로 부처를 섬겼다'는 것이나 '널리 불사佛寺를 일으키고, 승려가
되는 것을 허락'한 것은 보도부인保刀夫人의 불심의 내력을 보여주는 것으
로서, 그녀가 섭정시 행한 주요한 내용이 될 것이다. 사실 흥륜사興輪寺의
낙성이 진흥왕 5년이라지만 그 시작은 법흥왕대의 일이고 보면,[89] 이에
관련된 제반 정책은 법흥왕비 보도부인의 섭정의 결과라고 할 것이다. 법
흥왕비는 진흥왕을 어려서부터 거두었던 것으로 보이는 만큼 그러한 영향
력은 충분히 인정된다. 서석 추명에서도 심맥부지와 법흥왕비 부걸지비가
매우 돈독한 관계였음을 볼 수 있다.

2) 진흥왕 왕위계승의 배경과 입종갈문왕立宗葛文王

섭정기 진흥왕의 정치적인 행보, 이를테면 병부령兵部令의 임명과 국사
國史 편찬, 군사적인 활동은 대체로 이사부異斯夫와 거칠부居柒夫에 집중되
어 있다.[90] 이러한 때문에 기왕에는 이사부異斯夫가 법흥왕 말년의 권신으
로서 진흥왕 즉위에 지지와 원조를 보냈을 것이라 보고, 기미년己未年 서석
곡행書石谷行을 왕실 지친들의 회맹會盟과 같은 성격으로 풀이하기도 하였
다.[91] 그러나 이들은 모두 탁부啄部 소속으로서,[92] 어쩌면 사탁부沙啄部
출신인 입종갈문왕立宗葛文王과는 정치적 연대를 모색하기 어려울 수도 있
어 보인다.

그러면 입종갈문왕의 세력기반을 바탕으로 즉위하였을 진흥왕 초기에
이처럼 탁부 소속 이사부나 거칠부가 활동할 수 있었던 배경은 무엇일까.
그리고 입종갈문왕 스스로가 지도로갈문왕至都盧葛文王의 사례처럼 직접
왕위에 오르지 못했던 까닭은 무엇일까.

먼저 진흥왕이 왕위를 계승할 수 있도록 하였던 입종갈문왕立宗(徙夫知)

---

89) 『三國遺事』 권 3, 興法 3, 原宗興法 猒髑滅身.
90) 『三國史記』 권 4, 新羅本紀 4, 眞興王.
91) 문경현, 앞의 논문, 53~54쪽.
92) 「丹陽 赤城碑」・「昌寧 眞興王拓境碑」・「磨雲嶺 眞興王巡守碑」, 한국고대사연
    구소 편, 1992, 『譯註 韓國古代金石文』 2, 35・55・88쪽.

葛文王의 세력기반을 탁부와 사탁부의 연립, 곧 나물왕계 내부의 결속에서 찾고자 한다. 입종갈문왕은 「울진 봉평신라비蔚珍 鳳坪新羅碑」에서 볼 수 있듯이 법흥왕 11년(524) 법흥왕을 보좌하여 소교사所教事를 내리는 등 활발한 정치활동을 전개하였다. 또한 그는 을사년(525)과 기미년(539)에 서석곡書石谷을 찾았다. 그 밖의 그의 이력에 대해서는 알려진 바가 없다. 다만 그가 서석곡을 찾을 때에 탁부喙部 소속 인물들과 부인들을 수종인隨從人으로 동반하였음을 확인할 수 있을 뿐이다.

書石 原銘과 追銘의 인명 일람표

書石 原銘(乙巳年, 525) 人名			書石 追銘(己未年, 539) 人名		
직함	소속부	인명(관등)	직함	소속부	인명(관등)
遊來人	沙喙部	(사부지)葛文王	遊來人	沙喙部	사부지갈문王
	–	妹 於史鄒		–	另卽知太王妃 夫乞支妃
	–	(於史鄒)女郎		–	徒夫知王子郎深☒夫知
作功人	[喙部]	尒利夫智奈☒」	作功臣	喙部	知礼夫知沙干支
	–	悉淂斯智大舍帝智			☒泊六知居伐干支
作食人	–	榮知智壹吉干支 妻 居知尸奚夫人	礼臣	–	丁乙尒知奈庥
	[喙部]	眞宍智沙干支妻 阿兮牟弘夫人		[喙部]	眞宍知氵彼珎干支婦 阿兮牟呼夫人
作書人	–	慕ニ尒智 大舍帝智	作食人	[喙部]	尒夫知居伐干支婦 一利等次夫人
				–	居礼次☒干支婦 沙爻功夫人

위의 표에서 서석書石 원명原銘의 작공신作功人 이리부지尒利夫智 나마奈麻는 아무래도 「울진봉평신라비蔚珍鳳坪新羅碑」에 보이는 실지군주悉支軍主 이부지尒夫智 나마와 추명追銘의 이부지尒夫智 거벌간지居伐干支와 동일인으로 생각된다. 또한 원명과 추명의 진육지眞宍智는 「울진봉평신라비」의 신육지愼宍智 거벌간지와 동일인으로 지적되고 있다.[93] 이들 이부지尒夫智와

진육지眞宍智는 모두 탁부 소속의 인물들이다. 추명追銘의 작공신作功臣 지
례부지知礼夫知 사간지沙干支도 탁부 소속임을 분명히 밝히고 있다.[94] 그러
니까 서석곡 유행遊行의 의식을 주관하는 작공인作功人(臣)의 상위자는 원
명과 추명 모두 탁부 출신인 셈이다. 특히 작식인作食人으로 참여한 아혜모
홍부인阿兮牟弘夫人의 남편 진육지眞宍智는「울진봉평신라비」에서 소교사所
教事의 주체로 참여할 정도로 고위급 인사였다. 이는 지금까지의 논의처럼
사부지갈문왕徙夫知葛文王의 서석곡書石谷 유행遊行을 단순한 사탁부 사부지
갈문왕가徙夫知葛文王家 내부의 의식으로[95] 보기 어렵게 한다.

그런데 서석書石 원명과 추명의 구성이 유사하면서도, 그 명칭에 있어
서 작식인作食人은 동일한 명칭을 사용한 반면 작공인作功人은 작공신作功
臣과 예신禮臣으로 바뀌었음을 볼 수 있다. 이들 수종인에 대하여 고구려
대가에 속한 가신들과 같은 갈문왕의 가신적 존재로 보는 견해가 있
고,[96] 단정할 수는 없다 하면서도 진흥왕 순수비에 보이는 수가인 등의

---

93) 이문기, 1992, 앞의 책, 159쪽.
94) 書石 原銘과 追銘에 보이는 인물들의 所屬部에 대해서는, 原銘의 경우 갈문왕
이 사탁부임을 명시하였기 때문에 部名이 생략된 것으로 이해하여 沙啄部 소
속 인물들로만 구성되었고, 追銘은 啄部명이 명시된 知礼夫知沙干支만이 탁
부 소속이고 나머지는 사탁부 소속이라고 보거나[이문기, 1980, 앞의 논문,
26·75쪽 : 1981,「金石文資料를 통하여 본 新羅의 六部」,『歷史教育論集』2,
경북대, 92~95쪽. 武田幸男, 1993, 앞의 논문, 7쪽], 원명의 수종인의 부
소속은 분명하지 않지만, 추명 수종인의 부 소속은 모두 탁부라고 이해하면
서, 왕족의 소속부에 있어서 於史鄒女郎은 법흥왕의 공주였을 때는 탁부였으
나, 사부지갈문왕에게 시집을 옴으로써 사탁부로 바뀌었고, 부걸지비는 법흥
왕비이므로 탁부 소속, 그리고 심맥부지는 왕자시절에 사탁부소속이었다가
국왕이 되면서 탁부로 바뀌었다고 이해하기도 한다.(문경현, 앞의 논문, 41~
43쪽)
95) 문명대·武田幸男은 서석곡을 사탁부의 성지로 이해하여 갈문왕의 권력기반을
보여주는 것으로 이해하였고[문명대, 1980,『韓國彫刻史』, 열화당, 79쪽. 武
田幸男, 1993, 앞의 논문, 7쪽], 이문기는 서석곡을 지증왕과 그 父인 습보갈
문왕의 추모와 관련된 장소로서 이해한 바 있다.(이문기, 1983, 앞의 논문,
139쪽)
96) 金龍善, 앞의 논문, 30쪽.

근시신료와 흡사한 임무를 띠었던 이들로 보기도 한다.[97] 또한 이를 사탁부 중심의 유래遊來집단이며, 개인적 인격적으로 결합된 집단으로 보기도 한다.[98]

이들 수종인隨從人은 「영일냉수리신라비迎日冷水里新羅碑」의 전사인典事人이 입비立碑의 실무를 맡았듯이 수종에 따른 의식을 주관하였던 것으로 생각되며, 그 직임을 나눈 것은 「울진봉평신라비」에서 입비立碑를 위한 실무를 '서인書人─신인新人─입석비인立石碑人'으로 나누었던 것과 동일하다. 냉수리비나 봉평비가 율령을 포고하는 국가의 공식적인 성격을 띠었는데도 그 직임에 따라 모두 'ㅇㅇ인人' 등으로 일컬어졌고, 서석書石 원명原銘이 봉평비를 세운 1년 뒤의 명문이라는 점을 생각한다면, 'ㅇㅇ인人'이란 당시의 직임을 표기하는 방식이었음을 알 수 있다. 추명追銘의 '신臣'은 원명 이후 14년이 지나면서 수반된 정치적 상황의 변동에 따라 직임의 표기 방식을 '인人'에서 '신臣'으로 바꾼 결과라고 여겨진다.[99] 아무튼 이들 '수종인'에 탁부 소속 인물이 포함되어 있고, 그들은 봉평비에서 확인되듯이 실지군주悉支軍主를 역임한 자나 소교사所敎事를 내린 주체로서 활동한 대신大臣의 부인으로 구성되었다는 점에서, 사탁부갈문왕 일행의 서석곡행書石谷行을 단순한 개인적 유행遊行으로 보기 어렵게 한다.

서석 원명과 추명의 인적 구성과 직임이 유사한 것으로 보아, 양자는 동일한 목적으로 서석곡書石谷을 찾은 것으로 여겨진다. 특히 원명에 보이는 '식다살食多煞'은 서석곡에 유행遊行한 목적과 관련된 것으로 생각되는데, 원명의 '살煞'은 「영일냉수리신라비」와 「울진봉평신라비」에 보이는 '살우의식煞牛儀式'과 관련된 것으로 보아 좋을 것이다.

---

97) 李文基, 1983, 앞의 논문, 137～138쪽.
98) 武田幸男, 1993, 앞의 논문, 8쪽.
99) 여기에서 作食人의 경우 명칭의 변화가 없는데, 작식인은 현직 관료의 부인으로 구성되었다는 점에서 신료집단과는 별도의 구성방식이 있었을 것으로 추측된다. 원명에서는 眞宍智의 부인 阿兮牟弘夫人이 작식인의 하급자로 서술된 데 대해, 추명에서는 상급자로서 '작식' 관련 직무를 지휘한 것으로 나타나기 때문이다.

G. … 若更導者敎其重罪耳」典事人沙喙壹夫」智奈麻 … 此七人 ■踪所
　　白了」事煞牛拔 誥故記」(「영일냉수리신라비」, 한국고대사회연구소
　　편, 1992, 『역주 한국고대금석문』, 6쪽)

H. … 新羅六部煞斑牛沐麥事 大人 … 立石碑人 喙部博士 于時敎之 若此
　　者獲罪於天… (「울진봉평신라비」, 한국고대사회연구소 편, 1992, 『
　　역주 한국고대금석문』, 15쪽)

위의 「영일냉수리신라비」(지증왕 4, 503)와 「울진봉평신라비」(법흥왕
11, 524)는 일종 법령으로서의 소교사所敎事를 내리고 그 시행을 고지하면
서, '살우煞牛'에 따른 서약의 의식을 치르고 이를 어기는 자는 중죄重罪
내지 하늘에 죄를 얻을 것임을 천명하였음을 보여준다. 서석 원명의 '식다
살食多煞' 또한 냉수리비와 봉평비에서와 같이 신에게 제사를 지내며 음식
을 드리는 의식이 있었음을 보여주는 것으로 풀이된다. 추명追銘의 경우
'식다살食多煞'에 상응하는 의식을 찾을 수 없으나, 그 구성원에 새로이 '예
신禮臣'이 포함된 것을 보면, 예신禮臣은 '식다살食多煞'에 상응하는 의식을
주관하였던 것으로 여겨진다. 추명에서 '식다살食多煞'을 대신하여 예신禮
臣이 등장한 것은, 을사년 이후 법흥왕 15년(528)에 불교를 공인하고, 그
이듬해에 살생을 금하는 영이 하달된[100] 때문으로 생각된다. 지적되듯이
신불황제信佛皇帝로 유명한 양무제梁武帝가 종묘교사宗廟祭祀에 희생犧牲을
금지하고, 당나라 때의 제생금지령祭牲禁止令 또한 불교의 영향이라면,[101]
서석 추명에 예신禮臣이 나타난 것은 종래의 '식다살食多煞' 등의 희생례犧牲
禮를 대신한 제사의식이 나타난 것이라 할 것이다.[102] 그렇다면 사부지갈
문왕徙夫知葛文王의 서석곡書石谷 유행遊行은 단순한 유오산수遊娛山水의 유행

---

100) 『三國史記』 권 4, 新羅本紀 4, 法興王 15·16년.
101) 辛鍾遠, 1990, 「6세기 초 新羅의 犧牲禮」, 『震壇學報』 70, 11쪽.
102) 辛鍾遠은 냉수리비와 봉평비 건립 후 불교공인이 이루어짐으로 해서 진흥왕순
　　수비에 이전의 서맹의식과는 다른 양상으로 나타난 것으로 보았는데(신종원,
　　위의 논문), 진흥왕순수비보다 앞서 명기된 천전리 서석 추명의 禮臣은 종래
　　의 犧牲禮로부터 새로운 형태의 제례로 바뀌었던 사정을 반영하는 것으로 생
　　각한다.

遊行이 아니라 모종의 제사 등의 의식을 치르기 위한 것으로 보아야 할 것이다.

『삼국사기』에서는 신라왕이 황해蝗害나 가뭄 등을 물리치기 위하여 산천에 제사하거나,[103] 백제를 평정한 이후 맹문盟文을 작성하기에 앞서 신지神祇와 천곡지신川谷之神에 제사하였던 것을 볼 수 있다.[104] 신라에 있어서 이처럼 산천에 제사를 지내는 것은 국왕에 한정되지 않았던 듯하다. 곧 김경신金敬信(元聖王)이 북천신北川神에 제사를 지냄으로써 왕위에 오를 수 있었다는 일화는[105] 신라 진골 귀족에 있어서도 산천에 제사지내는 풍습이 있었음을 보여준다.

앞에서 살폈듯이 사부지갈문왕徙夫知(立宗)葛文王은 을사년에 그의 매妹 어사추와 어사추의 딸, 그리고 기미년에는 모즉지태왕비另卽知太王妃(法興王妃)와 그의 아들 심맥부지深麥夫知를 데리고 서석곡을 찾았다. 추명追銘에 보이는 '팔사년八巳年'이 곡식의 파종에서 수확을 얻지 못하는 '재액의 시기'라는 관념과 관련이 있다면, 어쩌면 서석곡書石谷의 유행遊行은 김씨金氏 왕통王統의 지속과 풍요를 바라면서 발계의식祓禊儀式과 같은 것을 행하기 위한 것이었는지도 모를 일이다.[106] 사실 신라에는 '사년巳年'과 관련된 인식이 있었던 듯한데, 『당문습유唐文拾遺』에는 궐명闕名의 신라경문新羅鏡文 "사년중巳年中에 두 용이 나타나 하나는 청목중에 몸을 숨기고 하나는 흑금의 동쪽에 몸을 드러내니, 지혜로운 자는 보고, 우매한 자는 보지 못하니 …"[107]라는 구절이 전한다. 이는 『삼국사기』 권 50, 궁예전에 보이

---

103) 『三國史記』 권 1, 新羅本紀 1, 婆娑尼師今 30년 秋 7월·권 10, 新羅本紀 10, 憲德王 9년 夏 5월.
104) 『三國史記』 권 6, 新羅本紀 6, 文武王 5년 春 2월.
105) 『三國遺事』 권 2, 紀異 2, 元聖大王.
106) 「한국고전번역원 데이터베이스」(http://www.itkc.or.kr) 참조.
　　"3월의 上巳에는 鄭 나라의 遺風을 따라 바야흐로 祓禊 잔치를 열고, 蘭亭의 모임을 추모하여 특별히 좋은 손님들을 초청하였습니다"(李奎報,「謝奇平章 召赴禊宴啓」『東文選』 권46, 啓)
　　"溱水·洧水 위에서 蕙蘭草로 招魂 續魄하여 不祥을 祓除한다"(『風俗通』 鄭俗)
107) "於巳年中二龍見 一則藏身靑木中 一則現形黑金東 智者見 愚者盲 興雲注雨與人征 或見盛 或視衰 盛衰爲滅惡塵滓"(『唐文拾遺』 권 68, 闕名 新羅鏡文)

는 "사년중巳年中에 두 용이 나타나 하나는 청목중에 몸을 숨기고 하나는 흑금의 동쪽에 몸을 드러낸다"는 기사를 보완해주는 것으로서, 철원에 근거한 궁예를 '흑금黑金'으로, 송악에 근거한 왕건을 '청목靑木'으로 비유한 일종의 참위이다.[108] 고경古鏡과 관련한 이러한 참위설이 정명貞明 4년 (918)에 유포되었던 만큼, 천전리 을사년(525)과는 시간적 차이가 많다고 하지만 신라인의 '사년巳年'과 관련한 인식이 의외로 오래되었을 가능성도 있을 듯하다. 혹 서석곡의 각종 명문 가운데 을사년명乙巳年銘을 비롯하여 '사년巳年'의 명문銘文이 특히 많이 보이는 것은 신라인의 이러한 관념과 관련된 것은 아닐까. 여하튼 심맥부지深麥夫知가 당시 6살의 나이었음을 생각할 때에, 「단양적성비」나 「신라장적」에 보이는 '소녀小女' 또는 '소자 小子'의 연령대의 아이들에게 행하는 일종 발계의식祓禊儀式같은 것을 상정 할 수 있을 듯하다.

아니면 기미년(539)이, 사부지(입종)갈문왕비 지몰시혜비가 정사년 (537)에 죽은 지 3년 되는 해라는 점에, 혹시 이 또한 지몰시혜비의 탈상脫 喪 등과 관련될 수도 있을 것이다. 다만 『수서』 동이전 신라조에 "왕과 부모, 처자의 상은 1년의 복을 입는다"라고 하여 신라의 복상服喪이 진평왕 대에는 1년이었지만, 법흥왕대에는 고구려·백제처럼 3년상을 치렀는지도 모르겠다. 만일 기미년의 서석곡행이 지몰시혜비의 상례와 관련된다면 법 흥왕비나 탁부 소속 인사들의 참여 또한 당연할 것이다.

이처럼 탁부와 사탁부에 소속한 왕실 자녀의 발계의식祓禊儀式 또는 상 례喪禮와 관련된 일을 입종갈문왕이 주관하였다면, 갈문왕은 국정에 나아 가서는 국왕을 보좌하고, 감씨가계金氏家系 내에서는 탁부와 사탁부를 불 문하고 그들 왕통王統의 보존과 추복 등을 주관하는 역할을 담당하였던 것은 아닐까 짐작된다.[109] 여하튼 서석書石 원명原銘과 추명追銘에서 사탁

---

108) 趙仁成敎授는 한국사연구회 제263차 월례발표회(2008.4.18, 대우재단빌딩) 토론과정에서, '이 古鏡文이 史書에 일부 나오며, 그것이 궁예와 왕건을 비유 한 것'임을 지적하였다. 조인성교수의 교시에 감사드린다.

109) 이와 관련하여 지증왕이 갈문왕이었을 때에 신궁과 관련된 일을 주관하였다는 견해(선석열, 2002, 「신라 금석문을 통해 본 葛文王」, 『新羅文化祭學術發表會

부 갈문왕과 함께 탁부 소속의 고위급 인사나 탁부 유력자의 부인이 참여하였던 것은, 서석곡행書石谷行이 탁부와 사탁부를 포괄하는 김씨왕실金氏王室 공동의 행사였기 때문일 것이다. 사부지갈문왕徙夫知(立宗)葛文王의 매妹인 어사추於史鄒는 그 아버지가 서로 다르다는 점에서 마물왕계奈勿王系의 친족 누이로 보이며, 원명原銘의 수종인隨從人에 탁부 인물들이 참여한 정황으로 보아 그녀 또한 탁부喙部 소속의 왕녀王女일 가능성이 높다. 따라서 입종갈문왕은 이러한 의식의 과정에서, 탁부와 사탁부 간의 대결과 갈등, 그리고 분리가 아닌 상호 보완과 상생을 도모하였던 것으로 여겨진다.110) 이를 통하여 탁부와 사탁부는 소속부 보다는 나물왕계 공동의 혈연이라는 의식을 견고히 다져갔고, 이러한 탁부와 사탁부의 끈끈한 유대 속에서 진흥왕 초기의 탁부 출신 이사부異斯夫의 활동이 가능하였던 것으로 이해된다.111) 이에 나물왕계 혈연집단은 혈족집단의 결합의식을 전제로 하여

論文集』 23, 221~225쪽)가 있다.

110) 이문기는, 이사부·거칠부 등 탁부 지배세력인 김씨들은 사량부의 김씨 왕통과 나물계의 후손이라는 혈연의식을 통하여 서로 연합하려 했고, 사량부 김씨 왕족은 모량부의 지배세력인 박씨와 혼인을 통하여 연합·제휴하여 지배력을 강화하려 했던 것으로 이해하였는데(李文基, 1987, 「新羅 中古의 六部와 王統」, 『新羅文化祭學術發表會論文集』 8, 84~86쪽), 탁부와 사탁부 간의 제휴나 연립에 대한 이해는 인정되나, 중고기 초 왕의 소속부는 탁부, 갈문왕의 소속부는 사량부였다. 후술하듯이 법흥왕은 불교를 공인하고 태왕제를 시행함으로써 이후 신라 국왕은 더 이상 소속부를 관칭하지 않았으며, 오히려 박씨의 세력을 제한하려는 방향에서 탁부와 사탁부의 연대를 모색하였던 것으로 생각된다.

111) 그동안 진흥왕의 즉위 배경으로서 진흥왕의 혈연적 요인, 곧 父系와 母系 그리고 妃系로 나누어 설명하거나, 정치적 세력관계로 미루어 법흥왕비와 진흥왕비로 이어지는 박씨족 세력과의 제휴, 母 지소부인과 소속 부 세력의 영향, 입종갈문왕의 세력 등으로 이해하여 왔다(학설사 정리는 金昌鎌, 앞의 논문, 171~176쪽과 朴成熙, 앞의 논문, 172~175쪽 참조). 그러나 이러한 논의에서는 이미 지소부인이 사망하였고 입종갈문왕이 살아있었다는 사실을 간과하였으며, 진흥왕의 왕위 계승을 지나치게 혈연관계나 정치적 대립 또는 제휴로써만 설명하였다는 점을 지적할 수 있다. 법흥왕대의 신라는 율령을 반포하고 불교를 공인하며 중국과의 외교관계를 수립하는 등 제반 문물을 정비하였거니와, 특히 年號의 제정이나 太王制의 시행에 수반하였을 왕위계승원칙의 율

제사권을 형성하였고, 중고 초기에는 아직 지증왕계라는 혈족의식보다도 나물왕을 공통의 시조로 하는 리니이지군의 친족결합의식 내지는 동족의식이 강력하게 잔존하였다는 견해가 연상된다.[112]

다음으로 진흥왕의 왕위계승이 가능하였던 배경으로 태왕제太王制의 성립을 들 수 있다. 곧 「울진봉평신라비」(524)에서 '모즉지매금왕另卽知寐錦王'이라 칭하였던 것이 서석石 추명追銘(법흥왕 26, 539)에는 모즉지태왕另卽知太王으로 나타나는 것으로 보아, 그 사이 언제인가 태왕제太王制가 성립되었음을 알 수 있다. 그런데 서석書石 갑인명甲寅銘(534)에는 '대왕사大王寺', 그리고 을묘명乙卯銘(535)에는 '성법흥대왕聖法興大王'이란 명칭이 보이고 있어 이미 법흥왕 갑인년(534)·을묘년(535)에 '대왕大王'호號를 사용하였던 것으로 보인다. 그렇다면 태왕제의 성립은 봉평비 건립(524) 이후부터 대왕사의 명칭이 나타나는 534년 사이의 일이라고 보아야 할 것이며, 법흥왕이 불교를 공인하면서 대신들의 저항을 아우르고 대왕사를 건립한 것과 관련되지 않을까 생각한다.[113] 이후 금석문에 나타난 신라의

령적 강제에 대한 문제를 고려해야 할 것이다.

112) 李基東, 1972, 앞의 논문 ; 1984, 앞의 책, 79쪽.

113) 李文基는, 신라의 대왕제는 고구려의 부용관계를 탈피한 신라의 自尊의 표현으로서 그 획기를 지증왕 4년(503) '新羅國王'호를 칭한 때로 보았으나(李文基, 1988, 「6세기 신라 '大王'의 성립과 국제적 계기」, 『新羅文化祭學術發表會論文集』 9, 330~331·340쪽), 봉평비에 寐錦王의 칭호가 보임으로 해서 수정이 불가피하게 되었다. 다만 朱甫暾은 봉평비(524) 이후 535년 사이에 大王 號로 바뀌었다 하고, 이 시기 간의 불교공인(527), 상대등설치(531)를 주요한 왕권강화 정책으로 주목하였다.(朱甫暾, 1989, 「蔚珍鳳坪新羅碑와 法興王代의 律令」, 『韓國古代史研究』 2, 122~125쪽) 辛鍾遠은 대왕으로 불리게 된 지위의 변화는 불교 공인 이전에 이미 이루어졌으며, 오히려 법흥왕이 대왕의 지위를 가짐으로써 불교를 공인할 수 있었던 것으로 보아야 한다고 주장하였다(辛鍾遠, 1990, 앞의 논문, 11~12쪽) 또한 濱田耕策은 '聖法興大王'의 王名과 王號는 승려들의 聖王觀의 産物로서 이것이 곧바로 정착되지는 않았다고 이해하고, 태왕제의 성립을 법흥왕 말기로 보았다.(濱田耕策, 1990, 「新羅太王號の成立とその特質」, 『年報 朝鮮學』 1, 24쪽) 한편 연구자 간에는 을묘년을 법흥왕 22년(539)으로 보는 설[金龍善, 앞의 논문, 12쪽. 金昌鎬, 1983, 앞의 논문, 6쪽 : 2001, 「蔚州川前里書石 乙卯銘에 대한 몇 가지 첨언」, 『新羅學研究』 5,

국왕은 모두 '대왕大王'이나 '태왕太王'을 칭하고,[114] 더 이상 부명部名을 관칭冠稱하지 않았다. 말하자면 신라국왕은 태왕제를 시행함으로써, 모든 신료들의 초월적인 존재로 등장하게 되었다는 것이다.

태왕제의 시행으로 국왕의 부명部名 관칭冠稱이 사라진 반면, 갈문왕은 추명 기미년명에서 보듯이 여전히 사탁부명沙啄部名을 칭하였다. 또한 「창녕신라진흥왕척경비」에서도 일명의 갈문왕이 보이거니와 결락된 명문의 글자 수효로 미루어 이 또한 사탁부를 관칭하였던 것으로 추측된다. 이로써 볼 때 태왕제太王制의 시행은 왕권을 신장시킨다는 의미가 있지만, 갈문왕의 경우 상대적으로 기왕의 지위나 성격에 변화가 있었다는 것이 된다.[115]

상고 말 중고 초엽이라면 입종갈문왕은 법흥왕이 후사 없이 돌아감으로 해서 왕위 계승 제1순위자였을 것이다. 상고 말 중고 초엽의 갈문왕의 경우 후사가 없이 왕이 서거하면 어김없이 갈문왕이나 갈문왕적 지위의 인물들이 왕위를 계승하였다.[116] 또한 당시의 재산권은 「영일냉수리신라비」(지증왕 4년, 503)에서 보듯이 형이 죽으면 그 아우에게 상속되었다.[117] 그런데도 진흥왕에게 왕위가 계승된 것은, 태왕제의 시행과 함께 갈문왕의 왕위계승권과 관련된 모종의 변화가 있었기 때문으로 생각된다.

태왕제의 시행은 불교의 공인 등을 통하여 왕권의 초월적인 지위를 달성한 결과였을 것이다. 그러나 이미 연로年老하고 후사가 없었던 법흥왕에게는 왕위를 계승할 후계자를 찾는 것이 최우선의 과제였다고 생각된

위덕대 신라학연구소, 7쪽. 濱田耕策, 위의 논문, 23쪽. 李文基, 1992, 앞의 책, 165쪽]과 진평왕 16년(595)으로 보는 설(문경현, 1993, 「新羅 佛敎 肇行攷」, 『新羅文化祭學術發表會論文集』 14, 141쪽)로 나뉘어 있다. 사실 『三國遺事』에 인용된 『册府元龜』에는 "册府元龜云 姓募 名秦 初興役之乙卯歲 王妃亦創 永興寺 慕史氏之遺風 同王落彩爲尼 名妙法 亦住永興寺 有年而終"(『三國遺事』 권 3, 興法 3, 原宗興法 猒髑滅身)라고 하여 법흥왕 을묘년에 永興寺를 짓기 시작하였다고 한 바, 서석 을묘명이 이와 관련될 수도 있을 듯하다.

114) 김창호, 1983, 앞의 논문, 6쪽. 문경현, 앞의 논문, 40쪽.
115) 濱田耕策, 앞의 논문, 24쪽.
116) 박남수, 2003, 앞의 논문, 27쪽.
117) "… 別敎節居利若先」死後令其弟斯奴得此財」敎…"(「迎日冷水里新羅碑」, 한국고대사회연구소 편, 1992, 『譯註 韓國古代金石文』 2, 6쪽)

다.[118] 당시 후사가 없던 법흥왕은 자연스럽게 자신의 딸 지소부인의 아들이자 조카인 심맥부지를 양자로 들여 왕위 계승자로 지명하였을 가능성이 높다.[119] 서석 추명에 보이는 모즉지태왕비와 심맥부지의 관계는 어머니와 아들의 관계를 연상케 하는 것으로서, 입종갈문왕은 이들의 지위를 보호하는 역할을 맡았을 것이다. 후사가 없었던 각간角干 임종林宗이 진평왕의 명에 따라 길달吉達을 아들로 삼았다는 일화[120]는, 중고기 신라 사회에서 진골귀족들이 양자를 들였던 사정을 보여준다. 사실 林宗은 선덕왕 초년에 개최된 오지암회의에 참석한 화백의 구성원이었다.[121] 그렇다면 신라의 최고 귀족 또는 왕실 족친 사이에 양자를 들이는 제도는 어느 정도 인정되었다고 보아야 할 것이며, 진흥왕이 어린 나이로 법흥왕의 양자로 들어간 것 또한 가능하지 않았을까 한다. 『해동고승전』 권 1, 석법공전釋法空傳에는 법흥왕 21년 천경림天鏡林의 나무를 캐어 대왕흥륜사를 짓고 나서 '왕위를 물려주고 승려가 되어 이름을 법공法空이라 하였다王遜位僧 改名

---

118) 문경현은, 법흥왕의 부왕인 지증왕이 64세에 즉위하여 14년 동안 재위하다가 78세에 돌아갔으므로, 지증왕의 장자인 법흥왕은 아마도 그의 아버지의 나이에 겨눌 높은 나이에 왕위에 올랐을 것인데, 법흥왕은 재위 26해나 되었으므로 상당한 고령의 팔구순에 이르는 상노인이었을 것이고, 한 해 뒤에 붕어한 것을 볼 때에 이때 이미 건강이 노쇠하여 언제 타계할 지 모를 지경에 있었을 것이라고 추정하였다. 따라서 기미년 서석곡의 모임은 법흥왕 지친의 핵심 왕족들이 법흥왕의 붕어 후의 문제를 협의하기 위한 會盟으로 보았다.(文暻鉉, 앞의 논문, 53~54쪽)

119) 書石 甲寅銘의 '大王寺中 安藏'은 진흥왕 때에 大書省에 임명된 '安藏'(『三國史記』 권 40, 雜志 9, 職官 下, 武官 國統)에 비정되는데, 그가 甲寅年에 書石谷을 찾았다는 것은 당시 신라 왕실에게는 매우 중요한 의미를 지니는 것으로 보고 싶다. 곧 진흥왕이 즉위 시에 7세였다는 점을 생각하면, 甲寅年은 바로 眞興王의 誕生 해가 되기 때문이다. 그렇다면 진흥왕의 탄생과 관련하여 安藏은 '大王寺'의 승려로서 모종의 의식을 주관했을 가능성이 높으며, 이러한 인연에서 그는 진흥왕 때에도 大書省에 임명될 수 있었던 것으로 생각된다. 또한 법흥왕의 불교정책의 상징이라 할 수 있는 大王寺의 승려를 진흥왕의 탄생에 즈음하여 파견하였다면, 진흥왕의 탄생에 대한 법흥왕의 특별한 배려가 있었다고 보아야 할 것이다.

120) 『三國遺事』 권 1, 紀異 2, 桃花女 鼻荊郞.

121) 朴南守, 1992, 앞의 논문, 223쪽.

法空' 하고, 그 찬贊에 '법공法空(법흥왕)이 이미 양위하여 그 후사를 군건히 하고 스스로 사문이 되었다法空既遜讓 以固其嗣 自引爲沙門'고 한 바,[122] '이미 양위하여 그 후사를 군건히 하고既遜讓 以固其嗣'란 다름 아닌 진흥왕을 양자로 들여 태자로 삼은 사실을 반영하는 것으로 추측된다.[123]

진흥왕 초기의 이사부의 활동은 입종(사부지)갈문왕의 조처였을 것으로 생각되는데,[124] 이사부는 나물왕의 4세손으로서 입종갈문왕의 형제뻘이고, 거칠부는 조카뻘이 된다.[125] 특히 거칠부의 아버지 물력勿力은 「울진

---

122) 覺訓, 『海東高僧傳』 권 1, 流通 一之一日, 釋法空[1994, 『韓國佛敎全書』 6, 동국대출판부, 95〜96쪽]

123) 이정숙은 진흥왕이 15세에 즉위한 것으로 보고, 『海東高僧傳』 釋法空의 양위 기사를 그대로 인정하여 법흥왕이 죽기 몇 해 전에 양위받은 것으로 이해하였고(李晶淑, 1994, 「진흥왕의 卽位에 대한 몇 가지 문제」, 9쪽), 김창겸 또한 이정숙의 견해를 그대로 인정하고 있다(김창겸, 앞의 논문, 178쪽). 소위 '법흥왕 말년 출가설'에 대해서는 중국 남조 불교의 영향을 받아 법흥왕이 捨身하였던 의식이었음을 밝힌 논고가 있거니와(辛鍾遠, 1987, 「'道人' 使用例를 통해 본 南朝佛敎와 韓日關係」, 『韓國史研究』 59, 17〜23쪽), 법흥왕비와 심맥부지가 기미년에 서석곡에 유행한 것이나, 입종갈문왕이 왕위 계승 서열자로서 자리매김된 상황에서 나이 어린 진흥왕이 즉위한 점, 법흥왕 23년 연호의 제정, 불교공인 이후 태왕제를 시행한 점 등으로 미루어, 진흥왕이 법흥왕의 양자로 들어가 이른바 태자제를 강행한 사실이, 『海東高僧傳』의 '既遜讓 以固其嗣'의 기사로 나타난 것으로 보고자 한다.

124) 이기동선생은, 이사부와 거칠부의 활동은 그들의 지증왕과의 혈연적 근친관계 때문만은 아니었을 것이고, 오히려 그보다는 나물왕계 리니이지의 각각의 대표라는 자격으로서 중고의 정치에 참여했던 것으로 보았다.(이기동, 「신라 나물왕계의 혈연 의식」, 앞의 책, 78〜79쪽) 이러한 이해는 충분히 설득력을 가지는 것으로서, 한편으로 법흥왕 후년으로부터 진흥왕 초년의 신라 정치 전개과정은 국왕을 정점으로 하여 탁부와 사탁부 중심의 김씨 왕족이 주도해 나갔던 바, 입종갈문왕의 기미년 서석곡행은 그러한 과정의 단면을 보여주며, 이후 입종갈문왕과 이사부 등 나물왕계 김씨 왕족 내부의 결속을 바탕으로 이사부의 활동이 가능하였던 것으로 보고자 한다.

125) 『三國史記』에 따르면, 이사부는 나물왕의 4세손이고, 居柒夫는 이찬 勿力의 아들로서 나물왕 5세손이다(『三國史記』 권 44, 列傳 4, 異斯夫·居柒夫). 그러므로 입종갈문왕은 나물왕의 4세손으로서 異斯夫·勿力와는 형제뻘이고, 거칠부의 숙부가 된다.

봉평신라비」에서 확인할 수 있듯이 모즉지매금왕另卽知寐錦王과 사부지갈
문왕徙夫知葛文王을 보좌하여 소교사所敎事를 내렸던 주체로서 활동한 바 있
으므로, 그는 사부지(입종)갈문왕과 나물왕계 친족 형제로서 긴밀한 정치
적 관계에 있었다고 여겨진다. 따라서 입종갈문왕의 서석 원명과 추명에
보이는 탁부 소속 수종인과의 관계는 이러한 배경하에서 이해할 수 있다.
그렇다면 사부지갈문왕의 서석곡 유행은 단순한 유행遊行의 성격을 넘어,
탁부와 사탁부의 자녀 또는 상례를 위한 의식을 주관함으로써 나물왕계
내부의 견고한 결속을 다지는 행위로 의미지어질 수 있을 것이다. 사실
아버지를 달리하는 입종갈문왕의 매妹 어사추於史鄒는 나물왕계 안의 친족
누이로밖에 볼 수 없는 것으로, 그와의 서석곡행은 김씨 왕족 곧 나물왕계
혈족 내부의 결속력을 단적으로 보여주는 것이라 여겨진다.

「창녕신라진흥왕척경비」의 '어려서 왕위에 올라 정사를 보필하는 신하
에게 맡겼다幼年承基 政委輔弼'이란 구절에서 볼 수 있듯이, 진흥왕이 어린
나이에 보위에 오른 후의 국정國政은 당시 중신들에 힘입어 이루어진 것임
을 알 수 있다. 이로써 볼 때에 섭정기의 국정을 보필輔弼한 이들은 다름
아닌 진흥왕의 순수에 수가한 갈문왕과 탁부·사탁부 소속의 대등들이었
다. 특히 단양적성비와 진흥왕 순수비에 보이는 대등은 모두 탁부와 사탁
부 소속으로서 동수의 균형을 이루었음을 살필 수 있다. 이처럼 신라 국정
이 탁부와 사탁부에게로 집중된 것은 아무래도 법흥왕대의 태왕제 시행과
탁부·사탁부의 결속을 다져왔던 나물왕계의 노력의 결실이라고 여겨진
다. 특히 입종갈문왕의 정치력과 탁부·사탁부의 소속부보다는 나물왕계
의 혈연적인 관계를 우선으로 하는 그의 일련의 활동이 크게 작용하였던
것으로 생각된다. 이후 신라의 정치체제는 탁부와 사탁부, 즉 십수 인 내
외의 진골 출신 귀족에 의한 중앙관서 장관직의 복수제·겸직제로 특징지
어지거니와,[126] 이러한 전통은 법흥왕대 후반 타 성씨의 영향력으로부터
벗어나려는 탁부·사탁부 소속의 나물왕계 공동의 노력으로부터 비롯하였

---

126) 李基東, 1980, 「新羅 中代의 官僚制와 骨品制」, 『震壇學報』 50 ; 1984, 앞의
책, 138쪽.

다고 이해된다.

진흥왕은 법흥왕의 동생인 입종갈문왕과 법흥왕의 딸 사이에서 태어난 최초의 지증왕계 순수 혈통의 신라국왕이다. 그의 이름 '진흥眞興'은 '불법을 일으킨다'는 의미 외에도 '지증왕계 진종眞種을 일으킨다'는 의미가 있었던 것은 아닐까.[127] 사실 진흥왕은 친정親政 이후 태자 동륜銅輪을 그의 누이 만호부인萬呼夫人과 혼인케 함으로써 지증왕계 진종眞種의 부흥을 꾀하였다. 그러나 동륜의 사망과 갈문왕적 지위의 진지왕이 스스로 왕위에 오름으로써 태자제의 시행은 어려움을 겪을 수밖에 없었다. 진지왕의 자립自立이 상고 말 중고 초엽 김씨 내부의 갈문왕의 왕위 계승 제1서열자라는 전통의 계승이었다면, 국인國人이 진지왕을 4년 만에 폐위시키고 다시 진평을 세운 것은 법흥왕이 세운 왕위 계승에 관한 율령의 화백에 의한 강제였다고 여겨진다. 봉평비에 보듯이 율령을 시행하지 않는 자는 하늘의 죄를 얻을 것이라는 조목을 화백和白의 국인國人들이 강제한 것이 진지왕의 폐위였던 것으로 보고자 한다. 여기에서의 國人은 당연히 탁부와 사탁부에 소속된 나물왕계의 족친들을 중심으로 한 화백이었을 것이다.[128]

---

127) 김철준은 신라 중고기에 '眞'자를 채용한 왕명이 많이 나타난 것은 현세부모가 모두 眞種이어야 한다는 초기적 형태의 소승불교의 사상 즉 선민의 의미 같은 것에 비롯한 것으로서, 신라에서는 부계가 김씨, 모계가 박씨여야 붙일 수 있는 신분의 표시로 보았다.(김철준, 1952, 「신라 상대사회의 Dual Organization (下)」, 『歷史學報』 2, 91~96쪽) 필자 또한 이 시기에 순수 혈통에 대한 관념이 있으리라 인정하면서도, 중고기 왕실에서의 眞種의 개념은 오히려 父系, 母系 모두 김씨라는 순수 혈통에서 비롯하지 않았나 생각하며, 이러한 혈통의 보존에 대한 관념은 김씨 왕족의 기원을 밝히는 열쇠로서 갈문왕과 관련된 것이 아닌가 추측되는데, 이에 대해서는 별도의 논문에서 다루고자 한다.

128) 李喜寬은, 진지왕의 즉위를 사륜계와 동륜계의 대결과 갈등의 과정으로 이해하고, 진지왕의 즉위에는 박씨왕비족의 지원이 있었고, 그의 폐위와 진평왕의 즉위에는 진흥왕 직계 후손들의 지지가 있었던 것으로 보았다. 한편 진지왕의 폐위에는 지증왕계 가계 성원들이 정변을 일으켜 그를 살해한 후에 화백회의에서 폐위시키는 절차를 밟은 것으로 이해하였다.(이희관, 앞의 논문, 96~102쪽) 그런데 법흥왕대 후기 이후 진흥왕대에 이르면 이미 화백의 구성원은 탁부와 사탁부 중심체제로 들어왔고, 탁부와 사탁부의 균등한 세력 균형은

이후 진평왕은 동륜태자와 진흥왕의 누이 만호부인 사이에서 태어난 김씨의 순수 혈통으로서 왕위에 오를 수 있었고, 선덕여왕 또한 진평왕과 마야부인 김씨 사이에 태어난 진종眞種이었다. 이러한 순수혈통의 지향이 중고기 성골의 관념을 만들어냈던 것으로서, 그 시작은 입종갈문왕의 비호하에 즉위한 진흥왕의 왕위계승이었던 것으로 이해된다.

4. 맺음말

법흥왕대 왕실 핵심인물들이 등장하는 울주천전리 서석 원명原銘과 추명追銘은 발견 당시부터 신라 중고기 초엽의 정치과정을 이해하는 관건으로 주목되었다. 그럼에도 불구하고 명문의 결락과 난해함으로 인하여 사료로서 활용하는 데는 미흡함이 있었다. 따라서 본고는 원명과 추명의 석독과 해석을 1차적인 목표로 삼고, 그 결과를 바탕으로 당시 신라의 정치과정, 특히 진흥왕의 왕위계승과 갈문왕의 성격변화의 일면을 살피고자 하였다. 이에 필자가 검토한 내용을 정리함으로써 맺음말에 대신하고자 한다.

첫째, 서석 원명과 추명은 서술방식으로 보아 신라어의 어순을 따랐고, 문장구성상 연기年紀를 적은 다음 사건의 시말을 적고 수종인물들을 기록하였다. 이러한 이해에 바탕하여 추명의 본문격인 기미년 기사 "己未年(539)七月三日興王与妹共見書石」叱見來谷 此時共三來 另卽知太王妃夫乞」支妃 徙夫知王子郎深▨夫知共來"의 주어는 '왕王'이고 '차시공삼래此時共三來'의 세명은 사부지갈문왕徙夫知葛文王, 모즉지태왕비另卽知太王妃, 심맥부지深麥夫知였다. 따라서 "기미년 7월 3일 興에 왕은, 妹와 더불어 함께 보았던 書石을 보러 來谷하였다. 이때 함께 셋이서 왔다. 모즉지태왕비 부걸지비另卽知太王妃 夫乞支妃와 사부지왕徙夫知王의 자랑子郎인 심맥부지深麥夫知가 함께 왔다"

중대에까지 이루어졌던 바, 이 시기에 들어서서 신라의 王統이 지증왕계로 집중되는 현상은 인정되지만, 화백의 구성원은 나물왕계라는 혈연개념에 바탕한 진골 귀족 세력들이었음을 고려해야 할 것이다.

로 풀이하였다. 이로써 기존의 쟁점이 되었던 기미년명 기사의 주어나 래곡來谷한 인물들의 구성에 대한 문제를 해결할 수 있었다.

둘째, 원명의 본문에서 가장 쟁점이었던 "并遊友妹麗德光妙於史鄒女郎三之"는 추명의 "妹於史鄒女郎三共遊來"에 상응하는 것으로서, '여랑女郎'을 기미년명의 '자랑子郎'에 대응하는 용법으로 이해함으로써 '어사추여랑於史鄒女郎'을 '어사추於史鄒와 (그녀의) 여랑女郎'으로 이해하였다. 또한 '유우遊友'는 '유遊'의 '놀(다)'과 음차音借인 '우友'가 합쳐진 '노른(놀은, 논)'으로 풀이하였다.

셋째, 추명追銘 '팔사년八巳年'을, '팔사八巳'의 용법 곧 월지月支를 기준으로 일지日支를 대조하여 여덟 번째 간지干支를 지칭하며 '파종을 하여도 수확을 거둘 수 없다'는 금기와 관련된 용어로 이해하여, 일종 신라인에게 '액운이 낀 해' 정도의 의미가 아니었을까 추정하였다.

넷째, '妹王考妹王過人'을 '매왕고妹王考와 매왕妹王은 죽은 사람過人이다'로 풀이하였다. '매왕妹王'은 어사추於史鄒가 죽음으로 해서 추봉된 명칭으로 보았고, '매왕고妹王考'로부터 매왕妹王 곧 어사추於史鄒는 사부지갈문왕의 포괄적인 왕실 친족 내의 '매妹'로서, 일명의 지증왕 형제 또는 자매의 딸이거나, 아니면 자비왕의 형제·자매 계열의 딸이었을 것으로 추정하였다.

다섯째, 추명追銘을 이해하는 핵심이 되는 정사년丁巳年조 기사에 대해서는, 추명의 각 문장이「기년紀年—주어—서술형 동사」의 구조로 되어 있다는 점과 추명의 모든 기사의 주인공이 과거 을사년過去 乙巳年으로부터 정사년丁巳年, 기미년己未年에 이르기까지, '사탁부 사부지갈문왕沙啄部 徒夫知葛文王—왕王—왕王'으로 서술되어 일관성을 갖는다는 점을 들어, '정사년(537)에 왕이 지나간(죽은) 그 왕비 지몰시혜비只汋尸兮妃를 애자사愛自思하였다'고 풀이하였다. 이로써 천전리서석川前里書石 원명原銘과 추명追銘은 을사년(525) 이후 기미년(539)에 이르기까지 서석곡書石谷 유행遊行에 따른 모든 행적의 주인공이 사부지갈문왕徒夫知葛文王이었고, 그는 을사년 유행遊行 이후 매妹 어사추의 아버지와 어사추를 잃었다. 정사년에는 그의 왕비 지몰시혜비只汋尸兮妃를 여의고 그리워하였으며, 기미년에 그는 형수인 모즉지태왕비 부걸지비另卽知太王妃 夫乞支妃와 그의 아들 심맥부지深麥夫知를 데리고 서석곡書石谷을 다시 찾았던 사실을 확인할 수 있었다.

여섯째, 이와 같은 원명과 추명 기사의 내용은 『삼국유사』의 '진흥왕 즉위 후 지소태후只召太后가 섭정했다'는 기록과 차이가 있는 바, 『삼국유사』의 찬자가 『삼국사기』 진흥왕 즉위년조 '왕태후王太后 섭정攝政' 기사를 자의적으로 해석한 결과로 이해하였다. 그런데 『삼국사기』 '왕태후 섭정' 기사는 『삼국사기』 찬자가 '대왕大王'을 '왕王'으로 격하시켜 서술하는 과정에서 나타난 것이었다. 따라서 진흥왕의 왕위 계승은 법흥왕비의 협조와 그의 생부인 입종갈문왕의 세력기반을 바탕으로 가능한 것이었다. 진흥왕이 박씨 사도부인을 왕비로 맞이한 것이나 진흥왕 초기의 불교정책 등은 법흥왕비 보도부인의 섭정에 따른 결과로서, 이러한 섭정제는 기존 신라 6부 협의의 전통에 기반한 것으로 이해하였다.

일곱째, 진흥왕의 왕위계승을 가능케 하였던 입종갈문왕의 세력기반은 탁부와 사탁부의 연립, 곧 나물왕계 내부의 결속에 있었던 것으로 보았다. 서석書石 원명原銘과 추명追銘의 이부지尒夫智와 진육지眞宍智, 그리고 추명追銘의 작공신作功臣 지례부지知礼夫知 등은 탁부 소속의 신라 1급 귀족들로서, 그들 스스로나 부인들이 서석곡 유행遊行의 의식을 주관하였고, 입종갈문왕의 매妹 어사추於史鄒 또한 탁부 소속의 왕녀였던 것으로 추정되었다. 입종갈문왕이 이들 탁부 소속의 인사들을 거느리고 나물왕가계의 발계의식祓禊儀式 또는 상례喪禮를 치렀던 것으로 추정되는데, 이러한 의식의 과정에서 탁부와 사탁부 간에 소속부所屬部보다는 나물왕계奈勿王系 공동의 혈연이라는 의식을 견고히 할 수 있었고, 탁부와 사탁부의 유대 속에서 진흥왕 초기 탁부 출신 이사부異斯夫의 활동이 가능하였던 것으로 보았다.

마지막으로 상고 말 중고기 초의 갈문왕의 지위였다면 입종갈문왕이 직접 왕위에 오를 수 있었으나, 나이 어린 진흥왕이 섭정의 형식을 통하여 왕위를 계승하게 된 데는 새로이 태왕제가 성립된 때문으로 이해하였다. 곧 신라국왕은 태왕제를 시행함으로써 더 이상 부명部名을 관칭冠稱하지 않고 모든 신료들의 초월적인 존재가 되었던 데 대하여 갈문왕은 여전히 사탁부명沙啄部名을 칭하였던 바, 그 이면에는 신라 왕통의 계승에서 왕제인 갈문왕이 제외된 반면, 율령적 강제에 따른 새로운 왕위계승의 원칙 곧 양자를 들이는 방식 등에 의한 새로운 원칙을 수립한 때문으로 추정하였다.

진흥왕 초기의 이사부·거칠부의 활동이나 「창녕신라진흥왕척경비」 '어려서 왕위에 올라 정사를 보필하는 신하에게 맡겼다幼年承基 政委輔弼'에서 '보필輔弼'의 당사자가 진흥왕의 순수巡狩에 수가隨駕한 갈문왕과 탁부·사탁부 소속의 대등들이었다는 것은, 아무래도 법흥왕대의 태왕제의 시행과 탁부·사탁부의 결속을 다져왔던 나물왕계의 노력의 결실이었다고 이해된다. 특히 입종갈문왕의 정치력과 탁부·사탁부의 소속부보다는 나물왕계의 혈연적인 관계를 우선으로 하는 그의 일련의 활동이 크게 작용하였던 것으로 보인다. 이후 신라의 정치체제는 탁부와 사탁부, 즉 십수인 내외의 진골 출신 귀족에 의한 중앙관서 장관직의 복수제·겸직제로 특징지어지거니와, 이러한 전통은 법흥왕대 후반 타 성씨의 영향력으로부터 벗어나려는 탁부·사탁부 소속의 나물왕계 공동의 노력으로부터 비롯하였고, 진흥왕은 나물왕계 내부의 순수혈통인 진종眞種의 첫 번째 왕위계승자로서 의미지어진다고 할 것이다.

통일 주도세력의 형성과 정치개혁

1. 통일 주도세력의 형성
 1) 김춘추의 등장
 2) 김유신가문의 등장
 3) 김춘추 일파의 비담·염종란毗曇·廉宗亂 진압
2. 김춘추 일파의 정치개혁
 1) 진덕왕대의 정치개혁
 2) 무열왕의 즉위와 왕권의 전제화

1. 통일주도세력의 형성

1) 김춘추金春秋의 등장

김춘추金春秋가 통일을 주도하는 무열왕武烈王으로 등장하게 된 것은 신라 중고의 왕통 계보와 밀접한 관계를 갖는다. 특히 김춘추가 폐출당했던 진지왕의 손孫이었음을 생각할 때, 한 때 소외되었던 김춘추계 가문이 삼국통일 과정에서 주도권을 장악하는 문제는 중고 신라사의 관건이 되는 것으로 생각된다.

신라사를 왕통계보라는 면에서 생각한다면, 4세기 중엽 이래 912년 신덕왕神德王이 즉위할 때까지는 나물왕계奈勿王系 김씨왕통金氏王統이 지배한 역사였다.[1] 이러한 나물왕계는 그 계보상 눌지왕계訥祇王系와 지증왕계智證王系로 나누어지며, 눌지왕계는 소지왕炤知王을 끝으로 그 왕통이 끊기게 되는 반면에 지증왕계는 진흥왕眞興王을 기점으로 하여 다시 둘로 나뉘어

---

[1] 李基東, 「新羅 奈勿王系의 血緣儀式」(『歷史學報』 53·54 합집, 1972 ; 『新羅 骨品制 社會와 花郎徒』, 1984), 54쪽.

진다. 즉 태자인 동륜銅輪을 잇는 계통과 차자인 사륜舍輪(眞智王)을 잇는 계통이 그것이다. 여기에서 사륜舍輪을 잇는 계통이 용춘龍春과 춘추春秋로 이어져 중대의 무열왕계武烈王系를 형성한다.

그런데 진흥왕이 죽고 나서 그 왕통은 동륜태자銅輪太子의 조사早死로 인하여 차자인 사륜舍輪에게 이어진다. 당시에 동륜태자에게는 이미 그 왕통을 이을 만한 아들이 있었음에도 불구하고 진지왕이 즉위하게 된 데는 그럴 만한 이유가 있었던 것 같다. 특히 진흥왕대에 장자세습제長子世襲制에 기초한 태자제太子制가 시행되고 있어서 이러한 의문을 갖게 한다.

> 지증왕 원년 이찬 거칠부居柒夫로써 상대등上大等을 삼아 국사國事를 맡겼다. (『삼국사기』권 4, 신라본기 4)

> 지증왕 원년 병신에 거칠부는 상대등이 되어 군국사무軍國事務를 자임自任하다가, 집에서 늙어 죽으니 향년이 78이었다.(『삼국사기』권 44, 열전 4, 거칠부)

> 제25대 사륜왕舍輪王은 시호가 진지대왕眞智大王이다. … 대건大建 8년 병신에 즉위하여, 나라를 다스리기 4년에 이르다가 정란음황政亂荒婬하여 국인國人이 폐하였다. …이 해에 왕이 폐위당하여 죽었다. …(『삼국유사』권 1, 기이 1, 도화녀·비형랑)

먼저 위의 기사에서 이찬 거칠부居柒夫와 진지왕眞智王의 관계를 살필 수 있다. 특히 거칠부는 진흥왕대에 활약하였던 무장武將이었다는 점을 생각할 때, 위 열전에서 거칠부가 상대등이 되어 군국사무를 스스로 맡았다는 사실은 상대등이라는 직분의 일반적 성격에 비추어 비정상적인 형태라 할 수 있다. 즉, 상대등이란 화백和白으로서 널리 알려진 신라 귀족회의의 의장으로 그 구성원인 대등大等─중앙관직의 대표적 존재─을 대표, 통솔하는 직책이었던 것인데,[2] 거칠부는 귀족의 대표였다기 보다는 '군국사무를 스스로 맡았다'고 하여 국정을 좌우했던 인물이었던 것 같다.[3] 그러나

---

2) 李基白, 1974a, 「上大等考」, 『新羅政治社會史 研究』, 일조각, 94쪽.

진지왕 4년에 왕이 국인에 의하여 폐위됨에 이르러서는 거칠부도 그 운명을 같이 했던 것으로 생각되는 바, 이는 진지왕-거칠부의 독단적인 정치에 대항한 귀족층의 반발로 인한 것인 듯하다. 특히 진지왕의 경우 폐위당한 그 해에 죽었다는 기사와 위 열전에서 거칠부가 집에서 (소일消日하다가) 고령으로 죽었다는 기사에서 그들의 실세失勢를 짐작케 한다. 결국 진지왕의 폐출사건은 진지왕계眞智王系와 동륜태자계銅輪太子系가 왕통을 견지하려는 과정에서 서로의 갈등이 노출된 결과가 아닌가 한다.

따라서 진평왕은 장자세습제長子世襲制에 의거한 그의 즉위를 계기로 왕통의 정통성을 회복함과 동시에 동진흥계同眞興系 내부에서 유일한 라이벌인 진지왕계를 배척하면서 그들 동륜계의 배타적인 혈족의식을 키워갔을 것이다. 이로써 진평왕은 왕권신장과 율령 국가건설을 위한 제도적인 기반을 구축하기 시작했다. 그는 즉위 3년(581)에 관리의 인사를 관장하는 위화부位和府를 설치하였고, 동왕 5년(583)에는 선부서船府署에 대감大監, 제감弟監을 각각 1인씩 두었으며, 6년(584)에는 건복建福이라 건원建元하고 조부령調府令 1인을 두어 공부貢賦를, 승부령乘府令 1인을 두어 거승車乘을 관장케 했다. 또한 7년(585)에는 대궁大宮·양궁梁宮·사랑궁沙梁宮을 설치하여 각각 사신私臣을 두었으며, 8년(586)에는 예부령禮部令 2인을, 13년(591)에는 영객부령領客府令 2인을 두었다.[4] 이러한 중앙관서의 신설과 관직의 정비는 진지왕대에 상대등 거칠부의 세력에 의하여 위축되었던 왕권을 회복함과 동시에 진평왕의 즉위에 협력하였을 것으로 추측되는 귀족들의 영향력을 배제시키려는 왕권강화책의 일환으로 이루어졌을 것이라고 생각된다.[5] 이와 관련하여 병제상의 개혁도 있었으니, 후일 구서당九誓幢의 근간이 되는 서당誓幢과 사천당四千幢이 동왕 5년과 13년에 각각 창설되

---

3) 신형식은 眞智王의 즉위에 居柒夫의 軍事力이 작용함으로 해서, '以軍國軍務 自任'이란 專權을 행사할 수 있었던 것으로 추측하였다.(申瀅植, 1977, 「武烈 王權의 成立과 活動」, 『韓國史論叢』 2, 성신여사대 국사교육학회, 5~6쪽)

4) 井上秀雄, 1974, 「三國史記にあらわれた新羅の中央行政官制について」, 『新 羅史基礎研究』, 東出版, 233~296쪽.

5) 朱甫暾, 1979, 「新羅中古의 地方統治組織에 대하여」, 『韓國史研究』 23, 26쪽.

었다. 이 서당誓幢은 지방민만으로 편성된 중앙 군단으로, 종래까지의 중앙군단이 6부민六部民만으로 조직된 것과는 구조상의 차이가 있다. 즉, 6부민만으로 편성된 종래의 군단은 사실상 귀족의 군사적 배경을 이루었던 데 반하여, 지방민만으로 편성된 서당은 왕에 직속된 부대로서 왕권을 옹위하는 전위부대前衛部隊였던 것으로 그 성격을 규정지을 수 있다.[6] 결국 진평왕의 개혁정치는 진흥왕대에 정치·군사면에서 중요한 역할을 담당하여 전제왕권의 형성을 제약하는 제요소로 작용한 나물왕계 씨족의 집단주의 이념을 제도적 장치속으로 흡수한 것을 의미한다고 하겠다.

그러나 왕실 가족 내부에서는 가계家系의 독립이라고 하는 일반적인 분지화의 경향이 현저하여 왕권의 전제화를 제약하는 요인으로 나타났다.[7] 특히 진지왕의 폐출 이후에 그 가문을 이끌었던 용춘龍春의 등장은 이런 저변의 사정을 반영한 것이다.

용춘은 비록 왕위계승에서는 밀려났지만 진평왕의 사위가 됨으로써 그 지위를 이용하여 자신의 가문유지와 지속적인 성장방법을 모색하였다.[8] 특히 그는 진평왕 44년 대궁·양궁·사량궁을 관장하는 신라 최고의 직관인 내성사신內省私臣에 보임됨으로써[9] 신라 정치권내에서 진지계의 건재함을 과시하였다. 여기서 용춘이 내성사신으로 임명되었다는 것은 중요한 의미를 지니는 데, 이는 병부령兵部令이 재상宰相과 사신私臣을 겸할 수 있다는 직관지의 설명으로나 용춘이 왕권과 밀착되어 있다는 점 이외에 실질적인 군사 지휘 사실에서도, 용춘이 병부령까지 겸직했음을 추측할 수 있기 때문이다.[10] 또한 당시는 백제, 고구려의 침입이 계속되는 시기였던 만큼 병부령과 재상을 겸직한 용춘의 정치적 영향력은 커질 수 밖에 없었다. 특히 진평왕 51년(629)에는 서현舒玄·유신庾信과 고구려의 낭비성娘臂城 공

---

6) 李基白, 1977, 「韓國의 傳統社會와 兵制」, 『韓國學報』 6, 10~11쪽. 朱甫暾, 앞의 논문, 28쪽.

7) 李基白, 1974b, 「新羅時代의 갈문왕」, 『新羅政治社會史研究』, 22~23쪽.

8) 申瀅植, 앞의 논문, 7쪽.

9) 『三國史記』 권 4, 新羅本紀 4, 眞平王 44년.

10) 申瀅植, 1974, 「新羅兵部令考」, 『역사학보』 61, 75쪽.

략에 참가하면서, 양 가문-진지계眞智系와 신김씨계新金氏系-의 결합에 실마리를 열어놓았다. 용춘은 이러한 배경, 즉 정치적으로는 사신私臣으로서 왕실사무를 전담하여 왕권전제화를 꾀하고,11) 군사적으로는 병부령으로서의 병권과 유력한 무장가문武將家門과의 협력관계를 구축함으로써 진지계의 왕통을 회복할 수 있는 기반을 쌓아갔던 것이다.

진평왕 말엽에 실권을 쥔 용춘龍春의 세력과 관련하여, 진평왕 53년(631) 이찬 칠숙柒宿, 아찬 석품石品의 모반謀叛 사건은 자못 흥미롭다. 이 모반사건의 원인은 분명하지 않으나 씨족의 집단주의 이념과 왕자王者 지배의식支配意識의 갈등에서 연유한 것,12) 혹은 진평왕의 왕권강화책에 대한 귀족의 반발,13) 그리고 왕위계승문제를 중심으로 한 왕권과 화백권和白權의 대립에서 빚어진 산물,14) 등으로 이해되고 있다. 특히 이 사건에서 연좌형連坐刑이 보이고 있는 데, 이것은 골품제 아래에서 혈연적 유대관계를 이용하여 연좌법을 행하였던 것으로 생각된다.15) 이에 대하여 이기동은 진골유족임이 확실한 이찬 칠숙柒宿의 9족九族까지 처형되었다는 것은 적어도 그가 속해 있던 리니이지 집단구성원에 대하여 족형族刑이 내려진 것이라고 해석하고, 이러한 연좌법連坐法을 적용함으로써 씨족공동체를 감시·억제하였던 것으로 추측하였다.16)

그런데 선덕왕의 즉위과정을 살펴볼 때, 이찬 칠숙伊飡柒宿·아찬 석품阿飡石品의 모반사건이 진평왕의 말년에 나타나고 있는 점,『삼국사기』권 45, 김후직열전金后稷列傳에서 병부령을 역임한 후직后稷과 진평왕眞平王 간의 갈등이 표출되고 있는 점, 그리고 다른 왕위계승과는 달리 '진평왕이 아들 없이 돌아가자 국인國人이 덕만德曼을 세웠다'17)라고 하여 선덕왕이

---

11) 申瀅植, 위의 논문. 盧泰敦, 1978,「三國의 政治構造와 社會經濟」,『한국사』2, 국사편찬위원회, 226~227쪽.
12) 李基東, 1972, 앞의 논문, 83쪽.
13) 朱甫暾, 앞의 논문, 26쪽.
14) 丁仲煥, 1977,「비담·염종난의 原因考」,『東亞論叢』14, 東亞大, 10쪽.
15) 朱甫暾, 1984,「新羅時代의 連坐制」,『大丘史學』25, 대구사학회, 25쪽.
16) 李基東, 1972, 앞의 논문, 83쪽.
17)『三國史記』권 5, 신라본기 5, 善德王.

귀족세력의 추대에 의하여 즉위하였다는 점 등은, 선덕왕을 추대하였던 세력이 진평왕 말엽에 실권을 잡고 있었던 용춘龍春과 어떤 관련성을 지니고 있음을 짐작케 한다. 특히 용춘은 진평왕과 종형제從兄弟간이면서 진평왕의 부마駙馬이기도 하여 왕실과 가장 가까운 위치에 있는 사람이었으며, 이미 신김씨新金氏와 친교를 맺고 있어 그 군사적 기반도 공고히 한 상태였다. 이러한 용춘의 정치·군사적 배경은 선덕왕의 왕위계승에 있어서 절대적으로 작용했을 것이며, 용춘으로서도 여왕의 왕위계승이 장자세습의 원칙에서 볼 때 비정상적이긴 하지만, 이를 옹호함으로써 범나물왕계汎奈勿王系 내부에서 진흥왕계眞興王系의 왕통을 견지함과 동시에 그의 기존세력을 확고히 지탱할 수 있었을 것이다.

만일 이러한 추측이 가능하다면 이찬 칠숙伊飡柒宿 등은 선덕왕의 왕위계승에 불만을 갖는 족단의 대표자들로 규정지을 수 있을 것이다. 따라서 이들 세력이 선덕왕의 즉위에 반발하여 모반을 꾀함에 이르렀을 때, 이를 저지하려는 용춘 등의 세력으로서는 이들에 대해 가혹한 족징族徵을 가함으로써 다른 귀족들의 불만을 일축했을 것이다. 결국 용춘 등의 세력은 일면으로는 가혹한 정치적 탄압을, 다른 일면으로는 '여왕女王의 왕위계승'이라는 비정상적인 정치국면을 화백회의和白會議라는 합법적 기구를 통하여 희석시키고자 했을 것으로 추측된다.

이로써 용춘龍春과 유신庾信은 진평왕대에 쌓아 올렸던 정치적 기반을 더욱 확고히 하면서 그 영향력을 키워나갈 수 있었을 것이다. 이러한 저변의 사실을 전하여 주는 것으로서 다음 기사를 살필 수 있다.

왕의 대에 알천공閼川公, 임종공林宗公, 술종공述宗公, 호림공虎林公(자장慈藏의 부父), 염장공廉長公, 유신공庾信公이 남산南山 오지암亐知巖에서 국사國事를 의논할 때, 큰 호랑이가 좌중座中 간에 달려들었다. 제공諸公이 모두 놀라 일어났으나 알천공은 조금도 움직이지 않고 태연히 담소하면서 호랑이의 꼬리를 붙잡아 땅에 메어쳐 죽이었다. 알천공의 힘이 이와 같으므로 수석首席에 앉았으나 제공諸公은 모두 유신공庾信公의 위엄에 심복心服하였다.(『삼국유사』 권 1, 기이 1, 진덕왕)

지금까지는 일반적으로 위 기사를 진덕왕대 사실로 그대로 인정하여 알천공闕川公이 상대등上大等의 지위로서 수석首席에 앉은 것으로 해석하여 왔다.[18] 그러나 위의 기사를 진덕왕대의 사실로 이해하기에는 몇 가지 문제가 있다. 즉 호림공虎林公은 그 각주에 자장慈藏의 부父로서 기록되어 있고, 염장공廉長公이 선덕왕 16년 비담毗曇과 함께 모반을 주도한 염종廉宗으로 보이기 때문이다.

먼저 무림공茂[虎]林公이 자장慈藏의 아버지라는 사실은『삼국유사』권 4, 자장정률慈藏定律조에서도 확인할 수 있다. 특히 그가 '진한진골소판辰韓眞骨蘇判'이라고 기록되고 있는 것으로 보아 화백회의和白會議에 참석할 수 있는 자격을 갖춘 것으로 이해되기 때문에 위 회의에 참석한 사실을 인정할 수도 있을 것이다. 그러나 문제의 단서는 그의 졸년卒年에 있다. 같은책 자장정율조에는 그의 졸년이 정확히 나와 있지 않으나, 자장의 도당유학渡唐留學하기 이전에 '일찍이 부모를 여의었다早喪二親'한 것으로 되어 있다. 그런데 자장의 도당渡唐이 선덕왕 5년(636)에 이루어졌던 바, 무림공茂林公의 졸년은 그 이전이 되어야 마땅하다. 이에 무림공이 위 화백회의에 참석한 시기는 선덕왕 5년 이전이 되어야 한다. 이와 같은 이유로 염장공廉長公은 염종廉宗일 가능성이 크며, 진평왕 때의 유신庾信의 지위는 화백회의에 참가할 만한 것으로 보이지 않기 때문에 위 회의는 선덕왕 즉위년부터 5년 사이에 개최된 것으로 보는 것이 타당할 것이다.[19] 그런데 이러한 귀족의 합의체인 화백회의에 알천闕川이 수석首席에 앉았음에도 불구하고,[20] 제공이 모두 유신庾信의 위엄에 복종하고 있음을 생각할 때, 선덕왕의 즉위에 관련되었을 유신계庾信系의 세력정도를 짐작할 수 있다.

선덕왕대에 있어서 용춘의 활동은 동왕 4년(635)의 지방 순무巡撫와 12

---

18) 李基白, 1974a, 앞의 논문, 앞의 책, 94쪽.

19) 오지암회의 기사의 기년문제는 李基東 선생의 교시에 따른 것으로, 본 지면을 빌어 감사드린다.

20) 이기백은 알천이 오지암회의의 首席에 앉은 것은 上大等의 地位로 인한 것이라 하였으나(李基白, 1974a, 앞의 논문 ; 李基白, 1974c, 「大等考」,『新羅政治社會史研究』, 80~82쪽), 오지암회의 記事는 眞德王代가 아닌 善德王代 초기의 기사인 관계로 새로운 해석이 요구된다.

년(643)에 시작하여 14년(645)에 완성한 황룡사구층탑皇龍寺九層塔을 건조한 사실[21] 등 그 기록이 미미한 반면에 이때에 이르러 그의 아들인 김춘추金春秋의 활동이 나타나기 시작한다. 김춘추에 관한 기록은 백제에게 대야성大耶城이 함락되어 그의 사위인 대야성 도독都督 품석品釋과 그의 딸 고타소랑古陀炤娘이 피살되는 사건에서 비롯된다.(선덕왕 11년, 642) 물론 신라로서는 대야성이 백제에 함락됨으로 해서 그 서부방어선이 합천陝川에서 경산慶山방면으로 후퇴하게 되어 큰 위기의식을 느끼게 되었고, 이러한 위기에 대처하기 위하여 김유신을 압량주押梁州 군주軍主로 임명하여 국경의 방어에 당하게 하는 한편 김춘추를 고구려에 보내어 백제를 견제하는 외교를 행하려 하였다.

선덕왕대에 있어서 가장 큰 위기로서 느껴진 대야성 함락 이후에 군사·정치면에 가장 막중한 임무를 띤 이들이 신김씨계新金氏系의 김유신金庾信과 진지왕계眞智王系의 김춘추金春秋였음은 당시 양 가문이 신라사회에서 차지하는 비중을 짐작케 한다. 특히 정치적인 면을 생각할 때 김춘추의 활동이 외교면에만 편중되고 있다 하여 그 비중을 과소 평가할 수도 있겠으나, 당시에 용춘龍春 또한 기왕의 세력을 지니고 있었다는 점을 간과해서는 안될 것이다. 즉, 용춘의 황룡사구층탑의 건조가 대야성이 함락된 다음해부터 시작하고 있다는 점을 주목할 때, 대야성함락에서 오는 위기의식을 불교의 호국사상에 기초한 탑파를 건조함으로써 극복하고자 했던 것으로 추측할 수 있다. 이러한 사실은 김춘추가 고구려와의 교섭에 실패한 이후에 중국으로부터 급히 귀국한 자장법사의 행적을 통하여도 알 수 있다.

신라 제25대 선덕왕 즉위 5년인 (당) 정관 10년 병신에 자장법사慈藏法師가 서로 유학하여 오대산五臺山에서 문수보살文殊菩薩의 수법授法을 감득感得하였다. …(그가) 중국 태화지변太和池邊을 경유할 때, 홀연히 ts인神人이 나와 '어찌하여 여기에 왔느냐'고 물었다. 자장이 '보리菩提를 구하고자 하여 왔다'고 대답하였다. 신인이 예배하고 또다시 '너의 나라에 어떠한 곤란이 있느냐'고

---

21) 『三國史記』 권 5, 新羅本紀 5, 善德王 5年. 『三國遺事』 권 3, 塔像 4, 皇龍寺九層塔.

물었다. 자장이 '우리나라는 북으로 말갈에 연하고 남으로 왜인에 접하고 또 고구려, 백제의 2국이 변경을 차례로 침범하는 등 이웃 외구外寇가 종횡하니 이것이 백성의 환난이 된다'고 말하였다. 신인이 '지금 너의 나라는 여자를 왕으로 삼아 덕德은 있으되 위엄이 없으므로 이웃나라가 도모하려는 것이니 빨리 본국으로 돌아가라'고 하였다. 자장이 '고향에 돌아가 무엇을 하면 유익하겠는가'고 물으니, 신이 '황룡사皇龍寺 호법룡護法龍은 곧 나의 장자로 범왕梵王의 명을 받아 그 절을 보호하고 있으니 본국에 돌아가 그 절에 구층탑九層塔을 이룩하면 이웃나라가 항복하고 9한九韓이 와서 조공하여 왕업王業이 길이 태평할 것이요, 탑을 세운 후에 팔관회八關會를 베풀고 죄인을 사하면 외적이 해하지 못할 것이며, 다시 나를 위하여 경기京畿 남쪽에 한 정사精舍를 짓고 함께 나의 복을 빌면 나도 또한 덕을 갚을 것이다'라고 대답하였다. …(자장)이 정관 17년 계묘 16일에 … 돌아와서 탑을 세우는 일을 왕에게 사뢰니 … (『삼국유사』 권 3, 탑상 4, 황룡사구층탑)

위 기사에서 자장慈藏과 신인神人의 대화를 검토해 볼 때 몇 가지 사실을 추출할 수 있다. 첫째 자장의 도당유학渡唐留學의 목적이 구법에 있었다는 것이며, 둘째로 신라의 가장 어려운 문제는 고구려·백제 등 외구의 종횡이 심하다는 것이며 이러한 이유로서 여왕의 '덕이 있으나 위엄이 없다有德而無威'는 점, 셋째로 외구外寇의 침입을 억제하고 왕업王業의 태평을 위하여 황룡사구층탑皇龍寺九層塔을 세우라는 것, 넷째로 자장의 당 체류기간이 정관 10년(선덕왕 5, 636)부터 정관 17년(선덕왕 12, 643)이며 자장의 귀국이 선덕왕의 청에 의하여[22] 급히 서둘러졌다는 점이다.

결국 자장은 구법을 위하여 도당유학하였으나, 신라의 국운이 위태한 상황─려·제의 끊임없는 침입과 대야성大耶城의 함락으로 인한 국가적 위기─을 황룡사구층탑의 건조로써 타개해 나가려 했다는 것이다. 여기에서 황룡사구층탑의 건조는 단순히 호국불교의 힘을 빌기 위한 조처라기 보다는, 이를 건조함으로써 '여왕의 무위無威'라는 인식을 척결함과 동시에 왕권의 위엄을 높여 내외에 과시하고,[23] 2년여의 대역사를 행하는 과정에서

---

22) 『三國遺事』 권 4, 義解 5, 慈藏定律.

신라인의 정신적 통일을 꾀했으리라는 점을 간과해서는 안될 것이니, 특히 자장이 계율종戒律宗을 신라에 정착시킨 데에도 일정한 정치적 의도가 있었을 것이니, 불교의 '율律'을 통하여 국가의 사상적 통일을 추진함과 동시에 새로운 지배질서를 구축하려 했던 점을 배제할 수 없다.[24] 이는 자장을 대국통大國統으로 삼아 불교계의 통일을 꾀한 사실이나 활발한 홍법弘法으로써 10실 중 8, 9실이 수계봉불受戒奉佛할 정도로 불법이 융성하였다는 점에서도 짐작할 수 있다.[25] 특히 자장은 진덕왕 초년에 중국의 의관中朝衣冠과 중국연호中國年號(永徽)의 시행을 건의하였던 바, 이는 자장이 정치권과 매우 밀착되었음을 시사한 것이라 할 수 있다.

한편 이러한 국가적 대역사를 용춘龍春이 책임지고 있었다는 것은, 당시에 용춘이 지니고 있었던 신라 정치사회에서의 지위를 짐작케 한다. 특히 선덕왕 16년간의 재위기간 중 특별한 연유없이 상대등이 세 번이나 경질된다는 것은, 상대등이 귀족들의 대표로서 왕권을 견제하였으리라는 중대적 성격에 비추어, 왕권이 매우 신장되었을 것으로 단정하기 쉽다. 그러나 주지하다시피 선덕왕의 즉위과정이나 당시의 사람들이 왕권에 대하여 '여왕이 능히 잘 다스리지 못한다女主不能善理' '나라가 여자로써 왕을 삼아 덕이 있으나 위엄이 없다國以女爲王 有德而無威'고 평가하고 있어 왕권이 미약했음을 간파할 수 있다. 이처럼 왕권과 더불어 상대등으로 대표되는 귀족의 세력이 모두 약했다면, 국정의 실권은 어떤 세력이 장악하고 있었겠는가. 이는 국가적 위기상황에서 황룡사구층탑 건조의 대역사를 행함으로써 신라인의 정신적 통일을 꾀하고 국제적 교섭을 통하여 신라의 활로를 찾고자 하는 김춘추 부자의 정치적 세력과 더불어 대야성함락으로 인한 서부국경 방어선이 압량주(慶山)까지 후퇴된 이후 압량주 군주押梁州軍主로서 국경수비의 대임大任을 맡은 김유신 가문의 양대 세력으로 생각된다. 특히 김춘추는 선덕왕 11년(642) 대야성이 함락된 이후 고구려로 사행케 되는데, 이는

23) 李基白, 1978, 「三國時代 佛敎受容과 그 社會的 意義」, 『新羅時代의 國家佛敎와 儒敎』, 45~46쪽.
24) 李基白, 1978, 「皇龍寺와 그 創建」, 위의 책, 36쪽.
25) 『三國史記』 권 4, 義解 5, 慈藏定律.

신라의 숙적이었던 고구려를 제려동맹濟麗同盟에서 이탈시켜 신라와 라려연합군羅麗聯合軍을 형성하여 백제를 치려는 방책이었다.[26] 물론 김춘추의 이러한 고구려 사행에 대하여 '상식에 벗어난 이해하기 곤란한 행위'[27]였다는 해석도 있으나, 신라로서는 국제적인 고립상태가 극도에 달한 시기였던 만큼[28] 이의 타개를 위한 군사동맹을 체결하려는 노력은 불가피했던 것으로 생각된다.[29] 이처럼 신라가 군사 동맹국을 얻고자 하는 노력은 김춘추가 고구려와의 교섭에 실패한 이듬해에도 계속되어 당 태종에게 군대를 청했으나 여의치 못했다. 이에 신라의 위기를 타개하는 유일한 희망은 당분간 김유신의 군사력에 의존함과 동시에 호국불교에 의한 국민적 단합을 꾀하는 것 이외는 별다른 도리가 없었던 것이다. 이로써 김유신은 선덕왕 13년(644)에 백제의 7성七城을 복속시키는 등의 전과로 대장군大將軍에 임명되었고 이후의 계속적인 전공戰功으로 신라의 위기를 극복할 수 있었으니, 이를 통하여 왕의 김유신에 대한 신임은 매우 두텁게 되었다.

> 선덕왕 14년 … 왕이 군세軍勢가 급하다 하여 (유신庾信에게) 말하되, '나라의 존망이 공의 일신에 달려 있으니 수고롭다 여기지 말고 가서 도모하기를 바란다'라고 하였다. …(『삼국사기』 권 5, 신라본기 5, 선덕왕 14년)

여기에서도 신라의 국경수비는 거의 전적으로 유신에게 의지하고 있음을 알 수 있다. 이러한 상황에서 김유신은 신라에서 그의 군사력을 확고히 할 수 있었고 당시의 재상宰相이었던 김춘추[30]와는 혈연적·정치적 유대를 공고히 함으로써 통일주도세력으로서의 역할을 기약하였던 것이다.

---

26) 盧重國, 1981, 「高句麗·百濟·新羅 사이의 九關係變化에 대한 一考察」, 『東方學志』 28, 延大國學研究院, 96쪽. 盧啓鉉, 1964, 「新羅의 統一外交政策研究」, 『국제법사학회논총』 9-1, 대한국제법학회, 41쪽.

27) 震檀學會篇, 1959, 『韓國史(古代篇)』, 503쪽.

28) 震檀學會篇, 1959, 위의 책, 504쪽. 村上四男, 1978, 『朝鮮古代史研究』, 開明書院, 31쪽.

29) 盧啓鉉, 앞의 논문.

30) 『三國史記』 권 41, 列傳 1, 金庾信 上.

2) 김유신金庾信 가문의 등장

김유신 가문은 본래 금관가야金官伽倻의 왕족이었다. 이들은 법흥왕 19년(532)에 신라에 투강함으로써 새로운 활로를 찾게 되었다.

> 법흥왕 19년 금관국주金官國主 김구해金仇亥는 비妃와 세 아들, 즉 장자 노종長子奴宗, 중자 무덕仲子 武德, 계자 무력季子武力과 함께 국탕 보물國帑寶物로써 (신라에) 투항하였다. 왕이 이들을 예禮로 대접하고 상등上等의 위位를 주면서 본국(금관국金官國)을 식읍食邑으로 삼게 하였다. (구해仇亥의) 아들 무력武力은 (신라에서) 벼슬하여 각간角干에까지 이르렀다.(『삼국사기』 권 4, 신라 본기 4, 법흥왕 19년)

금관가야의 마지막 왕인 김구해金仇亥는 신라에 투항함으로써 상등上等의 위位[31]를 받고, 금관국金官國을 식읍으로 삼아 그들이 본래 근거지에서의 지위를 인정받았다. 금관가야의 투항은 법흥왕 11년(524) '왕이 남쪽 경계의 개척한 땅을 순수하자 가야국왕이 내회하였다王巡南境拓地 伽倻國王來會'라는 기록[32]의 가야국왕伽倻國王을 대가야왕大伽倻王이라 해석하여[33] 법흥왕의 적극적인 남진정책의 결과로서 이해되고 있다.[34] 이러한 배경하에서 금관가야의 왕족들은 일정한 제약이 있었을 것임에도 불구하고, 신라에서 그들 가문의 자손들이 활약할 수 있는 여지가 허용되었던 것이다. 특히 구해仇亥의 아들인 무력武力의 활동이 두드러지게 나타나고 있는데, 그는 김유신金庾信의 조부祖父로서 금관가야왕족의 가문을 대표하여 활동한 장본인이다. 이처럼 무력武力으로부터 비롯되는 가야왕족伽倻王族의 활동은 그들이 신라 왕실에 적극 협조함으로써 오는 반대급부, 즉 신라 중앙정치

---

31) 신형식은 '上等은 높은 等級이나 大等의 位이며, 이러한 位의 下賜는 金仇亥 가문에 下賜한 것'으로 해석하였다.(申瀅植, 1983, 「김유신家門의 成立과 活動」, 『이화사학연구』 13·14, 이화사학연구소, 117쪽)
32) 『三國史記』 권 4, 新羅本紀 4, 法興王 11년.
33) 千寬宇, 1978, 「復元伽耶史 下」, 『文學과 知性』 31, 111쪽.
34) 李基白·李基東, 1984, 『韓國史講座 Ⅰ：古代篇』, 一潮閣, 162쪽.

계로의 진출이라는 계기 마련에 그 목적을 두었던 것으로 보인다.[35)]

김무력金武力은 단양적성비丹陽赤城碑에 그의 이름이 나오고 있어 진흥왕 12년 이전에 이미 병부령兵部令 이사부異斯夫를 도와 북방경략에 참여한 것으로 보인다. 다만 적성비에 진흥왕을 수가隨駕한 10명의 고관 중에 무력武力은 비차부比次夫 다음으로 8번째 기록되고 있어 그 정치적 비중이 낮았던 것을 알 수 있다.[36)] 그러나 진흥왕 14년(553) 무력武力은 아찬阿飡으로서 신주군주新州軍主에 임명되고, 다음해의 관산성管山城 전투에서 대승을 거둠으로써 신라가 한강 유역을 차지하는데 절대적인 공을 세우게 되었다. 이러한 무력의 공훈은 결국 그들 신김씨 가문을 신흥귀족으로 성장시킨 계기가 되었다. 그러므로 창녕비昌寧碑(561)에는 42명의 수가신隨駕臣 중에서 무력이 잡찬迊飡으로서 8위에 기록되어 있고, 마운령비磨雲嶺碑에는 상대등 거칠부居柒夫 다음의 고관으로 승진되고 있어 진흥왕 30년(569)경에는 최고위층의 관료로 부상된 듯하다.[37)]

그러나 무력武力이 무공武功으로써 그 자신은 입신立身하였다고 하나, 골품제사회하에서는 그 신분적인 한계가 있었던 것 같다. 즉, 그가 가야의 왕족으로서 진골에 해당하는 신분이었고, 진흥왕 말년에 최고위층의 관직을 누렸다고 하나, 그의 아들 서현舒玄이 왕족이었던 숙흘종肅訖宗의 딸과 결혼함에 있어서는 그 신분적인 한계가 있었던 듯하다.

> 김유신金庾信은 왕경王京사람이다. … 유신비庾信碑에 이르기를, 고考는 소판蘇判 김소연金逍衍이다. … 처음 서현舒玄이 길에서 갈문왕 입종立宗의 아들 숙흘종肅訖宗의 딸 만명萬明을 보고 마음에 기뻐하여 눈짓으로 꾀어, 중매도 없이 결합하였다. 서현이 만노군태수萬弩郡太守가 되어 장차 (만명萬明을) 데리고 함께 떠나려 하니, 숙흘종이 비로소 그의 딸이 서현과 함께 야합한 것을 알고 미워해서 (딸을) 딴집에 가두고 사람을 시켜 지키게 하였다. (그때) 갑자기 벼락이 집문屋門을 때리어 지키는 사람이 놀라 혼비백산케 되자 만명이 창문

---

35) 申瀅植, 1983, 앞의 논문, 118쪽.
36) 申瀅植, 위의 논문.
37) 李基白, 1974c, 앞의 논문, 71~75쪽.

을 통하여 빠져나와 서현과 함께 만노군으로 갔다. … 얼마 후에 임신하여 20개월만에 유신庾信을 낳으니 이 때가 진평왕 건복 12년, 수 문제 개황 15년 을묘였다. … (『삼국사기』 권 41, 열전 1, 김유신 상)

위 기사에서 김유신이 왕경사람이라 한 것은 그의 가문이 무력武力 이후로 중앙관직에 있었기 때문이다.38) 또한 유신의 아버지 서현이 만명과 결혼한 시기가 진평왕 건복 12년(590) 한 두 해 전이었다는 점에 주의할 때 당시에 서현의 아버지 무력武力이 이미 신라 최고의 관직에 있었음을 알 수 있다. 물론 숙흘종肅訖宗이 지증왕의 손자로서 왕실의 지친이었다고는 하나, 서현의 가문 또한 골품상으로도 왕골王骨에 준하였고 그 정치적 지위에 있어서도 나무랄 데 없었음에도 불구하고 숙흘종이 그의 딸과 서현과의 결혼을 반대한 데는 그만한 이유가 있었을 것이다. 즉 서현이 비록 왕골에 준하는 진골이었다 하더라도 사회적 관습상으로 신라의 왕실에 버금할 수 없었던 신분이었던 점이다. 더욱이 숙흘종으로서는 보수적인 화백회의의 구성원과 그들을 대표하는 상대등 등의 반대를 경시할 수 없었던 것이다.39) 그러나 만명이 서현을 따라감에 이르러서 숙흘종은 이들의 혼인을 묵인했던 것으로 보여지는데, 이는 김서현金舒玄 가문이 비록 그 신분상의 한계가 있다고 하나 신라 중앙정치 무대에서 차지하는 지위를 어느정도 인정한데서 비롯된 것으로 생각된다. 뒷날 유신庾信의 매妹 문희文姬가 김춘추金春秋와 혼인할 때도 비정상적인 수단으로 이루어지고 있음을 볼 수 있다. 이 때 유신은 '중매없이 야합한 것無媒而合'을 책하며 매妹 문희文姬를 소사燒死시키고자 시늉을 하여 왕명으로 춘추와 문희의 결혼을 공인받는 수속을 취하고 있다.40)

서현과 그의 딸 문희의 혼인형태를 주시할 때, 신김씨가문은 비록 진골이라 하더라도 신라의 왕골王骨과는 일정하게 차이가 있는 신분이었으며,

---

38) 丁仲煥, 1984, 「金庾信論」, 『고병익先生回甲紀念 史學論叢 - 歷史와 人間의 對應』, 한울, 167~169쪽.
39) 丁仲煥, 위의 논문, 169~170쪽.
40) 丁仲煥, 위의 논문, 170쪽.

이로 말미암아 신김씨는 그들의 부단한 무공武功을 통한 관직에서의 승진과 왕실과의 혼인을 통하여 그들의 신분적 상승을 공인받고자 노력했음을 알 수 있다.

이러한 신김씨의 노력은, 당시 왕위 계승에서 밀려나 그들 가문의 유지와 성장을 모색하고 있었던 진지왕계眞智王系의 용춘龍春의 의도와 서로 일치하는 것이었다. 즉, 서현으로서는 비록 만명과 혼인하여 왕실의 지친과 관계를 맺었다고는 하나 신분적 차별을 극복하기에는 골품제라는 벽이 너무 높았으며, 이로써 그들의 신분적 차별을 깨뜨릴 만한 강력한 조력자를 왕실 내에서 찾아야만 했던 것이다. 반면에 용춘으로서는 진지왕의 폐출이후 왕위계승에서 소외되고 있는 가문을 소생시키기 위하여 왕위계승과는 거리가 멀면서도 강력한 군사력을 지니고 있는 새로운 귀족가문과의 제휴가 필요했던 것이다. 이와 같이 양 가문의 욕구가 일치된 상황에서 진평왕 51년(629) 서현의 부자와 용춘의 결합이 이루어졌던 것이다. 이로써 양 가문은 상호의존하면서 신라에서의 영향력을 키워갈 수 있었다. 즉 용춘과 서현의 결속은 결국 신귀족의 탄생을 의미하는 것으로, 용춘과 유신이 활동하기 전단계로서 신라사회의 정치판도에 커다란 변화를 예측케 하는 것이다. 따라서 진평왕 10년(588) 수을부首乙夫의 상대등上大等 임명 이후 동왕 54년(632)까지 40여년간 상대등 기록이 없음은 주목할 만하다. 이러한 사실은 상대등이 귀족 대표에게 임명되어야 할 것임에도 불구하고 이들 신귀족의 정치적 영향력으로 인하여 그것이 저지되었기 때문일지도 모른다. 때문에 진평왕 53년의 칠숙柒宿과 석품石品의 모반은, 칠숙과 석품이 신흥계와 타협한 왕실에 대한 불만을 토로한데서 비롯된 것으로 추측할 수 있다.[41]

이에 진평왕을 이은 선덕왕은 자신의 독자적인 세력이 없이 용춘龍春·서현舒玄으로 대표된 신귀족과의 균형속에서 왕권을 유지하였다. 또한 이들 신귀족은 군사적으로는 우세하였지만 구귀족의 반발을 고려하여 선덕왕을 옹립하였던 것으로 생각된다.[42]

---

41) 申瀅植, 1983, 앞의 논문, 119쪽.

이러한 결과로서 선덕왕대의 정치는 구귀족보다는 오히려 이들 용춘과 서현으로 대표되는 양 가문의 영향력에 의하여 좌우되었다고 생각된다. 이는 선덕왕의 16년간의 재위 기간에 상대등이 특별한 이유 없이 세 번이나 교체되고 있다는 데서도 추측할 수 있으니, 이러한 사실은 결국 구귀족을 대표하는 상대등의 지위가 지극히 약하였음을 의미하며 특히 당대인이 신라정치를 '여주는 능히 잘 다스리지 못한다女主不能善理' 또는 '나라가 여자로써 왕을 삼으므로 덕이 있으나 위엄이 없다國以女爲王 有德而無威'고 파악하고 있다는 점에서 왕권이 강하였다기 보다는 오히려 선덕왕을 추대한 세력의 전권專權이 심하였다고 할 수 있겠다. 때문에 선덕왕 11년(642)의 대야성大耶城 함락에서 김춘추 가문의 개인적 비극을 '국가의 불행'으로 승화시킬 수 있었으며, 용춘과 서현 가문의 결속을 더욱 강화시키는 계기로 삼을 수 있었던 것이다.[43] 이로써 김춘추·김유신의 시대를 예고케 하였으니, 김춘추는 용춘이 기왕에 쌓아 올렸던 정치·외교면에서의 활동을, 김유신은 무장가문武將家門으로서 군사적인 면에서의 활동을 기약케 하는 것이었다.

3) 김춘추 일파의 비담·염종란毗曇·廉宗亂 진압

선덕왕대에 보다 공고한 결속을 다진 김춘추계와 김유신계는 그들의 정치적·군사적 기반을 바탕으로 명실상부한 신라 제1의 귀족 집단으로 부상하였다. 이들 양 세력이 춘추와 유신을 중심으로 적극적으로 정계로 진출하게 된 것은, 이들 세력의 진출을 억제하고자 하는 구귀족의 음모 - 비담·염종毗曇·廉宗의 난亂 - 를 진압함으로 부터이다.[44]

비담·염종의 난은 선덕여왕 말년(647)에 일어났으니, 그 전말에 대하여 『삼국사기』 권 41, 김유신열전(上)에는 다음과 같이 기록되어 있다.

---

42) 申瀅植, 1977, 앞의 논문, 6쪽.
43) 申瀅植, 1983, 앞의 논문, 119쪽.
44) 朴慶植, 1962, 『朝鮮通史』上, 未來社, 69쪽.

(선덕왕) 16년 정미는 선덕왕 말년이요 진덕왕 원년이다. 대신大臣 비담·염
종毗曇·廉宗이 '여주女主는 정사政事를 잘 하지 못한다'하고, 군사를 일으켜 (여
왕女王을) 폐하려 하니 왕이 궁내에서 막아내자 비담毗曇 등은 명활성明活城에
주둔하고, 관군官軍은 월성月城에 진영을 베풀어 공방이 10일 이었지만 풀리
지 않았다. …유신庾信이… 축원祝願하기를 '천도天道에는 양陽이 강剛하고 음
陰이 유柔하며, 인도人道에는 인군人君이 높고 신하는 낮습니다. 진실로 혹시
라도 (그것이) 바뀌면 큰 난亂이 되는 것입니다. 지금 비담毗曇 등이 신하로서
인군을 도모하여 아래서 위를 범하니 이것은 이른바 난신적자亂臣賊子로서
사람과 신령神靈이 함께 미워할 일이요 하늘과 땅 사이에 용납되지 못할 것입
니다.…'라고 하였다. 그리고 여러 장졸將卒을 독려하여 분격하니, 비담毗曇
등이 패주하므로 쫓아가 목베고 9족九族을 멸하였다.

이 반란에 대하여는『삼국사기』권 5, 선덕왕 16년과 진덕왕 원년조에
도 그 기사가 전하고 있다. 그러나 이 사건에 대한 해석은 구구하다. 이기
백李基白은, 당시 상대등上大等이 귀족으로 구성된 화백회의의 의장이었으
며 동시에 정당한 계승자가 없을 경우 왕위를 계승할 제1후보자로 간주되
고 있었던 사실로 미루어 보아, 이 반란은 귀족세력이 비담毗曇을 왕위에
추대하려는 왕위쟁탈을 목적으로 한 것이라 하였다.[45] 이기동李基東은, 나
물왕계奈勿王系 씨족회의의 결의, 즉 선덕여왕의 폐위 내지는 비담毗曇의
국왕추대에 불만을 품은 가야출신의 김유신金庾信이 선덕여왕을 옹호함으
로써 발단한 것이라 하였다.[46] 정상수웅井上秀雄은, 이 내란을 선덕왕 12
년(643) 당의 여왕폐위론女王廢位論이 신라귀족의 중요 의제로 등장하면서
비롯되는 것으로 파악하고, 이후 백제·고구려의 압박이 일층 강화되고 당
의 고구려 원정이 실패로 돌아감으로써 그 논의가 더욱 현실화되었으며,
이에 화백회의和白會議에서 여왕의 폐위를 결정하여 당의 여왕폐위론을 수
용한 것으로 추측하였다.[47] 또한 씨는 이 내란이 상대등 비담毗曇이 일으

---

45) 李基白, 1974a, 앞의 논문, 99~101쪽.
46) 李基東, 1972, 앞의 논문, 1984, 앞의 책, 84쪽.
47) 井上秀雄, 1974,「新羅王權と地方勢力」, 앞의 책, 382~383쪽.

킨 것이 아니라 퇴위의 결정에 당한 선덕여왕측, 즉 금관가야왕계의 김유신측에서 일으킨 것이라 하고,[48] 이로써 비담을 중심으로 한 경주귀족층과 김유신을 중심으로 한 지방세력의 대결에서 김유신계가 승리함으로써 진덕왕대의 전권專權을 행사하게 되는 것으로 해석하였다.[49] 정중환丁仲煥은 당시 신라의 내정·외교·군사적인 상황을 검토하여, 이 반란은 전제왕권의 성장과정에서 전통적 부족체제의 유제인 화백회의의 기능이 상대적으로 약화됨에 따라 화백회의의 대표격인 상대등 비담毗曇 등이, 왕권을 중심으로 하는 김춘추·김유신 등 신흥세력의 집권적 율령제도 등에 반발하여 일으킨 것으로 그 성격을 규정하였다.[50] 신형식申瀅植은, 이 난이 김춘추·김유신의 신흥세력과 비담 등의 구귀족 세력간의 쟁탈전이며, 양김씨에 의해서 추대된 선덕왕 개인을 반대한 것이 아니라 권력의 핵에서 밀려난 원동륜계原銅輪系의 반진지계운동反眞智系運動이라고 규정하였다. 또한 씨는 이러한 까닭에 구귀족들은 결과적으로 동륜계銅輪系의 정통계승자인 선덕왕을 반대하게 되었으며, 상대등 왕위추대운동을 전개하게 된 것이라고 설명하였다.[51]

이와같은 여러 견해는 비담毗曇의 난亂이 왕위계승에 따른 문제로부터 발단하고 있다는 점에서 일치하고 있으나, 그 원인이나 성격의 규정에 있어서는 논란의 여지가 분분하다. 이러한 문제의 해결을 위해서는 이 사건에 대한 기록에 충실하면서 당시의 국내외 상황을 면밀히 검토할 필요가 있다. 특히 위『삼국사기』김유신열전金庾信列傳의 기록을 일별할 때 몇 가지 사실을 추출할 수 있다.

먼저 비담毗曇과 염종廉宗이 거병擧兵을 하게 된 원인은 '여주女主가 정사政事를 잘 하지 못한다女主不能善理'는데 있다는 것이다. 그러면 이러한 불만이 어디에서 발단하고 있는가를 규명할 필요가 있다. 이는 앞서 사린 선덕

---

48) 井上秀雄, 1974, 「新羅政治體制の變遷過程」, 앞의 책, 440~441쪽.
49) 井上秀雄, 1974, 「新羅王權と地方勢力」, 앞의 책, 383쪽.
　　井上秀雄, 1978, 「古代朝鮮の王者」, 『古代朝鮮史序說』, 東出版 寧樂社, 42쪽.
50) 丁仲煥, 1977, 앞의 논문, 27쪽 : 1984, 앞의 논문, 190쪽.
51) 申瀅植, 1977, 앞의 논문, 9쪽.

왕 초년의 남산오지암南山亏知巖 화백회의和白會議 기사에서 염종廉宗으로 생각되는 염장공廉長公의 이름이 나오고 있어 선덕왕의 즉위시에 염종廉宗도 여왕女王의 즉위에 동조하였던 것으로 생각되기 때문이다.

이와 관련하여 당시 신라는 대야성이 백제에 함락된 후 국가의 존망이 위태로운 지경에서 군사 동맹국을 찾음으로써 이를 극복하려 했었다. 이러한 노력의 일환으로 재상宰相의 지위에 있던 춘추春秋가 고구려에 사행하였음은 앞서 살핀 바 있다. 춘추가 고구려와의 동맹에 실패한 이후에 신라는 대내적으로는 황룡사구층탑의 건조로써 국민적 화합을 꾀하는 한편, 대외적으로는 당과 군사 동맹을 맺고자 노력을 경주하고 있었다. 그러나 당과의 교섭에서도 별다른 성과가 없었으니, 이는 당이 640년 고창국高昌國을 복속시킴으로써 서역경략西域經略을 끝낸 뒤 고구려高句麗에 관심을 돌린 까닭으로 생각된다. 즉 당이 641년에 직방낭중職方郞中 진대덕陳大德을 고구려에 외교시절로 보내어, 고구려의 풍속·지리 등 내정을 염탐케 하였던 것이니 진대덕陳大德의 조사보고서로 생각되는『봉사고려기奉使高麗記』가 바로 그것이다.52) 이처럼 당이 고구려에 관심을 가진데 반하여, 신라는 백제의 군사적 압력에서 벗어나는 것이 당면 과제였던 만큼, 신라의 걸사乞師 요청에 대하여 당이 외면했던 것은 오히려 당연한 것이었다. 따라서 선덕왕 12년(643) 걸사乞師를 청하는 신라의 사신에게 당 태종이 내린 세 가지 계책은 의미심장한 것이다.

> 당제唐帝가 말하되, '내가 조금 변병邊兵을 보내어 거란契丹과 말갈을 거느리고 곧 요동遼東으로 쳐들어간다 하면 너희 나라는 자연히 풀이어 1년동안은 (적들의) 공세를 늦출 수 있을 것이나, 이후에 적이, 당병唐兵이 계속하여 이르지 않음을 알면 도리어 침모侵侮를 마음대로 하여 (그때는) 사국四國이 소란할 터이니 너희 나라에게는 미안한 일이나. 이것이 첫째의 방책이 되겠고 내가 또 너에게 수천數千의 주포朱抱와 단치丹幟를 주어 2국二國(백제, 고구려)의 병兵이 이를 때에 그것을 세워 벌여 놓으면, 적들이 이것을 보고서 당병으로 여기어 반드시 달아나고야 말터이니 이것이 둘째의 방책이며, 백

---

52) 李基白·李基東, 1984, 앞의 책, 204쪽.

제는 바다의 험함을 믿고 병기를 수선치 아니하고 남녀들이 서로 뒤섞여 연회만 하니 내가 수십백선에 갑졸甲卒을 싣고 고요히 바다에 떠서 그 땅을 곧 엄습하고 싶으나 그대 나라는 부인婦人을 임금으로 삼아 인국隣國의 업신여김을 받으니 (이는) 임금을 잃고 적을 받아들이는 격이라 해마다 편안할 때가 없다. 내가 친족의 한 사람을 보내어 너희 나라의 임금을 삼되 자연 혼자 갈수는 없으므로 마땅히 군사를 보내어 보호케 하고 그대 나라가 안정함을 기다려 그대의 자수自守에 맡기려 하니 이것이 셋째의 방책이다. 너는 잘 생각해보라. 어느 방책을 따르려 하느냐'라고 하였다. 사신은 다만 '예'라고 할 뿐이고 대답을 하지 않았다. 당제는 그가 용렬하여 걸사乞師·고급告急의 재才가 아님을 탄식하였다.(『삼국사기』 권 5, 신라본기 5, 선덕왕 12년)

위 제 1, 2 방책에서 당제唐帝가 신라의 걸사요청乞師要請에 대하여 소극적인 태도를 취하고 있음을 알 수 있으며, 제3의 방책에서 당唐이 백제를 엄습하겠다는 것은 신라의 요구조건과 일치하나 이에 따른 단서는 신라로서 받아들이기 힘든 것임을 알 수 있다. 그러나 신라로서는 국가의 위기를 타개할 유일한 방책이 국제적 고립에서 벗어나 군사동맹을 형성한다는 것에 있었던 만큼 이러한 문제는 당연히 화백회의의 의제로서 상정되었을 것이다. 한편 남산 오지암회의의 사례에서 보듯이, 당시 화백회의에 유신공도 참석하였을 것임을 쉽게 추측할 수 있는데, 화백회의가 만장일치제였다는 점에 주목할 때, 비담·염종 등의 선덕왕 폐위안건이 부결되었을 것이라는 것은 당연하다. 이는 화백회의에 참가한 귀족들의 의견대립이라는 양상으로 나타나게 되고, 비담·염종들의 세력과 유신·알천 등으로 분열된 상태에서 전자의 세력은 그들의 의견을 관철하기 위해 거병擧兵한 것으로 해석되는 것이다. 이러한 의견 대립은 위 김유신열전에 나타난 바와 같이 비담毗曇 등의 '여주는 잘 다스리지 못한다女主不能善理'라는 입장과 유신庾信 등의 '천도는 양이 강하고 음이 유하며天道則陽剛而陰柔 인도는 임금을 높이고 신하가 낮으니人道則君尊而臣卑'라는 입장으로 구분된다. 전자의 경우는 당의 여주폐위론女主廢位論을 받아들임으로써 당병唐兵의 힘을 빌리고자 하는 입장일 것이고, 후자의 경우는 '군존이신비君尊而臣卑'라는 명목으로써 왕권을 강화하여 비담毗曇 등의 여왕폐위론女王廢位論을 적극 반대하는 입장이었을 것이다. 특히 유신庾信의 경우는 선덕왕 6년에 대장 군이 된 알천閼川을 이미 포섭한 상태이고, 또한 그의 전공戰功으로 인한 영향력의 증대, 그리고 김춘추 가문과의 결합으로 정치적 기반을 지속적 으로 쌓아왔던 형편이고 보면, 그의 지위를 견지한다는 입장에서도 여왕 폐위론은 용납될 수 없었던 것이다. 결국 유신은 그의 군사력으로써 비담· 염종 등의 반란세력에게 가혹한 족징族徵을 가하여 정치적 숙청을 단행하 였던 것이다.[53] 이러한 정치적 숙청에 대하여 주보돈朱甫暾은 남산오지암 南山亐知巖 기사를 인용하면서 이를 진덕왕 2년의 기사로서 인정하고 당시 회의에 참석한 알천閼川, 임종林宗, 술종述宗, 호림虎(茂)林, 염장廉長, 유신庾 信 등은 비담毗曇의 난亂에 가입하지 않았던 것으로 생각하여, 비담·염종 등은 상대등으로서 전 귀족을 대표하여 반란을 획책한 것이 아니라 그의 혈연집단을 규합하여 반란을 일으킨 것이라고 해석하였다.[54] 그러나 전 술한 바와 같이 남산 오지암南山亐知巖 기사는 선덕왕善德王 초년初年의 것이 고, 진덕왕대에 무림茂林은 이미 졸卒한 상태이며 또한 염장廉長과 염종廉宗 은 동일 인물일 가능성이 크기 때문에 씨의 견해는 새로운 검토를 요한다 고 할 것이다. 특히 비담이 상대등이었음을 생각할 때 확인되는 한에서 화백회의和白會議는 비담·염종파毗曇·廉宗派와 알천·유신파閼川·庾信派로 분 열되었음을 알 수 있다. 또한 무림茂林의 아들 자장慈藏이 황룡사구층탑皇龍 寺九層塔 건조과정에서 용춘龍春 등 왕실과 지녔던 관계를 보아도 무림의 후계자였을 화백회의의 참석자도 오히려 유신측의 입장을 지지했을 것으 로 생각된다. 여하튼 화백회의의 참석자는 각 귀족가문의 대표자였다는 점을 생각할 때, 선덕여왕 치세에 전권專權을 휘두르는 세력에 반발한 수 개의 귀족가문이 '여주는 잘 다스리지 못한다女主而不能善理'라는 명목으로 써 비담·염종의 난을 일으킨 것이 아닌가 한다. 결국 김춘추·김유신 등의 세력은 비담·염종의 난을 진압함으로써 신라의 정치적 실권을 장악하게

---

53) 朱甫暾, 1984, 앞의 논문, 27~33쪽.
54) 朱甫暾, 위의 논문, 29쪽.

되었고 신라사회의 새로운 시대를 예고하게 되었다. 이와 관련하여 이기 동李基東은 '비담의 난이 진압된 것은 중고 왕권이 최후적으로 나물왕계奈 勿王系 씨족의 집단이데올로기를 압도한 것을 뜻한다'[55]고 설파하였다.

한편 이 난의 와중에서 선덕왕이 훙거하자 김춘추·김유신 등의 세력은 과도적 조치로서 진덕왕을 추대함으로써 완전한 개혁정치에 임할 수 있었 다. 이에 비담의 난 때에 그들 세력을 지지한 알천閼川을 상대등에 임명하 고 춘추는 외교의 책임을, 유신은 군사적 책임을 분담하였던 것이나, 정권 의 중심세력은 춘추와 유신이었고 알천은 다른 귀족세력의 반발을 억제하 는 명목상의 상대등上大等에 불과했던 듯하다. 이는 진덕왕이 죽은 이후에 무열왕 추대과정에서도 살필 수 있으니 '진덕왕이 돌아가자 군신들은 알 천이찬閼川伊飡에게 섭정을 청하였으나 알천은 굳게 사양하며 … 춘추를 왕으로 받들었다'[56]라는 기사나 '진덕왕 8년에 왕이 돌아갔으나 뒤를 이을 왕자가 없었다. 이에 유신은 재상인 이찬 알천閼川과 모의하여 이찬伊飡 춘추春秋를 맞다 즉위하니 …'[57]라는 기사에서 그 저변의 사정을 짐작할 수 있는 것이다.

이처럼 춘추·유신계가 신라 정치사회에서 전권을 잡았다고는 하나 당 면한 정치적 문제의 해결, 즉 국제적 고립을 피하고 고구려·백제의 위협 에서 벗어나는 방책이 강구되었던 것이다. 이로써 춘추는 진덕왕 원년 (647) 도일渡日하여 대화정권大和政權과의 군사협력체계를 꾀하나 실패하 고 만다.[58] 이 때 당은 645년 제1차 고구려 원정에 실패하고, 제2차 고구 려 원정에서 고구려와의 전선이 교착상태에 빠져 있었고, 신라는 이러한 기회를 이용하여 진덕왕 2년 감질허邯帙許에 이어 김춘추를 당에 보내어 당 태종으로부터 출병을 약속받기에 이른다.[59] 이에 당의 출병을 얻어

---

55) 李基東, 1972, 앞의 논문, 1984, 앞의 책, 84쪽.
56)『三國史記』권 5, 新羅本紀 5, 武烈王 즉위년.
57)『三國史記』권 42, 列傳 2, 金庾信 中.
58) 盧啓鉉, 1964, 앞의 논문, 42~43쪽. 金鉉球, 1983,「日唐關係의 成立과 羅日同 盟」,『金俊燁敎授華甲紀念中國學論叢』, 中國學論叢 刊行委員會, 553~572쪽.
59) 李基白·李基東, 1984, 앞의 책, 291쪽.

낸 신라는 진덕왕을 옹립한 김춘추·김유신 세력에 의하여 개혁정치를 착수하게 되니, 이는 무열계의 전제왕권專制王權이 등장하기 위한 기초작업으로서 신라 정치질서의 재편을 의미하는 것이다.

2. 김춘추 일파의 정치개혁

1) 진덕왕대의 정치개혁

앞에서 김춘추·김유신이 일대세력으로 등장하는 과정을 살펴보았다. 특히 양 가문은 그 선대로부터 축적하여 온 정치적 기반을 바탕으로, 춘추·유신대에 비담·염종毗曇·廉宗의 난을 진압하고 진덕왕을 옹립함으로써 정국의 주도권을 장악하였다. 그러나 이들이 비록 정권을 장악하였다고는 하나 아직 상당한 귀족세력이 잔존하고 있었기 때문에 이들을 제도적 장치속으로 끌어들여 그 정치적 영향력을 약화시킴과 동시에 왕권을 신장시키기 위하여 일대 정치개혁을 단행하였다.

김춘추일파의 정치개혁은 일련의 한화정책漢化政策으로부터 비롯된다. 이는 법흥왕 7년(520) 율령반포律令頒布와 함께 시행되었던 종전의 백관공복제百官公服制를 진덕왕 3년(649)에 중국의 의복제衣服制로 고침으로써 그 단서를 열게 된다. 이어 진덕왕 4년(650)에는 진골재위자眞骨在位者로 하여금 아홀牙笏을 지니게 하고 중국의 영휘연호永徽年號를 시행하게 된다. 이와 같은 개혁은 진덕왕 2년 김춘추의 사행에 따른 중국측의 요구를 수용하고 신라 지배층의 질서의식을 새로이 함과 동시에 중국의 권위를 빌어 왕권의 전제화를 꾀하고자 하는 의도로 이해된다.[60]

특히 의관제의 개정에서 『삼국사기』권 33, 색복조色服條에는 다음과 같이 전하고 있다.

---

60) 朴海鉉, 1983, 「金春秋의 集權過程과 그 政治的 意味」, 전남대 석사학위논문, 51쪽.

신라 초기의 의복제도衣服制度는 색채色彩를 상고할 수 없다. 제23대 법흥왕 때에 처음으로 6부인六部人의 복색服色을 정하여 존비尊卑의 제도를 정하였지만 오히려 동이東夷의 풍속 그대로였다. 진덕왕 2년 김춘추가 당에 들어가, 당의 의식儀式을 따를 것을 청하니 현종玄宗 황제가 허락하고 의대衣帶를 급여하였다. 돌아와서 이를 시행하여 우리 풍속을 중국 풍속으로 바꾸었다. … 법흥왕 때의 제도에는 태대각간太大角干에서 대아찬大阿飡에 이르기까지 자의紫衣, 아찬阿飡에서 급찬級飡까지는 비의緋衣를 입게 하고 모두 아홀牙笏을 지니게 하였다. … 법흥왕 즉위 9년, 태화 8년에 하교하기를, '사람에게는 상하가 있고, 지위에는 존비가 있어 명칭과 법식이 같지 않고 의복도 다르다. 그런데 풍속이 점점 각박해지고 … 예절이 참람하는데 빠지고 풍속이 파괴되는데까지 이르렀다. 이에 구장舊章에 따라서 엄명을 내리는 것이니, 그래도 만일 고의로 (이를) 범하는 자가 있다면 국법國法을 시행할 것이다'라고 하였다.

위에서 색복제色服制의 시행 목적이 존비尊卑의 차이를 명백히 하는데 있음을 알 수 있다. 특히 법흥왕제에서 급찬級飡 이상의 관등에 있는 자는 모두 아홀牙笏을 지닐 수 있었으나, 진덕왕 4년에는 진골재위자眞骨在位者에게만 한정하고 있어 왕을 정점으로 한 새로운 지배질서를 구축하고 있음을 알 수 있다.61) 또한 흥덕왕의 하교에서 나타난 '구장舊章'이란 중국식中國式의 복제服制를 의미하는 것으로서 진덕왕대의 의복령衣服令을 따라率 舊章 다시금 엄히 시행한다는 것이다. 이는 진덕왕 당시 중국 복제의 시행이 단순한 한화정책漢化政策이었다기보다 상세히 정비된 색복제色服制로써 신라 지배층 내부의 질서를 엄격히 하려는데 그 목적이 있다고 하겠다. 이러한 노력은 진덕왕 5년(651) 백관百官의 하정지례賀正之禮를 시행함으로써 어느 정도 결실을 보았던 것 같다. 이로써 어느정도 지배층의 질서를 정비한 김춘추일파는 본격적인 정치개혁을 착수하였으니, 일련의 관부官府의 정비가 바로 그것이다.

첫째, 당唐의 정치제도를 모방하여 종래의 품주稟主를 개편, 국왕 직속의

---

61) 朴海鉉, 위의 논문, 51쪽.

최고 관부로서 집사부執事部를 설치하였다.[62] 『삼국사기』 권 5, 진덕왕 5
년조에는 집사부의 임무를 '기밀사무機密事務를 관장한다'라고 기록하고 있
다. 그런데 이 기밀사무란 말은 그 내용을 명확하게 파악하기 힘든 점이
있으나 집사부가 왕정王政의 추요樞要한 기밀에 참여하는 왕王의 직속기구
로서 기능하고 있음을 시사한다. 이러한 점은 집사부가 귀족들의 화백회
의和白會議나 그 대표인 상대등上大等과는 대조적인 입장에 놓여 있었다는
이야기가 된다.[63] 특히 집사부가 품주稟主의 개편으로 설치되었다는 점에
주목할 때, 집사부는 품주가 지닌 가신적家臣的 성격을 표면화하여 왕권王
權의 기밀機密을 관장하는 것만을 그 공적인 임무로 하는 관부가 되었다고
할 수 있다.[64] 이로써 품주의 본래 기능, 즉 재정財政의 수지收支를 담당했
던 기능[65]은 창부倉部로 이관되었다. 이러한 집사부의 설치는 원칙면에서
볼 때에는 전제왕권專制王權의 요구에 의한 것이라 할 수 있다. 그러나 진덕
왕대의 정치적 실권이 김춘추·김유신 양인에 있음을 생각할 때, 이의 설
치는 왕권과 결탁하면서 신진귀족으로 부상한 김춘추·김유신일파의 필요
에 부응한 것으로서 이해된다.[66] 한편 집사부의 전신인 품주稟主에서 그
장관인 전대등典大等이 2인이었던 것은 다른 여타 관부의 장관이 복수인원
으로 구성된 것과 같이 신라의 정치가 귀족의 합의체제合議體制였기 때문
이라고 이해되고 있다.[67] 특히 이기동은 장관의 복수제가 나타나고 있음
을 주목하여, 그것이 집행면보다는 결정면에서 기능·작용하고 있었음을
시사한다고 특기하고 있다.[68] 결국 품주에 있어서 2인의 전대등典大等은
신라가 귀족연맹 정권적인 체제에 머물러 있음을 보여준다고 할 것이다.
반면에 집사부 장관인 중시中侍가 1인인 것은, 품주가 집사부로 개편됨과
동시에 종래의 귀족합의체하에 있었던 귀족세력의 영향력을 배제하면서

---

62) 李基白, 1974d, 「新羅執事部의 成立」, 『新羅政治社會史研究』, 151~153쪽.
63) 李基白, 위의 논문, 151쪽.
64) 李基白, 1974e, 「稟主考」, 『新羅政治社會史研究』, 141~144쪽.
65) 李基白, 위의 논문, 141쪽.
66) 李基白, 1974d, 앞의 논문, 153쪽.
67) 井上秀雄, 1974a, 앞의 논문, 앞의 책, 266~267쪽. 李基白, 위의 논문, 146쪽.
68) 李基東, 1984, 「신라 중대의 관료제와 骨品制」, 앞의 책, 136~137쪽.

왕권 중심의 행정체계로 정비하려는 제도적 정치로서 이해된다.[69] 또한 시중侍中의 임기가 3년이었다는 사실은 전제왕권의 수족과 같은 추요직樞要職에 특정 개인을 오랫동안 머물러 있게 하지 않으려는 의도로 이해되고 있다.[70] 특히 중대의 중시中侍는 그 임면任免이 불규칙하게 나타나고 있는 바, 이는 중시가 왕권을 보고하는 역할을 담당하였음을 추측케 한다. 즉 종래에는 상대등上大等을 통하여 왕王에 대한 귀족의 비판이 왕에게 직접적으로 미쳤던데 반하여, 중시中侍라는 왕권의 방파제에 의하여 귀족의 비판을 희석시킬 수 있었던 것이다.[71] 결국 집사부의 설치로서 진덕왕 이후 중대의 왕권은 이 안전판과 같은 기구를 통하여 전제화專制化되어 갔던 것이다.[72]

둘째, 중앙의 입법관서立法官署인 좌리방부左理方府를 처음으로 설치하였다. 물론 진덕왕 이전 법흥왕대에도 율령반포가 있었다고는 하나,[73] 법흥왕대에 율령을 관장하였던 관서는 기록에 전하지 않는다. 특히 율령이란 이론적으로 율律·령令·격格·식式의 형태로 공포된 법제를 의미하는 것으로서, 이러한 율령이 법흥왕대에 반포되었는지의 여부에 대하여는 의견이 분분하다. 일본학계에서는 당시 율령이 제정될 수 있는 사회적 기반이 존재하지 않았다고 생각하여 이를 사실로서 인정하지 않으려는 경향이 지배적이었고, 또 그 사실성을 인정한다 하더라도 고작 백관공복百官公服과 주자朱紫의 질秩을 규정하는 의관제衣冠制에 다름 아닐 것이라는 견해가 있어 왔다.[74] 그러나 이러한 일본학계의 부정론에 반하여, 우리 학계에서는 법흥왕대의 율령반포 사실을 대체로 긍정적으로 수용하고 있는 입장이다. 특히 전봉덕田鳳德은 법흥왕대의 율령이 진晉의 진시율령晉始律令을 모법母法으로 한 고구려율령高句麗律令을 계수繼受한 것이라 하였다.[75] 여기에 대

69) 李基白, 1974d, 앞의 논문, 앞의 책, 155쪽.
70) 李基白, 위의 논문, 159쪽.
71) 李基白, 위의 논문, 167쪽.
72) 李基白·李基東, 1984, 앞의 책, 188쪽.
73) 『三國史記』 권 4, 新羅本紀 4, 法興王 7年.
74) 武田幸男, 1974, 「新羅法興王代の律令と衣冠制」, 『古代朝鮮と日本』, 85～93쪽.

해 최근에 주보돈朱甫暾은 연좌제連坐制가 고유법固有法에서 기원하였다는 점을 주목하고, 신라의 율령律令을 복원하기 위해서는 그 정치·사회적인 변화를 고려하는 것이 중요하다고 지적하면서, 이기백李基白이 법흥왕 율령에 17관등제·공복제公服制·골품제도骨品制度가 중요한 내용으로 포함되었을 것이라고 추정한 것76)에 동의하고 있다.77) 또한 氏는 이기동이 법흥왕대의 율령에서 영令이 중심이었으리라는 견해로부터 진일보하여 연좌제와 같은 율律도 포함되었으리라 추정하였다.78) 이와 같은 법흥왕대 율령律令에 대한 시비에도 불구하고 법흥왕 12년(551) 이전에 건립된 것으로 인정되는 단양적성비丹陽赤城碑에서 경위 17등, 외위 11등의 관등체계를 살필 수 있어, 이러한 관등이 법흥왕대의 율령반포 때에 이미 성립된 것으로 추정하는 이기동의 설은 시사하는 바 크다.79) 또한 동비同碑에는 역역체계力役體系 및 일종의 토지제로서 생각되는 전사법佃舍法에 관한 문구가 있어 당시의 율령에 대하여 새로운 문제해결의 가능성을 시사해 준다.80) 그러나 진덕왕 5년(651) 좌리방부左理方府의 설치는 법흥왕대의 율령반포 사실과는 달리 새로운 의미를 갖는다. 즉 좌리방부의 주된 임무가 국가질서를 확립하는 율령의 제정에 있음을 생각할 때, 이는 모종의 정치개혁과 궤를 같이 한다고 생각할 수 있다. 특히 정관 11년(637)에 당 태종이 율령격식을 공포하였다는 점과 김춘추가 진덕왕 2년(648)에 당의 국학國學을 시찰하고 당태종에게 '장복章服을 중화中華의 제도로 고치기를 청하였다'81)는 사실, 그리고 춘추가 신라에 돌아온 이후에 시행하였던 일련의 한화정책漢化政策 등을 일별할 때, 좌리방부에서 개정했을 율령은 당 태종의 정관

---

75) 田鳳德, 1956, 「新羅의 律令考」, 『서울大 論文集』 4, 311~314쪽.
76) 李基白, 1976, 『韓國史新論』, 一潮閣, 58쪽.
77) 朱甫暾, 1984, 앞의 논문, 13~19쪽.
78) 朱甫暾, 위의 논문.
79) 李基東, 1987, 「新羅官等制度의 成立年代問題와 赤城碑 발견」, 『史學志』 12, 檀大史學會, 참조.
80) 李基白, 1987, 「丹陽赤城碑 발견의 의의와 赤城碑王教事部分의 檢討」, 『史學志』 12, 1978 참조.
81) 『三國史記』 권 5, 新羅本紀 5, 眞德王 2年.

정요貞觀政要와 율령격식律令格式에 준하였으리라고 생각된다.[82] 이처럼 당唐의 율령을 참작한 신라 율령체계의 개정은 유교의 정치이념을 수용하는 것을 의미하며,[83] 이로써 왕권의 전제화를 가속화시켰을 것으로 추측할 수 있겠다.[84]

셋째, 왕궁의 시위를 맡는 친위군영으로서 시위부侍衛府를 창설하였다. 이는 선덕왕 말년 비담·염종의 난이 일어났을 때 열세를 면치 못했던 관군官軍으로서는 왕권 안정을 도모할 수 있는 군대가 필요했을 것이고, 이러한 군대는 왕의 직속부대로서 귀족의 영향력을 배제한 편제가 되어야만 했을 것이다. 이는 시위부侍衛府의 장군將軍 6인이 비교적 하위의 관등인 급찬級湌에서 아찬阿湌으로 구성되었다는 점에서도 대귀족세력의 반발에 대비코자 하는 의도를 짐작할 수 있다.[85] 그러나 이들 시위부는 단순한 왕궁의 시위로만 그치지는 않았을 것이고, 왕권 행사의 주요한 군사적 배경을 형성하였을 것이다.

넷째, 7세기의 유동적인 동북아시아 국제정세 속에서 능동적인 외교를 행할 수 있는 영객부領客部와 예부禮部를 정비하였다. 영객부는 본래 왜전倭典이라 불리웠던 것인데, 진평왕 43년(621)에 영객부로 이름을 고쳤다가, 진덕왕대에 다시 정비한 것이다. 이는 외국 사신을 접대하는 것을 주된 임무로 한 듯하다. 그리고 예부는 진평왕 8년(586)에 설치되었다가 진덕왕 5년(혹은 2년)에 정비되었다. 여기에서는 교육, 외교 및 의례 등을 관장했던 것으로 보이는데, 후일 국학國學 등이 이에 소속되는 것으로 보아 진덕왕 당시에도 대당외교對唐外交에 필요한 유교적 소양교육과 외교문서 작성, 유교의 정치 이념 등을 교육하지 않았나 생각된다.

다섯째, 품주가 집사부執事部로 개편되면서 품주 본래의 임무였던 재정財政의 수지收支를 전담하는 창부倉部가 설치되었다. 이로써 창부는 종래에

---

82) 田鳳德, 1956, 앞의 논문, 315쪽.
83) 李基東, 1984, 「신라 중대의 관료제와 골품제」, 앞의 책, 120~121쪽.
84) 金哲埈, 1978, 「統一新羅 支配體制의 再整備」, 『韓國史』 3, 국사편찬위원회, 29~30쪽.
85) 朴海鉉, 앞의 논문, 46~47쪽.

왕의 가신적 기구였던 품주稟主로부터 진일보하여 신라의 재정을 전담하는 관부로서 확충되었다. 이는 집사부의 확충과정에 수반된 것이긴 하나, 국가재정을 충실히 하고자 하는 일면도 간과할 수 없을 것이다. 이러한 창부의 설치는 당시 실권자였던 김춘추의 필요에 의한 것으로 생각되며, 왕권전제화의 주요한 경제적 토대를 이루었다고 보아야 할 것이다.[86] 또한 창부의 설치와 아울러 진평왕 6년(584)에 설치되었던 조부調府도 그 관원을 정비하게 된다. 조부의 정비는 결국 국가의 공부貢賦를 보다 체계적으로 징수하기 위한 조치로서 이해된다.

여섯째, 백제·고구려의 위협으로부터 국가의 사상적 통일을 꾀함과 동시에 비담의 난 등으로 해이된 지배질서를 새로이 구축하려 했다. 즉 자장慈藏을 대국통大國統으로 삼아 모든 승니僧尼의 규유을 총괄케 하여 불교계의 통일을 꾀하고, '율律'을 강조함으로써 새로운 국가질서 속에서 왕권을 강화하려 했던 것이다.[87]

김춘추일파의 한화정책漢化政策으로부터 비롯된 일련의 정치개혁은 신라 왕권이 지향해 나가는 전제화專制化와도 상통한 것이었다. 그러나 진덕왕대의 정치개혁은 신라의 관제가 정비되어 가는 과정에서 특별한 의미를 갖는다. 즉 법흥왕 3년(516) 병부兵部를 설치한 이후로, 진평왕대에는 관리의 인사人事를 담당하는 위화부位和府와 공부貢賦를 관장하는 조부調府 및 예부禮部 등이 신설되었고, 진덕왕대에는 집사부執事部, 창부倉部와 함께 입법立法·형률刑律을 담당하는 좌리방부左理方府 등의 관서가 설치됨으로써 점차로 당의 육전체제六典體制의 형태로 관제가 정비되어 가는 과정을 살필 수 있다.[88] 이에 신라의 관제정비 과정에서 진덕왕대는, 법흥·진흥왕대의 초창기와 진평왕대의 발전기 이후의 일대 정리기라고 규정할 수 있겠다.[89]

결국 김춘추일파에 의하여 주도된 진덕왕대의 정치개혁은 유교적 정치이념을 수용함으로써 강력한 전제왕권을 수립하고자 한 의도에서 시행된

86) 朴海鉉, 위의 논문, 47∼48쪽.
87) 李基白, 1978, 「皇龍寺와 그 創建」, 앞의 책, 77쪽.
88) 李基東, 1984, 「신라 중대의 관료제와 골품제」, 앞의 책, 122∼123쪽.
89) 李基白, 1974, 「稟主考」, 앞의 책, 140쪽.

것이었다. 그러나 그 이면에는 진지왕의 손자로서 그 자신이 '파계적'인 결혼에 의해 나물왕계 친족집단의 이단자가 된 김춘추가 비담毗曇의 난亂을 진압한 김유신과 협력하여, 화백회의和白會議 및 상대등上大等으로 대표되는 귀족세력에 대항하기 위한 의도가 개재되어 있음을 간과할 수 없다.[90] 특히 김춘추 일파가 진덕왕을 추대한 것이 구귀족에 대한 정치적 의도와 대당외교를 원활히 추진하기 위한 과도적인 조치의 일환이었음을 생각할 때, 일련의 정치개혁은 무열왕武烈王의 등장을 위한 전주前奏에 합당한 것이었다.

2) 무열왕武烈王의 즉위와 왕권의 전제화專制化

선덕왕이 죽은 후 김춘추일파는 진평왕의 조카인 진덕왕眞德王을 옹립함으로써 정치·군사상의 실권을 장악하였다. 이로써 그들은 진덕왕대의 일대 개혁정치를 단행할 수 있었다. 이러한 개혁정치는 왕권강화는 이면에 사실상의 실권자였던 김춘추 일파의 의지가 반영된 것이었다. 이에 진덕왕이 재위 8년만에 죽게 되자 김춘추는 자신이 정치적 기반과 김유신의 군사력을 배경으로 즉위하였다.[91]

> 진덕왕이 돌아가자 군신群臣들은 알천이찬閼川伊湌에게 섭정攝政을 청하였으나 알천閼川은 굳게 이를 사양하여 말하기를 '나는 이미 늙었고 덕행德行도 없다. 덕망德望으로 볼 때는 춘추春秋를 따를 사람이 없으며 그는 실로 제세濟世의 영걸英傑이라 하겠다'하고 왕으로 받들었다. 춘추는 세 번 사양한 끝에 부득이 왕위에 올랐다.(『삼국사기』 권 5, 신라본기 5, 武烈王 즉위조)
> 진덕왕 8년에 왕이 돌아갔으나, 뒤를 이을 왕자王子가 없었다. 이에 유신庾信은 재상宰相인 이찬 알천閼川과 모의하여 이찬 춘추春秋를 맞아 추대하니, 이가 태종무열왕太宗武烈王이다.(『삼국사기』 권 42, 열전 1, 김유신 중)

---

90) 李基東, 1972, 앞의 논문, 1984, 앞의 책, 84쪽.
91) 李基白·李基東, 1984, 앞의 책, 187쪽.

위의 『삼국사기』본기 기사에서 군신群臣들이 진덕왕의 후임으로서 알천閼川을 추대하고 있으나 알천이 끝내 사양하여 춘추春秋를 추대하였다고 전하고 있고, 열전의 기사에서는 유신庾信이 알천閼川과 모의하여 춘추를 추대하였다고 기록되어 있다. 이처럼 본기本紀와 열전列傳의 기사가 서로 일치하지는 않으나 양 기사에서 춘추가 왕위에 오르는 저변의 사정을 엿볼 수 있다. 특히 알천은 진덕왕대에 상대등의 지위에 있었기 때문에 진덕왕이 죽음으로써 정상적인 왕위계승이 불가능한 상태에서 왕위를 계승할 수도 있었던 존재였다.[92] 그럼에도 불구하고 상대등 알천이 춘추를 추대한데는 그만한 이유가 있었을 것이다.

먼저 열전의 기사에서는 '유신庾信이 재상宰相인 알천閼川과 모의하여 이찬 춘추를 맞아 추대하니…'라고 하여, 유신과 알천과의 사이에 어떤 모의가 있었다고 전하고 있다. 이에 신형식申瀅植은 김유신의 역할이 강조되고 있는 점에 주목하여, 유신이 알천을 명목상으로 표면에 내세워 이용함으로써 권력이양의 합법성을 유지하려는 의도라고 해석하고 있다.[93] 또한 씨는 비합법적인 왕위계승에 있어서 '신라왕은 상·중·하대를 막론하고 국인國人의 추대로 즉위하는 경우가 많았다'[94]는 사실로써 그 방증을 삼고 있다. 그러나 앞서 살핀 바 있듯이 알천은 선덕왕 말년 비담毗曇의 난을 진압할 때부터 이미 김춘추·김유신과 협력관계를 구축하고 있었던 만큼, 위 열전列傳의 기사에서처럼 이들 3인의 모의로써 김춘추가 즉위하게 된 것이 아닌가 한다. 특히 상대등 알천에 의하여 추대되었다는 점에 주목할 때, 김춘추 자신이 왕족으로서 '파계적'인 결혼에 의하여 나물왕계 친족집단의 이단자가 된 사실을 간과할 수 없다. 따라서 김춘추는 나물왕계奈勿王系 내부의 압력을 상대등의 지위에 있는 알천閼川의 추대로써 무마하려했던 것으로 생각되는 것이다. 이러한 알천의 추대에 따른 '춘추가 세 번 사양하다가 부득이하게 왕위에 올랐다春秋三讓 不得已而就位'는 기사는 그 저변의 사정을 전해준다고 하겠다. 그러나 이들이 김춘추를 추대하는 배경

---

92) 李基白, 1974a, 「上大等考」, 앞의 책, 101쪽.
93) 申瀅植, 1977, 앞의 논문, 11쪽.
94) 申瀅植, 위의 논문.

에는 김유신의 군사력이 큰 영향력을 발휘하였을 것으로 생각된다.

여하튼 무열왕武烈王의 즉위는 신라의 새로운 시대를 예고하였던 것이다. 신라인 자신도 이러한 변화를 인식하였던 듯하니,『삼국사기』에서는 상대上代가 끝나고 중대中代가 시작되는 것으로,『삼국유사』에서는 중고中古가 끝나고 하고下古가 시작된 것으로 서술하였다는 점에서도 알 수 있다. 물론 이러한 시대구분에는 아직도 그 해결이 유보된 신라왕실의 성골聖骨·진골眞骨의 문제가 있다. 특히『삼국사기』권 5, 진덕왕 8년(654)조에는 '국인國人이 시조 혁거세로부터 진덕에 이르기까지 28왕王을 성골聖骨이라 이르고, 무열로부터 말왕末王에 이르기까지 진골眞骨이라 이른다'고 하였고,『삼국유사』의 왕력王曆 진덕왕眞德王조에서는 태종무열왕太宗武烈王의 즉위(654)를 경계로 '이상 중고中古는 성골聖骨이고, 이하 하고下古는 진골眞骨이다'라고 하였다. 이는 태종 무열왕으로부터 진골眞骨과 성골聖骨의 획이 그어진다는 것을 의미하는데, 이처럼 같은 왕족이면서도 성골과 진골이 구별되는 이유는 뚜렷하게 알려져 있지 않다. 이는 무열왕 김춘추가 선덕왕이나 진덕왕과 마찬가지로 진흥왕의 증손曾孫이었으며 또 그 자신이 진지왕眞智王의 손孫이었기 때문에 그가 성골이어야 함에도 불구하고 진골로 강등된 사유가 무엇인가에 문제의 초점이 있는 듯하다.

금서룡今西龍은 먼저 성골聖骨의 실재實在에 의문을 제기하고, 진평왕이 훙거하였을 때 김춘추의 부父 용춘龍春이 생존하고 있었음에도 불구하고 '성골의 남자가 다하였다聖骨男盡'는 이유로 선덕여왕이 즉위한 점으로 미루어 용춘龍春이 이미 성골이 아니었을 것으로 추정하고 용춘의 모母, 곧 진지왕비眞智王妃의 혈통에 어떤 강등 사유가 있는 것이 아닌가 추측하였다.[95] 그러나 이러한 씨의 견해는, 모계母系가 김씨왕金氏王 이전의 왕족이었던 박씨朴氏 출신이어야 한다는 것이 성골聖骨의 한 조건이 된다는 것으로 이해되고 있는데, 이에 대해서는 진평왕 등의 예외가 있어 부정되고 있다.[96] 그러나 이러한 금서룡今西龍의 견해는 일본학계에 큰 영향력을

95) 今西龍, 1933,「新羅骨品考」,『新羅史研究』, 近澤書店, 211쪽.
96) 李基白·李基東, 1984, 앞의 책, 212쪽.

끼쳤던 것 같다. 특히 지내굉池內宏은, 금서룡今西龍이 성골의 실재에 대하여 의문을 제기한 데에서 더 나아가 아예 이를 부정하고, 성골은 진덕여왕을 앞에 거距하기 오래지 않은 시대에 중국사상에 영향에 의해서 추존追尊한데 불과하다고 논단하였다.[97] 이러한 성골의 후대추존설後代追尊說은 최근에 무전행남武田幸男에 의해 재론되고 있으니, 씨는 선덕·진덕왕의 여왕통치의 정당화라는 정치적 요인을 들어 진덕여왕이 죽은 지 얼마 지나지 않은 시기에 성골聖骨을 추존追尊한 것으로 추측하였다.[98] 한편 금서룡今西龍의 모계설母系說은 삼품창영三品彰英에 의해서 부연 설명되고 있는데, 씨는 성골聖骨의 점감漸減이라는 현상에 주목하면서 골骨의 계승이 족내혼族內婚에 한정하였기 때문인 것으로 추측하였다. 즉 김춘추의 파계적인 결혼이 진골로 강등된 이유라는 것이다.[99] 그러나 이러한 견해는 결국 금서룡今西龍의 설을 부연한데 불과하며, 또한 용춘龍春의 성골聖骨 여부가 확인되지 않아 단정하기 어려운 입장이다. 한편 어떤 왕족이라도 7세대世代 혹은 3세대世代라고 하는 일정한 왕실친족집단王室親族集團의 범위를 벗어나게 될 때에는 성골聖骨에서 진골眞骨로 강등된다는 김철준金哲埈의 설이 있으나,[100] 이 또한 예외가 많아 취하기 어려운 실정이다. 정상수웅井上秀雄은 주로 정치적인 면에 국한하여 진덕왕 때의 다사다난한 정치외교사의 문제가 신라 왕실로 하여금 일반 문벌 귀족보다는 한층 높은 혈족으로서 성골의식聖骨意識을 촉발시켜 성골이 만들어진 것으로 추측하였다.[101] 이러한 정상수웅井上秀雄의 주장 이후에 신라의 정치, 사회, 문화면을 검토하며 성골의 문제를 다루는 견해가 나타나게 되었다. 즉, 정중환丁仲煥은 먼저 성골이 존립할 수 있는 정치적 요건으로는 왕권이 어느 정도 신장된 집권적

---

97) 池內宏, 1941, 「新羅の骨品制と王統」, 『東洋學報』 28-31 ; 1960, 『滿鮮史研究』 上世篇 2, 566~572쪽.

98) 武田幸男, 1975, 「新羅骨品制の再檢討」, 『東洋文化硏究所紀要』 67, 153~166쪽.

99) 三品彰英, 1963, 「骨品制社會」, 『古代史講座』 7, 192~200쪽.

100) 金哲埈, 1968, 「新羅時代의 親族集團」, 『韓國史硏究』 1 ; 1975, 『韓國古代社會硏究』, 157~179쪽.

101) 井上秀雄, 1965, 「新羅の骨品制度」, 『歷史學硏究』 304 ; 1974, 앞의 책, 304~312쪽.

인 귀족국가가 선행되어야 한다고 역설하고, 사회적으로는 종래의 견해처럼 혼인관계로 인하여 성聖·진골眞骨이 분화된 것이 아니라, 같은 왕족 중에서도 부계세습제父系世襲制에 의한 정통왕위계승자인 왕의 직계直系 및 제한된 근친자近親者 만이 성골을 칭하고 왕위에서 소외된 왕족은 진골眞骨로 강등되었다고 추측하였다. 또한 문화적인 면에서는 불교가 공인된 후 불교의 종교적 신성神聖 개념에서 도출하여 왕실의 골품骨品을 성골聖骨이라고 칭한 것이라 하겠으니, 『삼국유사』에서 중고기에 해당하는 법흥왕으로부터 진덕왕까지를 성골왕聖骨王이라 한 것이 가장 타당하다고 추단하였다.102) 정중환이 『삼국유사』 기록을 믿고 있는데 대해 이기동도 골품骨品이라는 것이 왕권의 성장을 전제로 하는 것이니 만큼 성골聖骨을 중고에만 결부시키는 유사遺事의 기사가 신뢰도가 높다고 하면서, 6세기 진흥왕대의 정복사업, 왕태자제王太子制, 갈문왕제葛文王制 등에 의한 왕권성장을 배경으로 성골이 확립되었을 것으로 추측하였다. 특히 씨는 종래 지증왕계智證王系의 리니이지집단이 나물왕계奈勿王系의 씨족집단과 구별하려고 한 의도와는 달리, 같은 지증왕계의 리니이지 집단내부에서도 한층 좁은 범위의 왕족집단이 나머지 지증왕계 친족집단과의 구별을 의도한 것이라 할 수 있어서, 성골은 중고의 어느 시기에 왕권을 배경으로 왕자王者 지배를 합리화하기 위해 창안된 것이라고 결론짓고 있다.103)

이처럼 성골聖骨과 진골眞骨이 구별되는 이유는 지금까지 확실하게 밝혀지지 않고 있다. 그러나 이러한 성골·진골의 구분은 중고의 어느 시기에 왕통계승을 배타적·독점적으로 유지하기 위한 최소 리니이지 집단에 의하여 형성된 것이라는 점에서는 어느 정도 의견이 일치된 듯하다.

김춘추로서는 진지왕이 폐출된 이후에 이러한 최소 리니이지 집단에서 소외되었던 것이고, 이러한 소외를 극복하고자 그의 아버지 용춘이 쌓아왔던 정치적 기반을 확대시킴과 동시에 김유신으로 대표되는 신김씨의 군사력과 협력하였을 때 왕위에 오를 수 있었던 것이다.

---

102) 丁仲煥, 1969, 「新羅聖骨考」, 『李弘稙博士回甲紀念史學論叢』, 33~52쪽.
103) 李基東, 1972, 앞의 논문, 1984, 앞의 책, 84~89쪽.

654년 태종무열왕이 즉위하자, 용춘과 천명부인天明夫人은 각각 문흥대왕 文興大王과 문정태후文貞太后에 추봉되고 있다. 특히 용춘이 갈문왕에서 대왕 大王으로 추봉됨으로 인하여 신라 하대에는 갈문왕제가 소멸되어가는 바, 이러한 사실은 태종 무열왕계太宗 武烈王系 왕권의 전제주의專制主義의 결과 로서 이해되고 있다.104) 또한 대왕大王은 갈문왕의 전통을 이어 받으면서 중국의 시호법諡號法을 따른 것으로서 무열왕 이후 왕권의 부자상속父子相續 으로 다른 가계가 왕위계승에 개입할 여지가 없게 되었던 것이니 만큼, 용 춘에 대한 대왕의 추봉은 무열왕계의 가조적家祖的 성격을 가진 것이라 할 수 있겠다.105) 무열왕이 그이 아버지 용춘을 문흥대왕文興大王에 추봉함과 동시에 원자元子 법민法敏을 태자太子로, 서자庶子 문왕文王을 이찬伊飡으로 노차老且를 해찬海飡으로 인태仁泰를 각찬角飡으로 지경智鏡·개원愷元을 각각 이찬으로 승진시키고 있다.106) 이러한 일련의 추봉과 태자 책정, 그리고 서자庶子에 대한 관등의 승진 조치는 무열왕계의 권위를 진작시킴과 동시에 그들 가문의 정치적 영향력을 배가시키는데 목적이 있었던 듯하다. 이는 무열왕 5년(658)에 차자次子인 문왕文王을 중시中侍에 임명한 것에서도 짐작 할 수 있다. 또한 무열왕은 그의 즉위에 절대적 공신이었던 김유신金庾信에 게 그의 딸 지조智照를 하가下嫁하여 유신가문庾信家門과의 혈연적인 관계를 공고히 함으로써 왕권전제화王權專制化의 일익을 담당케 하였던 것이다.

한편 무열왕은 즉위 원년에 이방부령理方府令 양수良首 등에게 '율령律令 을 상작詳酌하여 이방부격理方府格 60여 조六十餘條를 수정修定할 것'을 명하 였으니, 이는 대규모적인 법전정비法典整備가 진행되고 있음을 시사하는 것이라 할 수 있다. 즉 격格은 율律과 령令에 따르는 세칙적細則的 성질의 법규이므로 격格의 제정은 입법사업의 전진을 의미하는 것이며 이 시대의 신라가 율령뿐 만 아니라 격식까지 갖춘 성문법전成文法典을 정비하고 있 음을 알 수 있겠다.107) 특히 이방부격理方府格은 당唐의 형부격刑部格에 해

---

104) 李基白, 1974b, 「新羅時代의 갈문왕」, 앞의 책, 23~26쪽.
105) 邊太燮, 1964, 「廟制의 變遷을 통하여 본 新羅社會의 발전과정」, 『歷史教育 8』, 71쪽.
106) 『三國史記』 권 5, 新羅本紀 5, 太宗武烈王 즉위년.

당하는 것으로 율령律令을 보충하는 의미에서 중요성을 가지는 입법立法이라 할 수 있으며, 이후 계속하여 위화부격位和府格, 병부격兵部格, 조부격調部格, 창부격倉部格, 예부격禮部格, 승부격乘府格, 선부격船府格, 예작부격例作府格, 영객부격領客府格 등도 편찬되었을 것으로 생각된다.[108]

한편 진덕왕대에 증설된 행정관서와 확장된 관원조직으로 관료군官僚群이 급격히 팽창하게 되자, 감찰사무監察事務의 비중이 높아지게 되었다. 이는 감찰업무를 담당했던 사정부司正府의 확장을 예고하는 것이었다. 이에 무열왕 6년(659) 사정부를 개편 확장하여 종래에 장관급이었던 경卿을 차관次官으로 강등시키고 사정부령司正府令을 장관으로 신설하였던 것이다. 특히 사정부령이 1인이란 점을 주목할 때, 이는 집사부의 중시中侍가 1인인 것과 상응하는 것으로[109] 행정관서의 감찰업무에 있어서 귀족세력의 침투를 배제하는 성격을 지닌다고 할 것이다.[110] 이와 함께 무열왕 7년(660) 김유신은 상대등에 임명함으로써 구귀족을 도태시킬 수 있는 기반을 조성하였던 것이다.

결국 진덕왕대에 집사부를 중심으로 한 일반 행정체계의 정비, 채자제太子制의 확립 무열계의 권위앙양을 위한 일련의 조치, 중국의 율령 및 유교적 정치이념의 도입과 그 강행, 그리고 척족戚族으로서의 김유신을 상대등에 임명함으로써 구귀족舊貴族을 도태시킨 점 등은 중대의 왕권전제화를 의미하는 것으로서,[111] 이후 삼국통일 전쟁에서 그 주도권을 행사하는 바탕이 되었던 것이다. 이러한 왕권의 전제화와 동시에 대외적으로는 당과의 적극적인 외교를 추진하여, 무열왕 7년(660) 나·당연합군을 결성함으로써 백제를 멸하기에 이르렀으니, 이는 이후에 고구려를 대상으로 통일을 다투게 될 것임을 예고하는 것이며, 당의 한반도지배에 대한 야욕을 분쇄함으로써 통일의 위업을 기약하는 것이었다.

---

107) 田鳳德, 1956, 앞의 논문, 315쪽.
108) 田鳳德, 위의 논문, 358쪽.
109) 李基白, 1974d, 「新羅執事部의 成立」, 앞의 책, 155쪽.
110) 李基東, 1984, 「신라 중대의 관료제와 골품제」, 앞의 책, 124~125쪽.
111) 李基東, 위의 논문, 116쪽.

Ⅱ

신라 화백제도와 회의체의 운영

신라 화백회의 관계기사의 검토
신라 화백회의의 기능과 성격
신라 화백회의와 남당·갈문왕제
신라 화백회의 연구현황과 중층적 회의 구조

신라 화백회의和白會議 관계 기사의 검토
『隋書』·『新唐書』新羅傳을 중심으로

1. 머리말
2. 중국 사서 신라전에 나타난 화백회의
 1)『수서』신라전
 2)『신당서』신라전
3. 화백회의 기사의 성격
4. 맺음말

1. 머리말

'화백和白'은 신라 특유의 합의 방식의 회의제로서 그 명칭이『신당서新唐書』신라전新羅傳에 보이는데,[1] 이와 동일한 성격의 기사가『수서隋書』신라전에도 나타난다.[2] 이에 대하여는 남당南堂과의 관계 및 기원, 중고기 정치과정과 관련한 회의의 성격, 기능 등을 살핀 연구가 있다.[3] 또 그 구성원을 중심으로 대등회의大等會議나 대등회의의 전신으로서 등회의等會議를 상정하기도 하고,[4] 근래에는 화백和白으로서 군신회의群臣會議를 제시

---

1) "事必與衆議 號和白 一人異則罷"(『新唐書』권 220, 列傳 145, 東夷 新羅)
2) "其有大事 則聚群官 詳議而定之"(『隋書』권 81, 列傳 46, 東夷 新羅)
3) 南堂과의 관계 및 기원, 중고기의 정치과정과 관련한 연구 성과에 대해서는 盧鏞弼(1990,「新羅 中古期 中央政治組織에 대한 研究史的 檢討」,『忠北史學』3, 22~38쪽)이, 화백의 기능에 대해서는 金麟坤(1980,「和白會議의 機能」,『社會科學』11, 嶺南大 社會科學研究所, 401~405쪽)이 정리한 바 있다.
4) 李基白, 1962,「大等考」,『歷史學報』17·18 ; 1974,『新羅政治社會史研究』, 一潮閣, 1974, 66~88쪽 : 1962,「上大等考」,『歷史學報』19 ; 위의 책, 89~132쪽. 李喜寬, 1990. 가을,「迎日冷水里碑에 보이는 몇 가지 問題」,『韓國學

하면서 8세기 후반에서 9세기 초에 걸쳐 군신회의를 대신하여 새로이 재상회의宰相會議가 등장한다는 견해도 있다.5)

그런데『신당서』와『수서』 신라전은 각각 특정 시기의 신라의 사정을 반영하는 것으로 생각되는데, 지금까지는 이를 간과한 채 서로 보완하는 자료로서만 이용되었다. 그 결과 중국사서에 보이는 '화백'의 의미와『삼국사기』 등에 보이는 회의 관련 기사와의 관계, 그 기능이나 성격의 변화상을 명확하게 밝히지 못한 것으로 생각된다. 물론 이러한 문제는 명확한 자료가 없어 확증할 수는 없지만,6) 연구의 단서가 되는『수서』·『신당서』 신라전의 해당 기사의 대상시기와 사료적 의미를 올바르게 이해할 때 해결이 가능하리라 여겨진다.

다시 말한다면 기존의 연구에서는『수서』와『신당서』의 내용을 동일한 것으로 이해하여 왔다. 그러나『신당서』는 『수서』의 내용을 답습하고 있으면서도 새로운 내용을 추가 보충하고 있어 두 사서의 기본 자료가 갖는 시대성을 반영한 것으로 추측된다. 더욱이『삼국사기』·『삼국유사』에는 신라 전시기의 크고 작은 회의의 모습을 직·간접으로 전하는 기사가 자주 나타나고 있으므로, 화백을 이와 관련하여 비교할 때 그 올바른 모습을 살필 수 있으리라 생각된다.

본고는 화백의 기능과 성격을 밝히기 위한 전제로서, 신라전이 입전된 중국사서의 찬술과정을 살펴 신라 회의 관계 기사의 대상 시기 및 '화백和白'의 의미를 밝히고, 중국 사서 화백기사와『삼국사기』·『삼국유사』·금석문의 신라 회의 관련 기사와의 관계 및 그 사료적 성격을 검토하고자 한다.

報』 60, 83~97쪽.
5) 李仁哲, 1991.1.30,「8-9세기 신라의 지배체제」,『韓國古代史硏究會 제4회 합동토론회 발표요지문』, 50~54쪽.
6) 申瀅植, 1985,「花郎徒와 和白」,『新羅史』, 梨花女大出版部, 190쪽.

2. 중국 사서 신라전新羅傳에 나타난 화백회의

신라전이 입전된 중국사서를 일별하면 다음 [표]와 같은데, 찬술시기에 따라 당나라 정관연간貞觀年間(627~649)에 이루어진 것과 대력大曆·정원연간貞元年間(766~804) 및 오대五代·송대宋代에 만들어진 것으로 나눌 수 있다. 전자의 경우『수서』를 비롯한『양서梁書』·『남사南史』·『북사北史』 등을, 후자의 경우『신당서新唐書』를 비롯한『통전通典』·『구당서舊唐書』·『당회요唐會要』·『구오대사舊五代史』·『오대사기五代史記』 등을 들 수 있다.

【표】新羅傳이 立傳된 中國 史書

중국사서	간행시기	편찬자	대상시기
梁書	629~636	唐 姚思廉	502~557
隋書	636	唐 魏徵·顏師古 孔穎達·許敬宗	581~618
南史	~643	唐 李延壽	420~580
北史	~643	唐 李延壽	386~618
通典	766~801	唐 杜佑	唐虞~77
舊唐書	941~945	後晉 劉昫·趙瑩 張昭遠·賈緯·趙熙	618~779
唐會要	~961	北宋 王溥	618~907
舊五代史	973~974	宋 薛居正	907~959
五代史記	1036~1053	宋 歐陽修	907~959
新唐書	1044~1060	宋 歐陽修·宋祁	618~907

중국 사서 외국열전의 내용은 지적되고 있다시피, 외족 또는 외국의 지리·풍토·물산·습속 및 국력·제도 등을 평면적으로 서술한 '상태의 기술'과 중국왕조와 관련된 조공·책봉·사신왕래·외교교섭·전쟁·통제·무역 등의 '사건의 기술'로 이루어져 있다[7]. 신라 회의 관련 기사는 전자에

---

7) 高柄翊, 1966,「中國正史의 外國列傳」,『大同文化研究』2 ; 1970,『東亞交涉

속하는 것이지만, 다른 사서에는 보이지 않고 오직『수서』·『북사』·『신당서』에만 나타나고 있어 주목된다.

그런데『수서』는 당나라 위징魏徵 등이 당 정관貞觀 10년(636),『북사』는 이연효李延壽가 정관 17년(643)에 각각 완성하였으며,『신당서』는 북송의 구양수歐陽修·송기宋祁 등이 1044년부터 1060년에 걸쳐 만든 사서로서 그 찬술시기가 크게 다르다. 이에『수서』와『신당서』를 각각 살펴 반영하고 있는 시대적 성격을 분명히 하고자 한다.

1)『수서隋書』신라전新羅傳

『수서』신라전의 내용을 같은 정관연간에 찬술된『양서』·『남사』·『북사』와 비교하여 살펴보면 몇 가지 특이한 점이 발견된다.

첫째, 신라의 기원에 대하여『수서』의 경우 다른 기록에서 찾아 볼 수 없는 내용을 싣고 있다.

　가. ① 위장魏將 관구검毌丘儉이 고구려를 공격하여 격파하니 고구려가 옥저
　　　 沃沮지방으로 도망하였다. 그후 다시 고국故國으로 돌아 왔으나 그 지
　　　 방에 남은 자들이 드디어 신라를 세웠다. 따라서 그 나라 사람들은
　　　 중국·고구려·백제 사람들로 섞여 있으며, 아울러 옥저·불내·
　　　 한·예의 땅에 살고 있다.(『수서』권 81, 렬전 46, 동이 신라)
　　　 ② 진秦나라 때 망인亡人들이 역역을 피하여 마한馬韓에 오니, 마한이
　　　 또한 그 동쪽 경계의 땅을 나누어 살게 하였다. 그 나라 사람들이
　　　 진인秦人으로 이루어진 까닭에 진한秦韓이라고 이름한다.(『양서』권
　　　 54, 열전 48, 제이諸夷 신라新羅)

『수서』는 위나라 장수 관구검의 침입으로 옥저지방에 피난한 고구려사람들이 잔류하여 신라국을 세운 것으로 풀이하고 있다. 한편 『양서』의

경우, 진인秦人들이 진秦의 역役을 피하여 마한땅에 이르러 그 동쪽에 거주함으로써 신라를 이루었다는 『삼국지』·『후한서』 등의 전승을 따르고 있다. 그러므로 『수서』는 신라의 기원에 관하여 『삼국지』·『후한서』·『양서』 등과 그 사료의 계통을 달리한다. 그런데 『북사』의 경우 신라의 기원에 관한 내용은 『양서』의 계통을 따르면서도 『수서』의 내용도 아울러 전재함으로써 두 계통의 설을 소개하고 있다. 그러나 『북사』는 신라의 관등을 비롯한 풍속·형정·물산 등에 관해서는 『수서』를 그대로 전재하고 있어, 『남사』의 내용이 『양서』를 그대로 따르고 있는 것과 좋은 대조를 이룬다.[8]

둘째, 『수서』가 비록 『양서』와 거의 동시기에 찬술되었다고 하지만 신라의 상태를 서술하는 데에서도 수隋가 중국을 통치했던 시기인 진평왕대 까지의 중고기 신라의 사정을 많이 전하고 있다. 이는 『양서』의 경우 양梁 보통普通 2년(법흥왕 8) 신라 모진왕募秦(泰)王이 처음으로 사신을 보내어 백제 사신을 따라 양나라에 조공한 사실을 특기하면서 6탁평啄評·52 읍륵邑勒의 제도와 풍속·관명을 전하고 있는 것과 많은 차이가 있다. 물론 『수서』와 『양서』가 각각의 시대성을 전제한 단대사斷代史라는데서 그러한 차이점을 찾을 수 있을 것이나, 두 사서의 자료가 대체로 일정한 대상시기의 것을 바탕으로 하고 있으며[9] 찬술자도 그 시기를 겪었거나 느낄 수 있는 인물로 구성되었으므로,[10] 신라의 '상태'를 서술하는데 있어서도

---

8) 申瀅植, 1985, 「中國文獻에 나타난 新羅社會」, 앞의 책, 59~61쪽.

9) 高柄翊, 앞의 논문, 1970, 앞의 책, 27~33쪽.

10) 『梁書』를 찬술한 姚思廉은 南朝 陳나라 때에 會稽王 主簿를 지냈으며, 隋나라 때는 漢王府 參軍이 되었다. 陳의 史官을 지낸 그의 부친 察이 隋 開皇9년(589)에 梁·陳 二史를 찬술하다가 이루지 못하고 죽자, 大業年間에 思廉이 煬帝의 조칙을 받들어 姚察의 유업을 이으려 하였으나, 전란으로 인하여 이루지 못하였다. 思廉은 당나라 때에 秦王府 文學館學士, 太子洗馬가 되었고, 貞觀 초에 著作郎으로 옮겼다가 弘文館 學士가 되었다. 貞觀 3년(629) 太宗의 조칙으로 家傳의 옛 원고와 謝靈·傅縡·顧野王 諸家의 書를 중심으로 梁·陳 二史를 완성하였다.(『新唐書』 권 102, 列傳 27, 姚思廉) 『隋書』의 紀와 傳은 魏徵·顏師古·孔穎達·許敬宗 등이 정관 10년(636)년에 완성하였다. 魏徵(580~643)은 隋書의 서론만을 맡았었다. 그는 隋 말엽 瓦崗起義軍에 들어가 李密의 掌書檄이 되었다가 당에 항복하였으나, 다시 竇建德에게 잡힌 바 되었다. 당나라가 중국

다음 [표]와 같이 각각의 대상시기의 인식을 반영한다고 할 수 있다.

【표】『양서』·『수서』 신라전의 '상태의 기술' 비교

		梁書	隋書
1	國勢	其國小 不能自通使聘 普通二年 王名募泰始使 使隨百濟 奉獻方物	開皇十四年 遣使貢方物 高祖拜眞平爲上開府樂浪郡公 新羅王 其先 附庸於百濟 後因百濟征高麗 高麗人不敢戎役 相率歸之 遂致强盛 因襲百濟 附庸於迦羅國
2	官等	自貴旱支·齊旱支·謁旱支 ·壹告(吉)支·奇貝旱支	伊罰干(貴如相國)·伊尺干·迎干·破 彌干·大阿尺干·阿尺干·乙吉干·沙 咄干·及伏干·大奈摩干·奈摩·大 舍小舍·吉土(士)大烏.小烏·造位
3	郡縣	六啄評·五十二邑勒	外有郡縣
4	文字	無文字 刻木爲信 語言待百濟而後通	同於中國
5	物産	土地肥美 宜植五穀 多桑麻 作縑布	田甚良玉 水陸兼種 其五穀·果菜·鳥獸物産 略與華同

말송보화末松保和는, 『양서』 신라전이 원칙적으로 양대梁代(502~557)에 신라와 통교하면서 얻어진 당대當代의 상태만을 기록했어야 할 것이지만

을 통일함으로써 당 조정에서 太子洗馬를 지냈고, 太宗이 즉위하자 諫議大夫에 발탁되었으며 정관 7년(633) 侍中에 임명되었다.(『新唐書』 권 97, 列傳 22, 魏徵) 顔師古(581~645)는 수나라 때 任安養縣尉를 지냈고 唐 貞觀 중에 魏徵 등과 함께 『隋書』의 찬술에 참여하였으며 經籍 및 晉·宋의 舊文에 능했다.(『新唐書』 권 198, 列傳 123, 顔師古) 孔穎達(574~648)은 隋 大業 초에 明經으로 선발되어 河內郡 博士를 수직하였으며 煬帝에 의해 太學助敎에 보임되기도 했다. 당나라 초기에는 秦王府 文學館 學士에 임명되었다가 國子博士, 給事中 등을 지냈다.(『新唐書』 권 198, 列傳 123, 孔穎達) 許敬宗(592~672)은 隋 말엽에 李密 원수의 府記室에 임명되었다. 그후 당 태종 때에 著作郎, 中書舍人 兼 修國史, 給事中 兼 史職을 지냈고, 정관 17년(643) 高祖·太宗實錄의 수찬에 참여하기도 했다.(『新唐書』 권 223 上, 列傳 148 上, 許敬宗)

그 완성시기가 당나라 초엽(629~636)인 까닭에 그간의 신라에 대한 지식도 첨가되었을 것으로 전제하고, 진대陳代 11년간 4회의 사신왕래를 통하여 『양서』신라전의 기본재료를 취했을 것으로 짐작했다.[11] 또한 『양서』신라전이 양梁 · 진陳의 교체기인 6세기 중엽의 현실을 중심으로 기록되었다고 추정되기 때문에, '52읍륵邑勒'이란 법흥왕의 금관가야의 병합(532년) 이후 진흥왕의 한성漢城지방 획득(552), 대가야 병합(562), 동북 비리碑利지방 정복(568) 등으로 급격히 영토를 확장하던 시대의 사정을 반영하는 것으로, 훗날 상주尙州 · 양주良州 · 강주康州의 3주州 37군郡의 대부분에서 30군郡정도를 포함하고 나머지 15 내지 20군郡은 한성지방과 동북해안지방에서 찾을 수 있다고 추측했다.[12]

그런데 원제元帝가 제1회 형주자사荊州刺史 재임 중(526~539)에 편찬한 양직공도梁職貢圖의 행문行文은 양대梁代의 신라관을 살필 수 있는 자료로서 주목된다. 곧, '주변의 소국旁小國 반파叛波 · 탁卓 · 다라多羅 · 전라前羅 · 사라斯羅 · 지미마련止迷麻連 · 상기문上己文 · 하침라下枕羅 등이 부용하였다'라고 하여, 520~30년대에 양나라는 신라斯羅를 백제의 주변 여러 소국小國과 함께 백제에 종속된 작은 나라로 인식하고 있었다.[13] 이는 『양서』신라전에 보이듯이 신라가 백제를 통하여 양梁과 통교할 수 있었던 때문이라 할 수 있으며, 나아가 『양서』에 나타난 신라의 사정도 백제를 통하여 인식된 것이라 할 수 있다.[14]

만일 말송末松의 견해대로 『양서』신라전이 6세기 중엽의 현실을 반영하는 것이라면, 법흥왕 · 진흥왕 때의 가야 정벌기사인 듯한 『수서』신라전의 '그 선대에는 백제에 부용하였는데 후에 백제가 고구려를 정복함으로 인하여 고구려인이 전쟁戎役을 감내하지 못하고 서로 귀부하여 드디어 강성하게 되었다. 인하여 백제를 습격하여 가라국迦羅國을 부용하였다'는 내용이나,

11) 末松保和, 1954, 「梁書新羅傳考」, 『新羅史の諸問題』, 東洋文庫, 375~380쪽.
12) 末松保和, 위의 글, 398~399쪽.
13) 李弘稙, 1965, 「梁職貢圖論考」, 『高麗大 60周年 紀念論文集 : 人文科學篇』 ; 1971, 『韓國古代史의 研究』, 396~398쪽.
14) 李弘稙, 위의 논문, 408~425쪽.

지증왕 5년의 상복법喪服法 규정15)인 듯한 상복제, 법흥왕 8년(520)에 완비된 17관등제도 이미 『양서』에 소개되었어야 한다. 그러나 『양서』 신라전에는 이러한 내용이 보이지 않으므로 관등의 규정이나 문자 등에 있어서 오히려 신라 중고기 이전의 사정을 반영한 것으로 판단된다.16)

이는 양직공도梁職貢圖에 나타나듯이 양梁나라가 당대當代 신라의 사정을 파악하지 못한데서 비롯하며, 신라를 백제에 붙어 있는 소국小國으로 인식한 양梁나라 사관史官들이 저들의 국사國史를 편찬하고, 이러한 양나라 국사를 바탕으로 『양서』를 찬술한 때문이라 할 수 있다17). 곧 요찰姚察이 수隋 개황開皇 9년(589) 양대梁代의 국사國史를 바탕으로 『양서』를 찬술코자 했으나 이루지 못하고 죽자, 그의 아들 요사렴姚思廉이 가전家傳의 옛 원고를 바탕으로 『양서』를 완성하였으므로, 양나라 때의 신라관이 『양서』에 그대로 반영되었던 것이라 하겠다.

그런데 위의 [표]에서 확인할 수 있듯이 『양서』·『수서』 신라전의 내용 중 '상태의 기술'에 관한 부분을 비교하면, 『수서』의 찬술자들이 진평왕대까지라고 하나 중고기 신라의 사정을 상당히 구체적으로 파악하고 있었음을 알 수 있다. 곧 『수서』는 법흥왕대 이후 가야의 정벌이나 17관등제, 중국 군현제와 유사한 지방제도 및 문자·물산에 이르기까지 『양서』와

---

15) 『三國史記』 권 4, 新羅本紀 4, 지증마립간 5년.
16) 법흥왕 8년 律令이 반포될 즈음에 이미 17관등제가 완성되었다는 것이 학계의 정설이고(李基白, 1967, 『韓國史新論』, 一潮閣 ; 같은 책 新修版, 1990, 69쪽 : 李基東, 1978, 「新羅 官等制度의 成立年代 問題와 赤城碑의 發見」, 『歷史學報』 78 ; 1980, 『新羅骨品制社會와 花郎徒』, 韓國研究院, 384～385쪽), 이는 봉평비의 발견으로 이미 확인되었으며(盧泰敦, 1989, 「蔚珍鳳坪新羅碑와 新羅의 官等制」, 『韓國古代史研究』 2, 韓國古代史研究會), 문자에 있어서도 지증왕 3년 무렵의 냉수리비가 발견됨으로써 지증왕대에 이미 상당한 수준의 한문을 상용했음이 확인되었다.(金永萬, 1990, 「迎日冷水里新羅碑의 語文學的 考察」, 『韓國古代史研究』 3, 55～85쪽) * 보론 : 다만 최근에 「포항중성리신라비」가 발견됨으로 인하여 법흥왕대에 관등제가 시행된 것은 분명하나, 17관등제의 완성은 진흥왕대에 이르러서야 가능한 것으로 여겨진다.(본서 제1편 「포항 중성리신라비에 나타난 신라 6부와 관등제」 참조)
17) 李弘稙, 앞의 논문, 399～400쪽.

달리 비교적 정확한 사실을 전하고 있다. 이는 隋 멸망 직후인 선덕여왕 초년에 『수서』가 찬술된 까닭이기도 하겠지만, 진평왕대에 진·수나라와 빈번히 교류함으로써[18] 梁代보다도 신라의 사정을 보다 명확히 인식한 때문이라 할 수 있다.

특히 수隋 가직전嘉則殿의 서적 37만여 권이 수·당隋·唐 교체의 혼란기를 겪고 난 당唐 무덕武德 초에 8만여 권으로 줄어들었고 『수서』를 찬술하게 된 정관연간貞觀年間에는 남은 책마저 모두 없어진 사실을 주목할 수 있다[19]. 곧, 많은 전적이 없어진 상태에서, 『수서』의 찬술자들은 새로이 수집한 『제번풍속기諸藩風俗記』·『제번국기諸藩國記』[20] 및 사신의 견문이나 전문 등을 통하여 신라의 사정을 알 수 있었을 것이다.[21] 더욱이 『수서』의 찬술자들은 모두 수조隋朝에서도 관직을 지냈던 인물들이어서 그들 스스로가 수나라 때 겪었던 직·간접적인 견문見聞과 사신들의 전문傳聞

18) 『三國史記』권 4 진평왕조에 따르면, 隋와 신라와의 교류는 대체로 구법승과 사신이 함께 파견된 듯하다. 신라에서 사신을 파견한 것은 진평왕 18년(596), 22년(600), 24년(602), 26년(604), 33년(611)에 걸쳐 5차례이며, 수나라에서도 진평왕 35년(613)에 王世儀를 사신으로 파견하였다. 이는 신라가 양나라에 사신을 보낸 것이 법흥왕 8년(521) 단 1회에 불과하며, 양나라 또한 진흥왕 11년(550) 신라 입학승과 함께 1회의 사신을 파견하고 있는 것과 비교된다.

19) 『新唐書』권 57, 志 47, 藝文 1.

20) 『隋書』권 33, 志 28, 經籍 2에 이들 책 이름 외에 『外國傳』·『列國傳』 등의 이름도 보인다. 內藤虎次郎은 隋代(581~618)에 찬술된 『東藩風俗記』가 『隋書』에 보이는 『諸藩風俗記』의 한 장일 것으로 추측했고, 李基東은 『翰苑』·『通典』 등에 인용되는 것으로 보아 별개의 책일 가능성이 큰 것으로 이해했다(李基東, 「新羅 太祖 星漢의 問題와 興德王陵碑의 發見」, 『大丘史學』 15·16, 1978 ; 앞의 책, p.375). 아무튼 『東藩風俗記』·『諸藩國記』·『歷國傳』·『外國傳』 등의 이름에서 신라의 사정이 어느정도 소개되었을 것으로 짐작되지만, 자세한 내용은 확인할 수 없다.

21) 『隋書』의 찬술에 참여한 秘書監 魏徵·顏師古 등이 천하의 서적을 두루 구매하기 위해 진력했다고는 하나(『新唐書』권 57, 志 47, 藝文1), 『수서』의 내용이 대체로 수나라 통치자들의 탐학·황음 및 농민반항 사실을 자세히 싣고, 서사 및 논찬은 人事의 국가흥망에 대한 관계를 부각시켰음을 생각할 때(『新唐書』권 225 下, 列傳 150 下, 進唐書表), 신라의 정황에 대한 서술은 逸失된 典籍보다도 사신들의 견문을 바탕으로 하였을 가능성이 높다.

등을 중심으로 신라의 사정을 인식하여 서술하였을 가능성이 높다[22].

예를 들면 『수서』의 찬술책임자였다고 생각되는 위징魏徵은, 진평왕 53년(631) 신라가 사신을 보내어 바친 미녀를 당 태종으로 하여금 받지 말도록 종용한 인물로서,[23] 당시에 사신을 직접 대할 수 있는 지위에 있었다.

또한 비록 당대唐代의 일이긴 하나 수隋 멸망 직후인 진평왕 48년 당고조唐高祖의 사신으로 신라에 와서 『춘추좌전春秋左傳』의 제題를 발發하기도 한 주자사朱子奢의 행적을 주목할 수 있다[24]. 그는 『수서』의 편찬에 직접 참여한 것은 아니지만, 수隋 대업大業(605~616) 중에 직비서학사直秘書學士를 역임하였다. 또 당唐 정관연간貞觀年間에는 국자사업國子司業으로서 『수서』의 편찬자인 공영달孔穎達 등과 함께 태종의 조칙으로 『예기정의禮記正義』 70권을 찬술하였으며,[25] 위징魏徵 등과 함께 『문사박요文思博要』 1200권 · 『목目』 12권을 편찬하였고,[26] 그 자신 사관史官으로서 후세에까지 이름이 남아 있다[27]. 이로 미루어 보아 『수서』를 만들기 직전에 그가 견문한 신라의 정황이 『수서』 신라전에 어느 정도 반영될 수 있음을 짐작할 수 있다.

지금까지 『양서』 · 『수서』의 찬술과정과 내용을 검토한 결과 다음과 같은 사실을 살필 수 있었다. 곧 진陳의 사관史官을 지낸 요찰姚察은 양梁의 국사國史를 바탕으로 수隋 개황開皇 9년(589)에 처음으로 『양서』를 찬술코자 하였으나 이루지 못하고, 그의 아들 요사렴姚思廉이 찰察의 옛 원고를 바탕으로 당唐 정관貞觀 10년(636) 『양서』를 완성하였다. 그런데 마땅히 『양서』에 실렸어야 할 가야국의 병합이나 17관등제, 상복제의 규정, 한문의 상용常用 등의 내용이 오히려 『수서』에 나타나고 있어서, 『양서』 신라

22) 앞의 각주 10) 참조
23) 『三國史記』 권 4, 新羅本紀 4, 진평왕 53년 7월.
24) 『舊唐書』 권 189 上, 列傳 139 上, 儒學 上, 朱子奢. 『新唐書』 권 198, 列傳 123, 儒學 上, 朱子奢.
25) 『新唐書』 권 57, 志 47, 藝文 1.
26) 『新唐書』 권 59, 志 49, 藝文 3.
27) 『舊唐書』 권 173, 列傳 123, 鄭覃 附 鄭朗. 『新唐書』 권 165, 列傳 90, 鄭珣瑜 附 鄭朗.

전은 신라 중고기 이전의 사정을 반영하는 것으로 생각된다. 이는 양직공
도梁職貢圖에 나타난 양대梁代의 신라관을 반영한 것으로서, 최소한 요찰姚
察이 양서의 옛 원고를 만들기 시작한 수隋 개황開皇 9년(진평왕 11)까지
중국에서는 신라를 그다지 잘 인식하지 못하였음을 드러낸다. 그러나 그
후 진·수陳·隋와 신라의 교류가 많아짐에 따라 신라의 사정을 잘 알기
시작했고, 『수서』가 찬술된 당 정관 10년(선덕여왕 5) 무렵에는 보다 구체
적으로 신라의 국세나 관등,풍속 등을 인식할 수 있었다고 하겠다. 따라서
『수서』신라전에 보이는 '상태의 기술'은 최소한 진평왕 11년(589) 이후부
터 선덕왕 5년(636)까지의 기간에 왕래한 양국의 사신을 통하여 알려진
것으로서, 회의관계 기사도 이러한 과정에서 신라 중고기의 한 모습으로
인식되어 서술된 것이라 하겠다. 다만 『북사』신라전에 실린 회의 관계
기사는 다른 내용과 마찬가지로 단순히 『수서』의 기록을 비판없이 전재한
것이라 할 수 있다. 그런데 같은 형태의 회의로 생각되는 기록이 당唐
대력·정원연간大曆·貞元年間 및 오대五代·북송대北宋代에 찬술된 사서 중
오직 『신당서』에만 나타나고 있어 주목된다.

2) 『신당서新唐書』 신라전新羅傳

『신당서』는 송宋 인종仁宗의 명으로 경력慶曆 4년(1044)에 편찬하기 시
작하여 가우嘉祐 5년(1060)에 완성된 관찬 사서로서, 본기本紀·지志·표
表는 구양수歐陽修가, 열전列傳은 송기宋祁가 찬술하였다.[28] 증공량曾公亮은
신당서진표新唐書進表에서 "그 사실에 있어서는 전보다 많아졌으나 그 문
장은 옛보다 간략하다其事則增於前 其文則省於舊"고 일컬었으나,[29] 간결해야
할 곳과 자세해야 할 곳의 서술에 일관성을 잃고 사실의 고증에 미약한
것으로 평가되고 있다[30]. 그러나 시론時論이나 논찬論贊은 『구당서』를 본

---

28) 楊家駱主編, 「二十五史述要」, 『中國學術名著』 ; 楊家駱, 1979, 「新唐書述要」,
　　『新唐書』 上, 鼎文書局, 18쪽의 재인용.
29) 『新唐書』 권 225 下, 列傳 150 下, 進唐書表.
30) 『新唐書』의 사료적 가치에 대하여 劉安世의 『元城語錄』에서는 '事增文省 正

받아 당대唐代의 관점에서 논했고, 당대唐代에 이미 편찬된 사서史書 및 가전家傳 · 비지碑誌 · 소설小說 등의 자료를 새로이 선별 · 채록하였다. 그리고 편목을 작성, 배열하고 논찬을 덧붙여 편찬함으로써 당대唐代 자체의 시대적 환경과 가치관을 반영하고 있다[31]. 이러한 서술법은『통전通典』이나『당회요唐會要』·『구오대사舊五代史』·『오대사기五代史記』가 전대에 찬술된『양서』·『수서』의 내용을 그대로 따른 것과 차이가 있다.[32]

『신당서』보다 100여 년 먼저 편찬된『구당서』신라전에서 조공 등의 사건 기술을 제외한 부분을 살펴보면, 신라를 변한弁韓의 묘예苗裔라 한 것과 왕성王城인 금성金城 주위에 3,000명의 사자대獅子隊를 배치하고 있다는 내용만을『수서』의 기록에 새로이 추가하고 있을 뿐이다. 신라를 변한의 묘예라 한 것은『당회요』에도 보이고 있어 10세기 무렵 중국인의 인식을 반영하는 것이지만『수서』의 전승을 약술한 듯한 내용에 있어서도 징병제나 회의관계 기사, 혼례 · 상제 · 물산 등의 내용을 삭제하였다. 물론

新書之失'이라 하고, 吳縝의『糾謬』에서는 '唐書 紀 · 志 · 表   則歐陽公主之傳 則宋公主之 所主旣異 而不務通知其事 故紀有失而傳不知 傳有誤而紀不見'이라고 하였다.(楊家駱 主編, 앞의 글, 18쪽의 재인용)..

31) 高柄翊, 앞의 논문, 34~35쪽.

32)『通典』은 '상태'의 기술과 조공 등 '사건'에 관한 기술이 혼합된 형태로서 나타나고 있다. 그런데 신라의 先種이라 한 진한전에서는 辰韓의 기원을 '秦之亡人'에서 찾아『三國志』·『後漢書』·『梁書』의 계통을 따르고 있으나, 신라전에서는 신라의 기원을 魏將 관구검의 침입으로 옥저지방에 도망온 고구려인들의 잔류로부터 찾고 있어『隋書』의 계통을 따르고 있다. 이와 같은 서술법은 양무제 때의 기사를『梁書』에서, 隋 文帝 때의 기사를『隋書』에서 취하면서, 신라의 풍속 · 지방제 · 물산 · 관등 등의 내용도 해당 사료의 내용을 각각의 시기에 그대로 편입시키고 있는 것에서도 나타난다. 마치 각각의 사료를 그대로 편집한 느낌이나 이는 杜佑가『양서』나『수서』에 나타난 풍속 등에 관한 기사를 각 시기의 특징적 사실로 이해했던데 기인한다. 다만 부견 때에 신라 사신 위두가 조공한 사실을 새로이 편입하고 貞觀 22년 김춘추가 조공한 사실을 추가하고 있는 것만이 기존의 사서와 다른 점이다.『당회요』의 경우 신라의 기원에 대해서는『隋書』의 그것을 따르면서도 신라인의 계통에 대하여는 '弁韓之苗裔'라 하여『양서』·『수서』와 달리『구당서』를 따르고 있다. 그러나 이렇다 할 풍속 · 제도 등의 기사는 없고 진덕왕 때부터 會昌 원년까지의 조공 사실만을 기록하고 있을 뿐이다.

이는 『구당서』 신라전이 조공관계를 중심으로 서술한 때문이라 할 수 있는데, 같은 책 경적지經籍志에서 확인할 수 있는 당대唐代의 실록實錄을 기본 자료로 삼고 조공과 책봉이라는 관계 안에서 신라사를 인식코자 한 결과라 할 수 있다. 특히 『구당서』를 찬술할 때 신라에 관한 정보는 비교적 적었던 듯한데, 『구당서』 경적지經籍志에서 배구裴矩의 『고려풍속高麗風俗』과 『봉사고려기奉使高麗記』등 고구려 관계 서적은 확인할 수 있지만 신라 관계 자료를 찾을 수 없으며,33) 양엽楊曄의 『화이제왕기華夷帝王記』와 석지맹釋智猛의 『외국전外國傳』 및 『교주이래외국전交州已來外國傳』, 법성法盛의 『역국전歷國傳』 등 신라 관계 기사가 다른 나라의 기사와 함께 실렸음 직한 서명書名만을 살필 수 있기 때문이다.34)

이에 비해 『신당서』의 내용은 상당히 구체적으로 서술되었음을 알 수 있다. 물론 그 내용에 있어서 『양서』 · 『수서』 · 『구당서』의 내용을 따른 것들도 있지만, 골품제의 모습과 시중侍中 등의 관명, 화백和白의 이름, 재상가宰相家의 경제 및 시市의 정황, 관문關門의 존재 등은 『구당서』를 포함한 이전의 사서에서는 찾을 수 없는 내용이다. 이처럼 새로운 내용이 추가된 데는 『신당서』 예문지藝文志에서 살필 수 있듯이, 『구당서』 경적지에 보이지 않는 고음의 『신라국기新羅國記』와 같은 새로운 자료들을 보완하여 서술하였기 때문이라 할 수 있다.35) 고음은 혜공왕 4년(768) 귀숭경歸崇敬을 따라 조문사弔問使로서 신라를 다녀간 인물이다.36) 그는 당시에 견문한

---

33) 池內宏은 "顧愔의 『新羅國記』는 『舊唐書』 권 46, 經籍志에 1권본으로서 저록되었고, 그 註記에 '大曆中 歸崇敬使新羅 愔爲從事'라고 있다"고 하였다.(池內宏, 1936, 「新羅の花郎について」, 『東洋學報』 24-1, 4쪽). 그러나 씨가 서술한 내용은 『구당서』 경적지에는 보이지 않고 『신당서』 예문지에만 나타나는 내용으로서 씨의 착오인 듯하다.

34) 『外國傳』과 『歷國傳』은 『隋書』 권 33, 志 28, 經籍 2에도 보인다.

35) 今西龍, 1970, 「新羅骨品考」, 『新羅史研究』, 國書刊行會, 198쪽. 그런데 『신당서』 예문지에는 고음의 『新羅國記』 외에 崔致遠의 『四六』 · 『桂苑筆耕』, 顧歡의 『夷華論』 등의 책이름도 보이는데, 최치원의 저술은 대체로 시문과 서찰류로서 『신당서』 신라전의 내용과 관련이 없으며, 顧歡의 『夷華論』의 내용은 확인할 수 없다.

36) "大曆中 歸崇敬使新羅 愔爲從事"(『新唐書』 권 58, 志 48, 藝文 2)

신라의 풍속 · 문물 등에 관한 지식을 중심으로『신라국기新羅國記』를 찬술하였을 것이고[37],『신당서』열전을 수찬修撰한 송기宋祁는 이러한『신라국기』를 바탕으로 신라전을 서술했을 것임을 예상할 수 있는데, 그 이유는 다음과 같다.

먼저『신당서』신라전에 보이는 골품에 관한 기록은 고음의『신라국기』를 바탕으로 서술된 듯하다.[38]

> 나. 그 관을 세우는 것建官은 친속親屬으로써 으뜸을 삼는다. 그 혈족은 제1골第一骨 · 제2골第二骨로 이름하여 스스로 구별한다. 형제兄弟의 여고女姑나 이종자매姨從姉妹 간에도 모두 결혼하여 처처妻로 삼는다. 왕족王族은 제1골第一骨이니 처妻 또한 그 혈족이다. 아들을 낳으면 모두 제1골第一骨이 된다. 제2골第二骨의 여자와는 결혼하지 아니하며 비록 장가든다 하더라도 항상 첩妾으로 삼을 뿐이다.

위의 기사는 일견『삼국사기』에 영호징令狐澄의 저서로서 인용된『신라기新羅記』의 "그 나라 왕족은 제1골第一骨이라 이르니 나머지 귀족貴族은 제2골第二骨이다"라고 한 기록을 생각하게 한다[39]. 일찍이 지내굉池內宏은『설부說郛』에 소개된『신라국기』의 골품제 및 화랑관계 기사를 중심으로,『삼국사기』에 영호징令狐澄의 저서로서 인용된『신라국기』를 고음의 저서라고 풀이하고, 영호징의『대중유사大中遺事』곧『정릉유사貞陵遺事』에 인용된 기사를 김부식이 잘못 이해하여 영호징令狐澄의 저서인 것처럼 서술하였다고 지적했다.[40]

---

37) 今西龍은 일찍이 "신당서 신라전 풍속기사의 자료는 2, 3에 그치지 않겠지만 그 藝文志에 실린 고음의 新羅記는 주요한 자료였을 것이다. … (고음의 신라국기는) 혜공왕대의 견문을 기록한 것이다"라고 지적한 바 있다.(今西龍, 앞의 논문, 앞의 책, 198쪽)

38) 今西龍, 위의 논문, 위의 책, 198쪽. 李基東, 1975,「新羅 中古時代 血族集團의 特質에 관한 諸問題」,『震檀學報』40 ; 앞의 책, 96쪽.

39)『三國史記』권 5, 新羅本紀 5, 진덕왕 8년.

40) 池內宏, 앞의 논문, 3~6쪽 ; 1941,「新羅의 骨品制와 王統」,『東洋學報』

따라서 『신당서』 신라전의 조공관계기사가 예문지에 보이는 당대唐代
의 실록을 바탕으로 한 것과 마찬가지로 골품관계기사도 고음의 『신라국
기』를 저본으로 하였을 가능성이 크다. 이 점은 『신당서』 예문지藝文志에
고음의 『신라국기』만이 보이고 영호징의 저서로서 『정릉유사』만 소개된
것과 흐름을 같이 한다.

둘째, 『신당서』 신라전에 보이는 재상宰相 · 시중侍中 · 사농경司農卿 · 태
부령太府令 등의 관명은 경덕왕의 관호개혁 이후의 사실을 반영하는 것으
로 생각된다. 재상宰相은 상대등을 가리키는 것이지만[41] 시중侍中은 경덕
왕 6년(747)에 중시中侍를 고친 이름이며, 태부령太府令은 경덕왕 때 조부
調府를 고친 대부大府의 장관을 가리킨다. 다만 사농경司農卿은 확인할 수
없으나, 그 시대에 농업이 큰 비중을 갖고 있었음에도 불구하고 사농부가
없음은 기이할 정도며 아마도 창부倉部와 조부調府의 경卿이 2인인 바 그
중 1인이 사농경의 직을 맡았을 가능성이 크다고 한 견해를 참조할 수
있다[42]. 또 경덕왕 때에 고친 경급卿級 관직명 중 대학감大學監의 사업司
業, 대악감大樂監의 사악司樂 등이 보이고 있어 사농경司農卿도 이러한 과
정에서 나타난 일실逸失된 관직이 아닌가 한다. 특히 대부大府 · 대학감大
學監 · 대악감大樂監 등이 혜공왕 12년에 조부調府 · 국학國學 · 음성서音聲署

28-3, 342~344쪽. 李丙燾, 1977, 『國譯 三國史記』, 乙酉文化社, 63쪽. 한편
今西龍은 "令狐澄은 신라 경문왕 · 헌강왕 무렵, 아마도 경문왕 14년 당에서
신라에 파견한 사절 중 한 사람으로, 그 견문을 기록하여 『新羅記』를 저술한
것 같다. 이 책이 반도에 전해져 김부식이 『삼국사기』를 중수할 때에 오히려
존재했으나 중국에서는 일찍이 없어진 듯하다"라고 추측하였다.(今西龍, 앞의
논문, 앞의 책, 198쪽) 그런데 『說郛』에 인용된 기사의 내용은 『삼국사기』에
인용된 것과 字句까지 거의 일치하는데, 이로 본다면 『삼국사기』가 영호징의
『大中遺事』 곧 『貞陵遺事』에 인용된 기사를 취한 것이라는 池內宏의 견해가
옳다고 여겨진다.

41) 木村誠은, 上大等 · 兵部令은 宰相 사료가 나타나는 7세기 중엽부터 재상의
지위에 있었지만, 侍中과 內省 · 御龍省私臣도 8세기 말엽부터 9세기 초에 걸
쳐 宰相의 반열에 들어섰다고 하였다.(木村誠, 1977, 「新羅의 宰相制度」, 『東
京都立大 人文學報』 118, 25~33쪽) 여기에서 宰相을 上大等이라 풀이한 것
은 『삼국사기』 직관지에 보이는 일반론을 취한 것이다.

42) 國史編纂委員會 편, 1988, 『譯註 中國正史朝鮮傳』 2, 624~625쪽.

등으로 복고되었음을 생각할 때,[43] 태부령과 사농경은 경덕왕의 관호개혁부터 혜공왕 12년까지 존속했던 관직명이라 할 수 있다. 이는 『신당서』 신라전의 관직명에 관한 기본 자료가 경덕왕·혜공왕대의 것이었음을 의미한다.

셋째, 재상가宰相家의 경제 및 시市의 정황은 중대부터 나타난 모습이라 할 수 있다.

> 다. 재상가宰相家에는 녹祿이 끊이지 않으며 노동奴僮이 3천명이다. 갑병甲兵과 우牛·마馬·저豬도 이와 비슷하였다. 가축은 해중海中의 산에서 방목하는데 모름지기 식용으로 할 때면 활로 쏘아 잡는다. 곡식을 빌려주어 이식을 붙이는데, 이를 갚지 못하면 부용하여 노비로 삼았다. … 저자市에서는 모두 부녀자가 물건을 사고 판다.

위 기사는 대체로 하대의 상황으로 추측되고 있다[44]. 그러나 가축의 해도海島 방목은, 원인圓仁이 중국 불교 성지를 순례하고 대중大中 원년(847) 일본에 돌아가는 길에 잠시 머무른 신라 남계南界의 구초도丘草嶋에 있는 '신라 제3재상第三宰相 방마처放馬處'와 안도雁嶋에 있는 '내가內家 방마지산放馬之山'을 생각케 한다[45]. 그런데 이러한 방마放馬의 장소는 이미 문무왕 9년(669) 마거馬阹 174소所를 해당 관사나 김유신 등의 신하들에게 나누어 하사한 데서도 보인다[46]. 이는 통일 직후에 베풀어진 포상의 일환으로서, 중대에 이미 방마장放牧場이 광범위하게 존재했음을 나타내며, 『신당서』의 위 기사가 하대의 사정에만 국한된 것이 아님을 드러낸다.

---

43) 李基白, 1958, 「新羅 惠恭王代의 政治的 變革」, 『社會科學』 2 ; 1974, 앞의 책, 244쪽.
44) 今西龍, 앞의 논문, 앞의 책, 198쪽. 李基白, 1957, 「新羅私兵考」, 『歷史學報』 9 ; 1974, 앞의 책, 256쪽. 李喜寬, 1990, 「新羅의 祿邑」, 『韓國上古史學報』 3, 132쪽.
45) 圓仁, 『入唐求法巡禮行記』 권 4, 大中 元年 9월 6일·8일.
46) 『三國史記』 권 6, 新羅本紀 6, 문무왕 9년.

넷째, 관문關門은 신라의 삼국 통일 이후 보편화된 축성방식이라 할 수 있다.

　라. 그 나라는 산이 수십리 이어져 있는데 그 협곡을 철합鐵閣으로써 막아 관문關門이라고 부른다. 신라는 이곳에 항상 노사弩士 수천 명을 주둔시켜 지키게 한다.

위의 기사는 신라가 동북경을 확장해 가는 과정에서 축성한 문무왕 15년(675)의 관성關城과 철관성鐵關城, 21년(618)의 탄항관문炭項關門[47] 및 일본의 침략을 막기 위해 경주 동남경에 쌓은 성덕왕 21년(722)의 관문關門[48] 등을 가리키는 것으로 판단된다. 그 밖의 성덕왕 20년(721)에 축성했다는 장성長城[49]도 관문關門을 중심으로 하여 수축한 것으로 이해되고 있다[50]. 이들은 주로 분수령의 협곡에 관문을 설치하여 통로를 차단하고 양쪽 산 줄기에 장성長城을 쌓는 방식이었다. 따라서 신라 중대의 관문關門·장성長城 등의 축성 기사는『신당서』신라전의 위 기사와 같은 성격의 것으로 판단된다[51].

결국 지금까지의 논의에서『신당서』신라전에 새로이 보이는 상태에 관한 기사들은 대체로 중대의 사정을 전하는 것으로 생각되며, 이 점 조공관계기사가 당대唐代의 실록에 기초한 것처럼 이들 기사는 혜공왕 4년 신라를 다녀간 고음顧愔의『신라국기新羅國記』를 저본으로 하였을 가능성이 크다. 그런데『신당서』신라전의 상태에 관한 기사 중에는『수서』·『양서』·『구당서』신라전의 내용도 섞여 있기 때문에, 화백和白 관계 기사가 어느 시기의 내용인지 갑자기 판단하기 어렵다. 왜냐하면『수서』신라전에 보이는 회의가『신당서』에 화백和白이란 이름으로 나타나는데, '화백和白'

---

47)『三國史記』7, 新羅本紀 7, 문무왕 15년·21년.
48)『三國遺事』권 2, 紀異 2, 孝成王.
49)『三國史記』권 8, 新羅本紀 8, 성덕왕 20년.
50) 池內宏, 1929,「眞興王の戊子巡境碑と新羅の東北境」,『古蹟調査特別報告』第6冊, 朝鮮總督府, 43~78쪽.
51) 池內宏, 위의 논문, 43~78쪽.

이란 이름은 8세기 중엽에 찬술된 『신라국기』에서 취한 것으로 생각되므로 중고기 이래 8세기 중엽까지도 화백회의가 존재했을 가능성이 높지만, 『신라국기』가 찬술된 당시에 그 이름만이 전승되었을 가능성도 배제할 수 없기 때문이다.

3. 화백회의和白會議 기사의 성격

『수서』 신라전의 상태의 기술은 진평왕대까지의 중고기의 사정을, 『신당서』 신라전에 보이는 골품제, 관직명, 재상가의 경제 및 관문 등에 관한 내용은 중대의 정황을 반영하는 것으로 추측하였다. 두 사서에 보이는 회의 관계 기사도 같은 맥락에서 이해할 수 있으리라 생각되지만, 『수서』와 『북사』, 『신당서』 신라전의 회의 관계 기사를 중심으로 그 사료적 성격을 살피기로 한다.

　마. ① 풍속과 형정, 의복은 대체로 고구려·백제와 같다. 매년 정월 아침이면 서로 축하하는데 왕은 연회를 베풀어 군관群官에게 차례로 음식을 내리며, 그 날 일월신日月神에게 인사한다. 8월 15일이 되면 악樂을 베풀고 관인官人으로 하여금 활쏘기를 시켜 말과 베로써 상을 내린다. 대사大事가 있으면 군관群官을 모아 자세히 의논하여 결정한다.52)(『수서』 권 81, 열전 46, 동이 신라)
　　② 풍속과 형정, 의복은 대체로 고구려·백제와 같다. 매월 아침이면 서로 축하하는데 왕은 연회를 베풀어 군관群官에게 차례로 음식을 내리며, 그날 일월신주日月神主에게 인사한다. 8월 15일에는 악樂을 베풀고 관인官人으로 하여금 활쏘기를 시켜 말과 베로써 상을 내린다. 대사大事가 있으면 군관群官을 모아 자세히 의논하여 결정한다.53)(『북사』 권 94,

---

52) "風俗刑政衣服 略與高麗百濟同 每正月旦相賀 王設宴會 班賚群官 其日拜日月神 至八月十五日 設樂 令官人射 賞以馬布 其有大事 則聚群官詳議而定之"
53) "風俗刑政衣服 略與高麗百濟同 每月旦相賀 王設宴會 班賚群官 其日 拜日月神主 八月十五日設樂 令官人射 賞以馬布 其有大事 則聚官詳議定之"

열전 82, 신라)

③ 8월 보름望日이면 큰 연회를 베풀어 관리들에게 음식을 내리며 활쏘기를 한다. 그 관을 세우는 것建官은 친속親屬으로써 으뜸을 삼는다. 그 족族은 제1골第一骨과 제2골第二骨로 이름하여 스스로 구별한다. … 관官은 재상宰相 · 시중侍中 · 사농경司農卿 · 태부령太府令과 무릇 17등급이 있어 제2골第二骨을 임명한다. 일에는 반드시 무리와 더불어 의논하니 화백和白이라 부르며 한 사람이라도 (의견이) 다르면 파罷한다.[54](『신당서』 권 220, 열전 145, 동이 신라)

먼저 『신당서』에 보이는 '화백和白'의 어의語義에 대하여 지금까지는 고유한 이두식 표기로 생각하여 왔다.[55] 그러나 『신당서』 신라전에 보이는 제도 · 문물 등의 명칭은, 신라의 음音을 그대로 옮기거나 한문식 표기로 나타난다. 곧 신라어의 음을 그대로 옮긴 '건모라健牟羅' '탁평啄評' '읍륵邑勒' 등과 한문식으로 표기된 '관문關門'에서,[56] '화백和白'을 한자화된 보통명사로 풀이할 수 있다.[57] 특히 건모라健牟羅 · 탁평啄評 · 읍륵邑勒 등은 신라 고유의 명칭으로서[58] 『양서』가 바탕으로 한 사료의 계통을 이었다면, 관문關門 등은 중대의 사정을 반영하는 새로운 자료 곧 고음의 『신라국기』와 같은 사서의 내용을 따른 것으로서 신라의 문물 제도가 중국화된 이후에 나타난 이름이라 할 수 있다. 이는 『신당서』 화백기사가 골품제나 관직명, 재상가의 경제, 관문 등과 함께 중대의 모습을 나타내고 있음을 의미한다.

---

54) "八月望日 大宴賚官吏 射 其建官 以親屬爲上 其族名第一骨第二骨爲自別 … 官有宰相侍中司農卿太府令凡十有七等 第二骨得爲之 事必與衆議 號和白 一人 異則罷"

55) 梁柱東, 1965, 『增訂 古歌研究』, 一潮閣, 464~465쪽. 李丙燾, 1976, 「古代南堂考」, 『韓國古代史研究』, 博英社, 638~640쪽.

56) "謂城爲侵(健)牟羅 邑在內曰啄評 外曰 邑勒" "事必與衆議 號和白" "其國 連山數十里 有峽 固以鐵闔 號關門"

57) 李鍾恒, 1972, 「和白-그 起源과 構成과 權限을 中心으로-」, 『論文集』 3, 國民大, 91쪽.

58) 李丙燾, 1959, 『韓國史 : 古代篇』, 震檀學會, 557~558쪽. 李基文, 1972, 「고대 국어」, 『改訂 國語史概說』, 民衆書館, 61쪽.

따라서 『수서』의 회의 기사가 중고기의 모습이라면, 『신당서』의 화백기사는 중대의 그것이라 할 수 있다.[59]

이러한 관점에서 위의 기사를 비교하면, 『북사』의 내용은 자구字句의 이동異同이나 탈락은 있지만 앞 장에서 살핀 찬술시기 및 그 필법과 관련하여 『수서』를 전재轉載한 것임을 알 수 있다. 그런데 『수서』와 『신당서』 회의 관계 기사는 필법상의 차이 뿐더러 회의 구성원과 소집 주체, 안건 및 의결방식이 다른 것처럼 보인다.

첫째, 소집주체가 『수서』에서는 국왕國王으로 나타나나 『신당서』에서는 분명하지 않다. 둘째, 안건에 있어서 『수서』와 『신당서』에 각각 '큰 일이 있으면其有大事' '일에는 반드시 무리와 더불어 의논한다事必與衆議'라 하였다. 이는 국가 비상시의 일을 가리키는 듯하나, 『신당서』의 경우 일반 안건도 포함되는 것처럼 느껴진다. 세째, 의결방식은 『수서』의 경우 '군관을 모아 자세히 의논하여 정한다聚群官詳議而定之'라 하여 분명하지 않고 일종 백관회의를 연상케 하나, 『신당서』에서는 '한 사람이라도 의견이 다르면 파한다一人異則罷'라 하여 만장일치제였음을 부각시키고 있다. 네째, 그 구성원이 각각 군관群官과 중衆으로 나타난다.

그러나 이는 중국인의 관점을 드러내는 것으로, 신라 본래의 화백의 기능이나 성격을 의미하지는 않는다. 『삼국사기』·『삼국유사』·금석문 등 우리의 기록에는 국왕추대 및 탄핵, 국가 중대사에 대한 대책 및 의결, 법령의 제정 등에 관한 회의관계 기사를 신라 전시기에 걸쳐서 구체적으로 살필 수 있다.

먼저 『삼국사기』 등에는 회의구성원이 신료臣僚, 군신群臣, 국인國人들로 표현되어 있는데, 회의 진행의 전말을 비교적 구체적으로 서술할 때는 신료臣僚나 군신群臣이라 하고 전후 사정의 설명이 없이 단순히 회의 사실을 나타내고자 할 때면 국인國人이라 하여 다소 분명하지 않게 서술하고 있다. 그러나 다음의 원성왕 추대 기사는 주목된다.

---

59) 池內宏, 1941, 앞의 논문, 347~351쪽.

바. ① 선덕왕宣德王이 훙薨하였으나 아들이 없어, 군신群臣들이 의논한 후에
　　 왕의 족자族子인 주원周元을 세우고자 했다.(『삼국사기』권 10, 신라
　　 본기 10, 원성왕 즉위년)
　　 ② 얼마 되지 않아 선덕왕宣德王이 붕崩하니 국인國人이 주원周元을 받들어
　　 왕王을 삼고자 했다.(『삼국유사』권 2, 기이 2, 원성대왕)

　위 원성왕 추대 기사에서, 회의 참석자를 각각 군신群臣과 국인國人으로
표현하고 있다. 이는 『삼국사기』·『삼국유사』찬술자의 필법에서 비롯하
는 것으로서 결국 신료·국인·군신들 모두 같은 성격의 집단임을 말해주
고 있다.
　『수서』와 『신당서』신라전이 대상으로 하고 있는 시기를 고려하여 이들
군신으로 구성된 중고기와 중대의 회의를 우리측 기록에서 살피면 아래와
같다.

(A)① 계미년癸未年 9월 25일 사탁부沙喙部 지도로갈문왕至都盧葛文王·사덕지
　　 아간지斯德智阿干支·자숙지거벌간지子宿智居伐干支, 탁부喙部 이부지일
　　 간지爾夫智壹干支·지심지거벌간지只心智居伐干支, 본피부本彼部 두복지
　　 간지頭腹智干支, 사피부斯彼部 모사지간지暮斯智干支 등 7명의 왕들 七王等
　　 이 함께 논의하여 敎하니, 전세前世 두 왕의 교敎로써 증거를 삼는다.
　　 재물財物을 취하는 것은 모두 절거리節居利로 하여금 얻게 할 것을 교敎
　　 한다.(「영일냉수리신라비迎日冷水里新羅碑」)
　　 ② 왕이 또한 불교를 일으키고자 하였다. 군신群臣들이 믿지 아니하고 이
　　 야기만 많아, 왕이 어렵게 여겼다. 근신近臣 이차돈異次頓이 '청하건대
　　 소신小臣을 베어 중의衆議를 정하십시오'라고 하였다. … 왕이 이에 군
　　 신을 불러 물었다. (군신들이) '지금 승도僧徒들을 보니 어린아이 머리
　　 에다 복장도 이상하며, 의논도 기이하고 허황되어 상도가 아닙니다.
　　 이제 만일 이들을 허락한다면 아마도 후회할 것입니다. 저희 신하들은
　　 비록 중죄를 받는다 하더라도 감히 왕의 명을 따를 수 없습니다'라고
　　 아뢰었다. 이차돈이 홀로, '지금 군신들의 말은 그릇된 것입니다. …
　　 불교는 깊고 오묘하여 믿지 아니할 수 없습니다'라고 말하니, 왕이 '여

러 사람의 말이 감옥牢처럼 깨트릴 수 없고, 네 혼자 다른 말을 하니, 양쪽의 의견을 모두 좇을 수 없다'라고 이르면서, 드디어 하리下吏에게 목을 베도록 하였다.(『삼국사기』권 4, 신라본기 4, 법흥왕 15년)

③ 정관貞觀 17년(643) (자장이) … 신라에 돌아와 건탑建塔의 일을 왕에게 아뢰었다. 선덕왕이 군신에게 의논하니, 군신群臣이 '백제에 공장工匠을 청한 뒤에야 가능할 것입니다'라고 하였다.(『삼국유사』권 3, 탑상 4, 황룡사구층탑)

④ 왕王의 대代에 알천공閼川公·임종공林宗公·술종공述宗公·호림공虎林公(자장慈藏의 아버지)·염장공廉長公·유신공庾信公이 남산南山 오지암亐知巖에 모여 국사國事를 의논하였다. … 신라에는 사영지四靈地가 있는데 대사大事를 의논하려 할 때면 반드시 그곳에 모여 도모하였고, (그리하면) 그 일은 반드시 이루어졌다.(『삼국유사』권 1, 기이 2, 진덕왕)

⑤ 고기古記에 이르기를, 총장總章 원년(668) 무진에 국인國人이 청한 당병唐兵이 평양平壤 교외에 주둔하면서 글을 띄워, '급히 군자軍資를 보내라'고 하였다. 왕이 군신群臣을 모아, '적국敵國에 들어가 당병唐兵이 주둔하는 곳에 이르는 것은 그 형세가 위험하다. 그렇다고 저들이 청한 식량을 보내지 않는 것도 또한 마땅하지 않으니, 어떻게 하면 좋겠는가'라고 물었다. 유신庾信이 '신臣들이 그 군자軍資를 운반할 수 있으니, 왕께서는 염려하지 마십시오'라고 아뢰었다.(『삼국유사』권 1, 기이 2, 태종춘추공)

⑥ 상원上元 원년(675) 갑술 2월 유인궤劉仁軌를 계림도총관鷄林都總管으로 삼아 신라를 치려고 했다. … 다음 해에 고종高宗이 사신을 보내어 인문仁問 등을 꾸짖고 … 원비圓扉에 가두었다. 또 연병鍊兵 50만을 설방薛邦에게 지휘케 하여 신라를 치려고 했다. 그 때에 의상대사義相大師가 불교를 배우고자 당나라에 들어가 있었는데, 인문仁問을 찾아 뵈었다. 인문仁問이 그 일을 알리니, 의상이 귀국하여 왕에게 아뢰었다. 왕이 매우 걱정하여 군신群臣을 모아 방어책을 물으니, 각간 김천존金天尊이 '근래에 명랑법사明朗法師가 용궁龍宮에 들어가 비법을 전수받았다 하니 그를 청하여 물으십시오'라고 아뢰었다.(『삼국유사』권 1, 기이 2, 문무왕법민)

(B)① 군신群臣이 '시조始祖께서 국가를 세운 이래로 국명國名이 정해지지 않
　　았습니다. 저희 신하들은, '신新'은 덕업德業이 날로 새롭다는 것이며
　　'라羅'는 사방四方을 망라한다는 뜻이니 이를 국호로 삼음이 마땅하리
　　라 생각합니다. 또, … 존호尊號가 바르지 않으니 이제 군신群臣들이
　　한 마음으로 삼가 신라국왕新羅國王의 칭호를 올립니다'라고 아뢰니,
　　왕이 이를 따랐다.60)(『삼국사기』 권 4, 신라본기 4, 지증마립간 4년)
　② 제25대 사륜왕舍輪王은 시호가 진지대왕이다. … 나라를 다스린 지 4년
　　(579) 정치가 어지럽고 황음하여 국인國人이 폐위시켰다.(『삼국유사』
　　권 1, 기이 2, 도화녀 비형랑)
　③ (진평)왕이 홍薨하였으나 아들이 없었다. (이에) 국인國人이 덕만德曼을
　　세웠다.(『삼국사기』 권 5, 신라본기 5, 선덕왕 즉위년)
　④ 진덕왕이 홍薨하니 군신群臣이 알천이찬閼川伊飡에게 섭정攝政을 청하였
　　다. 알천이 완강히 사양하였다. … 드디어 받들어 왕을 삼았다. 춘추春
　　秋가 세 번 사양하다가 마지 못하여 왕위에 올랐다.(『삼국사기』 권 5,
　　신라본기 5, 태종무열왕 즉위년)
　⑤ 효소왕이 홍薨하였으나 아들이 없었다. 국인國人이 (성덕왕을 왕으로)
　　세웠다.(『삼국사기』 권 8, 신라본기 8, 성덕왕 즉위년)

　(A)②③⑤⑥는 불교의 공인과 황룡사9층탑의 건립, 당병에 대한 군량수
송, 당병의 침략 등의 대책 마련에 관한 회의 기사로서, 왕이 군신을 소집하
여 국가의 중대 사안에 대해 논의·결정하고 있다. 이러한 모습은 『수서』
의 "(나라에) 대사大事가 있으면 (국왕이) 군관群官을 모아 자세히 의논하여
결정한다"라는 기사와 같은 형태의 것으로서, 최소한 『삼국사기』나 『삼국
유사』의 기록에 있어서 만큼은 중고기나 중대의 회의의 성격이 같았다고
할 수 있다.

---

60) 李喜寬은 이를 지증왕의 실제 즉위 기사로 풀이하였다.(이희관, 1990, 「영일
　　냉수리비에 보이는 지도로갈문왕에 대한 몇가지 문제」, 『한국학보』 60, 91~
　　92쪽) 따라서 群臣들이 한 마음으로 지증왕에게 신라국왕의 칭호를 올렸다는
　　것은, 군신들이 합의의 과정을 거쳐 지도로 갈문왕을 왕으로 추대한 사실을
　　반영하는 것으로 풀이된다.

다만 (A)①④의 경우 국왕이 참석하지 않고 군관群官들만이 회의를 열고 있어, 『수서』에서 국왕이 회의를 소집하는 형태와 어긋난다. 그러나 (A)①에서 지도로갈문왕至都盧葛文王은 왕의 궐위에 따른 왕의 대리자로서 6명의 관료들과 함께 절거리의 소유권에 관한 문제를 논의·결정하고 있어서, 『수서』의 내용과 크게 어긋나지 않는다고 할 수 있다.

(A)④의 경우 『삼국유사』에는 진덕왕대에 개최된 회의라고 서술하고 있지만, 무림공의 생존시기에 관한 문제가 있어 진덕왕대의 사실로 풀이하기에는 난점이 있다.[61] 그러나 '신라에는 사영지四靈地가 있는데 대사大事를 의논하려 할 때면 반드시 그곳에 모여 도모하였고, (그리하면) 그 일은 반드시 이루어졌다'란 구절은 『수서』의 '대사大事가 있으면 군관群官을 모아 자세히 의논하여 결정한다'는 회의 모습과 크게 어긋나지는 않는다. 오지암회의에서 논의했다는 국사國事가 무엇인지는 알 수 없으나, 국왕이 참석하지 않고 대신大臣 곧 군관群官들만 참석하는 회의가 중고기에도 있었으며, 이는 『신당서』의 '일이 있으면 반드시 무리와 더불어 의논하니'란 내용 곧 그 소집주체가 모호하여 국왕의 참석여부에 관계 없이 국사國事를 논의하는 회의에 포함될 듯하다.[62]

또한 국왕이 참석하지 아니한 회의로는 (B)의 사료에 보이는 국왕 추대 기사를 들 수 있다. 국왕 추대의 기사는 왕의 궐위로 인하여 당연히 왕이 참석할 수 없는 경우이지만, 냉수리비에서처럼 왕의 대리자가 회의를 주재했을 것임을 예상할 수 있다.[63] 따라서 국왕의 추대나 국가의 대소사를

---

61) 필자는 일찍이, 자장이 선덕왕 5년(636) 渡唐留學하기 이전에 早親二喪했으며, 오지암회의에 참석한 廉長公이 廉宗일 가능성을 들어 『삼국유사』 진덕왕조의 오지암회의가 선덕왕 초년에 개최된 것으로 추측한 바 있다.(朴南守, 1987, 「統一主導勢力의 形成과 政治改革」, 『統一期의 新羅社會硏究』, 東國大新羅文化硏究所, 105~106쪽)

62) 오지암회의의 성격에 대하여 李丙燾는 '화백회의라기보다 특수성을 띤 大臣會議'라고 풀이했고(이병도, 1959, 『韓國史 : 古代篇』, 진단학회, 556~557쪽), 李基白은 '화백으로 알려진 신라 귀족회의'로 이해하였다.(「大等考」, 1974, 앞의 책, 79~82쪽)

63) 조금 경우가 다르지만 李基白은, 법흥왕대에 상대등이 설치됨으로써 귀족회의의 주재자 내지는 의장이 왕에서 상대등으로 바뀌었다고 하였다.(이기백,

막론하고 일정한 범위의 군신들이 모여 회의하는 모습은 『수서』의 내용보다는 오히려 『신당서』의 내용이 보다 정확한 사실을 반영하는 것이라 할 수 있다. 특히 『수서』에서 국왕 추대 기사를 간과한 것처럼 서술된 것은, 『수서』 신라전이 대체로 법흥왕·진흥왕·진평왕대의 사정을 서술한 것이므로 국왕 추대의 사실을 살필 수 없었던 까닭으로 추측된다.

그런데 중고기나 중대를 막론하고 이들 회의의 의사결정은 만장일치제의 방식이 원칙이었다고 할 수 있다.[64] 곧 위의 사료 (A)②에서 법흥왕이 이차돈異次頓에게 '여러 사람의 말은 깨트릴 수 없고 너 혼자 의견이 다르니 둘 다 좇을 수 없다'라고 하여 군신의 논의를 합의로 이끌 방도를 찾고 있었던 것과, (B)①에서의 '군신들이 한 마음으로 삼가 신라국왕의 칭호를 올립니다'란 모습, 하대의 상황이긴 하지만 선덕왕宣德王이 죽고 나서 새로운 왕을 추대하는 과정에서 주원周元을 추대하는 세력과 경신敬信을 추대하는 세력이 결국 '무리가 의논하고 화합하여 세웠다衆議翕然立之'란 합의의 과정을 거쳐 원성왕을 추대하는 데에서도 동일하게 나타난다. 이러한 모습이 『수서』에서는 일종 의사규칙으로서 '자세히 의논하여 정한다詳議而定之'로 『신당서』에는 일종 의결규칙으로서 '한 사람이라도 의견이 다르면 파한다一人異則罷'로 각각 서술된 것이라 할 수 있다.[65]

그런데 회의구성원을 『수서』에서는 군관群官으로 『신당서』에서는 중衆이라 표현하여, 『신당서』보다도 『수서』가 오히려 구체적으로 서술된 것이라 할 수 있다.[66] 『수서』의 군관群官은, 냉수리비나 오지암회의기사에

「大等考」, 1974, 앞의 책, 88쪽 :「上大等考」, 1974, 앞의 책, 94~96쪽)

64) 李丙燾, 1954, 「古代南堂考」, 『서울大學校 論文集-人文社會科學-』1 ; 1978, 『韓國古代史研究』, 640쪽. 한편 池內宏은 중고기와 달리 중대 말에는 和白이 점차 형식화 되어 그 評議는 王家의 유력자에 의해 좌우되었다고 풀이했다.(「新羅の骨品制と王統」, 앞의 책, 351쪽)

65) 金麟坤, 앞의 논문, 405~408쪽.

66) 李基白은 '『수서』의 群官이란 용어는 『신당서』의 衆보다는 좁혀진 셈이다'라고 풀이하였지만(「大等考」, 1974, 앞의 책, 78쪽), 『수서』와 『신당서』가 각각 중고기와 중대의 회의 모습을 전하고 있다고 판단되기 때문에 오히려 群官이라는 특정 다수에서 衆이라는 불특정 다수로 그 참석인원이 확대된 것이 아닌가 한다.

나타나듯이, 최소한 중고기에는 소수의 귀족들에 한정할 수 있는 인원이었지만, 중대에 이르러서는 오히려 숫적으로 확대되어 이를 불특정의 다수로 인식한 결과 '중衆'으로 서술하였지 않은가 짐작되지만 본고에서는 상론을 피한다.[67]

결국 중국 사서 신라전의 회의 관계 기사는『수서』와『신당서』의 계통으로 나눌 수 있는데,『삼국사기』등에 보이는 회의 기사와 비교할 때 후자는 전자의 중고기 회의의 모습을 보완하고 있을 뿐더러 중대의 변화된 모습도 새로이 소개했음을 알 수 있다.

따라서 첫째,『수서』에서 회의의 소집주체를 국왕으로 서술한데 비해『신당서』에서 분명하지 않았던 것은, 국왕 추대에 대한 중고기와 중대의 인식의 변화를 반영한 것이라 할 수 있다. 둘째, 안건에 있어서『수서』와『신당서』에 각각 '대사大事'와 '사事'로 나타나고 있어 모두 국가 비상시의 일을 가리키는 듯하나, 냉수리비에서 짐작할 수 있듯이 화백에서 법률제정에 관한 안건도 다루었음이 주목된다. 물론 법률제정도 어떤 사건이 일어났을 때 이루어지고 있어서 일종 비상시의 일로 인정할 수도 있으나, 아마도 중앙관부가 정비되기까지는 화백에서 일반 행정업무의 의사결정도 있었던 것으로 짐작된다.[68] 따라서 반드시 대사大事가 있지 않더라도 회의가 개최된 것처럼 서술된 신당서의 기사가 보다 사실에 가까울 듯하다. 세째, 의결방식은 중고기와 중대를 막론하고 모두 만장일치제였으나,『수서』에서는 의사규칙을『신당서』에서는 의결규칙을 각각 부각시키고 있다. 그러나 이들 회의 규칙은 중고기나 중대에 있어서 큰 변화가 없었다고 보아도 좋을 듯하다. 네째, 회의 구성원의 경우 군관群官이나 중衆이

---

67) 朴南守, 1992,「신라 화백회의의 기능과 성격」,『水邨朴永錫教授華甲紀念論叢』上)에서 자세히 살피기로 한다.
68) 李丙燾는 和白에서 내린 결정을 南堂에서 집행하는 것으로 풀이하였다.(이병도, 1954, 앞의 논문, 1978, 앞의 책, 635~636쪽) 한편 李基白은, 남당의 결정이 왕을 통해 집행되었으며(1964,「稟主考」,『李相佰博士回甲紀念論叢』; 1974, 앞의 책, 137쪽), 중대에도 귀족회의는 여전히 지속되었을 것이나 정치 일선에서 후퇴하여 실권을 집사부와 그 밖의 관부에게 넘겨준 것으로 이해하였다.(「上大等考」, 1974, 앞의 책, 102~105쪽)

같은 성격의 집단으로 인정되나, 오히려 특정의 다수에서 불특정 다수로 숫적으로 확대된 것이 아닌가 짐작된다. 따라서『신당서』의 저본으로 활용되었을 고음의『신라국기』에서 이들 구성원을 '군관群官'이나 특정 성격의 집단으로 명확하게 표현하지 않고 모호한 개념의 '중衆'으로 서술한 까닭이 무엇인지 주목된다.

4. 맺음말

신라 화백회의의 기능과 성격의 변화를 밝히기 위한 전제로서『수서』와『신당서』신라전의 회의 관계 기사의 사료적 성격을 살펴 보았다. 그 결과를 정리하면 다음과 같다.

첫째,『수서』신라전의 '상태의 기술'은 진평왕대에 중국과 신라 양국 사신의 왕래를 통하여 알려진 것이며, 회의 관계 기사도 이러한 과정에서 중고기 신라의 한 모습으로 인식된 것이라 할 수 있다.

둘째,『신당서』신라전의 '상태의 기술' 중『수서』·『양서』·『구당서』등에 보이지 않는 골품제와 같은 새로운 내용은 혜공왕 4년(768) 조문사弔問使의 일원으로 신라를 다녀간 고음의『신라국기』를 바탕으로 한 것이었다고 추측하였다. 특히 재상宰相·시중侍中·태부령太府令·사농경司農卿 등의 관직 이름에서 태부령과 사농경은 경덕왕의 관호개혁부터 혜공왕 12년 관호복고 때까지 존속했던 명칭이다. 이는『신당서』가 신라 관직에 관한 기본 자료를 경덕왕 관호개혁 때부터 혜공왕 10년 사이의 기간에 취했음을 의미하며, 신라에 관한 직접 자료로서 유일하게『신당서』예문지에 소개된 고음의『신라국기』를 그 저본으로 하였음을 인정할 수 있을 듯하다. 또『신당서』에 서술된 재상가의 경제 및 관문關門도 중대에 일반화 된 것이라 할 수 있다. 따라서『신당서』신라전에 새로이 보이는 상태에 관한 기사는 대체로 중대의 사정을 반영하는 것으로서 고음의『신라국기』에서 취한 것이라 할 수 있다.

세째, '화백和白'이란 명칭은 '관문關門'과 마찬가지로 중대에 보편화된 이름으로 생각되며,『수서』의 회의 관계 기사는 중고기의 모습으로,『신당서』의 화백관계 기사는 중대의 그것으로 풀이할 수 있다.

네째, 『삼국사기』 등 우리측 기록에서 화백이라는 명칭을 찾을 수 없지만, 적지 않은 회의 관계 기사를 살필 수 있다. 이를 중국 사서의 회의 관계 기사와 비교할 때 그 형태면에서 대체로 일치하고 있음을 알 수 있다. 다만 회의의 소집주체나 안건 등에 약간의 차이가 있으나, 이는 중국 사신의 신라 국정에 대한 각 시대별 인식도의 차이에서 비롯한 것이라 할 수 있다.

곧, 『수서』의 '(국왕이) 군관을 모아 자세히 의논하여 결정한다'는 내용은 일견하여 백관회의를 연상케 하는데, 이를 중고기 신라의 특징적 모습 중의 하나로 소개한 것은 중국의 백관회의와는 다른 특이한 것으로 인식한 때문이라 할 수 있다. 한편 『신당서』에서는 8세기 중엽에 만들어진 고음顧愔의 『신라국기新羅國記』를 바탕으로 그 사정을 보다 정확하게 인식함으로써 『수서』의 내용을 보충하여 중대의 새로운 사실을 소개하고, 중국의 백관회의와 다른 형태의 회의제였음을 밝힐 수 있었던 것이라 할 수 있다.

따라서 『수서』『신당서』의 화백관계 기사는, 중국인들의 신라에 대한 제한된 인식과 관점에서, 『삼국사기』 등에 보이는 것과 같은 개별적인 회의의 모습을 일반화한 내용이라 할 수 있다. 그러므로 『삼국사기』 등 우리 기록에 화백의 명칭이 남아있지 않지만, 국왕의 추대나 불교공인, 전쟁, 법령제정, 기타 국가의 대사 등에 관한 회의를 『신당서』에 보이는 화백회의和白議와 동일한 것으로 인정할 수 있을 듯하다.

다만 『수서』와 『신당서』 신라전의 '상태의 기술'이 각각 중고기와 중대의 사정을 반영하고 있음을 고려할 때, 회의의 형태에는 큰 변화가 없다고 하더라도, 그 구성원이 군관群官이라는 특정의 다수에서 중衆이라는 불특정의 다수로 바뀐 데는 나름대로의 이유가 있을 듯하다. 특히 『수서』의 '군관群官'이란, 냉수리비·봉평비·적성비와 오지암회의 기사에서 살필 수 있듯이 그 수효가 6, 7명 내지 10여 명 안팎에 그치고 있는데, 『신당서』에서 이들을 중衆으로 새로이 표현한 것은 아무래도 숫적으로 확대된 사실을 반영하는 것으로 여겨지기 때문이다.

만일 이러한 변화를 인정할 수 있다면, 중고기의 화백회의가 대등大等이라는 특권화된 귀족 회의로 축소된다는 견해와 이를 바탕으로 8, 9세기 무렵의 재상회의를 상정하는 견해는 재고의 여지가 있어 보인다. 더욱이 근래에 발견된 봉평비와 냉수리비는 화백회의의 기능이나 성격의 일면을 밝힐 수 있는 중요한 자료로서 이용되기도 하거니와, 화백의 기능과 성격에 대한 검토는 별고를 기약한다.[69]

---

69) 朴南守, 1992,「신라 화백회의의 기능과 성격」,『水邨朴永錫敎授華甲紀念論叢』上.

신라 화백회의의 기능과 성격

1. 머리말
2. 화백회의의 기능과 변화
 1) 국왕추대   2) 국가 중대사의 결정과 법령제정
3. 오지암회의의 개최시기와 몇 가지 문제
4. 화백회의의 구성원과 그 성격
5. 맺음말

1. 머리말

　화백和白은 신라 특유의 합의 방식의 회의제로서 그 명칭이『신당서』
신라전에 "일에는 반드시 무리와 더불어 의논하는데 화백이라 부른다. 한
사람이라도 의견이 다르면 파한다事必與衆議 號和白 一人異則罷"라고 보이는
데, 이와 동일한 성격의 기사가『수서』신라전에 "큰 일이 있으면 군관을
모아 자세히 의논하여 정한다其有大事 則聚群官 詳議而定之"라고 나타난다. 이
들 기사의 대상시기 및 그 의미에 대해서는 상론한 바 있다.[1]
　곧『수서』의 기사는 진평왕대 중국 사신들의 견문을 중심으로 지증왕대
이후 진평왕대까지의 신라의 사정을 서술한 것이며,『신당서』의 내용은
혜공왕대 중국사신으로 신라를 다녀간 고음의『신라국기新羅國記』를 바탕
으로 중대 신라의 사정을 나타낸 것으로 이해하였다. 또 '화백和白'이란 명
칭은 중대에 보편화된 이름으로,『삼국사기』·『삼국유사』·금석문 등에
보이는 국왕의 추대나 불교공인·전쟁·법령제정, 기타 국가의 대사 등에

---

1) 朴南守, 1992,「新羅 和白會議 關係記事의 檢討」,『何石金昌洙敎授華甲紀念
論叢』.

관한 회의를 지칭한 것이었음을 살폈다. 물론 중국 사서에 보이는 회의의
모습은 중국인의 인식이 반영된것으로서, 각각의 시대성을 고려할 때 회
의의 형태에는 큰 변화가 없었다고 할 수 있지만, 그 구성원에 있어서 '군
관群官'이 '중衆'으로 바뀐 의미가 주목되었다.

또 근래에 발견된 중고기의 금석문에서 회의 관련기사를 살필 수 있어
이에 대한 적극적인 검토가 가능하게 되었는데, 본고에서는 우리측 기사
에 보이는 회의 관련 기사중『수서』·『신당서』의 회의 형태와 일치하는
회의를 넓은 의미의 화백회의로 상정하고.[2] 그 기능의 변화와 성격을 살
피고자 한다.

다시 말하면 화백회의의 기능이 점차 위축되는 과정을 신라 정치과정
과 관련하여 검토하고, 중고기 금석문에 나타나는 법령제정의 기능이 갖
는 의미와 행정관서로의 이관 과정, 오지암회의 개최시기에 관한 문제와
상대등의 성격 및 회의 구성원의 변화 과정을 중심으로 화백회의의 성격
을 밝히고자 한다.

---

2)『隋書』·『新唐書』新羅傳 회의관계기사에 보이는 '大事' 또는 '事'는 국가 비상
  시의 일을 가리키는 것으로 판단되어 의례화된 南堂이나 平議殿에서의 聽政
  의 형식과는 다른 것으로 생각된다. 南堂에 대해서는 일찍이 나물왕 때부터
  비롯한 것이라는 견해가 유력하며 대체로 원시집회소에서 비롯하였다고 한
  다.(李丙燾, 1954, 「古代南堂考」, 『서울大學校論文集 人文社會科學』 1 ;
  1976,『韓國古代史硏究』, 博英社, 614~636쪽) 그러나 南堂의 성격이 오히려
  중국의 明堂制와 비슷하며(李丙燾, 위의 논문, 위의 책, 635쪽 : 鄭璟喜,
  1991, 「三國時代의 原始社會論的 視覺에 대한 再檢討」, 『韓國學報』 64, 174
  ~177쪽), 儀禮化된 聽政의 형식이 후대의 百官會議와 비슷한 양상을 보이므
  로, 헌덕왕 3년(811)에 설치된 平議殿의 前身으로 이해할 수 있다. 물론 이에
  대해서는 자세한 검토가 있어야 하겠지만 중국 사서 신라전에 보이는 회의의
  형태를 인정한다면, 南堂에서의 聽政과 같은 의례화된 회의는 화백회의와 구
  별되어야 할 것으로 생각되므로 본고에서는 南堂·平議殿에서의 聽政 형태의
  회의는 논외로 한다.

2. 화백회의의 기능과 변화

화백회의의 기능에 대해서는 지금까지 국왕선거 및 탄핵, 신라가 주변 소국을 정복해 가는 과정에서 중첩된 연합·동맹적 방책의 기능, 국사논의·의결, 국정비판·감독 등으로 이해되고 있다[3]. 이러한 기능은 대체로 원시집회소 및 부족장회의에서 부족연맹 공동의 문제를 함께 논의하던 전통에서 비롯한 것이라 할 수 있으나 신라 전시기를 통하여 항상 같았던 것은 아니다. 곧 신라의 정치발전과정에 따라 그 기능과 구성원, 성격 등의 변화를 예상할 수 있으며, 일반적으로 중앙관부가 정비됨에 따라 의례적·반형식적인 기구로 변화한 것으로 풀이된다.[4]

1) 국왕 추대

화백회의는 먼저 정상적인 왕위 계승이 불가능할 때 국왕을 추대할 수 있는 기능을 지녔다고 할 수 있다. 신라 56왕 중 모두 12명이 '국인이 세웠다國人立之' '국인이 추대하였다國人推戴'의 형식으로 화백회의에서 추대되었는데[5], 이들은 전왕이 적통자嫡統者 없이 죽거나 아들이 있더라도 너무 어려 국정을 맡기기 어려운 경우, 왕위계승자가 不德한 경우에 군신의

---

3) 화백의 기능에 대한 연구사는 金麟坤이 정리한 바 있다.(金麟坤, 1980, 「화백회의의 기능」, 『사회과학』 11, 영남대 사회과학연구소, 401~405쪽)

4) 李丙燾는 '倉部의 전신인 품주가 그 본래의 임무에 과중적으로 남당의 다른 실무(행정)부분까지도 흡수하여… 남당의 기능은 …단지 군신합동체의 회의, 회견 기타 종종의 의식을 집행하는 기관으로서만 존재의 의의를 가졌던 것이다'(앞의 논문, 앞의 책, 637~638쪽)라고 하여 창부의 설치로부터, 李基白은 상대등의 임면절차나 자격, 임무 등의 변화에 주목하여 '물론 중대에도 귀족회의는 여전히 지속되었을 것이다. 그러나 그 귀족회의가 정치의 일선에서 후퇴를 하고 그 실권을 집사부와 그 밖의 관부에 넘겨준 것으로 생각한다'(1962, 「상대등고」, 『역사학보』 19 ; 1974, 『신라정치사회사연구』, 일조각, 102~105쪽)라고 하여 그 변화의 기점을 집사부가 설치된 진덕왕 5년 무렵으로 각각 파악하였다.

5) 申瀅植, 1985, 「화랑도와 화백」, 『신라사』, 이화여대출판부, 187~188쪽.

합의를 통해 즉위하고 있다.

상고기에는 이 세 가지 형태가 모두 나타나는데 상고기 22명의 왕 중 7명이 이러한 방식으로 즉위하고 있다. 이에 대해서는 화백의 합의에 도달하기 위한 어떤 원칙이 있었을 것이라는 견해6)와 화백의 합의와 갈문왕 葛文王의 추봉제追封制로써 신라 상대의 무원칙한 왕위계승 방식을 보완한 다는 견해가 있다7). 그러나 화백의 합의로 왕위에 나아간 왕 중 기년상 문제가 있는 왕을 제외하고는, 왕위를 계승할 적통자가 없을 경우에는 전 왕의 동생이나 친족 형제가, 적통자가 부덕하거나 위명이 미치지 못할 때 는 대체로 그 동생이 추대되었던 것으로 나타난다. 그러므로 이를 일반화 하기는 어려우나 화백의 합의를 위한 어떤 왕위 계승의 원칙이 있었을 것으로 추측된다.

중고기에 화백에서 국왕을 추대한 사례로는 오직 선덕여왕의 즉위과정 만을 들 수 있다. 그러나 상고기였다면 진흥왕 · 진지왕 · 진덕왕도 국인의 추대과정을 거쳐야 했을 것으로 생각되지만, 그러한 과정이 나타나고 있 지 아니한 데는 이 시기에 국왕 추대에 관한 화백의 기능에 어떤 변화가 있었기 때문으로 추측된다.

먼저 진흥왕의 즉위는 섭정제라는 새로운 방식이 나타남으로써 가능했 다. 진흥왕이 7세의 나이로 즉위할 수 있었던 것은 법흥왕비法興王妃인 왕 태후와 지증왕가계, 나아가 나물왕계 김씨왕실의 통일된 힘에 가능했다.8)

---

6) 李基白, 1962, 앞의 논문, 1974, 앞의 책, 99쪽. 한편 신라 전시기를 통하여 지속된 왕위 계승의 기본적 원칙으로서 화백의 선거기능을 들고, 국인 또는 군신이 추대한 경우 외에 전왕의 아들이 왕위를 잇는 경우에도 역시 화백의 동의를 얻었던 것처럼 풀이하는 견해(金麟坤, 앞의 논문)가 있으나, 이는 신라 사의 전개과정을 도외시하고 화백의 기능만을 너무 강조한 것이 아닌가 한다.
7) 池內宏, 1941, 「新羅の骨品制と王統」, 『東洋學報』 18-3, 348~350쪽.
8) 기왕에 필자는 이희관(1990, 「신라 상대 지증왕계의 왕위계승과 박씨왕비족」, 『동아연구』 20, 서강대 동아연구소, 92~93쪽)의 견해를 따라 '전왕인 진흥왕 이 적통자 없이 죽고 나서 그의 동생인 立宗葛文王의 아들 진흥왕이 7세의 어린 나이로 즉위할 수 있었던 것은 법흥왕의 딸인 왕태후와 지증왕 가계의 통일된 힘에 의해 가능했던 것'으로 보았으나, 천전리서석을 다루면서 법흥왕 비의 섭정을 확인할 수 있었으므로 본서에서 이에 수정하여 둔다. *보) 법흥왕

이는 왕위계승권이 범나물왕계의 혈연에서 지증왕계로 축소된 것을 의미
하며9), 지증왕계의 입장에서는 새로이 섭정제를 시행함으로써 왕권을 둘
러싼 그들 가계의 특권을 유지할 수 있었던 것이라 할 수 있다. 이러한
경향은 진흥왕 27년 태자제를 시행함으로써 고정된 듯하나,10) 진흥왕이
죽고 나서 태손 진평을 제치고 진지왕이 거칠부 등의 세력에 힘입어 즉위
함으로써 다시 상고기의 왕위계승 방식으로 돌아선 듯하다.11) 그러나 국
인國人으로 표현된 진평왕 지지세력이 진지왕을 폐위함으로써 보다 더 배
타적인 진평왕계만의 왕위계승권이 확립되었다.12) 여기에서의 국인은 일
단 화백의 구성원이라 보아도 좋을 듯한데, 이로 미루어 화백은 국왕의
부덕에 대한 탄핵의 기능도 갖추었다고 할 수 있으나 오히려 상고기에
태자의 부덕不德을 문제 삼아 다른 자격자를 국왕으로 추대하던 전통13)에
서 王者의 부덕이나 실정을 비판할 수 있었던 것으로 판단된다. 이러한
화백의 기능은 종종 국왕의 실정을 빌미로 하여 반란을 일으키는 계기로
작용하였다.

진평왕이 죽은 뒤 선덕여왕은 국인의 추대로 즉위한 것으로 나타난다.
그러나 그의 즉위과정이 결코 순탄한 것만은 아니었다. 진평왕 53년에
일어난 칠숙柒宿과 석품石品의 난亂이 아무래도 왕위계승에 관한 문제로
말미암은 듯하기 때문이다.14) 결국 난은 주모자의 참시형과 9족을 연좌시
킨 형으로써 진압되었다.15)

비의 섭정에 대해서는 본서 제1편 「울주 천전리 서석명에 나타난 진흥왕의
왕위 계승과 입종갈문왕」 참조.

9) 李基東, 1972, 「신라 나물왕계의 혈연의식」, 『역사학보』 53·54 ; 1984, 『신
라골품제사회와 화랑도』, 일조각, 80~84쪽.
10) 李基東, 위의 논문, 1984, 위의 책, 81~82쪽.
11) 金瑛河, 1988, 「신라 중고기의 정치과정 시론」, 『태동고전연구』 4, 한림대,
11쪽.
12) 申瀅植, 앞의 논문, 189쪽. 李喜寬, 앞의 논문, 101~102쪽.
13) 『三國史記』 권 1, 新羅本紀 1, 婆娑尼師今 즉위년.
14) 丁仲煥은 柒宿·石品의 亂을 왕권과 화백권의 대립에서 빚어진 것으로 풀이했
다.(丁仲煥, 1977, 「毗曇·廉宗亂의 原因考」, 『동아논총』 14, 동아대)
15) 『三國史記』 권 5, 新羅本紀 5, 眞平王 53년. 朱甫暾은, 石品이 처자를 보고자

여하튼 이러한 과정을 거쳐 선덕여왕이 즉위하였지만, 그 즉위 원년부터 종실 대신宗室大臣 을제乙祭가 국정을 총괄하고 있어 이들 세력이 선덕여왕을 추대하였을 것으로 짐작된다.[16] 여기에서 진평왕 말년에 선덕여왕의 왕위 계승 문제를 놓고 칠숙·석품의 세력과 을제의 세력이 대립하였을 것임을 예상할 수 있고, 그 대립 갈등은 화백회의에서 노골화되었을 것으로 생각된다. 여왕의 즉위 문제는 당나라와의 외교 문제로 다시 쟁점화되었고, 결국 상대등 비담과 대신 염종 등의 난을 유발시켰던 것으로 보인다[17]. 이 과정에서도 김유신 등으로 대표되는 세력이 난을 진압함으로써 다시 진덕여왕으로 하여금 왕위를 잇게 할 수 있었다. 진덕여왕의 즉위는 물론 김유신·김춘추 등의 세력에 힘입은 것이지만, 곧바로 김춘추가 즉위할 수 없었던 것은, 중고기에 새로이 수립된 왕위계승의 원칙 곧 진평왕 직계에만 왕위 계승이 한정된 배타적 성골의식 때문으로 풀이된다[18].

중고기에 형성된 성골의식은 섭정제의 실시와 마찬가지로 왕권을 안정시키는 역할을 하였다고 판단된다. 곧 섭정직을 왕의 태후나 숙부 등 왕의 족친이 맡았던데서,[19] 왕권을 둘러싼 소수 왕족이 섭정의 형식을 빌어 그들의 특권을 유지하고자 하였음을 짐작할 수 있다. 중고기에 왕족 자체의 배타적 특권을 유지하기 위한 장치로서 성골의식이 나타난 것[20]도 이

하여 돌아오다가 체포되어 형에 처해졌다는 기록으로 미루어 보아 이 때에 처음으로 연좌형이 시행되었거나, 연좌법이 이미 법흥왕대의 율령에 규정되었지만 그에 합당한 사건이 없었기 때문일 것이라는 두 가지 가능성을 상정하고, 후자일 가능성이 높다고 이해했다.(주보돈, 1984, 「신라시대의 연좌제」, 『대구사학』 25, 25~26쪽)

16) 제3장 오지암회의의 개최시기와 몇 가지 문제 참조
17) 朴南守, 1987, 「통일 주도세력의 형성과 정치개혁」, 『통일기의 신라사회 연구』, 동국대 신라문화연구소, 112~117쪽.
18) 李基東, 앞의 논문, 앞의 책, 84~89쪽.
19) ① "王幼少 王太后攝政"(『三國史記』 권 4, 新羅本紀 4, 眞興王 즉위년) ② "王卽位時 年八歲 太后攝政"(『三國史記』 권 9, 新羅本紀 9, 惠恭王 즉위년) ③ "卽位時年十三歲 阿飱兵部令彦昇攝政"(『三國史記』 권 10, 新羅本紀 10, 哀莊王 즉위년)
20) 李基東, 앞의 논문, 앞의 책, 86~87쪽.

러한 섭정제의 출현과 흐름을 같이 한다.

중대에 화백에서 국왕을 추대한 사례로는 무열왕과 성덕왕을 들 수 있다. 그 밖의 경우는 대체로 태자제에 의해 순조롭게 왕위를 잇고 있어 일견 왕권이 안정되었음을 알 수 있다. 특히 효소왕은 6세의 어린 나이로 즉위하고 있어 섭정제가 나타날 법하나[21] 그러한 기사가 보이지 않는 것은 중대의 왕권이 전제적 성격을 띠었던 것과 흐름을 같이한다. 중대 왕권의 이러한 성격은 진덕여왕이 죽고 나서 김유신 등의 군사력에 힘입어 무열왕이 즉위한데서 비롯하는 것이라 할 수 있다. 그러나 왕위계승권王位繼承圈에서 배제된 듯한 김춘추가 국인의 추대라는 방식을 통하여 즉위할 수 있었던 것은 상고기 이래로 화백이 지닌 국왕 추대의 기능을 빌미로 가능했으며[22], 성덕왕이 전왕의 동생으로서 국인의 추대를 받아 왕위에 올랐다는 사실에서 화백이 중대에도 여전히 국왕 추대의 기능을 가지고 있었음을 알 수 있다.그러나 이러한 성격이 상고기나 중고기의 그것과 같았던 것은 아니었고, 무열왕의 즉위과정에서 나타나듯이 유력자의 힘에 의해 화백회의의 결정이 좌우되었던 것이 아닐까 한다.[23]

하대에 이르러서도 그 초기에는 중대와 사정이 같았던 것으로 짐작된다. 그런데 혜공왕 말년 김지정金志貞의 난亂을 진압한 김양상金良相이 왕위에 오르고 있으나 화백 전체의 추인을 받지는 못했던 듯하다. 그러나 김경신金敬信이 김주성金周成을 제치고 원성왕에 오른 데서는, 경신이 전왕의 측근으로서 활동한 까닭에 그의 세력을 중심으로 화백을 장악하여 합의를 이끌어 냈던 것으로 풀이된다.[24]

---

21) 金英美, 1988, 「성덕왕대 전제왕권에 대한 일고찰」, 『梨大史苑』 22 · 23, 377쪽.
22) 申瀅植은 이를 'Max Weber가 지적한 擬似合法的인 代替物로서의 환호 속의 만장일치라는 가장된 합법성'에 비교했다.(신형식, 앞의 논문, 189쪽)
23) 池內宏, 앞의 논문, 351쪽.
24) 李基白은, 金敬信이 상대등으로서 가진 정치적 힘에 의한 억지로서 즉위할 수 있었다고 추측하였고(이기백, 「상대등고」, 1974, 앞의 책, 119~120쪽), 李基東은 上相을 上位에 있는 최고 집정관의 호칭으로 파악한 鈴木靖民(1974, 「金順貞 · 金邕論」, 『朝鮮學報』 45)의 견해에 동조하면서, 원성왕의 즉위 배경에는 모종의 암투와 억지가 있었을 것으로 단정했다.(이기동, 1980, 「신라

한편 경문왕의 경우처럼 전왕의 사위, 효공왕처럼 전왕의 친족, 진성여왕처럼 전왕의 여동생으로서 왕위를 잇는 사례가 나타난다. 이들은 상고기였다면 모두 국인의 추대 과정을 거쳐야 했으나 대체로 전왕의 고명顧命에 따라 즉위하고 있다. 이러한 전통은 문성왕文聖王의 고명顧命에 따라 헌안왕憲安王이 즉위함으로부터 비롯한다. 따라서 전왕이 적통자 없이 죽었을 때 그의 고명에 따라 왕통을 잇는 방식은 하대 말엽의 일반적 추세였다고 할 수 있다. 그런데 헌안왕의 '사위 응렴은 나이 비록 어리다 하나 노성老成의 덕德이 있으니 경卿들은 왕위에 세워 섬기도록 하라'25)고 이른 유언과, 정강왕이 '경卿들은 선덕善德·진덕眞德의 고사古事를 따라 만曼을 왕으로 세우는 것이 좋을 듯하다'26)고 이른 고명을 주목할 때, 하대에도 정당한 후계자가 없이 왕이 죽었을 때는 신료들이 새로운 왕을 추대할 수 있었음을 알 수 있다. 다시 말하면 헌안왕이나 정강왕의 고명은 신료들의 국왕 추대에 관한 권한을 고려한 데서 나온 것이라 할 수 있다.

결국 하대에 이르러서도 국왕의 특별한 고명顧命이 없었을 때에는 신료들이 전통적인 방식에 따라 국왕을 추대할 수 있었는데, 이후 신덕왕이 국인의 추대로 즉위할 수 있었던 것은 이러한 사정을 반영한다. 그러나 하대에는 국왕의 고명이 있었을 경우 대체로 그 고명에 따라 왕위가 이어지고 있어 중고기에 고명의 유무는 확인할 수 없으나 예외없이 국인이 추대하는 그것과 정황이 크게 달라졌음을 알 수 있다.

중대의 관료제와 골품제」, 『진단학보』 50 ; 1984, 앞의 책, 138쪽) 또 李仁哲은 群臣會議에 金敬信계통의 大等들만이 참가하여 변칙적으로 원성왕을 추대했던 것으로 추측했다.(이인철, 1991, 「신라의 군신회의와 재상제도」, 『한국학보』 65, 63~64쪽)

25) 『三國史記』 권 11, 新羅本紀 11, 憲安王 5년.
26) 『三國史記』 권 11, 新羅本紀 11, 定康王 1년.

2) 국가 중대사의 결정과 법령제정

『삼국사기』·『삼국유사』 회의 관계 기사 중 국왕을 추대 또는 폐위하는 경우 외에 국왕과 군신이 함께 모여 국가의 중요한 사안에 대해 논의하는 모습을 볼 수 있다. 이러한 경우에도 회의에 참석하는 신하들은 신료·백관·좌우·군신·조신 등으로 나타나고 있으며, 그 안건은 대체로 남당 또는 평의전에서 政刑得失을 묻는 것과 전쟁·불교공인·왕실관련·국호 및 기타 국가의 중대사에 관한 것으로서, 그 진행 방식에 따라 국왕이 군신을 소집하는 경우와 군신이 의견을 모아 국왕에게 건의하는 경우로 구분할 수 있다. 물론 이러한 표현 방식이 『삼국사기』·『삼국유사』 찬술자의 관념에 따라 고쳐진 것인지는 확인할 수 없으나, 최소한 국왕 추대 회의의 모습과는 다른 양상이었다고 할 수 있다.

그런데 일반적으로 국왕과 군신이 모여서 회의하는 모습은 국왕이 군신을 소집하는 방식이었다. 평상시에는 남당南堂이나 평의전平議殿에서 국왕이 청정聽政하는 형태를 취한 듯싶다. 그 밖의 국가 비상시에는 회의 장소 등이 명확하게 나타나지 않으나, 전쟁, 불교공인, 국가 또는 왕실에 특별한 일이 있을 때 이를 논의하고 그 대책 또는 방안이나 시행에 따른 문제점을 제시하였으며, 대체로 합의의 방식을 따랐던 것으로 보인다.[27]

한편 이러한 사안 외에도 법령 제정에 관한 회의가 있었음을 근래에 발견된 신라 중고기의 영일 냉수리신라비迎日 冷水里新羅碑(이하 냉수리비冷水里碑)·울진 봉평신라비蔚珍 鳳坪新羅碑(이하 봉평비鳳坪碑)·단양적성신라비丹陽赤城新羅碑(이하 적성비赤城碑)에서 살필 수 있다. 곧 냉수리비에서는 '7왕등七王等이 함께 논의하여 教한다'란 구절을 볼 수 있는데, 『수서』 신라전의 '대사大事가 있을 때 군관群官들을 모아 자세히 논의하여 결정한다'는 내용과 같은 유형의 회의임을 짐작할 수 있다.[28] 그런데 이들 세 금석문의 내용 구성을 비교할 때 어떤 일정한 형식의 문건이 아닌가 할 정도로 유사한 모습이다.

---

27) 朴南守, 1992, 「신라 화백회의 관계기사의 검토」, 『何石金昌洙敎授華甲紀念論叢』.

28) 李喜寬은 냉수리비에 보이는 '七王等'을 '7인의 王과 等'으로 풀이하여 '等으로 구성된 화백회의'라고 파악한 바 있다.(이희관, 1990, 가을, 「냉수리비에 보이는 지도로갈문왕에 대한 몇 가지 문제」, 『한국학보』 60, 95~96쪽)

A. 1-① 斯羅 喙 斯夫智王 · 乃智王 此二王教 用珍而麻村節居利爲證爾 令其
　　　得財教耳

　　② 癸未年 九月廿五日 沙喙 至都盧 葛文王 · 斯德智 阿干支 · 子宿智居
　　　伐干支 · 喙 爾夫智 壹干支 · 只心智 居伐干支 · 本彼 頭腹智干支 ·
　　　斯彼 暮斯智干支 此七王等 共論 教用前世二王教爲證爾 取財物 盡令
　　　節居利得之 教爾

　2-① 別教 節居利 若先死 後令其弟兒斯奴 得此財 教爾

　　② 別教 末鄒 · 斯申支 此二人 後莫更導此財 若更導者 教其重罪爾

　3-① 典事人 沙喙 壹夫智奈麻 · 到盧 · 弗須仇休 · 喙 耽須道使 心訾公 ·
　　　喙 沙夫 · 那斯利 · 沙喙 蘇那支

　　② 此七人 踪△ 所白 了事 煞牛 拔誥 故記

　　③ 村主 臾支 干支 · 須支 壹今智 此二人 世中 了事 故記 (迎日 冷水里
　　　新羅碑)

B. 1. 甲辰年 正月 十五日 喙部 牟卽智 寐錦王 · 沙喙部 徙夫智 葛文王 · 本波
　　部 △夫智 △干支 · 岑喙部 헌昕智 干支 · 沙喙部 而粘智 大阿干支 · 吉
　　先智 阿干支 · 一毒夫智 一吉干支 · 喙 勿力智一吉干支 · 愼宍智居伐干
　　支 · 壹夫智 大奈麻 · 一尒智 大奈麻 · 牟心智 奈麻 · 沙喙部 十斯智 奈
　　麻 · 悉尒智 奈麻 等 所教事

　2. 別教令 居伐牟羅 男彌只 本是奴人 雖是奴人 前時王大教法…
　　　　…若右者…其餘事種種奴人法

　3①a. 新羅六部煞斑牛謂△△事

　　b. 大人 喙部 內沙智奈麻, 沙喙部 一登智奈麻 · 慕訣 邪足智, 喙部比須
　　　婁 邪足智, 居伐牟羅 道使 辛次 小舍帝智 悉支 道使鳥婁次小舍帝智

　　c. 居伐牟羅 尼牟利 一伐 彌宜智, 波旦 組只斯村 一△智 · 阿大兮村使
　　　人 奈尒里 杖六十 葛尸条村 使人 奈等利 居尺 · 男彌只村 使人翼昃
　　　杖百 於卽斤利 杖百

　　② 悉支 軍主 喙部 △夫智 奈麻

　　③ 節書人 牟珍斯利公 吉支智 · 沙喙部 △文 吉之智

　　④ 新人 喙部 述刀 小鳥帝智 · 沙喙部 牟利智 小鳥帝智

　　⑤ 立石碑人 喙部博士 于時教之 若此省△罪於天 居伐牟羅 異知巴
　　　下干支 · 辛日智 一尺 世中了 三百九十八 (蔚珍 鳳坪新羅碑)

C. 1① △△△△月中 王教事

　　②a. 大衆等 喙部 伊史夫智 伊干△ · △△△ 豆彌智 波珎干支 · 喙部西
　　　夫叱智大阿干△ · △△夫智 大阿干支 · 內禮夫智 大阿干支 · 高頭
　　　林城在軍主等 喙部 比此夫智 阿干支 · 沙喙部 武力智 △△△ · 鄒

文村 幢主 沙喙部 導設智 及干支 · 勿思伐△△△ 喙部 助黑夫智 及
干支 節敎事

　　b. 赤城也尒次△△△△中作善庸懷勲力使作人 是以後其妻三△△△
　　　△△△△△△△許利之　四年小女師文△△△△△△△△△公兄
　　　鄒文村　巴珎婁下干支△△△△△△△後者公△△△△△△△
　　　△△異葉也 國法中分與　雖然伊△△△△△△△△子刀只小女
　　　烏禮兮撰干支△△△△△△△△使法赤城佃舍法爲之　別官賜△△
　　　△△△△△△△兮女道豆只又悅利巴小子刀羅兮△△△△△合五
　　　人之

　2. 別敎 自此後國中與也尒次△△△△△△懷勲力使人事 若其生子女子年
　　　少△△△△△△△如此白者大人耶小人耶……

　3① …△部 棄弗躭郝失利大舍,鄒文△△△△△△△△△勿思伐城 幢主
　　　使人 那利村△△△△△△△△　人勿支次阿尺
　②　書人 喙部△△△△△△△△人
　③　石書立人 非今皆里村△△△△△△△△智大烏之　(丹陽赤城碑)

　위 세 비문의 내용은 크게 敎(1)와 別敎(2), 입비관련인立碑關聯人
(3)의 세 부분으로 나눌 수 있는데, 이를 도시하면 다음과 같다.

【표1】　비문의 내용 구성

	영일 냉수리비(A) 지증왕 4년(503)	울진 봉평비(B) 법흥왕 11년(524)	단양 적성비(C) 진흥왕 12년(551)이전[29]
1	敎의 大綱① 敎의 주체②	所敎事 주체	王敎事① 節敎事 주체② 節敎事 내용③
2	別敎①②	別敎令	別敎
3	典事人의 구성① 立碑儀式② 立碑관련자③	立碑儀式①-a 典事人의 구성①-b 行　刑①-c 立碑관련자②③④⑤	'典事人'의 구성① 立碑관련자②

---

29) 李基東, 1978,「신라 관등제도의 성립연대 문제와 적성비의 발견」,『역사학

이들 세 비문은 위의 [표 1]에서 볼 수 있듯이 같은 형식의 문건으로 이해할 수 있으며, 신라 법령을 공시하는 성격이 강하다.

영일냉수리비의 법령에 관한 내용구성은, 'A.1.-① 사라斯羅의 탁부 사부지왕과 내지왕 두 왕의 교教로써 진이마촌珍而麻村 절거리節居利에게 증거로 삼아 그로 하여금 재물을 얻도록 하는 교教이다.30) ② 계미년 9월 25일 사탁 지도로갈문왕 등 7왕들이 함께 논의하여 교教를 내리니, 전세前世 두 왕의 교教로써 증거를 삼아 재물을 취함에 모두 절거리로 하여금 얻도록 교教한다. 2-① 별교別教하기를 절거리가 만일 먼저 죽으면 그 뒤에 그의 아우 아사노(혹 아우의 아이 사노)가 이 재財를 얻도록 교한다. ② 별교別教하기를 말추·사신지 이 두 사람은 후에 다시 이 재財를 말하지 말 것이니 만일 다시 말하는 자는 중죄重罪로 다스릴 것임을 교한다'라고 풀이된다. 여기에서의 교教는 지금의 법령에 준하는 성격의 것으로서, 비록 성문화된 것이 아닐지라도 진이마촌珍而麻村 절거리節居利에 관한 법을 다시금 확인하는 일종의 판례라고 할 수 있다. 곧 절거리의 재산권에 대한 분쟁이 일어나자 기왕의 법령으로서 전해오던 사부지왕과 내지왕의 教에 근거, 7왕 등이 함께 의논하여 분쟁을 해소하면서 그 구체적인 새로운 결정사항을 별교別教로서 확정하고 있다고 할 수 있다. 그런데 7왕등七王等의 의미에 대한 여러 가지 해석이 있으나,31) 대체로 이러한 분쟁이 있을 때 소집되는

보』 78 ; 1984, 앞의 책, 384~385쪽.

30) 金永萬은 '… 두 왕이 교시를 내리셨으니, 진이마촌 절거리(의 말)로서 증거를 삼아 그로 하여금 財物을 얻게 하라는 教示였다'라고 풀이했고(1990, 「영일 냉수리비의 어문학적 분석」, 『한국고대사연구』 3, 77쪽), 李宇泰는 節居利의 나이와 관련하여 '사부지왕과 내지왕의 教를 써서(증거로 하여) 진이마촌 절거리를 위하여 증명한다. 그로 하여금 財를 갖도록 명령한다'라고 이해했는데 (1991, 『신라 중고기의 지방세력 연구』, 서울대 박사학위 청구논문, 57쪽), 대체로 후자의 견해가 타당한 것으로 생각된다.

31) '七王等'을 崔光植은 '七主等'으로 석독하였으나(1990, 「영일 냉수리비의 석문과 내용 분석」, 『삼국유사의 현장적 연구』, 신라문화선양회, 31쪽),대체로 '七王等'으로 석독한 것이 옳을 듯하다.(1990, 『한국고대사연구』 3) 다만, 그 의미에 대해 鄭求福(「영일 냉수리신라비의 금석학적 고찰」, 『한국고대사연구』 3, 43쪽)·朱甫暾(1990, 「6세기 초 신라 왕권의 위상과 관등제의 성립」, 『역사

회의 구성원으로 생각할 수 있으며, 이들이 직접 진이마촌에 가서 분쟁을 해결하였다기 보다는 7인의 전사인典事人으로 하여금 그들의 결정 사항을 진이마촌에 전달케 하고 일종 성문법안으로서 본비를 세우게 했던 것으로 생각된다.32) 이러한 사정은 봉평비에서도 대체로 같은 형식으로 나타난다. 곧 'B.1. 모즉지매금왕牟卽智寐錦王 이하 고급관료들이 소교사所敎事하고, 2. 별교別敎하기를 거벌모라居伐牟羅 남미지男彌只는 본래 노인奴人이었는데 전시前時에 왕이 대교법大敎法을 내려 …하였으니 …하도록 하되, 만일 우右와 같은 자는 …할 것이니 그 나머지 일은 종종의 노인법奴人法에 따라 행하라'고 하여 냉수리비와 대체로 같은 서식書式이라 할 수 있다. 다만 냉수리비에 (매금)왕이 나타나지 아니하고 '7왕등七王等'만이 나타나고 있음은 지적되고 있다시피 지증왕이 『삼국사기』 기년紀年으로 지증왕 4년에 실제로 즉위한 까닭으로 풀이된다.33)

이상의 두 비문에서 매금왕寐錦王 또는 왕王의 대리인과 신료臣僚들이 함께 모여 절거리의 재산권에 대한 분쟁이나 왕王의 교敎란 형식으로 전해지는 법령(노인법奴人法)을 논의하여 그 세부규정 곧 일종의 판례를 새로이 제정하고, 법령의 준수를 살우殺牛의 의식으로 서약케 함과 아울러 실제적인 형률刑律로써 주지시키고 있다.34) 다시 말하면 이러한 법령이 어떤 정연한 체계하에 있었던 것은 아니고, 그 시행과정에서 영숙의 성격을 띤

교육논집』 13·14, 248~251쪽) 등은 지증왕 4년 신라국왕의 칭호가 결정될 때까지는 干群의 신료들도 '王'으로 불리워졌다는 사실을 반영하는 것으로, 李喜寬은 '七人의 王과 等'으로 풀이하여 等으로 구성된 和白會議의 존재를 확인한 것으로 풀이했다.(이희관, 1990, 「냉수리비에 보이는 지도로갈문왕에 대한 몇가지 문제」, 95~96쪽) 金義滿도 후자의 견해에 동의를 표한 바 있다.(1990, 「영일 냉수리비와 신라의 관등제」, 『경주사학』 9, 동국대 국사학회, 12~22쪽)

32) 이기동, 지정토론, 『한국고대사연구』 3, 107~108. 李宇泰, 앞의 논문, 57~58쪽.
33) 鄭求福, 앞의 논문, 43쪽. 朱甫暾, 1989, 「영일 냉수리신라비에 대한 기초적 검토」, 『신라문화』 6, 19~22쪽 : 1990, 「6세기 초 신라 왕권의 위상과 관등제의 성립」, 248~251쪽. 李喜寬, 1990, 「영일 냉수리비에 보이는 지도로갈문왕에 대한 몇가지 문제」, 92쪽.
34) 申鐘遠, 1990, 「6세기 초 신라의 희생례」, 『진단학보』 70, 2~7쪽.

왕王의 교教에 근거하여 일종 격식格式을 제정하고 이에 따라 형刑을 주지 하는 것이었다. 따라서 이들 비문에 보이는 신라의 법률은 영令과 격식格式 이 중심이 되는 체계였다고 할 수 있다.[35]

한편 단양적성비는 모년 모월 중에 왕이 교教한 내용을 중심으로 대중등 大衆等 이사부지 등의 신료들이 다시 교教하면서 그 세부규정 곧 별교別教를 제정하고 있는 내용으로 풀이된다.[36] 곧 왕이 법령의 대강大綱으로서 교教 를 내리고, 대중등大衆等으로 표현된 신료들이 이에 따라 그 세부 법안을 작성한 것이라 할 수 있다. 이는 냉수리비・봉평비에서 전왕이 결정한 법령에 따라 당시의 왕과 신료들이 다시 그 법령을 확인하고 세부의 새로 운 판례를 남기는 전통에서 비롯한 것이며, 일견 국왕國王의 교教만으로 법령의 권위를 높임으로써 살우煞牛의 의식을 대신하고 있어, 왕의 권위가 이미 전대前代 두 비의 경우와 달라졌음을 알 수 있다.[37]

---

35) 신라 律令에 대한 研究史는 朱甫暾, 1984, 「신라시대의 연좌제」, 『대구사학』 25, 15~19쪽 참조. 李基白은 법흥왕대 율령에 17官等制・百官의 公服制・骨 品制 등에 대한 규정이 포함되었을 것으로 간주하여 令이 중심이 되는 체제로 보았으며(1967, 『한국사신론』 ; 1990, 同 新修版, 69쪽), 李鍾旭은 지증왕 이 전에 신라의 율령이 형성된 것으로 파악하여 법흥왕대의 율령을 신라의 고유 법으로 이해하였다.(1983, 「신라 중고기의 골품제도」, 『역사학보』 99・100, 27~30쪽) 金龍善은 법흥왕대의 율령은 격식까지도 포함되는 것으로 짐작했 다.(1982, 「신라 법흥왕대 율령 반포를 둘러싼 몇 가지 문제」, 『가라문화』 1, 129쪽) 한편 朱甫暾은 법흥왕대의 율령은 律이 그 중심이 되어 令을 變改시켜 가면서 점차 발전된 것으로 보았다.(1984, 「신라시대의 연좌제」, 19~23쪽)
36) 南豊鉉은 '節敎事'의 '節'을 '성벽 축조공사를 지휘 감독했다'는 의미로 풀이하 여 어떤 공사를 지휘 감독했다는 의미로 보았다.(1978, 「단양 적성비의 해독 시고」, 『사학지』 12, 단국대 사학회, 18쪽) 물론 '節'은 지휘・감독의 뜻을 지 니고 있는 것으로 생각되지만, '節書人' 등의 경우처럼 '…을 책임지고'란 의미 로도 풀이된다. 그러므로 본 비문의 '節敎事'는 '(王)敎事를 책임지고' 또는 '敎 事를 위임받고'란 의미로 이해할 수 있다. 이렇게 풀이할 때 그 체제나 성격으 로 보아 냉수리비・봉평비의 내용과 크게 어긋나지 않는다고 생각된다. 다만 節敎事 이하의 사료 [C-②-b]의 내용이 王敎事인지, 아니면 大衆等이 내린 敎의 내용인지 분명하지 않다. 그러나 어떠한 경우라도 別敎의 내용은 냉수리 비・봉평비와 마찬가지로 대중등이 결정하여 내린 것으로 판단된다.
37) 金羲滿은 냉수리비・봉평비와 적성비에 보이는 회의 주재자에 주목하여, '적

그러나 [표 1]에서 확인할 수 있듯이 비문의 서식은 일종 공식령公式令이 있었지 않을까 할 정도로 냉수리비·봉평비와 유사하다. 이는 서식이나 법령의 제정과정이 중고기를 통하여 큰 변화가 없었음을 반영하며, 법흥왕 7년에 반포되었다는 율령은 신라 고유의 법체계를 중국식 율령의 틀속에 체계화시킨 것이었음을 의미한다. 그후 무열왕 원년(654) 이방부령理方府令 양수良首 등에게 율령律令을 상작詳酌하여 이방부격理方府格 60여 조를 수정修定케 했다는 것38)은, 중고기에 판례의 형식으로 제정된 고유의 법체계를 중국화한 것이라고 할 수 있다.39)

결국 중고기 세 종류의 금석문에서 거칠기는 하지만 중고기의 법령제정 과정을 짐작할 수 있었다. 곧, 법흥왕 7년의 율령반포律令頒布와 관련하여 위 비문에 보이는 절거리節居利의 재산권이나 노인법奴人法·전사법佃舍法에 관한 왕의 교敎를 일종 교사령敎事令에 포함하는 영令으로, 군신群臣들이 이러한 영令을 바탕으로 논의 결정한 별교別敎를 격식格式으로, 그리고 이러한 법령의 시행을 위한 형벌규정 내지 처벌안을 형률刑律로 각각 이해할 수 있다. 그러므로 신라의 율령 반포 이전에 이미 그에 상응하는 법안의 제정·시행과정이 있었음을 확인할 수 있다. 이로 미루어 보아 지증왕 3년의 순장금지법殉葬禁止法과 동왕 5년의 상복제喪服制 등의 제정 및 시행안40)까지도 화백이 관여했을 가능성이 높다. 또 법흥왕이 불교를 공인코

성비 단계에서는 이미 그 정치 사회적 성격이 중앙집권력의 강화로 인하여 等의 성격에도 많은 변화가 있었음을 엿볼 수 있다. 이는 적성비의 건립 연대로 추정되는 550년을 전후한 어느 시기부터 왕권이 보다 강화되어 강력한 중앙집권적 귀족국가로의 체제가 확립되었음을 말해준다고 하겠다.'고 단정한 바 있다.(김희만, 앞의 논문, 21쪽) 씨가 각 비문에 보이는 회의 주재자의 변화에 주목한 것은 정당한 이해라고 생각되지만, '等'의 존재 여부에 대해서는 좀더 천착했어야 했을 것이다. 한편 초전기 신라불교의 성격을 살피면서, 황초령·마운령비의 '沙門道人 法藏·慧忍'에 주목하여 봉평비의 살우의식의 단계보다 황초령·마운령비가 건립된 당시의 왕권이 보다 강화되었다고 살핀 견해를 참고할 필요가 있다.(金英美, 1991, 『신라 아미타신앙 연구』, 이화여대 박사학위청구논문, 8~13쪽)

38) 『三國史記』 권 5, 新羅本紀 5, 太宗 武烈王 원년.
39) 李基東, 1980, 앞의 논문, 1984, 앞의 책, 120~121쪽.

자 했을 때 '조신朝臣들이 (왕의) 깊은 뜻을 헤아리지 못하고 오로지 나라를 다스리는 대의大義만을 준수하여 건사建寺의 신략神略을 따르지 않는다'라고 하였다. 그리고 신하들이 불교 공인을 반대하는 근거로서 일종 법령이 었을 것으로 추측되는 '나라를 다스리는 대의理國之大義'를 들고 있는데,[41] 이는 법령을 근거로 하여 국왕의 행동을 규제할 수 있었음을 의미한다. 따라서 연좌제의 시행이나 형률의 제정에도 고구려와 마찬가지로 화백이 관여했을 가능성이 높다.[42]

그러나 진덕왕 5년 법령제정의 전담부서인 좌리방부左理方府가 새로이 설치되면서[43] 이에 관한 화백和白의 기능은 소멸되고 단지 이들 법령에 따라 개별사안에 대한 적법여부만을 논의하였을 것으로 짐작되는데, 문성왕이 장보고의 딸을 왕비로 받아들이고자 할 때 조신朝臣들이 장보고의 신분문제를 제기하여 왕으로 하여금 이를 포기케 한 것[44]은 바로 이러한 사정을 반영하는 것으로 풀이된다.

---

40) 『隋書』 新羅傳에 보이는 '상태의 기술'은 진평왕대까지의 중고기의 사정을 반 영하는 것으로 생각되어(朴南守, 1992, 앞의 논문), 같은 책에 보이는 신라 상복제의 규정은 『三國史記』 권 4, 新羅本紀 4, 智證麻立干 5년조의 상복법 규정인 것으로 짐작된다.

41) 『三國遺事』 권 3, 興法 3, 元宗興法.

42) 고구려에서는 "有罪 諸家評議 便殺之 沒入妻子爲奴婢"(『三國志』 30, 魏書 30, 고구려전)라고 했는데, 冷水里碑의 사료 [A.2-②]의 "後莫更導此財 若更導者 教其重罪爾"의 결정이나 鳳坪碑의 사료 「B.3-①-c」의 처벌 형량에 관한 내용 등에서, 신라도 고구려와 흡사하게 화백에서 형벌 등을 결정했을 것임을 짐작 할 수 있다. 또 赤城碑에 보이는 사료「C.2」의 "若其生子女子年少△△△△△ △△如此白者大人耶小人耶…"도 냉수리비의 형벌에 관한 내용과 비슷한 것 으로 생각되지만, 비문의 결락으로 확인할 수 없다.

43) 『三國史記』 권 38, 雜志 7, 職官 上.

44) 『三國史記』 권 11, 新羅本紀 11, 文聖王 7년.

3. 오지암회의의 개최시기와 몇 가지 문제

문헌사료에서 유일하게 중고기 회의모습을 구체적으로 전하는 오지암 회의기사는 매우 특이한 성격을 드러낸다. 이 회의의 개최시기에 대해서는 무림공茂林公의 졸년卒年과 관련하여 몇 가지 의문이 있지만[45] 중고기 신라 화백회의의 성격을 살필 수 있는 자료로서 일찍이 주목하여 왔다.

> 왕의 대에 알천공閼川公·임종공林宗公·술종공述宗公·호림공虎林公(자장慈藏 의 아버지)·염장공廉長公·유신공庾信公이 있었는데 남산南山 오지암亐知巖에 모여 국사國事를 의논했다. 그 때 큰 호랑이가 그들 좌중에 달려드니, 제공들 이 놀라 일어났으나 알천공閼川公은 조금도 움직이지 않고 담소하면서 태연 히 호랑이 꼬리를 잡아 땅에 쳐서 죽였다. 알천공閼川公의 힘이 이와 같아 석수席首에 앉았으나 제공은 모두 유신의 위엄에 복종했다. 신라에 네 영지靈 地가 있는데 대사大事를 의논하려 할 때면 대신大臣들이 반드시 그 땅에 모여 서 도모했다. 그러면 그 일은 반드시 이루어졌으니, 첫째는 동쪽의 청송산靑 松山이며 둘째는 남쪽의 오지산亐知山, 셋째는 서쪽의 피전皮田, 넷째는 북쪽 의 금강산金剛山이다. (『삼국유사』 권 1, 기이 2 진덕왕)

여기에 참여한 6명의 제공諸公들은 진덕왕대 화백회의和白會議의 구성원으로서, 진덕왕 1년에 상대등上大等이 된 알천공閼川公을 중심으로 대등大等의 후신인 대신大臣들이 본 회의에 참석하고 있는 것으로 풀이되고 있다.[46] 한편 다른 관점이긴 하나 자장慈藏의 아버지 호림공虎林公에 주목하여, 동同 자장정률조慈藏定律條나 『속고승전續高僧傳』에서 자장의 출가동기를 조상이친早喪二親에서 구한 사실과 위 기사의 내용이 어긋나기 때문에, 오히려 『삼국유사』와 『속고승전』의 기사를 두찬杜撰으로 돌리고 「황룡사 구층목탑찰주본기皇龍寺九層木塔刹柱本記」(이하 「찰주본기刹柱本記」)에서 자

---

45) 朴南守, 1987, 「통일 주도세력의 형성과 정치개혁」, 『통일기의 신라사회연 구』, 동국대 신라문화연구소, 105~106쪽.

46) 李基白, 1962, 「대등고」, 『역사학보』 17·18 ; 1974, 앞의 책, 78~88쪽 : 「상 대등고」, 1974, 앞의 책, 94~95쪽.

장의 출가 동기를 구하면서 위 오지암회의의 개최시기를 진덕왕대로 인정한 견해도 있다.[47]

위 회의에서 논의했다는 국사國事와 사영지四靈地에서 논의한다는 대사大事는 일견『수서』신라전에 보이는 '국유대사國有大事'를 생각케 한다. 또 사영지四靈地에서 회의를 개최함으로써 그 성사될 것을 도모했다는 것이, 법령이 엄히 지켜질 것을 살우의식으로써 하늘에 서약하는 냉수리비·봉평비의 내용과 흐름을 같이 하는 것으로 판단되므로, 이를 중국사서에 보이는 화백회의로 규정할 수 있다.[48]

그런데 위 기사는 중고기 화백회의의 성격을 밝히는 주요한 자료로서 이용되어 왔음에도 불구하고, 그 개최시기에 대한 몇 가지 의문점을 간과한 채로 이해함으로써 알천閼川이 상대등의 자격으로 위 회의를 주재한 것처럼 이해하여 왔다.[49] 이에 위 오지암회의의 개최시기와 성격을 다시 검토하여 그 사적 의미를 명확히 하고자 한다.

첫째, 위 기사의 '왕지대王之代 운운云云'과 같은 서술법을『삼국유사』에서 적지 않게 찾을 수 있는데, 그 내용 중 시간의 선후관계가 분명하지 않은 기사를 쉽게 발견할 수 있다. 곧 이서국伊西國의 신라 내침을 기이편紀異篇 이서국조伊西國條에는 제3대 노례왕弩禮王 14년이라 하고 동同 미추왕味鄒王 죽엽군竹葉軍조에는 제14대 유리왕대儒理王代의 사실이라 한 점,[50] 중국 의관衣冠·아홀牙笏의 착용을 태종무열왕대太宗武烈王代라고 서술한 점,[51] 죽지랑竹旨郎이 화랑시절에 있었던 일을 마치 효소왕대孝昭王代의 사

---

47) 申鍾遠, 1982,「자장의 불교사상에 대한 재검토」,『한국사연구』 39, 5쪽.

48) 朴南守, 1992,「신라 화백회의 관계기사의 검토」.

49) 李基白,「상대등고」, 1974, 앞의 책, 94쪽.

50) 伊西國의 新羅 來侵을『三國史記』新羅本紀에는 儒禮尼師今 14년조의 사실로 서술하였으나, 同王 즉위년조에 "古記 第三·第十四 二王同諱 儒理或云儒禮 未知孰是"라고 하여 본래 古記의 기록에 문제가 있음을 지적하였다.

51) 중국의 의관과 아홀의 착용은『三國史記』권 5, 新羅本紀 5, 眞德王 3년조의 "始服中朝衣冠"과 同王 4년조의 "以眞骨在位者 執牙笏"에 해당하는 것인데도,『三國遺事』에서는 紀異 1, 太宗 春秋公條에 "太宗 卽位初…是王代 始服中國衣冠牙笏 乃法師慈藏請唐帝而來傳也"라고 하여 마치 武烈王 때의 사실인 것처럼 서술하고 있다.

실인 것처럼 기록한 것[52] 등을 살필 수 있다. 따라서 『삼국유사』에 '왕지대王之代 운운云云'이라 하여 서술한 것이 항상 사실과 일치하는 것은 아니다.

특히 위 기사는 진덕왕이 즉위하여 당태종唐太宗에게 올린 태평가太平歌에 뒤이어 기록되어 있어 그 내용의 일관성을 찾기가 힘들며, '알천공閼川公의 힘이 이와 같아 석수席首에 앉았으나 제공은 모두 유신의 위엄에 복종했다'라고 하여 그 중심 소재가 알천공의 완력을 드러내는데 역점을 두고 있는 듯 하면서도 유신공의 위엄을 강조하고 있으므로, 오히려 김유신이 김춘추와 함께 권력을 잡은 이후에 윤색된 것이 아닌가 한다. 곧 여섯 명의 대신들의 기재순서가 일종 서열을 반영하는 듯한데도,[53] 말석이 김유신을 수석의 알천보다 우위에 있는 것 처럼 서술한 데는 후대의 윤색으로 말미암은 것으로 풀이되기 때문이다.

둘째, 회의에 참석한 대신大臣들 중 임종공林宗公 · 술종공述宗公 · 무림공茂林公의 주된 활동시기가 진평왕대였고, 알천공閼川公[54]과 유신공庾信公[55]

---

52) 『三國遺事』권 2, 紀異 2, 孝昭王代 竹旨朗條에는 "第三十二 孝昭王代 竹曼朗之徒有得烏級干…"이라 하였으나, 죽지랑이 화랑으로 있었던 것은 진평왕대였을 것이라는 견해가 일반적이다.(三品彰英, 1974, 「花郎の本質とその機能」, 『新羅花郎の硏究』, 平凡社, 65쪽 : 朱甫暾, 1984, 「신라시대의 연좌제」, 30쪽)

53) 李基白, 「대등고」, 1974, 앞의 책, 80쪽.

54) 閼川公에 관한 기록은 선덕왕 5년(636) 角干으로서 將軍이 되어, 獨山城을 습격코자 하는 백제 于召의 부대를 甲士 500인으로 掩擊盡殺하는 戰果를 올리면서부터 비롯한다. 그후 선덕왕 6년 대장군으로 승진하여 그 이듬해 고구려의 七重城 공격을 무찌르고, 毗曇 · 廉宗亂이 진압된 진덕왕 원년(647)에 上大等에 보임되었으며, 진덕왕이 재위 8년만에 죽자 攝政을 청하는 群臣들의 논의를 물리치고 김춘추를 왕위 계승자로 추대했다.

55) 庾信公은 그의 관력뿐더러 생몰연대까지 확인할 수 있다. 곧 진평왕 建福 12년(595) 舒玄과 肅訖宗의 딸 萬明夫人의 사이에 태어나 建福 46년(629) 波珍湌 龍春 및 蘇判 舒玄 등과 함께 中幢幢主로서 낭비성공격에 참여하고, 선덕왕 11년(642)에는 押梁州 軍主에 보임되었다가 동왕 13년(644) 蘇判이 되었고 곧이어 상장군에 임명되었다. 그후 선덕왕14년(645) 上州將軍에 보임되고 선덕왕16년(647) 大臣 毗曇 · 廉宗亂을 진압하였으며, 진덕왕 원년(648) 伊湌으로서 押梁州 軍主 兼 上州行軍大總管이 되었고 진덕왕이 죽자 김춘추를 추대하여 즉위시켰다. 그후 문무왕 7년(660) 알천의 후임 金剛이 죽자 상대등에

은 선덕왕 때부터 그 활동이 두드러진다는 점이다.

임종林宗은 진평왕 19년(597) 무렵에 이미 간간角干으로 나타나고 있어 과연 진덕왕 때까지 활동할 수 있었는지 의문이다. 곧『삼국유사』기이편 紀異篇 도화녀 비형랑桃花女 鼻荊郎조에 따르면, 진지왕이 폐위되어 죽은 3년 뒤 곧 진평왕 3년(581) 무렵에 사량부沙梁部 서녀庶女인 도화녀桃花女와 진지왕眞智王의 혼魂이 맺어짐으로써 비형鼻荊이 태어났는데, 이를 진평왕이 거두어 궁중에서 기르다가 나이 15세가 되자 집사執事에 임명했고, 비형이 그와 어울리던 길달吉達이란 귀鬼를 추천하자 길달吉達을 집사로 삼아 자식이 없던 각간角干 임종林宗에게 사자嗣子로 들이게 했다고 한다. 이 설화에서 임종林宗이 길달吉達을 양자로 삼은 때가 비형의 나이 15세 무렵이므로 진평왕 19년(597)에 해당한다. 이때에 임종林宗이 이미 각간으로서 진평왕의 측근으로 활동하고 있었음은, 진덕왕 1년(647)을 기준으로 하여 50년 전이므로 김유신이 문무왕 4년(664) 69세의 나이로 치사致仕코자 한 사실에 비추어 과연 임종林宗이 진덕왕대까지 국정에 참여할 수 있었을까 의문이다.[56]

술종공述宗公은 죽지竹旨의 아버지로 삭주도독사朔州都督使를 지냈다는 기록 외에 안혜安惠 등 네 대덕大德 및 김유신金庾信·김의원金義元 등과 함께 원원사遠源寺를 창건했다는 기록만이 전한다. 그런데『삼국유사』죽지랑竹旨朗조 기사에서 술종공述宗公은 진평왕대에 이미 군주軍主에 임명되었던 것으로 풀이되며,[57] 같은 책 명랑신인明朗神印조의 원원사遠源寺 창건 사실

취임하였고 문무왕 13년(673) 79세의 나이로 운명하였다. 이러한 김유신의 관력은 신김씨의 세력신장과정이기도 하였지만 龍春－春秋로 이어지는 진지왕계의 세력성장과정과 밀접히 관련된다.

56) 吉達이 15세의 鼻荊朗과 어울렸다는 기록에서 진평왕 19년(597) 무렵 길달은 15세 정도의 나이였을 것으로 짐작된다. 15세 정도의 양자를 들일 수 있는 나이라면 최소한 35세는 넘어야 할 것으로 생각된다. 林宗公이 진평왕 19년 (597) 당시에 35세 정도였다고 하더라도 선덕왕 1년(632)에는 70세 정도, 진덕왕 1년(647)에는 85세가 된다.

57) 三品彰英, 앞의 논문, 65쪽. 李鍾旭, 1986,「삼국유사죽지랑조에 대한 일고찰」,『한국전통문화연구』2, 효성여대 한국전통문화연구소, 208〜210쪽.

도 김유신 당대가 아닌 후대의 윤색이란 견해가 유력하다.[58] 다만 술종공述宗公이 김유신金庾信과 함께 원원사遠源寺란 원찰願刹을 창건했다는 속전俗傳은 두 인물이 정치적으로 밀착되었음을 반영하는 것으로 생각된다.[59]

무림공茂林公은 주지하다시피 자장慈藏의 아버지로서 청요직淸要職을 두루 역임한 진골 소판眞骨 蘇判이었다. 그는 후윤後胤이 없자 천부관음千部觀音을 모셔 서원함으로써 선종랑善宗郎 곧 자장慈藏을 낳았다고 하는데[60] 달리 자장의 누이로서 법승랑法乘娘이 있었다고 한다.[61] 그러나 그의 생몰연대는 거의 알 수 없으며 오직 선덕왕 때부터 그의 아들인 자장의 활동이 본격적으로 나타난다. 만일 무림공茂林公의 활동시기를 자장의 출가 이전 곧 선덕왕 5년을 전후한 시기까지라고 한다면, 그의 아들 자장慈藏과 외손자 의안義安[62] · 명랑明朗[63]으로 이어지는 행적이 세대에 따라 자연스럽게 이해된다. 술종공述宗公 부자父子의 행적도 대체로 이와 같으며,[64] 유신공庾信公도 진평왕 51년을 마지막으로 그의 부친 서현舒玄의 행적이 보이지 않고서부터 본격적인 활동이 나타난다.

만일 신라 화백회의에 각 가계의 가부장적 존재만이 참석할 수 있었다고 한다면[65], 본 오지암회의의 개최시기를 김유신의 부친 서현舒玄에 관한

---

58) 文明大, 1971, 「신라 신인종의 연구」, 『진단학보』 41, 193~196쪽.
59) 李鍾旭, 1986, 「삼국유사 죽지랑조에 대한 일고찰」, 212쪽.
60) 『續高僧傳』 권 24, 慈藏傳. 『三國遺事』 권 4, 義解 5, 慈藏定律.
61) 『三國遺事』 권 5, 神呪 6, 明朗神印.
62) 『三國遺事』 권 5, 神呪 6 明朗神印條에 따르면, 慈藏의 누이인 法乘娘의 次子라고 한다. 그는 문무왕 14년(674) 大書省으로 발탁된 義安法師로 추정된다. (文明大, 앞의 논문, 191쪽)
63) 『三國遺事』 권 5, 神呪 6, 明朗神印條에 따르면, 明朗의 입당 · 귀국연대가 선덕왕 1년(631)과 5년(635)이라고 한다. 그러나 高翊晉은, 자장의 입당 · 귀국연대가 각각 선덕왕 5년(636)과 12년(643)으로 전하며, 명랑은 그러한 자장의 누이동생인 남간부인의 막내아들이고, 문무왕 10년(670) 당나라 薛邦의 軍이 쳐들어 올 때 角干 金天尊이 '近有明朗法師入龍宮 傳秘法而來'라고 奏請한 말로 미루어 보아, 明朗의 입당 · 귀국연대를 문무왕 초년무렵으로 추측했다.(고익진, 1989, 「초기 密敎의 발전과 純密의 수용」, 『한국고대불교사상사』, 동국대출판부, 404쪽)
64) 李鍾旭, 1986, 「삼국유사 죽지랑조에 대한 일고찰」, 213~214쪽.

기록이 보이지 않는 진평왕 51년(629) 이후부터 김유신이 이찬으로 승진한 진덕왕 2년(648) 이전이라 할 수 있다.[66] 또한 앞에서 서술했듯이 임종공林宗公이 진평왕 19년(597) 무렵에 35세를 전후한 나이였다면, 김유신의 치사연령致仕年齡 69세를 기준으로 하여 그의 정치활동시기를 진평왕 말년이나 선덕왕 초년까지로 추정할 수 있다. 그런데 진평왕 말년은 김유신의 부친인 서현舒玄이 생존해 있었기 때문에 당시 유신공庾信公이 화백회의에 참여하기 어려웠을 것으로 생각되므로, 대체로 선덕왕 초년에 오지암회의가 열렸을 것으로 판단된다. 선덕왕 초년은 알천공의 활동이 두드러지기 시작하는 시기로서 무림공이 자장의 출가 이전에 죽었다는 기록과도 일치하는 때이다.

셋째, 무림공茂林公이 죽은 시기와 관련된『속고승전』자장전慈藏傳의 사료적 가치가 비교적 높은 것으로 인정된다. 먼저『속고승전』은 당나라 율승律僧 도선道宣(596~667)이 정관貞觀 17년(645)에 찬술하여 그 후 20년 동안 보완한 것이다. 그 자서自序에는 양梁 초기부터 정관 19년(647)까지 340명의 정전正傳과 160명의 부기附記를 모았다고 했으나, 현재 전하는 내용은 485명의 정전正傳과 219명의 부기附記로 그 입전된 승려의 수가 현저히 증가되어 있다.[67] 자장慈藏의 경우도 진덕왕 5년(651) 무렵의 행적이 나타나므로 자장전이 새로이 입전立傳된 것인지, 아니면 정관 19년 이후의 기록만이 새로이 추가된 것인지는 갑자기 판단하기 어렵다. 다만 도선道宣이 자장慈藏과 동시기에 활동한 같은 율승律僧이란 점에서 두 사람의 관계가 서로 소원하지만은 않았을 것이며,『속고승전』의 찬술시기가 자장이 활동한 때였다는 점에서 그 사료적 가치를 높이 평가할 수 있다.[68]

---

65) 뒤에 서술하듯이 중고기 화백의 구성원 중 勿力-居柒夫, 武力-庾信公으로 이어지는 家系가 확인된다.

66) 오지암회의에 참석한 6명의 대신의 기재 순서가 일종 서열을 반영하는 것으로 생각되고 또 무림공의 최후 관등이 蘇判인 까닭에, 무림공보다 서열이 낮은 김유신이 오를 수 있었던 최고 관등은 소판이었을 것으로 판단되기 때문이다.

67) 鄭承碩編, 1989,『佛典解說事典』, 민족사, 204~205쪽.

68) 安啓賢, 1983,「자장의 불교사상」,『한국불교사상사연구』, 동국대출판부, 101~104쪽.

「황룡사구층목탑찰주본기」에는 경문왕이 황룡사구층목탑을 중건할 당시 '초구 가운데礎臼之中 금은의 고좌金銀高座가 있고 그 위에 사리유리병舍利琉璃瓶을 안치安置했던 것이나 사유기事由記 등은 없었다'라고 하면서 당시에 전승된 기록을 바탕으로 사탑寺塔의 시건지원始建之源이나 개작지고改作之故를 약기略記한 것이라고 했다.69) 따라서 9세기 중엽에 전승되었던 자료를 중심으로 현전 「찰주본기刹柱本記」가 만들어졌음을 알 수 있다.

그런데 자장의 입당시기入唐時期에 대하여 「찰주본기」는 정관 12년설을 취하여 『속고승전』 자장전과 일치하며, 『삼국유사』는 정관 10년설로 국사國史 곧 『삼국사기三國史記』를 따르고 있다.70) 또 황룡사 9층탑 건립의 배경으로서 「찰주본기」에는 남산南山 원향선사圓香禪師에게서 건탑에 관한 권유를 받았다 하고, 『사중기寺中記』에는 종남산終南山 원향선사圓香禪師의 거처에서 건탑建塔의 인유因由를 들었다고 했는데,71) 『속고승전』 자장전에는 황룡사탑 건립에 관한 이야기는 없으나 자장이 당나라에 들어가 종남산終南山 운제사雲際寺 동편에서 거처하였던 사실을 전하고 있어, 대체로 세 기록의 내용이 일치한다고 할 수 있다.72)

네째, 자장의 출가동기에 관한 『속고승전』·『삼국유사』와 「찰주본기」

---

69) 黃壽永, 1976, 『한국금석유문』, 일지사, 161~162쪽. 한편 『三國遺事』 皇龍寺九層塔條에 보이는 刹柱記 인용기사 곧 "刹柱記云 鐵盤已上高四十二尺已下一百八十三尺"은 현재 전하는 刹柱本記의 내용 "鐵盤已上高△△已下高步三尺"과 표현상의 차이는 있지만 그 수치에 있어서는 일치한다. 그런데 一然이 현전 찰주본기를 직접 보지는 못했을 것으로 생각되므로, 「寺中記」로 추측되는 모종의 기록에 경문왕 당시의 찰주본기의 내용이 옮겨져 전승되었고, 일연은 이를 참조하여 『三國遺事』에 '刹柱記 云云'의 기사를 인용할 수 있었을 것으로 판단된다.

70) 『三國遺事』 권 4, 義解 5, 慈藏定律.

71) 『三國遺事』 권 3, 塔像 4, 皇龍寺九層塔.

72) 『삼국유사』의 경우 이를 중국 오대산에서 神人이 전수한 것이라 하고, 자장의 오대산 문수신앙이 이로부터 비롯한 것처럼 서술하고 있다.(『三國遺事』 권 3, 塔像 4, 皇龍寺九層塔) 그러나 자장이 중국 오대산에서 문수보살로부터 받았다는 비법은 이미 지적되었듯이 중국 화엄종이 융성해진 9세기 무렵에서야 비로서 한역된 것이다.(金福順, 1988, 「신라 하대 화엄의 일례」, 『史叢』 33, 11~12쪽)

의 내용이 크게 어긋나지 않다. 『속고승전』『삼국유사』에서는 자장의 출가동기를 부모의 죽음에서 찾고 있으나, 「찰주본기」에는 부모에 관한 이야기는 나타나지 않고 선종랑善宗郎 곧 자장慈藏이 매를 날려 꿩을 잡다가 꿩의 우는 모습을 보고 깨달은 바가 있어 출가를 결심했다고 하여 자장의 출가동기를 다르게 서술하고 있으므로, 기존에는 자장의 아버지 무림공이 선덕왕 초년에 죽었다는 사실을 두찬杜撰으로 이해하였다.[73] 그러나 자장의 행장 부분에 관한 세 기록의 문장구성을 비교하면, 『속고승전』과 『삼국유사』는 (1) 자장慈藏의 선계先系와 탄생誕生 (2) 출가出家와 수행修行 (3) 입당入唐 및 중국에서의 활동 (4) 귀국 후의 활동 (5) 부기附記로서 원승전圓勝傳 및 찬류讚類로 나뉘어져 거의 같은 체재이며, 「찰주본기」는 (1) 선종랑善宗郎의 출가동기 (2) 왕에게 출가를 청하여 입도入道한 사실 (3) 입당서학入唐西學한 행적 등으로 구분 할 수 있다. 따라서 「찰주본기」의 내용 (1)(2)는 『속고승전』 및 『삼국유사』의 내용 (1)(2)(3)을 약술한 것이라 할 수 있다.

그런데 『속고승전』이나 『삼국유사』는 선종랑善宗郎의 어렸을 때 행적 중 신예하고 문사를 두루 섭렵하다가 양친을 잃고 출가한 사실을 강조한 반면,[74] 「찰주본기」에서는 수렵狩獵 등의 세화世華를 떨치고 발심發心한 부분-이를 계율에 연결한다면 불살생不殺生의 계戒를 지키기로 발심한 부분-을 강조하고 있다.[75] 또 『속고승전』·『삼국유사』에는 자장이 수행하는 동안에 '이금異禽' 또는 '이조異鳥'의 공양을 받았다는 일화가 있는데,[76] 이

---

73) 申鐘遠, 1982, 앞의 논문, 5쪽.
74) "年過小學 神叡澄蘭 獨拔恒心 而於世數史籍略皆周覽 情意漠漠 無心染趣 會二親俱喪 轉厭世華 深體無常"(『續高僧傳』권 24, 慈藏傳).
    "名善宗郎 神志澄睿 文思日贍 而無染世趣 早喪二親 轉厭塵譁 捐妻息捨田園爲元寧寺"(『三國遺事』권 4, 義解 5, 慈藏定律)
75) "少好殺生放鷹摯雉雉出淚"而泣感此發心"
76) "又深隱 外絶來往 糧粒固窮 以死爲命 便感異鳥各銜諸果就手送與 鳥於藏手 就而共食 時至必爾"(『續高僧傳』권 24, 慈藏傳)
    "乃深隱岩叢 糧粒不恤 時有異禽 含菓來供 就手而喰"(『三國遺事』권 4, 義解 5, 慈藏定律)

는 당시에 본생담本生譚의 내용77)과 흡사한 새와 관련된 자장의 일화가
널리 퍼져 있었던 데서 비롯한 것으로 생각되며,「찰주본기」에 나타난 꿩
의 설화도 이러한 일화와 연결된 것이 아닌가 추측된다. 이와 관련하여
숭무정신崇武精神이 일반화된 중고기의 시대적 배경 속에서「찰주본기」의
설화를 이해한 견해가 참고된다.78)

　결국 자장의 출가 동기를 부모의 죽음에서 구하는『속고승전』·『삼국유
사』나 꿩의 우는 모습을 보고 발심하였다는「찰주본기」의 내용은 그 강조
하는 점의 차이에서 비롯한다고 할 수 있다. 따라서 신라 호국불교의 영탑
으로서의 기능을 지닌 황룡사구층탑 건립의 시말을 적은「찰주본기」에서
그 건립을 주청한 자장의 출가동기를 서술하는 데에는, 세속적인 부모의
죽음보다 불경佛經 안의 본생담에 견줄 수 있는 불살생不殺生에 관한 내용
이 보다 적절했을 것으로 생각된다.

　한편『속고승전』자장전의 '자장慈藏의 아버지는 이름이 무림武林이며
관官은 소판이蘇判異였다. 이미 고위高位에 올랐으나… 후사後嗣가 없어 …
천부관음千部觀音을 만들고 일식一息을 얻기를 구하였다. … 이에 임신하여
4월 8일에 (자장을) 낳았다'에서 고위高位가 소판蘇判을 의미하는지는 분명
하지 않으나 무림茂林이 상당한 관등에 오른 뒤에 불교에 귀의하여 자장을
얻었음을 나타낸다. 관련하여 진골 귀족으로서 대신大臣의 반열에 들었던
무림의 최후 관등이 제3관등인 소판蘇判에 머무르고 있음은, 오지암회의
에 참석한 다른 대신 중 그 최후 관등이 확인되는 임종林宗·알천閼川·유
신庾信 등이 모두 각간角干 또는 태대각간太大角干 등 최고의 관등에 올랐던
사실에 비추어, 자장이 '조상이친早喪二親'했다는 사실을 방증한다. 만일『
속고승전』의 '고위高位'가 소판蘇判 그것을 가리킨다면 김유신金庾信의 경우
소판에 오른 나이가 55세였던 사실을 참고할 수 있는데, 이는 무림공이
상당한 나이가 되어서야 자장을 낳았다는 사실을 반영한다.

　또『속고승전』자장전의 '나이가 소학小學을 지나면서 … 이친二親의 상喪

---

77)『大智度論』권 4에 보이는 비둘기에 관한 本生譚.
78) 金英美, 1992,「慈藏의 佛國土思想」,『한국사시민강좌』10.

을 맞았다'라는 기사와 『삼국유사』 자장정률慈藏定律조의 '일찍이 이친二親
을 잃었다'는 내용은, 「찰주본기」의 '어려서 살생을 좋아하여 매를 놓아
꿩을 잡다가, 꿩이 눈물을 흘림으로 인하여 감읍하여 발심했다'란 내용과
어렸을 때 출가했다는 사실에서 일치한다. 다만 자장이 출가할 당시 처자
가 있는 듯이 서술된 내용에 대해서는 이미 유력한 반론이 제기된 바 있으
며,[79] 이는 단순히 세속의 모든 것을 버리고 출가했다는 의미로 풀이된다.

다섯째, 오지암 회의에 참석한 여러 대신들 중에 행적이 전혀 보이지
않는 염장공廉長公은 선덕왕 16년 비담毗曇과 함께 난을 일으킨 염종廉宗일
가능성이 높다. 곧 '장長'과 '종宗'은 그 음과 뜻이 서로 통하며, 염장과 염종
이 거의 같은 시기에 대신大臣으로 일컬어졌다는 점에서 그러하다.[80]

그러므로 진덕왕대에 개최되었다는 오지암회의는 자장이 출가하기 전
인 선덕왕 초년의 회의라고 할 수 있다. 만일 그러하다면 선덕왕 초년에
알천은 어떠한 지위로 말미암아 오지암회의의 수석에 앉을 수 있었으며,
이 회의에서 논의했다는 국사國事란 무엇을 가리키는 것인지 의문이다.

먼저 오지암회의에 참석한 알천閼川이 선덕왕 초년에 어떠한 지위에 있
었는지 확인할 수 없지만, 그가 국왕의 종친으로서 병권과 밀접히 관련된
인물이었지 않았는가 추측된다. 곧 진덕왕이 죽고 나서 군신의 추대로 섭
정직에 나아갈 수 있었다는 사실에서 선덕왕이나 진덕왕과 혈연적으로
가까운 인물이었을 것으로 생각되며,[81] 선덕왕 5년부터 그가 모든 군사적

---

79) 安啓賢선생은 자장의 조카인 明朗의 활동으로 미루어 자장이 당나라에서 귀
국한 선덕왕 12년(643)에 이미 50여세를 넘었을 것으로 추측한 바 있다.(안
계현, 앞의 논문, 103쪽) 그러나 高翊晉은 자장의 나이에 대하여 직접 언급
하지는 않았으나 明朗의 입당 · 귀국연대를 문무왕 초년으로 풀이한 바 있고
(고익진, 앞의논문, 404쪽), 김두진도 『續高僧傳』의 '神語藏曰 今者不死八十
餘矣'이 『新修科分六學僧傳』에 '有神報藏曰 自今以後 壽可八十餘矣'라고 나
타난 것에 주목하여 자장이 입당할 당시 50여 세였다는 견해에 의문을 표한
바 있다.(김두진, 「자장의 문수신앙과 계율」, 『한국학논총』 12, 국민대 한국
학연구소, 78쪽)

80) "善德王末年 眞德王元年也 大臣毗曇 · 廉宗 謂女主不能善理 擧兵欲廢之"(『三
國史記』 권 41, 列傳 1, 金庾信 上)

81) 新羅史에서 攝政職에 나아갔던 인물들은 閼川을 제외하고 모두 세 명인데,

활동을 주도하였다는 점에서 당시에 병권兵權을 장악할 수 있었던 인물이 아니었는가 짐작된다. 알천閼川의 이와 같은 지위는 적성비와 마운령비에서 대중등大衆等 또는 대등大等의 제1서열로 나타나는 이사부異斯夫·거칠부居柒夫의 이력과 흡사하다.

이사부伊斯夫는 나물왕의 4세손으로서 지증왕대에 실직주悉直州·하슬라주何瑟羅州의 군주軍主를 역임하고 우산국于山國을 정벌한 바 있으며, 진흥왕 2년(541) 병부령兵部令이 되어 병권을 잡았고, 적성비가 건립될 무렵인 같은 왕 11년(550)에 고구려·백제의 도살성道薩城·금현성金峴城을 공취攻取하고 이어 같은 왕 23년(562)에 가야를 정벌한 인물이다.

거칠부居柒夫는 나물왕의 5세손으로서 『국사國史』의 편찬으로도 유명하지만, 진흥왕 12년(551) 고구려의 10군郡을 공취攻取했던 무장武將으로서 진지왕 1년(576)에 상대등을 자임自任했던 인물이다. 특히 그는 진흥왕 29년에 건립된 마운령비에 대등大等의 수석으로 나타나는데, 동시기에 건립된 황초령비에는 일명逸名의 상대등上大等이 보이고 있어, 당시에 대등大等의 제1서열자였던 거칠부居柒夫와는 달리 일명逸名의 상대등이 있었음을 알 수 있다.

알천閼川은 선덕왕 5년(636) 이전의 기록은 보이지 않으나 같은 해에 국왕의 명으로 백제 우소于召의 부대를 독산성에서 격파하고 같은 왕 6년 대장군大將軍에 임명된 인물로서 진덕왕 1년(647)에 상대등이 되었다. 또 이미 살펴보았듯이 그는 선덕왕 초년에 개최된 오지암회의에서 '대신大臣'의 수석으로 참가하였으나, 선덕왕대의 상대등에는 수품水品·비담毗曇 등이 임명되고 있어, 거칠부의 경우와 같은 양상을 보인다. 이는 후술하듯이 당시의 화백회의와 상대등의 성격이 기존의 견해와 차이가 있음을 의미하며, 그가 오지암회의의 수석에 앉을 수 있었던 것도 그가 장악한 병권[82] 및 왕권과 밀착된 혈연관계로 말미암은 것이었음을 인정할 수 있을 듯하다.[83]

진흥왕의 母와 혜공왕의 母, 애장왕의 叔父 金彦昇 등으로서 모두 국왕의 직계 친족으로 나타난다.

82) 오지암회의 기사에서 그의 완력을 강조하고 있는 것은 그가 지녔던 병권과 관련된 것이 아닌가 짐작된다.

그런데 오지암 회의에서 결정코자 한 국사國事란 아무래도 선덕왕의 즉
위와 관련된 것이 아닌가 한다.[84] 첫째, 선덕왕이 국인國人의 추대로 왕위

83) 그가 국왕의 종친으로서 오지암회의의 席首에 앉을 수 있었다면, 냉수리비의
   지도로갈문왕과 봉평비의 사부지갈문왕에 비교할 수 있다. 전자는 전왕 소지
   왕의 從叔으로서(李基東, 1972, 「신라 나물왕계의 혈연의식」, 1984, 앞의 책,
   66~71쪽) 국왕의 궐위를 대리하고 있었고, 후자는 법흥왕의 동생으로서 국왕
   을 보좌하고 있었음은 이미 살핀 바 있다. 오지암회의에서의 알천의 지위를
   이들과 비교한다면, 국왕이 배석하고 있지 아니한 까닭에 지도로갈문왕의 경
   우와 비슷한 상황이 아니었던가 추측된다. 만일 이러한 추측이 허용된다면
   선덕왕의 匹로 나타나는 飮葛文王과 宗室 大臣으로서 국정을 총괄했다는 乙
   祭가 주목된다. 일반적으로 乙祭는 당시에 上大等이었다고 이해하는데(田鳳
   德, 1968, 「신라 최고관직 상대등론」, 『한국법제사연구』, 서울대출판부, 323
   쪽 : 李基白, 「상대등고」, 1974, 앞의 책, 97~98쪽 : 井上秀雄, 1974, 「三國
   史記にあらわれた新羅中央行政官制について」, 『新羅史基礎硏究』, 244쪽),
   金瑛河는 선덕왕이 구귀족세력의 정치적 영향력을 고려하여 국정을 총괄하는
   권능을 부여한 것으로 풀이했다.(김영하, 1988, 「신라 중고기의 정치과정 시
   론」, 『태동고전연구』 4, 24쪽) 또 武田幸男은 신라 왕실의 근친혼의 사례를
   들면서, '飮'을 '飯'의 刊誤로 보아 선덕왕의 숙부 伯飯葛文王에 비정한 바 있지
   만(武田幸男, 1974, 「新羅骨品制の再檢討」, 『東洋文化硏究所紀要』 67, 196
   쪽), 乙祭는 오직 『舊唐書』 新羅傳에 보이는 인물로서 『三國史記』 新羅本紀의
   乙祭 관계기사는 『舊唐書』의 내용을 그대로 전재한 것으로 판단된다. 그러나
   飮葛文王이나 乙祭의 지위가 지도로갈문왕이나 사부지갈문왕, 병부령으로서
   화백의 수석에 앉았던 이사부, 진지왕을 옹립하여 스스로 상대등을 맡아 국권
   을 좌우했던 거칠부 등과 같았음에도, 『삼국사기』『삼국유사』 등에 그들의 행
   적이 보이지 않는 것은 아무래도 이상한 일이다. 더욱이 이 때는 불교식 왕명
   시대라 이름지을만한 시기로서 진흥왕의 가계들은 대체로 불교식 이름을 갖
   고 있었다.(金哲埈, 1952, 「신라 상대사회의 Dual Organization 上」, 『역사학
   보』 2, 91~96쪽) 따라서 이 시기의 宗室 大臣이라면 고유의 이름과 한자식
   이름, 그리고 불교식 이름까지 가졌던 것으로 짐작되므로, 동일 인물들이 자
   료의 성격에 따라 별개의 인물로 불리웠을 가능성이 높다. 만일 飮葛文王을
   불교식 이름으로 풀이할 수 있다면, 동일한 지위에 있었다고 생각되는 閼川일
   가능성이 높으며, 을제의 이름이 우리 사서에 보이지 않는 것이 중국측 기록을
   전재한데서 비롯한 것이라고 한다면, 세 사람이 동일 인물일 가능성이 높지만
   확인할 수 없다.
84) 池內宏은, '진평왕 전후 1세기의 기간은 신라 비상시라고 이를 수 있는 시대였
   다. 그처럼 다난한 시대에 聖骨의 男統이 끊어졌다는 이유로 전례없이 女主를

에 올랐다는 것과 즉위 4년만에 당나라로부터 진평왕의 뒤를 이어 주국낙
랑군공신라왕柱國樂浪郡公新羅王에 책봉된 사실이 선덕왕의 즉위와 관련된
것으로 생각되기 때문이다. 국인國人이 왕을 세웠다는 것은 화백의 추대에
의한 것으로 생각되지만, 진평왕이 죽었을 때 중국에서는 그를 좌광록대
부左光祿大夫에 봉하면서도 선덕왕을 곧바로 책봉하지 않은 까닭은, 선덕왕
이 실제로 즉위한 시기가 『삼국사기』 기년과 차이가 있기 때문은 아닌가
추측된다. 또 상대등은 새로운 왕이 즉위하면서 교체되는 것이 일반적이
었는데,[85] 선덕왕의 책봉 이듬해에 수품水品이 상대등에 임명되었던 사실
도 이러한 사정과 관련되는 것으로 생각된다. 둘째, 『삼국사기』·『삼국유
사』에 나타나는 회의 관계기사 중 국왕이 참석하지 아니한 회의는 국왕
추대의 경우에 한정되고 있기 때문이다. 다만 알천이 화백에서 대신의 제
1서열자로서 그리고 병권을 장악한 인물로서 왕위에 곧바로 나아갈 수
없었던 것은, 진평왕대에 확고해진 성골의식과 국왕직계에 한정된 계승원
칙 때문일 것으로 짐작된다.

4. 화백회의의 구성원과 그 성격

화백회의 구성원에 대해서는 두 가지 견해가 주목된다. 먼저, 지난날의
족장층이 사회적으로는 골품제骨品制나 부제部制로 편성되고 정치적으로는
대등大等이라는 관직이 주어졌던 것인데, 이들 대등으로 구성된 귀족회의
의 시초를 나물마립간 때로 추측하고, 상대 말 선덕·진덕여왕 무렵에 그

계승케한 것은, 진평왕에게 男子가 없었다는 것 이외에 다른 특수한 사정이
있었던 것으로 생각된다.그러나 삼국사기의 기재가 소략한 까닭에 지금 그
사정을 살필 수 없다'고 하여 의문을 표한 바 있다.(池內宏, 1941, 「新羅の骨品
制と 王統」, 341쪽) 한편 이와는 조금 경우가 다르지만, 盧泰敦은 오지암회의
기사를 진덕왕대의 사실로 인정하여 별다른 논증없이 진덕왕이 죽은 뒤에 閼
川을 추대하기 위한 회의로 풀이한 바 있다.(盧泰敦, 1977, 「삼국의 정치구조
와 사회·경제」, 『한국사』 2,국사편찬위원회, 215쪽)
85) 李基白, 「상대등고」, 1974, 앞의 책, 97쪽.

구성원인 대등이 대신大臣으로 변질된 것으로 추측한 견해가 있다.[86] 한편 상대 나물왕계를 중심으로 왕실 친족집단의 분지화과정을 살피는 과정에서, 화백을 나물왕계 여러 리니이지집단의 대표들로 구성된 일종의 氏族會議로 파악하기도 한다.[87]

화백회의의 구성원을 구체적으로 살필 수 있는 사료로는 상고기의 박혁거세 추대 기사와 중고기의 법령제정에 관한 금석문 및 오지암회의 기사를 들 수 있다. 먼저 박혁거세의 추대기사는 화백회의의 기원과 초기적 성격을 살필 수 있는 자료로서 주목된다.

> 전한前漢 지절地節 원년 임자 3월 초1일에 6부六部의 조상이 각각 자제子弟를 거느리고 알천안상關川岸上에 함께 모여 의논하여, '우리들은 위로 백성을 다스릴 군주가 없으므로 백성들이 모두 방일放逸하여 제 맘대로 하니, 어찌 덕 있는 사람을 찾아 임금을 삼고 나라를 세워 도읍을 정하지 아니하랴'라고 말하였다.(『삼국유사』 권 1, 기이 2, 신라시조 혁거세왕)

위의 기사는 박혁거세를 추대하기 위하여 6부의 조상과 그들의 자제들이 모여 회의를 거쳐 국왕을 추대하는 모습을 보여준다. 여기에서 6부의 조祖는 『삼국지三國志』 권 30, 부여전夫餘傳의 '위거位居가 죽자 제가諸加는 마여麻余를 왕으로 받들어 세웠다'와 같은 책 고구려전高句麗傳의 '발기拔奇가 불초하니 국인國人이 회의를 열어 이이모伊夷模를 왕으로 추대하였다'의 제가諸加와 국인國人에 해당하는 것으로, 부족장의 성격을 띤 것이라 할 수 있다.[88] 결국 이러한 모습은 부족 연맹적 정치체제를 반영하는 것으로, 신라 중고기 금석문에서도 그 흔적을 살필 수 있다. 중고기 회의 관계 기사에서 그 가계를 파악할 수 있는 화백의 구성원과 각 부별 구성비를 살피면 아래의 [표 2]와 같다.

---

86) 李基白, 「대등고」, 1974, 앞의 책, 83 · 86∼87쪽.
87) 李基東, 1972, 「신라 나물왕계의 혈연의식」, 1984, 앞의 책, 79∼80쪽.
88) 申瀅植, 1985, 「화랑도와 화백」, 185∼186쪽.

【표 2】 화백 구성원의 家系와 각 部別 구성비

구분	연대	화백회의 구성원의 家系						각부인원 구성비
냉수리비	지증4(503)	至都盧葛文王②	七王等					사탁부(3),탁부(2),본피부(1),습비부(1)
봉평비	법흥11(524)	牟卽智寐錦王③	徒夫智葛文王③		勿力智④			탁부(6),사탁부(6),본피부(2),잠탁부(2)
적성비	진흥12(551)		(진흥)王④	伊史夫智④	△△夫智89)⑤	武力智	内禮夫智90)	탁부(7),사탁부(3)
마운령비	진흥20(568)		(진흥)太王④	居柒夫智	另力智	内夫智		탁부(6),사탁부(1)
오지암회의	선덕왕대 초				庾信			

* ②③ 등은 나물왕으로부터의 세대수

먼저 영일 냉수리비에서는 7명의 왕이 함께 논의하여 절거리節居利의 재산권을 확인하고 이에 따른 판례를 결정 공시하고 있는데, 이들을 '왕王' 이라고 이른 데는 냉수리비 건립 당시까지 각 부의 독립적 성격이 강했기 때문으로 풀이된다.[91] 다만 상고기와 달리 4개 부部의 출신들만이 참석하고 그 중에서도 사탁부가 가장 우세한 것으로 나타나는데, 이는 지도로갈 문왕至都盧葛文王이 (매금寐錦)왕王에 즉위하지는 못하였으나 정치적 실권을 잡고 있었던 때문으로 당시의 정치세력 관계를 반영한 것이라 할 수 있다. 이러한 정황은 울진 봉평비의 경우에도 탁부가 사탁부보다 우선하며 점량

89) 邊太燮은 이를 거칠부지로 파악한 바 있다.(변태섭, 1978, 「단양적성비 제2차 학술좌담회」, 『사학지』 12, 단국대 사학회, 94~95쪽)

90) 李基白은 이를 진평왕 1년 상대등에 임명된 弩里夫에 비정한 바 있고(이기백, 1978, 「단양적성비 발견의 의의와 왕교사부분의 검토」, 『사학지』 12, 28쪽), 李文基는 적성비의 內禮夫智와 마운령비의 內夫智 및 弩里夫를 동일 인물로 풀이했다.(이문기, 1982, 「신라 진흥왕대 신료조직에 대한 일고찰」, 『대구사학』 20·21, 21~22쪽)

91) 鄭求福, 앞의 논문, 43쪽. 朱甫暾, 「6세기 초 신라 왕권의 위상과 관등제의 성립」, 248~251쪽. 李喜寬, 「영일 냉수리비에 보이는 지도로갈문왕에 대한 몇 가지 문제」, 92쪽.

부가 습비부를 대신하는 것으로 나타난다.[92] 특히 봉평비에서는 구성원의 출신부와 함께 관등이 점차 중시되는 경향을 보인다.[93] 또 법령 제정에 참가한 구성원의 출신부가 4개부에 불과하나 이 법령의 준수를 다짐하는 살우의식殺牛儀式을 6부六部 공동의 이름으로 시행하고 있음이 주목된다. 이는 중고기에 부의 우열에 따라 화백의 구성비가 결정되었지만, 상고기 이래로 6부의 대표자가 함께 참석하여 국사國事를 의논하던 전통을 반영한다.

단양적성비에서는 대중등大衆等으로 표현된 탁부와 사탁부 출신 10여 명의 군관群官들만이 그 관등에 따라 교차하고 있다. 이는 법흥왕 당시에 이들 법령의 제정에 관여한 구성원이 탁부와 사탁부 출신에 한정되었음을 의미한다. 또 국왕의 출신부가 나타나지 않고 살우의식殺牛儀式 대신 왕의 교명敎命으로써 법령의 위엄을 드높이고 있어 국왕의 지위가 냉수리비나 봉평비의 그것과 차이가 있음을 앞에서 살핀 바 있다.

이러한 몇 가지 경향으로 미루어 보아, 냉수리비 이전에는 법령제정에 6부의 대표자가 함께 참여했을 것임을 예상할 수 있으며, 점차 왕권이 안정되고 정치 주도 세력이 탁부와 사탁부에 집중됨에 따라 이에 참석하는 구성원도 탁부와 사탁부 출신으로 한정되고, 국왕의 관료화된 '군관群官'들만으로 화백이 구성되었음을 알 수 있다.

또 극히 한정된 사례이긴 하지만 위의 [표 2]에서 물력勿力-거칠부居柒夫, 무력武力-유신庾信으로 이어지는 계보가 확인된다. 이들은 봉평비의 모즉지매금왕(법흥왕)과 사부지갈문왕처럼 독립된 가계의 대표자라 할 수 있는 인물들로서, 비록 두 가지 예에 불과하지만 화백의 구성원은 각 가계의 대표자들로 한정되었고,[94] 그 지위는 가계 안에서 계승되는 것이 원칙이었다고 할 수 있다.

---

92) 李基東 선생은, 봉평비에 모량부가 나타난 것은 중고기 법흥왕을 중심으로 한 왕통 계보에서 법흥왕비의 출신부로서 모량부=잠탁부가 이 시기에 의외로 중요성을 가졌기 때문으로 보았는데(『한국고대사연구』 2, 241~242 종합토론 발언 내용), 이러한 사정은 냉수리비에서도 동일했을 것으로 짐작된다.
93) 武田幸男, 1990, 「신라 6부와 그 전개」, 『벽사 이우성교수 정년기념논총』, 99~120쪽.
94) 李基東, 「신라 나물왕계의 혈연의식」, 1984, 앞의 책, 79~80쪽.

만일 이러한 점이 인정된다면 결국 중고기의 화백은, 6부의 대표자들이 중심이 되던 체제에서 각 독립가계의 대표자 중 국왕 직속의 핵심 관료 중심의 체제로 변화하는 과정에 있었다고 할 수 있다. 이러한 경향은 중앙 관서의 정비과정과 흐름을 같이하는 것으로 이해된다. 또 초기의 중앙관서의 장관이 복수제로 나타나는 것도 중앙관서가 정비되기 전 탁부와 사탁부를 중심으로 법령제정과 같은 사안을 결정하던 전통에서 비롯한 것으로 판단된다.[95]

그러므로 중고기 신라의 사정을 소개한 『수서』 신라전에서 회의 구성원을 단순히 왕王을 정점으로 한 군관群官으로 파악하였던 것은, 당시의 회의 구성원이 이미 국왕의 관료화된 귀족들로 이루어졌고 6부의 성격이 전대와 달라진 때문으로 생각되며, 백관회의와 같은 평범한 사실로 넘길 수도 있는 것을 특기한 데는 국가 비상시의 대사뿐만 아니라 법률의 제정에 이르기까지 중국에서처럼 전담관서에서 담당하지 아니하고 이들 소수 '군관群官'이 모여 논의했다는 특징에서 비롯한 듯하다.[96]

이러한 사정은 냉수리비·봉평비·적성비에 보이는 법령 제정 주체자들의 왕권과의 관계에서도 드러난다. 이는 중고기 대등大等의 형성과정이기도 하지만, 이들 비문에 나타난 교敎 또는 별교別敎의 주체와 전사인典事人의 명칭이 변화하는 과정을 도시하면 아래의 [표 3]과 같다.

【표 3】 중고기 금석문에 보이는 인물 구성

	냉수리비(503)	봉평비(524)	적성비(551)
敎事의 주체 別敎의 주체	葛文王을 포함한 七王 〈A.1.-①②〉	寐錦王·葛文王·'群官'(B.1.)	寐錦王〈C.1.-①〉 大衆等〈C.1.-②-a〉
실무책임자	典事人 〈A.3.-①〉	大人(事大人) 〈B.3.-①-b〉	大人?〈C.3.-①〉 小人?

95) 李基白, 1964, 「품주고」, 『李相佰博士回甲紀念論叢』; 1974, 앞의 책, 145~146쪽.
96) 朴南守, 1992, 「신라 화백회의 관계기사의 검토」.

냉수리비에서 지도로갈문왕이 국왕의 대리자였고 또 교사敎事의 주체가 7왕등七王等으로 표현된 것은, 화백의 구성원이 각 부部의 족장적 성격을 완전히 벗어나지 못한 때문이라 할 수 있다. 이는 지증왕 4년 당시에 신라가 연맹체적 정치체제를 벗어나지 못했음을 의미한다. 봉평비에도 매금왕과 갈문왕, 6부의 대표들이 함께 소교사所敎事와 별교령別敎令의 주체로 나타남으로써 매금왕과 6부 대표의 구분이 명확하지 않다. 그러나 적성비에서는 왕이 교사敎事하고, 대중등大衆等이 왕의 교사敎事를 바탕으로 하여 별교別敎를 내리고 있어 왕의 지위가 냉수리비 봉평비에 비해 격상되었음을 알 수 있다. 여기에서 대중등大衆等의 이름이 처음으로 보이면서 국왕과의 구분이 명확해진다.

주지하다시피 대중등大衆等은 진흥왕순수비에 보이는 대등大等의 전신으로서,[97] 『삼국사기』 권 38, 직관지 '상대등上大等을 혹은 상신上臣이라 이른다'는 기사에서 국왕과 구분되는 '신臣'의 의미로서 이해할 수 있다. 그러므로 냉수리비와 봉평비에서 국왕과 버금하는 지위로 나타난 '군관群官'들이 적성비에 이르러서는 국왕의 신료로서 고정되었음을 짐작할 수 있다. 대중등大衆等이나 대등大等의 정확한 성격이 무엇인지는 확인할 수 없으나, 대체로 '왕을 보좌하는 신하' 정도의 의미로 추정된다.[98]

다만 이들 비문에서 화백의 결정사항을 공시하는 실무책임자인 냉수리비의 전사인典事人과 봉평비의 (사)대인(事)大人은[99], 중앙관서가 아직 정비되지 아니한 상태이지만 왕명王命이나 화백의 결정사항을 수행하는 국왕 직속의 신료라고 할 수 있다. 이는 중앙관서의 정비과정에서 실무 하급관리들이 먼저 설치되었던 것과 흐름을 같이한다. 특히 봉평비의 대인大人은

<ol start="97"><li>李基白, 「단양적성비 발견의 의의와 적성비 왕교사부분의 검토」, 22쪽.</li>
<li>李基白은 '대략 臣僚라는 뜻'으로 풀이했고(「대등고」, 1974, 앞의 책, 23쪽), 李文基는 '대등은 일정한 하한선 이상의 모든 상급 신료들의 호칭이었으며 결국 중앙 상급 신료들의 汎稱으로서 관직의 성격은 없었던 것'으로 이해했다. (이문기, 「신라 진흥왕대 신료조직에 대한 일고찰」, 23쪽)</li>
<li>李文基, 「울진 봉평신라비와 중고기의 6부문제」, 『한국고대사연구』 2, 150~151쪽. 盧泰敦, 「울진봉평비와 신라의 관등제」, 『한국고대사연구』 2, 181쪽. 李宇泰, 앞의 논문, 98~99쪽.</li></ol>

절서인節書人 · 입석비인立石碑人 등의 하급직과 구별되는 중앙 관리직이었던 것으로 생각되는데, 왕의 지위가 화백회의의 구성원과 구분되어 월등히 격상되면서 대인大人보다는 높으면서도 국왕의 신료임을 드러내는 명칭이 필요했을 것인 바, 이러한 과정에서 나타난 이름이 대중등大衆等인 것으로 추측된다. 그런데 적성비의 대중등은 진흥왕 순수비에서는 대등大等으로 나타나지만,[100] 그후 신라가 중국의 문물을 적극적으로 수용하면서 대등이란 명칭은 다시 대신大臣으로 바뀐 것으로 생각된다.[101]

결국 대중등大衆等이란 이름은 봉평비가 세워진 법흥왕 11년(524)부터 적성비가 건립된 진흥왕 12년(551) 무렵의 기간에 나타난 것으로 판단된다. 그런데 상대등上大等은 대등大等을 전제로 한 명칭이므로, 대중등이란 이름은 상대등 설치 이전에 이미 존재했을 것으로 생각된다. 이에 법흥왕 15년(528)의 불교공인이 주목된다. 불교의 공인은 중고 왕실이 신권臣權을 압도한 사건으로 이해되는데,[102] 대중등大衆等이 군신君臣의 상하관계를

---

100) 大衆等이 大等으로 바뀐 정확한 시기는 알 수 없으나, 川前里書石追銘에서 처음으로 확인되는 太王의 칭호가 나타날 무렵 곧 법흥왕 23년(536) 建元이라는 독자적인 年號를 사용하면서부터일 것으로 추측된다.

101) 문헌상에 보이는 大臣의 용례는 중국 사서의 전재(『三國史記』권 5, 善德王 元年條의 "大臣乙祭"의 기사) 및 撰述者의 인식이 반영된 까닭으로(『三國史記』권 45, 列傳 5, 昔于老傳 "論曰 于老爲當時大臣") 그 성격을 파악하기 어렵다. 다만 문무왕 13년(673)년 무렵에 만들어진 것으로 추정되는 「癸酉銘 阿彌陀佛三尊四面石像」 · 「癸酉銘三尊千佛碑像」의 "國王大臣及七世父母云云"이란 銘句에서 처음으로 확인된다. 따라서 大等이란 이름이 大臣으로 바뀐 것은 진흥왕 29년(568) 마운령순수비 건립 이후 문무왕 13년(673) 사이의 기간이지만, 大臣이 중국화된 명칭임을 고려할 때 신라가 中國의 衣冠을 착용하고 독자적인 年號를 폐지하여 중국의 永徽年號를 채용한 진덕왕 4년(650) 무렵이 아닐까 한다.

102) 李基白은, 신라에서 불교가 공인된 시기를 법흥왕 22년(535)으로 파악하면서,'불교공인은 왕권의 승리와 직접적인 관계가 있는 것인지 모르겠다'고 추측했다.(1975, 「신라 초기불교와 귀족세력」, 『진단학보』 40 ; 1986, 『신라사상사 연구』, 일조각, 79쪽) 물론 불교공인의 의미에 대해서는 수긍이 가지만, 불교 공인의 시기에 대해서는 의문이 있어(金英美, 1991, 『신라아미타신앙연구』, 이화여대박사학위청구논문, 9쪽), 본고에서는 『삼국사기』의 기년을 따른다.

구분짓는 이름으로 나타난 것을 고려한다면 그 출현시기는 법흥왕 15년부터 18년 무렵이라 할 수 있다.

또 법흥왕 18년(531)에 설치된 상대등上大等의 직무가 '총지국사摠知國事'에 있었고, 다른 중앙관서와는 달리 1명만이 임명된 사실을 주목할 수 있다. 이는 내성사신內省私臣과 집사부 중시執事部中侍가 1명이었다는 점과 흐름을 같이 한다. 곧 신라 중앙 행정관서의 장관이 복수로 임명되어 합의의 전통을 반영하는데 비해, 1명만이 임명된 것은 아무래도 상대등의 직무가 국왕과 직결된 것으로 생각되기 때문이다.

그런데 『삼국사기』 직관지에 보이는 내성內省 산하의 직제가 내성사신內省私臣을 제외하고는 대체로 하급직으로 이루어졌음이 주목된다. 상대등이 설치된 법흥왕 18년(531) 무렵에는 중앙 행정관서가 아직 정비되지 아니한 상태였고, 냉수리비·봉평비에서처럼 법령제정 등의 심의·결정이 화백회의에서 이루어졌던 만큼, 법흥왕·진흥왕대 중앙관서는 진흥왕 순수비에 보이는 근시집단과 같은 관제와 흡사했을 것으로 짐작된다. 결국 국왕으로서는 이러한 업무를 국왕 직속의 관료로써 총괄케 할 장치가 필요했을 것이므로, 그 과도기적 조치로서 실무 하급 행정직을 총괄할 수 있는 상대등을 설치했던 것이 아닌가 한다.

또 국왕 직속의 내성사신을 설치하기 위한 전단계로서 진평왕 7년(585) 대궁大宮·양궁梁宮·사량궁沙梁宮에 사신私臣을 설치한 사실을 주목할 수 있다. 그런데 양궁의 노지弩知 이찬과 사량궁의 수힐부首肹夫 이찬은 아무래도 진평왕 1년(579)과 10년(588)에 각각 상대등에 임명된 노리부弩里夫와 수을부首乙夫인 것으로 생각된다. 특히 노리부弩里夫는 적성비에 보이는 내례부지內禮夫智로 짐작되는데,[103] 만일 그러하다면 그는 화백의 구성원으로서 상대등과 사신을 역임한 인물이 된다. 이처럼 사신으로서 상대등에 임명되거나 상대등으로서 사신에 임명되었다면, 상대등과 사신은 서로 비슷한 성격의 관직이었다고 할 수 있다. 비록 하대의 일이긴 하지만 상대등 충공忠恭이 정사당政事堂에서 인사에 관한 업무를 맡았다는 기사는 바로

---

103) 李基白, 「단양 적성비 발견의 의의와 적성비 왕교사 부분의 검토」, 28쪽.

상대등의 이러한 행정 총괄의 직무를 나타내는 것으로 생각된다.[104] 이러한 성격으로 인하여 상대등은 법흥왕의 왕권 강화 과정에서 설치될 수 있었고, 왕의 즉위와 함께 새로이 임명되었으며, 선덕왕대에 뚜렷한 이유 없이 교체가 가능했던 것이다. 따라서 그 정착화 과정은 곧 왕권 강화의 과정이라 할 수 있다.

상대등의 설치 목적과 관련하여 주목되는 인물은 앞에서 살핀 바 있는 이사부異斯夫 · 거칠부居柒夫 · 알천閼川 등이다. 거칠부 · 알천 등이 상대등에 임명되기 전에 화백和白에서 대등大等의 수석으로 앉을 수 있었던 까닭은 무엇인가. 이는 냉수리비 · 봉평비에 보이는 지도로갈문왕과 사부지갈문왕이 화백에서 가졌던 지위, 곧 국왕의 궐위시에 화백회의를 총괄하며, 평상시에는 화백에서 국왕을 보좌하는 존재로서, 법령제정 등과 같은 사안의 심의 · 결정에 적극적으로 관여할 수 있는 지위 때문이 아닌가 한다. 곧 거칠부 · 알천 등이 대등大等의 제1서열로서 국왕 추대에 주도적 역할을 담당했으며, 상대등의 임무를 자임할 수 있었던 점에서, 상고기 말 · 중고기 초엽의 갈문왕葛文王의 성격과 같은 것으로 생각된다.

그러므로 이사부 · 거칠부 · 알천과 같은 특이한 성격의 대등大等 또는 대신大臣은, 중고기의 왕권이 중대의 그것을 지향하는 과정 곧 갈문왕의 지위를 일축하면서 국왕 직속의 상대등으로 대치하려는 과정에서 나타난 일종 과도기적 성격의 존재라 할 수 있다. 이미 지적되었듯이, 중고기의 갈문왕은 관료체제를 기반으로 한 상대등의 권력강화가 진전됨에 따라 실권實權을 잃게 되었고, 국왕은 상대등을 설치하여 갈문왕으로 대표되는 씨족제의 질곡桎梏을 벗어나 왕권 강화를 위한 관료제 등의 개혁을 단행할 수 있었으며, 이러한 까닭으로 법흥왕 이후 1세기 동안은 갈문왕과 상대

---

104) 『三國史記』 권 45, 列傳 5, 祿眞傳. 이로써 李基白은, 상대등을 화백으로써 대표되는 귀족회의의 의장이었다는 유력한 증거로 보았다.(이기백, 「상대등고」, 1974, 앞의 책, 116~117) 그러나 忠恭이 상대등이 되어 政事堂에 앉아 內外官을 注擬했다는 것은 宰相으로서의 人事權에 한정된 것이며, 그 인사의 문제가 王政의 일환이었음은 祿眞이 忠恭에게 이른 '上下가 定하고 賢不肖가 구분된 연후에야 王政이 이루어질 것입니다'란 말에서 짐작할 수 있다.

등의 대립과정이라 할 수 있다.[105]

이러한 관점에서 화백和白에서 '대신大臣'의 제1서열이었던 알천閼川이 진덕왕 1년 상대등에 임명된 것은, 김춘추·김유신 등의 세력이 비담의 난을 진압하고 갈문왕으로 대표되는 화백권和白權을 압도함으로써 비롯된 것으로 풀이된다. 다시 말하면 김춘추 등의 세력이 '대신大臣'의 수석에 위치한 알천閼川을 국왕 직속의 상대등에 보임함으로써, 화백이 지녔던 행정적 기능을 왕권 직속의 중앙관서로 옮길 수 있는 기반을 확보했다고 할 수 있다. 따라서 김춘추세력의 비담毗曇·염종廉宗 란亂의 진압은 중대 전제적 왕권의 서장을 여는 사건이었지만, 그 결과는 화백에서 대신의 수석이었던 알천을 국왕에게 귀속된 상대등에 임명하고, 각 진골 가계의 대표자였던 대신들을 국왕 직속의 관료로 정착시키는 것으로 나타났다. 이에 중대 왕권이 시작되면서 갈문왕제가 사라지고, 화백에서의 국왕추대는 왕실 가계의 서열에 따라 이를 추인하는 정도에 그쳤으며, 국가 대사에 있어서도 어떤 결정보다는 단순히 심의하는 것만으로써 만족해야 했다.

그러나 하대에 상대등의 임면任免이나 자격資格이 중고기와 비슷한 양상을 띠면서, 그들이 장악한 정치적 실권을 바탕으로 상대등으로서 왕위에 오르는 사례가 늘어갔다. 그들은 국왕의 제弟·숙부叔父로서 국왕을 보좌하고, 화백의 구성원인 대신들의 수석으로서 행정 총괄의 업무까지도 관장하였는데, 이러한 성격은 중고기 초엽 갈문왕의 그것과 흡사하다고 할 수 있다.

다시 말하면 상대등을 설치한 목적이 갈문왕을 중심으로 한 화백의 권한을 일축하고 왕권을 강화시키는 데 있었다고 하지만, 거칠부居柒夫나 알천閼川 등과 같이 초기의 상대등은 갈문왕의 전통을 잇고 있었던 까닭에, 중고 이후 신라 왕권이 지향했던 관료제와는 일정한 한계가 있었다. 곧 골품제라는 틀 안에서 상대등의 지위가 규정되었던 만큼, 왕권이 약화되면 언제라도 상고 말엽·중고 초기의 갈문왕과 같은 존재로 회귀하려는

---

105) 浜田耕策, 1990, 「新羅'太王'號の成立とその特質」, 『年報 朝鮮學』1, 九州大朝鮮學研究會, 26~27쪽.

성격을 설치 당시부터 가지고 있었다고 할 수 있다. 때문에 혜공왕 말엽 범진골귀족의 연합세력에 의해 전제적인 성격의 중대 왕권이 타도되면서 상대등 설치 당시부터 배태되었던 그러한 성격이 하대 상대등의 성격을 규정하였던 것이고, 그들은 화백의 추대보다는 무력에 힘입어 왕위에 오를 수 있었다.

주지하듯이 중고 이후 왕실 및 진골 귀족집단 내부에서는 끊임없이 혈연관념의 분지화 경향이 가속되고 있었고, 이러한 경향으로 진골 귀족의 수가 크게 늘고 있었으나, 골품제 사회의 기본 원칙과 구조는 대체로 유지되었다.106) 이러한 시대적 상황하에서 화백의 구성원도 숫적으로 크게 늘어났다. 그러므로 혜공왕 초에 신라를 다녀간 고음으로서는, 화백의 구성원을 『수서』 신라전에서 이른 '군관群官'보다는 그 실체가 모호한 '중衆'으로 서술할 수 밖에 없었고, 그러한 내용들이 『신당서』 신라전의 화백기사에 전승된 것으로 생각된다.

한편 화백의 성격과 관련하여 주목되는 것은, 일종 의결규칙이라 할 수 있는 '한사람이라도 의견이 다르면 파한다.一人異則罷'는 규정 곧 만장일치제의 의미이다. 이는 중고기에 이미 일반화된 규정으로서 원시부족사회의 유제라고 할 수 있는데, 중대에는 전제적 성격의 국왕의 결정을 추인하는 정도의 의미를 지녔던 것으로 생각된다. 그러나 중대 말·하대에 화백의 구성원이 숫적으로 늘어나면서 만장일치제의 규정이 갖는 현실적 의미는 약해졌던 것이 아닌가 한다.

곧 문성왕이 장보고의 딸을 왕비로 받아들이는 문제와 같은 사안에 대해서는 진골귀족의 이익을 위협하는 것으로 간주하여 합의에 도달할 수 있었으나, 원성왕이나 희강왕의 즉위 과정에서 나타나듯이 각 독립가계의 이익이 상충되는 안건에 대해서는 심각한 대립·갈등을 겪었을 것임을 예상할 수 있기 때문이다. 물론 이러한 현상은 하대에만 국한된 것은 아니지만, 법흥왕의 불교공인 과정에서 살필 수 있듯이 중고기에는 어떠한 방

---

106) 李基東, 1980, 「신라 하대의 왕위계승과 정치과정」, 『역사학보』 85 ; 1984, 앞의 책, 178~183쪽.

식으로든 합의를 도출하고자 노력했기 때문에, 하대의 그것과 차이가 있다. 그러나 하대에 드러나기 시작한 만장일치제의 문제점 곧 각 가계의 이익이 상충함으로 인한 대립·갈등은 새로이 나타난 고명제顧命制에 의해 보완된 듯 하지만, 이는 하대 초부터 진행된 권력구조의 변화 곧 근친왕족을 중심으로 권력이 집중되는 추세를 반영하는 것으로, 107) 골품제의 틀 안에서 저들의 특권을 유지하고 대변하는 화백의 기능이 와해되고 있음을 보여준다.

5. 맺 음 말

국왕 추대와 법령제정의 변화과정을 중심으로 화백회의의 기능을 살피고, 상대등의 성격과 직무, 화백회의의 구성원을 중심으로 그 성격을 밝히고자 했다. 그 결과를 정리하면 다음과 같다.

첫째, 상고기에는 전왕이 적통자가 없이 죽거나 아들이 있더라도 너무 어리거나 부덕한 경우에 국인의 합의 곧 화백에서 국왕을 세우는 전통이 있었다. 그러나 중고기에 섭정제가 나타남으로써, 화백에서는 적통자가 없을 경우에만 국왕을 추대하게 되었다. 중대에 이르러서는 왕권의 전제화로 화백은 단순히 왕실의 서열에 따라 결정된 국왕을 추인하는 기능만을 지녔던 것으로 생각된다. 하대에는 전대의 국왕 추대의 전통은 있었으나 고명제가 새로이 나타남으로써 화백의 국왕 추대의 기능은 사라진 듯 하다.

둘째, 국가 중대사에 대한 심의 결정에 관한 기능은 대체로 전시기에 걸쳐 같았던 것으로 보이나, 냉수리비·봉평비·적성비 등에서 확인할 수 있었던 법령제정과 같은 기능은 진덕왕대에 좌리방부左理方府와 같은 중앙 관서를 설치하면서 행정관서로 옮아가고, 화백회의에서는 법령에 따라 개별 사안에 대한 적법여부만을 논의했던 것으로 추측된다. 다만 화백에서

---

107) 李基東, 위의 논문, 위의 책, 174쪽.

는 이미 지증왕대부터 일종 왕의 교사령敎事令을 중심으로 격식格式이라 할 수 있는 법령을 제정하여 별교別敎의 형식으로 공시하고 이에 따른 형률을 주지시키고 있음을 살필 수 있는데, 이는 법흥왕대 율령반포 이전에 영令이 중심이 되는 고유의 법체계가 있었음을 반영한다. 또 율령반포를 전후하여 법령의 제정과정이 크게 변하지 않았던 사실에서 법흥왕대의 율령이 고유의 법체계를 중국식 율령의 틀 속에 체계화시킨 것이었음을 짐작할 수 있었다.

셋째, 중고기 화백의 성격과 관련하여 오지암회의의 개최시기를 선덕왕 초년으로 파악했다. 그 이유로는『삼국유사』의 '왕지대王之代 운운云云'의 기사들 중에 시간적 선후관계가 어긋난 기사가 적지 않다는 것, 회의에 참석한 임종공·술종공·무림공의 주된 활동 시기가 진평왕대였고, 특히 임종공은 진평왕 19년(597) 무렵에 최소한 35세였을 것으로 짐작되어 진덕왕 1년(647)에는 최소한 85세 정도의 나이로서 국정에 참여하기에는 너무 고령이라는 점,『속고승전』의 사료적 가치가 높으므로 무림공이 자장의 출가 이전에 죽었다는『속고승전』의 기사가 비교적 믿을 만하다는 것, 또「찰주본기」와『속고승전』에 보이는 자장의 출가동기가 각각의 강조하는 점은 차이가 있으나 어려서 출가했다는 점에서 동일하다는 것, 회의에 참석한 염장공廉長公은 선덕왕 16년에 비담과 함께 난을 일으킨 염종廉宗일 가능성이 높다는 것 등에서 오지암회의가 선덕왕 초년에 개최된 것으로 이해했다. 따라서 알천이 본회의의 수석에 앉은 것은 상대등의 지위보다는 갈문왕의 전통을 이은 거칠부와 같은 지위, 곧 국왕의 가까운 친족으로서 병권을 장악한 데서 비롯했던 것이며, 이러한 지위를 바탕으로 그가 오지암에서 선덕왕을 추대하는 회의를 주재했을 가능성이 높은 것으로 추측했다.

넷째, 중고기 화백의 구성원은 6부의 대표자들로부터 국왕 직속의 핵심 관료로 변화하고 있었으며, 이들 국왕의 관료들은 대체로 중고기에 분지화되기 시작한 각 소혈족 가계의 대표자들이었다. 이러한 화백회의 구성원의 성격 변화과정은 대등의 형성이나 상대등의 설치, 갈문왕의 위축·소멸과정과 흐름을 같이한다. 특히 중고기의 상대등은 갈문왕과의 대립과정을 거쳐 국왕 직속의 행정총괄자로 기능을 발휘하다가, 하대에 이르러 그 임면이나 자격, 지위 등이 상고 말·중고기 초엽의 갈문왕과 흡사해지면서 이를 바탕으로 왕위에 오르는 사례가 늘어났다.

다섯째, 중고기에 비롯된 진골귀족 각 가계의 분지화 과정은 중대 말엽, 하대에 급격히 진전되어 그 결과 화백의 구성원도 숫적으로 크게 늘어났고, 그 의결규칙이었던 만장일치제의 현실적 의미가 약화되었다. 곧 진골귀족 공동의 이익을 위해서는 합의가 이루어질 수 있었으나, 각 가계의 이익이 첨예한 왕위계승과 같은 사안에 대해서는 합의보다는 무력에 의존하게 되었고, 아울러 근친왕족을 중심으로 권력이 집중되어가면서 화백의 합의보다는 고명제에 의해서 왕위가 계승되어가는 추세를 보여준다. 이러한 하대의 정치적 추세는 결국 골품제의 사회체제를 와해시키는 것이었으며, 골품제 사회 안에서 진골귀족을 대변했던 화백회의 기능을 유명무실하게 만드는 것으로 작용했다.

결국 화백회의는 연맹체적 정치 단계에서 출발한 합의제였지만, 중앙집권적 국가체제가 정비되면서 국왕 직속의 합의기관으로 변하였고, 그 근본 성격은 진골귀족 전체의 이익을 대변하면서도 각 독립된 가계의 이익을 옹호하는 폐쇄된 집단 이데올로기를 보장하는 장치에 불과하다고 할 수 있다.

신라 화백회의와 남당·갈문왕제

-신라 화백회의에 관한 재검토-

1. 머리말
2. 화백회의와 남당南堂
3. 화백회의와 갈문왕葛文王
4. 중고기 왕권과 화백회의
5. 맺음말

1. 머리말

'화백和白'은 신라 특유의 합의 방식의 회의제로서 『수서』와 『신당서』 신라전에 그 모습을 전하고 있다. 이에 대하여는 남당南堂과의 관계 및 기원, 중고기 정치과정과 관련한 회의의 성격, 기능 등을 살핀 연구가 있다.[1] 또 그 구성원을 중심으로 대등회의大等會議나 대등회의의 전신으로서 등회의等會議를 상정하기도 하고,[2] 근래에는 화백和白으로서 군신회의群臣會議

---

1) 南堂과의 관계 및 기원, 중고기의 정치과정과 관련한 연구 성과에 대해서는 盧鏞弼(1990, 「新羅 中古期 中央政治組織에 대한 硏究史的 檢討」, 『忠北史學』 3, 22~38쪽)이, 화백의 기능에 대해서는 金麟坤(1980, 「和白會議의 機能」, 『社會科學』 11, 嶺南大 社會科學硏究所, 401~405쪽)이, 그리고 삼국의 귀족회의와 왕권의 관계에 대해서는 余昊奎(1995, 「중앙정치체제와 권력구조」, 『한국역사입문① -원시·고대편-』, 풀빛, 137~139쪽)가 정리한 바 있다.
2) 李基白, 「大等考」, 1962, 『歷史學報』 17·18 ; 1974, 『新羅政治社會史研究』, 一潮閣, 1974, 66~88쪽 ; 1962, 「上大等考」, 『歷史學報』 19 ; 위의 책, 89~132쪽. 李喜寬, 1990. 가을, 「迎日冷水里碑에 보이는 至都盧葛文王에 대한 몇 가지 問題」, 『韓國學報』 60, 83~97쪽.

또는 귀족회의貴族會議를 제시하면서 8세기 후반에서 9세기 초에 걸쳐 군신회의를 대신하여 새로이 재상회의宰相會議가 등장한다는 견해도 있다.[3]

이에 따라 그 구성원을 대등大等·군신群臣·귀족貴族·재상宰相 등으로 파악하고, 회의 주재자로서 상대등을 관련시킴으로써 이에 대한 논쟁은 전제왕권의 존부 문제를 둘러싼 첨예한 문제로까지 비화되기도 하였다.[4] 최근에는 중고기 화백의 구성원으로 일컬어지는 대등大等의 성격을 규명하고자 하는 논고[5]와 중고기 화백의 성격변화를 염두에 두면서 부체제론部體制論과 관련시켜 '제간회의諸干會議 → 귀족회의貴族[大等]會議 → 군신회의群臣會議 → 대신회의大臣會議'라는 발전과정을 제시한 견해[6]도 나오는 실정이다.

일찍이 필자는 이러한 논의는 무엇보다도 화백회의 본래의 기록에 충실함으로써 해결할 수 있다는 전제에서, 신라 화백회의 관련기사를 전하고 있는 『수서』와 『신당서』 신라전 관계 기사를 분석하고, 『삼국사기』·『삼국유사』 회의 관련기사 및 중고기 법령제정 관련 금석문을 검토하여 그 기능과 성격을 밝힌 바 있다.[7]

---

3) 李仁哲, 1991.1.30, 「8~9세기 신라의 지배체제」, 『韓國古代史硏究會 제4회 합동토론회 발표요지문』: 1991, 「新羅의 群臣會議와 宰相制度」, 『韓國學報』 65.

4) 申瀅植, 1990, 「新羅中代專制王權의 展開過程」, 『汕耘史學』 4. 李泳鎬, 1990, 「新羅 惠恭王代 政變의 새로운 解釋」, 『歷史敎育論集』 13·14. 李基白, 1993, 「新羅 專制政治의 成立」, 韓國史硏究會 編, 『韓國史 轉換期의 문제들』, 知識産業社 : 1993, 「統一新羅時代의 專制政治」, 『韓國史上의 政治形態-翰林科學院 叢書 18-』, 一潮閣 : 1995, 「新羅 專制政治의 崩壞過程」, 『大韓民國 學術院 論文集-人文社會科學篇-』 34. 李泳鎬, 1992, 「新羅 貴族會議와 上大等」, 『韓國古代史硏究』 6 및 1995, 『新羅 中代의 政治와 權力構造』, 경북대 박사학위논문.

5) 金光洙, 1996, 「新羅 官名 '大等'의 屬性과 그 史的 展開」, 『歷史敎育』 59. 申瀅錫, 2001, 「新羅 中古期 大等의 身分」, 『新羅學硏究』 5, 위덕대 신라학연구소.

6) 申瀅錫, 2002, 「6세기 新羅 貴族會議와 그 性格」, 『國史館論叢』 98.

7) 朴南守, 1992, 「新羅 和白會議 關係記事의 檢討」, 『何石 金昌洙敎授 華甲紀念 史學論叢』: 1992, 「신라화백회의의 기능과 성격」, 『水村 朴永錫敎授 華甲紀

그 결과 『수서』 신라전의 군신회의 등을 포괄하는 '상태의 기술'은 진평왕대에 중국과 신라 양국 사신의 왕래를 통하여 알려진 것이며, 회의 관계 기사도 이러한 과정에서 중고기 신라의 한 모습으로 인식된 것이었고, 『신당서』 신라전에 전하는 '화백和白'이란 명칭은 혜공왕 4년(768) 조문사弔問使의 일원으로 신라를 다녀간 고음顧愔의 『신라국기新羅國記』를 바탕으로 중대의 사정을 반영한 것이었음을 알 수 있었다. 아울러 『삼국사기』 등 우리측 기록에서 화백이라는 명칭을 찾을 수 없지만, 적지 않은 회의 관계 기사를 살필 수 있는데, 이를 중국 사서의 회의 관계 기사와 비교할 때 그 형태면에서 대체로 일치하고 있음을 알 수 있었다. 특히 『수서』의 '(국왕이) 군관群官을 모아 자세히 의논하여 결정한다'는 내용은 일견하여 백관회의百官會議를 연상케 하는데, 이를 중고기 신라의 특징적 모습 중의 하나로 소개한 것은 중국의 백관회의와는 다른 특이한 것으로 인식한 때문으로서, 『신당서』에서는 8세기 중엽에 만들어진 고음의 『신라국기』를 바탕으로 그 사정을 보다 정확하게 파악함으로써 『수서』의 내용을 보충하여 중대의 새로운 사실을 소개하였음을 밝힐 수 있었다.

또한 『삼국사기』·『삼국유사』 및 중고기 율령비律令碑적 성격의 금석문을 검토하였을 때에, 화백회의는 각 시기에 따라서 성격이 변화하였지만 국왕 추대 및 국가 중대사의 결정과 법령제정 등의 기능도 가지고 있었음을 알 수 있었다. 특히 중고기 화백회의 관련 주요 사료로 인정되는 오지암회의 기사를 분석함으로써 그 개최시기를 선덕왕 초년으로 획정하고, 화백회의의 의장은 국왕이거나 국왕 유고시에는 갈문왕의 전통을 이은 국왕의 친족이었던 것으로 추측하였다. 중고기 화백의 구성원은 6부의 대표자들로부터 국왕 직속의 핵심관료로 변화하고 있었으며, 이들 국왕의 관료들은 대체로 중고기에 분지화되기 시작한 각 소혈족가계小血族家系의 대표자들이었고, 중고기에 비롯된 진골귀족 각 가계의 분지화 과정은 중대 말엽, 하대에 급격히 진전되어 그 결과 화백의 구성원도 수적으로 크게 늘어났고, 그 의결규칙이었던 만장일치제의 현실적 의미가 약화되었음을 밝힌 바 있다.

念 韓國史學論叢』 上.

물론 필자의 이러한 논고로써 화백회의와 관련한 모든 문제가 해결된
것은 아니라고 본다. 특히 화백회의 의장이 상대등이었으며 귀족들은 이
회의를 통하여 자신들의 이익을 대변함으로써 일정부분 왕권을 견제했다
는 일반론은,8) 상대등과 화백회의 구성원의 성격에 대한 시각을 달리함
으로써 중고기 상대등이 왕권을 견제하기보다는 오히려 국왕과 긴밀하거
나 친왕적이었다는 설의 비판을 불러일으켰다.9) 그러나 곧이은 일반론
의 반론에 따라 지금은 다시 통설로 환원된 듯하며, 이러한 화백회의에
대한 일반론적인 결론은 고구려 제가평의諸加評議에까지 적용되고 있는
실정이다.10)

그러나 일반론에서 화백회의 의장이 상대등이라는 논거로 제시했던 오
지암회의 기사가 선덕왕 초년의 사실일 가능성이 매우 높고,11) 아울러
7왕등七王等의 공론共論을 이끌었던 지도로갈문왕의 존재가 영일냉수리비
에서 확인됨으로써, 기존의 통설에 대한 새로운 검토가 필요하게 되었다.
더욱이 일반론의 입장에 선 논자는 화백회의 용어에 관한 문제와 구성원,
그리고 화백회의 의장에 관한 의문에 대하여 다양한 각도에서 논박하면서

---

8) 李基白, 「大等考」, 1974, 앞의 책, 66~88쪽 : 「上大等考」, 1974, 위의 책,
   89~132쪽.
9) 신라 중고기 상대등과 왕의 관계에 대한 연구사 정리는 申瀅錫, 2002, 「6세기
   新羅 貴族會議와 그 性格」 참조.
10) 이러한 관점은 노중국이 고구려 초기 중요 국사를 결의하는 중심체를 諸加會議
   로 파악하고, "國相으로 대표되는 제가회의에 의해 왕권이 상당한 정도로 견제
   받았음도 유의해야 한다"고 피력하면서 "국상의 이러한 정치적 성격은 신라의
   상대등의 성격에 비추어 보아 추측해본 것이지만 타당성이 있지 않을까 생각한
   다"는 주석에서 극명하게 드러난다.(盧重國, 1979, 「高句麗國相考(上)」,『韓
   國學報』16, 20~24·34쪽) 이러한 관점은 그 후 고구려 귀족회의와 관련한
   일련의 논고에서도 대체로 수용되고 있다.(琴京淑, 1994, 「高句麗 初期의
   中央政治構造 -諸加會議와 國相制를 中心으로-」,『韓國史研究』86 : 윤성
   용, 1997, 「高句麗 貴族會議의 成立過程과 그 性格」,『韓國 古代社會의 地
   方支配』, 신서원 : 余昊奎, 1998, 「高句麗 初期의 諸加會議와 國相」,『韓國
   古代史研究』13 : 琴京淑, 2000, 「高句麗의 諸加會議와 國相制 運營」,『江
   原史學』15·16 참조)
11) 朴南守, 「신라화백회의의 기능과 성격」, 221~229쪽.

도,[12] 그 입론의 바탕이 남산 오지암회의에서 알천이 상대등의 자격으로 회의를 주재하였다는 데서 출발하고 있다[13]는 문제점을 지니고 있다. 잘못된 출발의 입론은 그 사적 전개의 유사함에도 불구하고 잘못된 논지를 이끌게 됨은 당연한 일이다.

이에 필자는 신라 정치사의 전개과정에서 상당한 비중을 점하고 있는 화백회의의 기능이나 성격 등에 대한 규명이 우선해야 한다고 본다. 따라서 본원적인 의문이라고 할 수 있지만,『수서』와『신당서』신라전의 화백 관계기사에 보이는 '군신群臣' 또는 '중衆'이란 과연 누구를 지칭하며 그 범위는 어디까지인가, 그리고 그 군신群臣이 과연 중고기 금석문에 보이는 '대등大等'이나 '대중등大衆等'과 완전히 일치하는가, 화백회의의 기원은 어디에 있으며 주재자는 과연 누구였고, 그 정치적 성격은 어떠하였는가 하는 문제를 재고할 필요가 있다. 이러한 문제 가운데 본고에서는 화백회의 기원과 관련한 남당南堂과 화백회의 관계, 그리고 그 구성원과 주재자에 관한 문제로서 왕권을 둘러싼 갈문왕葛文王의 성격 및 정치적 역할, 중고기 왕권王權과 화백회의의 관계 등에 한정하여 재론하고자 한다.

2. 화백회의와 남당南堂

남당南堂이나 정사당政事堂의 정청政廳 기능은 어느 일면에서 보면『수서』신라전에 보이는 "큰 일이 있으면 군관을 모아 자세히 의논하여 정한다其有 大事 則聚群官 詳議而定之"와 크게 어긋나지 않는다. 이러한 관계로 화백和白의 기원을 원시집회소로부터 유래한 남당南堂에서 찾기도 하지만,[14] 몇 가지 점에서 다시 생각해 보아야 할 문제가 있다.

---

12) 李基白. 1993,「統一新羅時代의 專制政治」, 앞의 책.
13) 李基白.「大等考」, 1974, 앞의 책, 78~88쪽 :「上大等考」, 1974, 위의 책, 94~95쪽 :「統一新羅時代의 專制政治」, 1974, 앞의 책, 99쪽.
14) 李丙燾, 1954,「古代 南堂考」,『서울大學校論文集 人文社會科學』1 ; 1976, 『韓國古代史研究』, 博英社, 614~636쪽.

첫째, 고구려에도 신라와 마찬가지로 국인國人에 의한 왕위추대王位推戴의 전통이 있었고, 제가평의諸加評議로 일컬어지는 형률刑律 관련 합의체가 있었는데, 신라 화백회의와의 관계는 어떠한가.

둘째, 남당 관계 기사는 백제에도 있었는데, 과연 남당을 화백의 기원적 형태로서 설명할 수 있는가.

셋째, 고구려·백제의 재상宰相 선출 기사를 어떻게 이해할 것인가 하는 문제이다.

먼저 『삼국사기』에는 고구려·백제에 있어서도 국인國人이 국왕을 추대하였던 사실을 전하고 있다.

A① 민중왕閔中王(A.D.44~48) 휘諱는 해색주解色朱인데 대무신왕大武神王의 동생이다. 대무신왕이 훙거하자 태자가 어려 능히 정치를 할 수 없었다. 이에 국인이 추대하여 세웠다.(『삼국사기』 권 14, 고구려본기 2, 민중왕 즉위년)

② 태조대왕[혹은 국조왕國祖王(A.D.53~146)이라 한다] 휘諱는 궁宮이고, 소명小名은 어수於漱이다. 유리왕琉璃王의 아들 고추가古鄒加 재사再思의 아들이다. 모태후母太后는 부여인이다. 모본왕慕本王이 훙거하자 태자가 불초하여 족히 사직을 다스릴 수 없어 국인이 궁宮을 맞이하여 왕위를 잇게 하였다. 왕은 태어나서 눈을 뜨고 히 볼 수 있었으며 어려서부터 뛰어나고 영특하였는데 나이가 7세였기 때문에 태후가 수렴청정하였다.(『삼국사기』 권 15, 고구려본기 3, 대조대왕 즉위년)

③ 고국천왕[혹은 국양國襄(A.D.179~197)이라고 한다] 휘諱는 남무男武(혹은 이이모伊夷謨라 이른다)인데 신대왕新大王 백고伯固의 아우 둘째 아들이다. 백고가 훙거하자 국인이 장자長子 발기拔奇가 불초하다 하여 함께 이이모伊夷謨를 세워 왕으로 삼았다. 한漢 헌제獻帝 건안建安 초에 발기拔奇가 형이 되어 왕이 되지 못한 것을 원망하여 소노가消奴加와 더불어 각각 하호下戶 3만여 구를 거느리고 공손강公孫康에 나아가 항복하여 비류수상沸流水上에 돌아와 거주하였다. 왕의 신장이 9척이고 자태와 표정이 씩씩하고 뛰어나며 힘이 능히 솥을 들 만하였고, 일을 함에 있어서는 남의 말을 들어주고 끊어버림과 관대하고 엄격함이 지나치거나 모자람이 없이 알

맞았다(『삼국사기』권 16, 고구려본기 4, 고국천왕 즉위년)

④ 산상왕(A.D.197~227) 휘諱는 연우延優[일명 위궁位宮이라 한다]인데 고
국천왕의 아우이다. 『위서』에 "주몽의 후손 궁宮이 태어나면서 눈을 뜨
고 볼 수 있었는데 이 사람이 태조가 되었다. 지금의 왕이 태조 의 증손으
로 역시 태어나면서 사람을 보는 것이 증조 궁과 비슷하였다. 고구려에
서 '서로 비슷한 것'을 불러 '위位'라고 하므로 이름을 위궁이라고 하였다"
고 하였다. 고국천왕이 아들이 없는 까닭에 연우가 임금 자리를 이어
받았다. 처음에 고국천왕 이 죽었을 때에 왕후 우씨가 비밀리에 초상난
것을 알리지 않고 밤에 왕의 동생 발기發岐의 집으로 가서 말하기를 "왕이
후손이 없으니 그대가 마땅히 이어야 합니다" 하였다. 발기가 왕이 죽은
것을 알지 못하고 대답하기를 "하늘이 정하는 운수는 돌아가는 곳이 있
으므로 가볍게 의논할 수 없습니다. 하물며 부인이 밤에 돌아다니는
것을 어찌 예禮라고 하겠습니까?"라 하였다. 왕후는 부끄러워하며 곧
연우의 집으로 갔다. 연우가 일어나서 의관을 갖추고, 문에서 맞이하여
들여앉히고 술자리를 베풀었다. 왕후가 말하기를 "대왕이 돌아가셨으나
아들이 없으므로, 발기가 어른이 되어 마땅히 뒤를 이어야 하겠으나
첩에게 다른 마음이 있다고 하면서 난폭하고 거만하며 무례하여 아재叔
를 보러 온 것입니다" 하였다. 이에 연우가 더욱 예의를 차리며 친히
칼을 잡고 고기를 썰다가 잘못하여 손가락을 다쳤다. 왕후가 치마끈을
풀어 다친 손가락을 싸주고, 돌아가려 할 때 연우에게 말하기를 "밤이
깊어서 예기치 못한 일이 있을까 염려되니, 그대가 나를 궁까지 바래다
주시오" 하였다. 연우 가 그 말에 따랐다. 왕후가 손을 잡고 궁으로 들어
가서, 다음날 새벽에 선왕의 왕명이라 속이고, 여러 신하들에게 명령하
여 연우를 왕으로 삼았다. 발기가 이를 듣고 크게 화가 나서 병력을
동원해서 왕궁을 포위하고 소리치기를 "형이 죽으면 아우가 잇는 것이
예이다. 네가 차례를 뛰어 넘어 임금 자리를 빼앗는 것은 큰 죄이다.
마땅히 빨리 나오너라. 그렇지 않으면 처자식까지 목베어죽을 것이다"라
하였다. 연우가 3일간 문을 닫고 있으니, 나라 사람들도 또한 발기를
따르는 자가 없었다. 발기가 어려운 것을 알고 처자를 거느리고 요동으
로 도망갔다. … 가을 9월에 담당 관청에 명하여 발기 의 시체를 받들어

모셔오게 하여, 왕의 예로써 배령裴嶺에 장사지냈다. 왕이 본래 우씨로
인하여 왕위를 얻었으므로 다시 장가들지 아니하고 우씨를 세워 왕후로
삼았다.(『삼국사기』 권 16, 고구려본기 4, 산상왕 즉위년)

B 전지왕腆支王(A.D.405~420)[혹은 직지直支라고 한다]『양서梁書』에는 영
映이라고 하였다. 그는 아신왕 의 맏아들로서, 아신왕 재위 3년에 태자가
되었고, 6년에 왜국에 인질로 갔다. 14년에 아신왕이 사망하자 왕의 둘째
동생 훈해訓解가 정사를 대리하며 태자의 귀국을 기다렸는데 왕의 막내
동생 첩례諜禮가 훈해 를 죽이고 자기가 왕이 되었다. 이때 전지가 왜국에
서 부고를 듣고 울면서 귀국을 요청하니 왜왕이 1백 명의 군사로 하여금
그를 보호하여 귀국하게 하였다. 그가 국경에 이르자 한성 사람 해충解忠
이 와서 고하기를 "대왕이 죽은 후에, 왕의 동생 첩례가 형을 죽이고 자기
가 왕위에 올랐으니, 태자께서는 경솔히 들어오지 마시기 바랍니다"라고
하였다. 전지가 왜인을 체류시켜 자기를 호위하게 하면서, 바다 가운데의
섬에서 대기하고 있었는데, 백성들이 첩례를 죽이고 전지를 맞이하여 왕
위에 오르게 하였다. 왕비는 팔수부인八須夫人이다. 그녀는 아들 구이신久
尒辛을 낳았다.(『삼국사기』 권 25, 백제본기 3, 전지왕 즉위년)

A①②는 태자太子가 유소幼少하거나 불초不肖하다 하여 국인이 각각 왕으
로 추대하는 형태이고, A④는 왕위 계승자인 발기拔奇가 불초不肖하므로
이이모伊夷謨를 왕王으로 세웠다는 내용이며, A③은 A④ 내용의 두찬杜撰이
다.[15] 여기에서 A①④는 일종 왕위 계승을 둘러싼 정치적 쟁패과정을 보
여주는 것이며, A①②는 신라에서 국인이 왕을 추대하는 모습과 같은 성격
의 내용이다. 곧 신라의 경우 전왕前王이 적통자嫡統者 없이 죽거나 아들이
있더라도 너무 어려 국정을 맡기기 어려운 경우, 왕위 계승자가 부덕한
경우 군신群臣의 합의를 통하여 즉위하고 있다.[16] 또한 화백의 합의에 의해

---

15) 『三國史記』 권 16, 高句麗本紀 4, 고국천왕 즉위년조에서 "男武 或云 伊夷模"
    는 『魏志』 東夷傳 高句麗條에 나타난 것으로서, 이하 伊夷模에 관한 魏志 기
    사는 山上王에 관한 것으로 풀이하였다.(李丙燾, 1977, 『譯註 三國史記』, 乙
    酉文化社)

왕위에 나아간 왕들은, 왕위를 이을 적통자가 없을 경우는 前王의 동생이나 친족 형제가, 적통자가 부덕하거나 위명이 미치지 못할 경우는 대체로 그 동생이 추대되었는데,17) 이 점은 고구려에 있어서도 마찬가지였다.

고구려의 경우 국인國人에 의한 왕위추대는 민중왕과 태조대왕 두 건에 그치고, 그것도 고구려 초기 국가 단계의 것에 불과하다. 산상왕山上王의 경우도 국인國人이 추대한 것처럼 서술되었으나, 고국천왕故國川王의 왕후 王后 우씨于氏에 힘입어 즉위한 것으로서, 왕권을 둘러싼 쟁패과정을 보여 준다.18) B에 보이는 전지왕腆支王의 즉위과정도 국인으로 표현되는 일련의 귀족들이 전지왕의 즉위에 관여하고 있으나, 고구려 산상왕의 경우처럼 왕권을 둘러싼 권력 쟁투의 모습을 보여주는 것이라고 하겠다.19) 아무튼 고구려에서 이처럼 신라의 왕위 추대와 비슷한 현상을 볼 수 있거니와, 이 점 신라의 화백과 유사한 어떤 합의제도의 전통이 있지 않은가 추측할 수 있다.

그런데 『삼국지』 위지 동이전 등 중국측 사서에는 고구려에 있어서 죄罪가 있는 자는 제가諸加들의 평의評議를 거쳐 형刑을 집행하였다는 사실을 전하고 있다. 이러한 제가평의諸加評議는 『삼국지』 외에 『양서』 · 『남사』에도 기록되어 있다. 그러나 『주서』 · 『북사』 · 『수서』 · 『구당서』 · 『신당서』 등에는 제가평의諸加評議를 대신하여 '기형법其刑法' · '기법其法' · '기치其治' 등으로 형률 관계 기사를 서술하고 있다. 이는 어느 시기를 기점으로 형률刑律로써 제가평의諸加評議를 대신하였던 사실을 반영한다고 하겠다.

> C ① 감옥이 없고 범죄자가 있으면 제가諸加들이 모여서 평의評議하여 사형에 처하고 처자妻子는 몰수하여 노비奴婢로 삼는다. (『삼국지』 권 30, 위서 30, 동이전 고구려)

---

16) 朴南守, 「신라 화백회의의 기능과 성격」, 231쪽.
17) 위와 같음.
18) 盧重國, 1979, 「高句麗國相考(下)」, 『韓國學報』 17, 5〜10쪽.
19) 李基東, 1982, 「三國의 抗爭과 貴族國家의 變遷」, 『韓國史講座』 I -古代篇-, 一潮閣, 175쪽.

② 그 나라에는 감옥이 없고, 죄를 지은 자가 있으면 제가諸加들이 모여 평의評議하여 사형에 처하고, 처자는 몰수한다.(『양서』 권 54, 렬전 48, 동이전 고구려)

③ 그 나라에는 감옥이 없고, 죄를 지은 자가 있으면 제가諸加들이 모여 평의評議하여 중죄重罪를 범한 자는 사형에 처하고, 그 처자는 몰수한다.(『남사』 권 79, 열전 69, 고구려)

D ① 대대로는 세력의 강약에 따라 서로 싸워 이기면 빼앗아 스스로 되고 왕의 임명을 거치지 않는다. 그 형법은 모반하거나 반란을 일으키면 먼저 불에 태운 연후에 참수하고 그 집을 적몰한다. 도적질한 자는 훔친 물건의 10배를 보상하고, 만일 빈궁하여 갖추지 못하거나 공사채를 지는 자는 그 자녀를 평정하여 노비로서 보상한다.(『주서』 권 49, 열전 41, 이역 상, 고려)

② 그 형법은 반역하거나 역모를 도모한 자는 기둥에 묶어 불로 지진 다음 목을 베고, 그 집은 전부 몰수하였다. 도둑질을 하면 [도둑질한 물건의] 10배를 배상해야 한다. 만약 가난하여 배상할 수 없는 자나 공사간에 빚을 진 자에게는 모두 그의 아들이나 딸을 노비로 주어 보상할 수 있도록 하였다. 형벌을 시행함이 매우 엄준하므로, 법을 범하는 자가 드물다.(『북사』 권 94, 열전 82, 고구려)

③ 반역을 한 자는 기둥에 묶어 불로 지진 다음 목을 베고, 그 집은 적몰한다. 도둑질을 하면 [그 물건의] 10배를 배상해야 한다. 형벌을 시행함이 매우 준엄하므로, 법을 범하는 자가 드물다(『수서』 권 81, 열전 46, 고려)

④ 법률에 모반하거나 반란을 일으킨 자가 있으면 많은 사람을 불러 모아 횃불을 들고 서로 다투어 지지게 하여, 온 몸이 진무른 뒤에 참수하고, 가속은 모두 적몰한다. 성을 지키다가 적에게 항복한 자, 전쟁에서 패배한 자, 사람을 죽이거나 겁탈한 자는 목을 벤다. 물건을 도둑질한 자는 [그 물건의] 12배를 물어 주게 한다. 우마를 죽인 자는 노비로 삼는다. 대체로 법을 준엄하게 적용하므로 범하는 자가 적다.(『구당서』 권 199 상, 열전 제149 上, 고려)

⑤ 그 다스림에 법이 엄격하여 법을 범하는 자가 적다. 반란을 일으킨 자는 [많은 사람들이] 모여 횃불로 몸을 지진 다음 목을 베고, 그 가속은 적몰한다. [적에게] 항복한 자·패전한 자·사람을 죽인 자 및 표겁한 자는 목을 벤다. 도둑질한 자는 [그 물건의] 10배를 갚아야 하며, 소나 말을 죽인 자는 노비로 삼는다. 그렇기 때문에 길가에 떨어진 물건도 줍지 않는다.(『신당서』 권 220, 열전 145, 고려)

위 C 기사에서 제가평의諸加評議와 관련한 기록은 대체로 『삼국지』의 계통을 따르는 것으로 여겨지는데, 『주서』로부터 제가평의 관련 기록은 보이지 않고 형률관련 기사로 대체되고 있다. 그런데 고구려 제가평의 관련 중국 정사正史를 일별하면, 그 찬술시기에 따라 진晉의 진수陳壽(233~297)가 편찬한 『삼국지』를 비롯하여 정관연간(627~649)에 이루어진 『양서』·『주서』·『수서』·『북사』·『남사』와 대력·정원연간(766~804)에 이루어진 『구당서』·『신당서』로 구분할 수 있다.

특히 고구려 관련 기록에 있어서 『양서』는 동시대적인 사료가 수록됨과 아울러 이전 사서의 기재를 그대로 전재한 부분도 섞여 있으며, 『남사』는 『양서』 등의 계통을 따르고 있는데[20] 제가평의 관련 기록은 아무래도 『삼국지』의 계통을 이어 서술한 것으로 여겨진다. 한편 새로운 형률관계 기사의 단초를 보이는 『주서』는 『위서』와 마찬가지로 고구려와의 교류가 많았던 관계로 북주北周 시대 당시의 기록이 많이 이용되었던 것으로 보이며, 대체로 고구려 내부상에 대한 상태에 관한 새로운 기록이 많이 보이고 있다. 이러한 특징은 같은 북조계통의 사서인 『수서』·『북사』에 채용되었고, 『구당서』·『신당서』에는 더 많은 내용을 추가하는 경향을 보인다.[21]

따라서 『삼국지』에 전하는 고구려 제가평의의 모습은 『수서』·『주서』·『북사』의 대상시기 언젠가로부터 엄격한 형률의 시행으로 대체된 것이 아닌가 추측케 한다. 그러한 변화의 시기는 『양서』와 『남사』의 하한으로

---

20) 高柄翊, 1970, 「中國正史의 外國列傳」, 『東亞交涉史의 硏究』, 서울대 출판부, 28~32쪽.
21) 高柄翊, 위의 논문, 31~33쪽.

부터 『주서』·『북사』·『수서』의 대상시기 어느 때라고 볼 수 있는데, 대체로 6세기 후반부터 7세기 초엽 어느 때가 아니었겠는가 추정된다.[22]

여기에서 형률의 시행은 형률을 시행할 주체인 관부의 성립을 전제로 한다. 그런데 신라의 경우 중고기 영일 냉수리신라비迎日 冷水里新羅碑·울진 봉평신라비蔚珍 鳳坪新羅碑·단양 적성비丹陽 赤城碑 세 금석문에 나타난 화백회의에서의 법령제정은, 법흥왕 7년의 율령 반포律令 頒布와 관련하여 각 비문에 보이는 절거리節居利의 재산권이나 노인법奴人法·전사법佃舍法에 관한 왕의 교敎를 일종 교사령敎事令에 포함하는 영令으로, 군신群臣들이 이러한 영令을 바탕으로 논의 결정한 별교別敎를 격식格式으로, 그리고 이러한 법령의 시행을 위한 형벌규정 내지 처벌안을 형률刑律로 성문화하였다.[23] 이와 같은 법령 제정 관련 화백의 기능은 진덕왕 5년 법령제정 전담부서인 좌리방부左理方府가 새로이 설치되면서[24] 소멸되고, 화백회의는 단지 이들 법령에 따라 개별 사안에 대한 적법여부만을 논의하였을 것으로 생각된다.[25] 이 점에 있어서 고구려의 경우도 법령 전담 관서의 설립·운영으로 말미암아 형률刑律 관련 제가평의諸加評議의 기능이 사라지게 되었을 것으로 짐작된다. 다만 이들 형률 관련 전담부서의 명칭은 아직까지 확인되지 않는다.

그럼에도 불구하고 중국측 사서에 보이는 고구려의 대대로大對盧 선출이나 『삼국유사』에 보이는 백제의 재상宰相 선출은 일면 합의제의 모습을

---

22) 이들 史書 기사의 대상시기로 미루어 볼 때에 『梁書』·『南史』 기사의 하한인 6세기 중·후반 어느 때로부터 『隋書』·『北史』의 대상시기인 6세기 중·후반~7세기 초엽 어느 때에 이러한 변화가 있었을 것으로 추정해 볼 수 있다.

중국사서	간행시기	편찬자	대상시기
梁書	629~636	唐 姚思廉	502~557
南史	~643	唐 李延壽	420~580
隋書	636	唐 魏徵 · 顔師古 孔穎達 · 許敬宗	581~618
北史	~643	唐 李延壽	386~618

23) 박남수, 「신라 화백회의의 기능과 성격」, 216~221쪽.
24) 『三國史記』 권 38, 雜志 7, 職官 上.
25) 박남수, 「신라 화백회의의 기능과 성격」, 221쪽.

보여주는 사례들로 주목된다.[26] 그러나 『삼국사기』에는 이들 기사와 달리 국왕이 대대로나 재상을 임명하는 것으로 나타나 차이가 있다.

E ① 대대로는 세력의 강약에 따라 서로 싸워 이기면 빼앗아 스스로 되고 왕의 임명을 거치지 않는다.(『주서』 권 49, 열전 41, 이역 상, 고려)

② 고려기高麗記에 이르기를 그 나라는 건관建官에 9등급이 있는데, 그 하나는 토졸吐捽로서 1품에 해당하고 옛이름은 대대로이다. 국사를 총괄하여 다스리는데 3년 한 번 교대한다. 만일 그 직임에 적당한 자가 있으면 연한에 구애받지 않는다. 교체하는 날에 혹 승복하지 않으면 모두 병기를 가시고 서로 공격하여 이긴 자가 된다. 그 왕은 다만 궁문을 닫고 스스로 지키며 능히 제어하지 못한다. 다음은 태대형인데 … (『한원翰苑』 번이부 고려)

③ 또 호암사虎嵓寺에는 정사암政事嵓이 있다. 국가에서 장차 재상宰相을 의논할 때에 뽑을 만한 사람 서너 명의 이름을 써서 상자에 넣고 봉하여 바위 위에 두었다가 얼마 후에 열어 보아 이름 위에 도장이 찍힌 자국이 있는 사람을 재상으로 삼았기 때문에 그렇게 이름하였다.(『삼국유사』 권 2, 기이 2, 남부여·전백제)

E①과 ②는 대대로 선출에 관한 전말을 보여준다. 그런데 국사國事를 총괄하는 대대로 선출은 힘의 강약에 의했으며, 이 때에 국왕은 이에 전혀 관여할 수 없었다는 것이다. E③은 백제의 재상을 선출하는데 3~4명 후보자를 명부에 적어 정사암 위에 올려 놓으면 그 인적印跡이 드러나 재상에 임명한다는 설화적 내용이지만, 결국 재상의 후보자를 선출하는 회의 장소로서 정사암이 있었다는 것이다.

특히 고구려의 경우 힘의 강약에 의하여 대대로직에 나아갔던 사실을 알 수 있거니와, 이는 국왕이 대대로 선출에 관여할 수 없었던 합의제도의 강한 전통에 비롯한 것으로 이해되고 있다.[27] 사실 이러한 전통은 제가평

---

26) 李基白, 「上大等考」, 1974, 앞의 책, 98~99쪽. 盧重國, 「高句麗國相考(下)」, 18~27쪽.

27) 위와 같음.

의의 전통 그것에 다름 아니리라 생각된다. 더 나아가 고구려 건국 초기 민중왕과 태조대왕의 국왕 추대 또한 이러한 제가평의의 전통과 연결되었을 가능성이 크다. 그러나 그러한 합의의 전통은 산상왕의 예나, 봉상왕의 폐위 사건, 추군과 세군의 대결[28] 등의 사례에서 보듯이 세력의 이합에 따라 왕권쟁탈전의 양상을 보였고, 국정을 총괄하는 대대로직도 힘의 우열에 따라 결정되는 정쟁政爭의 형태로 변모하였다.

그런데 신라에 있어서 국왕의 즉위에 따른 대결의 양상은 여왕의 즉위에 따른 두 번의 반란을 제외하고는 중고기까지 크게 나타나지 않으며, 기록상 국인추대國人推戴에 의한 왕위 계승에 있어서는 매우 평화리에 합의가 이루어진 것처럼 보이고 있다. 이러한 것이 기록의 누락 때문인지, 아니면 화백회의 관련 기록에 보듯이 만장일치제의 전통에서 비롯한 것인지 선뜻 결론을 내리기 어렵다. 그러나 현전하는 기록을 존중한다면 신라의 경우 고구려·백제에서의 정쟁의 형태와 다른 합의의 전통으로 인하여 중국측 사서에서는 화백회의를 고구려·백제와 달리 특기하였던 것으로 보고자 한다.

백제의 경우 정사암기사政事巖記事로 보아 비교적 평화적으로 재상선출이 있었던 것으로 생각되지만, 3~4명 당선자의 이름을 올리는 이가 군신群臣들인지, 아니면 국왕國王인지 여부가 분명하지 않다. 다만 어느 누가 추천을 하여 이를 결정하는 형식이었을 것으로 보면, 군신群臣의 추천에 의하여 국왕이 결정하는 형태가 아니었을까 짐작될 뿐이다.

한편 신라의 경우 재상의 선출을 둘러싼 회의가 있었는지의 여부는 확인되지 않는다. 그러나 고구려·백제의 사례로 미루어 상대등의 선출을 위한 모종의 회의가 있었지 않은가 추측되기도 한다.[29]

그런데 신라 남당회의南堂會議 관련 기사는 고구려 제가평이나 신라 중고기 율령비에 보이는 법률제정, 고구려·백제의 재상선출과는 매우 다른 모습으로 나타나고 있다.

---

28)『日本書紀』19, 欽明記 7년.
29) 李基白,「上大等考」, 1974, 앞의 책, 98~99쪽.

F ① 가을 7월에 궁의 남쪽에 남당南堂[남당은 혹은 도당都堂이라고도 한
다]을 짓고 양부良夫를 이찬으로 삼았다.(『삼국사기』 권 2, 신라본기
2, 첨해이사금 3년)

② 봄 정월에 처음으로 남당에서 정무를 보았다. 한기부 사람 부도夫道
가 집이 가난했지만 아첨하는 바가 없고 글씨와 계산을 잘해 당시에
이름이 알려져 있었다. 왕이 그를 불러 아찬으로 삼고 물장고物藏庫
의 사무를 맡겼다.(『삼국사기』 권 2, 신라본기 2, 첨해이사금 5년)

③ 봄과 여름에 비가 오지 않자 군신들을 남당에 모이게 하여 친히 정치
와 형벌 시행의 잘잘못을 물었다. 또한 사신 5명을 보내 두루 돌며
백성의 괴로움과 걱정거리를 물어보게 하였다.(『삼국사기』 권 2, 신
라본기 2, 미추이사금 7년)

④ 여름 4월에 남당에서 노인들을 대접하였는데, 왕이 몸소 음식을 집
어 주고 곡식과 비단을 차등있게 내려 주었다.(『삼국사기』 권 3, 신
라본기 3, 눌지마입간 7년)

⑤ 봄 3월에 가물었으므로 왕이 정전에서 [거처하기를] 피하고 평상시
의 반찬 가짓수를 줄였으며, 남당에 나아가서 몸소 죄수의 정상을
살폈다. (『삼국사기』 권 4, 신라본기 4, 진평왕 7년)

G ① 봄 정월 초하룻날, 왕이 자주빛으로 된 큰 소매 달린 도포와 푸른 비단
바지를 입고, 금꽃으로 장식한 오라관을 쓰고, 흰 가죽띠를 두르고,
검은 가죽 신을 신고, 남당에 앉아서 정사를 처리하였다.(『삼국사기』
권 24, 백제본기 2, 고이왕 28년)

② 11월에 왕이 남당에서 군신들에게 잔치를 베풀었다.(『삼국사기』 권
26, 백제본기 4, 동성왕 11년)

위의 기사 F①에서 남당南堂은 궁남宮南에 있었고, 이를 도당都堂이라고
불렀으며, 남당을 짓고서 양부良夫를 이찬으로 삼았다는 기사이다. F②는
국왕이 남당에서 청정聽政하고 한지부인漢祇部人 부도夫道를 아찬으로 삼아
물장고사무物藏庫事務를 맡겼다는 내용이다. 여기에서 남당南堂은 국왕이 이
찬伊湌과 아찬阿湌을 임명하는 등 일종 인사업무를 관장했던 장소였음을 알

수 있다. 이에 대하여 F③은 정형득실政刑得失을 국왕이 친히 물었으며, F④는 남당에서 양로행사養老行事를, F⑤는 한해旱害로 인하여 국왕이 남당에서 친히 수감자를 풀어줌으로써 비를 바라는 의식이 있었음을 알 수 있다.

이러한 형태는 백제의 경우에도 크게 다르지 않았던 것으로 보이는데, G①은 국왕이 의관을 갖추고 남당에서 청정하는 일을, G②는 군신群臣을 남당에 불러 모아 연회를 베푸는 모습을 보여준다. 따라서 신라나 백제 어떠한 경우도 남당은 국왕을 중심으로 신하들을 불러모아 청정에 임하였던 곳으로서 일명 도당都堂으로도 일컬어졌다고 하겠다. 이는 후일 중국화된 정청政廳으로서 평의전의 형태로 변모하였을 것으로 짐작된다.[30]

남당과 비슷한 형태의 정청으로 신라에는 정사당政事堂이 일찍부터 설치되어 있었다.[31] 이 정사당은 비록 후대의 일이긴 하지만 상대등上大等이 인사업무를 맡았던 정청政廳이었다.[32] 물론 상대등이 법흥왕 때에 설치되었던 만큼 그 이전에 어떠한 성격이었는지는 분명하지 않다. 그러나 대체로 신라 초기부터 빈번하게 나오는 군국정사나 내외병마사를 국왕으로부터 위임받아 정사를 총괄하였던 대보大輔나 이찬伊湌의 성격이 후일의 상대등 기능과 비슷한 만큼,[33] 정사당은 이들 관료들이 정사를 맡아보던 곳이 아니었겠는가 짐작된다.

따라서 남당南堂은 국왕國王의 정청政廳으로서의 기능을, 정사당政事堂은 대보大輔·이찬伊湌·상대등上大等과 같이 국왕으로부터 국정을 위임받아 국정을 총괄하는 대신大臣의 정청政廳을 지칭한다고 할 수 있다.[34] 이러한

---

30) "夏四月 始御平議殿聽政"(『三國史記』 권 10, 新羅本紀 10, 憲德王 3년).

31) "春二月 置政事堂於金城"(『三國史記』 권 1, 新羅本紀 1, 逸聖尼師今 5년).

32) "祿眞 姓與字未詳 … 時 忠恭角干爲上大等 坐政事堂 注擬內外官 …"(『三國史記』 권 45, 列傳 5, 祿眞傳).

33) 법흥왕 18년 상대등의 설치문제와 관련하여 그 기원을 大輔에 찾는 연구들은 다음과 같다.
辛兌鉉, 1959, 「新羅 職官 및 軍制의 硏究」, 『新興大學校論文集』 2. 金麟坤, 1974, 「新羅의 政治制度 硏究—和白會議·上大等·王·執事部에 關하여—」, 경북대 정치학박사학위논문 ; 1987, 『韓國政治論』, 이문출판사. 申瀅植, 1974, 「新羅의 國家的 成長과 兵部令」, 『歷史學報』 61 ; 1984, 『韓國古代史의 新硏究』, 一潮閣.

34) 南堂은 그 성격면에서 오히려 중국의 明堂制와 비슷하며(李丙燾, 앞의 글, 635

때문에 백제에 도 신라와 동일하게 남당南堂이 존재함에도 중국측 사서에
는 별달리 특이한 회의체로 언급하지 않았던 것이 아니었는가 한다.

3. 화백회의와 갈문왕葛文王

『삼국유사』에는 신라 최초의 회의체인 6부족장 회의 기사를 전하고 있
다. 지적되듯이 이에 대해서는 화백회의의 원초적인 모습일 것으로 인정
되거니와, 원시집회소로부터 유래한다는 것이 옳을 것이다.[35]

> H. 전한 지절地節 원년 임자王子 3월 초하룻날 6부의 조상들이 각각 자제들을
> 데리고 다 함께 알천閼川 언덕 위에 모여 의논하기를 "우리들이 위로 백성
> 들을 다스릴 만한 임금이 없어 보내 백성들이 모두 방종하여 제멋대로
> 놀고 있으니 어찌 덕이 있는 사람을 찾아내어 그를 임금으로 삼아 나라를
> 창건하고 도읍을 정하지 않을 것이랴!" 하였다. … 두 성스러운 아이를
> 받들어 길러 … 두 성인이 나이 23세가 된 오봉五鳳 원년 갑자에 남자아이
> 를 왕으로 삼고 여자아이를 왕후로 삼아 국호를 서라벌徐羅伐 또는 서벌徐
> 伐, 혹은 사라斯羅, 또는 사로斯盧라고 하였다. 처음 왕이 계정鷄井에서 태
> 어났으므로 혹은 계림국鷄林國이라 일컬어 으니 계룡鷄龍으로써 상서를 나
> 타낸 것이다.(『삼국유사』 권 1, 기이 2, 신라시조 혁거세왕)

쪽 : 鄭璟喜, 1991, 「三國時代의 原始社會論的 視覺에 대한 再檢討」, 『韓國學
報』 64, 174~177쪽), 儀禮化된 聽政의 형식이 후대의 百官會議와 비슷한 양
상을 보이므로, 헌덕왕 3년(811)에 설치된 平議殿의 前身으로 이해할 수 있다.
이에 대해 盧鏞弼은 신라 중고기 和白과 南堂의 기능, 大等의 성격과 분화,
그리고 官職 및 官府의 발생과 분화에 대한 연구사적 검토를 통하여, 화백과
남당은 동일한 성격의 회의체라기보다는, 화백이 귀족회의, 남당이 관료회의
로 그 성격이 달랐을 것임을 지적한 바 있다.(노용필, 앞의 논문 참조)

35) 李丙燾는 우리 고대사회에서 가장 원시적이고 중요한 집회기관인 村集會所
'ᄆ을'이 정치적으로 南堂會議로 변천한 것이 和白會議制라고 보고 있다.(李丙
燾, 앞의 논문 참조) 필자 또한 和白이 원시집회소의 합의제적 전통을 계승하
였다는 점에 대해서는 이론이 없으나, 화백의 기원적 형태를 南堂으로 보는
데에 대해서는 앞 장에서 살펴 본 바와 같이 견해를 달리한다.

위 H의 기사는 신라 건국설화로서 6부部의 조祖와 자제子弟들이 알천안
상閼川岸上에 함께 모여서 처음으로 군주君主를 세워 나라를 세우고 도읍을
정하는 일을 회의하던 모습이다. 이러한 신라 최초의 회의에는 6부조六部
祖가 대표권을 행사하면서 각각 그 자제子弟들을 거느리고 회합하였다. 그
후 이러한 유형의 회의에 참석한 구성원은 잘 보이지 않는다. 다만 영일냉
수리비와 울진봉평비에서 국왕과 갈문왕이 회의를 주재하고, 사탁부·탁
부 출신 회의 참가자의 구성비가 높으나 본피부·습비부·점량부의 일원들
도 이에 참여하였음을 볼 수 있다.36) 이러한 부별部別 구성은 위 건국설화
의 6부조가 함께 모여 국왕을 추대하고 건국을 도모하는 모습으로부터
유래하였을 것임을 쉽게 짐작할 수 있다.37)

그런데『삼국사기』에는 정상적인 왕위 계승이 불가능할 때 '국인입지國
人立之' '국인추대國人推戴'의 형식으로 국왕을 공립共立하고 있는 모습을 살
필 수 있다. 이는 화백회의에서 군신의 합의를 통하여 이루어진 것이라고
하겠다.38) 신라 56왕 중 모두 12명이 '국인입지國人立之' '국인추대國人推戴'
의 형식으로 화백회의에서 추대되었는데, 모두 전왕이 적통자嫡統者 없이
죽거나 아들이 있더라도 너무 어려 국정을 맡기기 어려운 경우, 왕위계승
자가 부덕不德한 경우에 해당한다.39)

신라 상고기에는 이 세 가지 형태가 모두 나타나는데 상고기 22명의
왕 중 7명이 이러한 방식으로 즉위하고 있다. 특히 화백의 합의로 왕위에
나아간 왕 가운데 기년상 문제가 있는 왕을 제외하고는, 왕위를 계승할
적통자가 없을 경우에는 전왕의 동생이나 친족 형제가, 적통자가 부덕하
거나 위명이 미치지 못할 때는 대체로 그 동생이 추대되었던 것으로 나타
난다. 따라서 어느 정도 신빙성이 있는 현전 기록만으로는 국인추대國人推
戴에 의해 왕위에 오른 이들은 대체로 왕제王弟이며, 이러한 배경에는 화백
和白에 의한 국왕추대에 형제상속의 전통이 강하게 남아있는 까닭이 아닌

---

36) 박남수, 「신라 화백회의의 기능과 성격」, 230~231쪽.
37) 신형식, 1985, 「화백과 화랑도」,『신라사』, 이대출판부, 185~186쪽.
38) 申瀅植, 위의 글, 187~188쪽.
39) 박남수, 「신라 화백회의의 기능과 성격」, 213쪽.

가 생각해 볼 수 있다.

이에 대해서는 화백의 합의에 도달하기 위한 어떤 원칙이 있었을 것이라는 견해[40]와 화백의 합의와 갈문왕葛文王의 추봉제追封制로써 신라 상대의 무원칙한 왕위계승 방식을 보완한다는 견해가 있다. 특히 후자는 王者가 되기 위한 조건 중 중요한 것 가운데 하나가 화백회의의 합의였으며, 갈문왕추봉제라는 것도 왕위계승이 부자父子 혹은 최근친最近親에게만 한정되었기 때문에 자연스럽게 생겨난 것이었던 것으로 보았다.[41]

여하튼 상고기 갈문왕葛文王은 왕비王妃의 부父나 왕모王母의 부父, 王의 부父에 대한 임명이나 추봉의 형태였다. 이에 대해서는 자세한 논고가 있거니와, 이에 따르면 초기의 갈문왕은 대체로 왕비王妃의 부父(日知葛文王·許婁葛文王·摩帝葛文王·支所禮王)였다가, 王의 부父(朴阿道葛文王·世神[骨正]葛文王·仇道葛文王) 또는 왕모王母의 부父[王의 외구外舅](伊柒[伊非]葛文王·奈音葛文王)로 바뀌었는데, 상고 말 중고기에는 王의 제弟(期寶葛文王·巴胡葛文王·立宗葛文王·眞正葛文王·眞安葛文王)가 갈문왕이 되는 예가 늘어나게 되었다는 것이다.[42]

이들 갈문왕이 언제부터 유래했는지는 분명하지 않으나, 갈문왕을 최초로 추봉 때는 점해이사금 원년에 王의 부父를 세신갈문왕世神葛文王에 책봉하면서부터가 아니었겠는가 한다. 곧『삼국사기』권 2, 점해이사금 즉위년조에 점해이사금의 부父인 골정을 세신갈문왕에 봉하는 사론史論에서, 김부식은 신라에서 새로이 군왕에 오른 자의 부父 뿐만 아니라 외구外舅까지도 갈문왕에 봉함으로써 그 예가 아님을 비판하고 있다. 특히 점해이사

---

40) 李基白은 화백의 합의의 원칙이 있었을 가능성을 들면서도 그 원칙이 구체적으로 무엇이었는지 현재 분명히 밝혀진 바가 없다고 하였는데(李基白,「상대등고」, 1974, 앞의 책, 99쪽), 金麟坤은 신라 전시기를 통하여 지속된 왕위계승의 기본적 원칙으로서 화백의 선거기능을 들고, 국인 또는 군신이 추대한 경우 외에 전왕의 아들이 왕위를 잇는 경우에도 역시 화백의 동의를 얻었던 것처럼 풀이한 바 있다.(金麟坤, 앞의 논문) 그러나 김인곤의 견해는 신라사의 전개과정을 도외시하고 화백의 기능만을 너무 강조한 것이 아닌가 생각한다.
41) 池內宏, 1941,「新羅の骨品制と王統」,『東洋學報』18-3, 348~350쪽.
42) 李基白, 1973,「新羅時代의 葛文王」,『歷史學報』58 ; 1974, 앞의 책.

금의 외구外舅인 구도仇道는 미추이사금 2년에 추봉된 것으로『삼국사기』에 나타나지만, 김부식의 사론으로 미루어 볼 때에 김부식이 그 예禮가 아님을 이유로 옮겨 기술한 것이 아닌가 하는 혐의가 짙으며, 사실 골정骨正의 아들로서 점해이사금 이전에 왕위에 오른 조분이사금이 있음에도 불구하고 갈문왕 추봉이 점해이사금 즉위년에 이루어졌다는 데서도 그 저변의 사정을 짐작할 수 있다.[43]

그러면 그 이전의 갈문왕은 어떻게 이해해야 할 것인가. 사실 초기의 갈문왕은 그 기년紀年과 계보상系譜上의 이동異同이 많으며,[44] 또한 추봉追封일 가능성이 매우 높다. 그러나 이러한 기년이나 계보상의 문제에도 불구하고 초기 갈문왕의 명칭을 일별하면, 매우 특이한 점을 살필 수 있다. 곧『삼국유사』왕력王曆에는 허루갈문왕許婁葛文王을 '허루왕許婁王'으로 병기한 것을 비롯하여, 허루갈문왕으로 보이는 '사요왕辭要王', 그리고 마제갈문왕摩帝葛文王을 '마제국왕摩帝國王' 등으로도 표기하고 있다. 이는 갈문왕이 국왕의 지위에 준한 존재이기 때문에 그렇게 표현해도 무방하리라고 간단히 치부할 수도 있을 것이다.

그러나 영일냉수리신라비에서 지도로갈문왕을 비롯한 공론共論의 참가자를 '7왕등七王等'으로 일컬었던 사실을 주목할 수 있다. 곧 영일냉수리신라비를 건립한 지증왕 4년(503) 무렵까지도, 사탁부의 지도로 갈문왕至都盧葛文王·사덕지 아간지斯德智阿干支·자숙지 거벌간지子宿智居伐干支, 탁부의 이부지 일간지爾夫智壹干支·지심지 거벌간지只心智居伐干支, 본피부의 두복지 간지頭腹智干支, 습비부의 모사지 간지暮斯智干支를 '7명의 왕들'로 통칭하였다는 점이다.[45] 여기에서 지증왕 4년 신라 국호와 왕호가 결정될 때까지

---

43) 朴南守, 1987,「新羅 上古 金氏系의 起源과 登場」,『慶州史學』6, 17~18쪽.
44) 초기 갈문왕의 기년과 세계상의 이동에 대해서는 李基白,「新羅時代의 葛文王」, 1974, 앞의 책, 8~11쪽 참조.
45) '七王等'을 崔光植은 '七主等'으로 석독하였으나(1990,「영일 냉수리비의 석문과 내용 분석」,『三國遺事의 現場的 硏究』, 신라문화선양회, 31쪽), 대체로 '七王等'으로 석독한 것이 옳을 듯하다.(1990,『韓國古代史연구』3) 다만, 그 의미에 대해 鄭求福(「영일 냉수리신라비의 금석학적 고찰」, 43쪽)·朱甫暾(「6세기 초 신라 왕권의 위상과 관등제의 성립」, 248~251쪽) 등은 지증왕 4년

는 간군干群의 신료들도 '왕王'으로 일컬어졌던 사실의 반영이 영일냉수리 신라비에 보이는 '7왕등七王等'의 존재라면,[46] 왕비王妃를 배출한 각 부部나 씨족氏族의 유력자를 '허루왕許婁王' '마제국왕摩帝國王' 등으로 일컫는 것은 오히려 당연한 일일 것이고, 나아가 신라 국왕과의 관계 속에서 갈문왕의 칭호가 나타나면서 각 부部의 '왕王'들과 구분되었을 것이다.

요컨대 갈문왕추봉제는 아무래도 점해이사금 원년에 왕王의 부父를 세신갈문왕世神葛文王에 봉한 것으로부터 비롯하였다고 여겨지며, 그 이전의 갈문왕은 각 부部나 씨족氏族의 유력자들로서 신라 국왕과의 관계 속에서 추봉한 형태가 아니었겠는가 생각된다.

여기에서 신라의 성장 발전과정에서 갈문왕들이 수행한 정치적 역할은 어떠하였는가 살펴볼 필요가 있다.

첫째, 초기의 갈문왕인 허루갈문왕과 마제갈문왕은 왕비의 아버지로서 한지부 출신이었다.[47] 그런데 파사이사금·지마이사금 당시까지 사로국의 영역은 경주 일원을 조금 벗어나 경산慶山 압량소국押梁小國에 머물러 있었다.[48] 이 때 사로국의 왕과 혼인을 맺은 이가 경주 일원 6부 가운데 한지부韓祇部 수장이었던 허루와 마제였다는 것은, 사로국이 여전히 사로

신라국왕의 칭호가 결정될 때까지는 干群의 신료들도 '王'으로 불리워졌다는 사실을 반영하는 것으로, 李喜寬은 '七人의 王과 等'으로 풀이하여 等으로 구성된 和白會議의 존재를 확인한 것으로 풀이했다(「냉수리비에 보이는 지도로 갈문왕에 대한 몇가지 문제」, 95~96쪽). 金義滿도 후자의 견해에 동의를 표한 바 있다.(1990, 「영일 냉수리비와 신라의 관등제」, 『慶州史學』 9, 동국대 국사학회, 12~22쪽)

46) 鄭求福, 위의 글·朱甫暾, 위의 글.

47) "婆娑尼師今立 儒理王第二子也(或云儒理第奈老之子也) 妃金氏 史省夫人 許婁葛文王之女也"(『三國史記』 권 1, 新羅本紀 1)

"祇摩尼師今立(或云祇味) 婆娑王嫡子 母史省夫人 妃金氏 愛禮夫人 葛文王摩帝之女也 初婆娑王獵於楡湌之澤 太子從焉 獵後 過韓歧部 伊湌許婁饗之 酒酣許婁之妻 携少女子出舞(携 新舊本皆作推門 蓋携之誤也) 摩帝伊湌之妻 亦引出其女 太子見而悅之 許婁不悅 王謂許婁曰 此地名大庖 公於此 置盛饌美醞 以宴衎之 宜位酒多 在伊湌之上 以摩帝之女 配太子焉 酒多 後云角干"(『三國史記』 권 1, 新羅本紀 1)

48) 朴南守, 「新羅 上古 金氏系의 起源과 登場」 참조.

6부족장의 힘을 필요로 하였던 사실의 반영이 아니었겠는가 한다.

둘째, 『삼국사기』에는 기년상의 착간이 인정되는 미추왕의 아버지 구도 갈문왕仇道葛文王과 나해이사금의 왕자라는 갈문왕葛文王 나음奈音(利音)의 활동상이 비교적 자세히 전하고 있으나, 그 활동 무대가 당시 신라의 영역을 벗어난 지역에서 이루어지고 있다. 특히 구도갈문왕은 그가 죽은 이후에 추봉된 것이 확실하며, 나음奈音(利音)의 경우 태자 우로于老와 함께 정복 전쟁에 참여하고 있으나, 그의 신분이 왕자였다는 점이 주목된다. 아마 나음奈音의 경우도 유례이사금이 왕위에 오른 뒤에 왕모王母의 아버지를 추봉한 형태가 아니었겠는가 짐작된다.[49]

그런데 3세기 중엽 구도仇道와 나음奈音(利音)은 사로국斯盧國의 국세가 영천永川(骨火小國)에도 미치지 못한 상태에서 소백산맥 일대에서 백제군을 맞아 맹렬한 군사적 활동을 벌였던 것으로 나타난다. 이에 대해 필자는 일찍이 소백산맥 일대에 소문국召文國·모산성母山城·구양狗壤·와산蛙山·원산圓山·부곡缶谷·요거성要車城 일원을 세력권으로 하는 구도계仇道系와 사현성沙峴城·우두주牛頭州·웅곡熊谷·봉산烽山·괴곡槐谷 일원을 세력권으로 하는 나음계奈音系의 독자 세력을 상정한 바 있다.[50]

이들 세력이 경주 정치무대에 등장하는 과정에서 점해이사금대의 갈문왕 추봉追封, 구도의 딸 옥모부인과 벌휴이사금의 아들 골정갈문왕의 결혼, 점해이사금의 폭질로 인한 훙거薨去 및 미추왕의 국인추대國人推戴에 의한 왕위 계승, 조분이사금의 나음갈문왕 딸과의 혼인 등 일련의 정치적 성격의 사건들이 일어났다. 3세기 무렵 갈문왕의 추봉이나 '조분이사금-점해이사금-미추이사금'으로 이어지는 일련의 왕위계승은, 신라의 영역 확장과정에서 강력하게 등장하는 김씨 세력이 석씨 왕족과 정치적으로 제휴하는 과정에서 나타났던 것으로 이해된다.[51] 이들 구도仇道와 나음奈音의 정치적 행로가 좌군주左軍主로서, 또는 지내외병마사知內外兵馬事로서 대백제전의 선봉으로 일관하고 있듯이, 나물왕계 김씨 일단은 군사력을 바탕으로 하여

---

49) 李基白, 「新羅時代의 葛文王」, 1974, 앞의 책, 11쪽.
50) 朴南守, 1987, 「新羅 上古 金氏系의 起源과 登場」, 4~11쪽 참조.
51) 朴南守, 위의 논문, 17~20쪽.

경주의 석씨 왕과의 혼인 등을 통하여 세력을 키워 결국 사로국의 정치무대에서 확고하게 왕권을 장악할 수 있었던 것으로 추정된다.

이에 국인 추대에 의한 상고기 왕위 계승관계를 김씨 일족의 정치적 성장과정과 관련하여 일별할 필요가 있거니와, 다음 기사를 통하여 몇 가지 사실을 주목할 수 있다.

I ① 남해차차웅 … 원년 가을 7월에 낙랑의 군사들이 와서 금성金城을 몇 겹으로 둘러싸자 왕이 좌우 신하들에게 말했다. "두 성인聖人이 나라를 버리시고 과인이 나라 사람들의 추대를 받아 그릇되게 재위에 있으니 위태롭고 두렵기가 물길을 건너는 것 같다. 지금 이웃 나라가 침공해 온 것은 바로 과인이 부덕하기 때문이다. 이를 어찌하면 좋겠는가?" 좌우 신하들이 대답해 말했다. "적은 우리가 상喪을 당한 것을 다행으로 여겨 헛되이 군사로써 쳐들어 왔습니다. 하늘이 반드시 돕지 않을 것이니 두려워할 바가 못됩니다." 적이 잠시 후에 물러갔다.(「삼국사기」 권 1, 신라본기 1)

② 파사이사금이 즉위했다. 유리왕의 둘째 아들이다. [혹은 유리의 동생인 나로奈老의 아들이라 한다] 비妃는 김씨 사성부인史省夫人이며 허루갈문 왕許婁葛文王의 딸이다. 처음에 탈해가 세상을 떠났을 때 신료들이 유리의 태자 일성逸聖을 추대하려 했다. 어떤 사람이 "일성은 적통의 자식이지만 위엄과 지혜가 파사 婆娑에 미치지 못한다"고 했다. 드디어 그를 추대했다. 파사는 검약하며 씀씀이를 아끼고 백성들을 사랑하여 나라 사람들이 가상히 여겼다.(「삼국사기」 권 1, 신라본기 1)

③ 벌휴이사금[또는 발휘發暉라고 한다]이 왕위에 올랐다. 성은 석씨이다. 탈해왕의 아들인 각간 구추仇鄒의 아들이다. 어머니는 김씨 지진내례부인只珍內禮夫人이다. 아달라가 죽고 아들이 없자 나라 사람들이 그를 세웠다. 왕은 바람과 구름을 점쳐 홍수와 가뭄, 그리고 그 해의 풍흉을 미리 알았다. 또 사람의 사악함과 정직함을 알았으므로 사람들이 그를 일컬어 성인이라고 하였다.(「삼국사기」 권 2, 신라본기 2)

④ 미추이사금이 왕위에 올랐다.[또는 미조味照라고 한다] 어머니는 박씨로 갈문왕 이칠伊柒의 딸이고, 왕비는 석씨 광명부인光明夫人으로 조분왕

의 딸이다. 그의 선조 알지閼智가 계림鷄林에서 태어나 탈해왕이 거두어 궁중에서 길러 나중에 대보大輔로 삼았다. 알지는 세한勢漢을 낳았고, 세한은 아도阿道를 낳았고, 아도는 수류首留를 낳았고, 수류는 욱보郁甫를 낳았고, 욱보는 구도仇道를 낳았는데, 구도가 곧 미추의 아버지이다. 점해沾解가 아들이 없자 나라 사람들이 미추를 세웠다. 이것이 김씨가 나라를 갖게 된 시초이다.(「삼국사기」 권 2, 신라본기 2)

⑤ 실성이사금이 왕위에 올랐다. 알지의 후손으로 이찬 대서지大西知의 아들이다. 어머니는 이리부인伊利夫人으로 석등보昔登保 아간의 딸이다. 왕비는 미추왕의 딸이다. 실성은 키가 7척 5촌이고 두뇌가 명철하고 사리에 통달해서 멀리 내다보는 식견이 있었다. 나물이 죽고 그 아들이 어려서 국인이 실성을 세워 왕위를 잇도록 하였다.(「삼국사기」 권 3, 신라본기 3)

위의 기사에서 I ①은 박혁거세의 6부족장 추대에 따른 전통이 여전히 유지되는 단계로서, 남해 차차웅이 비록 박혁거세의 적장자라 하더라도 6부족장의 추대과정이 필요하였음을 보여준다. 다만 I ②③④는 이성異姓으로 왕위가 계승되는 형태로서, 각각 석씨→박씨, 박씨→석씨, 석씨→김씨로 왕위가 계승되는 과정에서 국인國人의 추대를 필요로 하였음을 보여준다. 특히 파사이사금의 국인추대에는 유리왕의 태자인 일성이사금을 지지하는 세력과 유리왕의 차자인 파사이사금을 지지하는 세력이 대립하였음을 알 수 있는데, 결국 한지부 허루갈문왕을 위요한 세력의 힘을 업고 파사이사금이 왕위에 올랐음을 알 수 있다. 벌휴이사금과 미추이사금의 즉위에는 전왕의 무자無子로 국인國人이 추대推戴하였다고 하나, 전술하였듯이 아무래도 석씨와 김씨간의 전략적 제휴관계가 있었지 않았나 짐작된다.

결국 건국 초기에는 6부족장 합의에 의해 국왕이 추대되었다고 하겠으나, 정상적인 왕위 계승이 불가능할 경우 6부간의 세력 차이에 의하여 왕위 추대의 결정이 달라질 수 있게 되었고, 구도계로 대표되는 김씨 세력이 경주 정치무대에 등장함으로써 국인國人의 합의체는 유력한 세력간의 제휴의 장으로서 바뀌었던 것으로 보인다. 벌휴이사금의 태자인 골정갈문

왕骨正(忽爭)葛文王과 구도갈문왕의 딸인 옥모부인의 결혼, 그리고 '조분이
사금-점해이사금-미추이사금'으로 이어지는 왕위 계승은 아무래도 석씨
왕족과 김씨 일족 두 세력간의 타협 없이는 이해하기 어렵기 때문이다.
따라서 이 두 세력은 벌휴이사금과 미추이사금의 즉위에 국인國人으로 일
컬어지는 세력을 아우르고, 급기야는 前王인 나해이사금으로 하여금 태자
우로于老가 건재함에도 불구하고 그 사위인 조분이사금에게 왕위를 계승
케 하는 유언을 남기게[52] 한 것이 아닌가 한다.

이처럼 유력한 세력간의 제휴의 장으로 화하였던 합의체는 나물왕의
아들 눌지왕이 자신을 살해하려던 석씨 실성왕을 시해하고 스스로 왕위에
오름으로써 김씨왕계金氏王系의 시대를 열었다. 이후 눌지마립간訥祗麻立干
- 자비마립간慈悲麻立干 - 조지마립간照知麻立干으로 이어진 나물왕계의 왕
위계승은 적장자 계승원칙을 따른 것이라 하겠는데, 나물왕계의 방계라고
할 수 있는 지도로갈문왕至都盧葛文王이 왕위를 잇고 있는 점이 주목된다.
따라서 지도로至都盧의 가계家系와 그가 어떤 이유로 갈문왕에 책봉되었고
왕위를 계승하였는가 하는 점에 대한 규명은 갈문왕의 성격이나 정치적
기능을 밝히는 데 주요한 관건이 된다.

사실 지도로갈문왕은 1989년 4월 12일에 발견된 영일냉수리신라비를
통하여 처음으로 확인되었다. 이로써 갈문왕은 왕위계승권이 없는 준왕과
같은 존재라는 기존의 통설[53]은 심각한 재고를 요하게 되었다. 그럼에도
불구하고 비문 발견 당시에는 지증왕이 소지왕 22년경부터 정치적 실권을
잡으면서 갈문왕이라는 직위에 있었던 것으로 풀이하는 데에 그쳤고,[54]
갈문왕을 칭해오던 지도로가 지증왕 4년 국호와 왕호를 제정하면서 명실
상부하게 신라 국왕의 위에 오르게 된 것으로 풀이하면서 『삼국사기』 기

---

52) "助賁尼師今(立一云諸貴) 姓昔氏 伐休尼師今之孫也 父骨正(一作忽爭)葛文王
母金氏 玉帽夫人 仇道葛文王之女 妃阿爾兮夫人 奈解王之女也 前王將死遺言
以壻助賁繼位 王身長美儀采 臨事明斷 國人畏敬之"(『三國史記』 권 2, 新羅本
紀 2)

53) 李基白, 「新羅時代의 葛文王」, 1974, 앞의 책, 15~18쪽.

54) 鄭求福, 앞의 논문, 14쪽.

사와 어긋나는 3년의 공백을 지도로갈문왕이 왕위 계승 서열 때문이라고 파악하기도 하였다.[55] 이러한 결론은 논자가 갈문왕을 왕위계승권에서 배제된 존재였다고 본 기왕의 통설을 염두에 두었던 때문이라고 본다. 그러나 한편으로는 갈문왕의 왕위계승권과 관련한 이원왕제설二元王制說나,[56] 갈문왕을 국왕의 유고가 있을 경우 왕권을 유지할 수 있는 대안으로 파악하는 설이 나오기도 하였다.[57]

그런데 지도로至都盧는『삼국사기』신라본기에서 "나물왕奈勿王의 증손이며, 습보갈문왕習寶葛文王의 아들로, 조지왕照知王의 재종제이다. 어머니 김씨金氏는 조생부인鳥生夫人으로 눌지왕의 딸이며, 비妃는 연제부인延帝夫人으로 등흔이찬登欣伊湌의 딸"로 서술되었고,『삼국유사』왕력王曆에서는 "아버지는 눌지왕訥祇王의 동생 기보갈문왕期寶葛文王이며, 어머니는 조생부인鳥生夫人으로 눌지왕의 딸이다. 비妃는 영제부인迎帝夫人으로 한지 등허 각간漢只 登許角干의 딸"로 기록되어 서로 상이한 계보를 갖고 있다. 일찍이 이에 대해서는 그 혼인형식이나 구체적인 사료로써 자세히 검토한 연구가 있는데, 이에 따르면『삼국유사』왕력王曆의 계보가『삼국사기』본기의 그것보다 신빙성이 높은 것으로 보여, 지도로의 아버지인 기보갈문왕期寶葛文王은 세계상의 이설異說에도 불구하고 눌지왕의 동생이라고 하겠다.[58]

---

55) 李喜寬, 앞의 논문, 91~93쪽.

56) 文暻鉉, 1990,「迎日冷水里新羅碑에 보이는 部의 性格과 政治運營問題」,『韓國古代史研究』3.

57) 宣石悅, 2002,「新羅 金石文을 통해 본 葛文王」,『新羅文化祭 學術論文集 23 -新羅 金石文의 현황과 과제-』, 新羅文化宣揚會. 이와 관련하여 필자는 일찍이 신라 화백회의의 기능에 대하여 언급하면서, 거칠부·알천 등이 상대등에 임명되기 전 和白에서 大等의 수석에 앉을 수 있었던 것은, 냉수리비·봉평비의 지도로갈문왕과 사부지갈문왕이 화백에서 가졌던 지위 곧 국왕의 궐위시에 화백회의를 총괄하며, 평상시에는 화백에서 국왕을 보좌하는 존재로서, 법령제정 등과 같은 사안의 심의·결정에 적극적으로 관여할 수 있는 때문이었는데, 그들이 대등의 제1서열자로서 국왕 추대에 주도적으로 담당하였으며, 상대등의 임무를 자임할 수 있었던 점에서, 상고기 말·중고기 초엽의 갈문왕의 성격과 같은 것임을 적시한 바 있다.(朴南守,「신라화백회의의 기능과 성격」, 235쪽)

58) 李基東, 1972,「新羅 奈勿王系의 血緣意識」,『歷史學報』53·54 ; 1984,『新羅 骨品制社會와 花郎徒』, 一潮閣, 65~74쪽.

따라서 나물마립간奈勿麻立干의 가계는 장자인 눌지마립간訥祇麻立干을 비롯하여 그 동생 미사흔未斯欣, 복호卜好(巴好葛文王), 기보갈문왕期寶(習寶?)葛文王 등으로 구성된다.[59] 그런데 눌지마립간의 동생중에 미사흔은 눌지왕 17년에 卒함으로써 서불감舒弗邯에 추증되고 있어[60] 갈문왕에 봉함을 받지 못하였다. 복호卜好(巴好)와 기보期寶의 경우 갈문왕 책봉이 왕제王弟로서 이루어졌을 것인 만큼 미사흔 사후死後 눌지왕대 어느 때에 책봉되었던 것으로 보이는데, 지금까지는 이러한 왕제王弟에 대한 갈문왕의 책봉이 왕위계승권자에서 밀려난 왕제에 대한 일정한 대우로써 이루어졌던 것으로 여겨졌었다.[61]

한편 조지마립간照知麻立干의 비妃에 대하여는 『삼국사기』 신라본기에 "비妃는 선혜부인善兮夫人으로 내숙이벌찬乃宿伊伐湌의 딸"이라고 하였고, 『삼국유사』 왕력에는 "비妃는 기보갈문왕期寶葛文王의 딸"이라고 하였다. 만일 이 두 기록을 모두 믿을 수 있는 것이라고 하면, 기보갈문왕期寶葛文王과 내숙이벌찬乃宿伊伐湌이 동일 인물이 되고[62] 내숙內宿(기보갈문왕?)이 조지마립간 8년 갈문왕으로서 이벌찬이 되어 국정에 참여한 이력을 확인할 수 있게 된다.[63] 사실 영일냉수리신라비에 보이는 지도로갈문왕은 7왕등을 거느리고 직접 공론共論을 이끌고 절거리節居利와 관련된 법령을 제정·시행하고 있음을 볼 수 있거니와, 이와 같은 갈문왕의 정치 참여는 어쩌면 당연한 것이었다고 하겠다.[64]

---

59) 卜好와 巴好의 동일인물일 가능성에 대해서는 李基東(위의 글, 73쪽 참조)이, 期寶와 習寶의 동일인물일 가능성에 대해서는 李基白(「新羅時代의 葛文王」, 1974, 앞의 책, 22쪽 참조)이 추측한 바 있다.

60) 『三國史記』 권 3, 新羅本紀 3, 訥祇麻立干 17년 5월.

61) 李基白, 「新羅時代의 葛文王」, 1974, 앞의 책, 22쪽.

62) 李鍾旭은 期寶葛文王에게는 乃宿伊伐湌이라는 子가 있었고, 내숙이벌찬의 딸이 照知麻立干의 妃가 된 것으로 이해하고 있으나(李鍾旭, 1980, 『新羅上代王位繼承研究』, 嶺南大 民族文化研究所, 87~88쪽), 분명하지 않다. 다만 『三國史記』 新羅本紀와 『三國遺事』 王曆에서의 照知麻立干 家系 관련 기록만큼은 대체로 일치하고 있어 期寶葛文王과 乃宿伊伐湌이 동일인물일 가능성을 완전히 배제하기 어렵다.

63) 『三國史記』 권 3, 新羅本紀 3, 조지마립간 8년 2월.

그러면 지도로는 어떤 연유로 갈문왕에 책봉되었던 것일까. 지금까지 연구된 신라사의 상식에 따른다면, 지도로는 왕부王父, 또는 왕비王妃의 부父, 왕모王母의 부父, 왕제王弟여야 한다. 그러나 지도로는 이러한 조건을 조금도 충족시키지 못하고 있다. 따라서 강대한 세력을 가졌지만 권력의 핵심이라 할 수 있는 왕실로부터 배제된 지도로가 비상한 방식을 통하여 이른바 왕비족인 박씨세력과 제휴하여 왕위에 오른 것으로 논하기도 한다.[65] 그러나 지증왕의 왕위계승에 대해『삼국사기』권 4, 신라본기 4, 지증왕 즉위년조에는 "전왕이 훙거하였는데 아들이 없어 왕위를 이었다. 그 때 나이 64세였다.前王薨 無子 故繼位 時年六十四歲"라고 하여, 전왕前王이 무자無子로 훙薨하였음에도 불구하고 국인國人의 추대推戴라는 절차 없이 순탄하게 왕위에 오른 것처럼 기록되어 있다. 이는 중고기 왕들 가운데 진흥왕, 진지왕, 진덕여왕의 경우도 마찬가지이다. 이러한 데는 반드시 그러한 까닭이 있을 것인데, 여기에도 갈문왕이 반드시 왕부王父, 또는 왕비王妃의 부父, 왕모王母의 부父, 왕제王弟, 여왕女王의 필匹에만 한정되었다던가, 갈문왕이 왕위계승권에서 배제되었다고 하는 기왕의 견해와 다른 어떤 이유가 있기 때문이 아닐까 한다.

그 이유로 먼저 지도로는 그의 아버지 기보(습보)갈문왕의 지위를 그의 아버지 사후死後에 승계받았던 것이 아닌가 생각해 볼 수 있다. 일단 사서의 전승과는 달리 기보-지도로로 이어지는 부자가 모두 갈문왕을 칭하고 있었다는 데서 그러한 사실을 유추할 수 있기 때문이다. 중고기 왕들 가운데 전왕이 후사없이 죽고나서 국인의 추대 없이 왕위를 계승한 진흥왕,

---

64) 제22회 新羅文化學術會議『新羅 國家의 起源과 傳統』(동국대 신라문화연구소 주최, 서울프레스센터 19층, 2002. 11. 7.)에서 이기동교수는, "고려·조선의 경우 종친의 정치참여가 금지된 데 비해 신라의 경우는 宗親의 적극적인 정치 참여가 이루어졌다. 특히 종전에 왕위 즉위서열에서 금지된 것으로 여겨졌던 갈문왕이 왕위에 참여하는 것이 오히려 일반적이었을 가능성이 높고, 사실 왕의 형제와 조카들이 신라의 중요 요직을 차지하여 대등이니, 대신이니, 상대등·병부령직에 나아갔던 사실은 다 아는 바"라는 토론 지적이 있었다.

65) 李喜寬, 1990,「新羅上代 智證王系의 王位繼承과 朴氏王妃族」,『東亞研究』 20, 西江大 東亞研究所.

진지왕, 진덕여왕도 지도로의 경우와 처지가 같았다면, 갈문왕은 기왕에 알려졌던 것과는 달리 국왕 유고시에는 국왕을 대리할 수 있는 존재로서, 그리고 김씨 일족의 왕통을 이어나가는 존재였다고 할 것이다.

사실 영일냉수리신라비의 지도로갈문왕은 절거리의 재산권에 대한 분쟁이 일어나자 기왕의 법령으로서 전해오던 사부지왕과 내지왕의 교教에 근거하여, 7왕등七王等으로 표현되는 당시 일급 귀족들과 함께 논의하여 분쟁을 해소하면서 그 구체적인 새로운 결정사항을 별교別敎로써 확정하는, 국정의 대리인으로서의 역할을 담당하고 있다. 또한 울진봉평비에서도 진흥왕의 아버지인 사부지갈문왕徙夫智葛文王은 그의 동모형同母兄인 탁부喙部 모즉지매금왕牟卽智寐錦王을 보좌하여 당시 일급 귀족들을 거느리고 거벌모라居伐牟羅 남미지男彌只 관련 교사敎事와 별교別敎를 결정 하달하고 있다. 이는 갈문왕이 결코 정권에서 소외된 존재라고 볼 수 없게 하며, 오히려 국왕을 적극적으로 보좌하고 국정을 책임지고 있는 사례를 보여준다고 하겠다.

상고기 말, 중고기의 화백회의는 그 구성원에서 극명하게 드러나듯이 이미 국왕의 출신부로서의 탁부와 왕제인 갈문왕의 출신부로서의 사탁부 중심의 회의체로 바뀌었고, 그 회의를 국왕의 보좌역이자 대리인이었던 갈문왕이 장악함으로써 자연스럽게 왕통을 수호하는 국왕추대의 기능과 왕실의 이익을 대변하는 국가 중요 사안의 결정권까지 가지게 되었으며, 그 구성원이 왕실 각 가계의 대표자였던 까닭에 만장일치의 합의체로서 자리매김할 수 있었던 것이라고 하겠다.

결국 김씨의 집권에 의한 나물왕계의 등장으로부터, 갈문왕은 더 이상 추봉이나 제휴가 아닌, 살아 있는 왕제王弟로서 국왕을 보좌하고, 국왕 유고시에는 이를 대리할 수 있는 존재로서, 나물왕계 김씨 일족의 왕권을 보장하는 존재였고, 갈문왕은 왕실 각 가계의 대표자로 구성된 일종 왕실 종친회의인 화백회의를 이끌었던 것이다.

4. 중고기 왕권과 화백회의

오지암회의 기사는 중고기 화백회의의 성격을 밝히는 주요한 자료로 이용되어 왔다. 그러나 그 개최 시기에 대한 문제를 간과한 채 알천閼川이 상대등의 자격으로 이 회의를 주재한 것으로 이해함으로써, 이에 근거하여 화백회의 의장은 상대등이라는 등식으로 통설화하여 왔다.[66]

> J. 왕의 대에 알천공閼川公·임종공林宗公·술종공述宗公·호림공虎林公(자장慈藏의 아버지)·염장공廉長公·유신공庾信公이 있었는데 남산南山 오지암亏知巖에 모여 국사國事를 의논했다. 그 때 큰 호랑이가 그들 좌중에 달려드니, 제공들이 놀라 일어났으나 알천공閼川公은 조금도 움직이지 않고 담소하면서 태연히 호랑이 꼬리를 잡아 땅에 쳐서 죽였다. 알천공閼川公의 힘이 이와 같아 석수席首에 앉았으나 제공은 모두 유신의 위엄에 복종했다. 신라에 네 영지靈地가 있는데 대사大事를 의논하려 할 때면 대신大臣들이 반드시 그 땅에 모여서 도모했다. 그러면 그 일은 반드시 이루어졌으니, 첫째는 동쪽의 청송산靑松山이며 둘째는 남쪽의 오지산亏知山, 셋째는 서쪽의 피전皮田, 넷째는 북쪽의 금강산金剛山이다. (『삼국유사』 권 1, 기이 2, 진덕왕)

일찍이 필자는 알천공閼川公·임종공林宗公·술종공述宗公·호림공虎林公(자장慈藏의 아버지)·염장공廉長公·유신공庾信公 등 당대 최고의 대신大臣들의 이력을 상세하게 분석하여, 진덕왕대에 개최되었다는 오지암회의는 자장이 출가하기 전인 선덕왕善德王 초년初年의 기사였음을 밝힌 바 있다.[67]

이에 따라 알천의 어떠한 지위가 이들 당대 최고의 반열에 있었던 대신들의 회의를 주재할 수 있었고, 후일 진덕여왕의 후임으로 국왕에 추대될 수 있었던 것일까 하는 문제가 떠오르게 되었다. 그런데 알천은 선덕왕 초년에 이미 국왕의 종친으로서 병권과 밀접히 관련된 인물이며, 적성비

李基白, 「상대등고」, 1974, 앞의 책, 94쪽.
朴南守, 「신라 화백회의의 기능과 성격」, 221~229쪽.

와 마운령비에서 대중등大衆等과 대등大等의 제1서열에 해당하는 이사부異斯夫·거칠부居柒夫 등의 이력과 흡사하였다. 또한 선덕왕의 필匹로 나타나는 음갈문왕飮葛文王과 종실대신宗室大臣으로서 국정을 총괄하였다는 을제乙祭가 알제閼川과 동일 인물일 가능성을 추정하였었다. 이러한 지위는 앞서 살핀 냉수리비와 봉평비에 보이는 지도로갈문왕이나 사부지갈문왕의 성격과 동일한 것이라 할 수 있다.

사실 중고기 법률제정 관련 금석문으로 냉수리비, 봉평비, 적성비의 발견은 우리 학계에 매우 많은 정보를 제공하였다. 특히 법흥왕 7년 율령반포 이전에 화백이 법령제정 과정에 일정 부분 관계하였던 사실을 확인할 수 있었고, 이러한 경험의 축적 위에서 율령이 제정되었을 것임을 짐작하게 하였다.

또한 세 금석문을 통하여 회의구성원이 점차 탁부와 사탁부 출신으로 한정되고, 구성원 명칭도 '7왕등七王等 → 대중등大衆等 → 대등大等 → 대신大臣'으로 변모하였음을 알 수 있었다. 이러한 구성원 명칭의 변화과정은 국왕의 지위가 상승하는 과정과도 밀접하게 관련되는 바, 냉수리비·봉평비·적성비에 보이는 법령 제정 주체자들의 왕권과의 관계에 있어서도, '[교사敎事 － 별교別敎]－법령의 시행자'가 각각 '[갈문왕을 포함한 7왕등] － 전사인典事人' '[매금왕·갈문왕·군신群臣] － 대인大人(사대인事大人)' '매금왕寐錦王 － 대중등大衆等 － 대인·소인大人·小人' 등으로 변모한 사실을 확인할 수 있었다.[68] 아울러 물력勿力-거칠부居柒夫, 무력武力-유신庾信으로 이어지는 계보가 확인됨으로써, 오지암회의에 참석한 대신大臣들의 술종공述宗公-죽지竹旨, 무림공茂林公-자장慈藏, 서현舒玄-유신공庾信公의 계보와 함께 화백회의 구성원이 진골 귀족 각 가계의 대표자로 변모하였음을 알 수 있었다.[69]

여하튼 오지암회의를 주재하였던 알천閼川이나, 영일냉수리비·울진봉평비에서 법률제정 관련회의를 주재하였던 지도로갈문왕至都盧葛文王·모즉

---

68) 朴南守, 위의 논문, 232～233쪽.
69) 朴南守, 위의 논문, 230～232쪽.

지매금왕牟卽智寐錦王과 사부지갈문왕徙夫智葛文王, 그리고 적성비에서 왕교
사를 받들어 대중등大衆等의 제1서열자로서 절교사를 이끌었던 이사부異斯
夫의 이력이 가능토록 한 배경에는, 상고기 말 중고기에 주요한 정치적
역할을 담당했던 갈문왕이 있었다. 이에 신라 나물왕계 왕권과 갈문왕의
관계를 일별하고자 한다.

【표】 신라 나물왕계의 왕권과 갈문왕[70]

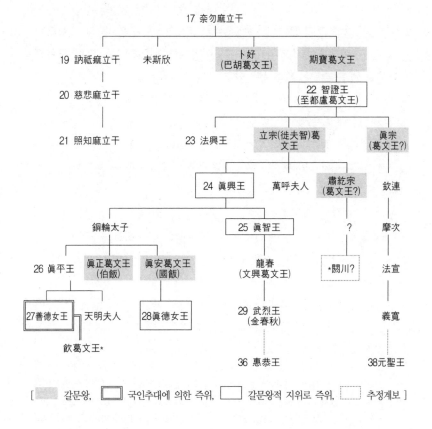

[▨ 갈문왕, ▣ 국인추대에 의한 즉위, □ 갈문왕적 지위로 즉위, ⬚ 추정계보]

70) 이 표는 李基東, 「新羅 奈勿王系의 血緣意識」, 1984, 앞의 책, 67·77쪽의 표를
   바탕으로 재구성한 것임.

다음의 상고 말, 중고기 나물왕계의 왕권과 관련하여 갈문왕들을 일별하였을 때에 다음과 같은 몇 가지 사실을 추출할 수 있다.

첫째, 상고 말·중고기 어느 시기를 막론하고 국왕의 형제 가운데에서 갈문왕을 배출하였고, 진평왕 때처럼 복수의 갈문왕도 존재하였다. 눌지마립간의 동생인 미사흔未斯欣(파호갈문왕巴胡葛文王), 기보갈문왕期寶[習寶]葛文王, 법흥왕의 동생인 입종갈문왕立宗[徙夫智]葛文王, 진평왕의 동생인 진정갈문왕眞正葛文王[伯飯]과 진안갈문왕眞安葛文王[國飯]의 존재가 그것이다. 또한 진흥왕의 동생인 숙흘종肅訖宗에 대해서는 이미 창녕진흥왕 순수비에 보이는 일명逸名의 갈문왕을 숙흘종으로 볼 가능성이 많다.71) 그렇다면 신라 중고기 가운데 진지왕대와 진덕여왕대를 제외하고는 모두 국왕의 동모제同母弟를 갈문왕에 책봉하였고, 사실 진지왕眞智王도 진흥왕이 죽고 나서 태손太孫 진평眞平을 제치고 즉위한 바, 지증왕智證王과 마찬가지로 갈문왕으로 있다가 왕위에 올랐을 가능성이 높다. 다만 진지왕계열의 용춘이나 김춘추 등이 원칙적으로 왕위 계승이나 갈문왕에 나아가지 못한 것은 이미 화백에 의하여 폐출廢黜된 가계를 배제하고자 한 때문이 아닐까 생각된다.72)

둘째, 기보갈문왕期寶葛文王-지도로갈문왕至都盧葛文王, 입종갈문왕立宗葛文王-숙흘종갈문왕肅訖宗葛文王의 사례에서 보듯이, 국왕으로 즉위하지 못한 갈문왕의 지위는 그의 가계로 계승되었을 가능성이 높다. 이들 갈문왕은, 국왕이 부명部名을 관칭하지 않고 초월자적 지위에 오르는 적성비 단계 이전에는, 영일냉수리비와 울진봉평비에서 확인할 수 있듯이 국왕은

---

71) 李基白, 「新羅時代의 葛文王」, 1974, 앞의 책, 13쪽.

72) 선덕왕의 즉위를 둘러싸고 일어난 柒宿·石品의 난에 대하여 九族刑의 연좌제가 가해졌거니와, 그가 속해 있던 리니이지집단 구성원에 대한 族刑의 의미로서 이해되고 있다.(李基東, 「新羅奈勿王系의 血緣意識」, 1984, 앞의 책, 83쪽 : 朱甫暾, 1984, 「新羅時代의 連坐制」, 『大丘史學』 25) 이로써 볼 때에 화백의 합의에 의하여 진지왕이 폐위되었다면, 당연히 그에 따른 모종의 連坐가 시행될 수 있었을 것이고, 그러한 결과 용춘과 춘추는 聖骨왕족과 구분되는 眞骨의 신분으로서 정권의 핵심에서 소외되었을 가능성이 높다고 하겠다. 聖骨의 발생과 관련한 내용은 李基東, 위의 논문, 1984, 위의 책, 87~88쪽 참조.

탁부를, 갈문왕은 사탁부를 대표하였으며, 갈문왕은 국왕 재위시 국왕을 보좌하다가, 국왕의 부재라는 비상시에는 이를 대리하는 존재였다.[73] 국왕 보좌의 기능은 울진 봉평비에서 사부지갈문왕이 법흥왕을 보좌하는 역할을 담당하였듯이 지속적으로 유지되었던 것으로 보인다.

셋째, 나물왕계 내에서는 재위중인 왕이 후사가 없이 돌아갔을 경우는 갈문왕이 직접 왕위에 오르거나, 갈문왕 가계에서 왕위계승권을 확보하였다. 지증왕으로부터 중고기까지 7명의 왕 가운데 3명이 갈문왕 관련으로 왕위를 계승하고 있다. 곧 지증왕은 갈문왕으로서 '전왕이 홍거하였는데 아들이 없어 왕위를 이었다前王薨 無子 故繼位'하였고, 진흥왕은 입종갈문왕의 아들로서 태후 섭정을 취하는 형식으로 왕위에 오르고 있으며, 진덕여왕은 진안갈문왕眞安葛文王의 딸로서 비담·염종란毗曇·廉宗亂을 진압한 김춘추-김유신의 세력에 힘입어[74] 왕위계승에 따른 특이사항 없이 왕위를 승계하고 있다. 그 밖에 진지왕은 진흥왕 차자次子로서 '태자가 일찍이 죽었으므로 진지가 왕위에 올랐다太子早卒 故眞智立'라고 하여 태자의 다음 승계자로서, 오히려 태손太孫 진평眞平보다도 왕위계승 서열에서 앞서지 않

---

73) 갈문왕 지위의 계승에 대해서는 文暻鉉이 習寶-至都盧-立宗-福勝으로 이어질 가능성을 언급한(文暻鉉, 1989, 「迎日冷水里新羅碑에 보이는 部의 性格과 政治運營問題」, 『迎日冷水里新羅碑(假稱)의 綜合的 檢討-한국고대사연구회 학술세미나 발표요지-』, 56~58쪽 ; 文暻鉉, 앞의 논문) 이래로 宣石悅이 이를 다시 설명한 바 있다.(宣石悅, 앞의 논문, 227~228쪽). 다만 文暻鉉이 習寶-至都盧-立宗-福勝의 갈문왕 승계를, 宣石悅이 習寶-至都盧-立宗으로 이어지는 갈문왕 지위의 가계 계승을 지적한 바, 福勝의 가계에 대해서는 의문의 여지가 있으며, 立宗의 경우는 同母兄 법흥왕의 즉위로 인하여 立宗이 갈문왕에 책봉된 것으로 보아야 하지 않을까 한다. 또한 宣石悅이 냉수리비의 대부 斯夫智王을 지도로갈문왕의 부친 習寶葛文王으로 풀이함으로써 습보가 갈문왕으로 존재한 시기는 사탁부 분화 이전이었다고 보았지만, 斯夫智王을 습보 갈문왕으로 보는 데는 의문의 여지가 많으며, 오히려 기존의 견해처럼 국왕이 6部名을 冠稱하던 때에 있어서 국왕은 탁부, 갈문왕은 사탁부 출신이었다고 보는 것이 온당할 듯하다.(李文基, 1981, 「金石文資料를 통하여 본 新羅의 六部」, 『歷史敎育論集』 2)

74) 朴南守, 1987, 「統一主導勢力의 形成과 政治改革」, 『統一期의 新羅社會 研究』, 慶尙北道, 112~116쪽.

았나 하는 느낌이다. 이후 진지왕이 국인에 의하여 폐출되고 진평왕이 왕위를 계승함으로써, 적장자 왕위계승 원칙을 따르고 있다. 그러나 진평왕이 무자無子로 죽게 되자, 왕위 계승에 따른 칠숙·석품柒宿·石品의 난을 진압한 국인國人들에 의해 선덕여왕이 왕위에 오르게 된다. 선덕여왕의 왕위 계승은 비록 그가 여자임으로 말미암아 화백의 추대를 받는 절차를 거쳤지만, 대체로 적장자 왕위 계승의 원칙에 준하였던 것이 아닌가 한다. 이로써 볼 때에 갈문왕은 전왕前王이 무자無子로 훙薨할 때에는 왕위계승 제1 서열자로서, 적장자가 있을 경우에는 화백和白의 중론을 모아 왕권을 수호하는 역할을 하였다고 볼 수 있다. 이러한 갈문왕의 신라 왕위 계승 서열은 갈문왕의 승계와 함께 그의 자손에게도 계승되었던 것으로 보이는 바, 지증왕이나 진흥왕, 진덕여왕의 경우가 그러한 사례라도 하겠다. 이처럼 중고기 왕권의 부자상속제父子相續制가 확립된 이후에도 왕제王弟로서 갈문왕에 책봉 또는 이에 준하는 이들이 전왕前王이 무자無子로 죽었을 경우 왕위를 계승하고 있는 것은, 갈문왕제가 왕위의 형제상속兄弟相續이 일반화된 점해이사금대에[75] 비롯하였기 때문이 아닌가 한다. 앞서 살폈듯이 점해이사금대에는 석씨왕족과 새로이 정치세력화된 김씨 일족이 정치적으로 제휴했던 때이고, 이후 김씨 왕계가 확립되면서 살아있는 왕제王弟를 갈문왕에 책봉함으로써 석씨왕대 형제상속의 전통이 갈문왕의 성격의 일면으로 남게 되지 않았나 한다.

넷째, 선덕왕의 필匹로 나타나는 음갈문왕飮葛文王이 과연 누구인가 하는 문제이다. 필자는 음갈문왕이 선덕왕 초년 종실대신宗室大臣으로서 국정을 총괄하였다는 을제乙祭일 가능성과 원자료의 출처문제로 인하여 그가 바로 알천閼川과 동일 인물이지 않을까 추측한 바 있다.[76] 그런데 나물왕계의 계보를 일별하면 앞서 살폈듯이 갈문왕의 지위는 왕위에 오르지 않을 경우 세습되었다고 하겠다. 곧 기보갈문왕의 지위가 지도로갈문왕에게 세습된 경우가 좋은 일례이며, 이러한 갈문왕 지위의 세습을 상정하지 않고

---

75) 李基白, 「新羅時代의 葛文王」, 1974, 앞의 책, 21쪽.
76) 朴南守, 「신라 화백회의의 기능과 성격」, 228쪽 각주 83) 참조.

는 지도로갈문왕이 왕의 재종제로서 갈문왕의 지위를 얻었다는 것은 상상하기 어렵기 때문이다. 이러한 상정하에 음갈문왕飮葛文王을 살핀다면, 입종갈문왕의 아들로서 진흥왕의 동생인 숙흘종은 갈문왕의 지위를 획득할 충분한 자격을 갖추었으며, 왕을 배출하지 못한 그의 가계의 갈문왕 지위는 세습되었다고 보아도 좋을 것이다. 그렇다면 음갈문왕飮葛文王은 오히려 숙흘종 가계를 잇는 자일 가능성이 높으며, 일찍이 필자가 검토한 대로 그가 원자료의 출처에 따라 을제乙祭 또는 알천閼川으로 기록되었을 가능성이 높다.[77] 더욱이 알천閼川은 왕권과는 별도로 중고기 왕실을 이끄는

---

77) 제22회 新羅文化學術會議『新羅 國家의 起源과 傳統』(동국대 신라문화연구소 주최, 서울프레스센터 19층, 2002. 11. 7.)에서 李基東敎授는 飮葛文王을 飮光葛文王의 脫誤로 보아 迦葉佛을 지칭하는 누군가의 불교식 이름이 아니겠는가 지적하였다. 아울러 林宗公은 肅紇宗과 동일인물일 가능성이 있음을 지적하였다. 곧 임종공이 한자화된 이름이라면 숙흘종은 '林'의 訓 '수플'의 音借가 아닐까 추측하였다. 사실 '林'의 訓 '수플'은 '藪林'의 뜻인 ' ·숩'과 '原·野'의 뜻의 '블'(벌)과의 合成語이다.(梁柱東, 1965,『增訂 古歌硏究』, 一潮閣, 386쪽) 따라서 ' '과 '숙흘'은, 荒宗과 居柒夫, 立宗과 徙夫智, 智證과 至都盧의 상관관계로 보아 어느정도 친연성이 있을 듯하다. 그러나『三國遺事』桃花女 鼻荊朗條와 오지암회의기사에 보이는 林宗은 자식이 없어 吉達을 양자로 들였다고 하듯이, 갈문왕을 승계할 아들이 없었던 것으로 나타난다. 아울러 만일 林宗이 肅紇宗과 동일인이라면 오지암회의에 참석하기에는 너무 고령인 셈이다. 곧 숙흘종은 그의 형 진흥왕이 7세의 나이로 즉위할 무렵 태후의 섭정이었다고 하므로 부친은 사망하였든지 아니면 거동을 할 수 없는 형편이었을 것이고, 따라서 숙흘종은 최소한 진흥왕이 즉위한 540년에 태어났어야 한다. 그런데 오지암회의는 선덕왕 초년에 열렸으므로 아무리 빨리 잡아야 선덕왕 1년(632) 무렵이 되고, 이 때의 숙흘종의 나이는 92세가 넘게 된다. 국정에 참여하기에는 너무 고령이다. 한편 위 학술회의 토론자로 참석한 李鍾旭敎授는 필사본『花郎世紀』에 閼川이 肅紇宗의 아들로 나오고 있음을 지적하였는데, 같은 책을 살펴본 결과 본문에는 보이지 않고, 이른바 발췌본『花郎世紀』1~6면 본문 위에 알천이 숙흘종의 아들로 그려진 系譜를 확인할 수 있었다. 이종욱교수는 이 系譜에 대하여 김대문에 의해 작성되었을 가능성도 있으나 단정하기 어렵다고 유보적인 태도를 취하고 있다.(이종욱, 1999,「화랑세기 연구서설」,『화랑세기』, 소나무, 378쪽) 그런데 이러한 系譜는 최근 국사편찬위원회에서 일괄 수집한 朴昌和의 또 다른 系譜圖에도 동일하게 나타나는 바, 대체로 필사본『花郎世紀』의 그것과 동일 계통의 것으로 보이지만, 이 계보의

대표자적 지위에 있으면서 화백회의에서 왕실의 대변자로서 왕위 계승문제나 국가적 대사를 조율할 수 있는 힘과 배경을 두루 갖춘 자였다. 만일 음갈문왕飮葛文王 또는 알천閼川이 숙흘종의 가계를 잇는 자라면, 앞서 살폈듯이 중고기 갈문왕이 가졌던 왕위 계승 서열에 따라 진덕왕의 사후死後에 화백의 추대에 의하여 왕위에 오르는 것이 당연하며, 이러한 배경에서야만이 진덕여왕이 돌아가고 나서 군신群臣이 알천의 섭정을 청하고 김춘추가 세 번의 사양 끝에 왕위승계를 수락하는 연출이[78] 이해되는 것이다.

결국 상고 말, 중고기 나물왕계에 의하여 신라 왕권이 장악되면서 갈문왕은 국왕을 보조하는 존재로서, 그리고 왕이 적장자 없이 돌아갔을 경우 왕위계승 제1서열자로서 국왕을 대리하고, 화백회의에서는 왕실의 대변자로서의 역할을 했다고 하겠다. 이는 신라 중고기 왕실이 상고기에 빈번하였던 타성他姓이나 다른 혈족에 의한 왕위 계승을 배척하는 한편 나물왕계 일족, 나아가 지증왕계 일족에 의한 왕위계승 원칙을 세움으로써 왕권王權의 안정성을 기하기 위한 조치였다고 여겨진다. 특히 왕제王弟를 갈문왕으로 책봉하고 갈문왕을 태자 다음의 왕위계승서열자로 매김한 데에는, 형제상속이 일반화된 점해이사금 때에 갈문왕추봉제가 시행된 때문이 아

僞書여부에 대해서는 필사본 『花郎世紀』의 진위여부와 함께 후일의 과제로 남겨둔다. 다만 앞서 서술하였듯이 숙흘종이 태어난 해를 진흥왕 즉위년(540)으로 본다고 하더라도, 숙흘종의 딸 萬明과 舒玄이 결혼하여 김유신을 낳은 때가 595년으로 숙흘종의 나이 55세 무렵이고, 오지암회의가 열린 무렵이 선덕왕 초년(632)이며, 무열왕 즉위시(654)에 알천이 사퇴의 뜻으로 '臣老'를 들었다면, 알천은 무열왕 즉위년에 60세를 전후한 나이가 될 것이다. 따라서 알천은 김유신과 동년배이든지 아니면 나이가 조금더 상회하였던 것으로 여겨진다. 따라서 萬明이 김유신의 부친인 舒玄과 결혼한 시기(595)와 비교해 볼 때, 閼川은 오히려 숙흘종의 아들보다는 손자뻘이었다고 보는 것이 더 자연스러울 것이다.

78) "太宗武烈王立 諱春秋 眞智王子伊湌龍春[一云龍樹]之子也 母天明夫人 眞平王女 妃文明夫人 舒玄角湌女也 王儀表英偉 幼有濟世志 事眞德位歷伊湌 唐帝授以特進 及眞德薨 群臣請閼川伊湌攝政 閼川固讓曰 臣老矣 無德行可稱 今之德望崇重 莫若春秋公 實可謂濟世英傑矣 遂奉爲王 春秋三讓 不得已而就位"(『三國史記』 권 5, 新羅本紀 5)

닌가 한다. 이러한 과정에서 화백회의는 자연히 종래의 6부 합의체적 형태를 일탈하여 국왕과 갈문왕을 위요한 탁부·사탁부 중심의 회의체로 변모하였고, 결국 국왕과 갈문왕의 주도하에 왕족 근친 각 가계의 합의체적 성격을 띨 수밖에 없었으며,[79] 전왕前王이 무자無子로 훙薨할 경우 국왕의 동생인 갈문왕이나 갈문왕적 지위에 있는 근친이 왕위계승 제1 서열자로서 왕위를 승계하였던 것이 아닌가 한다.

5. 맺음말

필자는 일찍이 문헌상 화백회의 관련 기사로서 가장 구체적이고 주요한 기사라 할 수 있는 오지암 회의에 대한 학계의 시각에 오류가 있음을 보고한 적이 있지만, 당시에는 화백회의의 기원 문제나 갈문왕 관련 내용에 있어서 소략한 점을 벗어나지 못하였다.

그런데 1989년에 발견된 영일냉수리비는 울진봉평비나 적성비와 함께 묻혀진 신라사에 관한 많은 정보를 제공하였다. 그 동안 자료의 빈곤으로 그 흐름만을 파악할 수밖에 없었던 사실들, 특히 화백회의나 갈문왕에 대한 문제를 비롯하여 당시 신라정치사회상 등에 관한 생생한 모습을 보여주었다. 필자는 영일냉수리비에 나타난 여러 정보 가운데 화백회의와 함께 갈문왕을 둘러싼 문제에 천착하였다. 이는 최근 10여 년 동안 이루어졌던 주요한 논쟁 가운데 하나로서 일컬어질 수 있는 상대등의 성격과도 관련된 문제이기도 하다.

이에 기왕의 논고를 보완하는 의미에서, 본고에서는 화백회의 기원과 관련한 남당南堂과 화백회의 관계, 그리고 왕권을 둘러싼 갈문왕葛文王의 성격 및 정치적 역할, 중고기 왕권王權과 화백회의의 관계 등을 살피고자 하였다. 이로써 중고기 신라 왕권의 계승문제나 갈문왕의 정당한 지위까지도 확인할 수 있지 않았나 한다. 그 결과를 요약 정리하면 다음과 같다.

---

79) 李基東, 「新羅 奈勿王系의 血緣意識」, 1984, 앞의 책, 79~80쪽.

첫째, 화백회의의 기원과 관련하여 고구려·백제에서의 합의제적 전통, 곧 국인추대에 의한 왕위계승이나 재상직의 선출, 그리고 고구려 제가평의나 백제 남당에서의 청정聽政 등은 일견 합의제적 성격을 드러내었다. 그러나 고구려에서의 국왕추대는 초기 국가 단계에 그치고 이후 정쟁政爭의 형태로 변화하였으며, 고구려 대대로의 선출이나 백제에서의 국인에 의한 국왕추대의 모습도 동일하였다. 이는 신라 화백회의의 만장일치제적 형태와는 차이가 있는 것이었다. 또한 남당에서의 군신회의君臣會議는 중국의 백관회의百官會議에 비견할 수 있는 것이었고, 정사당政事堂은 국왕으로부터 국정을 위임받은 대보大輔·이찬伊湌·상대등上大等과 같은 대신관료大臣官僚들의 정청政廳이었다. 이러한 때문에 동일한 형태의 회의체가 고구려·백제에 존재했음에도 불구하고 신라 화백회의와 달리 중국측 사서에 그 모습을 전하지 않았던 것으로 생각된다.

둘째, 원시집회소로부터 유래한 6부족장 회의를 화백회의의 기원으로 풀이하였다. 화백의 국왕추대 기능과 관련하여 갈문왕추봉제를 주목한 바, 갈문왕제는 형제상속이 일반화된 점해이사금대에 유래하였고, 김씨 일족이 석씨왕족과 제휴하여 경주에 등장하면서부터 화백회의는 유력한 세력간의 제휴의 장으로 바뀌었던 것으로 보인다. 그후 나물왕의 아들 눌지왕이 석씨 실성왕을 시해하고 스스로 왕위에 오름으로써 김씨왕계의 시대를 열었으나, 조지마립간이 무자無子로 훙薨함으로써 방계인 지도로 갈문왕 계열의 중고기가 시작되었다. 지도로갈문왕의 왕위 승계에서 갈문왕은 기왕의 갈문왕 준왕설葛文王準王說과는 달리 그 지위를 승계할 수 있었으며, 국왕을 적극적으로 보좌하는 한편 국왕 유고시에 국왕을 대리하였던 사실을 확인할 수 있었다. 관련하여 화백회의는 그 구성원에서 이미 국왕의 출신부로서의 탁부와 왕제인 갈문왕의 출신부로서의 사탁부 중심의 회의체로 바뀌었는데, 그 회의를 국왕의 보좌역이자 대리인이었던 갈문왕이 장악함으로써 자연스럽게 왕통을 수호하는 국왕추대의 기능과 왕실의 이익을 대변하는 국가 중요 사안의 결정권까지 가지게 되었고, 그 구성원이 왕실 각 가계의 대표자였던 까닭에 만장일치의 합의체로서 자리매김할 수 있었던 것이라고 하겠다.

셋째, 중고기 왕권 계승과 갈문왕의 관계를 검토함으로써, 상고 말·중고기 어느 시기를 막론하고 국왕의 형제 가운데서 갈문왕을 배출하였고, 국왕으로 즉위하지 못한 갈문왕의 지위는 기보갈문왕期寶葛文王-지도로갈문왕至都盧葛文王, 입종갈문왕立宗葛文王-숙흘종갈문왕肅紇宗葛文王의 예에서 보듯이 그의 가계로 계승되었으며, 전왕이 후사 없이 돌아갔을 경우 갈문왕은 왕위 계승 제1서열자로서 매김되었다. 이러한 배경에서 오지암회의의 수석에 앉았던 알천關川을 음갈문왕飮葛文王 또는 을제乙祭와 동일 인물일 것으로 추정하고, 그는 숙흘종의 가계를 잇는 자가 아닐까 추측하였다.

결국 화백회의는 고구려·백제의 재상선출이나 남당회의와는 유형을 달리하는 것으로서, 원시집회소로부터 유래한 6부족장회의에 기원을 두었다고 하겠는데, 이 점에 있어서 고구려 제가평의와 유사하였다. 6부 합의의 전통은 석씨왕족과 새로이 등장한 김씨일족의 정치적 제휴에 따라 유력한 가계의 정치적 제휴의 장으로 변화했다가, 김씨 일족이 왕권을 장악함으로써 점차 국왕의 출신부로서의 탁부와 왕제인 갈문왕의 출신부로서의 사탁부 중심의 회의체로 바뀌었다. 이 시기부터 왕제王弟는 일반적으로 갈문왕에 책봉되었는데, 그들은 기왕의 견해와 달리 왕실 각 가계의 대표자로 구성된 일종 왕실 종친회의라고 할 수 있는 화백회의를 이끌면서 왕통을 수호하는 국왕추대의 기능과 왕실의 이익을 대변하는 국가 중요 사안의 결정권까지 가지게 되었다. 아울러 왕의 유고시에 국왕을 대리하고, 전왕이 후사없이 돌아갔을 경우 왕위계승 제1서열자로서 왕위에 나아갔던 바, 이는 신라 중고기 왕실이 상고기에 빈번하였던 타성他姓이나 다른 혈족에 의한 왕위 계승을 배척하는 한편 나물왕계 일족, 나아가 지증왕계 일족에 의한 왕위계승 원칙을 세움으로써 왕권王權의 안정성을 기하기 위한 조치였다고 하겠다.

신라 화백회의 연구현황과 중층적 회의구조

1. 머리말
2. 화백회의 연구 현황
　1) 화백和白의 어의語義와 의사議事·의결규칙議決規則
　2) 화백회의 발전단계론
3. 화백회의 발전단계론의 쟁점과 현안
　1) 『삼국유사』 진덕왕조 오지암회의 기사와 대등회의大等會議
　2) 영일냉수리신라비와 등회의等會議·제긴회의諸干會議
　3) 상대등上大等·갈문왕萬文王의 성격과 중대 전제왕권론
4. 신라의 중층적 회의 구조와 그 운영
5. 맺음말

1. 머리말

　최근 신라 정치사연구는 양적인 발전을 거듭해왔고, 그 과정에서 초기 국가 발전단계론, 골품제·관등제 및 부체제, 전제왕권 등을 비롯하여 삼국사기 초기기사의 신빙성 문제, 화랑세기 필사본의 진위여부 등에 대한 논쟁이 있어 왔다. 그 가운데 화백회의는 신라 왕권의 성장 및 정치사 전반에 관련된 문제로서 다루어졌다. 특히 전제왕권이나 부체제 논쟁은 화백과 관련한 가장 첨예한 부분이기도 하다. 전자에 있어서는 화백회의와 그 의장으로 간주되는 상대등의 정치적 기능에 대한 분석이 전제정치를 이해하는 관건으로 여겨졌으며,[1] 후자의 경우 부部의 단위정치체제적 성격의 통치체제를 국가발전단계인 중앙집권국가와 같은 범주에서 계열화할 수 있겠는가의 문제로[2] 요약된다.

---

1) 李基白, 1993, 「新羅 專制政治의 成立」, 한국사연구회 편, 『한국사 전환기의 문제들』, 지식산업사, 61쪽.
2) 金瑛河, 2000, 「한국고대국가의 정치체제 발전론」, 『한국고대사연구』 17. 전미

그런데 지금까지 화백회의에 대한 연구사 정리는 각 연구자의 논리를 세우기 위한 단초로서 언급하거나 신라 정치과정을 정리하는 과정에서 부분적으로 이루어져 왔다. 특히 초기의 연구사 정리가 화백의 어의語義나 기원, 구성 및 기능 등 단편적인 면에 초점이 맞춰졌다면,[3] 근래에는 신라 정치사회 발전과정과 관련한 부분에 중점이 두어졌다. 곧 노용필盧鏞弼은 중고기 정치과정에 대한 연구사를 정리하는 과정에서 화백和白과 남당南堂을 비롯하여 대등大等·갈문왕葛文王·품주稟主 등을 포괄하는 문제를 정리한 바 있다.[4] 또한 신형석申衡錫이 「6세기 신라 귀족회의와 그 성격」을 다루면서 귀족회의 성립·운영의 변천, 구성 및 상대등과 갈문왕의 성격과 역할 등에 관한 연구현황을 검토하고 현 연구단계에 나타나는 문제점을 살핀 바 있다.[5] 특히 귀족회의 운영에서 시기별 변화상이나 자료 해석의 문제 등에 대해 지적하였으나, 그의 연구 결과로써도 해결된 것 같지는 않다.

따라서 본고에서는 먼저 화백회의 관련 연구자들이 제기한 시기별 회의체의 변화 양상과 논리 전개방식, 사료 해석에 따른 문제를 분석·정리함으로써 화백회의 연구의 현황과 그 쟁점을 살피고자 한다. 다음으로 지금까지 신라의 회의체에 대하여 다양한 개념들이 도출됨으로써 상대적으로 그 의미가 모호하게 되었던 요인을, 지금까지의 연구가 화백회의의 변화 양상을 너무 단선론적으로 해석한 데에 기인한다는 관점에서, 중층적 구조의 다양한 회의체 가운데 화백회의의 위치를 조망하고자 한다. 이를 위해서는 중국과 일본의 회의체와 비교하는 방식이 주효할 것이다. 많은 질정을 바란다.

희, 2000, 「冷水碑·鳳坪碑에 보이는 신라 6部의 성격」, 『한국고대사연구』 17.

3) 李鍾恒, 1972, 「和白」, 『論文集』 3, 국민대. 金麟坤, 1974, 「新羅의 政治制度 研究(Ⅰ)」, 『慶北大學校 論文集』 18 : 1980, 「和白會議의 機能」, 『사회과학』 11, 영남대 사회과학연구소.

4) 盧鏞弼, 1990, 「新羅 中古期 中央政治組織에 대한 研究史的 檢討」, 『忠北史學』 3.

5) 申衡錫, 2002, 「6세기 新羅 貴族會議와 그 性格」, 『國史館論叢』 98.

2. 화백회의 연구 현황

1) 화백和白의 어의語義와 의사議事·의결규칙議決規則

신라 특유의 화백和白에 대한 기록은『수서』·『북사』와『신당서』신라전
에 신라 풍속을 다루면서 소개한 "큰 일이 있으면 군관을 모아 자세히 의
논하여 정한다其有大事 則聚群官詳議而定之"6)와 "큰 일이 있으면 관을 모아 자
세히 정한다其有大事 則聚官詳議定之,"7) 그리고 "일에는 반드시 무리와 더불
어 의논하는데 화백이라 이름하고 한 사람이라도 의견을 달리하면 파한다
事必與衆議 號和白 一人異則罷"8)라는 기사에서 비롯하며, '화백和白'이란 명칭
은 위의『신당서』신라전의 기사가 유일하다. 따라서 화백에 대한 연구자
들은 이들 기사를『삼국사기』·『삼국유사』에 보이는 회의 기사와 중고기
금석문의 회의관계 기사에 대비하여 검토하여 왔다.

먼저 화백和白의 어의語義에 대하여는 주로 초기 연구자들이 주목하였
다. 먼저『만주원류고滿洲源流考』권 18, 국속조國俗條에는 "일은 무리와 더
불어 의논하는데 화백이라 이름한다事與衆議號和白"를 소개하고 그 협주에
"생각컨대 만주어 혁백은 의논한다인데 이 음의와 모두 부합한다按 滿洲語
赫伯 商議也 與此音義俱相合"고 풀이하고 있다. 이에 대해 궁기도삼랑宮崎道三郎
은 '화백和白'이란 말이 만주어와 몽고어에서 '의사議事'를 뜻하는 'hebe(阿
伯)'과 'hoobi(和畢)'로 각각 남아있음을 살피고, 이것이『요사어해遼史語解』
나『금사어해金史語解』의 만주어 가운데 '헤아려 의논하다는' 뜻의 '혁백赫
伯'에 해당함을 지적하였다.9)

이에 대해 초기의 우리 연구자들은 '화백和白'을 우리 고유한 이두식 표
기로 생각하여 왔다. 곧 양주동梁柱東은 '화백和白'을 '중어衆語'의 뜻인 '수을

---

6)『隋書』권 81, 列傳 46, 東夷 新羅.
7)『北史』권 94, 列傳 82, 新羅.
8)『新唐書』권 220, 列傳 145, 東夷 新羅.
9) 宮崎道三郎, 1908.4.～6,「阿利那禮河卜新羅ノ議會」,『日本法學協會雜誌』
   26-4·5·6 ; 中田薰 編, 1929,『宮崎先生法制史論集』, 580～586쪽.

' 혹은 '수스워리'의 명사형 '수스리'(수스워리·숫워리)로 풀이하였고, 10)
이병도李丙燾는 '백白'을 '숣' '숣이' '스리'로 읽고, '화和'를 보통 종래의 훈訓
인 '고로' '고루'로 읽어, 화백和白이란 '일동이 화합하여 건백건의建白建議한
다'는 뜻의 '고로숣이' '고로스리'가 아닐까 추측하였다. 11) 김인곤金麟坤은
'건백建白'이란 '웃사람에게 의견을 드린다는 뜻'인데 중국측 관련 기사에는
그러한 내용을 찾을 수 없기 때문에 오히려 '합의合議'의 뜻을 지닌 '숫워리'
의 이두식 차자借字로 파악함으로서 양주동梁杜東의 견해를 따랐다. 12) 근
래에 이인철李仁哲은 이병도의 해석을 보다 적극적으로 수용하여 "(화백회
의에서) … 만장일치의 합의를 보게 되면 회의의 참가자들이 '고로사리'(和
白)라고 함성을 올려 합의가 이루어졌음을 선언하였던 것 …"이라는 견해
를 밝히기도 하였다. 13) 또한 씨는 『신당서』 신라전에 보이는 화백관계
기사는 8세기 중반경 신라에 왔던 중국 사신의 견문을 바탕으로 작성된
것인데, 6세기 경 신라 중고기 금석문에 보이는 상대등과 대등에 대한
기록을 근거로 하여 이들로 구성된 회의체를 상정하고 이 회의체의 이름
이 화백회의였다고 하는 것은 시기적으로 너무 거리감이 있고, 8세기 중
반경의 기록과 6세기 금석문상의 회의체를 같은 성격의 것이라고 할 수
없기 때문에, 오히려 군신회의群臣會議란 이름이 합당한 것으로 주장하였
다. 14) 그러나 이러한 언어학적 해석은, '화백和白'을 소리대로 적은 것인지
혹은 뜻에 따라 적은 것인지 알지 못한 상황에서 적용하는 것은 위험하다
는 지적이 있었다. 15)

---

10) 梁杜東, 1965, 『增訂 古歌硏究』, 一潮閣, 463~465쪽.
11) 李丙燾, 1976, 「古代南堂考」, 『韓國古代史硏究』, 博英社, 638~640쪽.
12) 金麟坤, 1974, 앞의 논문, 6쪽.
13) 李仁哲, 1991, 「新羅의 群臣會議와 宰相制度」, 『韓國學報』 65, 54~55쪽 :
    1994, 「신라 중대의 정치형태」, 『韓國學報』 77, 37쪽.
14) 李仁哲, 1991, 위의 논문, 36~37쪽. 신형석 또한 『신당서』 화백관계 기사를
    앞 시기 대등회의와 동일시하기는 어려우며, 화백회의를 신라 전시기 귀족회
    의를 지칭하는 용어로 사용하는 데는 신중을 기할 필요가 있음을 밝힌 바 있
    다.(申衡錫, 앞의 논문, 66쪽)
15) 李基白, 1993, 「統一新羅時代의 專制政治」, 『한국사상의 정치형태』, 92쪽.

아무튼 이를 역사 용어로서 사용하기에 적절한가의 문제는, 중국측 사서에 나타난 '화백和白'이란 용어가 과연 신라의 것인가 아니면 중국측 기록자가 보통명사로 사용하였는가의 문제로 귀착된다. 곧 이종항李鐘恒은, 『신당서』 신라전에 보이는 제도·문물 등의 명칭 가운데 신라어의 음音을 그대로 옮긴 '건모라健牟羅' '탁평啄評' '읍륵邑勒' 등과 한문식으로 표기된 '관문關門' 등에서16), '화백和白'을 신라인 스스로 사용하였던 한자화된 보통명사로 풀이한 바 있다.17) 필자도 건모라健牟羅·탁평啄評·읍륵邑勒 등의 명칭은 『양서』가 바탕으로 한 사료의 계통을 이으면서도, 화백和白·관문關門 등의 명칭은 고음顧愔의 『신라국기新羅國記』와 같은 중대의 사정을 반영하는 새로운 사서의 내용을 따른 것으로서, 신라의 문물 제도가 중국화된 이후 신라 중대에 사용된 용어임을 살핀 바 있다.18) 따라서 화백이란 용어는 신라 중대에 나타난 한자화된 보통명사로 할 수 있고, 신라의 독자적인 회의체를 나타내는 호칭이기 때문에 신라 회의체를 지칭하는 명칭으로 가장 적절하다는 것이 학계의 정론이라고 하겠다.19)

다음으로 『수서』와 『신당서』 신라전 화백회의 관계 기사에서 "큰 일이 있으면 군관을 모아 자세히 의논하여 정한다其有大事則聚群官詳議而定之"와 "일에는 반드시 무리와 더불어 의논한다事必與衆議"라는 의사규칙과 "한 사람이라도 의견을 달리하면 파한다一人異則罷"라는 의결규칙을 전하고 있다.20) 이러한 의사규칙이나 의결규칙에 있어서는 회의 주체, 곧 위 기사의 주어가 누구인가에 대해 견해 차이가 있어 왔다.

---

16) "謂城爲侵(健)牟羅 邑在內曰啄評 外曰 邑勒" "事必與衆議 號和白" "其國 連山數十里 有峽 固以鐵闔 號關門"

17) 李鐘恒, 1972, 「和白-그 起源과 構成과 權限을 中心으로-」, 『論文集』 3, 國民大, 91쪽.

18) 朴南守, 1992, 「新羅 和白會議 關係記事의 檢討」, 『何石 金昌洙敎授 華甲紀念 史學論叢』, 31~33쪽. 池內宏의 경우에는 關門이 신라 중대의 명칭임을 밝힌 바 있다.(池內宏, 1960, 「新羅의 骨品制와 王統」, 『滿鮮史硏究』 上世 第2冊, 吉川弘文館, 347~351쪽)

19) 李基白, 1993, 「統一新羅의 專制政治」, 앞의 책, 92~94쪽.

20) 金麟坤, 1980, 「和白會議의 機能」, 『사회과학』 11, 영남대 사회과학연구소, 405~406쪽.

곧 의결규칙에 있어서 '1인—人'에 대한 해석에 따라 '1인의 전단專斷이라고 보는 견해'와 '만장일치제의 의결방식으로 보는 견해'로 크게 나뉘어진다. 전자의 경우 지내굉池內宏으로 대표되는데, 화백의 평의가 점차 형식화되어 본래의 기능을 발휘하지 못함으로써 '현재의 왕가의 유력자'에 의하여 좌우하게 되었을 것이고, 그러한 반영이 중대 말기에 속하는 『신당서』화백관계 기사 "1인이즉파—人異則罷"라는 것이다.21) 후자의 경우 『신당서』화백기사에 보이는 '1인—人'을 회의 구성원으로 파악함으로써, 구성원가운데 어느 한 사람이 반대를 해도 안건이 부결되는 것으로 이해하고있다. 특히 이병도는 만장일치제가 원시사회로부터 원칙적인 전통을 이루어 왔으며, 고려시대 도당회의都堂會議인 도병마사회의都兵馬使會議에 있어서도 "그 의논이 하나로 정하게 한 연후에 시행하였는데 이를 의합이라하였다使其議定于—然後施行 謂之 議合"했음을 지적하였다.22) 이에 대부분의연구자는 이병도의 견해에 따라 화백회의가 만장일치제의 성격을 지니고있는 것으로 보고 있다.

2) 화백회의 발전단계론

주지하듯이 신라 사회는 연합·정복 등의 과정을 거쳐 골품제사회로발전하고 해체되었다. 이러한 정치 사회발전과정에 따라 신라 특유의 회의체인 화백회의도 그 기능이 변화하였으리라는 점에 대해서는 이론이없다. 그러나 그 구성원에 대해서는 다양한 의견이 제시되었고, 특히1980년대에 신라 상고 말, 중고 초엽의 회의체를 보여주는 금석문이 새로이 발견되면서 이 무렵 회의체 발전 과정에 대한 백가쟁명식 발상이 연출되고 있는 실정이다. 따라서 그 구체적인 내용에 이르기까지 자세히 살피는 것은 오히려 논지를 흐릴 우려가 있고, 지금까지 부분적으로 이루어져왔던 연구사 정리에서 어느정도 검토된 바 있으므로, 여기에서는 각 연구

---

21) 池內宏, 앞의 논문, 577쪽.
22) 李丙燾, 앞의 논문, 앞의 책, 640쪽.

자들의 회의체 발전단계론에 초점을 맞추어 검토함으로써 문제의 소재에 접근하고자 한다.

대부분의 연구자는 어떠한 논지에 있더라도 화백회의가 원시부족회의소에서 출발한 6부족장회의로부터 기원한다는 점에 대해서는 대체로 의견의 일치를 보고 있다. 곧 알천안상閼川岸上에서 6부족장과 그 자제들이 박혁거세를 추대한 기사를 화백회의의 원형으로 보고 있다. 다만 신라 정치사회 발전과정 및 중국측 화백 관계 기사를 어떻게 이해하느냐에 따라, 그 성격에 대해 군신회의群臣會議, 귀족회의貴族會議, 왕실王室 각 가계家系의 씨족집단회의氏族集團會議 등으로 보는 관점으로 나뉘어진다.

첫째, 화백회의를 군신회의로 보는 견해는 이병도로부터 비롯하였다.[23] 곧 화백회의는 남당南堂으로부터 유래 변천한 것으로서, 군장의 선정이나 전쟁 등 대사건이 있어야 개최되며, 회의 구성원은 17관등을 지닌 군관群官으로 후세의 백관회의百官會議·군신회의群臣會議와 같은 것이라는 관점이다. 이 화백회의의 기원이 되는 남당은 원시부족장회의로부터 발전한 것으로서 마립간제의 성립과 표리를 이루는데, 나물왕 때나 그 직전인 흘해이사금 말경에 백제의 영향을 받아 성립하였으며, 초기에는 국가생활의 중심적인 정청政廳으로서 회의기관이자 실무집행기관이었다는 것이다. 이후 지증왕대에 이르러 품주稟主가 설치되면서 남당과 실무집행부가 분리됨으로써, 남당은 단지 군신합동체의 회의·회견·기타 종종의 의식을 집행하는 기관으로만 존재 의의를 가지게 되었다는 것이다. 신라 통일 이후 남당은 궐내의 정전正殿으로 화하여, 어느덧 그 명칭과 기능과 건축의 구조까지도 차차 본래의 면목을 잃고 순전한 의식적인, 형식적인 존재로 남게 되고, 회의기능은 거기서 분리 독립되어 평의전이란 별개 명칭의 신설 전당으로 이전하게 되었다는 것이다.

아울러 백제·신라·고구려는 이러한 군신회동체君臣會同體의 회의 외에 중신요관重臣要官들의 단독적인 회의도 사건과 때를 따라 행하여졌으며, 특히 중대모사重大謀事를 상의할 때는 오지암회의와 같이 원시 유풍에 의

---

23) 李丙燾, 위의 논문, 위의 책, 638~640쪽.

하여 신령장소神靈場所에서 개최하는 일도 있었던 것으로 파악함으로써 여러 회의체가 병존하였을 가능성을 열어두었다.

이병도의 연구는 중국측 화백회의 관계기사를 후세의 군신회의群臣會議로 상정하고 이를 남당회의와 동일시함으로써, '원시집회소 → 남당(화백회의) → 평의전 → 군신회의'의 단선론적인 발전과정을 제시하였고, 비록 구체적인 논증과정은 없었으나 이러한 군신회동체君臣會同體의 회의 외에 중신요관重臣要官들의 단독적인 회의도 있었음을 제기하였으며, 후일 연구자들이 화백회의의 원형으로 꼽는 오지암회의를 원시유풍에 의한 회의체로 풀이하였다는 특징을 지닌다. 이러한 견해는 이후 화백회의 연구의 시금석으로서 작용하였고, 그의 연구에서 미진하였던 구성원에 관한 문제 등은 이기백을 비롯한 후일의 연구자들에 의하여 보완되었다.24)

둘째, 부족장회의部族長會議가 귀족회의貴族(和白)會議로 발전했다고 본 견해는 이기백에 의하여 제기되었다. 이기백은 상대등과 대등의 문제를 밝히는 과정에서, 귀족회의의 구성원이었던 대등大等은 지난날의 족장층이 사회적으로는 골품제나 부제로 편성되는 동시에 정치적으로는 대등이란 관직이 주어진 것으로 파악하고, 중앙관직으로서의 대등 및 대등으로써 구성되는 귀족회의의 시초를 대략 나물마립간 때로 상정하였다. 특히 중국측 화백관계 기사에서『수서』의 군관群官이라는 용어는『신당서』의 중衆보다는 구체적인 것으로 파악하고, 뭇 관리의 회의라고 하면 후세의 백관회의나 군신회의 같은 것을 연상시키므로 처음에는 17관등에 임명된 전관료가 화백회의에 참가하였다가, 진골을 중심으로 한 회의체로서의 화백회의로 변모하였다고 보았다.25)

또한『삼국사기』이차돈異次頓 순교기사殉敎記事에서는 왕의 주재하에 군신群臣이 회동하였던 사실을,『삼국유사』오지암회의 기사에서는 상대등 알천이 석수席首로서 의장 구실을 하였음을 지적하고, 진덕왕대에 화백회의 구성원이 대등에서 대신으로 변질됨으로써 회의의 성격이 보다 특권화

---

24) 盧鏞弼, 앞의 논문, 23쪽.
25) 李基白, 1962,「大等考」,『歷史學報』17·18 ; 1974,『新羅政治社會史研究』, 78~87쪽.

되었을 것으로 추측하였다.[26] 따라서 처음 신라 귀족회의의 의장은 왕 자신이었으나, 전제화되어 가는 왕권을 중심으로 한 중앙집권적 귀족국가가 형성되어가는 과정에서 여러 귀족의 통솔을 위하여 상대등을 설치하면서 상대등으로 귀족회의 주재자가 바뀌었던 것으로 이해하였다. 이로부터 귀족회의는 왕 주재하의 결의기관에서 귀족들 의견의 대변기관으로 기능이 변화하였다는 것이다.[27] 중대에도 상대등을 대표로 하는 귀족회의는 여전히 지속되었을 것이나, 집사부나 여타 관부 설치 이후 정치 일선에서 후퇴하고 그 실권을 행정부서에 넘겨준 것으로 보았다.[28]

이기백 연구의 특징은 중고기 귀족회의체로서 대등회의大等(和白)會議란 개념을 새로이 제시하였다는 점과 '국왕-대등'회의에서 '상대등-대등'회의로 전환하면서 국왕 중심의 의결기관에서 귀족들 의견의 대변기관으로 기능이 변화하였으며, 중대에 이르러 실무행정부서인 집사부의 강화와 전제왕권의 성립으로 화백의 기능이 약화되었다고 본 데 있다. 이러한 이기백의 연구는 신라 정치 발전과정과 관련하여 상대등이나 화백회의에 대한 움직일 수 없는 정설로서 자리잡게 되었고, 그 후의 연구자들이 이를 보완하는 등회의等會議를 상정함으로써 화백회의 발전단계를 '6부족장회의六部族長會議 → 등회의等會議 → 대등회의大等(貴族, 和白)會議'로 보거나,[29] 나아가 고구려 제가평의諸加評議나 귀족회의貴族會議 연구자들이 그의 견해를 보다 적극적으로 수용함으로써 고구려에까지 확대 적용하기에 이르렀다.[30]

---

26) 李基白, 위의 논문, 위의 책, 78~82쪽.

27) 李基白, 1962, 「上大等考」, 『歷史學報』 19 ; 1974, 위의 책, 95쪽.

28) 李基白, 위의 논문, 위의 책, 105쪽.

29) 李喜寬, 1990, 「迎日 冷水里碑에 보이는 至都盧葛文王에 대한 몇가지 問題」, 『韓國學報』 60, 95~96쪽. 金羲滿, 1990, 「迎日冷水碑와 新羅의 官等制」, 『慶州史學』 9, 18~21쪽. 盧鏞弼, 1990, 「新羅 眞興王代 大等의 分化와 그 정치적 배경」, 『歷史學報』 127, 6쪽. 李鍾旭, 1994, 「迎日冷水里碑를 통하여 본 新羅의 統治體制」, 『李基白先生古稀紀念 韓國史學論叢』 上, 일조각. 李泳鎬, 1999, 「蔚珍鳳坪新羅碑의 內容과 性格」, 『韓國古代社會와 蔚珍地方』, 蔚珍郡·韓國古代史學會. 金羲滿, 2003, 「新羅 和白會議의 人的 構成과 運營」, 『新羅文化』 21, 236~238쪽.

30) 이러한 사례는, 盧重國이 고구려 초기 중요 국사를 결의하는 중심체를 諸加會

셋째, 마립간시대 씨족회의 전통을 이은 것이 화백회의이며, 이 화백회의 구성원을 나물왕계 후손이라는 공통의 혈연의식으로 맺어진 나물왕계 씨족집단으로 본 이기동의 견해를 들 수 있다. 이러한 왕실 씨족집단은 마립간시대의 전통 그대로 씨족회의를 통하여 왕권의 형성을 제약했을 것이고, 씨족회의 구성원의 입장에서 보면 국왕이라 하더라도 씨족회의의 장에 불과한 것이며 만약 씨족원의 질서와 안녕을 책임져야 할 씨족장=왕이 부적격자로 생각될 경우 폐위도 결의하였던 것으로 보았다.31) 특히 이기백의 중대 전제왕권론에 대해서는 중대의 국왕은 앞선 시기와 비교하면 확실히 강력한 군주이긴 하였으나 결코 전제적이지는 않았고, 화백회의체를 조종하려 했을 뿐 무력화시킨 것은 아니었다32)는 입장을 표명하였다. 이기동의 견해는 신라사회를 기본적으로 골품제 원리에 의해 점철된 사회로 보는 관점에 바탕한 것으로서, 이기백이 화백회의 구성원을 귀족貴族이라 일컫던 것을 나물왕계 씨족집단奈勿王系 氏族集團으로 풀이하고, 중대에도 화백회의가 결코 무력화된 것이 아니라 국왕 또한 나물왕계 씨족의 일원으로서 화백회의를 적절히 이용했다는 입장이다.

이병도李丙燾·이기백李基白·이기동李基東의 연구는 화백회의를 신라 정치사회발전과 관련시킨 선구적인 연구로서 주목되지만, 이후 연구자들은 이

議로 파악하고, "國相으로 대표되는 제가회의에 의해 왕권이 상당한 정도로 견제받았음도 유의해야 한다"고 피력하면서 "국상의 이러한 정치적 성격은 신라의 상대등의 성격에 비추어 보아 추측해본 것이지만 타당성이 있지 않을까 생각한다"는 주석에서 살필 수 있다.(盧重國, 1979, 「高句麗國相考(上)」, 『韓國學報』 16, 20~24·34쪽) 이러한 관점은 그 후 고구려 귀족회의와 관련한 일련의 논고에서도 대체로 수용되고 있다.(琴京淑, 1994, 「高句麗 初期의 中央政治構造 -諸加會議와 國相制를 中心으로-」, 『韓國史研究』 86 : 윤성용, 1997, 「高句麗 貴族會議의 成立過程과 그 性格」, 『韓國古代史研究』 11 : 余昊奎, 1998, 「高句麗 初期의 諸加會議와 國相」, 『韓國古代史研究』 13 : 琴京淑, 2000, 「高句麗의 諸加會議와 國相制 運營」, 『江原史學』 15·16 참조)

31) 李基東, 1972, 「新羅 奈勿王系의 血緣意識」, 『歷史學報』 53·54 ; 1984, 『新羅骨品制社會와 花郎徒』, 一潮閣, 79~80쪽.

32) 李基東, 1991, 「신라 흥덕왕대 정치와 사회」, 『國史館論叢』 21, 102쪽 : 1993, 「제3회 한국사의 쟁점 세미나 속기록」, 『한국사상의 정치형태』, 一潮閣, 332~334쪽 토론문.

러한 견해를 각각의 관점에 따라 절충하거나 보완 또는 비판하는 형식의 견해들을 제시하였다.

먼저 이문기李文基는 화백과 군신회의에 대한 이병도·이기백의 견해를 절충하여, 진흥왕대에는 중앙행정과 관련된 모든 신료들이 참석하는 남당회의와, 남당회의 참석자 가운데 일정한 하한선 이상의 상급신료 곧 대등大等들이 참석하여 국가 중대사를 논의하는 화백회의가 병존하였을 것으로 보았다.[33] 이에 대해 이종욱李鍾旭은 신라 상고시기 정치발전과정을 살피면서, 박·석·김 3씨족을 비롯한 지배층 중심의 궁실宮室 정치체제에서, 일성왕 5년 정사당政事堂을 설치함으로써 혁거세·탈해·알지를 시조로 하는 후손으로 구성된 군신집단群臣集團에 의한 정사당 중심의 정치체제를 거쳐, 점해왕 5년 국왕이 남당에서 청정聽政한 이래로 흘해와 나물왕에 이르는 남당중심의 정치체제를 이루고, 마립간시대에 이르러 대등으로 이루어진 귀족회의로 발전한 것으로 보았다.[34] 이종욱의 연구는 기왕의 연구성과를 수용하면서도 『삼국사기』 초기기사를 채용하여 주요 회의가 열렸던 장소를 중심으로 논지를 전개하였다는 특징을 지닌다.

이러한 이병도·이기백의 설을 절충한 화백회의 발전 단계론은 1980년대 신라 상고 말, 중고기 회의 관련 금석문이 발견됨으로써 다양한 수정 보완론이 제기되었다.

먼저 창본일굉倉本一宏은 이기백李基白의 견해를 전적으로 수용하여, '① 4세기 후반 유력 호족층이었던 대등大等에 의한 합의체인 화백의 성립 ② 5세기 초엽부터 6세기 초엽에 걸친 언제인가 대등을 대표하며, 또한 국왕과 일체가 되는 화백회의(합의체)를 통솔하는 지위로서 상대등(합의체 총괄자) 성립 ③ 6세기 중엽 국왕에 시봉侍奉하는 품주稟主(국왕 직속의 가신적 기관)가 대등과 그의 직장職掌을 분장하여 전대등典大等이 성립'하였다는 발전 도식을 정리·제시하였다.[35]

---

33) 李文基, 1982, 「新羅 眞興王代 臣僚組織에 대한 一考察」, 『大丘史學』 20·21, 17~18쪽.
34) 李鍾旭, 1982, 「中央政府 政治組織의 發展」, 『新羅國家形成史硏究』, 一潮閣, 195~221쪽.

한편 이인철李仁哲은, 상고기 군신회의群臣會議는 국왕과 6부 대표자들이 국가의 최고 의사를 결정하였는데, 회의 개최장소가 궁실에서 정사당으로, 정사당에서 남당으로 변화되었던 것으로 파악함으로써 이종욱의 견해를 따르고 있다. 냉수리비 단계에서는 '7명의 왕들'로 구성된 제간회의諸干會議,36) 그리고 법흥왕대 이후 국왕과 대등으로 구성된 군신회의群臣會議로 바뀌었는데, 오지암회의는 상대등이 주재한 군신회의로서 김유신 등이 4 영지에서 중요 국사를 결정한 후에 형식적으로 국왕의 재가를 받아 이를 처리하였던 것으로 풀이하였다.37) 또한 신라 하대에 이르러 재상회의가 성립하여 종래의 군신회의 기능을 대신하게 되자 재상회의를 군신회의라는 말로 부르게 되는 경우가 나타났지만, 宴會와 같이 대등이라 칭한 모든 관료가 참석하는 군신회의도 있었던 것으로 보았다.38) 이인철의 이러한 견해는 군신회의의 의장은 국왕이라는 관점과 신라 하대에는 군신회의를 대신하여 재상회의가 등장함으로써 군신회의가 무력화되었다는 것으로 요약되는데, 군신회의 의장이 국왕이라는 견해는 사실 이병도의 견해를 수용한 것으로 풀이된다. 또한 제간회의 관련 내용은 최근에 부체제론자의 견해를 새로이 수용한 결과라고 보여진다.

다음으로 주보돈은 귀족회의는 원시공동체사회의 씨족회의(부족회의)에 기원을 두며, 신라 귀족회의의 초기적인 모습은 소위 남당회의로서 나타나는데, 이것이 귀족이 출현하고 귀족사회가 성립되면서 귀족회의로 전환된 것으로 추측하였다. 그런데 남당회의 단계에서 회의의 주재자는 국왕인 마립간이었고, 그 구성원은 간군干群이었으므로 이를 제간회의諸干會議라 일컬을 수 있는 것으로 보았다. 그러나 처음 이들 간干은 왕경에 거주하는 족장층 뿐만 아니라 지방에 거주하는 유력층도 포괄하였다가, 5세기

---

35) 倉本一宏, 1990.5, 「古代朝鮮三國における權力集中」, 『關東學院大學文學部紀要』 58, 353~354쪽.

36) 朱甫暾, 1992, 「三國時代의 貴族과 身分制」, 『韓國社會發展史論』, 일조각, 28쪽. 申衡錫, 앞의 논문, 99쪽.

37) 李仁哲, 2003, 「新羅의 王權과 政治構造」, 『新羅文化』 22, 8~13·16쪽.

38) 李仁哲, 「新羅의 群臣會議와 宰相制度」, 64~67쪽.

후반 방리명坊里名의 개정과 함께 행해진 3부에서 6부로의 개편으로 지방에 대한 통치가 강화되면서, 지방의 유력세력이 여전히 간干이라 칭하더라도 왕경 중요회의에 참여가 배제되었던 것으로 이해하였다.39) 이후 남당회의와 같은 기존의 회의체가 귀족회의로서의 성격을 갖기 시작하면서 그 구성원을 대등이라 일컬었으며, 초기에는 이 회의체를 국왕이 주재하였으나, 국왕의 위상이 초월적인 위치로 바뀌면서 그 장長으로 새로이 상대등을 설치하였던 것이라 함으로써 이기백의 견해를 수용하였다. 아울러 제간회의에는 원래 나마奈麻 관등 소지자의 참여가 배제되었지만 귀족회의로 전환하는 가운데 나마奈麻 관등 소지자 중 일부는 귀족회의에 참여할 수 있는 자격을 부여받았고 다른 일부는 배제되었다는 것이다.40) 한편 『삼국유사』 오지암회의를 6세기 대등회의의 직접적 후신도 아니며 8세기 귀족회의의 전신도 아닌, 선덕왕대善德王代의 정치적인 운영상의 필요에서 나온 회의체로서 '대신회의大臣會議'로 부를 수 있는 것으로 풀이하고,41) 상대등의 설치에 대해서는 왕권의 강화와 관련된 갈문왕 약화책의 일환42)으로 파악함으로써 이기백과 견해를 달리하고 있다.

신형석申衡錫은 '제간회의諸干會議 → 귀족회의貴族(大等)會議 → 군신회의群臣會議 → 대신회의大臣會議'라는 발전과정을 제시하였다. 이는 주보돈이 제시한 귀족회의 발전과정을 세 개의 단계로 구분한 것인데, 씨는 냉수리비에서 '7왕등七王等'이 '공론共論'한 회의체를 여러 '간(지)군'이 참가한 것으로 미루어 '제간회의諸干會議'로 칭하고, 봉평비의 회의체를 제간회의에서 귀족회의로 전환된 모습으로 풀이하였다. 이후 대등이 설치되면서 이들은 국정운영에서 핵심적 역할을 하였는데, 대등회의는 단일한 형태로 운영되었던 것이 아니라, 안건에 따라 구성원이 다른 소회의체가 구성되어 운영되었던 것으로 보았다. 또한 귀족회의의 성격은 왕권과 대립적인

39) 朱甫暾, 1992, 앞의 논문, 26~30쪽.
40) 朱甫暾, 1992, 위의 논문, 28·34쪽.
41) 朱甫暾, 1994, 「毗曇의 亂과 善德王代의 政治運營」, 『李基白先生古稀紀念 韓國史學論叢』 上, 일조각, 227~229쪽.
42) 朱甫暾, 1992, 「三國時代의 貴族과 身分制」, 53쪽.

것으로 설정하기 어렵고, 상당 부분 공통의 이해관계를 가졌을 것으로 보이며, 사안에 따라 대립하기도 하였던 것으로 풀이하였다. 진평왕대 중앙 관부의 신설과 증설로 인하여 행정업무는 기왕의 대등이 아니라 행정관서의 장관이나 실무자가 해당 관부에서 논의되고 처리되는 방식으로 바뀌게 되어 귀족(대등)회의체의 기능이 약화되었다는 것이다. 따라서 이 때의 회의체는『수서』에 보이는 것과 같은 군신회의群臣會議로서의 성격이 강하였으며, 이후 진덕왕 4년 진골 소지자만이 아홀牙笏을 소지하게 됨으로써 6두품은 귀족회의 구성원에서 배제되고, 진골만이 특권적 지위를 차지하게 되었다고 풀이하였다. 이와 함께 오지암회의 기사에서 보듯이 7세기에 이르러 군신회의가 축약되어 대신회의라는 회의체를 중심으로 정국이 운영되었다고 보았다.[43]

신형석의 연구는 상대등의 성격이나 부체제론적인 제간회의의 설정 등에 있어서는 주보돈의 입장을 보완하고 있으나, 중고기 회의관련 자료를 검토하면서 '귀족회의(대등회의) → 군신회의 → 대신회의'라는 단선론적인 발전과정을 제시함과 아울러 과감하게 대등회의大等會議와 대중등회의大衆等會議를 구분하여 설명하고 있다는 데에 특징이 있다.

한편 필자는 화백회의와 남당회의, 정사당회의를 별개의 것으로 다룰 것을 제안하고, 그 기능이나 구성원상의 변화를 인정하면서도 6부족장회의에서 출발한 화백회의는 중·하대에도 유지되었던 것으로 보았다. 곧 화백회의는 고구려·백제의 재상선출이나 남당회의와는 유형을 달리하는 것으로서, 원시집회소로부터 유래한 6부족장회의에 기원을 두었는데, 6부합의의 전통은 석씨왕족과 새로이 등장한 김씨일족의 정치적 제휴에 따라 유력한 가계의 정치적 제휴의 장으로 변화했다가, 김씨 일족이 왕권을 장악함으로써 점차 국왕 출신부로서의 탁부와 왕제인 갈문왕 출신부로서의 사탁부 중심의 회의체로 바뀌었던 것으로 이해하였다.[44] 이 시기부터 왕

---

43) 申衡錫, 앞의 논문, 68~99쪽.
44) 이에 대하여 末松保和는 '화백을 정복과정에서 거듭된 연합·동맹적 방책의 소산'이라고 풀이한 바 있다.(末松保和, 1954,「新羅幢停考」,『新羅史の諸問題』, 373쪽)

제王弟는 일반적으로 갈문왕에 책봉되었는데, 그들은 기왕의 견해와 달리 왕실 각 가계의 대표자[45]로 구성된 일종 왕실 종친회의라고 할 수 있는 화백회의를 이끌면서 왕통을 수호하는 국왕추대의 기능과 왕실의 이익을 대변하는 국가 중요 사안의 결정권까지 가지게 되었을 것으로 풀이하였다.[46] 이러한 화백회의에서의 국왕추대는 상고기에는 전왕이 적통자가 없이 죽거나 아들이 있더라도 너무 어리거나 부덕한 경우에 국인의 합의 곧 화백에서 국왕을 세우는 전통이 있었는데, 중고기에 섭정제가 나타남으로써 화백에서는 적통자가 없을 경우에만 국왕을 추대하게 되었던 것으로 추측하였다. 중대에 이르러서는 왕권의 전제화로 화백은 단순히 왕실의 서열에 따라 결정된 국왕을 추인하는 기능만을 지녔으며, 하대에는 전대의 국왕 추대의 전통은 있었으나 고명제가 새로이 나타남으로써 화백의 국왕 추대의 기능은 사라진 것으로 보았다.[47] 아울러 국가 중대사에 대한 심의 결정에 관한 기능은 대체로 전시기에 걸쳐 같았던 것으로 보이나, 냉수리비·봉평비·적성비 등에서 확인할 수 있었던 법령제정과 같은 기능은 진덕왕대에 좌리방부左理方府와 같은 중앙관서를 설치하면서 행정관서로 옮아 가고, 화백회의에서는 법령에 따라 개별 사안에 대한 적법여부만을 논의했던 것으로 추측하였다.[48]

요컨대 필자의 이러한 견해는 화백의 구성원이 왕실 각 가계의 대표자였다는 점, 그리고 화백은 김씨 일족이 경주의 정치무대에 등장하면서 정치적 제휴와 왕권의 장악 과정에서 나타난 것이며, 그 주요 기능은 상고 말, 중고 초엽 김씨 왕실의 왕통을 수호하고 저들의 이익을 지키기 위한 데 있다고 파악한 점 등에 특징을 지닌다고 하겠다.

---

45) 이는 '화백회의 구성원은 나물왕계 후손이라는 공통의 혈연의식으로 맺어진 나물왕계 씨족집단'이라는 李基東의 견해와 흐름을 같이 한다.(李基東, 「新羅 奈勿王系의 血緣意識」, 1984, 앞의 책, 79~80쪽)
46) 朴南守, 2003, 「新羅 和白會議에 관한 再檢討」, 『新羅文化』 21, 218~221·224~227쪽.
47) 朴南守, 1992, 「신라 화백회의 기능과 성격」, 『수촌 박영석교수화갑기념 한국사학논총』 상, 215~216쪽.
48) 朴南守, 위의 논문, 220~221쪽.

3. 화백회의 발전단계론의 쟁점과 현안

화백회의 관련 연구는 1980년대 신라 상고 말, 중고 초엽의 회의 관련 금석문의 발견 이전과 이후로 크게 나누어 살필 수 있다. 그 이전의 연구는 중국측 화백 관계기사를『삼국사기』·『삼국유사』관련 기록과 비교하거나, 진흥왕 순수비의 신료집단인 대등 관련 기사와 연계시키는 데 주력하였다고 볼 수 있다. 후기의 연구는 1980년대에 새로이 발견된 신라 회의 관련 금석문을 중심으로 부족장회의로부터 중고기 귀족회의로 이행하는 과정을 추적하는 데 주안점을 두었다고 할 수 있다. 새로운 자료의 발견은 새로운 사실의 전달을 수반하는 바, 이로써 기왕에 주목하지 못했던 많은 사실들에 대해 새로운 연구가 이루어졌다.

그러나 사료의 해석에 있어서는 논자들의 신라 정치사회 발전에 대한 관점에 따라 많은 차이를 보이고 있다. 특히 중고기 화백(귀족)회의의 전형으로 꼽히는 대등회의의 논거인『삼국유사』오지암회의 기사에 대한 이해, 진흥왕 순수비에 보이는 大等에 대한 풀이 및 냉수리비에 보이는 '7왕등공론七王等共論' 기사 및 '간지군干支群' 관등소지자官等所持者에 대한 해석 등은, 모두 화백회의 구성원에 관한 문제로 귀결된다. 아울러 화백(귀족)회의 의장으로 일컬어지고 있는 상대등의 성격과 관련한 중대 전제왕권의 문제 또한 크게 보면 화백회의 구성원과 관련된 문제라고 할 수 있다.

1)『삼국유사』진덕왕조 오지암회의 기사와 대등회의

대체로 말한다면 중고기 대등회의를 제창하여 이를 귀족(화백)회의로 보고, 대등회의의 의장이 상대등이었다는 견해는 이기백이 처음 주장한 것으로서, 이미 정설화된 듯이 보인다. 또한 대등에 대해서는 각각의 연구자가 화백(귀족)회의 발전단계를 어떻게 파악하느냐에 따라, 진골을 중심으로 한 고급귀족, 나물왕계 씨족집단, 중앙상급신료들의 범칭, 진골과

6두품으로 구성된 신분층 등으로 풀이하고 있음을 볼 수 있다.

먼저 이기백은 대등을 지난날의 족장층이 사회적으로 골품제나 부제로 편성되는 동시에 나물마립간 시기에 대등이란 중앙관직이 주어졌던 것이고, 진골을 중심으로 한 고급귀족으로서 화백회의의 구성원이었던 것으로 풀이하였다.[49]

이에 대해 이기동李基東은 대등이라는 명칭을 직접 사용하지는 않았지만, 화백회의를 구성하는 '귀족貴族'이란 것은 나물왕계 씨족집단奈勿王系氏族集團[50]이란 견해를 표명한 바 있다. 그후 이종욱李鍾旭은 업무분야별로 설치된 최고 관직자 즉 후일 관부가 설치되면 각 관부의 장관이 될 사람들이 대등집단을 구성한 것이고, 이들은 대부분 김씨족들로 구성되었는데, 처음에는 같은 김씨족 중에도 미추왕의 혈족 후손들이 주로 중앙정계에 진출하였다가, 마립간 후기에 이르면 나물왕의 혈족 후손들이 정치적으로 중요한 지위를 차지하게 되었고, 자연히 이들이 대등집단을 움직여 나가는 중심세력이 되었다고 보았다.[51]

이문기李文基는 이기백의 견해를 수용하면서 대등의 실체에 보다 구체적으로 접근하고자 하였다. 곧 대등大等은 '신臣'으로 의역意譯될 수 있으며, 숫적으로 상당히 많다는 것, 화백의 구성원이었다는 점 등을 전제로 진흥왕순수비와 적성비에 보이는 대등과 구체적인 인물인 이사부異斯夫·거칠부居柒夫·노리부弩里夫의 이력을 검토하여, 대등이란 병부령, 전대등 등 중앙관직을 소유한 일정한 하한선 이상의 모든 상급신료들의 호칭이었으며 결국 대등은 중앙상급신료들의 범칭으로서 관직의 성격은 없었던 것으로 보았다.[52] 노용필은 이병도·이기백의 견해를 절충하여 중고기 대등은 관등을 중심으로 분화되었는데, 대등이 남당에 참석했을 때는 중앙행정관직이 되지만, 화백회의에 참석했을 때는 귀족의 자격으로 참석한 것이 아닌

---

49) 李基白, 「大等考」, 1974, 앞의 책, 82~86쪽.
50) 李基東, 「新羅 奈勿王系의 血緣意識」, 1984, 앞의 책, 79~80쪽.
51) 李鍾旭, 1982, 「中央政府 政治組織의 發展」, 『新羅國家形成史研究』, 195~221쪽.
52) 李文基, 1982, 앞의 논문, 14~23쪽.

가 하고, 냉수리비, 거벌모라비(봉평비)를 근거로 갈문왕도 대등의 자격으로 화백회의에 참석하였던 것으로 풀이하였다.[53]

한편 주보돈朱甫暾은 창녕순수비와 마운령비, 황초령비의 대등大等에 나마와 대나마 관등을 포괄하고 있는 것으로 미루어 보아, 귀족회의에 참여할 수 있는 자격은 대등大等 곧 대나마·나마 관등 소지자까지로서 신분적으로 진골과 6두품에 한정되었던 것으로 보았다.[54] 이후 김영하[55]와 신형석[56]도 대등의 신분이 진골과 6두품이었던 것으로 살핀 바 있다. 특히 신형석은 진평왕대 이후 6두품이 대등에서 배제되면서 상급신료의 범칭으로 되었던 것이라 보고, 진흥왕순수비에서 비문마다 대등의 인명과 숫자의 차이가 나는 것은 대등회의가 단일한 형태로 운영되었던 것이 아니라, 사안에 따라 구성원이 다른 회의체가 있었기 때문으로 풀이하였다. 아울러 적성비의 대중등大衆等도 마찬가지로서 대등大等이라 하더라도 자신의 업무가 있었고, 사안에 따라 소회의체를 구성하여 논의하였던 것으로 보았다.[57]

이처럼 대등회의의 실체에 다가가기 위하여 각 논자들은 대등의 성격이나 신분에 대한 다양한 견해를 제기하였다. 그러나 이기백이 처음 대등회의를 제시한 것은, 『삼국유사』 오지암회의기사를 검토하면서 오지암회의에 참석한 대신大臣이란 대등大等의 후신이라는 점[58], 대신이 귀족회의의 구성원이라면 그 전신인 대등 또한 귀족회의의 구성원일 것이라는 점, 진덕왕 원년 상대등에 임명된 알천閼川이 석수席首로서 화백이라는 신라 귀족회의의 의장이 되어 그 구성원인 대등을 대표 통솔하였다는 점 등에

---

53) 盧鏞弼,「新羅 眞興王代 大等의 分化와 그 정치적 배경」, 7·10쪽 :「新羅 中古期 中央政治組織에 대한 硏究史的 檢討」, 29쪽.
54) 朱甫暾, 1992,「三國時代의 貴族과 身分制」, 앞의 책, 30~41쪽.
55) 金瑛河, 1995,「한국 고대사회의 정치구조」,『한국고대사연구』8, 48~51쪽.
56) 申衡錫, 앞의 논문, 86쪽.
57) 申衡錫, 2001,「新羅 中古期 大等의 身分」,『新羅學研究』5, 146쪽.
58) 정중환은 '大臣이란 말이 그 직책에서 상대등과 같다는 점에서, 상대등과 同義語'라고 풀이한 바 있다.(丁仲煥, 1977,「毗曇·廉宗亂의 原因考」,『東亞論叢』14, 12쪽)

추론의 근거를 두었던 것이다. 사실 이러한 이기백의 견해로부터 중고기 화백회의 = 대등회의, 귀족(대등)회의 의장 = 상대등이란 등식이 작용하게 되었거니와, 그 개최시기에 대하여 대부분의 연구자는 별다른 검토 없이 진덕왕대의 사실로 의심없이 받아들이고 있다.

곧 김영하는 오지암회의를 진덕왕대 사실로서 인정하고, 신귀족세력인 금관가야계 김유신도 귀족회의의 주요구성원으로 참가하여 구귀족세력인 알천을 배제하고 실권을 장악하였던 것이며, 이러한 현상은 왕위계승자의 결정과 추대, 국가행정의 총괄 등의 고유기능을 수행하던 귀족회의의 질적 변화를 예고하는 것으로59) 풀이하였다. 이인철 또한 오지암회의를 진덕왕대 사실로서 인정하는 한편 진덕왕이 서거한 뒤 김춘추를 추대한 군신회의로 보았다.60)

이에 필자는 일찍이 오지암회의에 참석한 알천공閼川公·임종공林宗公·술종공述宗公·호림공虎林公(자장慈藏의 아버지)·염장공廉長公·유신공庾信公 등 당대 최고의 대신大臣들의 이력을 상세하게 분석하여, 진덕왕대에 개최되었다는 오지암회의는 자장이 출가하기 전인 선덕왕善德王 초년初年의 기사임을 밝히고, 이 때 논의되었던 것은 선덕왕의 즉위와 관련된 사안이 아니었겠는가 추정한 바 있다.61) 만일 오지암회의 기사가 필자의 견해대로 선덕왕 초년의 기사라면, 중고기 화백회의 = 대등회의, 귀족(대등)회의 의장 = 상대등이란 등식의 유일한 논거가 사라지는 셈이 된다.

---

59) 金瑛河, 1988, 「新羅 中古期의 政治過程試論」, 『泰東古典硏究』 4, 32～33쪽.
60) 李仁哲, 「新羅의 群臣會議와 宰相制度」, 39～40쪽.
61) 朴南守, 「신라 화백회의의 기능과 성격」, 221～229쪽. 한편 신종원은 慈藏의 아버지 虎林公에 주목하여, 同 慈藏定律條나 『續高僧傳』에서 자장의 출가동기를 早喪二親에서 구한 사실과 오지암회의 기사 내용이 어긋나기 때문에, 오히려 『三國遺事』와 『續高僧傳』의 기사를 杜撰으로 돌리고 「皇龍寺九層木塔刹柱本記」에서 자장의 출가 동기를 구하면서 오지암회의의 개최시기를 진덕왕대로 인정하였다.(申鐘遠, 1982, 「자장의 불교사상에 대한 재검토」, 『한국사연구』 39, 5쪽) 그러나 필자는 『三國遺事』와 『續高僧傳』, 「皇龍寺九層木塔刹柱本記」의 기사가 서로 상통하며, 자장이 어려서 출가하였다는 사실에서 일치한다는 점 등을 들고, 오지암회의 참석자들의 이력을 검토할 때에 충분한 설득력을 지닌다는 점에서 선덕왕 초년의 기사로 풀이하였다.

따라서 대등이 기왕의 논의대로 중고기 상급신료의 범칭이라면 모든 대등이 화백회의 구성원이었는가, 아니면 대등의 일부만이 화백회의에 참여하였는가의 문제를 해명해야 한다. 사실 대등을 상급신료의 범칭이라 보았을 때에, 오지암회의나 냉수리비·봉평비·적성비 회의체 구성원과는 상당한 차이가 있음을 볼 수 있기 때문이다. 곧 진흥왕순수비에서 각 비문마다 대등의 인명과 숫자에서 차이가 나며, 대등의 관직 또한 나마로부터 최상급관등자까지로 나타나거나[62], 오지암회의와 냉수리비·봉평비·적성비에 보이는 회의체 구성원에서 물력勿力-거칠부居柒夫, 무력武力-유신庾信으로 이어지는 계보가 확인되는 등 각종 자료에 매우 혼동된 형태로 나타나기 때문이다.[63] 만일 중앙관직이 십수인 내외의 진골출신 귀족에 의해 독점되었다고 한다면, 이들 가운데 일부 또는 전부가 왕실 각 가계의 대표자로서 화백회의를 구성하였을 것이므로, 이러한 점에서 기왕에 대등회의를 상정했던 견해에 대하여 새로운 검토가 필요하다.

2) 영일 냉수리신라비와 등회의等會議·제간회의諸干會議

1989년 4월 12일에 발견된 영일 냉수리 신라비는 그 내용의 폭발적인 위력에 걸맞게 신라 화백회의 연구에 있어서도 큰 계기로 작용하였다. 곧 비문에서는 지도로갈문왕至都盧葛文王이 '7왕등七王等'을 거느리고 공론共論하여 절거리의 재산에 관한 교사령을 내렸다는 사실을 전하는데, '7왕등 공론七王等 共論' 기사에 대한 해석의 차이로 말미암아 '등회의等會議'를 새로이 상정하는 연구자가 나타났다. 곧 '7왕등七王等'을 '7명의 왕王과 등等'으로 풀이함으로써 대등회의 이전 단계에 등회의等會議가 존재하였을 가능성을 상정하였던 것이다.

이와 관련하여 이미 오래 전에 이기백은 상대등의 어의적 발전과정을 살피는 과정에서 '등等 → 대등大等 → 상대등上大等'의 발전과정을 추정하

---

62) 申瀅錫, 2001, 「新羅 中古期 大等의 身分」, 『新羅史研究』 5, 146쪽.
63) 朴南守, 「신라 화백회의의 기능과 성격」, 230~232쪽.

였는데, 몇몇 연구자들이 이 점에 착안하여 영일냉수리신라비의 '7왕등 공론七王等 共論' 기사가 '등等'의 실재를 보여주는 것이며, 이를 대등회의大等會議 전신으로서의 '등회의等會議'라 일컬을 수 있다고 추론한 것이다. 곧 영일냉수리신라비를 건립한 지증왕 4년(503) 무렵까지도, 사탁부의 지도 로 갈문왕至都盧 葛文王·사덕지 아간지斯德智 阿干支·자숙지 거벌간지子宿智居 伐干支, 탁부의 이부지 일간지儞夫智 壹干支·지심지 거벌간지只心智 居伐干支, 본피부의 두복지 간지頭腹智 干支, 습비부의 모사지 간지暮斯智干支를 '7왕등 七王等'64) 곧 '7명의 왕王과 등等(1명의 갈문왕과 6명의 등等)'으로 통칭하였 다는 것이다. 나아가 봉평비의 '~등소교사等所敎事'에서의 '등等'을 복수의 의미로 보지 않고 '등等'이 실재했음을 부각시키기도 하였다.65)

노용필盧鏞弼은 4개의 진흥왕순수비문 가운데 창녕비昌寧碑 회집인명會集 人名의 대등大等 부분을 분석하여 진흥왕대 대등의 분화와 그 정치적 배경 을 살피면서, 등회의等會議의 존재를 상정하였다. 곧 귀족들만의 회의체는 사영지四靈地에서 열리며, 국왕이 간혹 참석하는 경우라도 그 때는 귀족 중 한 명, 즉 '등等'의 자격으로 참석한 것으로 추측하였다.66) 아울러 중국 고대사에서 '복사卜辭에 보이는 왕중王衆은 왕족의 귀족장회의 참석자 즉 왕과 그 씨족원을 가리키는 것으로 왕王과 중衆의 관계를 왕王이 중衆에 포함되는 것으로 해석'67)하고 있음을 원용하였다. 따라서 하늘에 제사를 지낸 후 하늘의 뜻을 감지해내는 의식儀式을 진행했던 신라 냉수리비에서 의 '왕등王等'이나, 중국의 복사에서의 '왕중王衆'은 그 성격에 있어서는 큰 차이가 없으며, 냉수리비에 보이는 '왕등王等'도 역시 중국 복사에서의 '왕 중王衆'의 해석과 같이 '왕王과 등等'이지만 '왕王이 등等에 포함'되어서 귀족

---

64) '七王等'을 崔光植은 '七主等'으로 석독하였으나(崔光植, 1990, 「영일 냉수리비 의 석문과 내용 분석」, 『三國遺事의 現場的 硏究』, 신라문화선양회, 31쪽), 대체로 '七王等'으로 석독한 것이 옳을 듯하다.(1990, 『韓國古代史연구』 3)
65) 각주 29) 참조.
66) 盧鏞弼, 1990, 「新羅 眞興王代 大等의 分化와 그 정치적 배경」, 『歷史學報』 127, 6쪽.
67) 堀敏一, 1987, 「中國初期民衆의 身分」, 『中國古代の身分制』, 汲古書院, 40~ 44쪽.

회의에 등等의 일원으로 참석하는 것으로 추론하였다.68)

또한 김광수金光洙는 대등大等의 어語를 살피면서, 대등大等의 기본 의미는 등等에 있는 것으로 전제함으로써, 이기백이 제시한 '등等 → 대등大等 → 상대등上大等'의 발전과정을 보완하고자 하였다.69) 곧 등等의 경우 고유어로서의 호칭은 그 훈인 '달' '들' '도리'였을 것으로 추측하고, 그 뜻은 대체로 회回, 선旋을 의미하는 고유어의 '돌'에서 파생하여 개체가 아닌 연대의 의미로 발전하여 다시 공공公共의 처지에서 일정한 역할을 하는 공무자公務者의 의미가 되었던 바, 한어의漢語義로는 공公으로 대역될 수 있는 것으로 풀이하였다. 그러나 김광수는 냉수리비의 '7왕등七王等'에 대한 적극적인 해석은 유보하였다.

이러한 논의에도 불구하고, 몇몇 논자들이 '등等'에 관한 유일한 자료로 여기고 있는 냉수리비 '7왕등七王等'의 의미에 대해서, 일반적으로 '등等'은 복수를 나타내는 접미사에 불과하며, 지증왕 4년 신라국왕의 칭호가 결정될 때까지는 간군干群의 신료들도 '왕王'으로 불리워졌다는 사실을 반영하는 것으로 보고 있다.70) 또한『삼국사기』·『삼국유사』초기 기사를 일별하더라도, 허루갈문왕許婁葛文王의 경우 '허루왕許婁王'이나 혹은 '사요왕辭要王'으로, 마제갈문왕摩帝葛文王을 '마제국왕摩帝國王' 등으로 표기하고 있어, 왕비王妃를 배출한 각 부部나 씨족氏族의 유력자를 '허루왕許婁王' '마제국왕摩帝國王' 등으로 일컬었던 사실을 볼 수 있다. 이로 미루어 볼 때 지증왕 4년 신라 국호와 왕호가 결정될 때까지는 간군干群의 신료들도 '왕王'으로 일컬어졌던 사실이 영일냉수리 신라비에 보이는 '7왕등七王等'의 존재로서 반영되었다고 볼 수 있으며, 허루왕許婁王으로부터 7왕등七王等에 이르는

---

68) 盧鏞弼,「新羅 眞興王代 大等의 分化와 그 정치적 배경」, 7쪽.
69) 金光洙, 1996,「新羅 官名 '大等'의 屬性과 그 史的 展開」,『歷史敎育』59, 83쪽.
70) 鄭求福, 1990,「영일 냉수리신라비의 금석학적 고찰」,『한국고대사연구』3, 43쪽. 朱甫暾, 1990,「6세기 초 신라 왕권의 위상과 관등제의 성립」,『역사교육논집』13·14, 248~251쪽. 申衡錫,「6세기 신라귀족회의와 그성격」, 71쪽. 이밖에 김창호·전덕재·김영만·노태돈 등 많은 연구자들이 '等'을 복수의 의미로 파악하고 있다.(신형석, 위의 글, 69쪽 각주 42 참조)

문제가 신라 초기 국가 발전 과정의 반영이었음을 이해할 수 있게 된다.[71]

한편 등회의론자等會議論者들과 관점을 달리하여 7왕등七王等이 공론共論한 회의를 '제간회의諸干會議'로 풀이하는 견해가 제기되기도 하였다.[72] 곧 귀족회의란 명칭은 6세기 초반 일원적인 관등제官等制와 골품제骨品制가 성립된 이후 지배층이 참가한 회의체부터 적용할 수 있다는 관점에서 귀족회의를 '제간회의'와 구분하고 있다.[73] 따라서 이들 논자는 '제간회의'를 부족연맹체 단계의 족장회의族長會議와 구분하고 있다. 이들 제간회의에 참여하는 대가大加(干)는 마립간시대에 작위적爵位的인 성격이 강한 관등官等을 부여받았으나, 자체 세력기반을 가지면서 관서조직 바깥에 있었기 때문에, 국정國政은 왕을 정점으로 하는 관료조직보다는 제가(간)들의 회의체에서 결정되었다는 것이다.[74]

그러므로 냉수리비에서 여러 '간군干(支)群'이 참가한 것을 볼 때에 '7왕등七王等'이 '공론共論'한 회의체를 '제간회의諸干會議'라 부를 수 있으며, 여기에서 회의를 주재한 지도로至都盧는 정식 국왕이 없는 상황에서 나온 예외적인 것이고, 평상시에는 '제간회의'를 주재한 사람은 국왕이었을 것이라고 한다. 결국 마립간 시기에는 왕권이 강화되고 있었지만, 아직 왕권 중심의 지배체제가 강화되지 못했기 때문에 사안이 있으면 '공론共論'의 형태를 통해 공동으로 논의하고 결정하는 방식으로 운영될 수밖에 없었던 것이고, 회의체는 '제간'의 이해관계를 조정하고 합의를 도출하는 기구였다는 것이다.[75]

요컨대 이러한 견해들은 영일냉수리비 신라비에 보이는 간干(支) 관등을

---

71) 朴南守, 2003, 「신라 화백회의에 관한 재검토」, 『新羅文化』 21, 14〜15쪽.

72) 朱甫暾, 1992, 「삼국시대의 귀족과 신분제」, 28쪽. 盧泰敦, 2000, 「초기 고대국가의 국가구조와 정치운영 −부체제론을 중심으로−」, 『韓國古代史研究』 17, 19〜22쪽. 전덕재, 2000, 「6세기 초반 신라 6부의 성격과 지배구조」, 『韓國古代史研究』 17, 276〜291쪽. 申瀅錫, 「6세기 신라 귀족회의와 그 성격」, 99쪽. 李仁哲, 「新羅의 王權과 政治構造」, 9쪽.

73) 朱甫暾, 1992, 「三國時代의 貴族과 身分制」, 28〜30쪽.

74) 盧泰敦, 2000, 앞의 논문, 19〜22쪽.

75) 신형석, 「6세기 新羅 貴族會議와 그 性格」, 68〜73쪽.

소유하면서 '왕王'으로 일컬어졌다는 점, 부 중심의 인명 표기방식으로부터 부의 독자성을 상정할 수 있다는 점, 마립간의 칭호가 '간干'중의 '간干'이란 뜻으로 왕권 기반이 간지군 소지자와 질적으로 차이가 나지 않았다는 점에 바탕하고 있다.[76]

따라서 제간회의 주창자는 6세기 초반 6부의 성격과 지배구조를 부체제部體制로 규정하면서, 냉수리비의 공론共論에 참여한 집단을 국정운영을 주도하는 핵심집단과 종속집단으로 구분하고, 전자에는 국왕의 인척인 갈문왕, 그리고 국왕과 개별적으로 군신관계를 맺은 탁부·사탁부 소속의 귀족에 포함되며, 후자는 국정운영의 핵심집단과 연합하여 신라국가를 구성하는 연맹집단으로서 본피부 등 해당 부의 내부 통치에 대한 자치력을 행사하는 부주部主 즉 간지干支를 칭하는 부部 지배자라는 주장[77]과 흐름을 같이 한다. 또한 부체제의 관점에서『삼국사기』·『삼국유사』에 보이는 국왕추대 및 국가중대사의 결정에 참가한 상고기의 국인國人을 소국小國의 간干 계층으로 파악하기도 한다.[78]

그러나 이러한 부체제론은 통치지배체제에 불과한 것으로서 이를 국가발전단계론으로 설정하는 데에는 문제가 있다는 지적이 있었다. 곧 원시공동체에서 분화된 소국공동체와 그 누층적 집적으로 출현한 고대국가의 정치체제만큼은 귀족합의체로부터 대왕집권체제로 발전한 대세를 읽을 수 있고,[79] 중고기 금석문에 나타난 부명部名의 관칭冠稱 현상은 부部를 단위로 운영된 국가의 지배체제를 보여주는 것[80]이라는 비판이다.

결국 영일냉수리비(지증왕 4, 503) - 울진봉평비(법흥왕11, 524) - 단양적성비(진흥왕 12, 551년 이전)에서 각각 教教, 소교사所教事, 절교사節教事의 주체로 나오는 인물들의 관등은 관등의 분화과정을, 각 부部별 인적

---

76) 신형석, 위의 논문, 70쪽.
77) 전덕재, 2000,「6세기 초반 신라 6부의 성격과 지배구조」,『韓國古代史硏究』17, 276~291쪽.
78) 南在祐, 1992,「新羅上古期의 '國人'層」,『韓國上古史學報』10.
79) 金瑛河,「韓國 古代國家의 政治體制發展論」참조.
80) 전미희, 앞의 논문 참조.

구성의 변화는 각 부部의 우열 및 구성원의 출신부와 함께 관등이 점차 중시되는 경향을 보여주는 것으로서 풀이된다.[81] 더욱이 영일냉수리신라비에서 교의 주체로 나오는 '7왕등七王等'의 부별部別 인적 구성이 '사탁부(3) - 탁부(2) - 본피부(1) - 습비부(1)'이라는 점과 봉평비에서 소교사所教事 주체의 부별部別 인적 구성이 '사탁부(6) - 탁부(6) - 본피부(2) - 잠탁부(2)'임을 비교할 때에 부명部名의 이동이 발견되며, 특히 봉평비에는 '6부六部'의 이름으로 교教를 시행하고 있어 그 소교사所教事 주체의 인적구성과 차이가 있는 바, 독자 세력으로서의 '제간회의諸干會議와 같은 성격을 찾기 보다는 행정단위로서의 부部와 각 부별部別 중요도를 보여주는 것으로 이해된다.[82]

3) 상대등上大等·갈문왕葛文王의 성격과 중대 전제왕권론

이기백李基白은 대등회의를 제창하면서『삼국유사』오지암회의기사를 원용하여 알천이 상대등上大等으로서 대신회의大臣會議를 주재하였고, 그 전신인 대등회의大等會議 또한 처음에는 국왕이 이를 주재하다가 중앙집권적 귀족국가가 형성되어가는 과정에서 여러 귀족의 통솔을 위하여 상대등을 설치하면서 상대등上大等으로 귀족회의 주재자가 바뀌었던 것으로 이해하였다. 이로부터 귀족회의는 국왕 주재하의 결의기관에서 귀족들 의견의 대변기관으로 기능이 변화하였다는 것이다.[83] 중대에도 상대등을 대표로 하는 귀족회의는 여전히 지속되었을 것이나, 집사부나 여타 관부 설치 이후

---

81) 朴南守,「신라 화백회의의 기능과 성격」, 232~233쪽.
82) 李基東은, 봉평비에 모량부가 나타난 것은 중고기 법흥왕을 중심으로 한 왕통 계보에서 법흥왕비의 출신부로서 모량부=잠탁부가 이 시기에 의외로 중요성을 가졌기 때문으로 보았으며(1989, 『한국고대사연구』2, 241~242쪽 종합 토론 발언 내용), 武田幸男은 봉평비 단계에서 구성원의 출신부와 함께 관등이 점차 중시되는 경향을 보여주는 것으로서 파악하였다.(武田幸男, 1990,「신라 6부와 그 전개」,『벽사 이우성교수 정년기념논총 -민족사의 전개와 그 문화-』上, 99~120쪽)
83) 李基白,「上大等考」, 1974, 앞의 책, 95쪽.

정치 일선에서 후퇴하고 그 실권을 행정부서에 넘겨준 것으로 보았다.[84]

나아가 태종무열왕이 상대등으로 대표되는 귀족세력을 누르고 왕위에 오른 사실을 "귀족연립정치가 무너지고" 반면에 "전제왕권이 성장해 가고 있다는 사실을 나타내주는 것"으로, 신문왕이 김흠돌의 난을 계기로 전 상대등인 군관軍官을 위시한 귀족세력을 제거한 데 대하여 "신문왕 원년 (681)의 피의 숙청은 곧 전제왕권의 확립을 뜻하는 것"으로 각각 풀이하였다. 이러한 전제왕권 확립의 징표로 왕실의 족내혼, 왕위의 장자상속과 태자책봉제, 중국식 묘호의 사용, 갈문왕제의 폐지, 왕제·왕자 등 혈연적 측근자의 요직임명, 박씨세력의 후퇴, 6두품 귀족의 정치적 진출 등을 설명하고, 정치기구상으로는 "귀족들의 합좌기관인 화백회의 대신에 이 집사부의 정치적 중요성이 커진 것은 곧 전제주의의 정치기구상의 표현"이며, 군사적으로 시위부의 강화와 9서당의 정비가 "전제왕권을 뒷받침하는 것"으로, 그리고 식읍과 녹읍 대신 관료전과 세조의 제도로 바뀐 것이 "전제정치의 성장과 상응하는 경제제도"라고 보았다.[85]

이러한 중대 전제왕권론은 상대등과 화백회의 기능, 곧 귀족들 의견의 대변기관으로서의 역할이 무력화되고, 이를 대신하여 집사부와 중시(시중)가 이를 대신하였다는 내용이 핵심을 이룬다. 그러나 이러한 전제왕권론은 그 성립시기와 중대 상대등의 지위와 성격, 귀족(화백)회의의 성격에 대한 부분에서 적지않은 비판을 받고 있다.

먼저 전제왕권 성립시기와 관련하여 이기백과 견해를 달리하는 이정숙 李晶淑의 진평왕대설,[86] 신형식申瀅植의 선덕왕·진덕왕대에 그 특징이 나타나기 시작하여 신문왕 김흠돌 난을 계기로 확립된 것으로 보는 설[87]

---

84) 李基白, 위의 논문, 위의 책, 105쪽.
85) 李基白, 1958, 「신라 혜공왕대 정치적 개혁」, 『社會科學』 2 ; 1974, 『新羅政治 社會史硏究』 ; 1982, 「統一新羅와 渤海의 社會」, 『韓國史講座』 Ⅰ(古代篇), 一潮閣.
86) 李晶淑은 진평왕대의 정치상황을 논하면서, 동륜계의 독자적인 왕족의식 발생과 王弟의 갈문왕 책봉, 내성사신의 설치 등 일련의 왕권강화책 등으로 미루어 진평왕대에 이미 전제왕권이 성립하였던 사실로 보고자 하였다.(李晶淑, 1986, 「新羅 眞平王代의 政治的 性格」, 『韓國史硏究』 52)

등이 있다. 이 논쟁은 전제왕권 개념의 문제를 비롯하여 중고기·중대의 정치과정에 대한 해석에 대한 문제로 요약된다.

다음으로 중대 상대등의 지위에 대하여 의문을 표시하는 일련의 연구를 들 수 있다. 이러한 견해는 상대등과 귀족(화백)회의가 귀족의 대변기관으로 역할을 하다가 중대에 이르러 그 기능이 무력화되었다는 이기백 설을 비판한 것으로 요약된다.

먼저 이기동은 장관직의 복수제·겸직제에 주목하여 제일급 중앙관서는 십수 인 내외의 진골출신 귀족에 의해 독점되어 합의제의 방식으로 운영되었음을 추정하고, 중대 관료조직의 최상층이 화백제의 원리, 혹은 6부제의 전통에 의해 규제되었음을 지적하였다. 또한 이러한 화백제의 원리, 진골제일주의야말로 전제주의 권력을 추구하던 중대의 제왕이 타파하지 않으면 안되는 대상이었으며, 신라와 같은 골품제 국가에 있어서는 아무리 중국식 법령·제도의 권위와 그 강제력을 행사하더라도, 족제적 원리의 청산과 유교사상의 기층사회로의 침투·확산이라는 그 자체 거대한 혁신과 변동을 경험하지 않고서는 전제주의의 성취, 관료제국가로의 전화는 성공할 수 없었을 것[88]이라고 비판하였다. 나아가 중대의 관료제라고 해도 어디까지나 기존의 신분제인 골품제의 기반 위에서 성립되어 그와 마찰하지 않는 범위내에서 제한적으로 운영·전개되었을 뿐이므로, 중대의 '전제주의 왕권'이라는 용어도 제한적으로 사용하지 않는한 오해의 소지가 있으며, 중대를 개창한 태종무열왕과 그의 후계자들은 앞선 시대와 비교하면 확실히 강력한 군주이기는 했으나 결코 전제적이었다고 말하기는 어렵다는 것이다. 곧 진골귀족들의 위세는 여전히 당당했으며, 그들은 골품상 국왕과 동등성을 향유하고 있었으므로, 이러한 상황에서 중대의 역대 군주들은 진골귀족들의 화백회의체를 잘 조종하려고 했을 뿐, 그것을 무시하려고 한 흔적이 보이지 않는다는 것이다.[89]

---

87) 申瀅植, 1990, 「신라 중대 전제왕권의 전개과정」, 『汕耘史學』 4 ; 1990, 『統一新羅史研究』, 1990.

88) 李基東, 1980, 「新羅 中代의 官僚制와 骨品制」, 『震檀學報』 50, 1980 ; 1980, 『新羅骨品制社會와 花郎徒』, 132~139·142~143쪽.

이후 연구자들은 이러한 이기동의 견해와 흐름을 같이 하여, 상대등은 친왕적인 존재로서 왕권의 강화과정에서 설치하였고, 그 기능 또한 왕권의 견제자라는 이기백의 견해에 의문을 제기하였다. 곧 김영미金英美는 중대에 한정된 논의이긴 하나, 성덕왕의 즉위에 상대등으로서 진골귀족을 이끌고 있던 개원愷元의 역할이 컷을 것으로 보고, 중대의 상대등에 왕실과 밀접한 인물들이 계속 임명되다가 최고 종친인 개원愷元으로 귀착된 것은 상대등의 역할이 상대·하대에 있어서 왕권의 견제자로서의 의미와는 달랐음을 상징하는 것[90]이라 보았다. 이인철李仁哲은 진덕왕 5년부터 적어도 혜공왕 7년(771) 경까지는 국왕과 상대등, 그리고 주요 행정관부의 장관이 참여하는 군신회의群臣會議가 존속하였고, 이들 군신회의에 참가하는 대등 즉 주요 행정관부의 장관들의 입장을 대표한 것은 상대등이었다고 주장함으로써, 중대에 상대등과 군신회의의 기능이 유지되었던 것으로 풀이하였다. 또한 군신회의는 하대에 들어서면서 6명 정도로 구성된 재상회의가 대신함으로써 유명무실화된 것으로 파악하였다.[91]

한편 이영호李泳鎬는 법흥왕대 왕권신장의 결과로서 왕권전제화의 표상으로 상대등이 설치되었다는 관점에서, 상대등이 귀족의 대표자였고 중대에 국왕을 보좌하는 중시가 귀족을 대표하는 상대등과 대립하였다는 이기백의 주장에 대하여 비판하였다. 씨는 귀족(화백)회의 또한 친왕적 색채가 강한 회의였으며, 중대에 이르러서도 김유신의 상대등 취임, 다수의 상대등이 취임 전에 군사분야에서 활동하였던 것, 병부령이 근친왕족이거나 외척으로서 실권을 장악한 권력자였으며, 법제적으로 대부분 상대등을 겸하였다는 사실, 상대등이나 시중에 왕의 제弟가 임명되거나, 형제간 부자간에 상대등과 시중을 동시에 혹은 연이어 취임하는 사례로 보아, 상대등과 중시(시중)는 모두 같은 성격으로 친왕적 관직이거나, 상대등이 중시보다 우위였던 것으로 보았다.[92] 또한 중시는 상대등에 비하여 관등이 낮은

89) 李基東, 1991, 「新羅 興德王代의 政治와 社會」, 『國史館論叢』 21, 102쪽.
90) 金英美, 1988, 「新羅 聖德王代 專制王權에 대한 一考察」, 『梨大史苑』 22·23, 379~380쪽.
91) 李仁哲, 「新羅의 群臣會議와 宰相制度」, 45~68쪽.

자로서 임명되었고, 이러한 현상은 중대와 하대에도 동일하였으며, 퇴임
후 상대등, 병부령 등으로 진출함으로써 상대등을 능가하지도 않았고, 대
립적이지도 않았으며, 집사부는 왕정의 업무를 분장한 관부의 하나에 불
과하였던 만큼, 비록 신라 중대는 전후시기에 비해 상대적으로 왕권이 강
화되었다고 할 수 있으나 전제왕권의 시대는 아니었다고 주장하였다.[93]

중대 전제왕권론에 대한 논쟁은, 결국 이를 인정하는 입장에서 그 성립
시기에 대한 문제, 그리고 비판적 입장에서 신라사회는 골품제라는 신분
사회였으며 귀족의 합의제적 원리가 점철되었다는 견해, 그리고 상대등과
귀족회의 성격에 대한 논쟁으로 요약된다.

이기백은, 전제정치란 일반 군주정치와는 구별해서, 한 사람의 군주에
게 권력이 집중되어 있는 정치 형태라고 정의하고, 만일 군주 1인의 독재
적 권력행사를 불가능하게 하는 관료제도나 귀족세력이 존재한다면, 그것
은 이미 전제정치가 아니며, 전제정치는 군주 개인적인 특성에서가 아니
라 제도적인 성격에서 찾아야 할 것이라고 주장하였다.[94] 아울러 전근대
군주의 경우 이를 전제라고 하고, 근대에 있어서 대체로 군주가 아닌 경우
는 독재라고 하는 것이 하나의 관례[95]였다는 것이다.[96]

---

92) 李泳鎬, 1993, 「新羅 貴族會議와 上大等」, 『韓國古代史硏究』 6.
93) 李泳鎬, 위의 논문, 116~118쪽.
94) 李基白, 1993, 「新羅 專制政治의 成立」, 韓國史硏究會 編, 『韓國史 轉換期의 문제들』, 44~45쪽.
95) 李基白, 위의 논문, 46쪽.
96) 전제왕권의 개념에 대해서는 1993년 2월 19일 인터컨티넨탈호텔 아이리스룸에서 「韓國史上의 政治形態」 주제하의 세미나에서 집중 거론되기도 하였다. 이 때의 토론 내용을 요약하면 다음과 같다. ① 중대의 관료제는 기본적으로 골품제도에 의하여 크나큰 제약을 받았고, 바로 이것이 왕권의 전제화를 저해하는 요인이었음. 국왕은 그 자신 골품제도에 포섭되는 존재임. 따라서 중대의 국왕이라 할지라도 결코 진골 귀족세력집단내에서 초월적인 존재가 될 수 없었던 것. 이것이 중대 전제정치의 기본 모순. 따라서 전제정치라는 개념이 신라 정치사상 중대라고 하는 특이한 시대의 분위기를 이해하는 데 매우 유용한 개념임에 틀림 없다고 생각하면서도 한편으로는 상대적·제한적 의미로 사용하는 것이 어떨까 생각함(李基東) ② 특정한 자유의 개념에 비추어 즉 자기들이 주장하는 자유의 개념에 비추어서 거기에 상반하는 것이거나 거기에 맞

이러한 전제하에서 이기백은 중대 전제왕권비판론에 대하여 네 가지 측면에서 반비판을 전개하였다. 첫째, 전제왕권의 성립에 대해서는 진덕왕대에 그 단초를 보이다가 신문왕대에 확립된 것으로 풀이하였다. 곧 진덕왕대 일련의 정치개혁으로 말미암아 전제정치에 대한 준비가 이루어지다가 중대에 이르러 확립되었다고 보는 것이 온당하다는 것이다.[97] 둘째, 전제정치는 어디까지나 신분제 사회에서 성립되는 것이기 때문에 골품제의 제약이 존재했다는 것만으로는 전제정치를 부인하기 힘들며, 국왕의 여러 사회세력 곧 진골귀족들의 화백회의체 조종은 여러 당파세력균형을 통하여 왕권을 강화하는 측면이 있기 때문에 오히려 전제정치를 부인하기보다는 긍정해주는 측면이 있는 것으로 주장하였다.[98] 셋째, 전제정치와 화백회의 관계에 대해서는, 기왕에 통일신라시대 전반기 약 100년 동안 상대등으로 대표되는 화백회의 기능이 무력하게 된 것으로 이해[99]했던 것을 일부 수정하여, 중대에도 화백회의가 없어졌던 것은 아니고, 또

지 않는다고 생각되는 것을 공격하기 위해서 사용한 용어가 전제주의. 그러므로 despotism은 언제 어디에서나 일정한 내용을 가진 보편적 개념이 아님(노명식) ③ 전제군주가 성립되려고 한다면 군주도 지배씨족의 족적결합과 구속에서 벗어나야 되지만 또 밑으로 일반농민들도 종래의 혈연을 기반으로 한 씨족사회에서 개별·독립적 소농민층으로 변모·성장해야 한다고 생각함(이춘식) ④ 보통 전제주의라고 말할 경우 여기에는 시민사회의 결여와 문명화되지 않는 정치체제, uncivilized라는 의미가 포함되어 있음. 따라서 견제와 동의가 전제되지 않는 정치체제, 어떤 시민적인 견제도 안받고 국민적인 동의도 얻지 않는 그런 정치체제로 이해됨. 그러므로 경제·사회·문화의 다원성을 획일적으로 구조화하는 정치체제를 전제주의라고 할 수 있으며, 기본적으로 집단의 개념이든 소수의 개념과 같은 수의 개념과는 무관한 정치체제로서, 관료의 기능에 따라 전제의 여부를 규정하거나 또는 왕을 중심으로 하는 화의제의 유무로서 전제체제의 여부를 결정하기에는 한계가 있는 것으로 생각함(진덕규)(李基白 외, 1993, 「제3회 韓國史의 爭點 세미나 速記錄」, 『韓國史上의 政治形態』, 一潮閣, 332~345쪽).

97) 李基白, 1993, 「新羅 專制政治의 成立」, 앞의 책, 56~66쪽.
98) 李基白, 1993, 「統一新羅時代의 專制政治」, 『韓國史上의 政治形態 -翰林科學院 叢書 18-』, 一潮閣, 1993), 84~86쪽.
99) 李基白, 「上大等考」, 1974, 앞의 책, 102~111쪽.

그 의장으로서의 상대등의 최고관직이라는 지위에도 변화가 있었던 것은 아니지만, 그 역할은 왕권의 견제가 아니라 왕권의 옹호에 있었으며, 이러한 성격 변화는 무열왕대에 김유신이 상대등에 취임한 사실에서 비롯한다고 보았다.[100] 이후 상대등의 지위에 있던 이들은 그들의 세력을 유지하기 위하여 자신의 딸을 납비納妃하는 형식으로 왕권과 밀착함으로써 그들의 세력을 유지하려 했다는 점에서, 그 대세는 전제왕권의 지향에 있다고 보아야 할 것이라고 주장하였다.[101] 따라서 상대등은 귀족의 대표적 존재이면서도 전제화해 가는 왕권과도 조화되는 양면성을 지닌 존재였다는 것이다.[102]

요컨대 이기백의 견해는 그가 제시하였듯이 전제적인 정치제도를 생각하는 데에 있어서 핵심되는 정책 결정권자가 누구이며, 국왕의 견제세력이 있었는가에 주목함으로써, 제도 자체도 중요하지만 운영의 실태를 파악하는 것이 보다 중요하다고 보고, 귀족의 의사를 대변하며 왕권을 견제하던 화백회의와 그 의장인 상대등의 정치적 기능에 대해 분석하였던 것이라고 할 수 있다.[103]

그러나 이미 지적하였듯이 『삼국유사』 진덕왕조 오지암회의 기사는 선덕왕 초년의 기사였고, 따라서 알천이 상대등에 취임한 때가 진덕왕 1년이었으므로 알천이 오지암회의를 주재한 것은 상대등으로서가 아니었다.[104] 이러한 사실을 인정하게 된다면, 이기백이 기왕에 제시한 중대 전제왕권의 운영실태를 밝히는 주요한 근거였던 화백회의의 왕권견제력, 그리고 그 의장이라는 상대등의 기능에 대한 새로운 검토가 필요하게 된다.

필자는 일찍이 『삼국유사』 진덕왕조 오지암회의의 개최시기와 관련하여, 알천이 오지암회의를 주재하였던 것은, 그가 왕실 내부에서 지도로갈문왕·사부지갈문왕·이사부·거칠부와 마찬가지로 국왕의 종친으로서 병

---

100) 李基白, 「上大等考」, 앞의 책, 104쪽) 및 金英美, 앞의 논문, 380쪽.
101) 李基白, 「統一新羅時代의 專制政治」, 107쪽.
102) 李基白, 위의 논문, 86~90쪽.
103) 李基白, 「新羅 專制政治의 成立」, 60~61쪽.
104) 각주 61) 참조.

권과 관련된 때문이었던 것으로 풀이하였다. 또한 법흥왕 18년(531) 실무 하급행정직을 총괄하기 위하여 국왕 직속의 관료로서 상대등을 설치하였으나, 왕실의 한편에는 전왕이 무자無子로 훙薨할 때에는 왕위계승 제1서 열자로서, 적장자가 있을 경우에는 화백의 중론을 모아 왕권을 수호하는 역할을 하였던 갈문왕이 있었음을 살핀 바 있다.105)

선덕왕 초년 오지암회의에서 알천의 지위는 바로 그러한 갈문왕의 계통을 이은 것이었다. 비담·염종란毗曇·廉宗亂을 진압한 김춘추·김유신에 의해 국정이 좌우되던 진덕왕대에 이르러 알천이 상대등에 임명됨으로써, 왕권은 갈문왕으로 대표되는 씨족제의 질곡桎梏을 벗어나 왕권강화를 위한 관료제 등의 개혁을 단행할 수 있었으며, 화백이 지녔던 행정적 기능을 왕권 직속의 중앙관서로 옮길 수 있는 기반을 확보하고 각 진골 가계의 대표자였던 대신들을 국왕 직속의 관료로 정착시킬 수 있었다.106)

나아가 중대 왕권이 시작되면서 갈문왕제가 사라지고, 화백에서의 국왕 추대는 왕실 가계의 서열에 따라 이를 추인하는 정도에 그쳤으며, 국가 대사에 있어서도 어떤 결정보다는 단순히 심의하는 정도였음을 알 수 있었다. 그러나 하대에 상대등의 임면이나 자격이 중고기와 비슷한 양상을 띠면서, 그들은 국왕의 제弟·숙부叔父로서 국왕을 보좌하고, 화백의 구성원인 대신들의 수석으로서 행정 총괄의 업무까지도 관장하였는데, 이러한 성격은 중고기 갈문왕의 그것과 흡사하였다.

그러므로 상대등을 설치한 목적이 갈문왕을 중심으로 한 화백의 권한을 일축하고 왕권을 강화시키는 데 있었다고 하지만, 거칠부居柒夫나 알천閼川 등과 같이 초기의 상대등은 갈문왕의 전통을 잇고 있었던 까닭에, 중고 이후 신라 왕권이 지향했던 관료제와는 일정한 한계가 있었다. 곧 골품제라는 틀 안에서 중고기 상대등의 지위가 규정되었던 만큼, 왕권이 약화되면 언제라도 상고 말엽·중고 기 갈문왕과 같은 존재로 회귀하려는 성격을 설치 당시부터 가지고 있었다. 때문에 혜공왕 말엽 범진골귀족의 연합세

---

105) 박남수, 「신라화백회의의 기능과 성격」, 228~229쪽.
106) 박남수, 위의 논문, 234~236쪽. 耕策, 「新羅'太王'號の成立とその特質」(『年報朝鮮學』 1, 九州大朝鮮學研究會, 1990), 26~27쪽.

력에 의해 전제적 성격의 중대 왕권이 타도되면서 상대등 설치 당시부터 배태되었던 그러한 성격이 하대 상대등의 성격을 규정하였던 것이고, 그들은 화백의 추대보다는 무력에 힘입어 왕위에 오를 수 있었던 것으로 이해하였다.[107]

요컨대 신라 특유의 회의체로서 화백에 대한 연구는 연구자의 관점, 곧 신라 사회를 중앙집권화의 과정으로 보는가, 아니면 귀족사회로 보는가에 따라 그 발전단계론에 차이가 있었음을 볼 수 있었다. 이는 군신회의체론자와 귀족회의체론자로 대별할 수 있는데, 후자의 경우 그 구성원에 따라 다시 진골 대등에 의한 회의체라는 입장과 왕실 각 가계의 씨족장회의체라는 입장이 있었다. 물론 그 과정에서 '등회의等會議'나 '제간회의諸干會議'를 상정하기도 하고, 군신회의체론과 귀족회의체론을 절충하는 논자도 있었다. 이와 같이 다양한 견해는 화백회의 구성원과 관련된 사료를 어떻게 해석하느냐에 따라 나타난 것으로서, 결국 각 시기별 회의 구성원에 대한 문제로 귀결된다.

앞에서 살핀 쟁점은 그러한 실상을 극명하게 보여주거니와, 중고기의 특징적 화백회의로 일컬어졌던 대등회의와 이의 의장이라는 상대등의 성격과 기능을 파악하는 주된 자료가 『삼국유사』진덕왕조 오지암회의 기사였고, 그 개최시기의 이동에 따라 논지가 바뀔 가능상이 매우 크다는 사실을 확인하였다. 만일 필자의 견해대로 오지암회의가 선덕왕 초년에 개최되었다고 한다면, 상대등이 중고기 화백회의의 의장이었고, 상대등의 성격 변화가 중대 전제왕권과 직결된다는 중대 전제왕권론은 재고를 요하게 된다.

사실 필자는 기왕의 정설화된 견해와는 달리 중고기 화백회의 의장은 국왕이거나 이를 보좌한 갈문왕적 성격의 존재였음을 밝힌 바 있다.[108] 이러한 갈문왕적 성격의 존재는 알천이 상대등에 보임되면서 그 성격이 변화하지만, 이후 중대의 상대등은 중고기 갈문왕적 성격과 국왕 직속 상

---

107) 박남수, 「신라화백회의의 기능과 성격」, 234~236쪽.
108) 朴南守, 「新羅 和白會議에 관한 再檢討」 참조.

대등의 성격을 갖는 양면적 성격의 존재로 화하다가, 왕권이 약화되면서 본래의 갈문왕적 성격으로 변화하였을 가능성이 높다. 이러한 문제는 새로운 관점에서 중·하대 상대등의 성격을 검토하였을 때에 구체화되리라 생각한다.

4. 신라의 중층적 회의 구조와 그 운영

화백회의 연구과정에서 구성원의 문제와 함께 나타나는 문제 가운데 하나는 화백회의를 군신회의, 귀족회의, 왕실 각 가계의 씨족장회의 등으로 규정하면서도, 별도의 회의체를 제시한 견해가 적지 않다는 점이다. 곧 군신회동체君臣會同體와 구별한 별도의 중신요관重臣要官들에 의한 단독적인 회의체를 상정하거나,[109] 오지암회의를 중고기 귀족회의와 구별되는 특권화된 대신회의大臣會議로 규정한 것,[110] 비록 하대의 일이긴 하나 재상회의宰相會議와 구별되는 군신회의群臣會議를 설정한 견해,[111] 그리고 남당과 정사당회의체를 화백회의와 구분짓는 견해[112] 등이 그것이다. 이러한 견해들은 신라 정치사회 발전과정에서 다양한 회의체가 병존할 수 있다는 가능성과, 실제로 사료에서 다양한 회의형식을 살필 수 있고, 그 구성원 또한 단일하지 않다는 점에서 비롯한다.

특히 『삼국사기』에서 남당南堂과 정사당政事堂, 평의전平議殿 및 여러 회의체의 모습을 전해주는 기사를 확인할 수 있다. 남당과 정사당, 평의전의 관계에 대하여, 이병도는 군신들의 화백회의 개최 장소였던 남당이 신라 통일 이후 평의전으로 바뀐 것으로 보았고,[113] 전봉덕田鳳德은 정사당政事堂을 신라 초기의 남당南堂, 통일 이후의 평의전平議殿으로 파악[114]한 바

---

109) 李丙燾, 앞의 논문, 641~642쪽.
110) 朱甫暾, 「毗曇의 亂과 善德王代의 政治運營」, 227~228쪽.
111) 李仁哲, 「新羅의 群臣會議와 宰相制度」, 64~65쪽.
112) 朴南守, 「新羅 和白會議에 관한 再檢討」, 211~212쪽.
113) 李丙燾, 앞의 논문, 641쪽.

있다. 또한 필자는 백제와 신라의 남당 관계 기사로 미루어, 남당에서의 군신회의君臣會議는 왕을 중심으로 신하들을 불러모아 청정聽政에 임하였던 곳으로서 일명 도당都堂으로도 일컬어졌으며, 후일 중국화된 정청政廳으로서 평의전平議殿의 형태로 변모하였을 것으로 이해하였다. 또한 정사당政事堂은 신라 초기부터 빈번하게 나오는 군국정사를 위임받거나 정사에 참여, 또는 내외병마사를 위임받았던 대보大輔나 이찬伊飡, 또는 상대등과 같은 국정 최고 관료들의 정청政廳이었을 것으로 추측한 바 있다.[115]

그런데 정사당政事堂은 "무덕武德 이래로부터 門下省에서 일을 의논한 즉 일을 의논하는 장소를 정사당政事堂이라 일컫는다"[116]라고 하여 중국에서 늦어도 당唐 고조高祖 무덕연간武德年間(618～626)에는 제도화되었고, 수대隋代에도 존재하였지만, 북조北朝부터 시작하였을 가능성이 있다고 한다.[117] 그러므로 정사당이 북조 초기부터 시작하였다고 하더라도 A.D. 386년을 상회하지 않는데, 『삼국사기』에는 일성이사금 5년(A.D. 138)에 정사당政事堂을 금성金城에 설치한 것으로 나타난다. 만일 정사당政事堂이 중국으로부터 전래된 제도라면 아무래도 일성이사금 5년조의 정사당 기사는 두찬이 아닐까 한다.

아무튼 이러한 시간적 차이에 대해서는 선뜻 어떠한 결론을 내리기 어렵지만, 당제唐制에서의 정사당政事堂은 ① 삼성육부三省六部 및 어사대御史臺 등 중앙기구 중 3품 이상 고급관원의 의사 회의당意事 會議堂이었고, 그 권력은 삼성三省의 위에 있었으며, 군국대사軍國大事는 모두 정사당의 토론을 거쳐 결정된 연후에 황제皇帝의 비준批准을 얻어 집행執行되었고, ②

---

114) 田鳳德, 「新羅 最高官職 上大等論」, 『法曹協會雜誌』 5-1·2·3 ; 『韓國法制史 研究』, 320～321쪽.
115) 朴南守, 「新羅 和白會議에 관한 再檢討」, 211～212쪽.
116) "政事堂者 自武德以來 常于門下省議事 卽以議事之所 謂之政事堂…"(李華, 『中書政事堂記』: 『全唐文』 권 316, 淸 光緖 辛丑年 廣雅書局刊本 64冊)
117) 王超, 1983.12, 「政事堂制度辨證」, 『中國史研究』 1983-4, 中國社會科學院 歷史研究所, 107～109쪽. 한편 姚澄宇는 貞觀 年間에 정사당이 설치된 것으로 보고 있다.(姚澄宇, 1982.9, 「唐朝政事堂制度初探」, 『中國史研究』 1982-3, 中國社會科學院 歷史研究所, 97쪽)

재상宰相들의 고급 의사당高級 議事堂으로서 재상宰相의 권력을 행사하는 공청公廳이었으며, ③ 당나라 최고의 권력기구였다고 한다.[118] 이러한 당의 정사당은 다음과 같이 3단계의 발전과정을 거치는 것으로 이해되고 있다.[119]

○ 1단계 : 문하성門下省 정사당政事堂 의정議政 시기(唐 高祖 武德年間~唐 高宗 末年, 618~683) ; 처음에는 순전히 재상의정宰相議定 장소였으나, 점차 중서성中書省의 영승과 문하성門下省의 봉박封駁으로 폐단이 일어나자, 당 태종이 양성兩省으로 하여금 먼저 정사당에서 의정議定한 뒤에 주문奏聞케 함

○ 2단계 : 중서성中書省 정사당政事堂 시기(武后 光宅 元年~玄宗 開元 11年, 684~723) ; 무후武后 광택光宅 원년(684) 배염 집정사필裴炎 執政事筆이 정사당을 중서성으로 옮김으로써, 정사당이 비로소 정식으로 재상의결宰相議決 군국대사軍國大政의 최고最高 국무회의國務會議로 성립

○ 3단계 : 중앙 최고 권력기구(玄宗 開元 11年 이후, 723~   )

이와 같은 중국 정사당제도는 『삼국사기』·『삼국유사』의 정사당政事堂 관련 기사와 비교하였을 때에 신라의 그것과 매우 유사함을 발견할 수 있다. 곧 헌덕왕 14년(822) 충공각간忠恭角干이 상대등上大等이 되어 정사당政事堂에 앉아 내외관원內外官員을 전형銓衡하였다는 것은[120], 당나라 개원연간開元年間에 장설張說이 재상이 되어 정사당의 이름을 중서문하中書門下로 고치고 그 뒤편에 오방五房을 설치하여 중무衆務를 관장하였던 것과[121]

---

118) 姚澄宇, 위의 논문, 99쪽.
119) 姚澄宇, 위의 논문, 110~111쪽.
120) "祿眞 姓與字未詳 … 憲德大王 … 14年 … 時 忠恭角干爲上大等 坐政事堂 注擬內外官 …"(『三國史記』권 45, 列傳 5, 祿眞傳)
121) 당의 정사당은 正堂과 後院 양 부분으로 나뉘어져 있는데, 정당은 宰相 辦公室과 會議廳으로 되어 있고, 후원은 政事堂 秘書處로 5房 辦公이 分設되어 있다고 한다.(王超, 앞의 논문, 112쪽)
"初 三省長官議事于門下省之政事堂 其後 裴炎自侍中遷中書令 乃徙政事堂于中書省 開元中 張說爲相 又改政事堂號中書門下 列五房于其後 一曰吏房 二曰樞機房 三曰兵房 四曰戶房 五曰刑禮房 分曹主衆務焉 宰相無事不統 故不以一

통한다고 할 것이다. 또한 백제의 정사암政事嚴 관련 설화가 재상宰相의 선출에 있었던 것도[122] 이러한 재상 중심의 중국 정사당 제도와 무관하지는 않을 것이다. 다만 중국에서는 재상이 황제에 의해 임명되었던 데에 대해, 백제의 경우 재상을 선출하였고, 신라는 상대등의 임명에 진골귀족간의 일종 서열이 있었던 듯하다[123]는 점에서 차이가 있다.

여기에서 신라의 정사당이 재상의 정무장소政務場所였다고 하지만, 당唐의 정사당政事堂과 같은 재상 의정장소宰相議政場所로서의 기능을 지녔는가의 여부가 주목된다. 사실 신라 재상회의의 존재 가능성에 대해서는 이미 지적되고 있지만,[124] 그 구체적인 운영 등에 대해서는 알려진 바가 없다. 그런데 당의 정사당에서는 재상들이 만장일치로 의결議決하고, 그 결과를 주장奏狀으로 작성하여 전원의 서명署名을 필한 후에 황제에게 상주上奏하면, 황제가 비답批答하여 시행하였다고 한다.[125]

신라의 경우 이러한 회의 절차나 시행에 이르는 과정에 대해서는 알려진 바가 없다. 다만 『삼국사기』 몇몇 회의 관련 기사에서 군신群臣이 뜻을 하나로 모아 국왕에게 의견을 올리거나 간諫하는 모습을 보여줄 뿐이다.

① (지증마립간) 4년 겨울 10월에 여러 신하들이 아뢰기를, "시조께서 나라를 세우신 이래 나라 이름을 정하지 않아 혹은 사라斯羅라고도 칭하고 혹은 사로斯盧 또는 신라新羅라고도 칭하였습니다. 신 등의 생각으로는 신新은 '덕업德業이 날로 새로워진다'는 뜻이고, 라羅는 '사방四方을 망라한다'는 뜻이므로 이를 나라 이름으로 삼는 것이 마땅하다고 여겨집니다. 또 살펴보건대 옛날부터 국가를 가진 이는 모두 제帝나 왕王을 칭하였는데,

　　職名官 自開元以後 常以領他職 實欲重其事 而反輕宰相之體"(『新唐書』 권 46, 百官志)

122) "又虎嵓寺有政事嵓 國家將議宰相 卽書當選者名 或三四 函封置嵓上 須臾取看名 上有印跡者爲相 故名之"(『三國遺事』 권 2, 紀異 2, 南扶餘·前百濟).

123) 李基白, 「上大等考」, 1974, 앞의 책, 97쪽.

124) 李仁哲, 「新羅의 群臣會議와 宰相制度」, 57～67쪽.

125) 川尻秋生, 2002.6, 「日本古代における合議制の特質」, 『歷史學硏究』 763, 5～6쪽.

우리 시조께서 나라를 세운 지 지금 22대에 이르기까지 단지 방언方言만을 칭하고 높이는 호칭을 정하지 못하였으니, 이제 여러 신하들이 한 마음으로 삼가 신라국왕新羅國王이라는 칭호를 올립니다" 라고 하였다. 왕이 이에 따랐다.(『삼국사기』 권 4, 신라본기 4)

② (선덕왕宣德王) 5년(784) 여름 4월에 왕이 손위遜位하려 하였으나 여러 신하들이 세 번이나 글을 올려 말렸으므로 그만두었다.(『삼국사기』 권 8, 신라본기 8)

③ 흥덕왕이 왕위에 올랐다. … 겨울 12월에 왕비 장화부인章和夫人이 죽었다. … 군신群臣들이 표를 올려 다시 왕비를 맞아들일 것을 청하였다. 왕이 말하기를, "외짝 새도 짝을 잃은 슬픔이 있거늘 하물며 좋은 배필을 잃고서는 어떠하겠는가. 어찌 차마 무정(無情)하게 곧바로 다시 아내를 얻겠는가."라고 하며 따르지 않았다. 또 시녀를 가까이하지 않고, 좌우의 시자(使者)로는 오직 환관만을 두었다.(『삼국사기』 권 10, 신라본기 10)

④ (문성왕) 7년(845) 봄 3월에 왕이 청해진 대사 궁복 의 딸을 맞이해 둘째 부인으로 삼으려 하니, 조정의 신하들이 간하여 말하기를, "부부의 법도는 사람으로 지켜야 할 큰 도리입니다. … 나라의 존망이 이에 있으니, 어찌 신중하지 않을 수 있겠습니까? 지금 궁복은 섬사람인데 어찌 그 딸을 왕실의 배필로 삼으려 하십니까?" 라고 하였다. 왕이 그 말을 따랐다.(『삼국사기』 권 11, 신라본기 11)

위의 기사에서 ①은 군신群臣이 이미 뜻을 하나로 모아 왕호王號를 올리니 왕이 이를 수락하였다는 것이고, ②는 국왕의 손위遜位 의사에 대해 세 번에 걸쳐 표表를 올림으로써 그치게 했다는 것이며, ③은 왕비의 죽음에 대하여 다시 왕비를 드리라는 군신들의 표청表請에 대해 왕이 따르지 않았다는 것을, ④는 장보고의 딸을 차비次妃로 드리려는 데 대하여 조신朝臣들의 간諫하므로 이를 따랐다는 내용을 보여준다. ②③④는 군신群臣 또는 조신朝臣들이 뜻을 모으는 과정, 곧 합의의 과정이 명확하게 드러나지 않으나 그 합의合意로 보아 ①과 같이 군신群臣의 합의 절차가 있었던 것으로 판단되며, 그것은 국왕이 참석하지 않는 군신群臣들만의 회의가 있었음을 의미한다.

여기에서 군신들만의 합의과정을 볼 수 있는데, 이를 중국에서 재상이 주재하는 정의廷議에 해당하는 것으로 보면 어떨까 한다. 국왕에게 모종의 안건에 대해 상주上奏하기 위한 군신들의 합의과정이 있었다면, 이를 주재한 이는 국왕을 대리하여 국정을 총괄할 수 있는 지위에 있는 존재일 것이다.

이처럼 군신들만의 회의인 일종 정의廷議에서 합의된 내용은 국왕 배석 하의 군신회의인 일종의 조의朝議에서 '상언上言' '표간表諫' '표청表請' '간諫' 의 형식으로 주상奏上케 되는데, 그 표현으로 미루어 볼 때에 군신들은 조의朝議에서 문서 혹은 직접 구두로써 주상奏上하는 절차를 거쳤고, 이에 대해 국왕은 '종지從之' '부종지不從之'의 비답批答을 내린 것이라 볼 수 있다. 특히 '표表'를 올렸다는 기록으로 미루어 보아 8세기 중엽 경에는 당唐의 '주장奏狀'과 같은 형식이 있었을 것으로 생각된다.

여기에서 일련의 회의 절차나 국왕의 일종 '비답批答'을 취하는 과정은 당唐의 정사당회의政事堂會議 절차와 매우 유사하다. 또한 이미 지적되었듯 이 「황룡사구층목탑찰주본기」(A.D. 872)에 보이는 김위홍金魏弘이 평장사 平章事로서 상재상上宰相이었다는 점은 중앙에 평장사를 칭하는 재상이 여 러 명 있어서 그들에 의한 재상회의가 운영되었을 가능성을 보여준다.[126] 곧 당나라 초기에는 삼성三省장관만이 정사당회의에 참여하였으나, 당 고 종 이후에는 중서문하성 장관中書門下省 長官이나 혹은 동삼품同三品·평장사 平章事·참지정사參知政事의 직함을 지닌 관원과 직무관계로 인하여 집필재 상執筆宰相의 동의를 얻은 중서사인中書舍人이나 당후 오방장관堂後 五房長官 들이 참가하였던 바,[127] 김위홍金魏弘의 평장사平章事 직함은 9세기 중엽의 정사당 회의제政事堂 會議制와 밀접한 관련을 갖는 것으로 보아 좋을 듯하 다. 따라서 헌덕왕 14년(A.D. 822) 충공각간忠恭角干이 상대등上大等으로서 정사당政事堂에 앉아 정무를 보았다는 것이나 「황룡사구층목탑찰주본기」 에 보이는 김위홍金魏弘의 평장사平章事 직함, 『삼국사기』 군신회의 관련 회의 절차를 볼 때에, 최소한 9세기 초엽에는 신라에 정사당회의가 있었

던 것이라고 판단할 수 있다.

정사당회의와 함께 국왕이 참석하지 않은 회의체로서 일련의 국왕 추대 회의가 있었다. 이에 대해서는 이미 자세히 지적하였듯이 왕위를 계승할 적통자가 없을 경우에는 전왕의 동생이나 친족형제가, 적통자가 부덕하거나 위명이 미치지 못할 때는 대체로 그 동생이 국인國人 또는 군신群臣, 신료臣僚에 의해 추대되었다. 여기에는 국왕에 추대될 수 있는 일종의 서열이 있었을 것이고, 그런한 존재가 상고 말, 중고기의 갈문왕이라 할 수 있으며, 그는 전왕이 무자無子로 훙薨할 경우 회의를 주재하여 왕위계승 제1서열자로서 국인國人들의 합의合意를 통하여 왕위에 나아갔던 것으로 추정된다.[128]

특히 상고 말, 중고기 갈문왕은 국왕 유고시 한정된 신료臣僚나 대신大臣을 거느리고 회의를 개최하였는데, 이러한 회의는 재상급 지위의 주재하에 열리는 정의廷議나 국왕 주재하의 군신회의(朝議)와 구분되는 것이라 여겨진다. 정의廷議나 조의朝議가 왕권을 기반으로 하는 회의체라면, 국인國人 등에 의한 국왕추대 회의는 분명히 신라 특유의 것으로서, 중앙집권제하의 왕권에서는 상상하기 어려운 일이다.

일본의 경우 대부합의제大夫合議制라는 의결방식이 있었지만, 황사皇嗣나 폐태자廢太子 등 황권皇權과 관련된 내용은 비록 천황이 신하들의 자문諮問을 구하면서도, 신하가 자신의 견해를 독자적으로 주상奏上하여 천황의 판단을 구하거나, 천황의 견해를 쫓는 방식이었고, 회의 참가자 또한 황제의 판단에 따라 정해졌다.[129] 따라서 신라와 같이 합의에 의한 국왕 추대란 있을 수 없는 일이고, 정의廷議를 이끄는 태정관太政官이 직접 왕위에 추대되는 일 또한 불가능한 일이었다.

따라서 신라의 국왕추대회의는 정의廷議나 조의朝議와 같이 왕권을 중심으로 한 회의체와는 분명히 성격을 달리한 것이라고 하겠다. 이는, 신라의 국왕추대회의가 박혁거세를 추대한 6부족장 회의로부터 연원하는 회의체

---

128) 朴南守, 「新羅 和白會議에 관한 再檢討」, 223~227쪽.
129) 川尻秋生, 앞의 논문, 12~13쪽.

로서, 신라의 성장에 따라 연변하여 나물왕계에 의한 왕권이 확립되면서 신라 왕실 각 가계 대표자회의, 곧 일종 국왕의 종실회의로서 성격이 규정된 때문이 아닌가 한다. 특히 이들 종실회의의 구성원은 골품제사회에서 왕정에 깊이 간여하기 마련이고, 고급 귀족관료로서의 성격도 지녔던 만큼, 자료의 성격에 따라 국왕의 근친이나 진골귀족, 또는 고급신료로서 활약하였던 것으로 이해된다. 그러므로 『수서』나 『신당서』에서 중국인들 나름대로의 합의제가 분명히 존재함에도 불구하고, 신라에서의 국왕추대회의와 같은 회의체를 화백으로 특기하였던 것이라 하겠다.

이와 같은 신라 특유의 합의제는 중대에 들어서면서 갈문왕제가 사라지게 되자 그 성격에 변화가 있게 되었다. 곧 신라의 마지막 갈문왕으로 추정되는 알천閼川이 상대등에 보임되고 상대등으로서 김춘추를 국왕에 추대한 것은, 국왕의 근친으로서 국왕에 나아갈 수 있었던 그가 김춘추로 상징되는 중대 왕권하의 관료제 틀 안에 들어감을 의미한다. 이후 중대 왕권이 중고기라면 갈문왕적 지위에 올랐을 왕王의 동모제同母弟 또는 종제從弟, 숙부叔父 등을 국왕 관료로서의 상대등에 보임함으로써 왕권의 휘하에 두었고, 상대등은 재상적 지위에 있으면서 정의廷議를 주재함과 아울러 국왕 부재시 왕실의 차석자로서 화백회의를 주재하였던 것으로 추정된다. 이와 같은 신라 중·하대 화백회의와 정의廷議, 재상회의로서의 정사당회의 운영 양상에 대해서는 그 구성원에 대한 구체적인 검토가 필요한 만큼, 추후 상세한 연구가 필요하다고 하겠다.

한편 신라에 있어서 신하들로만 구성된 위의 정사당회의政事堂會議, 정의廷議, 국왕추대회의國王推戴會議 외에 국왕이 직접 참가하는 회의로서 군신회의群臣會議가 있었다. 그 성격이나 운영 등에 대해서는 여러 견해가 있지만, 본래 동아시아 고대국가의 중추부에 있는 최고 의사결정의 정치구조는 공간적 의미의 조정朝政과 회의체로서의 조의朝議였다.[130] 또한 조정에는 황제(국왕)가 직접 행차하여 정치적 결재와 지시를 하는 태극전 등의

---

130) 渡邊信一郎, 1996, 「朝政의 構造」, 『天空의 玉座』, 柏書房株式會社 ; 문정희 譯, 2002, 『天空의 玉座』, 신서원, 20쪽.

정전正殿, 관료가 모여 회의하고 황제에게 올리는 상주안문上奏案文을 작성하는 조당朝堂이 있었으며,[131] 조의朝議 특히 수당시대隋唐時代의 조의朝議에는 군신백관群臣百官에 의한 회의, 공경의公卿議, 예관의禮官議, 법관의法官議가 있었다. 군신백관群臣百官에 의한 회의는 중요 정치과제에 대해 중앙관료가 토론을 하는 회의이고, 공경의公卿議는 고급관료회의, 예관의禮官議와 법관의法官議는 각각 예禮와 법法에 관한 전문회의였다.[132] 이 밖에 군신관계의 재확인과 지방의 종속관계를 확인하는 조회의례朝會儀禮가 있었는데, 조회의례에는 조하의례朝賀儀禮로서의 朝와 연회의례宴會儀禮로서의 회회로 구분된다.[133]

신라의 경우 국왕이 주재하는 회의를 중국과 같이 구분할 수 있을 지는 분명하지 않지만, 『삼국사기』회의관련 기사로부터 ① 청정聽政으로 표현되는 조의朝議[134]와 ② 국왕자문회의國王諮問會議[135] ③ 국왕의 명을 하달

---

131) 渡邊信一郎, 위의 논문, 2002, 위의 책, 45・74~76쪽.
132) 渡邊信一郎, 위의 논문, 2002, 위의 책, 39~40쪽.
133) 渡邊信一郎, 「元會의 構造」, 2002, 위의 책, 108~109・134쪽.
134) ① "秋七月 作南堂於宮南(南堂或云都堂) 以良夫爲伊湌"(『三國史記』 권 2, 新羅本紀 2, 沾解尼師今 3년) ② "春正月 始聽政於南堂 漢祇部人夫道者 家貧無諂 工書算著名於時 王徵之爲阿湌 委以物藏庫事務"(『三國史記』 권 2, 新羅本紀 2, 沾解尼師今 5년) ③ "春夏 不雨 會羣臣於南堂 親問政刑得失 又遣使五人 巡問百姓苦患"(『三國史記』 권 2, 新羅本紀 2, 味鄒尼師今 7년) ④ "春三月 旱 王避正殿減常膳 御南堂親錄囚"(『三國史記』 권 4, 新羅本紀 4, 眞平王 7년) ⑤ "夏四月 始御平議殿聽政"(『三國史記』 권 10, 新羅本紀 10, 憲德王 3년)
135) ① "南解次次雄 … 元年 秋七月 樂浪兵至 圍金城數重 王謂左右曰 二聖棄國 孤以國人推戴 謬居於位 危懼若涉川水 今鄰國來侵 是孤之不德也 爲之若何 左右對曰 賊幸我有喪 妄以兵來(妄 舊本作妾 誤也) 天必不祐 不足畏也 賊俄而退歸"(『三國史記』 권 1, 新羅本紀 1) ② "(訥祇麻立干) 二十八年 夏四月 倭兵圍金城十日 糧盡乃歸 王欲出兵追之 左右曰 兵家之說曰 窮寇勿追 王其舍之 不聽 率數千餘騎 追及於獨山之東 合戰爲賊所敗…"(『三國史記』 권 2, 新羅本紀 2) ③ "(脫解尼師今) 九年 春三月 王夜聞 金城西始林樹間 有鷄鳴聲 遲明 遣瓠公視之 有金色小櫝掛樹枝 白鷄鳴於其下 瓠公還告 王使人取櫝開之 有小男兒在其中 姿容奇偉 上喜 謂左右曰 此豈非天遺我以令胤乎 乃收養之…"(『三國史記』 권 1, 新羅本紀 1) ④ "(法興王) 十五年 … 至是 王亦欲興佛教 群臣不信 첩첩騰口舌 王難之 近臣異次頓(或云處道)奏曰 請斬小臣 以定衆議 王曰 本欲興道

하는 하교下敎136)와 군신群臣들의 상언上言137) ④ 의례儀禮형식의 양로養

而殺不辜非也 答曰 若道之得行 臣雖死無憾王 於是 召群臣問之 僉曰 今見僧徒
童頭異服 議論奇詭 而非常道 今若縱之 恐有後悔 臣等雖卽重罪 不敢奉詔 異次
頓獨曰 今群臣之言非也 夫有非常之人 然後有非常之事 今聞佛敎淵奧 恐不可
不信 王曰 衆人之信 牢不可破 汝獨異言 不能兩從 遂下吏將誅之 異次頓臨死曰
… 十六年 下令禁殺生"(『三國史記』권 4, 新羅本紀 4) ⑤ "(善德王) 五年 …
夏五月 蝦마大集宮西玉門池 王聞之 謂左右曰 蝦마怒目 兵士之相也 吾嘗聞西
南邊 亦有地名玉門谷者 [其或有隣國兵](其或以下六字 意補) 潛入其中乎 乃命
將軍閼川[弼呑奉兵往撃之](弼呑以下七字 參照遺事及通鑑 以補之)…"(『三國史
記』권 5, 新羅本紀 5) ⑥ "(文武王) 二十一年 … 六月 天狗落坤方 王欲新京城
問浮屠義相 對曰 雖在草野茅屋行正道 卽福業長 苟爲不然 雖勞人作城 亦無所
益 王乃止役"(『三國史記』권 7, 新羅本紀 7, 文武王 下) ⑦ "(神文王) 十二年
春 … 唐中宗遣使 口勅曰 我太宗文皇帝 … 故上僭之日 廟號太宗 汝國先王金
春秋 與之同號 尤急僭越 須急改稱 王與群臣同議 對曰 小國先王 春秋謚號 偶
與聖祖廟號相犯 勅令改之 臣敢不惟命是從 … 以此上聞 後更無別勅"(『三國史
記』권 8, 新羅本紀 8) ⑧ "(景明王) 五年 春正月 金律告王曰 臣往年奉使高麗
麗王問臣曰 聞新羅有三寶 所謂丈六尊像·九層塔 幷聖帶也 像塔猶存 不知聖帶
今猶在耶 臣不能答 王聞之問群臣曰 聖帶是何寶物耶 無能知者 時有皇龍寺僧
年過九十者 曰予嘗聞之 寶帶 是眞平大王所服也 歷代傳之 藏在南庫 王遂令開
庫 不能得見 乃以別日 齋祭然後見之 …"(『三國史記』권 11, 新羅本紀 11) ⑨
"(敬順王) 九年 冬十月 王以四方土地盡爲他有 國弱勢孤 不能自安 乃與郡下 謀
擧土降太祖 群臣之議 或而爲可 或以爲不可 王子曰 國之存亡 必有天命 …王曰
孤危若此 勢不能全 … 至使無辜之民 肝腦塗地 吾所不能忍也 乃使侍郎金封休
齎書 請降於太祖"(『三國史記』권 12, 新羅本紀 12)
136) ① "(眞德王) 四年 夏四月 下敎 以眞骨在位者 執牙笏"(『三國史記』권 5, 新羅本
紀 5, 진덕왕 4년) ② "(太宗武烈王) 九年 … 二月二十一日 大王會群臣下敎
… 今兩敵旣平 四隅靜泰 臨陣立功者 竝已酬賞 可赦國內"(『三國史記』권
5, 新羅本紀 5) ③ "(聖德王) 十年 … 十一月 王製百官箴示群臣"(『三國史記』
권 8, 新羅本紀 8) ④ "(聖德王) 三十三年 春正月 敎百官親入北門奏對"(『三國
史記』권 8, 新羅本紀 8) ⑤ "(惠恭王) 十二年 春正月 下敎 百官之講(當作號)
盡合復舊"(『三國史記』권 9, 新羅本紀 9)
137) ① "(智證麻立干) 四年 冬十月 群臣上言 始祖創業已來 國名未定 或稱斯羅 或
稱斯盧 或言新羅 臣等以爲 新者德業日新 羅者網羅四方之義 則其爲國號宜矣
又觀自古有國家者 皆稱帝稱王 自我始祖立國 至今二十二世 但稱方言 未正尊
號 今群臣一意 謹上號新羅國王 王從之"(『三國史記』권 4, 新羅本紀 4) ② "(宣
德王) 五年 夏四月 王欲遜位 群臣三上表諫 乃止"(『三國史記』권 8, 新羅本紀

老·하정지례賀正之禮·연군신연(燕)群臣[138] 등이 있었음을 확인할 수 있다. ①②③이 중국의 조의朝議에 해당한다면, ④는 조회의례朝會儀禮에 해당한다고 할 것이다. 이러한 회의체는 그 형식면에서 뚜렷한 특징을 드러낸다.

첫째, 청정聽政 형식의 회의는 모두 남당南堂과 평의전平議殿에서 개최되었으며, 관리 임명과 정형득실政刑得失의 친문親問, 수감자의 사면에 관한 것이다. 특히 남당에서의 관리 임명이나 정형득실政刑得失과 관련된 사항은 모두 신라 상고기에 한정되며, 중고기에는 진평왕 7년 수감자 사면기사가 유일하다. 그런데 점해이사금 3년의 남당설치 기사에는 '남당은 혹은 도당이라 일컫는다南堂或云都堂'라고 하여 마치 중국 상서도성尙書都省의 그것과 성격이 같은 것으로 나타난다. 따라서 신라의 남당은 수당대隋唐代에 상서도성尙書都省을 일컫는 도당都堂에서 상서도성 내의 회의를 비롯하여 때때로 황제의 지시에 의한 회의가 개최되는 행정적 색채를 띠었던 것[139]과 비교할 수 있다.[140] 여기에서 중국의 상서도성에서의 회의가 황제의

---

8) ③ "興德王立 … 冬十二月 妃章和夫人卒 … 群臣表請再納妃 王曰 隻鳥有喪 匹之悲 況失良匹 何忍無情遽再娶乎 遂不從 亦不親近女侍 左右使令 唯宦竪而已"(『三國史記』권 10, 新羅本紀 10) ④ "(文聖王) 七年 春三月 欲娶淸海鎭大使 弓福女爲次妃 朝臣諫曰 夫婦之道 人之大倫也 … 於是乎在 其可不愼乎 今弓福 海島人也 其女豈可以配王室乎 王從之"(『三國史記』권 11, 新羅本紀 11)

138) ① "夏四月 養老於南堂 王親執食 賜穀帛有差"(『三國史記』권 3, 新羅本紀 3, 訥祇麻立干 7年) ② "(眞德王) 五年 春正月朔 王御朝元殿 受百官正賀 賀正之禮 始於此"(『三國史記』권 4, 新羅本紀 4) ③ "(孝昭王) 六年 … 九月 宴群臣於臨海殿"(『三國史記』권 8, 新羅本紀 8) ④ "(惠恭王) 五年 春三月 燕群臣於臨海殿"(『三國史記』권 8, 新羅本紀 8) ⑤ "(憲安王) 四年 秋九月 王會群臣於臨海殿 王族膺廉 年十五歲 預坐焉 王欲觀其志 忽問曰 汝游學有日矣 得無見善人者乎 答曰 臣嘗見三人 … 從容言曰 吾有二女 兄今年二十歲 弟十九歲 惟郞所娶 膺廉辭不獲起拜謝 便歸家告父母"(『三國史記』권 11, 新羅本紀 11) ⑥ "(憲康王) 七年 春三月 燕群臣於臨海殿 酒酣上鼓琴 左右各進歌詞 極歡而罷"(『三國史記』권 11, 新羅本紀 11)

139) 渡邊信一郞, 「朝政의 構造」, 2002, 앞의 책, 44~45쪽.

140) 南堂에서의 儀禮化된 聽政의 형식이 후대의 百官會議(朝議)와 비슷한 양상을 보이므로, 헌덕왕 3년(811)에 설치된 平議殿의 前身으로 이해할 수 있다. 이에 대해 盧鏞弼은 화백이 귀족회의인 데 반해, 남당은 관료회의로서의 성격을 지닌 것으로 파악한 바 있다.(盧鏞弼, 1990, 앞의 논문, 57쪽)

칙명에 의해 개최되었던 데 대해, 신라 남당에서의 회의는 국왕이 직접 청정聽政하였다는 데에서는 차이가 있으나, 양자가 모두 행정적 측면이 강했다는 데에 대해서는 유사한 측면이 있다. 다만 신라에서 남당南堂에서의 청정聽政은 상고기에 한정되고 기록에 나타나지 않다가, 헌덕왕 3년(811)에 국왕이 비로소 평의전에 나아가 청정하였다고 하는 바,[141] 상고기 남당의 기능이 하대에는 평의전으로 옮아갔음을 알 수 있으나, 남당의 기능이 계속되었는지 아니면 새로운 회의체 또는 회의공간으로 그 기능이 옮아갔는지에 대해서는 분명하지 않다.

둘째, 국왕의 자문회의 성격을 띤 회의는 대체로 군사·외교와 경성京城의 축조, 전고典故 등에 관한 하문下問의 형식이었다. 그 구체적인 회의 절차는 대체로 왕이 신하들에게 하문下問하고, 좌우左右 또는 근신近臣 등이 답변하며, 국왕이 최종적으로 그 의견에 대하여 판단하여 결정하는 형태이다. 이러한 형식의 회의는 결국 국왕의 재량권을 전제로 한 회의로서 신라 초기부터 말기까지 지속되었던 것으로 나타나는데, 왕권의 부침浮沈에 따라 신하의 영향력이 국왕의 의사결정에 개입될 소지가 있다고 할 것이다.[142]

셋째, 국왕의 하교下敎형식의 회의와 군신群臣들의 상언上言하는 형식의 회의에서, 전자의 경우 대체로 진덕왕 4년 진골귀족에게만 아홀牙笏을 소지하게 하는 명을 제외하고는 중대에 한정되어 있으며, 후자는 이미 앞에서 언급하였듯이 지증왕 때에 국호國號와 왕호王號에 대한 건의를 제외하고는 모두 하대에 개최된 회의이다. 특히 하교 형식의 회의는 이미 국왕이 결정한 사항을 신하에게 명하는 것으로서, 하교 이전에 군신群臣만의 회의

141) 井上秀雄는 신라의 남당 관계기사는 백제 관계 사료를 차용한 것으로서, 중고기 초기에는 존재하지 않은 것으로 보았다.(井上秀雄, 1969, 「三國史記にあられた新羅の中央行政官制について」, 『朝鮮學報』 51 ; 1974, 『新羅史基礎研究』, 東出版社, 255~256쪽)
142) 川尻秋生는, 일본 고대국가에 있어서 전제국가를 강조하는 논자는 이러한 자문회의 합의 최종 결재권이 대왕(천황)에게 있다는 점을 강조하고, 귀족제 요소를 강조하는 논자는 大夫(議政官)의 합의가 대왕(천황)의 결재에 영향을 주고, 대왕(천황)의 권능에 개입한다는 것을 강조한다는 점을 지적하였거니와(川尻秋生, 앞의 논문, 2~3쪽), 신라의 경우에도 참고가 된다.

나 국왕의 자문 등이 있었는지의 여부는 확인되지 않으나, 국왕의 행정조직 내에서 하교문을 작성하고 이를 명하는 형식이 아니었겠는가 짐작된다. 이러한 회의 형식은 강력한 왕권을 전제로 한 것으로서 왕권과 직접적으로 관련되리라 여겨진다. 한편 군신들이 상언上言하는 형식의 회의에 대해서는 이미 언급하였거니와 그 의사결정에 있어서는 국왕의 자문형식의 회의와 마찬가지로 국왕의 재량에 따라 군신들의 간언에 대한 '종從' '부종不從'을 결정하였다. 따라서 하교下敎나 상언上言 형식의 조의朝議는 국왕의 재량권을 전제로 한 회의 형식이라고 할 수 있다.

여기에서 진덕왕 4년(650) 아홀牙笏 소지를 진골재위자眞骨在位者로 한정하고 있는데, 이와 관련하여 "법흥왕의 제도에 태대각간太大角干으로부터 대아찬大阿湌에 이르기까지는 자의紫衣, 아찬阿湌부터 급찬級湌까지는 비의緋衣를 입되 모두 아홀牙笏을 소지하고, 대나마大奈麻·나마奈麻는 청의靑衣를, 대사大舍부터 선저지先沮知까지는 황의黃衣를 입는다"[143)]라고 하여, 법흥왕대에 아홀의 소지를 태대각간으로부터 급찬에 이르는 관직자로 규정하고 있다. 이에 대하여 기왕의 연구자들은 법흥왕대에 6두품 출신도 아홀을 잡을 수 있었던 것을 진덕왕 4년에 진골출신으로 한정한 것은 관료제의 형식적 측면을 강화하고 하정지례賀正之禮의 시행으로 왕의 권위를 높였던 것으로 보거나,[144)] 진덕왕 4년 아홀규정 이전에 아홀을 진골과 차별없이 소지하였던 6두품도 대등大等의 신분으로서 귀족회의의 중대한 정책결정에 참여함으로써 중고기 신라사회를 주도하였던 것으로 풀이하기도 한다.[145)]

이와 같은 아홀牙笏의 규정은 중국의 제도를 수용하는 과정에서 비롯한 것으로서, 당나라 무덕武德 4년(635)의 조칙詔勅에 의거한 것이었다. 곧 『당회요唐會要』 여복輿服 하下, 홀조笏條에는 "무덕武德 4년 8월 16일 조칙을 내려, 5품五品 이상은 상홀象笏을 잡고 그 이하는 죽목홀竹木笏을 잡는다"라

---

143) 『三國史記』 권 33, 雜志 2, 色服.
144) 金瑛河, 「新羅 中古期의 政治過程試論」, 35~36쪽
145) 朱甫暾, 「三國時代의 貴族과 身分制」, 35~41쪽. 申瀅錫, 「新羅 中古期 大等의 身分」, 142~143쪽.

하였거니와, 기실 진덕왕 4년의 규정은 당의 제도를 따르면서, 아홀牙(象)笏의 경우 진골재위자眞骨在位者로 한정하였던 것으로 풀이된다.

여기에서 신라의 경우 홀笏의 소지에 대한 규정에서 왜 진골소지자에 대해서만 기술하였을까 하는 점이 주목된다. 이를 당제唐制에 비추어 본다면 5두품 이하 관등 소지자의 경우 아홀牙笏이 아닌 죽목홀竹木笏 등의 규정이 있어야 할 것인데, 이에 대한 규정이 보이지 않는 것은 기록의 누락 때문인지, 아니면 회의체 참가자격에 대한 제한 규정 때문인지 분명하지 않다. 만일 기록의 누락 때문이라면 신라에서도 중국과 마찬가지로 모든 관료가 참가하는 백관회의제가 있었던 것으로 풀이할 수 있으며, 만일 후자의 경우라면 일정한 지위 이상의 관료만이 참가하는 공경의公卿議와 같은 회의체를 상정할 수 있을 것이다. 그런데 법흥왕 때의 '홀笏'의 규정에도 진덕왕 때의 규정과 마찬가지로 '아홀牙笏'에 한정하여 나타나는 바, 단순한 기록의 누락으로 보기에는 어려운 점이 있다. 따라서 회의체의 참가자격을 아홀牙笏의 소지규정으로 정한 것이, 법흥왕대와 진덕왕대의 아홀牙笏 관련기사일 것으로 생각된다.

중국의 경우 백관百官이 '홀笏'을 소지하게 된 것이 후주後周 이래의 전통이었고, 법흥왕대의 율령이 북위北魏의 그것을 전수하였다고 한다면, 법흥왕대의 아홀牙笏 소지 규정은 북조의 전통을 계승한 것으로 보아 무방할 것이다. 아울러 중국에서 백관百官이 홀笏을 소지한 것이 백관회의 참여를 전제로 한 것이었다면, 신라의 아홀牙笏 규정은 국왕 주재의 군신회의君臣會議 곧 조의朝議 참여자에 대한 규정이라 할 수 있다. 따라서 진덕왕 4년 아홀牙笏의 소지를 진골재위자에 한정한 것은, 법흥왕대의 군신회의 참가자를 축소하여 일종의 당나라 공경의公卿議와 같은 회의로 운영하였던 사실을 반영한 것이 아닌가 한다.

넷째, 의례형식으로서의 양로養老·하정지례賀正之禮·연군신행사宴(燕)群臣行事를 들 수 있는데, 하정지례賀正之禮는 조회의례 가운데 조하의례朝賀儀禮에 해당하며, 양로養老와 연군신행사宴(燕)群臣行事는 연회의례宴會儀禮에 해당한다고 볼 수 있다. 다만 하정지례賀正之禮는 진덕왕 5년(651)에 조원전朝元殿에서 처음으로 시행하였다고 하는데, 이는 아홀牙笏 규정의 개정과

마찬가지로 당의 제도를 수용한 결과라고 하겠다. 또한 양로행사養老行事
는 신라 초기의 기사로서 남당南堂에서 베풀어졌던 것인데, 이를 남당의
청정聽政기사와 관련하여 생각할 때에 신라 상고기 정치적 상황에서 조의
朝議와 조회朝會가 구분되지 않은 실상을 보여주는 것으로 풀이된다.[146]
이러한 사실은 『수서』 신라전의 "매년 정월 아침이면 서로 축하하는데,
왕은 연회를 베풀어 군관群官에게 차례로 음식을 내리며, 그날 일월신日月
神에게 인사한다"라는 구절과 흐름을 같이하는 바, 『수서』의 기사는 진평
왕대까지도 중국과 같은 원회의례元會儀禮는 시행되지 않은 사실을 반영하
는 것으로 볼 수 있다. 아마도 조정朝政(朝議)과 조회朝會의 구분은 진덕왕
4년과 5년에 걸쳐 각각 아홀牙笏 규정을 개정하고 하정지례賀正之禮를 시행
하면서부터 비롯하였을 것으로 추정된다. 그 후 중·하대에 이르러 군신群
臣들에 대한 연회宴會는 주로 임해전臨海殿에서 베풀어졌거니와, 이는 상
고·중고 초의 그것과는 달리 연회의례宴會儀禮 자체가 일정한 공간에서 행
해졌던 사실을 반영하는 것이라고 하겠다.

---

146) 政廳과 儀禮가 분화하지 않은 측면으로 인하여 南堂을 중국의 明堂制와 비슷
한 것으로 보기도 한다.(李丙燾, 앞의 논문, 635쪽 : 鄭璟喜, 1991, 「三國時代
의 原始社會論的 視覺에 대한 再檢討」, 『韓國學報』 64, 174~177쪽) 또한 윤
선태는 '衿荷臣'의 연원과 관련하여 成典과 位和府는 儀禮·財政·厥位 등을 관
할하였던 南堂의 '衿荷大等'을 공통의 연원으로 하여 중대에 발전적으로 분화
된 관부로 규정한 바, 남당의 기능을 회의기관, 저액결정기관으로서 종교적
의례를 거행하는 원시집회소 이래의 기능이 계승된 정청으로서 파악하는 이
병도의 견해를 취하고 있다(윤선태, 2000, 「新羅의 寺院成典과 衿荷臣」, 『韓
國史研究』 108, 29~32쪽) 한편 여호규는 신라 왕경의 공간구성이 상고기의
'正殿-南宮'체계에서 '正殿-朝元殿'체계로 변화했음에 주목하여 南堂의 후신
을 朝元殿으로 파악하고, 중대 이후 공식적인 국가의례가 거행되던 朝元殿과
같이 南堂 또한 의례의 공간으로 보았고(여호규, 2002, 「新羅 都城의 儀禮空間
과 王京制의 성립과정」, 『新羅王京調査의 成果와 意義』, 문화재연구 국제학술
대회 요지문 : 박대재, 2004, 「백제 초기의 회의체와 南堂」, 『한국사연구』
124, 25쪽 재인용), 박대재 또한 여호규의 견해를 따라 국왕이 기우, 양로,
잔치 등의 의식을 통해 정치를 펴는 의식장소로 파악하면서도, 이병도의 견해
를 좇아 고대중국의 明堂에 비유할 수 있는 것이라 하였다.(박대재, 위의 논
문, 25~26쪽)

이상에서 신라에서 군신群臣들만의 회의와 국왕이 주재하는 회의를 중국의 그것과 비교하여 일별할 때에, 그 변화과정을 추출할 수 있었다. 곧 상대등과 같은 지위의 재상급을 중심으로 한 정의廷議와 정사당회의政事堂會議의 발전 과정, 그리고 6부족장회의로부터 비롯한 화백회의의 변화 과정 및 국왕을 정점으로 한 조의朝議와 조회朝會의 발전과정을 살필 수 있었다.

첫째 시기는, 신라 건국 초기로부터 남당의 설치 이전까지로서, 국왕은 연맹장적 존재로서 6부족장회의의 전통을 강하게 가지고 있던 회의체를 주재하면서 국가의 대소사를 관장하였다.

둘째 시기는, 남당의 설치(A.D. 249)로부터 법흥왕 이전까지로, 국왕을 중심으로 남당에서의 군신회의를 통하여 초기적 행정업무를 처리하고 양로養老 등의 의례를 행하던 시기이다. 이 무렵 6부족장회의의 전통은 김씨계의 등장과 왕권의 장악으로 점차 나물왕계 각 가계 대표자에 의한 화백회의체로 옮아 가고, 국가의 대소사를 화백회의에서 결정하여 국정을 운영하던 시기이다.

셋째 시기는, 법흥왕대로부터 선덕왕대에 이르는 시기이다. 법흥왕대의 율령반포로 6두품 이상의 관등자로서 군신회의君臣會議 곧 조의朝議를 운영하였고, 상대등을 설치함으로써 정의廷議를 운영하였을 가능성이 높다. 아울러 진평왕이 한해로 인하여 정전正殿을 피하고 식사를 줄이며, 남당南堂에 나아가 친히 수감자를 풀어주었다[147]는 기록으로 보아, 이 때에 이르러 남당南堂과 정전正殿의 기능이 분화되지 않았나 추측된다. 곧 이 기록으로 미루어 정전에서는 조의朝議를, 그리고 남당에서는 행정적 성격의 정무를 행하였던 사실로 짐작되어, 남당의 도당적都堂的 성격이 이 무렵에 비롯하지 않았나 추측된다. 또한 이 시기에 화백회의는 행정실무적인 대소사에 관한 회의를 조의朝議와 정의廷議, 그리고 각 행정관서에 넘기게 된 시기이기도 하다.

넷째 시기는, 진덕여왕대로서, 이 때의 정치개혁으로 중국의 제도가 적극적으로 수용됨과 아울러 국왕을 정점으로 한 조의朝議와 조회朝會가 분

---

147) 『三國史記』 권 4, 新羅本紀 4, 진평왕 7년.

화되고, 조의는 정전正殿에서 조회는 조원전朝元殿에서 시행되었던 것으로 보인다. 남당의 성격은 셋째 시기와 크게 달라지지 않았을 것으로 여겨지나 기록상 나타나지 않아 그 기능이 크게 퇴색한 것으로 보인다. 화백회의는 상고 말로부터의 체제, 곧 국왕과 이를 보좌하는 갈문왕에 의하여 운영되었고, 국왕추대 및 국가 대사에 관해 논의하는 회의체로서의 기능을 유지하였던 것으로 보인다.

다섯째 시기는, 중대 전반에 걸친 시기로서, 국왕이 조의朝議와 정의廷議를 장악함으로써 강력한 왕권을 배경으로 하교下敎 형식의 회의가 두드러진 때이다. 특히 갈문왕의 성격이 상대등에 귀속되고, 상대등을 국왕이 장악함으로 인하여 화백회의의 기능이 약화된 시기라고 할 수 있다. 또한 8세기 후반 평의전平議殿이 설치됨으로써 상고기의 남당南堂의 기능을 승계함과 아울러, 중고기 정전正殿에서 베풀어지던 조의朝議의 외방화가 실현된 시기이다. 특히 조회朝會로서의 군신연회群臣宴會를 베푸는 장소로서 임해전臨海殿이 고정화되었다.

마지막으로 여섯째 시기는, 신라 하대 전반에 걸친 때로서 새로이 정사당제도政事堂制度가 확립된 시기이다. 이로써 중국에서와 같은 재상회의제가 성립되고, 당唐의 주장제奏狀制와 같은 상표제上表制가 수립되었던 것으로 보인다. 또한 화백회의에서의 국왕추대의 기능은 고명제顧命制에 의하여 크게 위축되었던 것으로 보인다.

5. 맺음말

본고는 화백회의 관련 연구자들이 제시한 시기별 회의체의 변화 양상과 논리 전개방식, 사료 해석에 따른 문제를 검토하여 화백회의 연구 현황과 그 쟁점을 살피고자 하였다. 또한 지금까지 신라 회의체에 대하여 다양한 개념들이 도출되었지만 그 의미가 모호하였던 바, 기왕의 연구가 화백회의의 변화 양상을 너무 단선론적으로 해석한 데에 기인하는 바 크다는 점을 확인하고, 중층적 구조의 다양한 회의체 가운데 화백회의의 지위를 조망하고자 하였다.

화백회의 관련 연구는 1980년대에 새로이 신라 회의 관련 금석문의 발견으로 큰 변화 양상을 보여 왔다. 곧 이전의 연구는 중국측 화백 관계기사를 『삼국사기』·『삼국유사』 관련 기록과 비교하거나, 진흥왕 순수비의 신료집단인 대등 관련 기사와 연계시키는 데 주력하였다면, 1980년대 이후의 연구는 금석문을 중심으로 부족장회의로부터 중고기 귀족회의로 이행하는 과정을 추적하였다고 볼 수 있다.

그러나 사료의 해석에 있어서는 논자들의 신라 정치사회 발전에 대한 관점에 따라 많은 차이를 보인다. 가장 쟁점이 되는 것이 회백(귀족)회의 의장으로 일컬어지고 있는 상대등의 성격과 관련한 중대 전제왕권의 문제이다. 이는 화백회의 구성원과 관련된 문제인데, 각론으로 『삼국유사』 오지암회의 기사에 대한 이해, 진흥왕 순수비에 보이는 대등에 대한 풀이 및 냉수리비에 보이는 '7왕등공론七王等共論' 기사 및 '간지군干支群' 관등소지자에 대한 해석 문제 등으로 귀결된다.

첫째, 대등(귀족)회의의 유일한 근거로 제시된 오지암회의에 대하여는 필자가 이미 그 개최시기의 문제를 제기하였으나 아직까지 본격적인 논의가 없는 상황이다. 만일 오지암회의 기사가 필자의 견해대로 선덕왕 초년의 기사라면, 중고기 화백회의 = 대등회의, 귀족(대등)회의 의장 = 상대등이란 등식의 유일한 논거가 사라지는 셈이 된다. 또한 대등이 기왕의 논의대로 중고기 상급신료의 범칭이라면 모든 대등이 화백회의 구성원이었는가, 아니면 대등의 일부만이 화백회의에 참여하였는가의 문제를 해명해야 한다. 대등을 상급신료의 범칭이라 보았을 때에, 오지암회의나 냉수리비·봉평비·적성비 회의체 구성원과 상당한 차이가 있다. 곧 진흥왕순수비에서 각 비문마다 대등의 인명과 숫자에서 차이가 나며, 대등의 관직 또한 나마로부터 최상급 관등자까지로 나타나거나, 오지암회의와 냉수리비·봉평비·적성비에 보이는 회의체 구성원에서 물력勿力-거칠부居柒夫, 무력武力-유신庾信으로 이어지는 계보가 확인되는 등 각종 자료에 매우 혼동된 형태로 나타나기 때문이다. 신라의 중앙관직이 십수 인 내외의 진골출신 귀족에 의해 독점되었다고 한다면, 이들 가운데 일부 또는 전부가 왕실 각 가계의 대표자로서 화백회의를 구성하였을 것이므로, 이 러한 점들이 기왕의 견해에서 대등회의를 상정하는 것에 대한 새로운 검 토가 필요하다.

둘째, 1989년 4월 12일에 발견된 영일 냉수리 신라비는 생존한 지도로 갈문왕至都盧葛文王이 '7왕등七王等'을 거느리고 공론共論하여 절거리의 재산 에 관한 교사령을 내렸다는 새로운 사실을 전하여 학계를 놀라게 하였다. 특히 화백회의의 구성원과 관련하여 '7왕등七王等'을 어떻게 이해할 것인가 하는 문제가 쟁점이었다. 먼저 '7왕등七王等'을 '7명의 왕王'으로 풀이하는 관점에서는 6세기 초엽 신라에는 여전히 고대국가 형성단계의 족장적 지 위를 계승한 '왕들'의 존재를 살필 수 있으며, 이들이 바로 국가의 중대사 를 결정하는 화백의 구성원이었음을 확인할 수 있는것으로 풀이하였다. 이에 대해 기왕에 이기백이 상정한 바 있는 '등等 → 대등大等 → 상대등上大 等'의 발전 도식을 역으로 '7왕등七王等'에 적용하여 '1명의 갈문왕과 6명의 등'으로 풀이함으로써 '등等'이 '대등大等'의 전단계에 존재하였다는 사실을 확인하였다는 데에 자족하는 견해들이 있었다. 이들 견해에 따른다면 신 라가 초기국가로부터 연맹국가를 거쳐 고대국가로 성장하는 과정에 대한 이해의 틀을 간과한다는 문제점이 있음을 지적할 수 있다. 또한 이들 중고 기 회의 관련 금석문은 신라가 고대국가를 형성한 이후의 자료인 점을 간과함으로써 이들 자료를 무리하게 신라 초기기사와 연계하는 경향이 있었음이 지적된다.

셋째, 중대 전제왕권 하에서 집사부의 기능이 강화되면서 대등회의大 等(貴族)會議를 주재하던 상대등의 기능이 약화되었다는 중대 전제왕권론 과 관련하여 상대등과 화백회의 기능 및 갈문왕의 성격과 관련한 논쟁 이 있었다. 먼저 상대등과 화백회의 기능과 관련하여서는, 상대등과 귀 족(화백)회의가 귀족의 대변기관으로 역할을 하다가 중대에 이르러 그 기능이 무력화되었다는 주장에 대하여, 신라 사회는 전시기를 통하여 골 품제라는 신분제와 이에 바탕한 귀족의 합의제적 원리가 점철되었다고 보는 비판론으로 요약된다. 다음으로 필자는 냉수리비의 '지도로갈문왕' 이라는 생존한 갈문왕의 역할과 오지암회의에서 알천이 대신회의를 주재한 것이 기왕의 논자들과는 달리 상대등이 아닌 갈문왕적 지위로 말미암은 것으로 풀이한 바 있다. 곧 갈문왕적 성격의 존재는 알천이 상대등에 보임되면서 그 성격이 변화하지만, 이후 중대의 상대등은 중고기 갈문왕적 성격과 국왕 직속 상대등의 성격을 갖는 양면적 성격의 존재로 화하다가, 왕권이 약화되면서 본래의 갈문왕적 성격으로 변화하였던 것으로 이해하였다.

그런데 기왕의 연구를 일별하였을 때에 화백회의 구성원의 문제와 함께, 화백회의를 군신회의, 귀족회의, 왕실 각 가계의 씨족장회의 등으로 규정하면서도, 별도의 회의체를 제시한 견해가 적지 않다는 점을 확인할 수 있다. 곧 군신회동체君臣會同體와 구별한 별도의 중신요관重臣要官들에 의한 단독적인 회의체를 상정하거나, 오지암회의를 중고기 귀족회의와 구별되는 특권화된 대신회의大臣會議로 규정한 것, 비록 하대의 일이긴 하나 재상회의宰相會議와 구별되는 군신회의群臣會議를 설정한 견해, 그리고 남당과 정사당회의체를 화백회의와 구분짓는 견해 등이 그것인데, 이러한 견해들은 신라 정치사회 발전과정에서 다양한 회의체가 병존할 수 있다는 가능성과, 실제로 사료상으로도 다양한 회의형식을 살필 수 있고, 그 구성원 또한 단일하지 않다는 점에서 비롯한다. 이는 기왕의 연구들이 다양한 회의체 속에서 화백회의가 갖는 의미를 간과한 데 있지 않은 때문이 아니었겠는가 하는 바, 기록에 나타나는 회의 관련기록과 중국·일본의 사례와 비교하여 이를 재구성함으로써 기왕의 쟁점에 대한 대안을 제시하고자 하였다.

결국 화백회의는 6부족장회의로부터 비롯하며, 신라 정치사회 발전과정에 나타나는 각종 회의체를 국왕國王을 정점으로 한 조의朝議와 조회朝會, 그리고 상대등上大等과 같은 지위의 재상급을 중심으로 한 정의廷議와 정사당회의政事堂會議로 구분하여 그 분화와 발전 과정을 살필 수 있었다. 그 결과를 정리하면 다음과 같다.

【표】 신라 회의체의 분화와 발전과정

	건국~南堂 설치(A.D.249) 이전	남당설치 ~법흥왕 이전	법흥왕대~ 선덕왕대	진덕여왕대	중 대	하 대
朝議			君臣會議 (正殿)	君臣會議[公卿議] (正殿：朝元殿)	君臣會議(下敎形式이 두드러짐) -朝議의 외방화	
廷議	국왕이 연맹장적 존재 -국왕이 6부족장 회의의 전통을 계승한 회의체 주재	- 南堂에서 君臣會議 - 南堂에서 養老 등 儀禮	廷議(상대등주재)		국왕의 廷議 장악	廷議
政事堂 制度						정사당제도 (재상회의제)확립
朝會				朝會가 분화됨	臨海殿으로 고정화	
和白		- 국가대소사 - 각 진골귀족 가계대표자 - 갈문왕 주재			-기능 약화 -국가대사, 국왕추대기능	-국왕추대기능이 顧命制로 약화
[政務]			南堂(政務 논의) -각 행정관사(실무부서)		平議殿(南堂 기능 계승) - 각 행정관사(실무부서)	

　위의 표에서 보듯이 신라에서는 다양한 회의체가 존재하였고, 조의朝議 와 정의廷議는 법흥왕의 율령과 관련이 있을 듯하며, 이 무렵에 화백에서 운영되던 국가 대소사의 결정과 운영이 각 행정실무관사로 이전되었던 것으로 보인다. 또한 진덕왕대에 중국문물을 수용하면서 조의朝議와 조회 朝會가 비로소 분화되었고, 정전正殿으로서 조원전朝元殿이 있었음을 알 수 있다. 중대에 왕권이 강화되면서 정의廷議 또한 국왕의 장악하에 들어갔 고, 조의朝議는 국왕의 의사가 모든 결정에 우선하였으며, 조회의 공간으 로서 임해전臨海殿이 고정화되고, 화백은 기능이 약화되어 국왕추대나 국 가 대사의 경우 종실의 의견을 개진하였던 것으로 이해된다. 하대에 정사 당제도가 새로이 나타난 것은 진골귀족의 수효가 늘어나면서 진골귀족 자체 안에서의 정화작용, 곧 소수 귀족에로의 권력 집중화 현상과 맞물려 소수 재상급 실권자들에게 의사결정권이 귀착된 까닭으로 보이는데, 이러 한 현상이 화백이 기왕에 지니고 있던 국왕추대의 기능조차도 고명제顧命 制로 축소된 배경으로 작용하지 않았나 한다.
　화백회의 연구와 관련하여 아직까지도 논란이 있고, 중대 전제왕권론 또한 논쟁의 불씨가 상존하지만, 기왕의 기록이나 금석문 자료를 보다 철저히 분석 검토한다면 풀리지 않을 문제는 아니라고 본다. 중고기 갈문왕과 중·하대 상대등의 성격의 관계에 대해서는 인물을 중심으로 구체화한다면 점차 해결되리라 생각되며, 각 회의체의 발전·변화과정에 대해서는 보다 심도 있는 논증과정이 필요할 것이다. 또한 신라 진골귀족이나 골품제의 기원과 관련하여 갈문왕제의 기원문제는 향후에 반드시 해결해야 할 과제라고 생각된다.

신라 화랑도의 제정과 운영

신라 진흥왕대 정치사회와 화랑도 제정
신라 중고기 화랑의 출신 가계와 화랑도 운영의 변화
신라 중고기 화랑도의 교육과 출사出仕
최치원의 난랑비서鸞郎碑序와 화랑 관련 제명칭의 갈래

신라 진흥왕대 정치사회와 화랑도 제정

1. 머리말
2. 화랑도花郎徒 제정의 정치사회적 배경
3. 원화源花·화랑花郎의 제정과 그 기원起源
4. 맺음말

1. 머리말

우리 학계는 1970~80년대에 신라 중고기 금석문을 적지 않게 발견함으로써 중고기 신라사회에 대한 이해의 폭을 넓힐 수 있었다. 「울주 천전리 서석명」을 비롯하여 「단양적성신라비」, 「울진봉평신라비」, 「영일냉수리 신라비」 등의 발견으로 중고기 신라사 연구는 그 어느 때보다 활기를 띠었고, 그 결과 많은 사실을 밝힐 수 있었다. 특히 천전리서석 원명과 추명은 화랑과 관련된 많은 정보와 함께 법흥·진흥왕대의 부족한 사료를 메우는 주요한 자료로서 인정된다.

최근 필자는 천전리서석 원명과 추명을 분석함으로써, 학계의 공론과는 달리 진흥왕이 즉위할 때에 지소부인只召夫人 김씨金氏가 타계하고 법흥왕비法興王妃 보도부인保刀夫人이 섭정하였으며, 입종갈문왕立宗葛文王이 주요한 역할을 하였던 것으로 이해한 바 있다. 그리고 진흥왕 초기 이사부異斯夫와 거칠부居柒夫의 활약은 나물왕계 김씨 왕족의 결속에 따른 결과였고, 진흥왕의 친정체제하에서 그를 위요한 세력은 탁부와 사탁부의 나물왕 가계의 인물들이었던 것으로 보았다.[1] 이러한 때에 화랑도를 제정하였다면, 화랑도 제정의 주체 또한 당시 국정 주도층과 크게 다르지 않았을 것이고, 제정의 목적도 당시 신라 조정의 정책 목표에 상응하였을 것이다.

그런데 화랑도는 중고기 신라사회를 종합적으로 보여주는 문화현상이라고 할 수 있다. 곧 화랑도의 운영과 활동을 통하여 신라 골품제의 실현과 정치·군제개혁, 무훈담武勳談, 그리고 향가鄕歌와 유오산수遊娛山水 및 유불사상의 편린 등을 볼 수 있기 때문이다. 필자는 이러한 관점에서 중고기 화랑도의 운영상과 변화, 그리고 중고기 교육의 양상과 화랑도 교육의 관계, 화랑도 출신의 출사出仕가 지닌 성격 등을 살핀 바 있다.[2] 그러나 화랑도의 운영과 교육에 관한 기록은 중고기라는 시공간에 국한된 것이며, 더욱이 현재 전하는 자료는 신라와 고려, 조선시대의 인식이 착종된 것이었다. 이에 화랑도에 대한 인식의 변화 양상을 화랑도 명칭의 변화를 중심으로 추적하고 갈래를 나누어 검토한 바 있다.[3] 그럼에도 불구하고 화랑도의 기원에 대해서는 전혀 다룰 수 없었다. 무엇보다도 자료가 부족하여 접근이 어려웠고, 아직까지 학계 일반으로 신라 상고기의 역사상에 대해 해결해야 할 과제가 많기 때문이었다.

이로써 지금까지 화랑 제정의 시점, 주체 및 제정의 정치·사회·경제·사상적인 배경 등에 대한 다양한 주장이 제기되었다. 이러한 기왕의 주장은 논자의 관점에 따라 자료를 취사선택하여 논리를 전개했던 까닭에, 상대적으로 화랑도 제정의 직접적인 배경이나 신라사회의 발전과정에 따른 종합적인 검토를 소홀히 한 점이 없지 않았다.[4]

그러므로 본고는 먼저 화랑도 제정의 주체와 그 정책적 목표 등을 명확

---

1) 朴南守, 2008a, 「蔚州 川前里 書石銘에 나타난 眞興王의 王位繼承과 立宗葛文王」, 『韓國史硏究』 141.
2) 朴南守, 2008b, 「신라 중고기 花郎의 出身 家系와 花郎徒 운영의 변화」, 『韓國古代史硏究』 51.
   朴南守, 2008c, 「新羅 中古期 花郎徒의 敎育과 出仕」, 『歷史敎育』 108.
3) 朴南守, 2009. 4(예정), 「崔致遠의 鸞郎碑序와 花郎 관련 諸名稱의 갈래」, 『石文 李基東敎授 停年紀念論叢』 참조.
4) 朱甫暾, 1997, 「新羅 花郎徒 硏究의 現況과 課題」, 『啓明史學』 8, 94~100쪽.

히 하고자, 화랑도를 제정한 진흥왕대 신라사회의 사상적 분위기와 정책적 과제 등을 당대의 사실을 보여주는 진흥왕순수비를 중심으로 살피고자 한다. 그리고 원화와 화랑도 제정 관련 자료를 분석하여, 원화와 화랑도·풍월도의 상호 관계 및 화백회의와의 관련성을 살핌으로써 화랑도 기원에 관한 문제를 추구하고자 한다. 많은 질정을 바란다.

2. 화랑도花郎徒 제정의 정치사회적 배경

화랑도 제정 기사는『삼국사기』·『삼국유사』·『해동고승전』을 비롯하여『삼국사절요』·『동국통감』에 전한다. 그 제정 시기에 대하여『삼국사기』에는 진흥왕 37년조에,『동국통감』에는 진흥왕 즉위년조에 각각 서술하였다.『삼국사기』와『동국통감』의 화랑설치 시기가 달리 기록된 것은 김대문金大問의『화랑세기花郎世記』를 저본으로 편년체 형식으로 편찬하는 과정에서 편찬자의 관점에 따라 진흥왕 즉위년 또는 37년조에 일괄 수록한 때문으로 여겨진다. 다만『삼국사기』사다함전에는 진흥왕 23년 사다함이 화랑으로서 활약한 기록이 있어, 일반적으로 진흥왕 23년 이전에 화랑도를 이미 설치하였다고 본다.5)

화랑도 제정의 주체에 대해서는 전통의 계승이라는 설을 비롯하여 진흥왕의 의지, 김유신金庾信 조부祖父 무력武力, 진흥왕 왕모王母 지소태후只召太后로 보는 견해들이 있었다.6)『삼국사기』에는 화랑을 누가 설치하였는지 분명히 밝히지 않았으나, 처음에 인재를 알아볼 방도가 없어 '군신君臣'이 원화源花를 두었다가 폐지한 후에 다시 '미모美貌의 남자男子를 취하여 분장

---

5) 三品彰英, 1943,「花郎の制定」,『新羅花郎の硏究』, 平凡社 ; 李元浩 역, 1995,『新羅花郎의 硏究』, 178~179쪽. 李基東, 1987,「花郎徒의 全盛과 武士道 發揚」,『統一期의 新羅社會 硏究』, 동국대 신라문화연구소, 165쪽. 金相鉉, 1989,「高麗時代의 花郎認識」,『新羅文化祭學術發表會論文集』10, 221~222쪽. 朱甫暾, 앞의 글, 96쪽. 金基興, 2003,「화랑 설치에 관한 諸史書의 기사 검토」,『歷史敎育』88, 126쪽.
6) 朱甫暾, 위의 글, 97쪽.

하고 꾸며 화랑花郎이라 이름하고 받들었다'고 전하고 있다. 이에 대해『삼국유사』에서는 진흥왕이 원화를 설치하였다가 다시 令을 내려 화랑을 제정한 것으로 서술하고 있다.『해동고승전』은 대체로『삼국사기』의 내용을 전재함으로써『삼국사기』의 군신君臣 설치설을 따르고 있다.

사실『삼국사기』와『삼국유사』의 화랑도 설치 주체에 대한 내용은 크게 달라 보이지 않는다. 「창녕진흥왕척경비」의 '어린 나이에 왕위를 계승하여 정치를 보필輔弼에 맡겼으니'라고 이른 데서,7) 진흥왕대의 국정은 보필輔弼의 신하에 힘입은 바가 컸음을 알 수 있다. '보필輔弼'이란 섭정기의 법흥왕비를 비롯하여 입종갈문왕을 위요한 이사부·거칠부 등을 지칭하는 것으로 이해된다.8) 이에 진흥왕 친정기의 국정은 순수비에 보이는 일명의 사탁부 갈문왕과 탁부의 거칠부지居柒夫智·내부지內夫智·비지부지比知夫知, 사탁부의 무력지另力智 등에 의해 주도되었을 것이다. 물론 섭정기에 법흥왕비를 중심으로 한 박씨 일족의 정치적 영향력을 배제할 수는 없으나9) 법흥왕비의 섭정은 주로 불교 관련 정책에 한정되었고, 주요 정치·군사적인 정책은 입종갈문왕과 이사부에 의해 이루어졌던 것으로 보인다. 이후 진흥왕의 친정기에도 이사부의 정책을 계승한 거칠부의 활약이 두드러지

---

7) "幼年承基 政委輔弼"(韓國古代社會研究所 편, 1992, 「昌寧眞興王拓境碑」,『譯註 韓國古代金石文』제2권, 55쪽)

8) 朴南守, 2008a, 앞의 논문.

9) 신라 중고시대 박씨 왕비에 관하여는, 중고기 같은 씨족 내의 두 개의 通婚群으로서 金氏·朴氏의 존재를 상정하거나(末松保和, 1954, 「新羅中古王代考」,『新羅史の諸問題』, 169~170쪽), 왕비족·왕모족 및 女王匹族(李基白, 1973, 「新羅時代의 葛文王」,『歷史學報』58 ; 1974,『新羅政治社會史研究』, 一潮閣, 1974, 23쪽), 나물왕계 내부에서의 혼인관계(李基東, 1975, 「新羅 中古時代 血緣集團의 特質에 관한 諸問題」,『震壇學報』40 ; 1984,『新羅骨品制社會와 花郎徒』, 일조각, 100~102쪽)로 보는 견해가 있었다. 그후 박씨 왕비족의 견해를 확대하여 설명한 李鍾旭, 1980, 「王位繼承의 諸原理」,『新羅上代王位繼承研究』, 嶺南大, 209~210쪽 ; 鄭孝雲, 「신라 중고시대의 왕권과 개원에 관한 연구」,『考古歷史學志』2, 1986, 16~17쪽 ; 李喜寬, 1990, 「新羅上代 智證王系의 王位繼承과 朴氏王妃族」,『동아연구』20, 서강대 동아연구소, 75~78·93·104쪽 ; 辛鍾遠, 1994, 「斷石山 神仙寺造像銘記에 보이는 彌勒信仰集團에 대하여」,『歷史學報』143, 15쪽 등이 있다.

는 것으로 보아 정치·군사 정책을 수행한 신료들의 성격은 섭정기와 크게 다르지 않다고 본다.[10] 그렇다면 『삼국사기』에서 화랑을 제정한 군신君臣이란 진흥왕과 그를 보필한 거칠부지居杞夫智 등의 신료군臣僚群으로 보는 것이 가장 합당할 것이다. 이들 신료군은 진흥왕 순수시에 진흥왕을 수가隨駕한 탁부·사탁부 소속의 화백회의(대등회의)의 구성원이었다.[11]

그러면 진흥왕과 이를 보좌하였던 군신들이 화랑도를 설치한 목적은 무엇이었을까. 먼저 『삼국사기』에는 인재를 알 방도가 없어서 '무리들이 함께 모여 놀게 하고 그 행동을 살펴본 다음에 발탁해 쓰고자'라고 하였고,[12] 『삼국유사』에서는 '왕이 또한 나라를 흥하게 하려면 반드시 풍월도를 먼저 일으켜야 된다고 생각하여'라고[13] 기술하였다. 곧 『삼국사기』는 인재 등용을 화랑도 제정의 목적으로 여긴 데 대해, 『삼국유사』는 나라를 부흥하기 위한 것이라 하였다. 여기에서 『삼국유사』의 '欲興邦國'은 당시 신라의 국정 목표라 하겠으며, 『삼국사기』의 '천거하여 쓴다擧而用之'는 일종 인재 등용을 위한 국정 지표 정도로 이해된다. 따라서 화랑도 설치 목적을 잘 이해하기 위해서는 '나라를 흥하게 하고자欲興邦國'의 구체적인 내용을 살필 필요가 있다. 이러한 진흥왕의 국정 목표는 당시 신라의 대내외 사정과 관련될 것이 분명한데, 「마운령진흥왕순수비磨雲嶺眞興王巡守碑」에서 그러한 내용의 일면을 엿볼 수 있다.

---

10) 朴南守, 2008a, 앞의 논문, 42~43쪽.
11) 朴南守, 2007, 「신라 화백회의 연구현황과 중층적 회의구조」, 『新羅文化』 30, 41쪽.
12) "欲使類聚群遊 以觀其行義 然後擧而用之"(『三國史記』 권 4, 新羅本紀 4, 眞興王 37년).
13) "王又念欲興邦國 須先風月道"(『三國遺事』 권 3, 興法 3, 彌勒仙花 未尸郎 眞慈師)

①㉠ 무릇 순풍純風이 일지 않으면 세도世道가 참됨에 어긋나고, 지화旨化[14]가 펴지지 않으면 사악邪惡한 것이 서로 경쟁하도다. 이로써 제왕이 연호年號를 세움에 몸을 닦아 백성을 편안하게 하지 않으면 안된다. ㉡ 그러나 짐朕은 역수歷數가 몸에 이르러 위로는 태조太祖의 기틀을 이어 받아 왕위를 계승하여, 몸을 조심하며 스스로 삼가나 하늘의 도리乾道를 어길까 두렵다. 또 하늘의 은혜를 입어 운수運記를 열어 보여주며, 명명한 가운데 신지神祇에 감응되어 부명符命에 응하고 셈대에 적합하였다. ②㉠ 이로 말미암아 사방으로 영토를 개척하여 널리 백성과 토지를 획득하니, 이웃나라가 신의를 맹세하고 화평和平의 사신使臣이 서로 통하여 오도다. ㉡ 아래로 스스로 헤아려 신고新古의 백성을 어루만져 기를 것撫育을 생각하나 오히려 도화道化가 고루 미치지 아니하고 은혜가 베풀어짐이 있지 않다고 한다. ③ 이에 무자년戊子年 가을 8월에 관경管境을 순수巡狩하여 민심을 살펴서 위로하고자 한다. 만약 충성과 신의와 정성이 있거나, 재주가 뛰어나고 재난을 살피고, 적에게 용감하고 싸움에 강하며, 나라를 위해 충절을 다한 공功이 있는 무리에게는 벼슬과 ▨을 상賞으로 더하여 줌으로써 훈로勳勞를 표창하고자 한다.[15]

위의 「마운령진흥왕순수비」에서는 이를 건립한 568년(진흥왕 29) 무렵의 신라의 주요 정책을 살필 수 있다. 첫째로 진흥왕이 백성을 편안하게

---

14) 종래에는 '玄'으로 읽혔던 글자(朝鮮總督府, 1919, 「新羅眞興王巡狩碑」, 『朝鮮金石總覽』 上, 9쪽)는, 탑본에 분명하게 '旨'(國史編纂委員會 소장 「利原 新羅眞興王巡狩碑 拓本」 청구기호 648.6 이67 v.1. ; 국사편찬위원회 한국사데이터베이스 http://db.history.go.kr NIKH.DB-fl_004_001_000_0026 ; 예술의 전당 편, 1998, 「磨雲嶺眞興大王巡守碑」, 『옛 탁본의 아름다움, 그리고 우리역사』, 48쪽) 곧 '旨'의 이체자(佐野光一 編, 1980, 『金石異體字典』, 雄山閣, 170쪽)로 나타난다.

15) "①㉠ 夫純風不扇則世道乖眞 旨化不敷則耶(邪?)爲交競 是以帝王建号 莫」不修己 以安百姓 ㉡ 然朕 歷數當躬 仰紹太祖之基 纂承王位 兢身自」愼 恐違乾道 又蒙天恩 開示運記 冥感神祇 應符合笇 ②㉠ 因斯四方託」境 廣獲民土 隣國誓信 和使交通 ㉡ 府自惟忖撫育 新古黎庶 猶謂道」化不周 恩施未有 ③ 於是 歲次戊子 秋八月 巡狩管境 訪採民心 以欲」勞賚 如有忠信精誠 才超察厲 勇敵强戰 爲國盡節 有功之徒 可加」賞爵 ▨以章勳勞」"(韓國古代社會硏究所 편, 「磨雲嶺眞興王巡守碑」, 앞의 책, 87·89~90쪽)

하기 위하여 스스로를 닦아 순풍과 덕화를 펴게 하며, 둘째로 이웃나라와 화해의 정책을 취하는 한편 척경拓境에 따라 새로이 취한 백성들을 옛 백성과 함께 두루 도화道化하고 국가의 혜택을 베풀며, 셋째 상작賞爵과 훈로勳勞로써 충신정성忠信精誠과 재초찰려才超察厲, 용적강전勇敵强戰과 위국진절爲國盡節을 고취한다는 것이다.

그런데 첫 번째의 ①-㉠의 '순풍純風을 펴게 한다'는 것은 일종 왕도정치王道政治를 베풀어 제왕帝王의 덕택德澤을 두루하는 것으로서 유교적 덕목을 지향한 것으로 여겨지고 있다. 특히 순수비의 '제왕이 연호年號를 세움에 몸을 닦아帝王建号 莫不修己'는, 고대국가의 발전을 유교사상을 빌어 합리화하고 과시하는 것으로서『논어』헌문憲問 45장章 '몸을 닦음으로써 백성을 편안하게 한다修己 以安百姓'로부터 비롯한 사상으로 보기도 한다.16) 그러나 일반적으로 연호의 제정은 해당 왕의 즉위 초에 하는 것이 상례인데, 중고기 신라 국왕의 경우 재위 중간에 연호를 제정하고, 진흥왕의 경우 3차례에 걸쳐 연호를 개정하였으며, 법흥왕이나 진흥왕은 스스로 승려가 되기까지 하였다. 아울러 '백성을 편안하게 하는' 것은 유교에만 국한된 표현은 아니며, 전륜성왕이 정법에 의한 수행을 통하여 '도道로써 치국治國하여 제중생諸衆生을 보호 즉 백성을 편안하게 한다'는 데서 불교에서도 강조하는 이념이었음을 알 수 있다.17) 이는 최치원崔致遠의「성주사 낭혜화상비聖住寺 朗慧和尙塔碑」의 '왕도王道를 잘 실천하는 것이 부처의 마음에 부합되는 것'이라는 기사에서도18) 살필 수 있다. 이러한 관념은 신라 하대에 한정된 것이라기보다는 호불好佛의 군주君主이던 법흥왕·진흥왕 때에 이미 생성되어 불국토佛國土를 구현하고자 하는 이상으로서 하대까지 전승된 것으로 생각된다.

---

16) 金哲埈, 1971,「三國時代의 禮俗과 儒敎思想」,『大東文化硏究』6·7 ; 1975,『韓國古代社會硏究』, 知識産業社, 201쪽. 李丙燾, 1976a,「眞興大王의 偉業」,『韓國古代史硏究』, 博英社, 684쪽.

17) 金煐泰, 1967,「新羅 眞興大王의 信佛과 그 思想 硏究」,『佛敎學報』5 ; 1987,『新羅佛敎硏究』, 民族文化社, 59~60쪽.

18) "能踐王道, 是符佛心"(崔致遠 撰,「聖住寺 朗慧和尙塔碑」, 韓國古代社會硏究 所 編, 1992, 앞의 책 제3권, 114쪽)

주지하듯이 진흥왕은 흥륜사興輪寺와 황룡사皇龍寺, 기원·실제사祇園·實際寺 등의 불사佛事를 베풀고 승려들의 출가를 허용하였다. 또한 양梁과 진陳에 입학승을 보내거나 불경을 받아들이고 팔관회八關會를 개최하면서 스스로 '입사위승入寺爲僧'으로 표현된 사신捨身의 의례를[19] 실천하였다. 이러한 진흥왕의 일련의 불교정책은 법흥왕의 정책을 계승한 것이며, 연호年號의 개원改元 또한 지적되듯이 불교의 홍포弘布와 사신捨身에 따른 조치로 이해해야 할 것이다.[20]

다음으로 ①ⓛ에서의 건도乾道는 ②ㄱ의 '사방척경四方拓境'이나 ③에서 고양코자 하는 충신忠信 등과 함께 『서경書經』의 구절을 인용한 것으로서 상당한 수준의 한문학과 유학을 이미 수용하였던 것으로 이해되고 있다.[21] 그런데 『주역周易』의 건도乾道는 '성명性命을 바르게 하여 대화大和를 보존하고 합하는 것'으로서,[22] 천명天命이나 사방탁경四方託境·광획민토廣獲民土와는 거리가 있어 보인다.[23] 특히 ①ㄱⓛ은 법흥왕이 일컬은 '내가 덕이 없이 왕업을 이으니, 위로는 음양의 조화가 모자라고 아래로는 백성들을 즐겁게 하지 못했으므로 정사를 보살피는 틈틈이 불교에 마음을 둔다'에[24] 상응하는 것으로 생각된다. 곧 법흥왕의 '덕이 없이 왕업을 이으

---

19) 辛鍾遠, 1987, 「道人' 使用例를 통해 본 南朝佛敎와 韓日關係」, 『韓國史硏究』 59, 15·21쪽

20) 辛鍾遠, 위의 글, 17쪽.

21) 金哲埈, 1975, 「韓國古代政治의 性格과 中世政治思想의 成立過程」, 『韓國古代社會硏究』, 知識産業社, 302쪽.
高明史 저·吳富尹 역, 1995, 『韓國敎育史硏究』, 大明出版社, 61쪽.
盧重國, 1998, 「新羅와 高句麗·百濟의 人才養成과 選拔」, 『新羅文化祭學術發表會論文集』 19, 46쪽.

22) "彖曰 大哉 乾元 萬物 資始 乃統天」雲行雨施 品物 流形」大明始終 六位時成 時乘六龍 以御天」乾道變化 各正性命 保合大和 乃利貞」首出庶物 萬國 咸寧"(『周易』 乾 彖傳)

23) 金哲埈은 '乾道(天命)의 성격은 곧 四方託境과 廣獲民土를 의미하는 것이며, 그 팽창지역을 지배하기 위하여 율령과 관제를 제정하여 지배질서를 확립하는 것을 의미'하는 것으로 보았다.(金哲埈, 1971, 앞의 글 ; 앞의 책, 200~201쪽)

24) "寡人以不德 丕承大業 上虧陰陽之造化 下無黎庶之歡 萬機之暇 留心釋風"(『三國遺事』 권 3, 興法 3, 原宗興法 猒髑滅身)

니'는 진흥왕의 '태조太祖의 기틀을 이어 왕위를 계승하니'에, 그리고 법흥왕의 '위로는 음양陰陽의 조화가 모자라고 아래로는 백성들을 즐겁게 하지 못했으므로'는 진흥왕의 '건도乾道를 어길까 두려워 하며'와 '백성을 편안하게 하며'의 대구對句가 되며, 법흥왕이 마음에 둔 '석풍釋風'은 진흥왕의 '순풍純風'과 '지화旨化'에 상응한다고 할 것이다. 특히 '지화旨化'는 일반으로 '그윽한 덕화德化'로 풀이하기도 하나,25) '지旨'가 대체로 '국왕 또는 윗사람의 뜻'을 지칭하므로, '법흥왕의 뜻' 또는 '부처님의 가르침'을 따라 백성을 교화한다는 정도로 풀이할 수 있을 듯하다.26) 따라서 진흥왕이 추구하는 나라 다스리는 도道는 법흥왕의 그것과 서로 통하며, 순수비에 보이는 '순풍純風'과 '지화旨化', 그리고 '건원建元'이나 '수기修己', '이안백성以安百姓'은 '일심一心으로 부처를 받든' 진흥왕의27) 정치적 이념을 드러낸 것으로 판단된다.

건도乾道는 「임신서기석壬申誓記石」에서 2인이 '하늘 앞에서 서약하니' '하늘이 크게 죄罪줄 것'이라고 한28) '천天'에 상응하는 것으로서, 이차돈이 '대성大聖[부처]의 가르침은 천신天神의 받드는 바'라고29) 일컬은 천신天神과 동일한 것으로 여겨진다. 또한 ①ⓛ의 '명명한 가운데 신지神祇에 감응되어 부명符命에 응하고 셈대에 적합하였다'는 신지神祇를 숭상하는 신라의

---

25) 盧重國은 '그윽한 德化'로 풀이하였는데,(韓國古代社會研究所 편, 「磨雲嶺眞興王巡守碑」, 앞의 책, 89쪽), 별다른 설명이 없어 단언할 수 없으나, 『朝鮮金石總覽』의 '世道乖眞 玄化不敷'(朝鮮總督府 編, 1919, 앞의 책, 9쪽)라는 석독을 의식한 번역으로 생각된다.

26) 사실 '旨化' 자체만으로 사용된 용례를 찾을 수는 없으나, 『法華經』에 "如來萬二千歲 又族姓子 妙音菩薩往宿命時 從雲雷音王如來之世 修無上法 種此功德 未曾懈廢 傳如來旨 化諸愚冥 不識至眞 悉令信樂 欲知爾時妙音菩薩 今妙音菩薩 是也."(「正法華經妙吼菩薩品」 第 22, 『正法華經』)라고 하여, '如來의 旨를 전하여 諸愚冥을 감화한다'는 용례가 있어, 순수비에서도 그와 같은 용례로 사용되지 않았을까 생각된다.

27) 『三國史記』 新羅本紀 4, 眞興王 37년. 『三國遺事』 권 3, 興法 3, 彌勒仙花 未尸郞 眞慈師.

28) 「壬申誓記石」, 韓國古代社會研究所 편, 1992, 앞의 책 제2권, 176쪽.

29) 『三國史記』 권 4, 新羅本紀 4, 法興王 15년.

전통신앙과 관련될 것으로 생각된다. 곧 황해蝗害나 가뭄 등을 물리치기 위하여 왕이 몸소 산천山川에 제사하거나[30], 백제를 평정한 이후 맹문盟文을 작성하기에 앞서 신지神祇와 산곡지신川谷之神에 제사하였던 것에[31] 비교할 수 있다. 이는 「북한산진흥왕순수비」에서 진흥왕이 순수에 앞서 북한산에 일종 망산제望山祭로 생각되는 '사祀'를 지낸 것에서도[32] 살필 수 있는데, 진흥왕대 이전에 살우의식煞牛儀式을 통하여 신지神祇에 제사지내는 방식에서 천전리서석川前里書石 추명追銘의 예신禮臣 주도의 제사 방식으로 바뀐 것으로 판단된다. 곧 종래의 산천신지山川神祇에 대하여 살우의식煞牛儀式으로써 제사를 지내던 형태에서 살우煞牛를 대신한 불교적 의례를 일부 수용한 새로운 형태의 제례祭禮로 바뀐 사실을 반영한 것으로 여겨진다.[33] 그러므로 건도乾道는 유교적 천명天命보다는, 이차돈이 대성大聖 곧 부처의 가르침을 전통적인 천신天神이 지향하는 이념과 동일한 것으로 여겼던 사실에 비추어, 전통적인 숭배 대상으로서의 천신天神의 도道를 유교의 용어를 빌어 서술한 것으로 이해된다.

한편 ②㉠ 순수비의 '사방척경四方拓境'은 '문무文武의 덕德으로써 천하에 정치를 잘 하게 하고 다스림이 나라에 이익되게' 하는 『書經서경』의 '부비사방付畀四方'과는 차이가 있으며,[34] 오히려 전륜성왕의 사방 경략에 어울린다. 특히 사방의 척경에 따라 이웃나라와 친화를 도모했다는 것은, 『삼국사기』에 보이듯이 주로 양梁・진陳과의 사신교류를 시사하는 것으로 이해된다. 다만 '신고新古의 백성을 어루만져 기를 것撫育을 생각하나 오히려 도화道化가 고루 미치지 아니하고 은혜가 베풀어짐이 있지 않다'는 구절은, 사방으로 영토를 넓힘에 따라 새로 편입된 백성들에 대한 대책이 시급하였던 사정을 보여준다. 따라서 진흥왕의 대내외정책은 중국 남조와의 교

---

30) 『三國史記』권 1, 新羅本紀 1, 婆娑尼師今 30년 秋 7월・권 10, 新羅本紀 10, 憲德王 9년 夏 5월.
31) 『三國史記』권 6, 新羅本紀 6, 文武王 5년 春 2월.
32) 辛鍾遠, 1987, 앞의 논문, 13쪽.
33) 朴南守, 2008a, 앞의 논문, 34~35쪽.
34) "昔君文武 丕平富 不務咎 底至齊信 用昭明于天下 則亦有熊羆之士 不二心之臣 保乂王家 用端命于上帝 皇天 用訓厥道 付畀四方"(『書經』 康王之誥 5章)

통을 통하여 문물을 수용하는 한편 영토 확장에 따른 갈등을 해소하는 방책으로서 도화道化와 국가의 시책을 두루 펼친다는 것이다.

도화道化는「마운령진흥왕순수비」에 보이는 사문도인沙門道人 법장法藏·혜인慧忍과 관련될 것인데, 이들 도인道人은「북한산진흥왕순수비」의 석굴도인石窟道人과 동일한 고승高僧을 지칭한 명칭으로서, 진흥왕의 순수巡狩에 따라 법석法席을 열어 불교의 홍포를 기하거나[35] 진흥왕 순수비문을 찬하였던 것으로[36] 추측된다. 따라서 도화道化란 불교의 홍포를 뜻하는 것으로 보아 크게 어긋나지 않을 것이다.[37] 이에 ②ㄴ은 불법의 홍포를 의미하는 '도화道化'를 신고新古의 백성에게 두루 펼치고, 국가의 실제적인 시책으로서 '거쳐 지나온 주군州郡의 1년간 조租와 조調를 면제해 주고 그 지역의 죄수 가운데 두 가지 죄를 제외하고는 모두 사면해 주었다'와[38] 같은 은시恩施를 베푼다는 것으로 이해된다.

셋째는 정책 수행의 추동력을 얻기 위한 일종 포상책이 되겠는데, 당시 신라사회가 필요로 하는 신민臣民의 덕목이 '충신정성忠信精誠'과 '재초찰려才超察厲', '용적강전勇敵强戰', '위국진절爲國盡節'이었음을 보여준다. 이는 국가에 대한 충忠과 군신君臣간의 신의信義, 그리고 재주가 뛰어난 인재의 발굴, 영토 확장에 따른 전투력의 향상을 도모한 포상책으로서, 당시의 지도층이 일반국민에게 충신절의忠信節義를 권장하던 덕목이라고 할 수 있

---

35) 辛鍾遠, 1987, 앞의 논문, 11~15쪽. 金煐泰, 앞의 논문 ; 앞의 책, 57~61쪽. 金惠婉, 1978,「新羅의 花郎과 彌勒信仰의 關係에 대한 硏究」,『成大史林』3, 15쪽. 특히 金煐泰는, '旨化'를「朝鮮金石總覽」의 '玄化'로 석독하여, 純風과 玄化는 道化와 같은 '玄奧한 法化'로서, 純風·玄化의 이상을 실현하기 위해 국선·화랑을 일으켜 실천한 것이라고 이해하였다. 또한 승려를 대동한 진흥왕의 巡行은 阿育王처럼 法의 巡行이며 轉輪聖王의 巡行과 같은 성격이라고 풀이하였다.

36) 金哲埈, 앞의 논문 ; 앞의 책, 218쪽

37) 金煐泰는 '道化'를 轉輪聖王의 "以道開化 安慰民庶"(長阿含經 권 6, 轉輪聖王修行經)에서 비롯한 말로서, 正法의 治化, 또는 正道의 改化일 것으로 살핀 바 있다.(金煐泰, 앞의 논문 ; 앞의 책, 60쪽)

38) "所經州郡 復一年租調 曲赦 除二罪皆原之"(『三國史記』권 4, 新羅本紀 4, 眞興王 16년)

다.39) 이러한 신라의 정책은 사다함의 전공에 대한 포상과 그의 무훈담武勳談에서 잘 드러나며, 후일 세속오계世俗五戒의 충忠과 신信, 임전무퇴臨戰無退 등에 상응한다. 곧 충忠은 효孝와 함께 어느 사회에서나 필요한 가치로서 유교·불교 모두 존숭하는 덕목이며, 신信은 군신君臣간의 신의뿐만 아니라 이차돈異次頓의 순교시 말고삐를 나란히 하던 우인友人들과 월정月庭에서 소매를 맞잡은 친구들이 피눈물을 흘리며 창자가 끊어질 듯 이별을 애태웠다는 데서40) 이미 신라사회 내부에 간직하던 덕목이었으며, 임전무퇴臨戰無退 또한 고구려·백제의 퇴군이나 진陣에 임하여 패배한 자, 또는 성을 지키다 적에 항복한 자를 참형에 다스리는 형률에 상응하는 것으로 이해된다.41)

그러므로 진흥왕 당시 신라사회가 지향하는 바는 불교의 덕화德化와 대외 영토 확장, 중국 문물의 수용 및 새로이 편입한 지역에 대한 통치에 있었고, 이를 가능하게 한 충忠과 신信 및 전투에 임하는 자의 덕목을 함양하고, 조정에 두루 쓰일 인재를 발굴하는 것이었음을 알 수 있다. 『삼국사기』 진흥왕 37년조 화랑도 설치기사의 '일찍이 임금과 신하들이 인물을 알아볼 방법이 없어 걱정하다가, 무리들이 함께 모여 놀게 하고 그 행동을 살펴본 다음에 발탁해 쓰고자 하여'나 '뛰어난 사람을 택하여 조정에 천거하였다'는 내용은 바로 당대에 현실적으로 필요한 인재발굴을 위한 조치였다.42)

따라서 진흥왕 23년 이전에 '군신君臣'으로 표현된 진흥왕과 탁부·사탁부 소속의 진골 귀족들은, 당시 신라의 당면 과제 곧 신라사회가 지향하는 바 불교의 덕화德化와 대외 영토 확장, 그리고 중국 문물의 수용 및 새로이 편입한 지역에 대한 통치를 위해 화랑도를 제정한 것이라 하겠다. 또한 당시 신라인들의 산천 신지山川 神祇에 대한 신앙과 불교신앙을 존숭

---

39) 李丙燾, 1976a, 앞의 논문, 684쪽.
40) 『三國遺事』 권 3, 興法 3, 原宗興法 厭髑滅身.
41) 朴南守, 2008c, 앞의 논문.
42) 李基東, 1978, 「新羅 花郎徒의 社會學的 考察」, 『歷史學報』 82 ; 1984, 『新羅 骨品制社會와 花郎徒』, 一潮閣, 332쪽.

하는 분위기 속에서, 화랑을 미륵의 화신으로 여기는 관념이 전륜성왕의 사상과 함께 이미 확립되었던 것으로 보인다. 이에 국왕은 화랑花郎을 나라의 미륵彌勒으로 받들고, 이를 받든 국왕國王은 전륜성왕轉輪聖王의 "내가 국토의 인민이 안락하고 걱정이 없음을 살피고자 한다"는[43] 이념하에 새로이 획득한 토지와 인민의 순행巡行에 나섰던 것이다.[44]

3. 원화源花·화랑花郎의 제정과 그 기원起源

『삼국사기』와 『삼국유사』에는 화랑 제정에 앞서 원화제源花制를 시행하였다고 한다. 『삼국사기』 신라본기 진흥왕 37년조에는 남모南毛와 준정俊貞을 원화源花로 받들어 300여 명의 무리를 모아 노닐게 하였으나, 서로 다투어 죽이게 되자 이를 폐지하였다가 그 후에 다시 미모의 남자를 택하여 화랑花郎이라 이름하고 그를 받들었다고 하였다. 『삼국유사』 미시랑 진자사조의 기사도 『삼국사기』의 기사와 대체로 일치한다. 다만 진흥왕이 신선神仙을 숭상하여 원화를 제정하였으며, 나라를 흥하게 하기 위해 풍월도風月道를 먼저 일으키고자 화랑을 제정하였음을 추가 기술하였다. 두 사서로부터 화랑도의 전신으로 원화가 있었으며, 원화와 화랑간에 밀접한 관계가 있었음을 추측할 수 있다. 따라서 원화의 성격을 규명하는 것은 화랑도의 성격과 그 기원을 이해하는 데 있어서 주요한 실마리가 된다.

일제강점기 일인학자들은 원화源花를 조선시대의 관념으로써 창기娼妓로 보거나,[45] 역사적 근거가 없는 설화로 여기기도 하고,[46] 원시 한족사

---

43) "吾欲諦觀 國土人民 安樂無患"(『長阿含經』 권 18, 轉輪聖王品).
44) 金煐泰, 1966, 「彌勒仙花攷」, 『佛敎學報』 3·4 ; 『新羅佛敎硏究』, 77쪽. 金煐泰, 1967, 앞의 논문 ; 앞의 책, 56~57쪽. 李基白, 1975, 앞의 논문 ; 1986, 앞의 책, 83쪽. 金惠婉, 앞의 논문, 13~25쪽.
45) 鮎貝房之進, 1932, 「花郎攷」, 『雜攷』 4, 朝鮮印刷株式會社 ; 1973, 『雜攷·花郎攷·白丁攷·奴婢攷』, 16~23쪽.
46) 池內宏, 1937, 「新羅の花郎について」, 『東洋學報』 24-1 ; 1960, 『滿鮮史硏究』 上世編 2, 25~26쪽.

회韓族社會의 남방계 부족적 남자 집회사集會舍와 달리 북방으로부터 유래한 샤머니즘이 습합한 무녀적巫女的 기능의 여성 화랑으로 풀이하였다.47) 오늘날 우리 학계에서는 가배의 풍속이나 사제로서의 여성의 역할 및 모계적 사회의 요소를 강조하여 원화源花를 샤만이나 여사제의 성격과 관련하여 이해하거나,48) 원시공동체에서 파생된 약자若者 「두레」의 수양단의 여성 단장,49) 또는 모계사회의 유제로서의 여자 청소년 연령급단조직50)으로 보기도 한다. 원화源花에 대한 다양한 이해는 화랑의 기원이나 성격을 풀이하는 데에 이어져, 화랑도의 기원을 원시공동체사회의 미성년자조직,51) 또는 삼한의 남자 집회,52) 화랑제정 이전 단계에서 무축적巫祝的인 산신숭배사상山神崇拜思想을 중심으로 결성된 청소년집회소53) 등에서 찾고 있다.

---

47) 三品彰英, 1943, 「花郎の傳粉粧飾」, 『新羅花郎の硏究』, 平凡社 ; 李元浩 역, 앞의 책, 92~103쪽.

48) 李丙燾, 1987, 「三國時代의 儒學」, 『韓國儒學史』, 亞細亞文化社, 42쪽. 金鍾璿, 1977, 「新羅花郎の 性格について」, 『朝鮮學報』82, 41쪽. 李道學, 1990, 「新羅 花郎徒의 起源과 展開過程」, 『정신문화연구』 38, 10~14쪽. 고현아, 2008, 「신라 원화제 시행의 배경과 성격」, 『역사와 현실』 67, 118~120쪽.

49) 李丙燾는 처음에 巫女 중심의 종교적 수양단체로서 원화제를 이해하였으나 (李丙燾, 1987, 앞의 논문, 42쪽), 그후 원화를 원시종교적인 샤아머니즘(무당)의 한 잔재유풍으로 의심할 수도 있겠지만 그들 생활에서 神을 위하는 어떠한 종교적인 의식이라도 남아 있어야만 하겠는데 그것이 보이지 않는다는 점을 지적하고(李丙燾, 1976b, 「說話文學에 나타난 新羅人의 肉體美觀」, 『韓國古代史硏究』, 695쪽), 源花를 若者 「두레」의 수양단의 여성 단장으로서 이해하였다.(李丙燾, 1976a, 앞의 논문, 676쪽)

50) 金哲埈, 1971, 앞의 논문 ; 앞의 책, 212~213쪽.

51) 洪淳昶, 1971, 「新羅 花郎道의 硏究-그 歷史的 形成過程을 中心하여-」, 『新羅伽倻文化』 3. 최재석, 1987, 「新羅의 花郎과 花郎集團」, 『韓國古代社會史硏究』, 一志社.

52) 三品彰英, 1943, 『原始韓族の男子集會舍』, 『新羅花郎の硏究』 ; 李元浩 역, 앞의 책, 20쪽.

53) 李基東, 1976, 「新羅 花郎徒의 起源에 대한 一考察」, 『歷史學報』 69 ; 1984, 『新羅骨品制社會와 花郎徒』, 一潮閣, 318쪽.

먼저『삼국유사』에는 원화源花의 제정에 대하여 진흥왕이 '천성이 멋스러워 신선神仙을 크게 숭상하여, 인가人家의 아름다운 처녀를 가려서 원화로 삼았다. 그것은 무리를 모아 그 중에서 인물을 선발하고 또 그들에게 효제孝悌와 충신忠信을 가르치려 함이었으니, 또한 나라를 다스리는 대요大要였다'[54]고 일컬었다. 여기에서 무리를 모아 인물을 선발하고, 나라를 다스리는 대요로서 효제와 충신을 가르치려 한 점은, 화랑의 제정 목적과도 동일하다. 다만 아름다운 처녀를 가려서 원화로 삼은 것은 진흥왕이 신선을 숭상한 때문이라는 것이다.

사실『삼국유사』의 '다상신선多尙神仙'이라는 구절은, 진흥왕이 '신선神仙'에 대한 충분한 이해를 가지고 나라를 다스리는 방편으로 적극 이용했던 사실을 반영한다.[55] '신선'은 도가적 신선으로 이해할 수도 있겠으나, 원화를 여성으로 임명하였다는 점에서 여사제로서의 샤만과 관련시켜 이해하기도 한다.[56] 그러나 진흥왕대의 사상적 흐름이나『삼국유사』해당 문장의 문맥, 그리고 이 구절의 뒤이어 나오는 '효제충신孝悌忠信'이나 '이국지대요理國之大要'로 볼 때에 도가나 무속적인 성격과는 거리가 있어 보인다.[57]

그런데『삼국유사』에는 "지금도 나라 사람들이 신선神仙을 일컬어 미륵선화彌勒仙花라 한다"고[58] 하여, 일연이『삼국유사』를 찬술할 당시까지 미륵을 신선이라 일컬었음을 알 수 있다. 미륵을 신선으로 칭하는 것은 「북

---

54) "又天性風味 多尙神仙 擇人家娘子美艶者 捧爲原花 要聚徒選士 敎之以孝悌忠信 亦理國之大要也"(『三國遺事』권 3, 塔像 4, 彌勒仙花 未尸郎 眞慈師)

55) 金基興, 앞의 논문, 124쪽.

56) 李基東, 1976, 앞의 논문 ; 1984, 앞의 책, 316쪽. 한편 李道學은 화랑도의 기원을 王女들의 司祭로서의 제사집단인 源花에서 찾았지만(李道學, 앞의 논문, 10~14쪽), 다분히 朴昌和의『花郎世紀』를 염두에 두고 논리를 전개한 것으로 여겨진다. 또한 金鍾璿은 源花制에서 花郎制로 바뀐 것은 모계사회로부터 부계사회로의 변천을 합리화하는 것으로 이해하였다.(金鍾璿, 앞의 논문, 41쪽)

57) 李丙燾, 1976b, 앞의 논문, 695쪽.

58) "至今國人稱神仙曰彌勒仙花 凡有媒係於人者曰未尸 皆慈氏之遺風也"(『三國遺事』권 3, 塔像 4, 彌勒仙花 未尸郎 眞慈師)

한산 진흥왕순수비」에서 진흥왕이 망산제望山祭를 올리고 나서 석굴石窟의
도인道人을 뵈었다는 기사에서 추정할 수 있다.[59] 곧 진흥왕대에는 고승高
僧을 '도인道人'이라 지칭하였는데 이는 남조불교의 영향이라고 한다. 남조
불교에서는 부처를 선仙 또는 금선金仙으로 칭하기도 하였던 바, 신선神仙
또한 그러한 영향으로 인하여 일컬어지던 용어라고 생각된다. 이는 경주
단석산斷石山 서쪽의 상인암 남암에서 발견된 '신선사神仙寺'란 명문銘文
과,[60] 그 주존이 중고기에 조성된 미륵불彌勒佛이라는 데에서 확인된다.[61]
진자사眞慈師는 흥륜사의 승려였고, 흥륜사는 진흥왕대에 완성한 왕실 사
찰이면서도 미륵을 주불主佛로 모셨으며, 흥륜사 오당吳堂의 주존主尊 또한
미륵상이었다는 것으로[62] 보아, 진흥왕의 미륵신앙과의 밀접한 관계를
상정할 수 있다.

또한 신선사가 소재한 상인암은 미륵삼존을 본존으로 하는 미륵전당으
로서 김유신이 수련한 석굴과 관련되는 것으로 이해되며, 김유신이 수련
할 때에 비법을 전수하였다는 노인과 관련한 설화는 후세에 붙여진 것일
가능성이 높다.[63] 이는, 김유신의 현손玄孫인 김장청金長淸이 김유신의 위
대성을 강조하면서 신비한 행적을 과장하여 『김유신행록金庾信行錄』을 저
술하고, 『삼국사기』 김유신열전金庾信列傳은 이를 바탕으로 구성된 것으로
여겨지기 때문이다.[64] 사실 김유신열전의 기사에서도 화랑 김유신의 무

---

59) "…之所用高祀西■■■■■相戰之時　新羅■王■」…路過漢城陂■」(缺)
　　　見道人■居石窟■■■…"(韓國古代社會硏究所 편, 1992, 「北漢山新羅眞
　　　興王巡狩碑」, 『譯註 韓國古代金石文』 제2권, 69쪽)
60) "…仍於山巖下創造伽籃曰靈虛名神仙寺作」 彌勒石像一區高三丈菩薩二區明
　　　示微妙相相」 端嚴銘日寶寶常樂…"(「新羅 斷石山 神仙寺 造像銘記」, 黃壽永
　　　編, 1976, 『韓國金石遺文』, 一志社, 244쪽)
61) 金煐泰, 1966, 앞의 논문 ; 앞의 책, 74~75쪽. 辛鍾遠, 1994, 앞의 논문, 6쪽.
62) 李基白, 1975, 「新羅初期佛敎와 貴族勢力」, 『震壇學報』 40 ; 1986, 『新羅思想
　　　史硏究』, 一潮閣, 84~85쪽.　金惠婉, 앞의 논문, 30쪽. 辛鍾遠, 1994, 앞의
　　　논문, 12쪽.
63) 金庠基, 1969, 「花郎과 彌勒信仰에 대하여」, 『李弘稙博士 回甲紀念 韓國史學
　　　論叢』, 7~10쪽.
64) "庾信玄孫新羅執事郎長淸作行錄十卷 行於世 頗多釀辭 故刪落之 取其可書者

리를 용화향도龍華香徒로 일컬었고, 김유신에게 비법을 전수하였다는 노인의 이름 난승難勝 또한 보살십지菩薩十地의 하나인 난승보살難勝菩薩로서 도솔천왕兜率天王과 상통하다는 지적이 있는 바,[65] 오히려 미륵신앙과의 관련에서 김유신의 화랑으로서의 성격이 규정되어야 할 것이다. 더욱이 앞서 진흥왕이 망산제望山祭를 올리고 나서 석굴石窟의 도인道人을 뵈었다는 「북한산 진흥왕순수비」의 기사에서, 당시 신라인들의 산천 신지山川 神祇에 대한 신앙과 불교신앙과의 관계를 볼 수 있으며, 진흥왕의 북한산北漢山 도인道人 예경禮敬사실을 모범으로 하여 김유신과 같은 화랑들의 석굴石窟 수련이 일반화되었는지도 모를 일이다.

따라서 진흥왕이 숭상하였다는 '신선神仙'은 미륵을 지칭하며 진흥왕의 불교 신앙과 짝하는 것이라고 할 수 있다. 그렇다면 진흥왕은 '신선神仙' 곧 미륵彌勒을 숭상하여 미모의 두 여자로써 원화源花를 삼았고, 후일 원화를 승계한 화랑이 미륵의 화신으로 일컬어진 것으로 보아, 진흥왕이 미륵을 숭상하여 제정한 원화 또한 미륵의 화신으로 존숭되었을 것으로 여겨진다. 특히 미모의 두 여성을 원화로 삼은 것은 지적되듯이 '하생한 미륵은 신상身相을 구족具足하고 단정端正하기 비할 데 없으며, 상호相好를 성취成就하여 하나하나의 상相을 8만 4천의 호好로 스스로 장엄莊嚴하였다'는[66] 미륵하생사상을 실현하고자 한 것으로 생각된다. 이는 원화를 계승한 화랑조차도 꽃처럼 곱게 꾸미고 단장하였다는 고음顧愔의 『신라국기新羅國記』에서도 확인된다.[67]

그런데 진흥왕은 2명의 인가人家의 미녀로 원화를 두고, 원화제를 폐지

爲之傳"(『三國史記』권 43, 列傳 3, 金庾信 下)

李基白, 1978, 「《三國史記》論」, 『韓國史學의 方向』, 一潮閣, 27쪽. 趙仁成, 1985, 「三國 및 統一新羅時代의 歷史敍述」, 韓國史硏究會 편, 『韓國史學史의 硏究』, 33쪽. 李基白, 1987, 「金大門과 金長淸」, 『韓國史市民講座』 1, 106~107쪽.

65) 金惠婉, 앞의 논문, 22쪽.
66) 金煐泰, 1967, 앞의 논문 ; 앞의 책, 52쪽. 「佛說彌勒大成佛經」, 『高麗大藏經』 권 11, 119~206쪽.
67) 『三國史記』권 4, 新羅本紀 4, 진흥왕 37년.

한 이후 얼마 있다가 양가良家의 자제로 화랑을 삼았다고 한다. '양가良家'의 자제는 화랑의 선출기준으로 볼 때 탁부·사탁부 중심의 진골귀족 자제를 지칭하는 것으로 여겨진다.68) 따라서 원화源花를 선출한 '인가人家'는 신라 왕경의 6부를 의미하는 것이 아닌가 추측된다. 특히 진흥왕 즉위 초기는 법흥왕비 보도부인保刀夫人 박씨朴氏가 섭정하던 시기였다.69) 이때는 입종갈문왕을 비롯하여 이사부 등 탁부·사탁부의 진골귀족이 진흥왕을 옹위하였다고 하나 박씨 등 6부 수장급의 정치적 영향력이 여전했던 바, 모량부 득선아간과 죽지랑의 사례에서 진평왕대까지 6부의 잔존한 독자적 세력을 확인할 수 있다.70)

원화源花를 여자청소년 연령급단조직年齡級團組織으로 보기도 하지만,71) '취도선사聚徒選士'했다는 기사로 보아 원화의 무리들은 남자 청소년들로 구성되었던 것으로 여겨진다.72) 따라서 원화제는 미륵의 현신으로서 원화源花를 임명하고 6부의 남자 청소년들로 그 무리를 구성한 것으로 보인다. 원화나 화랑의 설치 목적이 인재의 선발에 있었던 만큼, 원화의 제정 당시 6부 자제들의 출사로를 보장하는 장치가 필요했을 것이고, 그러한 장치로서 원화제에 기왕의 6부 천거제를 수용했을 것으로 추측된다. 곧 원화제란 법흥왕 이후 추진해 온 불교정책에 따라 미륵의 화신인 원화를 두고, 6부의 자제를 모아 인재를 선발함으로써 기왕의 6부의 전통적인 천거제를 국왕 주도의 원화제로 대체한 것이라고 생각된다. 그 후 원화제로부터 화랑제로의 변화는, 진흥왕의 친정 이후 탁부·사탁부 중심의 정권이 확립되면서73) 화랑도를 설치하여 원화제 중심의 과도기적 6부 천거제를 국가와 진골귀족이 주도하는 인재 양성방식으로 전환함으로써, 진골귀족 자제의 정치 훈련과 낭도로서 참여한 6부민 자제의 천거를 포괄한 것으

68) 朴南守, 2008b, 앞의 논문, 133쪽.
69) 朴南守, 2008a, 앞의 논문, 22~29쪽.
70) 朴南守, 2008b, 앞의 논문, 150쪽.
71) 三品彰英, 1943,「花郎の傅粉粧飾」,『新羅花郎の研究』; 李元浩 역, 앞의 책, 92~103쪽. 金哲埈, 1971, 앞의 논문 ; 앞의 책, 212~213쪽
72) 李丙燾, 1976a, 앞의 논문, 676쪽.
73) 朴南守, 2008a, 42~44쪽.

로 풀이된다.[74]

　한편『삼국유사』미시랑 진자사조에는 "원화를 폐지한 후 여러 해 만에
왕은 또 나라를 흥하게 하려면 반드시 풍월도風月道를 먼저 일으켜야 된다
고 생각하여, 양가良家의 덕행 있는 사내를 뽑아 그 명칭을 고쳐 화랑花郞이
라 하였다. 처음으로 설원랑薛原郞을 받들어 국선國仙으로 삼으니, 이것이
화랑국선花郞國仙의 시초다"[75]라고 하였다. 여기에서의 화랑국선은, 일연
이 고려시대 선랑仙郞-국선國仙의 인식체계하에서 서술한 것으로서, 국선
國仙은『삼국사기』의 화랑花郞을 지칭한다.[76]

　기왕에는 풍월도를 최치원이 일컬은 풍류도와 동일하게 여겨, 화랑도가
폐지된 후대의 변화된 의미가 투영된 명칭으로 보거나,[77] 화랑제花郞制로
개편하기 이전 원화제源花制의 시행 시기에도 풍월도風月道라는 명칭이 사
용되었을 것으로 이해하기도 한다.[78]『삼국사기』권 48, 검군전劍君傳에
는 "나는 근랑近郞의 도도徒에 이름을 두고, 풍월지정風月之庭에서 수행하고
있으므로"라고 하였는 바, 풍월도風月道란 명칭이 중고기에 사용되었음을
알 수 있다. 따라서 화랑의 무리를 모이게 하였던 사상적 기조는 풍월도에
있었다고 생각된다. 고려 인종 때의 곽동순郭東珣의「팔관회선랑하표八關會
仙郞賀表」에는 "계림鷄林의 선적仙籍을 상고하니 위는 동월東月, 아래는 서월
西月로서"라고 하여[79] 계림鷄林의 선적仙籍 곧 신라 하대에 많이 유포되었
던 화랑 관련 서책에 화랑과 관련된 모종의 무리를 '동월東月'과 '서월西月'
로 구분하였다는 내용을 전하는데, 이 구절은 아무래도 풍월도風月道와 관

---

74) 朴南守, 2008c, 앞의 논문 참조.
75)『三國遺事』권 3, 興法 3, 彌勒仙花 未尸郞 眞慈師.
76) 朴南守, 2009, 앞의 논문 참조.
77) 鮎貝房之進, 1932, 앞의 책 ; 1973, 앞의 책, 170쪽.
78) 金相鉉, 1991, 앞의 논문, 130~131쪽.
　　또한 金基興은 풍월도 관련 기록을 일연의 작문일 수도 있으나 다른 자료에서
　　옮겼을 가능성도 있음을 시사하고, 진흥왕이 신선이나 풍월도에 대한 충분한
　　이해를 갖고 나라를 다스리는 방편으로 적극 이용했던 것으로 이해하였다.(金
　　基興, 앞의 논문, 124쪽)
79) 郭東珣,「八關會仙郞賀表」,『東文選』권 31, 表箋.

련된 내용이 아닐까 추측된다.[80]

『수서』와 『북사』, 『구당서』, 『신당서』 신라전에는 "매년 정월 초하루 아침에 서로 축하하며 국왕은 군관群官들에게 연회를 베푸는데 … 그 날 일월신日月神에게 배례한다. 8월 보름에는 악樂을 베풀고, 관리들로 하여금 활쏘기를 시켜 말과 베를 상으로 내린다"는 풍속을 전한다. '풍월도風月道'의 명칭이 신라의 전통적인 것이라면 신라의 일월신日月神을 섬기는 풍속과[81] 모종의 관련이 있지 않을까 생각해 볼 수 있다. 선적仙籍의 동월東月과 서월西月은 화랑 제정 이전에 두 명의 원화源花를 두었던 것에 비교되며, 이들이 연회에서 가무歌舞 등을 연출하고 일월신日月神을 모시는 의례에 어떠한 역할을 상정할 수 있기 때문이다.

또한 『삼국사기』 유리이사금 9년조의 가배嘉俳 기사는 신라의 일월신日月神을 섬긴 풍속과 어떤 관련이 있지 않을까 생각된다. 곧 가배행사에서의 2명의 왕녀王女는 2명의 원화源花와 계림鷄林 선적仙籍의 동월東月·서월西月에 상응하는 면이 있고, 그 모임이 보름달과 관련된 8월 한가위를 예비하는 행사였으며, 가배嘉俳 기사에 보이는 대부大部의 명칭은 중고기에 나타나는 이름으로 여겨지기 때문이다. 신라의 일월신日月神을 섬기는 풍습 가운데 월신月神은 8월 한가위 행사와 관련된 것으로 이해되며, 행사에서의 가무歌舞는 후일 화랑도의 수련덕목인 '상열이가악相悅以歌樂'과도 어울

---

80) 朴南守, 2009, 앞의 논문 참조.
81) 조선 중기의 문신인 洪聖民(1536~1594)의 『拙翁集』에 실린 「鷄林錄」에는 日月神 신앙과 관련된 중요한 내용을 전한다. 곧 "有古陵在府之東北五里荒野中 水嚙之 野鼠穴之 寢園壞 人爭掘金玉而出之 石穴空中 石門歆側 窺而視之 則石室儼然 刻以日月狀 不知何王陵也"(洪聖民, 「鷄林錄」, 『拙翁集』 권 7 ; 민족문화추진회 편, 1996, 『韓國文集總刊』 46)라고 하여, 경주부 동북 5리의 황야중의 古陵의 石室에 '日月狀'이 조각되어 있음을 전하고 있다. 이는 분명 신라의 日月神 숭배와 관련된 유적으로 생각되며, 현재까지는 이에 대한 최초의 보고로 여겨진다. 특히 경주 지역의 석실분이 통일신라시대에 나타나는 것이니 만큼, 이로써 보건대 日月에 대한 신앙이 통일신라시대에도 존속하였음을 짐작할 수 있다. 홍성민의 「계림록」의 日月狀 자료는 金相鉉 선생님께서 교시해 주신 것으로서, 선생님께 깊은 감사를 드리며 추후 이에 대한 학계의 연구가 진전되기를 기대한다.

리고, 풍월도라는 명칭 또한 월신月神과 관련될 것으로 추정되기 때문에 그 상관성을 인정할 수 있을 듯하다.[82]

한편 진흥왕은 '나라를 흥하게 하려면 풍월도를 먼저 해야 한다'고 일컬은 바, 풍월도는 화랑 제정 이전에 이미 존재했던 것으로 여겨진다. 이에 이차돈異次頓의 순교 기사 가운데 '동궁東宮에서 말고삐를 나란히 하던 동무들은 피눈물을 흘리면서 서로 돌아보고, 월정月庭에서 소매를 맞잡은 친구들은 창자가 끊어질 듯이 이별을 애태웠다'[83]는 구절을 주목할 수 있다. 동궁東宮은 이차돈이 출사하여 봉직하던 곳으로 생각되며, '월정月庭에서 소매를 맞잡은 친구들'에서의 '월정月庭'은 '어릴 때에 친구들과 함께 교유交遊하던 곳'을 지칭하는 것으로 풀이된다. 이 월정에서 노닐던 친구들이 이차돈의 순교에 당하여 '창자가 끊어질 듯이 이별을 애태웠다'고 하여 마치 사다함斯多含이 사우死友로 맺어진 무관랑武官郎의 병사病死에 대해 심히 슬프게 울다가 7일 만에 죽었다는 모습을 연상케 한다. 이처럼 이차돈이 월정月庭에서 사귄 친구들의 행적은 화랑 사다함의 일화와 흐름을 같이하며 세속오계世俗五戒의 '교유이신交友以信'과 통하는 면이 있다.

또한 이차돈이 죽백竹栢과 같은 자질에 수경水鏡과 같은 심지로 22세의 나이에 사인舍人이 되어 순교함으로써 '의義에 죽고 생生을 버림도 놀라운 일인데'라는 찬사를 받은 것은, 후일 화랑도의 그것에 상응하는 면이 많다. 이차돈이 습보갈문왕習寶葛文王의 증손으로서 '궁내宮內의 위사衛士되기를 희망했고 성조聖朝의 충신으로서 성세盛世의 시신侍臣 되기를 바랐다'는 데서, 그가 교유交遊한 월정月庭의 친구들도 그러한 귀족의 자제였을 것이고, 이러한 신분과 월정에서의 귀족 자제간의 사교를 통하여 궁내 근시직에 나아갈 수 있었던 것으로 여겨진다.[84] 따라서 그의 친구간의 우의와

---

82) 朴南守, 2009, 앞의 논문.

83) "春宮連鑣之侶 泣血相顧 月庭交袖之朋 斷腸惜別 望柩聞聲 如喪考妣"(『三國遺事』권 3, 興法 3, 原宗興法 厭髑滅身)

84) 異次頓을 궁중의 근시직인 舍人으로서 '內養'이라 일컬은 것은 8세기 초 율령제가 도입되기 이전의 일본에서 지배층의 자제 가운데 일종 관원의 예비코스의 성격으로서 궁중에 豎子, 內豎 등을 두었던 것에 비교되며, 나아가 화랑도를 진흥왕의 섭정이었던 母后 김씨에 봉사하고 있던 청소년 집단을 모체로

죽백竹栢과 같은 자질, 수경水鏡과 같은 심지 등은, 월정月庭에서 벗들과 교육交遊하면서 길러졌을 가능성이 높다. 더욱이 이차돈이 월정에 노닐 때의 나이도 화랑도의 그것과 유사한 바, 이차돈이 어릴 적에 노닐었던 '월정月庭'은 검군이 수행하였던 '풍월지정風月之庭'에 상응하는 것으로 여겨지며, 법흥왕 때에 이미 풍월지정風月之庭에 짝하는 모종의 조직으로서 월정月庭을 상정할 수 있을 듯하다.

그러므로 진흥왕이 나라를 흥하게 하기 위해서는 기왕의 풍월도를 먼저 해야 한다고 생각한 것은, 이차돈과 같이 의義를 위해 목숨을 초개처럼 여길 수 있는 인재를 월정月庭에서 발굴할 수 있다고 생각했기 때문일 가능성이 높다. 아무튼 진흥왕이 일컬은 귀족 자제 중심의 풍월도風月道의 전신 조직으로서 월정月庭이 법흥왕대에 존재했고,[85] 그것이 검군의 풍월지정風月之庭에 상응하다는 점만은 분명하다고 하겠다. 이는 법흥왕대에 이미 적선가 곧 귀족의 자제들을 중심으로 한 월정月庭으로부터 인재들을 발탁하여 출사토록 하였음을 보여 준다.

풍월도의 유래는 분명하지 않으나, 그것이 귀족 자제들의 정치적 소양과 덕목을 기르는 장이었다는 점에서 화랑도의 운영원리와 통하는 점이 있다. 이는 6부민 자제의 천거제만을 위주로 한 원화제와는 차이가 있다. 사실 원화제는 2명의 미녀를 선발하여 6부 자제들을 모아 인재를 선발하고자 한 것이었다. 또한 그들 '무리들은 화목을 잃고 흩어지고 말았다'는 구절로부터[86] 원화제는 6부민 자제의 인재 선발뿐만 아니라 6부의 화목을 도모하기 위해 제정되었다고 여겨진다. 이처럼 6부의 화목을 도모한 경험은 이미

하여 정식제도화한 것으로 추정하기도 한다.(李基東, 1994, 「新羅 花郎徒 연구의 現段階」, 『李基白先生古稀紀念 韓國史學論叢』; 1997, 『新羅社會史研究』, 一潮閣, 239쪽)

85) 이는 異次頓이 '적선가의 증손으로서 宮內의 衛士 되기를 희망했고 聖朝의 충신으로서 盛世의 侍臣 되기를 바랐다'는 데서, 짐작할 수 있다. 곧 이차돈은 적선가의 증손으로서 궁내 근시직에 나아갈 수 있었고, 그 적선가란 그의 조부가 習寶葛文王의 아들이라는 점에서 귀족의 가문을 지칭하는 것이고, 月庭의 친구들도 그러한 귀족의 자제로 구성되었을 것으로 추정된다.

86) 『三國史記』 권 4, 新羅本紀 4, 眞興王 37년.

가배嘉俳의 전통으로부터 유래하였을 가능성이 높다. 주지하듯이 가배嘉俳는 6부를 반씩 나누어 두 편을 만들어 왕녀 두 사람에게 각각 部 내의 여자들을 거느리고 음력 7월 16일부터 8월 15일까지 매일 아침 일찍부터 밤 10시 무렵까지 길쌈을 하고, 8월 15일에 이르러 그 결과가 많고 적음을 살펴 진 편에서 술과 음식을 마련하여 이긴 편에 사례하면서 노래와 춤과 온갖 유희를 베푸는 행사이다.[87] 이 풍속은 중국 고대의 천자와 제후의 삼궁三宮의 부인夫人과 세부世婦의 길자吉者로 하여금 국가에서 운영하는 잠장蠶場에 가게 하여, 종자種子를 씻거나 공상公桑에서 뽕나무를 심게 하는 풍속에 비교할 수 있다.[88] 이러한 풍속이 신라에 언제부터 유래했는지는 분명하지 않으나, 아마 상고 초에 2명의 王女가 6부의 두 집단을 각각 이끌고 6부 공동으로 길쌈을 하던 요역으로부터[89] 비롯하였을 것으로 여겨진다. 6부 요역의 전통은 중고기 축성비나 축제비, 곧 「영천청제비」(536)의 '△△간지도干支徒', 「경주 명활산성작성비」(551)의 '하간지도下干支徒' '일벌도一伐徒' '파일도波日徒', 「안압지 출토 명활산성비」(551)의 '일벌도一伐徒' 등에서[90] 작업집단을 'ㅇㅇ도徒'로 일컬은 데서 그 잔존한 흔적을 살필 수 있으며, 역役 징발과 관련되는 것으로 추정되는 집사부執事部 산하의 직도전直徒典과 내성 산하 관사인 촌도전村徒典도[91] 이와 관련될 것으로 생각된다.

아무튼 가배嘉俳는 그 시초부터 일월신日月神을 모시는 풍속과 관련되었을 수도 있고, 아니면 뒷날 어느 시기엔가 일월신의 풍속과 습합되어 민속화됨으로써『수서』신라전의 풍속으로 전하게 되었을 것으로 보인다. 일정한 나이의 신라 왕경의 자제들이 화랑도에 가입하는 양상은 일정한 나이가 되어 요역에 동원되는 것에 비교할 수 있으며, 그것은 지적되듯이 대내적으로 근로단체, 예배단체, 도의단체, 유흥단체, 경기단체, 그리고

87)『三國史記』권 1, 新羅本紀 1, 유리이사금 9년.
88) 張保豊,『中國絲網史稿』(上海 : 學林出版社, 1989), 8쪽.
89) 朴南守, 1992,「新羅 上代 手工業과 匠人」,『國史館論叢』39 ; 1996,「신라의 성장과 수공업 경영형태」,「新羅手工業史」, 신서원, 34~35쪽.
90) 韓國古代社會研究所 편, 1992, 앞의 책 제2권, 25·43·51쪽.
91) 朴南守, 1993,「統一新羅 宮中手工業의 運營과 變遷」,『南都泳博士古稀紀念 歷史學論叢』; 1996,「宮中手工業의 運營과 變遷」, 위의 책, 124쪽.

대외적으로는 군사단체로 동지동업同志同業의 결사結社의 의의를 가진 「두레」와 관련될 수도 있을 것이다.[92] 특히 가배의 행사를 2명의 왕녀가 관장하고, 그것이 6부 공동의 행사로서 춤과 노래가 함께 연출되었다는 것은, 왕실 주도로 2명의 원화를 두어 6부 자제들로 하여금 무리를 이루게 하고 6부의 화목을 도모한 사실에 상응한다. 따라서 두 왕녀를 중심으로 이루어진 가배의 운영원리는 원화제에 계승되었을 가능성이 높다.

이에 대해 화랑도는 원화제의 시행에 따른 문제, 곧 남모南毛와 준정俊貞 간의 질투로 빚어진 불화를 보완하는 한편 본래의 인재 선발의 조건을 충족시키는 방법을 모색하는 과정에서 제정되었을 것으로 생각된다. 사실 원화源花 남모南毛와 준정俊貞간의 불화는 가배嘉俳에서의 경쟁처럼 6부 체제하에서 빚어질 수 있는 경쟁을 상징적으로 보여주는 바, 화랑을 양가良家에서 선발하였다는 것은 원화제 중심의 과도기적 6부 천거제를 국가와 진골귀족이 주도하는 인재 선발방식으로 전환한 조치로 이해된다.[93] 곧 진골귀족 자제의 정치 훈련을 기하고 6부민 자제를 천거하기 위한 장치로서, 기왕의 귀족자제들의 사교의 장이었던 풍월도와 6부 자제 중심의 단체인 원화제源花制를 통합하여 화랑도를 제정한 것으로 생각된다. 화랑도에 보이는 6부민 자제의 낭도 구성이나 천거薦擧가 원화의 유풍이라면, 화랑을 중심으로 한 진골귀족 자제의 낭도 구성이나 도의道義를 서로 익히고 사우死友를 맺는 모습은 풍월도에서의 귀족자제들간의 사교조직 그것을 승계한 것으로 이해되기 때문이다.

그런데 중고기 역대 화랑은 화백구성원의 가문이나 이에 준하는 진골귀

---

92) 李丙燾, 1976, 「古代南堂考」, 『韓國古代史研究』, 621~623쪽.
93) 원화의 제정과 폐지, 화랑도로의 이행과정을 지배체제 내에서의 권력기반을 둘러싼 왕권과 지배세력간의 갈등으로 보는 관점에서, 원화제의 폐지를 只召夫人 등 기존 지배세력이 가지고 있는 권력기반에 타격을 주는 것으로, 그리고 花郎徒의 성립을 왕권과 지배세력의 타협점으로 보기도 한다.(고현아, 앞의 논문, 124~126쪽) 그런데 이미 앞에서 밝혔듯이 진흥왕 즉위시에 지소부인은 이미 사망한 것으로 여겨지며, 씨가 일컬은 지소부인 등 구 지배세력의 실체나 진흥왕과 타협했다는 지배세력과 구지배세력간의 관계에 대한 설명이 없음을 지적해 둔다.

족 가문의 출신이었고, 낭도의 천거는 6부 전통의 인재선발 방식을 승계한 것이었다. 또한 화랑의 출사出仕는 당대 화백의 구성원이었던 그의 부친 내지 족친의 부장으로서였다. 이는 화백회의와 화랑도 간의 친연성을 의미하는 바, 화백과 화랑이 동일한 뿌리에서 분화하였을 가능성을 보여준다. 이에 알천안상閼川岸上에서 박혁거세를 추대하였던 6부족장회의를 주목할 수 있다.94)

주지하듯이 6부족장이 그들 자제를 거느리고 알천안상閼川岸上에서 회의하던 전통은 화백회의로 승계되었다.95) 알천안상의 6부족장 회의는 그들 자제에 대한 정치 수습의 과정으로 풀이되는데, 당시 6부족장의 정치사회적 지위는 중고기 화백의 구성원으로서 국정을 주도한 화랑의 선계들의 지위와 동일한 것이었다. 또한 6부족장이 그들 자제를 거느리고 회의를 주재하였던 것은 화랑의 선계 내지 족친들이 화랑출신의 자제를 거느리고 참전한 것과 비교된다. 이는 화백회의와 화랑도가 알천안상의 회의로부터 비롯하였을 가능성을 상정케 한다.

그러므로 초기 국가시대 화백和白의 원류로 인정되는 6부족장회의에서 국왕 추대 등 국가의 중대사를 결정하면서 그들 자제를 동반하였던 형태

---

94) 朴南守, 2008b, 앞의 논문, 133~134쪽·2008d, 앞의 논문 참조. 三品彰英은 직접 閼川岸上의 회의를 언급하지는 않았으나, 화랑도의 원류를 원시시대의 남자집회에서 찾고 사적 연관성이 있음을 지적한 바 있다. 곧 신라의 왕위가 초기에는 部民의 선거 추대에 의해 결정되었으나, 마립간시대에 왕권이 차츰 확립되어 남자집회의 지도적 위치에 올라 서게 되었고,(三品彰英, 1943,「花郎の制定」; 이원호 역, 앞의 책, 189쪽), 6세기 초엽 문화적으로 중국 문물제도를 수용하여 국가 내용이 다시 새로워지면서, 화랑의 제정은 새로운 사회제도의 하나인 귀족출신의 청년전사단 가무집단이 되었는데, 이는 순수한 국가제도라기보다는 국가적으로 승인된 민간조직체라는 성질을 지니고 있어 그 원류는 결국 원시시대의 남자집회에 있었던 것으로서 그 사적 연관을 인정하지 않을 수 없다고 주장한 바 있다.(三品彰英, 1943,「花郎習俗の歷史的瞰望と一般男子集會」, 앞의 책 ; 이원호 역, 앞의 책, 263~264쪽) 그러나 그가 이미 화랑도의 연원을 6부회의제와 관련하여 검토하면서도, 이를 중국문물제도와 관련시켜 어느 시기엔가 폐지된 원시적 남자 집회로 이해함으로써, 신라 특유의 화백제도의 변화나 정치적 발전과정을 간과하였다는 점을 지적해 둔다.

95) 朴南守, 2007, 앞의 논문, 6~13쪽.

에서, 고대국가 체제가 갖추어지면서 화백은 국정을 총괄하는 기구로 고정화되고, 그들 자제의 정치 참여는 천거제에 의해 대치되었던 것으로 추측된다. 그후 중고기 초엽 율령제적 중앙집권국가를 지향하면서 기존 6부의 공동체적 기반을 탁부·사탁부 중심의 배타적 골품제 체제로 전환하면서, 6부 수장의 자제들은 천거제를 통하여 출사하는 데 대해, 왕실 귀족의 자제들은 풍월도를 중심으로 정치에 필요한 덕목의 함양과 사교를 통하여 관직에 나아갔던 것으로 보인다.

진흥왕대에 이르러 사방의 척경 등으로 상징되는 국가의 중흥기를 맞이하여 원화源花를 제정制定한 것은, 6부의 자제들을 국가의 인재 관리 체계 하에 포용하고 6부의 화합을 기하기 위한 조치로서 이해된다. 이러한 과정에서 기왕의 6부 화합을 기하는 가배嘉俳의 운영 원리를 채용하였으나 6부간의 갈등으로 폐지되었다. 그러나 삼국쟁패기라는 시대적 요청에 따라 인재 양성을 필요로 한 진흥왕과 그를 위요한 진골 귀족은, 기왕의 원화제와 풍월도를 통합하여 화랑도花郎徒를 제정하였다. 이로써 화랑도는 탁부·사탁부 주도의 화백구성원을 비롯한 진골귀족 자제들의 정치 수습의 장을 담보하는 한편 여타 6부 출신의 두품 이하 신분의 자제에게는 천거를 통한 출사로를 허용하였다. 따라서 화랑도의 제정은 기왕의 6부 천거제를 탁부·사탁부 주도체제로 전환하는데 따른 갈등을 최소화하고 중고기 신라 왕실이 추구하던 정책적 목표를 달성하고자 한 방안으로서 의의를 지닌다고 할 것이다.

4. 맺음말

진흥왕대의 정책은 흥륜사의 낙성과 출가 허용, 팔관회 개최 등으로 상징되는 일련의 불교정책과 '사방척경四方拓境'으로 지칭되는 영토의 확장으로 대표된다. 이러한 정책은 「창녕진흥왕척경비」의 '유년에 왕위를 이어 정무를 보필에 맡기고幼年承基 政委輔弼'와 진흥왕 순수시에 수가한 대등군大等群에서 확인되듯이, 진흥왕을 위요한 탁부·사탁부 소속 대신들에 의해 주도되었다. 동시기의 화랑도花郎徒 또한 진흥왕과 이들 대신들에 의해 제정되었던 바, 그 목적이나 기능·성격 또한 당시의 정책과 무관하지 않을 것이다.

본고는 이러한 관점에서 먼저 화랑도 제정의 주체와 그 목표 등을 밝히고, 화랑도를 제정한 진흥왕대 신라사회의 사상적 분위기와 정책적 과제 등을 진흥왕순수비를 중심으로 살피고자 하였다. 또한 원화와 화랑도·풍월도의 상호 관계 및 화백회의와의 관련성을 살핌으로써 화랑도 기원에 관한 문제를 추구하고자 하였다. 이에 지금까지의 검토한 내용을 요약 정리함으로써 맺음말에 대신하고자 한다.

첫째, 화랑도는 진흥왕 23년 이전에 '군신君臣'으로 표현된 진흥왕과 탁부·사탁부 소속의 진골 귀족들의 주도로 제정되었다. 이에는 「마운령진흥왕순수비」에 보이는 신라의 당면과제 곧 신라사회가 지향하는 바 불교의 덕화德化와 대외 영토 확장, 그리고 중국 문물의 수용 및 새로이 편입한 지역에 대한 통치, 이를 가능하게 한 충忠과 신信의 함양 및 조정에 두루 쓰일 인재의 발굴과 관련된 것이었다. 또한 당시 신라인들의 산천 신지山川 神祇에 대한 신앙을 존속하고 불교신앙을 존숭하는 분위기 속에서 화랑도를 제정하였고, 당시에 이미 화랑을 미륵의 화신으로 여기는 관념이 확립되었음을 살필 수 있었다.

둘째, 원화와 화랑도는 진흥왕 당시의 미륵신앙과 6부 천거제의 전통, 전통적인 가배의 조직 및 운영원리, 풍월도의 귀족층 자제의 덕목 함양과 사교 등의 내용을 담은 종합적인 문화현상이었다. 가배는 상고기 초 왕경 6부 여자들을 요역에 동원하던 데서 비롯하여 일월신日月神을 숭배하는 신앙과 습합되어 8월 한가위 풍속으로 전승되었다. 풍월도風月道는 알천안 상閼川岸上에서 6부족장이 그들 자제를 거느리고 정치를 수습하게 하던 전통에서 비롯하여, 6부의 천거제와 나란히 궁중 내의 귀족 자제를 인재로 양성하는 바탕이 되었다. 6부 천거제는 진흥왕대에 불교를 존숭하는 사조 속에서 미륵신앙과 습합되어 원화제로 나타나면서, 일월신과 습합된 가배의 조직 운영원리를 채택하였다. 그러나 원화제가 두 원화간의 갈등으로 폐지되고, 탁부·사탁부 중심의 정치체제가 형성되면서 화랑도를 제정하였던 것으로 보인다. 이에 신라는 중고기 초엽 율령제적 중앙 집권국가체제를 지향하면서 기존 6부의 전통적 기반을 탁부·사탁부 중심의 배타적 골품 체제로 전환하고, 6부 천거의 권한을 중앙정부에 귀속시켜 화랑도를 운영하였던 것으로 보인다. 특히 6부 천거의 권한을 중앙정부에 귀속시키는 과정에서, 화백구성원을 비롯한 진골귀족 자제들의 정치 수습의 장을 담보하는 한편 두품 이하 신분의 자제에게는 천거제를 통한 출사로를 허용하였다. 이로써 기왕의 6부 전통과의 갈등을 최소화하고 중고기 신라 왕실이 추구하던 정책적 목표를 달성하고자 한 것으로 보인다.

요컨대 원화와 화랑의 제정은 진흥왕대의 정치현실적인 문제를 전통적인 6부 통합의 조직 원리로서의 가배嘉俳의 전통과 이에 습합된 일월신日月神에 대한 신앙, 새로이 홍포하고자 한 불교 특히 미륵하생 신앙의 조합이었다. 원화제源花制에서 화랑제花郎制로의 전환은, 6부 천거의 권한을 중앙에 회수하는 과정에서 6부 중심의 원화제를 귀족들 자제의 정치 훈련의 장이었던 풍월도와 통합한 것이었다. 따라서 화랑도의 제정은 6부에 한정된 인재 선발을 목표로 한 과도기적 성격의 원화제를 진골귀족과 왕경 6부민 자제를 포괄하는 인재선발의 정책적 방안으로서 개편한 것으로 평가된다.

신라 중고기 화랑의 출신 가계와
화랑도花郎徒 운영의 변화

1. 머리말
2. 화랑의 출신가계와 선출
 1) 화랑의 출신가계出身家系
 2) 화랑 선출방식選出方式의 변화
3. 진평왕대 화랑도花郎徒 운영의 변화
 1) 신라 군제軍制의 변화와 화랑도
 2) 직역職役과 군역軍役, 6부통치체제의 변화와 화랑도
4. 맺음말

1. 머리말

천전리서석川前里書石 원명原銘과 추명追銘은 신라 화랑 관련 정보와 함께 법흥·진흥왕대의 부족한 사료를 메꾸는 주요한 자료로서 인정되어 왔다. 또한 1989년과 1995년에 이른바 필사본『화랑세기花郎世紀』발췌본과 모본이 발견됨으로써 그 진위를 둘러싸고 18년여에 걸쳐 지리한 논쟁을 거듭하기도 하였다. 필자는 국사편찬위원회에서 수집한「남당박창화선생유고南堂 朴昌和先生 遺稿」를 검토하는 과정에서 이른바 발췌본·모본『화랑세기花郎世紀』와는 또다른 유형의 잔본殘本이 있음을 보고하고, 이들이 모두 남당南堂 박창화朴昌和의 소설류였음을 밝힌 바 있다.[1] 그렇다고 그 동안의 『화랑세기花郎世紀』진위논쟁이 전혀 무의미한 것만은 아니었고, 논쟁의 과정에서 화랑도花郎徒에 대해 다양하게 검토함으로써 기왕의 이해에 다소

---

1) 朴南守, 2007,「신발견 朴昌和의『花郎世紀』殘本과 '鄕歌' 一首」『東國史學』 43.

간의 문제가 있었음을 살피게 되었다.

주지하듯이 최치원은 「난랑비鸞郎碑」 서문에서 "나라에 현묘玄妙한 도道가 있으니 풍류風流라 한다. … 이는 삼교三敎를 포함하고 뭇 백성들과 접接하여 교화한다"라고[2] 하여, 화랑도花郎徒가 유·불·선을 망라하는 것으로 기술하였다. 이를 바탕으로 지금까지의 연구에서는 화랑도의 기원을 원시적인 남자 청년집회나 원시적 샤만과 관련하여 전사계급적戰士階級的 사교社交 가무집단歌舞集團나[3] 기존 촌락 공동체적 조직을 매개로 조직화된 반관반민적半官半民的 성격을 띤 것으로 풀이한다.[4] 또한 화랑도는 중고기에 골품제가 확립되면서 이를 유지하기 위한 장치의 하나로서 편제되었다고 보거나,[5] 율령기구로서의 성격을 띠는 예부禮部 관할하의 기구였다고 이해한다.[6] 아울러 신라가 중앙집권적 국가체제를 정비하면서 귀족들의 지방에 대한 지배권 상실에 따른 보상장치로서 제정된 것으로 보기도 한다.[7]

이러한 논의에도 불구하고 기왕의 연구는 논자의 관점에 따라 원시적 남자집회나 율령제의 강제, 또는 집권적 국가체제만을 강조함으로써 화랑도의 성격에 대해 상당한 견해 차이를 보인다. 특히 기왕의 연구에서는

---

2) 『三國史記』 권 4, 新羅本紀 4, 眞興王 37년.

3) 三品彰英, 1974, 「花郎の制定」 『新羅花郎の研究』, 平凡社 ; 李元浩 역, 1995, 『新羅花郎의 研究』, 집문당, 189쪽.

4) 三品彰英, 1974, 「花郎の制定とその本質」, 위의 책 ; 이원호 역, 위의 책, 50쪽. 李基東, 1976, 「新羅 花郎徒의 起源에 대한 一考察」 『歷史學報』 69 ; 1984, 『新羅骨品制社會와 花郎徒』, 一潮閣, 322쪽. 李基東, 1984, 「新羅社會와 花郎徒」, 『新羅文化』 1, 34쪽. 李基東, 1994, 「新羅 花郎徒 연구의 現段階」, 『李基白先生古稀紀念 韓國史學論叢』 上, 一潮閣, 101쪽. 鄭璟喜, 1990, 「三國時代 社會와 儒敎」. 『韓國古代社會文化研究』, 一志社, 373쪽.

5) 李基東, 1984, 앞의 논문, 34쪽. 朱甫暾, 1997 「新羅 花郎徒 研究의 現況과 課題」 『啓明史學』8, 106쪽.

6) 李鍾旭, 1989, 「新羅 花郎徒의 編成과 組織·變遷」, 『新羅文化祭學術發表會論文集』 10, 248쪽. 李鍾旭, 1996, 「新羅 中古時代의 花郎徒」, 『省谷論叢』 27-4, 632쪽.

7) 李純根, 1991, 「新羅 貴族勢力과 결합한 武人勢力」, 『論文集』23, 聖心女子大學, 66쪽.

중고기와 통일신라기의 화랑도 관련 자료를 구분하지 않고 망라하여 검토되었던 만큼, 그 운영의 변화상을 살피는 작업을 간과한 점이 없지 않았다.[8]

본고는 이러한 관점에서 먼저 중고기부터 삼국통일기에 활동하였던 화랑들의 선계先系를 추적함으로써, 중고기 신라 정국을 주도하였던 화백회의 구성원의 자제라는 출신 성분이 화랑도 결성의 구심점으로 작용하였음을 살피고자 한다. 다음으로 진평왕대에 화랑의 선출과 선임기준이 변화하였음에 주목하여, 화랑도 운영을 전환하게 한 주요한 요인을 살피고자 한다. 특히 주요한 변화의 징후로서 진평왕대 군제 변화, 그리고 『삼국유사』 죽지랑조에 나타난 직역職役과 군역軍役의 관계 및 중고기 부部 통치체제의 변화를 살피고자 한다. 많은 질정을 바란다.

2. 화랑의 출신가계와 선출

1) 화랑의 출신가계出身家系

지금까지의 연구에 따르면 화랑도는 대체로 15~18세의 화랑을 중심으로 한 청소년집회로서, 1인의 화랑과 7~800명 내지 1,000여 명의 낭도로 구성되었고, 낭도들 가운데는 몇몇 승려가 배속되었다.[9] 또한 동시기에 몇 개의 화랑집단이 존재하였고, 이들을 통제하기 위한 화주花主가 있었던

---

8) 洪淳昶, 1970, 「新羅花郎徒의 硏究史的 考察」, 『新羅伽倻文化』 2, 영남대. 李基東, 1994, 앞의 논문. 崔在錫, 1996, 「花郎硏究의 成果」, 『화랑문화의 신연구』, 향토문화사연구 전국협의회. 崔光植, 1996, 「화랑에 대한 연구사 검토」, 『화랑문화의 신연구』. 朱甫暾, 앞의 논문, 125~127쪽.

9) 金煐泰는, 彌勒을 상징하고 모방하여 신라의 미륵부처를 받든 國仙의 常隨侍者 執事郎徒를 현실적으로 고안하여 僧侶郎徒를 제도화한 것으로 추정하고, 승려낭도는 화랑도를 보살피고 이끌며 운영하는 임무와 책임을 맡았던 것으로 보았다.(金煐泰, 1969, 「僧侶郎徒攷」, 『佛敎學報』 7 ; 1987, 『新羅佛敎硏究』, 民族文化社, 97쪽)

것으로 이해된다.10)

화주花主에 대한 기사는『삼국유사』권 2, 기이 2 효소왕대 죽지랑孝昭王代 竹旨郞조의 '조정화주朝廷花主'가 유일하다. 죽지랑조에서 화주는 죽지랑의 낭도 득오得烏의 역역 징발을 관장하였던 익선益宣의 부당한 처사에 대해 처벌을 가하고 있다. 따라서 당시에 여러 명의 화랑이 있었다는 전제에서 '화주'를 몇 개의 화랑집단을 통제하는 중앙관으로 이해한다.11) 사실『삼국유사』권 5, 감통 7, 융천사혜성가 진평왕대融天師 彗星歌 眞平王代조에 보이는 '제5 거열랑居烈郞, 제6 실처랑實處郞, 제7 보동랑寶同郞 등 세 화랑의 무리'에서 진평왕대에 최소한 7명의 화랑이 존재하였음을 학인할 수 있고,12)『삼국유사』권2, 기이 2, 48 경문대왕조에서 국선國仙 요원랑邀元郞 · 예흔랑譽昕郞 · 계원桂元 · 숙종랑叔宗郞이 같은 시기에 존재하였음을 살필 수 있다. 또한 동 경덕왕 충담사 · 표훈대덕조의 찬기파랑가讚耆婆郞歌 가운데 '서리 모를 화랑의 장長이여'란 구절에서 이들 여러 명의 화랑 가운데는 화랑의 장長이 있었음을 알 수 있다. 이처럼 화랑도 제정 이후 신라사회에는 같은 시기에 여러 명의 화랑이 있고, 그 가운데 일종 대표 화랑이 있었음을 볼 수 있다. 다만 경덕왕대에 기파랑耆婆郞이 대표화랑으로서 중고기 화주花主와는 별도의 체계에 있었던 것으로 추측되지만, 구체적으로 어떤 성격의 존재인지는 분명하지 않다.

화랑은 화랑도를 실질적으로 이끄는 존재였다. 진흥왕대 화랑도의 향가 도령가徒領歌의 명칭이나13)『삼국사기』·『삼국유사』에서 화랑이 낭도들을

10) 李基東, 1979,「新羅 花郞徒의 社會學的 考察」,『歷史學報』82 ; 1984, 앞의 책, 333~335쪽.
11) 李基東, 위와 같음. 李鍾旭, 1986,「三國遺事 竹旨郞條에 대한 一考察」,『韓國傳統文化硏究』2, 효성여대 한국전통문화연구소, 215쪽.
12) 辛兌鉉은 '제5 居烈郞, 제6 實處郞, 제7 寶同郞'을 화랑의 세대수로 파악하여, 한 시기에 한 사람의 화랑만이 존재했던 것으로 이해하였으나(辛兌鉉, 1965,「花郞世代考」,『論文集』4, 경희대, 83~87쪽), 씨의 입론의 근거가『三國史記』金歆運傳에 보이는 史論 '三代의 화랑이 무려 200여 명이었는데…'의 三代를 상대·중대·하대의 시기구분을 나타내는 삼대가 아닌 '3대째의 화랑'으로 풀이하는 오류를 범하였다는 문제를 안고 있다.
13)『三國史記』권 32, 雜志 1, 樂 會樂及辛熱樂.

거느리고 산천을 유오遊娛한 사례들을 통하여, 화랑이 화랑도를 영도하였던 사정을 충분히 짐작할 수 있다. 이들 화랑은 신라 진골귀족 출신으로 이해되는데,[14) 화랑이 될 수 있는 요건으로서 진골 귀족의 자제라는 자격 외에도 용모를 비롯하여 화랑단체의 운영에 필요한 막대한 비용, 계급적 지위와 학문·교양을 들기도 한다.[15) 이러한 기왕의 논의로써 화랑의 자격 요건을 어느 정도 알 수 있게 되었다고 하지만, 수많은 진골 귀족의 자제가 모두 화랑은 아니었다.

그러면 수많은 진골 귀족 자제 가운데 어떠한 자격 요건으로 화랑이 될 수 있었던 것일까. 이에 역대 화랑들의 이력을 살필 필요가 있다. 지금까지 여러 연구자들은 화랑의 명단을 구체적으로 제시한 바 있다.[16) 이는 '모랑某郎'을 화랑花郎으로 보는 관점과 '랑郎' 자체를 귀족 자제를 일컫는 미칭美稱으로 보는 관점으로 나누어 살필 수 있다.

점패방지진鮎貝房之進은 '랑郎'을 '남칭男稱'으로 풀이하였는데,[17) 지금까지 우리 학계에서는 일반적으로 『삼국사기』·『삼국유사』, 「울주천전리서석명」에 보이는 '모랑某郎'을 일괄하여 화랑으로 여겨왔다. 일찍이 황수영은 천전리 서석 원명(법흥왕 12, 525)에서 사부지갈문왕과 함께 온 이들을 '병유우매려덕광묘어사랑안랑幷遊友妹麗德光妙於史郎安郎'으로   석독하였는데,[18) 이러한 석독을 수용하여 '어사랑於史郎'과 '안랑安郎'이 실재한 것으로 여김으로써 화랑도의 제정을 법흥왕대까지 소급하는 견해도 있었다.[19) 또한 천전리 서석에 '랑郎'자가 있는 이름이 매우 많지만 이들 '모랑某郎'의 인물들을 화랑으로 여기는 데에는 문제가 있는 것으로 여겨 판단을 유보

---

14) 李基東, 1979, 앞의 논문 ; 1984, 앞의 책, 335쪽. 朱甫暾, 앞의 논문, 112쪽.

15) 孫晉泰, 1948 『韓國民族史槪論』, 乙酉文化社, p.128.

16) 金相鉉, 1989, 「高麗時代의 花郎認識」, 『新羅文化祭學術發表會論文集』 10, 223 ·227~228쪽. 洪淳昶, 1989, 「花郎과 新羅의 政治社會」, 『新羅文化祭學術發表會論文集』 10, 109~115쪽. 金貞淑, 1995, 「新羅 花郎의 生活史 硏究」, 『화랑문화의 신연구』, 450~461쪽.

17) 鮎貝房之進, 1932, 「花郎攷」, 『花郎攷·白丁攷·奴婢攷』, 國書刊行會, 42~43쪽.

18) 黃壽永, 1971.5.10, 「新羅의 蔚州書石」, 『東大新聞』.

19) 李基東, 1979, 앞의 논문 ; 1984, 앞의 책, 331쪽.

하면서, 동 명문의 '아호화랑阿號花郎'도 마찬가지로 화랑으로 보기 어렵다는 견해가 있었다.[20]

화랑의 무리를 '낭도郎徒'라고 일컬은 것은 '원랑도原郎徒'[21]나 '준영랑도俊永郎徒'·'영랑도永郎徒' 등의 용례[22]에서 보듯이 '모랑某郎의 도徒'로 일컬은 데서 비롯한다. 그러나 비녕자丕寧子의 아들 거진擧眞을 그의 노奴였던 합절合節이 '아랑阿郎'이라 일컬은 것이나,[23] 「울주천전리서석명」에서 '따님'과 '아드님'의 의미로서의 '여랑女郎'과 '자랑子郎'을 사용한 사례,[24] 그리고 분명히 화랑과는 거리가 있어 보이는 연오랑延烏郎과 처용랑處容郎 등의 용례에서도,[25] 신라시대의 '모랑某郎'이란 귀족의 자제늘을 일컫는 미칭美稱으로 보아야 할 것이다.[26] 이는 화랑花郎을 귀족의 자제인 '모랑某郎'으로 일컬을 수는 있으나, '모랑某郎'이 모두 화랑은 아니었음을 보여준다.

신라 중고기와 통일전쟁기에 활동한 화랑으로는 진흥왕대의 사다함斯多含[27]과 백운白雲[28]·설원랑,[29] 진지왕대의 미시랑未尸郎,[30] 진평왕대의

---

20) 金貞淑, 앞의 논문, 461쪽.
21) 『三國史記』권 32, 雜志 1, 樂 會樂及辛熱樂.
22) "世謂安常爲俊永郎徒 不之審也 永郎徒 唯眞才繁完等知名"(『三國遺事』권 3, 塔像 4, 栢栗寺)
23) 『三國史記』권,47, 列傳 7, 丕寧子.
24) 文暻鉉, 1987, 「蔚州 新羅 書石銘記의 新檢討」, 『慶北史學』10, 9·29~30쪽.
    朴南守, 2008, 「蔚州 川前里 書石銘에 나타난 眞興王의 王位繼承과 立宗葛文王」, 『한국사연구』141, 13쪽.
25) 『三國遺事』권 1, 紀異 1, 延烏郎 細烏女 및 권 2, 紀異 2 處容郎 望海寺.
26) 梁柱東은 永郎·述郎 등과 같이 인명 아래에 '郎'자를 붙인 것은 물론 '花郎'임을 보이기 위함이나, 원 뜻은 '誰謀내'의 뜻으로서, 현대어 '누구의 집' '누구내집'에 상응한 것으로 보고, 耆婆郎이란 '기보내'를 표현한 것으로 풀이하였다.(梁柱東, 1965, 『增訂 古歌研究』, 일조각, 374쪽)
27) 『三國史記』권 44, 列傳 4, 斯多含.
28) 『東國通鑑』권 1, 三國記 陳天康 元年 新羅 眞興王 27年 春 2月. 『三國史節要』권 6, 陳 天嘉 7년 新羅 眞興王 27년 冬 10월.
29) 『三國遺事』권 3, 塔像 4, 彌勒仙花 未尸郎 眞慈師.
30) 위와 같음.

김유신金庾信[31]·김흠춘金欽春(欽純)[32]·근랑近郎,[33] 호세랑好世郎과 구참공
瞿旵公,[34] 거열랑居烈郎·실처랑實處郎[突處郎]·보동랑寶同郎,[35] 선덕왕 초년
을 전후한 시기의 죽지랑竹旨郎,[36] 태종 무열왕대의 관창官昌[37]과 문노文
弩[38] 등을 꼽을 수 있다. 이 가운데 그 선계先系를 확인할 수 있는 이들은
사다함을 비롯하여, 김유신과 김흠춘 형제,[39] 관창, 그리고 근랑과 죽지
랑 등이다.

사다함斯多含은 급찬 구리지仇梨知의 아들로서, 나물왕 7세손이다. 따라
서 그는 나물왕계로 진흥왕의 손자뻘에 해당하며, 그가 가야토벌에 참여
한 진흥왕 23년은 나물왕 4세손 이사부異斯夫와 5세손 거칠부居柒夫가 정권
핵심부에서 활약하던 시기였다.[40] 「단양적성신라비」(진흥왕 12, 551)에
는 이사부지伊史夫智, 그리고 거칠부로 추정되는 일명의 △△부지夫智가[41]
별교別敎의 주체인 대중등大衆等으로 참여하고, 「마운령진흥왕순수비」(진
흥왕 29, 568)에는 거칠부지居柒夫智가 대등大等으로서 국왕을 수가하였음
을 살필 수 있다. 또한 「울진봉평신라비」(법흥왕 11, 524)에는 거칠부의
아버지 물력지勿力智가 모즉지매금왕(법흥왕)·사부지(입종)갈문왕과 함께
7왕王의 1명으로서 소교사所敎事의 주체로 참여하였음을 볼 수 있다. 이들
은 모두 화백회의和白(大等)會議 구성원으로 인정되는데, '물력지勿力智－거
칠부지居柒夫智'의 사례에서 화백 구성원의 자격이 한 가계 안에서 계승되
었음을 볼 수 있으며, 이는 후술하듯이 '무력武力－김유신金庾信'의 사례에

---

31)『三國史記』권 41, 列傳 1, 金庾信 上.『三國遺事』권 1, 紀異 2, 金庾信.
32)『三國史記』권 47, 列傳 7, 金令胤.
33)『三國史記』권 48, 列傳 8, 劒君.
34)『三國遺事』권 4, 義解 5, 二惠同塵.
35)『三國遺事』권 5, 感通 7, 融天師 彗星歌 眞平王代.
36)『三國遺事』권 2, 紀異 2, 孝昭王代 竹旨郎.
37)『三國史記』권 47, 列傳 7, 官昌.
38)『三國史記』권 47, 列傳 7, 金歆運.
39)『三國遺事』권 1, 紀異 2, 金庾信.
40)『三國史記』권 44, 列傳 4, 斯多含·異斯夫·居柒夫.
41) 邊太燮은 이를 '거칠부지'로 파악한 바 있다.(邊太燮, 1978「단양적성비제2차
　　학술좌담회」『史學誌』12, 94~95쪽)

서도 확인된다. 특히 중고기 진골귀족의 자제들이 처음 출사하여 그의 부친이나 종친의 휘하에서 전투에 참가한 점을 주목할 때, 사다함이 그의 조부격인 이사부異斯夫와 함께 출전하였던 사실로부터 그가 탁부 소속 나물왕계 진골귀족의 자제로서 이사부와 혈연적으로 밀접한 관계였음을 알 수 있다. 또한 사다함斯多含이란 이름이 불교에서 유래한 이름이란 것으로 보아도[42] 그는 법흥왕·진흥왕으로 이어지는 불교정책을 충실히 이행하는 귀족 가문의 출신이었음을 짐작할 수 있다.

김유신과 김흠춘 형제는 가야의 마지막 왕 구형왕의 셋째 아들인 무력武力을 조부祖父로 하고, 무력의 아들 서현과 숙흘종의 딸 만명부인과의 사이에서 태어났다. 말하자면 가야계와 신라 진골 귀족의 혈통을 잇는 셈이다. 특히 김유신의 조부祖父 무력武力은 사탁부 소속으로서 「단양적성신라비」와 「마운령진흥왕순수비」에 대중등大衆等, 대등大等으로 각각 등장하는 중고기 초엽의 화백회의和白(大等)會議 구성원이었다. 김유신 또한 사량부 출신일 것으로 생각되는데, 그는 선덕왕 초기에 당시 최고의 진골 귀족들과 함께 화백회의로 인정되는 오지암회의에 참여한 바 있다.[43]

한편 죽지랑은 선덕왕 초년 오지암회의에 참여한 술종공의 아들이다. 술종공은『삼국유사』오지암회의 기사와 죽지랑조에만 나타난다.『삼국유사』에 등장하는 인물들의 이름이 그러하듯이 '술종述宗'은 아무래도 신라어를 한자로 고친 이름으로 생각되며, 이사부異斯夫(伊斯夫)를 태종苔宗,[44] 거칠부居柒夫를 황종荒宗[45]이라고 일컫은 데서,『삼국사기』에 보이는 '수을부首乙夫'가 아닌가 추정된다. 곧 '수을首乙'을 한자어로 표기하면서 그 음을 축약하여 '술述'로 고쳐 쓰고,[46] '부夫'는 '종宗'으로 바뀐 것으로

42) 金煐泰, 1967, 「新羅眞興大王의 信佛과 그 思想硏究」,『佛敎學報』5 ; 앞의 책, 43~44쪽. 金哲埈, 1971, 「三國時代의 禮俗과 儒敎思想」,『大東文化硏究』,6·7 ; 1975,『韓國古代社會硏究』, 213쪽.
43) 朴南守, 1992(a), 「신라 화백회의 기능과 성격」,『수촌 박영석교수화갑기념 한국사학논총』상, 221~229쪽.
44) "異斯夫[或云苔宗]"(『三國史記』권 44, 列傳 4 異斯夫)
45) "居柒夫[或云荒宗]"(『三國史記』권 44, 列傳 4 居柒夫)
46) 이와 관련하여 '省山洞(晉州郡 舊省乙山洞)'에서 '省'이 지명에서 '소'로 音借되

판단되기 때문이다. 수을부首乙夫는 진평왕 10년(588) 상대등에 오른 인물로서, 선덕왕 원년(632)에 을제乙祭가 그의 상대등직을 승계하였던 것으로 생각된다. 따라서 수을부는 진평왕 10년부터 44년 동안 상대등으로 재직한 셈이 된다.[47] 또한 술종공述宗公은 진평왕대에 군주軍主에 임명되었으며,[48] 『삼국유사』 명랑신인조에서는 대덕大德 및 김유신金庾信·김의원金義元 등과 함께 원원사遠源寺를 창건했다고 하지만 이는 김유신 당대가 아닌 후대의 윤색이란 견해가 유력하다.[49] 다만 술종공述宗公이 김유신金庾信과 함께 원원사遠源寺란 원찰願刹을 창건했다는 속전俗傳은 두 인물이 정치적으로 밀착되었던 사실을 반영하는 것으로 생각된다.[50]

이상에서 화랑이었던 김유신·김흠춘 형제, 죽지랑의 선계는 모두 화백회의 구성원이었음을 확인할 수 있다. 사다함은 나물왕 7세손으로서 가야 토벌전에서 그의 조부격이었던 이사부의 부장副將으로 참여하였던 것으로 보아, 이사부의 계통을 잇는 화백회의 구성원과 모종의 관계에 있었던 것으로 추정된다. 관창의 경우 그의 부친 품일이 화백회의에 참여했는지의 여부는 확인되지 않지만, 그는 김유신·김흠춘 형제와 어깨를 나란히 하며 삼국통일전쟁을 이끌었던 신라의 핵심 진골귀족이었다.

특히 김유신, 김흠춘 형제는 화랑 출신으로서, 만일 화랑이 이들 신김씨 가문 안에서 계승된 것이라면 김유신의 아들 중에도 화랑출신이 있어야 하지만, 기록에는 나타나지 않는다. 다만 김유신의 아들 원술元述의 활동이 마치 화랑의 무훈담과 유사한 형태로 전하고 있어,[51] 혹시 원술 또한 화랑이었지 않을까 추측해 볼 수도 있겠다. 또한 김흠춘의 아들 반굴盤屈과 손자인 김영윤金令胤은 모두 임전무퇴의 정신으로 전투에 나아가 싸우다 전사한 바,[52] 이들 가족의 일화는 이들 가문의 '명예와 절개'를 지킨

고, 吏文에서 '솔(省乙)'에 轉音借된 사례가 주목된다.(梁柱東, 앞의 책, 649~650쪽)

47) 李基白, 1974, 「上大等考」, 『新羅政治社會史研究』, 一潮閣, 129쪽 각주 55.
48) 李鍾旭, 1986, 앞의 논문, 208~210쪽.
49) 文明大, 1971, 「新羅 神印宗의 研究」, 『震壇學報』 41, 193~196쪽.
50) 李鍾旭, 1986, 앞의 논문, 212쪽. 洪淳昶, 1989, 앞의 논문, 107쪽.
51) 『三國史記』 권 43, 列傳 3, 金庾信 下.

화랑도 정신의 표상으로 보아도 좋을 것이다.

근랑近郎은 그의 아버지가 이찬 대일大日이란 것 외에는 더 이상의 활동상을 살필 수 없다. 대일의 관등이 이찬이란 것으로 보아 진골 귀족임을 확인할 수 있어, 사다함이나 김유신·김흠춘, 죽지랑의 선계先系와 큰 차이가 있어 보이지는 않는다. 이러한 사실은 역대 화랑들이 신라 중고기 정치사회를 움직이는 구심적 역할을 하였던 화백구성원, 곧 진골귀족 씨족집단의 대표자 가문의 출신일53) 가능성이 높음을 시사한다.

아무튼 선계先系를 알 수 있는 화랑들은 모두 진골귀족 가운데서도 신라최고의 의사결정기구였던 화백회의 구성원의 자제이거나 그와 관련된 가문의 출신이었다. 이는 화랑도를 제정한 이들이 진흥왕대의 '군신君臣' 곧진흥왕과 그를 위요한 탁부·사탁부 소속의 대등이라는 점과 흐름을 같이한다. 같은 시기에 여러 명의 화랑이 가능했던 것도54) 이처럼 신라 국정을좌우하였던 화백회의 구성원 가문과의 관련성 때문이 아닐까 생각된다.

특히 『삼국사기』 열전 김흠운전 사론史論의 화랑제정 관련 기사의 '유취군유類聚群遊'는 화백회의 구성원인 각 진골귀족 씨족집단의 대표자 가문이화랑도 제정을 주도하면서 그들 자제를 중심으로 화랑도를 결성·지원하였던 사실을 반영하는 것이 아닌가 한다. 곧 가계가 확인되는 한 화랑의대부분이 화백회의 구성원의 자제였다는 점, 김유신 가문에서처럼 형제간에 화랑의 직임이 승계되었다는 점, 그리고 김흠춘 가계 내에서 반굴－김영윤으로 이어지는 화랑도 정신의 실천, 황산벌 전투에서 김흠춘과 품일이 경쟁하듯 자신의 아들들을 전사로 몰아넣은 일화 등으로 미루어 볼때, 신라 중고기 국정을 좌우했던 화백 구성원 가문이나 이에 준하는 진골귀족들은 가문이나 그들 종족을 드러내기 위한 방편으로서 그들 자제를중심으로 화랑도를 결성하여 적극적으로 지원하였던 것으로 생각된다. 이처럼 화랑의 선계 내지 족친들이 화랑출신의 자제를 거느리고 참전한 것

---

52) 『三國史記』 권 47, 列傳 7, 金令胤.
53) 李基東, 1972, 「新羅 奈勿王系의 血緣意識」, 『歷史學報』 53·54 ; 1984, 앞의 책, 79~80쪽. 朴南守, 1992(a), 앞의 논문, 231~232쪽.
54) 李基東, 1979, 앞의 논문 ; 1984, 앞의 책, 333~334쪽.

은 6부족장이 그들 자제를 거느리고 알천안상閼川岸上에서 회의를 주재하였던 것과 비교되는 바, 화백회의와 화랑도가 상호간의 어떤 관련성을 갖는 것이 아닌가 추측케 한다.[55]

2) 화랑 선출방식選出方式의 변화

일찍이 화랑의 선출은 중망衆望에 의한 것으로 여겨져 왔다.[56] 사실 『삼국사기』 사다함전에는 '시인時人들이 사다함에게 청하여 화랑으로 받듦으로써 부득이하게 화랑이 되었는데, 그 무리가 무려 1천명으로 모두의 환심을 얻었다'[57]고 서술하고 있다. 이로써 보면 사다함은 '시인時人'의 중망衆望에 의하여 화랑의 직임을 수락한 것이 된다. 『삼국사기』에서의 '시인時人'은 대체로 '당시의 사람들'을 지칭하지만,[58] 사다함전에서의 '시인時人'

---

55) 三品彰英은 화랑도의 연원을 6부회의제와 관련하여 검토하면서도, 이를 중국 문물제도와 관련시켜 어느 시기엔가 폐지된 원시적 남자 집회로 이해하였다. (三品彰英, 1974, 「花郎習俗の歷史的瞰望と一般男子集會」, 앞의 책 ; 이원호 역, 앞의 책, 263~264쪽) 그러나 씨의 견해는 신라 특유의 화랑제도의 변화나 정치적 발전과정을 간과하고 있는 바, 화백회의와 화랑도의 관련성에 대해서는 별고를 기약한다.

56) 李基東, 1979, 앞의 논문 ; 1984, 앞의 책, 336쪽. 李鍾旭, 1989, 앞의 논문, 235쪽. 金相鉉, 1991, 「花郎에 관한 諸名稱의 檢討」, 『新羅文化祭學術發表會論文集』 12, 134쪽. 한편 李鍾旭, 1996, 앞의 논문, 630쪽에서는, 花郎은 화랑도의 중망과 함께 왕·왕태후·왕비와 같은 왕실 세력이 직접 선발에 간여했던 것이라는 설을 제시하였다. 관련하여 이기동은 손진태의 견해(孫晉泰, 앞의 책, 128쪽)를 수용하여 진흥왕의 母后에 봉사하던 청소년 집단을 모태로 창제된 것이라는 견해를 제시하기도 하였다.(李基東, 1994, 앞의 논문, 155~158쪽)

57) 『三國史記』 권 44, 列傳 4, 斯多含.

58) 『三國史記』 권 1, 新羅本紀 1, 朴赫居世 5년·권 11, 新羅本紀 11, 憲康王 5년·권 25, 百濟本紀 3, 阿莘王 2년·권 27, 百濟本紀 5, 武王 37년·권 44, 列傳 4, 居道. 鄭雲龍은 『三國史記』 사다함전의 '時人'을 '일반인'로 이해하였으나(鄭雲龍, 1995, 「新羅 花郎制 成立의 政治史的 意義」, 『화랑문화의 신연구』, 135쪽), 후술하듯이 『三國史記』 斯多含傳과 金庾信傳의 '時人'은 그들의 郎徒를 지칭한다.

은 사다함의 무리 1천 명을 지칭하며, '사다함을 화랑으로 받든 무리'였음을 알 수 있다. 이러한 용법은『삼국사기』김유신전의 '(김유신의) 나이 15세에 화랑이 되자 시인時人이 흡연히 복종하였는데, 용화향도라고 일컬었다'59)는 데서, 시인時人을 용화향도龍華香徒에 한정하였던 것과 동일하다. 따라서 사다함을 화랑으로 받든 '시인時人'은 '사다함의 무리' 곧 낭도郎徒를 가리킨다고 할 것이다.60)

낭도郎徒는 대체로 김흠운과 같은 진골귀족 자제를 포함하여 진자사眞慈師·혜숙惠宿·혜밀惠密·전밀轉密·범교사範敎師와 같은 승려, 열기裂起·득오得烏·검군劍君과 같은 4~6두품 계열을 아우르고, 논사에 따라 평민층 또는 지방민을 포괄하는 것으로 이해한다.61) 아마도 사다함의 사우死友였던 무관랑武官郎은 그의 이름에 '낭郎'을 칭했던 것으로 보아 귀족의 자제임이 분명하다. 다만 그가 화랑이었다는 기록이 없고, 태종 무열왕 때에 나물왕 8세손의 귀골貴骨로 대왕의 반자半子였던 김흠운金欽運이 문노文弩의 낭도였음을 생각한다면, 그 또한 사다함의 낭도였을 가능성이 높다.62) 사다함이 낭도의 추천으로 마지못해 화랑에 나아갔다는 것으로 미루어 볼 때,

---

59)『三國史記』권 41, 列傳 1, 金庾信 上.

60) 李鍾旭은 화랑을 선출한 이들을 사다함의 사례로 미루어 郎徒로 파악하고, 이러한 내용을 화백의 전통을 이은 것으로 이해하였다.(李鍾旭, 1989, 앞의 논문, 253쪽)

61) 화랑도에 참여한 낭도들은 신분적으로 4두품 이상이었을 것이라는 견해(三品彰英, 1974,「花郎の制定とその本質」, 앞의 책 ; 이원호 역, 앞의 책, 54쪽)를 비롯하여, 신분적 제한이 없어 평민까지 참여하였다는 견해(金哲埈, 1971, 앞의 논문, 210쪽 : 李基白, 1977,「韓國의 傳統社會와 兵制」,『韓國學報』6 ; 1978,『韓國史學의 方向』, 一潮閣, 194~201쪽 : 이기동, 1979, 앞의 논문, 337쪽), 그리고 천민·노비까지 포괄하였을 것이라는 견해(최광식, 1991,「신라의 화랑에 대한 신고찰」,『崔在錫敎授停年記念論叢』, 471쪽) 등이 있었다. 또한 지역적으로는 왕경민만을 대상으로 하였다는 견해(이기동, 1984, 앞의 논문, 35쪽)와 지방민까지 포괄하였을 것이라는 견해(이종욱, 1996 앞의 논문, 628쪽)로 나뉜다.

62) 洪淳昶, 1989, 앞의 논문, 110쪽. 한편 金貞淑은 사다함과 친구로 사생결단하였다는 점을 들어 武官郎을 화랑으로 이해하였다.(金貞淑, 1995, 앞의 논문, 457쪽)

아마도 무관랑은 사다함을 화랑으로 추대하는데 주도적인 역할을 하였을 것이다.

한편 진지왕 때의 미시랑未尸郎은 흥륜사 승려 진자사眞慈師의 추천에 의하여 화랑으로 받들어졌다.[63] 미시랑의 일화는 지적되듯이 화랑을 미륵의 화신으로 여겼던 신라인의 인식을 보여준다. 곧 흥륜사 승려 진자사眞慈師가 왕의 명에 따라 도중徒衆을 모아 함께 미시랑을 찾아내어, 왕에게 미시랑을 뵈이자 왕이 화랑으로 삼았다는 것이다. 진자사가 미시랑을 발굴하여 화랑으로 추천하고 국왕이 임명하는 형식을 취한 것이다. 특히 진자사가 가까이서 모시고자 서원하고 미시랑이 모습을 감추자 서글퍼 하여 그리워했다는 데서, 진자사는 화랑도의 승려 낭도라 할 수 있을 것이다.[64] 그렇다면 미시랑 또한 사다함과 같이 낭도의 추대에 의해 화랑이 된 사례에 속하며, 나아가 왕의 명에 따라 승려낭도가 도중徒衆과 함께 화랑을 발굴하여 추천하면 국왕이 그 인물됨을 살펴 임명하였던 절차를 상정할 수 있게 된다.[65]

특히 미시랑이 사라진 이후 진자사가 '슬퍼하고 생각함이 매우 절절했다'는 태도는, 진평왕대의 승려 혜숙惠宿이 호세랑好世郎의 낭도로 있다가 호세랑이 황권黃券의 이름을 사양하게 되자 20여 년을 은거하였다는 일화와[66] 흡사하다. 이러한 화랑과 낭도의 관계는 화랑이 출사한 이후에도 존속되었는데, 죽지랑과 득오, 김유신과 열기 등의 사례에서도 확인된다.[67]

흥륜사 승려 진자사가 미시랑을 찾고 그를 측근에서 모셨다는 일화는,

63) 『三國遺事』 권 3, 塔像 4, 彌勒仙花 未尸郎 眞慈師.
64) 金煐泰, 1966, 「彌勒仙花攷」, 『佛敎學報』 3·4 ; 1987, 앞의 책, 71~72쪽.
65) 이종욱은, 낭도가 화랑을 추천하면, 朝廷 花主를 거쳐 국왕이 임명하였던 것으로 보았다.(李鍾旭, 1989, 앞의 논문, 253~254쪽) 다만 朝廷 花主의 기능이나 역할이 분명하지 않은 만큼 이에 대한 단정은 유보한다.
66) "釋惠宿 沉光於好世郎徒 郎旣讓名黃卷 師亦隱居赤善村二十餘年"(『三國遺事』 권 4, 義解 5, 二惠同塵)
67) 三品彰英, 1974, 「花郎集會の敎育的機能·その他」, 앞의 책 ; 이원호 역, 앞의 책, 166쪽.

일찍이 흥륜사 승려 안장安臟이 법흥왕 갑인년(534) 곧 진흥왕이 출생한 해에 신라 중고 왕실과 관련이 깊은 서석곡을 찾고 진흥왕 즉위 후 대서성 大書省에 발탁된 것과 유사하다.68) 사실 진흥왕의 이름 진흥眞興이 불교의 진종眞種 관념과 관련되고,69) 흥륜사 또한 법흥왕의 발원에 의해 개창되어 진흥왕 때에 완성된 중고기 초엽의 대표적인 왕실사찰이었으며,70) 진흥 왕이 사방을 순수하면서 항상 승려를 대동하였던 점을 생각한다면,71) 화 랑과 승려 낭도의 관계는 화랑의 탄생 또는 유년시절부터 형성되어 평생 동안 유지되었다고 생각된다.

한편 사다함과 미시랑이 낭도의 추대에 의해 화랑이 되었던 것과는 달 리, 김유신金庾信과 근랑近郎의 경우 국왕이 그들을 화랑으로 임명했던 것 으로 보인다. 곧 김유신은 '나이 15세에 화랑이 되자 시인時人이 흡연히 복종하였는데 이들을 용화향도龍華香徒라 일컬었다' 하고, 근랑近郎의 경우 '대일이찬大日伊湌의 아들을 화랑으로 삼아 근랑近郎이라 이름하자 검군劍君 이 근랑近郎의 문門에 나아갔다'고 하는 바,72) 진평왕 때에는 화랑을 선임 하고 나서 낭도를 결성하였던 것으로 생각된다. 아울러『삼국유사』왕력 1, 기이 1 김유신조에서는 '검술을 수련하여 국선이 되었다修劍得術爲國仙' 라고 하여 아무래도 중망衆望보다는 검술, 곧 그의 '검술을 수련함修劍得術' 으로써 국선國仙 곧 화랑花郎73)이 되었다는 것으로 풀이된다.

---

68) 朴南守, 2008, 앞의 논문, 40쪽 각주 119 참조.

69) 金哲埈, 1952,「신라 상대사회의 Dual Organization (下)」,『歷史學報』2, 91~96쪽. 朴南守, 위의 논문, 43쪽.

70) 李基白, 1986,「삼국시대 불교수용과 그 사회적 의의」,『新羅思想史研究』, 一潮閣, 29쪽.

71) 李基白은 진흥왕 순수시 승려가 가장 으뜸되는 자리를 차지한 것은 불교와 왕권의 밀착된 관계를 반영하는 것으로 이해하였으며(李基白, 1986,「고대한 국에서의 왕권과 불교」, 위의 책, 119쪽), 주보돈은 진흥왕마운령순수비에서 진흥왕을 수가한 2인의 승려는 화랑도와 승려의 관계를 연상케 한다고 지적하 였다(朱甫暾, 앞의 논문, 109쪽 각주 68 참조).

72)『三國史記』권 48, 列傳 8, 劍君.

73) 김상현은, 國仙과 花郎은 위계차이를 보여주는 것이라기 보다는,『삼국사기』 에서는 花郎을,『三國遺事』에서는 國仙을 사용하였던 사료 계통의 차이에서

따라서 진흥왕·진지왕대의 화랑은 낭도들의 추대를 받아 국왕이 선임하는 과정을 밟았다면, 진평왕대에는 검술 등의 기준에 따라 국왕이 화랑을 선임하고 나서 낭도들을 편성하였던 것이 아닌가 한다. 진평왕대에 이르러 화랑을 선임하는 방식에 변화가 있었다면, 화랑도의 운영과 성격면에도 어떤 변화가 있었을 것으로 예상된다.

3. 진평왕대 화랑도花郎徒 운영의 변화

1) 신라 군제軍制의 변화와 화랑도

중고기의 화랑은 진골 귀족 중에서도 특히 화백 구성원이거나 그와 관련된 신라의 핵심 진골 귀족의 자제였다. 중고기 화백 구성원은 대체로 탁부와 사탁부 소속으로서 왕실 측근의 나물왕계 왕족이었다.[74] 그들의 자제는 화랑을 제정할 당시에 낭도의 추대를 받아 화랑에 선임되었지만, 진평왕대부터 국왕이 화랑을 선임하는 형태로 바뀌었던 것으로 보인다. 이러한 변화는 진평왕대의 정치사회적 변화와 흐름을 같이할 것으로 믿어진다.

먼저 화랑도 출신들은 신라의 정복전쟁에 수반하여 많은 무훈담을 남겼다. 진흥왕 23년(562) 화랑 사다함은 15~16세의 나이로 종군을 청하여 가라국을 정벌하였다. 이때에 그는 조부격인 이사부의 부장으로서 귀당貴幢 비장裨將이 되어 기병 5천을 거느리고 출전하였는데, 그의 낭도들이 많이 따랐다고 한다.[75]

진평왕 24년(602) 8월 귀산貴山은 부친 급간 무은武殷을 따라 아막성阿

비롯한 이칭이었다고 밝힌 바 있다.(金相鉉, 1989, 앞의 논문, 228쪽 ; 1991, 앞의 논문, 136쪽)

74) 朴南守, 2003, 「新羅 和白會議에 관한 再檢討」, 『新羅文化』, 21, 218~221·224~227쪽.

75) 『三國史記』 권 4, 新羅本紀 4 眞興王 23년·권 44, 列傳 4, 斯多含.

莫城 전투에 참여하였다. 이때 그는 친구인 추항과 함께 소감직에 보임되어 백제군과 싸우다 전사하였다. 귀산貴山과 추항箒項이 어렸을 때에 원광법사圓光法師로부터 세속오계世俗五戒를 전수받았고, 당시에 '사군자士君子와 유遊'하기 위하여 가르침을 청했다는 데서 그들은 화랑도에 참여하였을 것으로 여겨지며,76) 그후 아막성 전투에 참여한 것으로 인정된다. 또한 문노의 낭도였던 김흠운은 무열왕 2년(655) 낭당대감에 보임되어 양산전투에 참여하였다. 이때 대감大監 예파穢破와 소감少監 적득狄得, 보기당주步騎幢主 보용나寶用那 등이 김흠운을 좇아 함께 전사하였다.77) 그런데 이들의 전기를 실은『삼국사기』김흠운전에는 화랑도 설치와 성격 등에 관한 사론史論을 부기附記하였다. 이는 김흠운을 문노의 낭도였던 까닭으로 여길 수도 있겠으나,『속동문선續東文選』에 전하는「양산가陽山歌」에는, "씩씩할 손 화랑도 나라 위해 몸을 바쳐 딴 생각 없었네. … 슬프다, 네 장부여 … 천추의 귀웅鬼雄이 되어서 함께 제삿술을 마시는구나"라고 하여,78) 김흠운과 함께 전사한 예파·적득·보용나 등을 화랑도로서 묘사하고 있다. 더욱이 저들의 행동이 사우死友로 맺어진 사다함과 무관랑을 연상케 하는 바, 모두 김흠운과 같이 화랑 문노文弩의 낭도였을 가능성이 높다. 또한 화랑 관창官昌은 무열왕 7년(660) 어느 대감의 천거로 부장副將이 되어 아버지 품일과 함께 백제군과의 황산벌 전투에 참여하였다가 전사하였다.79)

중고기와 삼국 통일 전쟁기 화랑들의 무용담에서 저들 화랑도 출신들은 종친宗親 또는 부친父親과 함께 참전하였음을 살필 수 있다. 이는 지적되듯이 신라의 군제가 혈연 중심의 공동체적 관계를 토대로 한 징병제도 위에 있었고, 삼국이 패권을 다투는 상황에서 국가의 단결을 위하여 그러한 공동체적 관계를 용인한 까닭으로 풀이된다.80) 사실 이밖에도 진평왕대에

---

76) 高明史 저, 吳富尹 역, 1995,『韓國敎育史硏究』, 大明出版社, 67쪽.
77)『三國史記』권 47, 列傳 7, 金歆運.
78)『續東文選』권 4, 七言古詩 東都樂府七首, 陽山歌.
79)『三國史記』권 47, 列傳 7, 官昌.
80) 李基白, 1957,「新羅私兵考」,『歷史學報』9 ; 1974,『韓國政治社會史硏究』,

김유신은 부친 서현舒玄과 함께 낭비성전투에 첫 출전하여 공을 세웠고,[81] 진덕여왕대에 비녕자丕寧子와 거진擧眞 부자 및 그의 노奴 합절合節은 백제 군과의 전투에 함께 참전하여 모두 전사하였다.[82] 김흠춘과 반굴 부자, 그리고 품일과 관창 부자는 황산벌 전투에 함께 참여하여 반굴과 관창이 각각 전사하고,[83] 669년 원술元述과 함께 고구려 부흥군과의 전투에 참여한 아진함阿珍含 부자가 전사하였음을[84] 살필 수 있다. 이들 사례는 중고기와 통일전쟁기 동안의 군대가 혈연에 바탕한 공동체적 운영원리 안에서 편성되었음을 보여준다.

그런데 진평왕대를 기점으로 화랑들의 참전 양상에 다소간의 변화가 있었음을 살필 수 있다. 곧 사다함과 그의 낭도들이 지원하여 참전한 데 대해, 귀산貴山과 추항箒項, 김흠운 등은 이미 소감少監과 낭당대감에 보임된 상황에서 참전하였으며, 화랑 관창은 대감의 천거로 부장副將으로서 참전하였음을 살필 수 있다. 이로써 진평왕대부터 화랑도 출신들이 지원보다는 징집되어 부대에 편성되거나 천거를 통하여 참전하였던 것이 아닌가 추측된다.

사실 사다함이 지원하여 배속된 귀당貴幢은 군관軍官의 구성으로 보아 기병騎兵과 흑의장창병黑衣長槍兵을 중심으로 운영된 부대로서, 진흥왕 23년 이전부터 이미 상주정과 계통을 달리하여 6정에 포함되지 않은 채로 독립적으로 운영되었다.[85] 진흥왕 23년(562) 사다함이 보임 받았다는 귀당 비장貴幢 裨將이 어떠한 군관을 지칭하는지는 분명하지 않으나, 그가 부장副將으로서 기병騎兵 5,000명을 거느렸고, 같은 해에 기병을 통솔하기 위하여 소감少監을 설치하였다고 한 데서 대관대감 또는 제감이나 소감의 군관직이 아니었나 추정된다. 특히 사다함이 많은 기병을 거느리고 가라

　一潮閣, 270쪽.
81) 『三國史記』 권 41, 列傳 1, 金庾信 下.
82) 『三國史記』 권 47, 列傳 7, 丕寧子.
83) 『三國史記』 권 47, 列傳 7, 金令胤.
84) 『三國史記』 권 43, 列傳 3, 金庾信 下.
85) 이인철, 1997, 「지방·군사제도」, 『한국사 7 : 삼국의 정치와 사회 Ⅲ』, 국사편찬위원회, 204쪽.

국加羅國을 습격하였다는 데서 그의 정식 군관 직함은 소감少監이었을 가능성이 높다. 이러한 귀당은 그 명칭이나 왕경 6부민으로 결성되었다는 점에서 명망군名望軍의 성격을 띠는 것으로 이해된다.[86]

한편 진평왕대 이후 화랑도 출신자는 앞서 살폈듯이 일정한 부대에 편제되어 참전하였던 것으로 이해된다. 특히 김흠운은 낭당대감으로서 참전하였고, 대감 예파大監 穢破와 소감 적득少監 狄得, 보기당주 보용나步騎幢主 寶用那 등은 김흠운을 좇아 함께 전사하였다.[87] 이들이 모두 낭당 소속 군관명을 칭하였다는 데서 낭당에 편제되었던 것으로 추측된다. 김흠운의 참전이 비록 무열왕대에 일어난 일이지만, 화랑도 출신자가 낭당郎幢에 편제되었다는 것은 낭당과 화랑도와의 어떤 관련성 때문이 아닐까 추측할 수 있다. 사실 낭당郎幢의 '낭郎'은 앞서 살폈듯이 '귀족의 자제'를 일컫는 명칭이었다. 중국 한대漢代의 관제官制에는 녹祿 2천 석石 이상의 대관大官의 자제子弟를 '낭郎', '낭군郎君', '낭자郎子'로 일컬었는데,[88] 신라 귀족 자제들을 '낭郎'이라 일컫은 것도 이와 크게 어긋나지 않으리라 생각한다. 그렇다면 낭당郎幢은 귀족의 자제로 구성된 부대란 의미로 새겨질 수 있을 것이며, 김흠운의 사례로 미루어 귀족의 자제가 화랑도에 참여하였다가 낭당에 편성되면서 그들의 낭도 또한 함께 낭당 소속으로 편제되지 않았을까 추정된다.[89] 이는 사다함이 귀족의 부대인 귀당에 배속되어 그를 따르던 낭도들과 함께 참전하였던 것과 비교된다.

낭당郎幢은 진평왕 47년(625)에 설치되어, 통일 이후 구서당九誓幢이 정

---

86) 李基白, 1977, 앞의 논문 ; 1978, 앞의 책, 197쪽.

87) 『三國史記』 권 47, 列傳 7, 金歆運.

88) 日中民族科學研究所 編, 1980, 『中國歷代職官辭典』, 圖書出版 民族文化 國書刊行會, 375쪽.

89) 孫晉泰는, 사다함의 출전과 같이 낭도를 거느리고 출전한 화랑단이 있었고, 이들 花郎團部隊를 '郎幢'이라고 愛稱한 것 같다'고 이해한 바 있다.(孫晉泰, 앞의 책, 131쪽) 한편 李鍾旭은 郎幢을 설치한 후 화랑도가 郎幢에 속하게 되어 정부의 공식적인 통제를 받았다 하고, 花郎徒로서 助子의 단계를 넘어서서 丁의 단계 정도에 이른 사람들을 郎幢에 편제한 것이 아니었는가 추정하였다.(李鍾旭, 1996, 앞의 논문, 632·635쪽)

비되면서 자금서당紫衿誓幢으로 편제되었다. 곧 낭당은 진평왕대의 일련의
병제 정비 과정에서, 진평왕 5년(583)에 서당誓幢, 진평왕 13년(591)에 사
천당四千幢, 진평왕 26년(604)에 군사당軍師幢, 진평왕 27년(605)에 급당急
幢을 설치한 이후에 신설된 부대이다.[90] 구서당 가운데 제일 먼저 설치된
서당誓幢은 명칭상 '신당新幢' 곧 새로운 부대란 의미로 새겨지므로,[91] 기존
의 부대와는 성격을 달리하는 부대였을 것으로 짐작된다. 서당의 성격에
대해서는 신라의 삼국 통일 후 백제·고구려·말갈 포로로 편성되었다는
관점에서 천민군賤民軍의 성격을 띤 부대로 보거나,[92] 통일 이후 신라가
이민족을 포용하는 관용적 태도의 반영으로 이해하여 왔다.[93] 그러나 통
일신라시대 구서당의 인적 구성으로써 진평왕대에 설치된 서당이나 낭당
의 성격을 규정할 수는 없다고 본다.

　서당과 낭당 등 구서당九誓幢은 그 편제와 군관수를 보면 기병騎兵과 보
병步兵, 흑의장창병黑衣長槍兵 등 당시 핵심 병력을 두루 갖춘 정예병이었
다.[94] 특히 서당과 낭당은 군관수에 있어서 중고기 핵심군단이었던 6정군

---

90) 『三國史記』 권 40, 雜志 9, 職官 下.
91) "師生 小名誓幢 第名新幢[幢者 俗云毛也] 初母夢流星入懷 因而有娠 乃將産 有
　　五色雲覆地 眞平王三十九年 大業十三年丁丑歲也"(『三國遺事』 권 4, 義解 5,
　　元曉不羈)
　　末松保和는 誓幢을 '誓를 받은 軍隊'의 의미로 해석하여, 왕에 직속된 군대로
　　생각하였다(末松保和, 1954, 「新羅幢停考」, 『新羅史の諸問題』, 349쪽). 또한
　　梁柱東은 원효의 이름을 '새돌이(誓幢, 新幢)'로 풀이하고, '誓'가 만일 借字라
　　면 音借 '서(새)'일 것으로 보았다. 나아가 9서당의 대부분이 백제·고구려·말
　　갈 잔민으로 편성되었다는 데 주목하여 '新地民'의 뜻을 지닌 '새돌'일 것으로
　　보았다.(梁柱東, 앞의 책, 511쪽) 그러나 후술하듯이 9서당의 전신이 이미 진
　　평왕대에 존재했고 '誓'와 '新'이 서로 통하는 것이라면, 각각 音借와 訓借로서
　　'새로운 부대'란 뜻의 '新幢'으로 풀이하는 것이 옳을 듯하다.
92) 白南雲, 1933, 『朝鮮社會經濟史』 上, 336쪽. 李基白, 1957, 앞의 논문 ; 1974,
　　앞의 책, 271~272쪽.
　　李基白, 1977, 앞의 논문 ; 1978, 앞의 책, 200쪽.
93) 末松保和, 앞의 논문, 357쪽. 井上秀雄, 1958, 「新羅兵制考」, 『朝鮮學報』 12 ;
　　1974, 『新羅史基礎研究』, 179쪽.
94) 末松保和는 九誓幢을 '新羅國軍의 中心·中樞를 이루는 가장 總合的인 部隊'로

단에는 없었던 대대감隊大監 3명과 화척火尺 6명을 새로이 두어 기병騎兵을 관장하게 하고, 소감少監 6명을 배치하여 보병步兵을 보강하였으며, 그리고 착금기당주著衿旗幢主와 착금감著衿監을 각각 18명씩 새로이 편성하였다. 또한 서당誓幢과 낭당郎幢의 군관수는 각각 132명과 128명으로, 오히려 6정의 가장 핵심부대라고 할 수 있는 대당大幢의 군관수 107명을 훨씬 상회한다. 따라서 진평왕대에 구서당의 전신을 이루는 서당과 낭당을 새로이 설치한 것은 기병을 강화함과 아울러 보병을 증강하기 위한 것으로서, 당시 전술의 변화와 관련될 것으로 여겨진다. 급당急幢의 설치 또한 이러한 전술의 변화를 반영한다. 사천당四千幢은 착금기당주와 착금감으로 구성되었는데, 착금기당주·착금감은 6정과는 달리 서당과 낭당에 편성되었던 만큼 오히려 서당·낭당과 친연성을 지닌다고 할 것이다.

또한 군사당軍師幢은, 무열왕 7년(660) 백제와의 전공으로 인하여 고간高干으로 승차한 두질豆迭이 군사軍師였던 점으로 미루어,[95] 지방민으로 충당된 부대였음을 확인할 수 있다.[96] 이는 6정과 서당·낭당의 예하부대로 편성되었는데, '군사당주-군사감'의 군관직 관등이 나마~일길간, 사지~나마였다는 것으로 보아 왕경인 출신 군관과 지방민인 군사軍師 등으로 구성되었음을 알 수 있다. 요컨대 군사당의 설치는 종래 왕경인으로 구성된 6정군단에 지방민으로 구성된 예하 부대가 탄생하였음을 의미하는데, 법흥왕 11년(524) 군사당주를 두어 지방민을 임시적으로 편성한 것과는 성격을 달리하는 것이라 하겠다.

여하튼 문무왕 2년(662) 김유신이 소정방의 요청에 따라 평양성에 식량을 보내는 임무를 열기裂起와 구근仇近에게 맡겼던 바, 구근仇近은 평양성 곡물 수송 때 군사軍師의 직함을 가지고 있었다.[97] 식량 수송의 임무를 부여받은 구근 이하 15명의 장정이 소속된 부대는 그의 직함 군사軍師로 미루어

평가하였다.(末松保和, 위의 논문, 359쪽)

95) 『三國史記』 권 5, 新羅本紀 5, 太宗 武烈王 7년 11월 22일.

96) 木村誠, 1976, 「新羅郡縣制の成立過程と村主制」, 『朝鮮史研究會論文集』 13, 16쪽.

97) 木村誠, 위의 논문, 15~17쪽.

지방민으로 구성된 군사당이었을 가능성이 높고, 군사당은 지방민으로 구성되어 군량 수송 등의 역할을 수행하는 부대가 아니었나 추측된다.

그런데 지적되듯이 김유신이 보기감 열기步騎監 裂起에게 "내가 젊어서 그대와 놀 때 너의 뜻과 절의를 알았다"고 이른 데서, 열기는 김유신의 낭도였던 것으로 이해된다.[98] 아울러 열기와 더불어 평양성 곡물 수송의 임무를 맡아 공을 세워 사찬에 추서된 仇近이 김유신의 셋째 아들 원정元貞에게 "나는 일찍이 열기와 더불어 죽음을 헤아릴 수 없는 곳에 들어가 대각간의 명을 욕되게 하지 않았고 대각간은 나를 무능하다고 하지 않고 국사國士로 대접하였는데"라고 이른 데서, 구근 또한 김유신의 낭도였을 가능성이 있지만 현재의 자료로써 단정하기는 어렵다.

그러므로 진평왕대의 군제 개편은 전술상의 변화에 따른 새로운 부대의 창설과 지방민을 포괄하는 것을 목표로 했던 것으로 이해된다. 이는 신라가 사방으로 영토를 넓히면서 삼국간의 전투가 치열해지자 군역의 징발에 지방민까지 포괄하게 된 변화상을 반영한다. 특히 구서당九誓幢은 왕의 직속부대로서 모병募兵에 의한 부대였던 만큼, 그 전신이었던 서당 또한 이와 동일한 성격을 갖추었을 것으로 인정되므로,[99] 중고기 귀당과 같은 기왕의 귀족 중심의 명망군名望軍과는 성격을 달리했던 것으로 여겨진다.[100] 낭당 또한 군관 구성이나 후일 구서당으로 일괄 정비되었다는 점에서 서당과 동일한 성격을 지니므로, 모병募兵에 의해 편제되었을 것으로 생각된다.[101]

진흥왕대에 화랑이 지원에 의해 낭도들과 귀당貴幢에 배속된 데 대하여, 진평왕대에는 낭당郎幢이라는 새로운 부대의 창설로 인하여 화랑도 출신들이 모병募兵의 형식을 빌어 병력에 충당되었던 것으로 보인다.[102] 곧

---

98) 三品彰英, 1974, 「戰士團としての花郎集會」, 앞의 책 ; 이원호 역, 앞의 책, 153쪽. 盧泰敦, 1978, 「羅代의 門客」, 『韓國史研究』 21 · 22, 16쪽.
99) 李基白, 1976, 『韓國史新論』(개정판), 72쪽.
100) 李基白, 1977, 앞의 논문 ; 1978, 앞의 책, 200쪽.
101) 李文基, 1997, 「軍事組織 運用의 人的 基盤」, 『新羅兵制史研究』, 269쪽.
102) 李鍾旭은 전후 설명은 없었지만, "화랑도의 군사적 기능이 증대되며 군대에 나갈 정도의 나이에 이른 화랑도는 진평왕 47년에 설치된 郎幢에 속하게 되어

진흥왕대에는 화랑도가 지원에 의하여 명망군名望軍에 참여하였으나, 진평왕대에 이르러 낭당을 설치함으로써 화랑도 출신들이 국왕의 직속부대에 소모병召募兵의 형태로 편제되었던 것으로 이해된다. 이는 진평왕대에 낭당을 설치함으로써 잦은 전쟁으로 인한 병력을 보충하고자 화랑도 출신들을 불러 모아 부대를 편성하고 동원하는 시스템을 갖추었음을 의미한다. 또한 화랑도 출신들에게는 기존의 지원에 의한 참전에서 벗어나 제도적으로 종군할 수 있는 길이 보장된 것으로서, 이에 이르러서야 화랑도는 전일의 청소년 결사체의 성격을 벗어나 예비 전사단의 성격으로 탈바꿈한 것이라 하겠다. 이러한 변화는 화랑을 선임하는 데에 있어서 종래에는 낭도들의 중망에 따라 추대되면 국왕이 임명하는 형태에서, 새로이 검술 등을 선임 기준으로 하여 왕이 직접 임명하는 형태로 변화한 것과 흐름을 같이 한다.

2) 직역職役과 군역軍役, 6부 통치체제의 변화와 화랑도

진평왕대 화랑도 운영의 변화상을 보여주는 주요한 자료로『삼국유사』권 2, 기이 2 효소왕대 죽지랑조를 주목할 수 있다. 곧『삼국유사』에는 "제32대 효소왕 때에 죽만랑竹曼郎의 도중徒中에 득오급간得烏級干이' 있어 풍류황권風流黃卷에 이름이 올라 날마다 출근出勤하더니 한 열흘 동안 보이지 아니하였다"고 하여, 죽지랑竹旨郎(竹曼郎)이 화랑이었던 때를 효소왕대로 서술하고 있다. 그런데 죽지랑이 화랑이었던 것은 그의 청년시절인 진평왕대의 일로서,『삼국유사』에서 이를 효소왕대라고 한 것은 연대적 오류라는 지적이 있었다.[103] 그후 죽지랑조의 기사를 화랑 죽지랑의 만년晩年의 사건으로 이해하는 견해가 제시되었지만,[104] 일반적으로는 죽지랑

정부의 공식적인 통제를 받았던 것은 아니었으나 짐작이 간다"고 추정한 바 있다.(李鍾旭, 1996, 앞의 논문, 632쪽)

103) 三品彰英, 1974,「花郎の制定とその本質」, 앞의 책 ; 이원호 역, 앞의 책, 54~55쪽.

104) 李弘稙, 1960,「三國遺事 竹旨郎條 雜考」,『黃義敦先生 古稀紀念 史學論叢』 ;

이 화랑이었던 선덕왕·진덕왕대의 사실이 중심을 이루고, 효소왕대에 급찬 득오級飡得烏가 죽지랑을 그리워하며 모죽지랑가慕竹旨郎歌를 지은 것으로 이해되고 있다.[105]

필자 또한『삼국유사』효소왕대 죽랑조의 득오 관련 일화를 선덕왕대 초년을 전후한 시기의 기사로 추정한다. 곧 삭주朔州와 도독都督, 부산성富山城 등의 명칭으로부터『삼국유사』죽지랑조의 기사는 원성왕대 이후 어느 시기에 서술된 기록을 바탕으로 찬술되었던 것으로 보이는데,[106] 신라가 죽령 일원을 이미 장악한 수양제의 고구려 1차 침입(612) 무렵[107] 이후

1971,『韓國古代史의 硏究』, 新丘文化社, 525쪽. 李基白은『三國遺事』孝昭王 竹旨郎조 기사에 대한 시기를 직접 언급하지는 않았으나, 신라의 삼국 통일 이후의 사건으로 이해하였다(李基白, 1957, 앞의 논문 ; 1974, 앞의 책, 272쪽 각주 27).

105) 金哲埈, 1962,「新羅 貴族勢力의 基盤」,『인문과학』7 ; 앞의 책, 227쪽. 李鍾旭, 1986, 앞의 논문, 207~210쪽.
辛鍾遠, 1994,「三國遺事 〈孝昭王代 竹旨郎〉 條 譯註」,『韓國思想史學』6, 100쪽 각주 38. 尹善泰, 1998,「新羅의 力祿과 職田」,『韓國古代史硏究』13, 237~240쪽.

106) 尹善泰는,『三國遺事』鄕歌가 진성여왕 2년(888)『三代目』에 정리되었다는 점에 주목하여,「慕竹旨郎歌」뿐만 아니라 죽지랑조의 기사가 진성여왕대에 수집된 자료에 의하여 완성하였을 가능성이 높은 것으로 보았다.(尹善泰, 위의 논문, 239~240쪽) 다만『三國遺事』에 보이는 '孝昭王代 云云'의 기록을 일연이 효소왕대라고 기록한 원전을 존중한 데서 비롯한 것으로 보았으나,『三國遺事』기사나 편목에 있어서 시간의 선후관계에 대한 오류는『三國遺事』편찬자가 해당 기사를 '謀王代 云云'으로 편년하면서 나타난 오류로 판단된다.(朴南守, 1992(a), 앞의 논문, 221~229쪽)

107) 김춘추가 고구려에게 군사를 청한 데 대해 보장왕이 "竹嶺은 본시 우리[고구려] 땅이니…"(『三國史記』권 5, 新羅本紀 5, 善德王 11년)라고 이르고, 연개소문이 당나라 사신 相里玄獎에게 "隋나라가 잇따라 침입하였을 때 신라가 그 틈을 타서 고구려의 500리 땅을 빼앗고 城邑을 모두 차지하였으니…"(『三國史記』권 5, 新羅本紀 5, 善德王 13년)라고 이른 데서, 신라의 죽령 일대 점령 시기는 '수나라가 고구려를 잇따라 침입'한 때였음을 알 수 있다. 신라는 이미 한강유역을 차지하고 수문제의 고구려 침입을 계기로 죽령 일원을 장악하기 시작하여, 수양제의 1차 침입(612) 무렵에 이 일대를 완전히 장악한 것으로 여겨진다.

진평왕 39년(617)을 전후하여 술종공이 삭주도독에 부임하면서 죽지를 낳았던 것으로 생각된다.108) 그러므로 죽지가 화랑이었던 때는, 술종공이 삭주지역에 파견된 때부터 최소한 15년이 경과한 선덕왕 원년(632)을 전후한 시기가 된다. 이때는 죽지의 아버지 술종공述宗公(首乙夫)이 상대등의 자리를 물러나고, 선덕여왕의 즉위와 함께 을제가 상대등에 부임한 때이다. 이 무렵에 술종공은 알천·김유신 등과 함께 오지암회의에 참석하였다.109)

한편 모량부 익선아간益宣阿干으로 인하여 모량부 출신의 관직 진출이나 출가를 금지하는 조치가 있었는데, 이에 대해서는 효소왕대에 모량리를 탄압한 조치로 보거나,110) 중고기 진평왕대에 모량부를 하나의 통치 단위로 보고 그 출신 인물들에 대하여 집단으로 통제한 사실로 보기도 한다.111) 또한 모량부 출신에 대한 효소왕대의 가혹한 처벌은 중대왕권을 출범시킨 세력이 중고시대의 질서를 청산한 작업으로 풀이한 견해도 있다.112)

그런데 죽지랑의 낭도 득오得烏의 만년晩年의 관등이 급찬級飡인 것으로 보아 6두품이었을 것으로 여겨진다.113) 득오得烏는 모량부의 직역職役으로 생각되는 고직庫直의 일을 맡으면서 죽지랑의 낭도로 참여하였는데, 이에 대해서는 신라가 삼국을 통일한 이후 전쟁이 종식됨으로써 군역軍役의 성격이 변함으로써 득오가 부산성 창직에 나아간 것으로 이해하기도

---

108) 진덕왕 5년(651) 죽지는 파진찬으로서 집사중시에 임명되었다. 김유신이 파진찬에 임명된 때가 34세였음을 기준으로 한다면, 진덕왕 5년 죽지의 나이를 34세로 상정할 수 있다. 이로써 역산하면 죽지는 진평왕 39년(617) 무렵에 태어난 것이 되며, 바로 이 무렵에 술종공이 삭주도독에 부임한 것이 된다.

109) 『三國遺事』에서는 오지암회의 개최시기를 진덕왕대의 기사로 보았으나, 필자는 회의 구성원의 生沒年과 『삼국유사』 기사에서의 연대 오류 등의 사실로 미루어, 선덕왕 초년의 기사로 살핀 바 있다.(朴南守, 1992(a), 앞의 논문, 221~229쪽 참조)

110) 李弘稙, 앞의 논문 ; 앞의 책, 531~533쪽.

111) 李鍾旭, 1986, 앞의 논문, 220~222쪽.

112) 辛鍾遠, 앞의 논문, 22쪽.

113) 李弘稙, 앞의 논문 ; 앞의 책, 529~530쪽.

한다.114) 그러나 앞서 살폈듯이 이 기사는 선덕왕 초년을 전후한 시기의 사건을 기술한 것이 분명하다.

이와 관련하여 진평왕대에 사량부 소년 가실嘉實이 평민 설씨녀薛氏女의 아버지를 대신하여 3년의 군역軍役을 치뤘던 사실을 볼 수 있어,115) 일반 6부민의 군역은 3년을 단위로 번상番上하였음을 알 수 있다. 이로써 본다면 득오得烏의 부산성富山城 창직倉直에의 '수례부역隨例赴役'도 일종 번상番上에 의한 직역職役이라 할 수 있는데, 이는 진평왕대에 검군劍君이 화랑 근랑花郎近郎의 낭도이면서 사량궁의 사인舍人이 되어 창예창唱翳倉의 곡식을 맡았던 일에 비교된다.116) 곧 일반 백성의 경우 국경 수비의 군역을 치른데 대해, 4~6두품 신분의 경우 직역職役을 치뤘던 것이 아닌가 추측된다. 특히 득오得烏의 경우와 같이 화랑의 낭도들은 이미 소속 부部의 관할하에 있는 직역職役을 맡으면서도 화랑의 황권黃券에 이름을 올렸었다. 득오得烏가 '수례부역隨例赴役'하였다는 것과 10여 일 동안 화랑도의 모임에 출석하지 않았다고 한 데서, 고직庫直 등의 직역은 법적으로 강제된 부 관할하의 소임이었고,117) 화랑도는 참여자의 명부인 황권黃卷을 갖추었지만 10여 일 동안 무단결근하더라도 법적으로 강제할 수 없는 임의단체의 성격이었음을 알 수 있다. 이로써 군역軍役에 3년을 단위로 번상番上하였던 일반 평민의 경우 임의단체적 성격의 화랑도에 참여할 만한 여유가 있었을까 하는 의문이 있어, 현재까지의 자료로써 본다면 이들이 화랑도에 참여했을 가능성은 적지 않았나 여겨진다.

화랑도의 임의단체적 성격은 진평왕대의 화랑 호세랑이 '양명황권讓名黃卷'하였다는 데서도118) 살필 수 있다. 지금까지는 호세랑의 '양명황권 讓名

---

114) 李基白, 1957, 앞의 논문 ; 1974, 앞의 책, 272쪽 각주 27.
115) 『三國史記』 권 48, 列傳 8, 薛氏女.
116) 『三國史記』 권 48, 列傳 8, 劍君.
117) 이종욱은, 益宣은 모량부 토착 세력 출신으로서, 당시 6부에는 幢典이라는 존재가 있어 부민을 군사적인 편제에 의하여 통제하였고, 부의 주민들은 부의 지배세력을 위해 공식적으로 동원되었던 것으로 이해되었다.(李鍾旭, 1986, 앞의 논문, 218~219쪽)
118) 『三國遺事』 권 4, 義解 5, 二惠同塵.

黃卷'에 대하여 화랑으로서의 수련기간인 3년을 '성업成業·필업畢業'한 것으로 이해하거나,[119] 일정한 나이에 이르거나 관직을 갖게 되면 황권黃券에서 양명讓名하였던 것으로 풀이하여 왔다.[120] 그러나 일반적으로 '양명讓名'이란 '현달하는 것으로써 이를 삼는 자 능히 양명讓名하지 못한다'는 데서 살필 수 있듯이[121] '현달顯達'이나 '관직에 출사出仕하는 것'과는 달리 '이름을 사양한다'는 의미로서 새겨진다.[122] 따라서 호세랑好世郞의 '양명황권讓名黃券'도 호세랑이 출사出仕에 따라 화랑도의 황권黃券에서 이름을 지웠다는 것보다는 화랑의 직임職任을 스스로 사양한 것으로 풀이하는 것이 옳을 듯하다. 곧 사다함의 경우 사양하다가 시인時人의 중망衆望으로 부득이 화랑의 직임을 맡았던 데 대하여, 호세랑의 경우 겸양을 실천하여 화랑의 직임을 사양한 것이 아닌가 이해된다. 만일 호세랑이 출사하였다면 혜숙惠宿 또한 일반 승려 낭도와 마찬가지로 그를   았을 것인데, 호세랑好世郞의 양명讓名 이후 인인지군자仁人之君子를 찾다가 국선國仙 구참공瞿旵公을 수종코자 한 것이나 은둔의 길을 택한 것은, 호세랑이 화랑의 직임을 사양하여 물러난 때문으로 풀이되기 때문이다.

그런데 『삼국유사』 죽지랑조에서 '신라가 조정에 화주花主를 두고, 국왕이 모량부에 대한 연좌제를 가함으로써 화랑의 활동을 지원'했던 데서, 국가가 임의단체 성격의 화랑도에 관여하는 일련의 조치를 취했던 것이 아닌가 추측케 한다.[123] 곧 진평왕대 말이나 선덕왕 초년 무렵에 국왕이

---

119) 李基東, 1979, 앞의 논문 ; 1984, 앞의 책, 340쪽.
120) 李鍾旭, 1989, 앞의 논문, 254쪽. 金貞淑, 1995, 앞의 논문, 476쪽.
121) "老子曰 … 古之至人 假道於仁 託宿於義 以遊逍遙之墟 食於苟簡之田 立於不貸之圃 … 古者謂是采眞之遊 以富爲是者 不能讓祿 以顯爲是者 不能讓名 親權者 不能與人柄 操之則慄 舍之則悲 而一無所鑑 以闚其所不休者 是天之戮民也…" (『莊子』 外篇, 天運 五)
122) 겸양의 '讓'은 『三國遺事』 권2, 景文大王조에 膺廉이 國仙으로서 優遊四方하여 본 '美行者 3인' 가운데 1인인 "有人爲人上者 而撝謙坐於人下"의 '겸양(謙)'에 해당하는 것으로서, 『論語』 學而篇 "夫子 溫良恭儉讓以得之"의 '讓'에 상응한다.(高明史 저·吳富尹 역, 앞의 책, 75쪽)
123) 고경석은, 진평왕 3년(581) 位和府가 설치됨으로써 예비관료군이 화랑도에 대한 총괄적 관리를 관장했을 것으로 추측하고, 이때에 이미 장관직을 포함한 조

조정에 화주花主를 두고 화랑의 활동을 지원하는 조치를 취한 것은, 득오得烏의 '수례부역隨例赴役'이나 당전 익선幢典 益宣의 태도 등으로 상징되는 6부의 공동체적 전통을 중앙집권적 국가 중심 체제로 전환하려는 의도로 이해된다.

그러므로 진평왕대에 낭당을 설치한 것은 기왕의 화랑도의 자치적 성격을 국가 주도의 예비적 무사집단으로 전환한 결과로 여겨지며, 화랑도 집단에 대하여 국가가 적극적으로 관여하면서 기존의 중망衆望보다는 화랑의 선임 기준에 따라 국왕이 화랑을 임명하는 형태로 변화한 것으로 생각된다. 또한 모량부 익선 아간으로 인하여 모량부에 대한 가혹할 만큼의 처벌을 가한 것은[124] 기왕의 6부 공동체적 전통을 억제하고 새로운 질서, 곧 국가 중심의 체제로 전환하고자 한 조치로 보아 좋을 것이다.

4. 맺음말

필자는 화랑도 운영의 변화상에 주목하여 중고기부터 삼국통일기에 활동하였던 화랑들의 선계先系를 추적하였다. 또한 진평왕대에 화랑의 선출과 선임기준의 변화와 관련하여, 중고기 군제 운영의 주요한 원리가 종족과 공동체적 기반에 있었음을 지적하고, 이를 바탕으로 화랑도 운영을 전

직이 정비된 것으로 추측하였다.(고경석, 1997, 「신라 관인선발제도의 변화」, 『역사와 현실』 23, 88쪽) 그러나 『三國史記』 직관지에는 진평왕 3년 대사-사 등의 실무 관리만이 설치되었다 전할 뿐이고, 官昌이나 裂起, 仇近 등의 사례로 미루어 화랑도의 출사 또한 천거제를 기본 원칙으로 하였으며, 비록 하대의 일이긴 하지만 '상대등 忠恭이 政事堂에 앉아 內外官을 注擬했다'(『三國史記』 권 45, 列傳 5, 祿眞)는 기사에서 중고기의 관리들의 인사 또한 상대등이 처결하되, 位和府의 대사-사가 그를 실무적으로 보좌하였다는 것이 옳을 듯하다.

124) 三品彰英은 모량부에 대한 연좌제의 적용이 지나치게 가혹한데, 이는 화랑집회가 그 회원의 보호에 대해 연대적 책임을 지면서 절대적 사법권을 행사하였던 것으로 풀이하였다.(三品彰英, 1974, 「花郞集會の敎育的機能・その他」 앞의 책 ; 이원호 역, 앞의 책, 170쪽)

환하게 하는 주요한 요인을 살피고자 하였다. 특히 화랑도 운영의 변화와 관련한 징후로서 진평왕대 군제 변화, 그리고『삼국유사』죽지랑조에 나타난 직역職役과 군역軍役의 관계 및 중고기 部 통치체제의 변화를 주목하였다. 이에 지금까지의 검토한 내용을 요약 정리함으로써 결론에 대신하고자 한다.

첫째, 중고기와 삼국 통일 전쟁기에 활동한 화랑들 가운데 그 선계先系를 알 수 있는 화랑들은 모두 진골귀족 가운데서도 신라 최고의 의사결정 기구였던 화백회의 구성원의 자제이거나 그와 관련된 가문의 출신이었다. 같은 시기에 여러 명의 화랑이 가능했던 것도 이처럼 신라 국정을 좌우하였던 화백회의 구성원이란 가문의 뒷받침이 있었기 때문으로 생각하였다. 이로서 볼 때 화랑도의 기원이 화백회의와 모종의 관련이 있을 것으로 추정되었다.

둘째, 화랑을 '시인時人'의 중망衆望에 의해 선출했다는 기사로부터, 화랑 선임 관련 기사의 '시인時人'을 낭도郞徒로 이해하였다. 이를 바탕으로 화랑의 선임 과정을 살핀 결과, 진흥왕·진지왕대의 화랑은 낭도들의 추대에 따라 국왕이 선임하는 과정을 밟았던 반면, 진평왕대에는 출신 가계 및 검술劍術 등과 같은 기준에 따라 국왕이 화랑을 선임하고 나서 낭도들을 편성하였던 것으로 생각하였다.

셋째, 중고기와 통일 전쟁기의 화랑도 또는 그 출신들이 종친 또는 부친과 함께 참전하였다는 사례를 통하여, 당시의 신라의 군대가 혈연적 또는 공동체적 바탕 위에 편성되었음을 인정할 수 있었다. 다만 화랑도 출신들의 참전은 진평왕대를 기점으로 변화하였음을 살필 수 있었다. 곧 진흥왕대에 화랑이었던 사다함과 그의 낭도들이 지원하여 참전한 데 대해, 진평왕대부터 화랑도 출신들은 소모召募의 형식을 빌어 부대에 편성되거나 천거를 통하여 참전하였던 것으로 보았다.

넷째, 진평왕대 화랑들의 참전 양상의 변화와 관련하여, 사다함이 명망군名望軍의 성격을 띤 귀당貴幢에 배속되어 참전한 데 대해, 김흠운 등은 소모병召募兵의 성격을 띤 낭당郞幢에 편제되어 참전하였음을 살필 수 있었다. 이로써 화랑도 출신들은 기존의 지원에 의한 참전에서 벗어나 제도적으로 종군할 수 있는 길이 보장되었고, 이에 이르러서야 화랑도 또한 전일의 청소년 결사체의 성격을 벗어나 예비 전사단의 성격으로 탈바꿈하였던 것으로 보았다. 특히 진평왕대 낭당의 설치는 당시의 군제 개편과 밀접하게 관련되는 것으로서, 삼국간의 전쟁이 치열해진 당시의 전술 변화에 따른 새로운 부대의 창설과 지방민을 포괄하는 것으로 이해하였다.

다섯째, 화랑도 운영의 변화상을 보여주는 주요한 자료로써『삼국유사』권 2, 기이 2, 효소왕대 죽지랑조를 주목하였다. 죽지랑조 기사로부터 죽지가 화랑이 된 때를 술종공이 삭주지역에 파견된 때부터 최소한 15년이 경과한 선덕왕 원년(632)을 전후한 시기로 보았다. 이에 득오得烏가 모량부의 직역職役으로 여겨지는 고직庫直의 일을 맡으면서 죽지랑의 낭도로 참여한 것과 사량부 소년 가실嘉實이 평민 설씨녀薛氏女의 아버지를 대신하여 3년의 군역軍役을 치뤘던 사실을 검토하여, 일반 백성의 경우 3년을 단위로 번상番上하여 국경 수비의 군역軍役을 치른데 대해, 4~6두품 신분의 경우 직역職役을 치뤘음을 살필 수 있었다. 특히 죽지랑과 호세랑 관련 '황권黃券' 기사를 통하여 화랑도의 임의단체적 성격을 확인하고, '신라가 조정에 화주花主를 두고, 국왕이 모량부에 대한 연좌제를 가함으로써 화랑의 활동을 지원'했던 데서, 국가가 임의단체 성격의 화랑도에 관여하는 일련의 조치를 취했을 것으로 이해하였다. 이러한 조치는 기왕의 6부의 공동체적 전통을 억제하고 새로운 질서, 곧 국가 중심의 체제로 전환하고자 한 조치로서 풀이하였다.

진평왕대 화랑도 운영의 변화는, 탁부·사탁부 출신 나물왕계 자제들로 선임된 화랑이 이제는 새로이 김유신·김흠춘 등 신김씨 계열의 귀족 자제의 참여가 허용된 형태로 바뀐 것과 흐름을 같이 한다. 또한 6부 내에 잔존한 부족적 공동체적 성격을 해체한 것은, 진평왕 7년(585) 양궁梁宮과 사량궁沙梁宮에 사신私臣을 설치하고 44년(622)에 다시 이를 총괄하는 내성사신內省私臣에 용수龍樹를 임명함으로써 왕족이 장악하고 있던 양부와 사량부까지도 국왕이 통할하였던 것과도[125] 관련될 것이다. 사상적으로

---

125) 朴南守, 1992(b),「新羅 宮中手工業의 成立과 整備」,『東國史學』26 ; 1996,

도 왕과 화랑의 관계는 진흥왕대에 전륜성왕과 미륵보살의 관계였던 데 대해, 진평왕대 이후로는 석가여래와 미륵보살의 관계로 바뀌어졌다. 이러한 변화는 지적되듯이 진흥왕대에 비하여 진평왕대에 이르러 국왕에 대한 화랑도의 귀속관계가 강해졌을 뿐더러,126) 국왕이 화랑도의 운영에 직접적으로 관여하였음을 의미하며, 이 무렵 신라 왕실이 성골 관념을 강화한 것도 우연한 일이 아닐 것이다.

「궁중수공업의 성립과 정비」, 『新羅手工業史』, 99~100쪽.
126) 李基白, 1975, 「新羅初期佛敎와 貴族勢力」, 『震壇學報』 40 ; 1986, 앞의 책, 87쪽. 金惠婉, 1978, 「新羅의 花郎과 彌勒信仰의 關係에 대한 硏究」, 『成大史林』 3, 36쪽.

신라 중고기 화랑도의 교육과 출사出仕

1. 머리말
2. 화랑도의 교육이념과 세속오계世俗五戒에 대한 존의存疑
3. 중고기 교육의 실상과 화랑도 교육
4. 화랑도의 출사出仕와 그 성격
5. 맺음말

1. 머리말

『삼국사기』와 『삼국유사』·『해동고승전』에는 김대문金大問의 『화랑세기花郎世記』를 인용하여 현좌충신賢佐忠臣과 양장용졸良將勇卒이 화랑으로부터 비롯하였다 하고, 화랑도 제정의 목적을 서로의 선악을 알아 유능한 자를 조정에 천거하기 위한 것이었음을 밝혔다. 안정복安鼎福은 "신라의 용인지술用人之術은 단지 화랑花郎을 선발하여 쓰는 방법이 있고, 학교의 제도가 없었다"고 함으로써 화랑도 운영을 용인지술用人之術로 보았다.[1] 사실 화랑도가 인재를 발굴하고 조정에 추천하기 위해 제정되었다는 데에 이론이 없다.[2] 이에 화랑도를 중고 초기의 정치적 발전과정과 관련하여 신라사회에 소요되는 많은 율령 관인과 무관을 획득할 필요에 따른 교육

---

1) 『東史綱目』 4下, 神文王 2년 6월.
2) 鮎貝房之進, 1932, 「花郎攷」, 國書刊行會 ; 1985, 『花郎攷·白丁攷·奴婢攷』, 民俗苑, 1985, 83쪽. 崔南善, 1948, 『朝鮮常識制度篇』 ; 1973, 『六堂崔南善全集』 3, 524~525쪽. 李基白, 1967, 「高句麗의 局堂」 『歷史學報』 35·36, 45~50쪽. 李基東, 1978, 「新羅 花郎徒의 社會學的 考察」, 『歷史學報』 82 ; 1984, 『新羅骨品制社會와 花郎徒』, 一潮閣, 1984, 332~333쪽.

체계로서 이해하거나,[3] 나아가 지배층의 자제 가운데 정식 관원으로 진출하기 위한 목적으로 일정 기간 궁중에서 봉사하던 일종 관원 예비코스의 성격을 띤 것으로 풀이하기도 한다.[4] 또한 신라가 부체제에서 중앙집권적인 귀족국가로 전환하면서 그에 상응하는 '덕업일신德業日新 망라사방網羅四方'의 신라 의식을 가진 인재를 생산해내려는 목적에서 조직화한 것이라고 보기도 한다.[5]

그런데 『삼국사기』 화랑 관계 기사는 유교적 도덕관념으로 분식됨으로써 화랑의 상열가악相悅歌樂, 유오산수遊娛山水와 관련된 서술을 지나치게 소략하게 서술하고 이를 도외시한 데 대해, 『삼국유사』는 불교사상적인 측면을 강조하면서 상열가악相悅歌樂, 유오산수遊娛山水를 부각시킨 점이 지적된다.[6] 그 동안 『삼국사기』에서 일컫은 화랑도의 수련내용으로써 『삼국유사』에 보이는 화랑들의 활동을 평가하거나, 『삼국사기』에서 일컫은 도의道義나 가악歌樂, 유오산수遊娛山水의 의미를 그 서술 의도에 관한 검토 없이 화랑도에 대한 고정불변의 이미지로 간주한 점이 있었다. 또한 세속오계世俗五戒를 이해하는 데에도 연구자들이 지닌 후대의 관념으로써 그 사상적 배경을 규정하고, 아울러 화랑도 제정 이후 모든 귀족의 자제가 화랑도를 통하여 교육을 받아 관직에 나아갔던 것으로 이해하는 경향도 없지 않았다.

본고는 이러한 기왕의 연구에 대한 반성으로, 『삼국사기』에서 일컫은 도의道義와 가악歌樂, 유오산수遊娛山水의 의미를 김부식의 교육관과 관련하여 검토하고자 한다. 아울러 신라 중고기 청소년들의 송경誦經 · 습사習射 등의 교육을 김부식이 제시한 화랑도의 수련내용 및 세속오계世俗五戒와 관련하여 그 성격을 살피고자 한다. 또한 중고기 화랑도 출신자의 출사出

---

3) 李基東, 위의 논문 ; 위의 책, 332쪽.
4) 李基東, 1994, 「新羅 花郎徒 연구의 現段階」, 『李基白先生古稀紀念 韓國史學論叢』 ; 1997, 『新羅社會史研究』, 一潮閣, 239쪽.
5) 朱甫暾, 1997, 「新羅 花郎徒 研究의 現況과 課題」, 『啓明史學』 8, 102~104쪽.
6) 金相鉉, 1989, 「高麗時代의 花郎認識」, 『新羅文化祭學術發表會論文集』 10, 224~225쪽.

仕를 비화랑도 출신자들의 출사와 비교 검토함으로써 화랑도가 지닌 교육적 의의를 추구하고자 한다. 이로써 화랑도는 중고기 신라 사회가 6부를 해체하고 중앙집권적 체제로 전환하는 과정에서 탁부·사탁부 주도의 진골귀족의 자제들에게는 정치 훈련의 장이었으며, 6두품 이하 낭도들에게는 이전의 6부 천거제를 대신하는 출사의 기회로 작용하였음을 밝히고자한다. 많은 질정을 바란다.

2. 화랑도의 교육이념과 세속오계世俗五戒에 대한 존의存疑

화랑도의 제정 및 교육적 기능 관련 기록은 『삼국사기』 신라본기 진흥왕 37년조와 같은 책의 김흠운전, 그리고 『삼국유사』 권 3, 탑상 4, 미륵선화 미시랑 진자사조를 들 수 있다. 그밖에 『해동고승전』에도 동일한 기사가 있으나, 대체로 『삼국사기』의 두 기사를 다시 정리한 것으로 여겨진다.

『삼국사기』 진흥왕 37년조는 김흠운전金歆運傳 사론史論의 '도의道義로써 서로 연마하고, 혹은 가악歌樂으로 서로 기뻐하였는데, 산수山水를 찾아 노닐고 즐기니 멀리 이르지 않은 곳이 없었다'와 동일하다. 이에 상응하는 『삼국유사』 기사는 '사람에게 악을 고쳐 선으로 옮기게 하고, 윗사람을 공경하고 아랫사람에게 순하게 하니, 오상五常·육예六藝·삼사三師·육정六正이 왕의 시대에 널리 행하여졌다'라고 서술하였다. 그러므로 화랑도의 교육 내용에 있어서, 『삼국유사』의 기사가 오히려 유교적인 성격을 띤 반면에, 『삼국사기』는 도의道義나 가악歌樂의 성격을 애매하게 처리하고 유오산수遊娛山水라는 매우 생경한 내용을 서술하였음을 살필 수 있다. 『삼국사기』의 이러한 서술 내력을 『화랑세기』 등의 전승으로부터 비롯한 것으로 여길 수도 있을 것이다. 그러나 『화랑세기』를 참조하였을 것으로 여겨지는 『삼국유사』에 그러한 내용을 찾을 수 없고, 『삼국사기』 진흥왕 본기와 동일한 내용이 김흠운 열전의 사론史論에 중복 서술되었다는 점에서, 『삼국사기』 화랑도의 교육 관련 내용은 아무래도 김부식의 화랑도 교육에

대한 그 자신의 史論이 아닌가 생각된다. 곧 김부식은 최치원崔致遠의「난
랑비서鸞郎碑序」에 보이는 유儒·불佛·선仙 포함 평評 등을 의식하여[7] 화
랑도의 교육내용을 도의상마道義相磨, 상열가악相悅歌樂, 유오산수遊娛山水
등으로 평가한 것으로 생각된다.

김부식金富軾의 '도의道義와 가악歌樂, 유오산수遊娛山水'의 성격과 의미에
대하여는 많은 견해가 있었다. 곧 화랑도의 도의사상은 본래 우리의 고유
도덕에서 기원한 것으로서, 그 무사도적인 정신은 시대정신의 자극을 받
은 것이고, 원광의 세속오계世俗五戒에 보이는 충효사상은 유교사상에서
말미암은 것으로 보기도 한다.[8] 또한 원광圓光의 세속오계世俗五戒를 화랑
도의 도의道義와 관련되는 것으로 여겨 불교에서의 정법행화사상正法行化
(隨順正法)思想으로부터 유래한 것으로 풀이하거나,[9] 유불사상儒佛思想의 혼
합으로 파악함으로써 왕즉불王卽佛의 사상을 바탕으로 유교의 왕도사상을
적당하게 차용借用한 것으로 이해하기도 한다.[10] 가악歌樂과 관련하여서는
화랑과 관계 깊은 향가鄕歌가 그 사상적 내용에 있어서 다분히 초자연적超
自然的, 주술적呪術的, 무격적巫覡的 전통을 띠고 있어 화랑으로서의 인격형
성이 무격적巫覡的이라 논하기도 한다.[11] 유오산수遊娛山水에 대해서는 국
토순례國土巡禮·성산근참聖山觀參·영악수험靈岳修驗의 관점에서 생각하거
나,[12] 주술적·종교적 행위를 포괄하는 전사戰士로서의 단련을 위한 것으
로 풀이하기도 한다.[13] 이렇듯이 기왕의 논의는 주로『삼국사기』에서 제

---

7) 崔致遠의「鸞郎碑序」에 대해서는 朴南守, 2009,「崔致遠의 鸞郎碑序와 花郎
관련 諸名稱의 갈래」,『石文 李基東敎授 停年紀念論叢』참조.

8) 李丙燾, 1987,「三國時代의 儒學」,『韓國儒學史』, 亞細亞文化社, 38~39쪽.

9) 金煐泰, 1975,「新羅 佛敎受容의 國家的 理念」,『韓國佛敎思想史』; 1987,『
新羅佛敎硏究』, 民族文化社, 32쪽.

10) 金哲埈, 1969,「韓國古代政治의 性格과 中世政治思想의 成立過程」,『東方學
志』10; 1975,『韓國古代社會硏究』, 知識産業社, 302쪽.

11) 李基東, 1976,「新羅 花郎徒의 起源에 대한 一考察」,『歷史學報』69; 1984,
앞의 책, 315~319쪽.

12) 崔南善, 1927,「金剛禮讚」; 1973,『六堂崔南善全集』6, 249쪽.

13) 三品彰英, 1943,「花郎의 本質とその機能」,『新羅花郎の硏究』; 李元浩 譯,
1995,『新羅花郎의 硏究』, 集文堂, 128~138쪽.

시한 화랑도의 수행내용과 원광의 세속오계를 중심으로 그 사상적 배경이나 화랑도의 활동상을 추구한 것이었다.

그런데 김부식의 『삼국사기』에는 『삼국유사』에 보이는 화랑들의 향가鄕歌나 유오산수遊娛山水와 관련될 만한 구절을 찾기 어렵다.[14] 그럼에도 불구하고 그 제정의 목적을 『삼국사기』에는 '임금과 신하들이 인물을 알아볼 방법이 없어 걱정하다가, 무리들이 함께 모여 놀게 하고 그 행동을 살펴본 다음에 발탁해 쓰고자 함'이라 하고, 『삼국유사』에서는 '무리를 모아 그 중에서 인물을 선발하고 또 그들에게 효제孝悌와 충신忠信을 가르치려 함'에 있다고 하였다. 이는 양 사서가 모두 화랑도 제정의 목적을 인재의 선발로서 인식하였음을 보여준다.

따라서 양 사서에서 제시한 교육내용은 동일한 내용을 달리 표현한 것이라 할 수 있다. 특히 『삼국유사』에 일컬은 덕목은 모두 유교적 내용으로 보아야 할 것이지만 여러 연구자들은 '향가鄕歌'나 '유오산수遊娛山水'를 들어 초자연적, 주술적, 무격적 전통을 띠는 것으로 이해하고, 『삼국사기』의 가악歌樂과 유오산수遊娛山水를 도가적인 것으로 보아왔다. 이에 김부식이 일컬은 화랑도의 수련내용의 의미를 다시 검토할 필요가 있다.

일찍이 김부식은 송나라에 사신으로 파견되어 송의 태학太學과 대성전大成殿을 참관하고 나서 「사이학청강겸관대성악표謝二學聽講兼觀大晟樂表」를 올린 바 있는데, 이 표문에서 그의 교육에 대한 이념을 살필 수 있다.

그윽이 생각하건대, ① 천하의 재주는 교육을 기다린 뒤에 쓰여지고 성인의 말씀은 강습을 해야 밝아지니, 선왕先王이 학學을 세워 사람을 만들고 사해四海가 그 풍風을 이어 선한 데로 옮겼습니다. … ② 황제께서 우뚝 신성하신 용자容姿로 조종祖宗의 뜻을 이으시어 백년의 예악禮樂을 일으키시고 삼대三代의 대학을 복구하시니, 저 중아中阿에서 재주를 기름이 도道가 있음을 즐기고, 이 치무菑畝에 쓴 나물茝을 캠이 일정한 곳이 없음을 기뻐하여, ③ 많은 선비들이 무리를 지어 나아가고彙征 작은 학생들도 나아갈 곳이 있어 현가絃歌를 읊는 소리가 사방에 들리고, 학교의 규모가 전고前古에 없는 듯하오니,

14) 金相鉉, 앞의 논문, 224~225쪽.

… ④ 신들이 홀로 지극한 행운을 인연으로 … 다시 순허簨簴의 마당에 노닒에 아득히 순舜과 천제天帝의 악樂[韶鈞]의 연주를 듣는 듯 하였습니다.(김부식, 「사이학청강겸관대성악표謝二學聽講兼觀大晟樂表」『동문선東文選』35, 표전表箋).15)

위의 표문에서 김부식은 '배움이란 사람을 만들고 선한 데로 옮기는 것'(①)인데, 예악禮樂과 교육敎育으로써 도道를 즐기며(②), 선비들과 공부하는 학생들이 출사할 수 있는 길이 보장되었을 때에 현가絃歌를 읊조리게 된다(③)고 하였다. 또한 악樂은 순舜과 천제天帝의 악樂을 모범으로 함(④)을 밝히고 있다. 곧 김부식은 교육을 예악禮樂의 습득과 동일시하면서, 출사의 기회가 보장된 사회에서 선비나 공부하는 이들이 현가絃歌를 읊조리게 마련이며, 이러한 교육과 예악의 습득을 통하여 궁극으로 도道에 이를 수 있다고 보았다. 또한 「화라졸리선생기금랑중연和羅倅李先生寄金郎中緣」에서 참된 도는 학문을 통하여 습득하는 것으로 이해하였다.16) 「왕태자책문王太子冊文」에서는 '오직 충효忠孝에 힘쓰고 예의禮義가 아니면 행하지 아니하여, 크게 조종祖宗의 빛을 이어 국가의 큰 기업을 영원하게 하라' 함으로써17) 충효와 예의가 국가의 기간이 됨을 지적하였다. 「사최추밀관연집謝崔樞密灌宴集」에서는 의리義理를 오래된 벗들 사이의 덕목으로서 존중하였으며,18) 「중니봉부仲尼鳳賦」에서는 '이에 요순堯舜을 계승하여 받들고 문왕과 무왕을 본받아 동서남북으로 주유하며 인의仁義의 숲에 춤춘다'고19)함

---

15) 이는 한국고전번역원의 웹사이트(http://www.itkc.or.kr)에서 제공하는 「고전번역서」의 번역문을 주로 사용하되, 필요한 부분에 대하여 약간 수정한 것임을 밝혀둔다. 이후 김부식의 詩·賦·册文 또한 위 사이트를 참조하였다.

16) "… 倦遊平昔諳時態 力學多年識道眞 …"(金富軾, 「和羅倅李先生寄金郎中緣」, 『東文選』18, 七言排律)

17) "… 册命爾爲王太子 於戲 … 惟忠孝之是務 非禮義則勿踐 丕承祖宗之耿光 以永邦家之景業 可不勉乎"(金富軾, 「王太子册文」, 『東文選』28, 册)

18) "爲嘉東道主人情 文馬翩翩翠蓋傾 禮重賓儀瞻秩秩 義深朋舊賦嚶嚶…"(金富軾, 「謝崔樞密灌宴集」『東文選』12, 七言律詩)

19) "… 斯乃祖述憲章 東西南北 蹌蹌乎仁義之藪 …"(金富軾, 「仲尼鳳賦」, 『東文選』1, 賦)

으로써 공자가 천하를 주유하면서 인의를 보였던 것을 칭송하였다. 특히
「화라졸리선생기금랑중연和羅倅李先生寄金郎中緣」에서는 나주수羅州守 이선
생李先生이 젊어서 사방을 돌아다녀 세태를 알았고, 여러 해 학문을 힘써
참된 도道를 알아 늠름한 기상을 지녔으며, 보국報國을 위해 분골하며 목숨
을 초개와 같이 던지는 기개를 지녔음을 찬탄한 바 있다.[20]

이처럼 김부식의 시詩·부부賦·책冊·표表 등에 보이는 '도의道義'는 유교
적 인의仁義와 붕우朋友에 대한 의리를 지칭하였으며, '악樂'은 예악을 추구
하되 사로仕路를 위해 매진하는 즐거움으로, 그리고 '유오遊娛'는 문왕과
무왕의 주유를 본받아 인의를 펴고 세태를 아는 것으로 이해하였음을 살
필 수 있다. 결국 나주수羅州守 이선생李先生과 같이 늠름한 기상과 보국報國
을 위한 분골 및 가벼이 나라를 위해 몸을 던지는 기개를 지닐 수 있게
한 수행 덕목은 '상마이도의相磨以道義' '상열이가악相悅以歌樂' '유오산수 무
원부지遊娛山水 無遠不至'라는 화랑도의 교육내용과 일치한다. 따라서『삼국
사기』열전에 보이는 화랑상花郞像이 화랑도의 활동으로부터 유교사관에
서 타당한 것만을 추려낸 것이라고 본 견해는[21] 어느 정도 타당성을 인정
할 수 있을 듯하다. 특히 김흠운전에서 국사國事에 몸을 바쳤기에 낭도로
서의 이름을 더럽히지 않았다는 사론이야말로 유학자 김부식의 유교적
사관에 입각한 화랑 인식을 잘 반영하는 것으로 꼽히거니와,[22]『삼국사기
』의 충군무사도적 정신의 강조는 유교적 인식에 입각한 김부식의 평가로
보아야 할 것이다.[23]

---

20) "今日朝廷寂異聞 李公聲價獨超倫 倦遊平昔諳時態 力學多年識道眞 皎皎胸襟蟠
古劍 凌凌風節拔霜筠 雲間羽翮橫千丈 天上官班接七人 未報國恩期粉骨 敢將私
計避要鱗 嚴如夏日摧姦議 輕却秋毫許國身 巨室縮藏空睥睨 儒夫感激立忠純 一
言已破邦家弊 大用方宜社稷珍…"(金富軾,「和羅倅李先生寄金郎中緣」,『東文
選』18, 七言排律)

21) 金哲埈, 1971,「三國時代의 禮俗과 儒敎思想」,『大東文化硏究』6·7 ; 앞의
책, 210~211쪽.

22) 金相鉉, 앞의 논문, 226~227쪽.

23) 李康來, 1995,「『三國史記』와 필사본『花郞世紀』」,『화랑문화의 신연구』, 문
덕사, 312쪽. 趙法鍾, 1995,「花郞關聯 用語의 檢討」,『화랑문화의 신연구』,
420쪽.

그러면 김부식이 '상마이도의相磨以道義' '상열이가악相悅以歌樂' '유오산수무원부지遊娛山水 無遠不至'라고 평가한 화랑도 본래의 교육 내용은 무엇이며 그 연원은 어디서 유래하는가. 먼저 도의道義란 「마운령진흥왕순수비」의 '충신정성忠信精誠'과 '위국진절爲國盡節'로 이해되는 바, 「임신서기석壬申誓記石」의 '충도忠道의 집지執持', 그리고 원광圓光의 '세속오계世俗五戒'에 상응한다.[24] 특히 원광의 세속오계世俗五戒에는 「마운령진흥왕순수비」의 충忠과 신信, 위국진절爲國盡節에 짝하는 사군이충事君以忠과 교우이신交友以信, 임전무퇴臨戰無退를 포괄하고 있다. 세속오계 중의 충忠·효孝·신信·무퇴無退[勇]나 살생유택殺生有擇 등의 덕목에 대하여는 모두 유교의 덕목德目에서 나온 것으로 풀이하는 견해가 있는[25] 한편으로 이를 전통적인 가치관과 유학이나 불교를 통해서 받아들인 유·불 혼합의 윤리관이 합쳐져서 성립된 것이라는 주장도 있다.[26] 또한 이들이 불교와 유학에서 모두 중요시하는 덕목임에 분명하나, 불교와 유학이 들어오기 훨씬 이전의 신라인들에게서도 충忠·효孝·신信·용勇·인仁을 미덕과 양풍으로 삼아왔던 것으로서, 전통적인 신라인의 미덕과 기백을 불교에서의 정법행화사상正法行化(隨順正法)思想과 관련하여 당시의 국가사회와 시대사정에 잘 조화시켜서 모범국민士君子으로서 정심지신正心持身할 평생의 교계敎誡가 되게끔 제시한 것으로 풀이하기도 한다.[27]

그러나 이러한 사상적 연원에 대한 논쟁은 그다지 의미가 없으며, 오히려 신라사회가 필요로 하는 행동기준으로 제시된 세속오계가 당시 신라사

---

24) 池內宏은 '相磨以道義'를 圓光의 世俗五戒와 결부시켜, 오로지 당시의 국가적 현실에 입각하여 그 견지에서 時世에 적절하고 필요가 있는 道를 설한 것으로 풀이한 바 있다.(池內宏, 1929, 「新羅人の武士的精神に就いて」, 『史學雜誌』 40-8 ; 1960, 『滿鮮史硏究』 上世篇 2, 492~493쪽) 「마운령진흥왕순수비」와 「壬申誓記石」, 圓光의 '世俗五戒'와 관련한 道義에 대해서는 朴南守, 2008a, 「新羅 眞興王代 政治社會와 花郎徒 制定」, 『史學硏究』 92에서 자세히 설명하였다.

25) 李丙燾, 1987, 앞의 논문, 44쪽. 金忠烈, 1989, 「花郎五戒와 三敎思想의 現實的 具現」, 『新羅文化祭學術發表會論文集』 10, 127~136쪽.

26) 金哲埈, 1971, 앞의 논문 ; 앞의 책, 208쪽.

27) 金煐泰, 1975, 앞의 논문 ; 1987, 앞의 책, 32쪽.

회에서 얼마 만큼이나 적합한 것이었는가를 따져보는 것이 보다 중요한 과제라는 지적이 있었다.[28] 사실 『삼국사기』 열전 가운데 보이는 화랑이나 낭도들은 유교 경전의 문구를 차용하여 대의大義로써 죽음을 두려워하지 않는 자기 신념을 표현하였다.[29] 이러한 『삼국사기』의 구절은 당대 기록의 전승일 수도 있겠지만, 김부식이 자의로 유교적 관념을 투영시켜 서술하였을 가능성도 있다.[30]

주지하듯이 충과 효는 어느 사회에서나 필요한 가치로서, 유교·불교 모두 존숭하는 덕목임에 틀림없다. 특히 중고기 신라 사회가 왕권을 강화하고 대외적인 전쟁을 치르는 과정에서 그러한 덕목을 강조한 것은 사회적 추세였다고 본다. 그러한 사회적 분위기하에서 원광은 세속오계를 보살계에 비교하여 신라 청소년들에게 가르침을 내림으로써 기왕의 신라의 전통적 이념을 추동하는 효과를 기했던 것으로 보인다. 사다함과 무관랑의 사우 死友로서의 맹세, 그리고 귀산과 추항, 「임신서기석壬申誓記石」에서의 두 벗 간의 서약 등을 요약한 듯한 '교우유신交友有信'이란 덕목은, 이차돈異次頓의 순교시 말고삐를 나란히 하던 우인友人들과 월정月庭에서 소매를 맞잡은 친구들이 피눈물을 흘리며 창자가 끊어질 듯 이별을 애태우던 데서,[31]

---

28) 李基白, 1968, 「圓光과 그의 思想」, 『創作과 批評』 10 ; 1986, 『新羅思想史硏究』, 一潮閣, 110쪽.

29) 欽春과 盤屈이 "見危致命 忠孝兩全"(『三國史記』 권 47, 列傳 7, 金令胤)이라 한 것은 『論語』 憲問條 "見利思議 見危授命"의 구절을, 반굴의 아들 令胤이 "臨陣無勇 禮經之所譏 有進無退 士卒之常分"(『三國史記』 47, 列傳 7, 金令胤)이라고 한 것은 『禮記』 曲禮 "臨難無苟免"에서, 그리고 訥催·竹竹·丕寧子의 '至於歲寒 獨松栢後彫' 등의 기사는 『論語』 子罕條 "歲寒然後 知松栢之後凋"로부터 차용한 것이라는 지적이 있었다.(金哲埈, 1971, 앞의 논문 ; 앞의 책, 216~218쪽)

30) 金相鉉은, "金富軾은 西京戰役의 승리를 기회삼아 그 사대주의를 근거하여 三國史記를 作할 새, 그 주의에 합하는 사료는 敷衍讚嘆, 혹 改作하며, 不合한 사료는 論貶塗改, 혹 刪削하였다. 그 중 가장 刪削을 당한 자는 유교도의 사대주의에 정반대되는 독립사상을 가진 朗家의 역사일 것"(申采浩, 「朝鮮歷史上一千年來第一大事件」, 『丹齋申采浩全集』 中, 119~120쪽)이라는 申采浩의 『三國史記』 평을 인용하여, 『삼국사기』 화랑관계 기사는 유교적인 시각에 의해 선택되고 서술되었음을 지적한 바 있다(金相鉉, 앞의 논문, 227쪽).

이미 신라사회 내부에 계승되던 덕목이었던 것으로 생각된다. 또한 화랑도의 덕목으로 존숭되는 임전무퇴臨戰無退는 삼국 모두 형률로써 정한 바였다. 곧 고구려나 백제에 있어서 퇴군이나 진陣에 임하여 패배한 자, 또는 성을 지키다 적에 항복한 자는 참형에 다스리는 형률이 있었다.[32] 신라의 경우 그러한 형률이 구체적으로 보이지는 않지만, 고구려·백제와 형정刑政이 동일했다는 것으로 보아[33] 사정은 같았을 것으로 생각된다. 그렇다면 세속오계의 '임전무퇴臨戰無退'는 향후 전장에 나아갈 중고기 신라의 모든 청소년들이 익혀야 할 사회적 규율이었을 것이고, 장차를 위한 예비적인 교육의 성격을 지닌 것으로 보아야 할 것이다.[34] 원광圓光이 승려의 신분으로서 살생유택殺生有擇을 제시한 것은, 법흥왕 때에 살생을 금지한 영令과[35] 아울러 『범망보살계梵網菩薩戒』에서 큰 공덕을 쌓을 수 있다면 살생도 가하다는 등 살생을 무조건 죄악시한 것은 아니라는 점을[36] 고려한 삼국쟁패기의 현실적인 세속의 계율이었던 것으로 보인다.

'상열이가악相悅以歌樂'은 김부식의 인식대로라면 순舜과 천제天帝의 악樂을 모범으로 한 것으로서 유교적인 도의道義를 익힌 후 사회적 필요에 당하기 위한 가악歌樂이라 할 것이다. 사실 신라에는 진흥왕 때에 이미 대악

---

31) 『三國遺事』 권 3, 興法 3, 原宗興法 厭髑滅身.

32) "其刑罰 反叛·退軍及殺人者 斬"(『周書』 49, 異域列傳 41, 百濟 ; 『北史』 94, 列傳 82, 百濟) "守城降敵 臨陣敗北 殺人行劫者 斬"(『舊唐書』 199, 東夷列傳 149, 高句麗)

33) 『北史』94, 列傳 82, 新羅 · 『舊唐書』 199, 東夷列傳 149, 新羅.

34) 부족국가시대의 청소년이 "其國中有所爲及官家使築城郭 諸年少勇健者 皆鑿脊皮 以大繩貫之 又以丈許木鍤之 通日嚾呼作力 不以爲痛 旣以勸作 且以爲健"(『三國志』 30, 魏書 30, 東夷傳 30, 韓)하는 고행을 할 때에 그 고행을 장려하고 또 칭찬하는 '旣以勸作 且以爲健'의 전통이 있어서 가능한 것으로 보기도 하나(김철준, 1971, 앞의 논문 ; 앞의 책, 207쪽), 오히려 현실적인 臨戰에서의 덕목을 사전에 교육시킨 의미로 보아야 할 것이다.

35) 『三國史記』 권 4, 新羅本紀 4, 法興王 16년. 이러한 禁殺生 法令의 강제는 蔚州川前里書石 原銘의 '食多煞'이 追銘에서 '禮臣'으로 바뀐 데서도 확인된다.(朴南守, 2008b, 「蔚州 川前里 書石銘에 나타난 眞興王의 王位繼承과 立宗葛文王」, 『韓國史硏究』 141, 34쪽)

36) 李基東, 1994, 앞의 논문 ; 1997, 앞의 책, 251쪽.

大樂이 성립되었지만,[37] 일반 청소년에게는 화랑의 가악이라 일컬어지는 '도령가徒領歌'나 '사내기물악思內奇物樂' 등이[38] 있었다. 이들 향가鄕歌는 화랑의 기백과 절개를 담은 신라 고유의 노래로서 유교적 성격의 가악과는 차이가 있다. 곧 김흠운金歆運이 화랑 문노의 낭도였을 때에 아무개가 전사하여 이름을 지금까지 남겼다는 무훈담을 듣고 슬퍼하여 눈물을 흘리며 격동하여 그와 같이 되려고 했다는 일화는[39] 당시 청소년들에게 교훈적인 이야기를 가악歌樂의 형태로 전수하여 카타르시스를 느끼게 하였던 사례를 보여주는 바,[40] 김부식은 이러한 신라 고유의 향가로 인한 충의忠義의 고양을 유교적 가악과 동일하게 인식함으로써 '상열이가악相悅以歌樂'으로 평가하였다고 본다.

한편 '유오산수遊娛山水'는 「북한산진흥왕순수비」나 「울주 천전리서석명」에 보이는 신라 전통의 산천에 대한 신앙을 존속하는 한편 응렴의 사례에서와 같이 일종의 '유학遊學'적 성격을 띤 것으로 이해된다.[41] 이러한 유학이나 산천신앙은 화랑도 제정에 관여하였을 거칠부의 경험과 무관하지 않은 것으로 여겨진다. 곧 거칠부가 젊었을 때에 사소한 일에 거리끼지 않고 원대한 뜻을 품어 머리를 깎고 승려가 되어 사방으로 돌아다니며 구경하고 적정을 살폈다는 일화는[42] 이후 신라 화랑들의 유오산수遊娛山水의 모범이 되었을 것이다. 이러한 화랑들의 유오산수遊娛山水를, 김부식은 '나주수 이선생羅州守 李先生이 젊어서 사방을 돌아다녀 세태를 알았다'고 칭송한 것과 공자孔子의 주유천하周遊天下에 짝하는 것으로서 여겼을 것이다.

요컨대 신라 고유의 전통을 담은 화랑도의 활동과 교육, 곧 충효忠孝와

---

37) 『三國史記』 권 32, 雜志 1, 樂 新羅樂 加耶琴.
38) 『三國史記』 권 32, 雜志 1, 樂 新羅樂 三竹.
39) 『三國史記』 권 47, 列傳 7, 金歆運.
40) 李基東, 1978, 앞의 논문 ; 1984, 앞의 책, 344~345쪽.
41) 『三國遺事』 권 1, 紀異 2, 四十八 景文大王. 『三國史記』 11, 新羅本紀 11, 憲安王 4년.
    金鍾璿, 1977, 「新羅花郎の 性格について」, 『朝鮮學報』 82, 42쪽.
42) 『三國史記』 권 44, 列傳 4, 居柒夫.

세속오계世俗五戒 등의 덕목을 함양하고, 향가를 통하여 충의를 북돋우며, 사방으로 유오함으로써 세태를 익히는 교육 내용은, 김부식이 지향하고자 했던 유교적 교육관 곧 충효忠孝를 익히고 공부하는 이들이 현가絃歌를 읊조리며, 동서남북으로 주유하여 인의仁義를 익히고 세태를 아는 교육적 관념과 부합한 점이 있다. 이에 김부식은 화랑도의 활동과 교육 내용을 유교적 교육관념에 따라 도의道義를 닦고 가악歌樂을 즐기며, 유오산수遊娛山水하는 것으로 평가하여 서술하였던 것으로 이해된다.

3. 중고기 교육의 실상과 화랑도 교육

일찍이 이기백은 삼품창영三品彰英의 화랑도의 남방기원설을 비판하면서, 화랑도花郞徒가 원시 미성년집회의 전통을 이어 원광圓光의 세속오계世俗五戒로 상징되는 도덕적 덕목을 지향하고 군사훈련단체로서의 성격을 지닌다는 점에서 고구려의 경당扃堂과 동일한 성격으로 간주한 바 있다.[43] 물론 고구려의 경당이 미혼자제未婚子弟를 위한 교육기관으로서 송경誦經과 습사習射를 익히게 했다는 점은 인정되나,[44] 화랑도를 경당扃堂과 같은 교육기구로 보는 데에는 몇 가지 의문이 있다. 하긴 화랑도와 경당이 지향하는 목표는 동일한 것으로 인정되며,[45] 경당의 교육내용인 송격誦經과 습사習射는 『삼국유사』에서 화랑도를 제정함으로써 오상五常·삼사三師·육정六正 및 육예六藝가 널리 행해졌다는 서술 내용과 서로 통한다고 할 수 있다. 그러나 『삼국사기』에서 일컬은 화랑도의 수련내용인 '상마이도

---

43) 李基白, 1967, 앞의 논문, 45~50쪽.
44) 『舊唐書』 199上, 列傳 149, 東夷傳 高麗. 『新唐書』 220, 列傳 145, 東夷傳 高麗.
45) 李基白은 '고구려 扃堂에서 未婚子弟들이 「讀書」「誦經」했다는 기록에서 書나 經에 집착할 것이 아니라 그에 나타난 덕목에 더 주목해야 할 것'이라 하고, 고구려의 扃堂이나 신라의 花郞徒는 도덕적 교육면에서 한 가지 목표 곧 유교에서 강조하는 실천도덕률이란 목표를 지향한 것으로 보았다.(李基白, 1967, 앞의 논문, 47~48쪽)

의 相磨以道義' '상열이가악相悅以歌樂' '유오산수 무원부지遊娛山水 無遠不至'가 청소년들의 단체생활을 통하여 예악의 습득이나 구성원간의 의리, 인의의 실천과 세태의 견문 등 실천적 학습을 강조하였다면, 경당은 상설적인 교육기관을 통하여 문무文武를 익히는 학습에 주력하였다는 것이다.46)

신라에서 고구려의 경당과 같은 국가적인 교육기관은 진덕왕 5년(651)에 설립된 것으로 추정되는 국학으로부터 비롯하지만, 그 이전 중고기에 국학과 같은 성격의 교육기관이 운영되었다는 기록은 보이지 않는다.47) 다만 선종랑善宗郎(慈藏)과 김인문金仁問의 경우 고구려 경당扃堂과 흡사한 교육을 받았던 기록을 찾을 수 있다. 곧 진평왕 때에 선종랑善宗郎은 나이가 소학小學을 지나면서 '홀로 항심恒心을 발하여 세상의 여러 사서史書와 전적典籍을 두루 보았다'고 하는48) 한편으로 '어려서 살생을 좋아하여 매를 놓아 꿩을 사냥하였다'고49) 한다. 또한 김인문金仁問은 선덕여왕 때 어

---

46) 鄭雲龍은 양자의 성격을 동일시할 수 없다는 점을 지적하면서도, '相磨以道義' '相悅以歌樂' '遊娛山水 無遠不至'를 화랑도의 교육적 기능으로 보고, 巫佛融和와 유교적 禮樂의 관점에서 이해하였다.(鄭雲龍, 1995, 「新羅 花郎制 成立의 政治史的 意義」, 『화랑문화의 신연구』, 문덕사, 129·146~148쪽) 그의 '巫佛融和' 등에 대한 이해는 박창화의 『花郎世紀』의 관점, 곧 일제관학자들의 花郎徒와 神宮에 대한 시각을 그대로 반영한 것임을 지적하고자 한다.

47) 盧重國은 진흥왕 때에 이미 유학을 교육하는 기관이 만들어졌을 가능성을 상정하고, 신라에서의 국학 설립 시기를 진덕왕 5년으로 추정하였다.(盧重國, 1998, 「新羅와 高句麗·百濟의 人才養成과 選拔」, 『新羅文化祭學術發表會論文集』 19, 46~47) 이기동은, 國學의 설립은 화랑도의 대용으로서 인재교육과 선발 방식으로 채택된 것으로 이해하였다.(李基東, 1988, 「花郎像의 變遷에 관한 覺書」, 『新羅文化』 5 ; 1995, 앞의 책, 113쪽) 한편 高明史는, 통일 이전 신라는 율령제에 입각한 관료제를 마련하지 못했고 왕권도 견고하지 못했기 때문에 왕권강화의 지지기반으로 삼으려 한 「관리양성소」도 결국은 출현 불가능했던 것으로 보았다. 아울러 그는 화랑도를 文武合一의 교육적 성격을 띤 것으로 이해하였다.(高明史 著·吳富尹 譯, 1995, 『韓國敎育史硏究』, 大明出版社, 63쪽)

48) "獨拔恒心 而於世數史籍 略皆周覽"(『續高僧傳』 24, 慈藏).
"善宗郎 神志澄睿 文思日贍 而無染世趣 早喪二親 轉厭塵譁"(『三國遺事』 4, 義解 5, 慈藏定律)

49) "少好殺生 放鷹擊雉"(「皇龍寺九層木塔刹柱本記」, 黃壽永 編, 1976, 『韓國金石

린 나이로 학문을 시작하여 유가儒家의 책을 많이 읽고, 장자莊子·노자老子·불교佛敎의 책을 섭렵하였으며, 예서隸書와 활쏘기·말타기·향악鄕樂을 익혔다고 한다.50) 이로써 선종랑과 김인문이 송격誦經과 습사習射에 상응하는 교육을 개별적으로 학습하였음을 살필 수 있지만, 어떠한 과정을 통해 이러한 교육을 받았는지는 분명하지 않다.

강수强首의 경우 스스로 의리義理를 터득한 이후 다시 스승을 찾아가 효경孝經, 곡례曲禮, 이아爾雅, 문선文選을 배웠다고 하는 바,51) 두품신분의 자제들은 독학으로 글을 깨친 후에 다시 스승을 찾아 학문을 전수받았던 것으로 여겨진다. 이는 귀산貴山과 추항箒項이 원광법사圓光法師로부터 세속오계世俗五戒를 전수받은 데서도 확인된다. 특히 귀산貴山과 추항箒項은 "우리들이 사군자士君子와 유유遊하기를 기약한데 먼저 마음을 바르게 하고 몸을 닦지 아니하면 욕됨을 불러일으키는 것을 면치 못할 것이니, 어찌 현자賢者의 옆에서 도道를 듣지 아니할것인가"52)라고 이르면서 원광圓光을 찾았었다. 여기에서 '사군자士君子와 유유遊하기를 기약하였다는 것은 아무래도 화랑의 무리에 참여하고자 한 것으로 풀이된다.53) 이러한 귀산貴山과 추항箒項의 행적은 「임신서기석壬申誓記石」에서 충도忠道를 집지執持할 것과 시전詩傳·상서尙書·예기禮記·춘추春秋를 3년 안에 습득할 것을 맹세했던 두 친구의 모습과54) 흡사하고, '사군자士君子와 유유遊하기를 기약한데'라고 하여 모종의 집단에 참가하고자 한 것으로 이해되기 때문이다. 또한 '마음을 바르게 하고 몸을 닦지 아니하면 욕됨을 불러일으키는 것을 면치 못할

遺文』, 一志社, 159쪽)

50) 『三國史記』 권 44, 列傳 4, 金仁問.

51) 『三國史記』 권 46, 列傳 6, 强首.

52) 『三國史記』 권 45, 列傳 5, 貴山.

53) 高明史는, '士君子'는 원래 유가에서 말하는 이상적인 인간상에 속하지만 여기서는 낭도의 우두머리인 '화랑'을 지칭한 것으로 이해하였다.(高明史, 吳富尹 譯, 앞의 책, 67쪽) 한편 김철준은 士君子를 國士와 동의어로 보고 여론 주도층으로서의 6두품출신으로 풀이하였다.(金哲埈, 1969, 앞의 논문 ; 앞의 책, 318~319쪽) 노중국도 김철준의 견해에 동의하면서도 士君子에는 김영윤과 같은 진골출신도 포함하였을 것으로 이해하였다.(盧重國, 앞의 논문, 91쪽)

54) 「壬申誓記石」, 韓國古代社會硏究所 編, 1992, 『譯註 韓國古代金石文Ⅱ』, 176쪽.

것'이라는 구절은 김영윤이 '종족宗族과 붕우朋友에게 오명을 듣지 않겠다' 고 천명하였던 것에 상응한다. 따라서 귀산과 추항은 원광을 스승으로 찾 아가 가르침을 받고 나서 화랑도에 참여하고자 했던 것으로 보인다.

이러한 사례는 당시에 송경誦經이나 습사習射 등을 별도의 교육기관에서 배우기보다는 개별적 또는 별도의 스승을 찾아 학습하였던 것이 일반적이 었음을 보여준다. 신라 중고기는 국가적으로 불교를 숭상하는 분위기였 고, 남조로부터 불교의 수용과 함께 중국의 선진문물을 받아들였던 만큼, 당시 승려들은 신라 최고의 지식인이었다. 이러한 사회적 분위기하에서 승려들은 신라 청소년들에게 유학이나 불교의 경전을 가르치고, 화랑을 보좌하는 승려낭도로 자리매김하였던 것으로 여겨진다.

화랑과 승려낭도의 관계는 일찍이 진흥왕과 안장安臧의 관계에서 그 선 구적 모습을 살필 수 있다. 곧 안장安臧은 갑인년(534) 진흥왕 탄생시에 진흥왕가眞興王家와 관련이 깊은 천전리서석곡川前里書石谷을 찾았고[55] 진 흥왕 11년(550) 대서성大書省에 임명되었다. 大書省의 직임이 왕실의 측근 혹은 고문격의 승관으로 추측되는 것으로[56] 미루어, 안장은 진흥왕의 탄 생 때부터 그를 보위하고 자라면서 학문을 전수하는 스승의 역할을 하지 않았을까 짐작된다. 이는 미시랑未尸郎을 평생토록 모시겠다는 진자사眞慈 師의 서원이나 김흠운金歆運과 전밀轉密, 응렴과 범교사範教師 등의 관계에 서도 살필 수 있다. 따라서 신라 승려들은 청소년기의 진골 자제들을 스승 으로서 가르치고, 화랑으로 나아가면 그를 훈도하는 승려 낭도로서, 그리 고 출사하여서는 「진흥왕순수비」에 보이는 진흥왕의 수가승려와 같이 일 종 정치고문으로서 평생의 인연을 지속하였던 것으로 생각된다.

비록 고려 후기의 사례이긴 하나, 『고려사』 민적전閔頔傳에 '나라의 풍속 에 어릴 때에는 반드시 승려를 따라 구독句讀을 익혔는데 뛰어난 자는 승 속僧俗이 모두 받들어 선랑仙郎이라 일컬었다. 그를 따르는 무리가 천백에 이르렀는데, 그러한 풍속이 신라 때에 일어났다'고[57] 이른 데서 화랑과

---

55) 朴南守, 2008b, 앞의 논문, 40쪽 각주 119 참조.
56) 李弘稙, 1959, 「新羅僧官制와 佛教政策의 諸問題」 『白性郁博士 頌壽紀念 佛 教學論文集』, 672쪽.

승려낭도의 관계를 다시 확인할 수 있다. 사실 선랑仙郎은 이미 신라 하대에 화랑을 일컬은 명칭이었고, 고려시대에 이르러 선랑은 귀족의 미혼 자제를, 국선國仙은 신라의 화랑과 같은 존재를 일컫는 이름이었다.[58] 따라서 신라 귀족자제나 화랑들이 고구려 경당에서 학습하던 송경誦經과 습사習射 등을 이미 개별적으로 학습하였고, 화랑도의 단체생활 중의 도의상마道義相磨, 상열가악相悅歌樂, 유오산수遊娛山水 등을 통하여 신라인으로서 갖추어야 할 덕목을 습득하였던 것으로 생각된다.

요컨대 고구려 경당 교육에 상응하는 송경誦經과 습사習射 등은 신라 진골귀족 자제의 경우 어릴 때부터 승려를 초치하는 형태로, 그리고 두품 이하 신분의 자제들은 독학 이후 스승을 찾아 학습하였던 것으로 보인다. 이러한 과정을 통하여 이미 기초적인 송경誦經과 습사習射 등을 마친 청소년들은, 화랑도에 참여함으로써 충신忠信 등의 국가적 정치이념을 단체생활과 가악歌樂을 통하여 습득·연마하고, 유오산수遊娛山水하여 유학游學함으로써 국가적 현실을 직시하고 출사에 앞서 정치를 수습하였던 것으로 여겨진다.

4. 화랑도의 출사出仕와 그 성격

화랑도의 교육적 기능은 그들이 현실 정치에 나아가는 출사의 과정에서 더욱 분명해진다. 『삼국사기』신라본기 진흥왕 37년조에는 화랑도 제정의 의의를 '사람의 사악함과 정직함을 알게 되어, 착한 사람을 택하여 조정에 천거하였다'고 밝혔다. 원화의 제정에서도 '일찍이 임금과 신하들이 인물을 알아볼 방법이 없어 걱정하다가, 무리들이 함께 모여 놀게 하고 그

---

57) "國俗 幼必從僧習句讀 有面首者 僧俗皆奉之 號曰仙郎 聚徒或至千百 其風起自 新羅 頓十歲出就僧舍學性敏悟 受書旋通其義眉宇如畫風儀秀雅 見者皆愛之 忠烈聞之召見宮中目爲國仙 登第補東宮僚屬"(『高麗史』108, 列傳 21, 閔宗儒 附 閔頔)

58) 朴南守, 2009, 앞의 논문 참조.

행동을 살펴본 다음에 발탁해 쓰고자'라고 하여 동일하다. 이는 처음에 군신君臣이 인재를 알 수 없어서 그들을 함께 노닐게 하여 관찰함으로써 조정에 필요한 인재를 천거하였던 사실을 반영한다. 화랑 관창이 어느 대감의 천거로 부장副將으로 발탁된 사례59)김유신이 그의 낭도 출신 열기裂起를 '내가 젊어서 그대와 놀 때 너의 뜻과 절의를 알았다'고 이르고 평양성 곡물 수송의 중임을 맡겼던 것은60)60)그러한 사례가 될 것이다. 따라서 화랑의 제정 목적인 인재의 천거에는 진골귀족 자제뿐만 아니라 낭도의 천거까지도 포괄되었음을 알 수 있다. 이에 대하여, 신라의 융성기에는 국가가 다사다난하여 인재의 수요가 전날에 비할 바 아니었을 것이 분명하므로, 화랑도를 제정하면서 천거의 직능을 겸하게 된 것이라고 이해한다.61)61)

그런데 천거에 의해 인재를 등용하는 방식은 화랑도가 처음은 아니었다. 일성이사금 14년(147) 신료들에게 지용智勇을 갖춘 이로서 장수將帥를 삼을 만한 이를 천거하게 한 것이나,62) 첨해니사금 5년(251) 왕이 남당南堂에서 청정聽政하면서 한지부인漢祇部人 부도夫道가 서산書算으로 이름이 높다 하여 물장고사무物藏庫事務를 맡긴 것은63) 신료들의 추천에 의한 인재 등용의 사실을 보여준다. 또한 눌지왕 때에 국왕의 하문에 수주촌간 벌보말水酒村干 伐寶靺 · 일리촌간 구리내一利村干 仇里迺 · 이리촌간 파로利伊村干 波老 등 3인이 박제상을 고구려와 왜에 파견할 사신으로 천거한 것,64) 그리고 조지마립간 19년에 군관群官으로 하여금 '재감목민자才堪牧民者' 각 1인씩을 천거하게 한 것65) 등은 신라가 천거에 의해 인재를 등용했던 사실을 전해준다. 이처럼 상고기에 인재를 천거한 신료臣僚나 간干, 그리고 군관群官은 6부 합의의 전통을 유지하여 온 부족장 출신자들이나 그 후예

---

59) 『三國史記』 권 47, 列傳 7, 官昌.
60) 『三國史記』 권 42, 列傳 2, 金庾信 中.
61) 李丙燾, 1987, 앞의 논문, 42쪽.
62) 『三國史記』 권 1, 新羅本紀 1, 逸聖尼師今 14년.
63) 『三國史記』 권 2, 新羅本紀 2, 沾解尼師今 5년.
64) 『三國史記』 권 45, 列傳 5, 朴堤上.
65) 『三國史記』 권 3, 新羅本紀 3, 照知麻立干 19년.

들이었다. 곧 6부족장의 전통에 기반한 간干이나 군신들이 인재를 천거하였던 바, 이 때에 천거된 인재들은 당연히 6부 수장의 자제들 중심이었을 것이다.[66)]

6부 수장을 중심으로 한 천거제는, 화랑도 제정 이후에 화랑과 그 낭도들을 중심으로 한 천거제로 변모하였다. 먼저 화랑을 거쳐 출사하였던 이들로서, 진흥왕대의 사다함과 진평왕대의 김유신, 죽지, 김흠춘, 관창 등을 꼽을 수 있다. 사다함斯多含은 진흥왕 23년 가야가 신라에 반叛하자 15, 6세의 화랑花郞으로서 종군從軍을 청하여 이사부異斯夫의 부장副將, 곧 이찬 거칠부伊湌 異斯夫를 보좌하는 귀당 비장貴幢 神將으로 니아가 공을 세웠으며, 이때에 그의 낭도郞徒 중에서 따르는 자가 많았다고 한다.[67)] 진평왕대에 화랑이었던 김유신이 최초에 어느 관직에 어떠한 경로로 출사하였는지는 분명하지 않으나, 진평왕 51년(629) 31세의 나이로 대장군 용춘龍春 · 서현舒玄의 부장군副將軍 곧 중당당주中幢幢主가 되어 낭비성娘臂城 공략에 참여하였다.[68)] 선덕왕 초년을 전후한 시기의 화랑이었던 죽지竹旨는 진덕왕 3년(649) 백제와의 석토성石吐城 전투에서 대장군 유신庾信과 함께 참전하고 그 2년 뒤에 파진찬으로서 집사시중執事中侍에 임명되었다.[69)] 16세의 화랑으로 참전한 관창官昌은 어느 대감大監의 천거로 무열왕 7년(660) 부장副將이 되어 그의 아버지 품일을 따라 백제와의 황산벌 전투에 참가하여 전사함으로써 급찬에 추서되었다.[70)]

그런데 사다함이 자원하여 종군한 데 대하여 관창은 어떤 대감의 천거로 참전하였음을 살필 수 있다. 특히 사다함斯多含의 경우 그의 족친 조부격인 이사부異斯夫와 함께, 그리고 관창官昌은 그의 아버지를 따라 종군하였음을 볼 수 있다. 사실 중고기 진골귀족의 자제들은 그들의 부친이나

---

66) 고경석, 1997, 「신라 관인선발제도의 변화」 『역사와 현실』 23, 80~82쪽.

67) 『三國史記』 권 4, 新羅本紀 4, 眞興王 23년 · 44, 列傳 4, 斯多含.

68) 『三國史記』 권 4, 新羅本紀 4, 眞平王 51년 · 41, 列傳 1, 金庾信 上.

69) 『三國史記』 권 5, 新羅本紀 5, 眞德王 3년.
   朴南守, 2008c, 「신라 중고기 花郞의 出身家系와 花郞徒 운영의 변화」, 『韓國古代史研究』 51, 145~147쪽.

70) 『三國史記』 권 47, 列傳 7, 官昌.

족친과 함께 참전하는 것이 일반적이었던 듯한데, 김유신은 그의 아버지 서현과 함께, 김흠춘은 그의 형 김유신의 부수副帥로서 참전하였다. 또한 김흠춘의 아들 반굴과 품일의 아들 관창은 모두 그들의 아버지와 함께 종군함으로써 무공을 세운 것으로 전한다. 죽지의 경우 김유신을 따라 참전하였으나, 죽지의 부친 술종공이 유신공과 긴밀한 관계였음을 생각하면,71) 중고기 화랑출신들은 대체로 족친 내지는 부친 등 혈연적으로 밀접한 관계가 있는 이들의 부장副將으로서 참전하였음을 알 수 있다. 이는 그들 족친의 비호 하에 첫 관직에의 출사가 이루어졌음을 의미한다.

요컨대 중고기 화랑들의 출사로와 직임은 대부분 그의 부친이나 족친의 임무에 수반한 것이었다. 이는 중고기 부대가 '6부병部兵'의 전통을 계승하여 편성된 것과72)관계가 있을 것이며, 신라사회가 가계 단위 내지 종족에 대한 연좌제가 매우 강력하게 시행되었던 것도73)이와 무관하지 않을 것이다. 이처럼 화랑 출신들은 가계 단위 내지 종족적 전통 하에 그들의 부친이나 족친의 부장으로 참전할 수 있었다. 이러한 사실은, 중고기 화랑의 부친이나 족친이 화랑도의 결성을 조장 내지 역할하였던 사실을 반영하는 것으로 생각된다. 곧 사다함이 전공戰功을 세워 포상을 받는 것이나,74) 품일品日이 관창官昌의 전의戰意를 북돋우며, "오늘은 공명功名을 세워 부귀富貴를 취할 때니 어찌 용맹을 내지 않겠느냐"고 이른 것,75) 그리고 후일의

---

71) 李鍾旭, 1986, 「三國遺事 竹旨郎條에 대한 一考察」, 『韓國傳統文化研究』2, 曉星女大, 121쪽.

72) 李基白, 1977, 앞의 논문 ; 1978, 앞의 책, 195쪽.

73) 連坐制로서는 진평왕대 모량부에 대한 연좌를 비롯하여, 진평왕과 선덕왕 말년의 柒宿·石品亂과 毗曇·廉宗亂에 대한 '夷九族'刑, 문무왕대에 병을 핑계로 국사를 소홀히 한 眞珠에 대한 '夷其族'刑, 김흠돌의 난과 신문왕대 金欽突의 난으로 인한 '竝已誅夷'와 상대등 軍官의 처형, 혜공왕대 大恭의 난으로 인한 '誅九族'刑, 헌덕왕대 김헌창의 난에 연류된 宗族과 黨與 239명에 대한 처형 등을 대표적인 사례로 들 수 있다.(朱甫暾, 1084, 「新羅時代의 連坐制」, 『大丘史學』25, 1984 참조) 이러한 연좌형은 대체로 宗族을 단위로 행해졌던 바, 신라의 모든 사회적 기반이 宗族 또는 家系 단위로 이루어졌고, 이를 통하여 出仕 등 사회적 진출이 좌우되었음을 의미한다.

74) 『三國史記』 권 44, 列傳 4, 斯多含.

일이긴 하지만 신문왕 때에 김영윤金令胤이 보덕성 반군을 진압하기 위해 출전하면서 "내가 이번에 종족宗族과 붕우朋友들로 하여금 오명惡名을 듣지 않게 하겠다"고 한 데서,[76] 그러한 저변의 사정을 짐작할 수 있다. 또한 당시 신라의 진골귀족 자제들은 무훈武勳을 세워 공명功名을 이루는 것이 부귀를 취하는 길이었고, 종족과 붕우에게 영예를 남기는 일로 여겼음을 알 수 있다. 이는 한편으로 진흥왕이 「마운령진흥왕순수비」에서 천명한 '충신정성忠信精誠'과 '용적강전勇敵强戰'을 위해 절의를 다한 이들을 포상하 겠다는 내용의[77] 실현이었고, 화랑도는 이러한 진흥왕의 이념을 실현하 는 주요한 조직이자 방편이었던 것이다.

그런데 화랑도 제정 이후 화랑에 참여하지 않은 진골 귀족의 자제들에 게도 출사의 길이 열려 있었다. 자장慈藏이 양친을 여의고 고골관枯骨觀을 닦을 때 '(조정朝廷에) 대신大臣 자리가 비어 문벌로 중의衆議에 올라 누차 불렸으나' 라고[78] 하여, 문벌로써 천거되었음을 살필 수 있다. 주지하듯이 자장의 아버지는 무림공茂林公으로서 술종공, 유신공과 함께 선덕왕 초년 에 오지암 회의에 참여하였던 화백회의의 구성원이었다.[79] 선덕왕 때에 자장이 문벌로써 천거되었다 함은 그러한 자장의 가문을 배경으로 가능하 였으며, 중의는 조정 중신들의 중의를 지칭하는 것으로 보아 어긋나지 않 을 것이다. 또한 김춘추의 둘째 아들 김인문金仁問은 진덕왕 5년(651) 나이 23세에 왕명으로 당나라에 숙위로 파견되었다.[80] 자장이나 김인문의 경 우 화랑도와 관련된 사실이 전혀 보이지 않는 바, 이들의 출사出仕는 모두 문벌에 의한 것으로 이해된다. 이러한 사실은 진평왕 43년(621) 당나라로 떠난 설계두薛罽頭가 "신라는 사람을 등용하는 데 골품을 논하기 때문에

---

75) 『三國史記』 권 47, 列傳 7, 官昌.
76) 『三國史記』 권 47, 列傳 7, 金令胤.
77) 「磨雲嶺眞興王巡守碑」, 韓國古代社會硏究所 編, 1992, 『譯註 韓國古代金石 文』 2, 87쪽.
78) 『三國遺事』 권 4, 義解 5, 慈藏定律.
79) 朴南守, 1992, 「신라 화백회의의 기능과 성격」, 『水邨 朴永錫敎授 華甲紀念 韓國史學論叢』 上, 221~229쪽.
80) 『三國史記』 권 44, 列傳 4, 金仁問.

진실로 그 족속이 아니면, 비록 큰 재주와 뛰어난 공이 있어도 능히 그 한계를 뛰어 넘을 수가 없다"고 한탄한 데서[81] 확인되며, 중고기의 관리 등용이 골품제를 근간으로 운용되었고, 그것이 꼭 화랑도 출신에 한정되지 않았음을 보여준다.

한편 화랑의 제정 목적인 인재의 천거에는 낭도郎徒의 천거薦擧까지도 포괄하였던 바, 그 이면에는 6부 소속 청소년들에게 출사의 기회를 허용함으로써 6부의 반발을 무마하는 한편 6부 천거의 관행을 중앙 정부가 장악하고자 한 조치로 이해된다.[82] 화랑들은 대체로 신라 최고의 의사결정기구였던 화백회의 구성원이나 그와 관련된 가문의 자제들로서, 탁부와 사탁부 출신이었다. 또한 이들 화랑을 위요한 낭도는 대체로 진골귀족 자제를 포함하여, 승려 낭도 및 4~6두품 계열의 낭도로서, 죽지랑도竹旨郎徒의 모량부 출신 득오의 사례에서 보듯이 6부 소속 낭도들을 포괄하였다.[83] 이처럼 탁부나 사탁부 출신 화랑들이 다른 6부 소속의 낭도를 중심으로 무리를 편제한 것은, 진흥왕의 정책적 과제 곧 구민舊民과 신민新民에게 두루 덕화德化를 베푼다는 것과 무관하지 않았을 것이다.

1994년 1월 6일에 발견된 남산신성 제9비에서는[84] 신라 변경지역 급벌

<hr>

81) 『三國史記』 권 47, 列傳 7, 薛罽頭.

82) 고경석은 '각 부 출신 인재들도 화랑도에 속하여 관인으로 등용될 수 있는 기회를 부여받았던 것'으로 보고, "(국가가) 관인선발권을 장악하는 대신에 과거의 부집단을 체제 내로 통합시키기 위한 국가의 의도와, 독자적 정치세력화가 현실적으로 불가능한 상황에서 관인에 대한 천거권을 포기하는 대신에 체제 내로 포섭됨으로써 기득권을 보호받기 위한 부집단의 이해가 맞물려 화랑제도가 나타날 수 있었다"고 이해하였다(고경석, 앞의 논문, 85·89쪽). 이러한 씨의 견해는 대체로 필자의 논리와도 일치한다. 다만 국가가 관인선발권을 장악하고자 화랑도를 제정하였다는 사실은 인정되나, 화랑도 조직이 반관반민의 성격을 지녔고, 화랑도 제정 이후에도 6부와의 갈등과정을 거쳐 진평왕대에 이르러서야 화랑도의 운영에 국가가 직접 관여하였다는 점을 지적해 두고자 한다.

83) 朴南守, 2008c, 앞의 논문, 133·148~149쪽.

84) 朴方龍, 1994, 「南山新城碑 第9碑 略報」, 『한국고대사연구회 회보』 33, 1994 ; 『新羅文化祭學術發表會論文集』 15, 1994. 朴方龍, 1994, 「南山新城碑 第9碑에 대한 檢討」, 『美術資料』 53. 朴南守, 1994, 「신라 장인의 분화와 사회경

군 이동촌侶伐郡 侶同村이 신라 행정조직체계에 통합되어 가는 과정을 살필 수 있다. 곧 새로 편입한 급벌군 이동촌지역에 대하여 군사조직과 재지질서를 바탕으로 재지 지배자를 촌주村主로 임명하는 한편 지방관을 파견하였다.[85] 이러한 과정은 이전의 6부 중심의 천거제가 조정의 군신君臣, 곧 탁부와 사탁부 중심 체제하의 천거제로 변화된 것과 흐름을 같이하며, 지방출신 자제들의 관리 임용에도 적용되었을 것이다. 문무왕 원년(661) 김유신이 평양성 군량미 수송의 공로에 대한 포상으로 군사 구근軍師 仇近에게 급찬을 내리고 다시 왕에게 사찬의 위계를 더하여 줄 것을 추천한 것이나,[86] 같은 왕 때에 한주漢州 도독 도유都儒가 대왕에게 청하여 백성군 사산白城郡 蛇山 출신 소나素那를 아달성으로 옮기어 북쪽 변방을 막도록 한 것[87] 등은, 중앙파견관 또는 중앙정부가 지방민의 승급이나 출사를 주관하고 천거하였던 사례이다.

구민舊民의 경우, 6부 중심체제가 와해되면서 6부의 수장이 지녔던 기왕의 천거의 권한을 탁부·사탁부 주도의 중앙조정에게 빼앗기게 되었다. 이로써 여타 6부 출신 두품신분의 자제들은 화랑도를 통하여 천거되거나, 화랑의 출사에 따른 낭도들의 천거방식에 따라 관직에 나아갈 수 있었던 것으로 보인다. 『삼국사기』진흥왕 37년조의 "화랑이라 이름하고 받드니 무리들이 구름처럼 모여들었다"는 것은 바로 이러한 배경에서 이해된다.

사다함이 자원하여 종군하자 그의 낭도들이 따라 참전하였다는 사례나 앞서 살핀 김유신의 낭도 열기, 그리고 귀산, 추항, 해론, 소나, 취도, 눌언, 비령자 등의 사례에서[88] 낭도들은 화랑 출신 출사자를 쫓아 참전하

　　　제적 지위변동」, 『芝邨金甲周敎授華甲紀念 史學論叢』; 1996, 「상대에 있어서 장인의 사회적 지위 변동」, 『新羅手工業史』, 282~289쪽. 필자는 1994년 발견 당시 이 비문을 다루면서 당시의 명칭인 '남산신성 제10비'로 서술하였으나, 본고에서는 남산신성 제7비를 명활산성비로 이해한 학계의 견해를 좇아 '남산신성 제9비'로 수정한다.
85) 朴南守, 위의 논문; 위의 책, 286~289쪽.
86) 『三國史記』권 47, 列傳 7, 裂起.
87) 『三國史記』권 47, 列傳 7, 素那.
88) 三品彰英, 1943, 「花郎の本質とその機能」, 앞의 책; 이원호 譯, 앞의 책, 157쪽.

고, 이를 통하여 자신이 영달할 수 있는 기회로 삼았음이 분명하다. 김유신이 그의 낭도였던 열기裂起를 급찬에 이어 사찬에 추서하는 과정이나, 열기裂起가 김유신의 아들 삼광三光을 통하여 보은군 태수報恩郡太守에 보임되는 과정은89) 그러한 일면을 보여주는 것으로 생각된다. 또한 김유신의 부하였던 비녕자丕寧子가 그의 아들 거진擧眞, 가노 합절家奴 合節과 함께 참전하여 순절한 이야기는90) 당시에 족친 내지 가계 단위의 참전의 양상뿐만 아니라 가문의 영예를 높이는 데에 진력하였던 상황을 보여준다. 이와 같이 국가적으로 용맹과 충절을 숭상하는 사회적 분위기 속에서 탁부·사탁부 주도의 진골귀족에 대하여 상대적으로 소외된 여타 6부 출신의 자제들은, 참전과 순절을 통하여 자신과 족친의 영달을 보장받을 수 있는 기회로 삼았다. 특히 그들은 화랑도에 참여하여 향후 신라 국정을 책임질 신라 최고의 귀족 자제와 군유群遊함으로써 긴밀한 인간관계를 형성하고 이를 평생 동안 지속할 수 있었다면, 그들의 화랑도로의 운집은 당연한 선택이었을 것이다.

　그러나 화랑도를 통한 두품신분 자제의 천거는 기존 6부의 천거제로 상징되는 6부의 전통적 기반을 해체하는 것이었던 만큼 이를 둘러싼 갈등을 예상할 수 있다. 검군劍君과 득오得烏로 상징되듯이 소속 부部의 직역職役을 맡았던 두품 신분 자제들이 화랑도에 참여하였던 것은, 신라 최고의 귀족 자제와의 교유를 통하여 골품제하에서 좌절된 최소한의 영달을 꾀하기 위한 선택이었을 것이다. 한편으로 6부의 직역에 나아간 검군이 동료들의 부정한 면을 알고도 화랑 근랑과의 의리를 지키고자 죽음을 택한 상황은91) 당시 두품 신분 자제들이 겪는 공통된 고민이었을 것이다. 득오 또한 죽지의 은택을 입었다고 하나 그로 인하여 빚어진 모량부인들의 관리 임용의 제한과 승려 출가 금지 조치 등에 대한 갈등은 검군의 경우와 크게 다르지 않았을 것이다. 이러한 검군과 득오의 사례는 6부의 전통과

---

89) 『三國史記』 권 42, 列傳 2, 金庾信 中 · 권 47, 열전 7, 裂起.
90) 『三國史記』 권 41, 列傳 1, 金庾信 上.
91) 金基興, 1992, 「三國史記 劍君傳에 보이는 7세기 초의 시대상」, 『水邨朴永錫敎授華甲紀念 韓國史學論叢』 上, 316~319쪽.

화랑도라는 새로운 이념 간에 일어났던 갈등의 양상을 보여주는 것으로서, 기왕의 6부 공동체적 전통을 억제하고 중앙집권적 국가 중심 체제로 전환하는 과정에서 빚어진 일화로서 이해된다.[92]

　요컨대 진골 귀족 자제로서의 화랑의 출사와 참전은 탁부와 사탁부 내의 진골귀족이라는 종족적宗族的 기반에 바탕한 것이었지만, 낭도의 편성이나 참전은 6부의 전통적 체제를 부정하고 신라사회가 지향하는 새로운 이데올로기, 곧 율령제에 바탕한 중앙집권국가를 목표로 한 것이었다. 따라서 화랑의 제정에 따른 낭도의 운집은, 중고기 신라가 진골귀족의 종족적 기반을 강화하면서도 6부의 전통적 기반을 해체하는 과정에서 나타날 수 있는 현상이었으며, 중앙 집권적 국가를 지향하는 신라의 정책적 이념에 부응하는 과정으로 보아야 할 것이다.

5. 맺음말

　『삼국사기』와 『삼국유사』는 각각 유교적 도덕관념과 불교사상의 바탕 하에서 편찬되었던 만큼, 화랑 관련 기사도 이에 크게 벗어나지 않는다. 그런데도 『삼국사기』에서 화랑도의 수련내용으로 일컫은 도의道義나 가악歌樂, 유오산수遊娛山水를 화랑도의 고정불변의 교육의 이미지로 간주하거나, 화랑도 제정 이후 모든 귀족의 자제가 화랑도를 통하여 교육을 받아 관직에 나아갔던 것처럼 여겨 왔다. 그러나 『삼국사기』의 도의道義나 가악歌樂, 유오산수遊娛山水 등은 『삼국유사』의 오상五常·육예六藝·삼사三師·육정六正에 상응하는 것으로서, 화랑도 제정의 목적인 인재의 발굴을 위한 교육 내용으로 생각된다.

　본고는 이러한 관점에서 『삼국사기』에서 일컫은 도의道義와 가악歌樂, 유오산수遊娛山水의 의미를 김부식의 교육관과 관련하여 살피고, 신라 중고기 청소년들의 송경誦經·습사習射 등의 교육을 김부식이 제시한 화랑도

---

92) 朴南守, 2008c, 앞의 논문, 148~150쪽.

의 수련내용 및 세속오계世俗五戒와 비교 검토하였다. 또한 신라 중고기 청소년들에 대한 송경·습사 등의 교육과 화랑도가 추구하는 이념적 목표와의 관계를 살피고, 진골귀족과 두품신분 자제들의 출사와 관련된 문제를 추구함으로써 화랑도의 성격과 그 의미를 밝히고자 하였다. 이에 지금까지의 검토한 내용을 요약 정리함으로써 맺음말에 대신하고자 한다.

첫째, 『삼국사기』에서 김부식은 유교적 교육관념에 따라 화랑도의 활동과 교육 내용을 도의道義를 닦고 가악歌樂를 즐기며, 유오산수遊娛山水한 것으로 평가하였던 것으로 이해하였다. 곧 김부식이 제시한 도의道義는 유교적 이념을 지칭한 것이었지만, 원광의 세속오계世俗五戒와도 상응하였다. 세속오계에서 충효의 덕목은 유·불 모두 강조하는 것이었고, '교우유신交友有信'이란 덕목은 이미 이차돈異次頓의 우인友人들의 태도에서 엿볼 수 있었으며, 임전무퇴臨戰無退는 삼국 모두 형률로써 정한 바를 향후 전장에 나아갈 중고기 신라의 모든 청소년들이 익혀야 할 사회적 규율로서 강조한 덕목이었다. 살생유택殺生有擇은 법흥왕 16년의 살생금지령과 함께 전쟁에서의 피할 수 없는 현실적인 문제를 고려한 세속의 계율이었다. 또한 김부식이 지칭한 가악歌樂은 순舜과 천제天帝의 악樂을 모범으로 하여 유교적인 도의道義를 익힌 후 사회적 필요에 당하기 위한 것이었지만, 화랑도들의 가악은 화랑의 기백과 절개를 담은 신라 고유의 향가로서 화랑도의 무훈담 등을 담아 당시 청소년들에게 교훈적 효과를 주지시키는 주요한 체험의 수단이었다. 한편 유오산수遊娛山水는 이미 거칠부의 체험으로부터 비롯한 것이지만, 김부식은 화랑도의 유오를 인의仁義를 실천하고 세태를 알기 위한 유교적 주유천하로 인식하여 서술하였던 것이다.

둘째, 고구려 경당扃堂에 상응하는 송경誦經과 습사習射 등은 신라 진골귀족 자제의 경우 어릴 때부터 승려를 초치하는 형태로, 그리고 두품 이하 신분의 자제들은 독학 이후 스승을 찾아 학습하였던 것으로 이해하였다. 이러한 과정을 통하여 이미 송경과 습사 등을 마친 청소년들은, 화랑도에 참여함으로써 충忠·신信 등의 국가적 정치이념을 단체생활과 가악歌樂을 통하여 습득·연마하고, 산수山水를 유오遊娛하며 유학游學함으로써 국가적 현실을 직시하고 출사出仕에 앞서 정치를 수습하였던 것이다.

셋째, 진골귀족 자제로서의 화랑의 출사出仕와 참전參戰은 탁부와 사탁부 내의 진골귀족이라는 종족적 기반에 바탕한 것이었지만, 낭도郎徒의 편성이나 참전은 6부의 전통을 부정하고 신라사회가 지향하는 새로운 이데올로기, 곧 율령제에 바탕한 중앙집권국가를 목표로 한 것이었다. 이에 화랑도의 제정에 따른 낭도의 운집은, 중고기 신라가 탁부·사탁부 중심의 진골귀족의 종족적宗族的 기반을 강화하면서도 여타 6부의 공동체적 기반을 해체하고 두품신분 자제를 포용하는 과정에게 나타난 현상이었으며, 중앙집권국가를 지향하는 신라의 정책적 이념에 부응하는 것이었다. 따라서 화랑도가 신분간의 갈등·알력을 완화 조정하는 기능을 수행함으로써 골품제 사회의 완충제 역할을 하였다는 기왕의 지적은[93]매우 적절한 것이었다.

그런데 화랑도의 천거제는 6부 전통의 인재선발 방식을 승계한 것이었다. 화랑들의 출사出仕는 당대 화백의 구성원이었던 그의 부친 내지 족친의 부장副將으로서였다. 이는 화백和白의 원류로 일컬어지는 알천안상閼川岸上의 6부족장 회의에서, 6부족장이 그들의 자제子弟를 거느리고 회의를 주재하여 혁거세를 국왕으로 추대하였던 것과 흡사하다. 이는 화백회의와 화랑도가 알천안상의 회의로부터 비롯하였을 가능성을 상정케 하는데, 이에 대해서는 별고에서 다루기로 한다.[94]

---

93) 李基東, 1984, 「新羅社會와 花郎徒」, 『新羅文化』 1 ; 1997, 『新羅社會史硏究』, 277~280쪽.
94) 朴南守, 2008a, 앞의 논문.

최치원의 난랑비서鸞郎碑序와 화랑 관련 제명칭의 갈래

1. 머리말
2. 최치원의 난랑비서鸞郎碑序와 풍류도風流道
3. 화랑 관련 제명칭諸名稱의 갈래와 풍월도風月道
4. 맺음말

1. 머리말

한국고대사학계는 이른바 '필사본『화랑세기花郎世紀』'의 진위문제를 둘러싸고 18년여에 걸친 지리한 논쟁을 거쳤다. 그 과정에서 '필사본『화랑세기花郎世紀』'에 보이는 신라사회의 난혼과 모계적인 습속, 화랑도의 제사집단으로서의 성격을 당연시하고자 하는 경향이 없지 않았다. 이러한 화랑의 이미지는 '필사본『화랑세기花郎世紀』'의 원저자 박창화朴昌和가 일제강점기 일본학자들의 화랑상을 소설화 것이었다고 본다.[1] 이에 대한 반성으로 2008년 5월 10일 한국고대사학회에서는 「신라 화랑도」라는 주제하에 종합 심포지움을 개최하였다.[2] 이는 그동안 왜곡된 화랑상을 바르게 구현하고자 한 것으로서, 화랑도 관련 자료의 면밀한 검토와 화랑제의 변

---

1) 朴南守, 2007, 「신발견 朴昌和의『花郎世紀』殘本과 '鄕歌' 一首」, 『東國史學』 43.
2) 韓國古代史學會, 2008. 5. 10. 13 : 30 ～ 18 : 00, 『제102회 한국고대사학회 정기발표회-신라의 화랑도』, 경북대학교 인문대 학술회의실.

화과정을 추구해야 한다는 문제가 쟁점으로 부각되었다.

일찍이 신라의 화랑상은 『삼국사기』·『삼국유사』의 기사를 바탕으로 '인신仁信, 사교성社交性 등 인격의 힘이나 혹은 방정方正한 기상氣象, 우아한 용모容貌 등에 의해 낭도의 환심을 얻고 있는 존재로서 서리를 이겨내는 꿋꿋한 기상을 지닌 청년'으로 일컬어져 왔다.[3] 그런데 화랑의 사상적 배경이나 기원과 관련하여서는 논자의 관점에 따라 유교·불교·도교적 성격이나, 무격적 성격 또는 산신신앙과의 관련을 강조한다. 어떠한 관점이든 간에 전통적인 사상과 유교·불교·도교와의 습합을 일컫지만, 화랑도의 성격을 어떻게 이해하느냐에 따라 그 습합된 사상의 내용을 달리 보고 있는 실정이다.

화랑도 연구 초창기의 일인학자들은 화랑도의 도교적인 성격과 관련하여 묵학墨學에서 나온 유협파遊俠派의 유풍에 결부시키거나,[4] 유불선 3교의 사상을 습합시켜 당시의 귀족 및 서민의 통합, 국가적 훈령의 한 방책으로서 화랑도를 제정한 것으로 보았다.[5] 또한 화랑도와 미륵신앙의 관련은 그 위에 걸친 옷에 불과하다는 관점에서 풍류, 풍월주 등에서 볼 수 있는 중국의 신선취미와 함께 승려낭도의 주술적 성격에서 무속교와 불교가 습합된 것으로 보기도 하였다.[6]

그후 우리 학자들에 의해 연구가 진전되면서 화랑도가 우리의 전통적인 두레로부터 연원하지만 세속오계世俗五戒로 상징되는 유교적 덕목에 바탕한 것으로 이해하거나,[7] 부족국가 이래의 전통적인 가치관과 유교·불교

---

3) 李基東, 1978, 「新羅 花郎徒의 社會學的 考察」, 『歷史學報』 82 ; 1984, 『新羅 骨品制社會와 花郎徒』, 一潮閣, 361~363쪽.

4) 鮎貝房之進, 1932, 「花郎攷」, 國書刊行會 ; 1985, 『花郎攷·白丁攷·奴婢攷』, 民俗苑, 90~91쪽. 이에 대해서는 '중고기 화랑도의 성격과는 크게 어긋나며, 화랑도가 하대에 들어가 진골귀족들의 문객적, 사병적 성격을 띠는 집단으로 변질된 상태에서나 알맞은 견해'라는 유력한 반론이 있었다.(李基東, 위의 글 ; 위의 책, 363쪽)

5) 八百谷孝保, 「新羅社會と淨土敎」, 『史潮』 제7년 제4호, 1937, 157~158쪽.

6) 三品彰英, 1943, 「花郎習俗の推移とその變質」, 『新羅花郎の硏究』, 平凡社 ; 李元浩 역, 1995, 『新羅花郎의 硏究』, 集文堂, 146·214~216·258~270쪽.

7) 李丙燾, 1987, 「三國時代의 儒學」, 『韓國儒學史』, 아세아문화사, 44쪽.

의 수용으로 인한 유불혼합의 윤리관이 계기적으로 합치되어 성립된 것으로 설명하기도 하고,8) 불교적 관점에서 미륵신앙이 결합된 것으로 보기도 한다.9) 이에 대해서는 화랑도가 미륵신앙과 일정한 관계를 맺고 있다 하더라도 화랑도 운동 그 자체를 미륵신앙과 결부된 메시아주의 운동으로 파악하기는 어렵다 하고, 삼한시대 청소년 조직의 무격적인 산악숭배에 바탕한 샤머니즘이 불교와 습합되었다가 다시 유교에 대한 지식이 첨가된 것으로 이해하기도 한다.10) 그밖의 화랑도 기원과 형성을 정신사적 측면에서 찾아야 한다는 관점에서 씨족사회의 공동체 정신에서 기원을 찾거나 이미 유불선 3교의 정신을 포함한 이외에 독특한 한 개의 성격을 가진 것으로 풀이하기도 한다.11)

사실 『삼국사기』의 화랑도 기사가 유교적 충의忠義를 강조한 것이라면,

金忠烈, 1989, 「花郎五戒와 三敎思想의 現實的 具現」, 『新羅文化祭 學術發表會論文集』 10, 127~136쪽.

8) 金哲埈, 1971, 「三國時代의 禮俗과 儒敎思想」, 『大東文化硏究』 6·7 ; 1975, 『韓國古代社會硏究』, 知識産業社, 208·210~211쪽.

9) 金煐泰, 1966, 「彌勒仙花攷」, 『佛敎學報』 33 ; 1987, 『新羅佛敎硏究』, 民族文化社.
田村圓澄, 1974, 「半跏思惟像과 聖德太子信仰」, 『韓日古代文化交涉史硏究』, 58~59쪽 ; 1977, 「半跏像의 流傳」, 『大和古寺大觀』 1, 付錄) Ⅳ, 3쪽.
李基白, 1975, 「新羅 初期佛敎와 貴族勢力」, 『震檀學報』 40 ; 1986, 『新羅佛敎思想史硏究』, 一潮閣, 82~83쪽.
金惠婉, 1978, 「新羅의 花郎과 彌勒信仰의 관계에 대한 硏究」, 『成大史林』 3, 19~25쪽.
鄭雲龍, 1995, 「新羅 花郎制 成立의 政治史的 意義」, 『화랑문화의 신연구』, 140~141쪽.

10) 李基東, 1994, 「新羅 花郎徒 연구의 現段階」, 『李基白先生古稀紀念 韓國史學論叢』 ; 1997, 『新羅社會史硏究』, 一潮閣, 245쪽.

11) 洪淳昶, 1971, 「新羅 花郎道의 硏究 - 그 역사적 형성과정을 중심으로-」, 『新羅伽倻文化』 3, 70~77쪽.
金凡父, 1966, 「風流精神과 新羅文化」, 『韓國思想史 古代篇』, 260~261쪽) 이에 대해서는 공동체 정신의 본질이나 최치원의 이른바 玄妙之道에 대한 실체를 설명하지 못한 점이 있다는 비판이 있었다.(李基東, 1978, 앞의 글 ; 1984, 앞의 책, 350쪽)

『삼국유사』 화랑도 관련기사는 불교적 측면 특히 미륵신앙과의 관련성과 향가에 나타난 주술적 성격, 그리고 화랑들의 산수유오山水遊娛에 관한 많은 기록을 보여준다.12) 따라서 논자가 어떠한 사료에 근거하였느냐에 따라 화랑도를 이해하는 관점에 차이가 있게 마련이고, 더욱이『삼국사기』에 인용된 최치원崔致遠의「난랑비서鸞郎碑序」에 '풍류도가 삼교三敎를 포함하는 것'으로 전하고 있어, 그 성격을 이해하기 어렵게 한다.

따라서 화랑도의 성격을 이해하기 위해서는 각 사서의 화랑도 관련 기록이 어느 시기의 인식을 반영하느냐 하는 문제를 해결하여야 할 것이다. 그런데 각 시기별 사서에 따라 화랑花郎과 국선國仙, 선랑仙郎, 풍월주風月主, 풍월도風月道, 풍류도風流道 등의 명칭이 서로 섞인 채로 전하고 있어, 그 갈래를 나누고 각 명칭의 연원과 상호관계를 명확히 할 필요가 있다.

이에 본고는 먼저 그 서술시기가 분명한 최치원의「난랑비서」를 중심으로 '현묘지도玄妙之道'와 '풍류風流'의 성격, 삼교三敎 융회의 사상적 배경과 『선사仙史』의 성격을 검토하여 신라 하대 화랑도에 관한 인식내용을 밝힘으로써 화랑도 이해를 위한 지표로 삼고자 한다. 다음으로 이를 바탕으로 『삼국사기』·『삼국유사』 등 각종 사서에 나타난 화랑도 관련 용어, 곧 화랑과 선랑, 국선, 풍월주의 상호 관계와 생성시기의 문제를 검토하고, 풍월도란 이름에서 몇 가지 문제를 제기함으로써 화랑도 인식의 변화과정을 살피고자 한다. 이로써 신라 화랑도의 이해에 대한 진전이 있기를 기대한다.

2. 최치원崔致遠의 난랑비서鸞郎碑序와 풍류도風流道

『삼국사기』 신라본기 진흥왕 37년조에는 화랑 제정기사와 함께 최치원崔致遠의「난랑비서鸞郎碑序」를 인용하였다.

---

12) 金相鉉, 1989,「高麗時代의 花郎認識」,『新羅文化祭 學術發表會論文集』10, 224~226쪽.

최치원崔致遠의 「난랑비서鸞郞碑序」에 이르기를, "나라에는 '현묘지도玄妙之道'가 있는데 '풍류風流'라고 한다. 가르침을 베푼 근원은 『선사仙史』에 갖추어 자세히 기록되었다. 실로 이는 삼교三敎를 포함하여 군생群生을 접화接化한다. 또 '집에 들어가서는 효도하고, 나라에 나아가서는 충성하는 것'은 노로魯의 사구 공자司寇 孔子의 취지이다. '무위지사無爲之事에 처하여 불언지교不言之敎를 행하는 것'은 주周의 주사 노자柱史 老子의 종지이다. '제악諸惡을 짓지 말고 제선諸善을 받들어 행하라는 것'은 축건태자竺乾太子 석가釋迦의 교화이다"라고 하였다.(『삼국사기』 권 4, 신라본기 4, 진흥왕 37년)

위의 기사에서 최치원이 작성한 「난랑비서」에는 신라에 '현묘지도玄妙之道'가 있는데 이를 '풍류風流'라 일컬었고, 그 가르침의 근원은 『선사仙史』라는 책에 실려 있으며 유교·불교·도교의 삼교三敎를 포함한다는 것이다. 사실 이 기록만을 가지고 풍류도가 화랑과 어떠한 관련이 있는지 이해하기는 어려울 것이다. 그런데 『삼국사기』 찬자는 이 기사를 김대문金大問의 '어질게 보좌하는 충신忠臣이 이로부터 빼어났고, 훌륭한 장수와 용감한 병졸이 이로부터 나타났다'는 『화랑세기花郞世記』의 기사와 고음顧愔의 "귀족의 자제 중 아름다운 이를 택하여 분을 바르고 곱게 꾸며서 화랑花郞이라 이름하였는데, 나라 사람들이 모두 그를 높이 받들어 섬겼다"는 『신라국기新羅國記』의 기사13) 사이에 배치하였다. 이는 김부식이 최치원의 「난랑비서」를 화랑 관련 기사로 인식하고 서술하였음을 의미한다.

난랑鸞郞은 김부식과 동시대에 활동했던 곽동순郭東珣의 「팔관회선랑하표八關會仙郞賀表」에 원랑原郞과 함께 회자되던 신라의 대표적인 화랑이었

---

13) 『三國史記』에는 『新羅國記』를 『三國史記』 권 4, 新羅本紀 4, 眞興王 37년조 등 모두 세 곳에서 인용하였는데, 令狐澄의 저작으로 소개하였다. 그러나 이는 『三國史記』 찬자가 令狐澄의 『大中遺事』에 인용된 『新羅國記』를 재인용하면서 나타난 착오로 인정되며(池內宏, 1937, 「新羅の花郎について」, 『東洋學報』 24-1, 4쪽 ; 岡田英弘, 「新羅國記と大中遺事について」, 『朝鮮學報』 2, 1951, 103~118쪽), 『新唐書』 藝文志의 기사로부터 혜공왕 4년(768) 歸崇敬을 따라 신라에 다녀간 顧愔의 저작으로 확인된다.(朴南守, 1992, 「新羅 和白會議 關係記事의 檢討」, 『何石金昌洙敎授 華甲記念史學論叢』, 28쪽)

다.14) 또한 신라 효소왕대에 활동한 것으로 추정되는 영랑永郎의 비명碑銘에 관한 고려·조선시대의 전승은15) 신라의 화랑들 가운데 대표적인 화랑들의 경우 별도의 비문을 세웠던 사실을 보여준다. 그리고 이인로李仁老(1152~1220)는 "오직 사선四仙의 문도門徒가 가장 번성하여 비碑를 세우기까지 하였다"고 기술하였다.16) 따라서 최치원이 「난랑비서」를 찬술하였다는 것은, 난랑鸞郎이 신라의 대표적 화랑으로 꼽혔던 사실을 의미한다. 이들 화랑의 비는 사선四仙이나 난랑鸞郎의 행적을 현창하기 위한 것이었음은 물론일 것이다.

난랑이 화랑이었고 그를 현창하기 위해 세운 비의 제명을 「난랑비」라 하였다면, 서문의 '현묘지도는 풍류라고 한다玄妙之道 曰風流'는 화랑과 모종의 관련을 갖는 구절임에 틀림 없다. '현묘玄妙'는 『선사仙史』라는 서책명과 함께 도가적 색조를 느끼게 하는 표현이라 할 수도 있다.17) 최치원이 찬술한 「숭복사비崇福寺碑」에서는 화랑도를 '현풍玄風'18)이라 일컫기도 하였다. 그런데 최치원은 불교를 설명하는 데 있어서도 "부처님께서 심법心法을 말

---

14) "五百歲而名世出 有原郎鸞郎之謫仙 探奇選勝而得逍遙遊 踵門入室者 以千萬數"(郭東珣,「八關會仙郎賀表」,『東文選』권 31, 表箋)

15) 金相鉉, 1989, 앞의 글, 233~237쪽.

16)『破閑集』권 下, 李仁老.

17) 李基東, 1988,「花郎像의 變遷에 관한 覺書」,『新羅文化』5 ; 1997,『新羅社會史研究』, 一潮閣, 298~299쪽.

18) 朝鮮總督府 편, 1919,『朝鮮金石總覽』上, 121쪽에는 '玄風', 許興植 編, 1984,『韓國金石全文』古代篇, 亞細亞文化社, 241쪽과 韓國古代社會研究所 편, 1992,『譯註 韓國古代金石文』제3권, 254쪽에는 '風流'라 하였다. 그런데『朝鮮金石總覽』편찬 당시「崇福寺碑文」은 龜岩寺 소장 寫本만이 전하였던 것인데(朝鮮總督府 편, 위의 책 上, 120쪽),『韓國金石全文』에서 '玄風'을 '風流'로 바꾼 전말을 밝히지 않고 있어 그 자세한 내용을 확인할 수 없으나 玄風을 風流(花郎)로 이해한 데서 온 오류가 아닌가 하며,『譯註 韓國古代金石文』또한『韓國金石全文』의 오류를 답습한 것으로 이해된다.
李基東, 1979,「新羅社會와 花郎徒 -身分制社會에서의 靑少年運動-」,『新羅文化』1 ; 1997,『新羅社會史研究』, 一潮閣, 284쪽.
崔致遠 撰,「崇福寺碑」, 李智冠 역주, 1993,『譯註 歷代高僧碑文-新羅篇-』, 伽山佛教文化研究院, 254쪽.

씀하신 데에 이르러서는 심오하고 또 심오해서玄之又玄 이름하고자 하나 이름을 붙일 수 없으며 설명하고자 해도 설명을 할 수 없다"라고 하여 서슴없이 노자老子의 『도덕경道德經』 1장 체도體道편의 "현지우현玄之又玄"의 구절을 그대로 인용하였다. 또한 "멀리서 묘도妙道를 전해와서 널리 우리나라를 빛나게 한 것이 어찌 다른 사람이겠는가. 선사가 바로 그분이다"라고 하여 선종禪宗을 묘도妙道로 표현하였다.[19] 그밖에도 불교의 진리를 찾는 것을 '탐현探玄'[20]으로, 불교를 '현자玄慈'로,[21] 선종을 '현계玄契'라고도[22] 일컬었다. 이러한 최치원의 필법은 선종禪宗을 도가道家의 용어로써 풀이한 전통으로 이해된다.[23] 이러한 용례로 보아 「난랑비서」에서의 '현묘지도玄妙之道'를 딱히 도가적인 성격으로 규정하기보다는, 오히려 '깊은 도道' 또는 '심오한 도道' 정도로 새겨야 할 것이다.

그런데 '풍류風流'는 「난랑비서」에서만 화랑도를 지칭한 명칭으로 나타나고 있어, '풍류도風流道'란 명칭이 있었는지는 의문이다. 고려 후기의 문인 최해崔瀣(1287~1340)는 선랑仙郎의 풍속을 소개하면서 "그 풍류가 신라 때부터 일어났다其風流起自新羅時"라 하였고,[24] 『고려사』 민적전閔頔傳에

---

19) 崔致遠 撰, 「雙溪寺 眞鑑禪師大空塔碑」, 朝鮮總督府 편, 1919, 『朝鮮金石總覽』 上, 67쪽.

20) 崔致遠 撰, 위의 글, 68쪽.

21) 崔致遠 撰, 위의 글, 69쪽.

22) '玄契'란 '禪理를 깨달아 見性하였다'는 말로, 禪宗을 뜻한다(崔致遠 撰, 「聞慶鳳巖寺智證大師寂照塔碑文」, 李智冠 譯註, 앞의 책, 302쪽).

23) 신라 하대 금석문에서도 그러한 사례를 살필 수 있다. 곧 禪宗의 이치를 『道德經』에 비추어 설명하고 禪宗을 '無爲任運之宗'으로 풀이한 것(金穎 撰, 「寶林寺 普照禪師彰聖塔碑」, 朝鮮總督府 편, 앞의 책, 61~62쪽)을 비롯하여 崔致遠이 찬술한 비명 가운데 『道德經』의 "夫道不遠人"의 구절을 그대로 인용하여 불교와 유교를 설명한 것(崔致遠 撰, 「雙溪寺 眞鑑禪師大空塔碑」, 朝鮮總督府 편, 위의 책, 67쪽), '道不遠人'을 뜻하는 '道豈遠'의 용례(崔致遠 撰, 「聖住寺 朗慧和尙白月葆光塔碑」, 朝鮮總督府 편, 위의 책, 80쪽), 그리고 禪宗의 종취를 '無爲之益'으로 설명한 사례(崔致遠 撰, 「鳳巖寺 智證大師寂照塔碑」, 朝鮮總督府 편, 위의 책, 90쪽) 등을 들 수 있다.

24) "東方故俗 男子有年 必從僧 習句讀 有首面姸好者 僧與俗皆奉之號曰仙郎 聚徒或之於百千 其風流起自新羅時…"(崔瀣, 『拙稿千百』 권 2, 故密直宰相閔公)

는 "그 풍이 신라로부터 일어났고其風起自新羅"[25]라고 하였다. 여기에서의 '기풍류其風流'나 '기풍其風' 등은 최치원의 '풍류風流'와 흡사한 면을 보이지만, 선랑仙郎을 받드는 '기풍의 흐름' 또는 '풍조' 정도로 이해된다. 그런데 『삼국유사』 효소왕대 죽지랑조에 '풍류황권風流黃券'[26]이란 명칭이 있고 보면 「난랑비서」의 '풍류風流'란 화랑도를 지칭한 명칭으로 사용하였다고 보는 것이 옳을 듯하며, 최해崔瀣 등이 일컬은 '기풍류其風流' 등도 최치원의 '풍류(도)風流(道)'와 모종의 관련에서 비롯하지 않았을까 추측된다. 다만 위의 기사로만은 그 명칭을 언제부터 어떻게 사용하였는지 분명하지 않다. 지적되듯이 『삼국유사』 효소왕대 죽지랑조는 삭주朔州와 도독都督, 부산성富山城 등의 명칭으로부터 원성왕대 이후 어느 시기에 서술된 기록을 바탕으로 찬술되었던 것으로 여겨지므로,[27] '풍류황권風流黃券'의 명칭 또한 신라 하대에 사용되던 용어가 아니었는가 짐작된다. 사실 죽지랑조의 '풍류황권'은 같은 책 이혜동진二惠同塵조의 "석 혜숙은 호세낭도에 이름을 빛냈는데 낭이 황권에서 양명하자釋惠宿 沉光於好世郎徒 郎旣讓名黃卷"의 '황권黃卷'과 함께 화랑도의 명부 정도로 이해되는데, 죽지랑조에서만 '풍류황권風流黃券'이라 일컬은 것은 아무래도 죽지랑 관련기사가 씌여진 당대의 사실을 반영한 것으로 풀이되기 때문이다.

'풍류風流'라는 용례를 『삼국유사』 가운데 찾는다면, 미륵선화 미시랑 진자사彌勒仙花 未尸郎 眞慈師조에서 미시랑이 화랑이 되어 '풍류탁세風流耀世'[28]하였다는 데서 살필 수 있다. 이 때는 지증왕대로서, 미륵선화 미시랑

<hr>

25) "國俗幼必從僧習句讀 有面首者僧俗皆奉之 號曰仙郎 聚徒或至千百 其風起自新羅"(『高麗史』 권 108, 列傳 21, 閔宗儒 附 閔頔)

26) 『三國遺事』 권 2, 紀異 2, 孝昭王代 竹旨朗.

27) 『三國遺事』 권 2, 紀異 2, 孝昭王代 竹旨朗條에 보이는 朔州는 경덕왕 16년에 首若州를, 都督은 원성왕 원년에 기왕의 摠管을 고친 이름이며, 富山城은 문무왕 3년(663)에 축조된 것이다. 그러므로 『三國遺事』 죽지랑조의 기록은 원성왕대 이후 어느 시기에 서술된 기록을 바탕으로 찬술되었음을 보여주는 것으로 보아 좋을 것이다.(朴南守, 2008, 「신라 중고기 花郎의 出身 家系와 花郎徒 운영의 변화」, 『한국고대사연구』 51, 146쪽)

28) 『三國遺事』 권 3, 興法 3, 彌勒仙花 未尸郎 眞慈師.

진자사조에 보이는 '풍월도風月道'라는 별개의 명칭이 있었다. 따라서 이무렵 풍월도를 받드는 국선(화랑)의 활동을 '풍류탁세風流耀世'로 일컬었거나, 아니면 미륵선화 미시랑 진자사조를 찬술할 당시의 용법이 반영되었을 것으로 보인다. 진자사와 미시랑 관련 일화는 김대문의 『화랑세기花郎世記』에 없었던 것으로서 진자전眞慈傳과 같은 승려의 전기나 진자眞慈가 속했던 흥륜사사지興輪寺寺誌를 바탕으로 저술되었을 것이라는 지적이 있는 것을 보면,29) 비교적 후대에 국선(화랑)의 활동을 풍류風流로 일컬은 관념이 생겨나면서 그 명칭이 '음풍영월吟諷詠月'의 의미를 피하여 풍류도風流道라는 이름으로 변개된 것이 아닌가 생각해 볼 수 있다.

신라 하대의 풍류風流에 대한 관념은 헌강대왕과 지증대사가 '심心'에 대한 법문의 과정에서 살필 수 있다. 곧 헌강대왕이 '심心'을 물으니 지증대사가 말없이 몸을 구부려 맑은 못의 달을 보자, 헌강왕이 '부처님이 꽃을 들어 보였다고 전하는 바의 풍류風流가 진실로 이에 부합하도다'라고 일컬었다고 한다.30) 물론 여기에서의 '풍류'를 '유풍여류遺風餘流'로 풀이하기도 하나,31) '부처가 연꽃을 들자 그 제자 가섭이 미소로 응답한 것'을 풍류라 지칭하고, 지증대사의 무언의 법문이 이와 짝하는 것으로 칭하였음을 볼 수 있다. 이렇듯이 최치원이 헌강왕의 일화로써 일컬은 '풍류風流'는 현묘한 도를 운위하는 멋스러움을 갖춘 것이었다. 따라서 최치원이 일컬은 '풍류(도)風流(道)'는 신라 하대 삼교융회三敎融會의 사조가 만연한 가운데, 지증대사의 무언無言의 법문法問을 풍류風流로 일컫던 그러한 관념을 투영한 명칭으로 생각할 수 있을 것이다.

풍류도風流道는 도가道家와는 구별되면서 유·불·도의 삼교三敎를 포함하는 별개의 '현묘玄妙한 도道'였다. 주지하듯이 최치원崔致遠은 풍류도風流道를 삼교三敎, 곧 유교의 '충효忠孝', 도교의 '무위지사無爲之事에 처하여 불언

---

29) 金基興, 2003, 「화랑설치에 관한 諸 史書의 기사 검토」, 『歷史敎育』 88, 125쪽.
30) "金仙花△[目] 所傳風流 △△[固協]於此"(崔致遠 撰, 「鳳巖寺 智證大師寂照塔碑」, 朝鮮總督府 編, 앞의 책, 94쪽)
31) 崔致遠 撰, 「鳳巖寺 智證大師塔碑」; 南東信 譯, 1992, 『譯註 韓國古代金石文』 제3권, 207쪽.

지교不言之敎를 행하는 것', 그리고 불교의 '제선봉행諸善奉行'을 포함하여 군
생群生을 접화接化하는 것으로 이해하였다. 이에 대하여 기왕의 연구자들
은, 신라 하대에 화랑도가 삼교와 접화된 사실을 인정하여 그 의미를 살피
거나[32] 최치원이 신라 사회의 계기적 발전과정에 대한 견해를 화랑의 사
례에 비추어 평가한 것이라고 보는 관점,[33] 그리고 불교사상에 기반하여
평가한 최치원 개인의 풍류도관風流道觀으로 보거나[34] 최치원이 신라 하대
의 정치적 상황과 관련하여 삼교에 대한 관심을 화랑도에 가탁한 것으
로[35] 보기도 한다.

---

32) 鮎貝房之進은 화랑도가 삼교와 접화함으로써 퇴폐된 것으로 보았다.(鮎貝房
之進, 앞의 책 ; 1985, 앞의 책, 101~102쪽) 末松保和와 文明大는 화랑도의
三敎接化를 唐末의 禪宗 자체가 불교의 老莊的인 형태로 變質된 점과 관련하여
신라에도 그러한 풍조가 성행한 결과로 보았다.(末松保和, 1954, 『新羅史の諸
問題』, 457쪽 : 文明大, 「新羅 法相宗(瑜伽宗)의 成立問題와 그 美術(上)」, 『歷
史學報』 62, 1974, 89~90쪽)

33) 金哲埈은 '가장 기본적인 부족국가시대의 전통적인 체질 위에서 불교의 영향
을 받았으며, 고대국가의 발전 과정에 따라 불교와 섞여 들어온 유교사상의
영향을 받고, 그 다음 羅末에 와서는 도교사상의 영향을 받은 것'을 최치원이
花郎의 例에서 돌아본 것에 지나지 않은 것으로 보았다.(金哲埈, 1971, 앞의
글 : 앞의 책, 212쪽)

34) 金煐泰는 풍류도의 사상적 기반을 불교에서 찾으면서, 崔致遠이 당시의 신앙·
사상계를 대표하던 三敎의 장점을 風流道가 모두 갖추었음을 찬미하고자 한
것이라고 보았다.(金煐泰, 1969, 「僧侶郎徒攷」, 『佛敎學報』 7 ; 앞의 책, 84
쪽).

35) 李基白은 최치원이 3교의 융합에 관심을 가진 것은 신라 말기에 급격히 정치·
사회적 변동으로 말미암아 순수한 儒敎的인 정치이념을 펴나갈 수 없는 상황
에서 유학자들이 공통적으로 느끼고 있던 일종의 좌절감의 소산일 따름이며,
이는 그 자체 사상의 혼돈, 혼미를 드러내는 이외에 다름 아니라고 평가하였
다.(李基白, 「新羅 骨品體制下의 儒敎的 政治理念」, 『대동문화연구』 6·7,
1970 ; 『新羅思想史硏究』, 一潮閣, 1986, 235~236쪽) 한편 李基東은 최치원
의 三敎評으로부터 화랑정신의 도교적인 색조가 강하게 느껴지지만, 신라 하
대 농민반란에 의해서 초래된 전국적인 내란 상태 속에서 심리적 위기를 맞은
최치원이 유교·불교·도교를 일체적으로 수용하려던 이상을 화랑도에 가탁하
여 표현한 것에 불과한 것으로 평가하였다.(李基東, 1978, 앞의 글 ; 1984, 앞
의 책, 349~350쪽 : 1994, 「新羅 花郎徒 연구의 現段階」, 『李基白先生古稀紀

    그런데 최치원은 그의 사산비명四山碑銘 곳곳에서 삼교三敎에 관한 자신의 견해를 밝힌 바 있다. 곧 「쌍계사 진감선사탑비雙溪寺 眞鑑禪師塔碑」(887)에서 유·불의 드러낸 이치는 다르지만 돌아가는 바가 하나인 것으로 보았으며,36) 「성주사 낭혜화상탑비聖住寺 朗慧和尙塔碑」(890)에서는 헌강왕이 '유교의 삼외三畏[天命·大人·聖人]를 불교의 삼귀의三歸依[佛·法·僧]에, 유교의 오상五常을 불교의 오계五戒와 같은 것'으로 설명하면서, '유교의 왕도王道를 실천하는 것이 바로 불심佛心에 부합'한 것이라 하였다.37) 「봉암사 지증대사탑비鳳巖寺 智證大師塔碑」(893)에서는 '인심仁心이 곧 부처'라 하여 부처의 이름을 '능인能仁'이라 하는 것도 유교와 불교가 상통한 것을 보여주지만, '불교는 정역淨域에 나타난다' 하였다. 또한 그 사詞에서는 '공자와 노자의 교敎가 천하의 본보기이지만, 석가에 미치지 못한다'는 관점을 보였다.38) 특히 최치원은 경문왕을 유교·불교·도교 삼교三敎를 융회한 이로서 꼽고,39) 「숭복사비崇福寺碑」(896)에서 경문왕이 옥록玉鹿과 현풍玄風 곧 국학과 화랑의 기풍을 드날렸으며, 어짊으로써 백성을 편안케 하고 도道로써 다스려 인륜의 떨어진 도리를 회복시켜 국가의 이로움을 가져왔다고 평가하였다.40) 이러한 최치원의 필법과 삼교에 대한 관점으로 보아, 난랑

念 韓國史學論叢』; 1997, 『新羅社會史硏究』, 一潮閣, 243~245쪽.)

36) "故廬峰慧遠著論謂, 如來之與周孔, 發致雖殊, 所歸一揆. 體極不兼應者, 物不能兼受故也. 沈約有云, 孔發其端, 釋窮其致. 眞可謂識其大者, 始可」與言至道矣"(崔致遠 撰, 「雙溪寺 眞鑑禪師大空塔碑」, 朝鮮總督府 편, 앞의 책, 67쪽)

37) "太傅王覽 謂介弟南宮相曰 三畏比三歸 五常均五戒 能踐王道 是符佛心"(崔致遠 撰, 「聖住寺 朗慧和向白月葆光塔碑」, 朝鮮總督府 편, 앞의 책, 79쪽)

38) "敍曰 五常分位 配動方者曰仁心 三敎立名 顯淨域者曰佛 仁心卽佛 佛目能仁則也 … 其詞曰 麟聖依仁仍據德 鹿仙知白能守黑 二敎徒稱天下式 螺髻眞人難硔力 十萬里外鏡西域 一千年後燭東國"(崔致遠 撰, 「鳳巖寺 智證大師寂照塔碑」, 朝鮮總督府 編, 앞의 책, 88·95쪽)

39) "贈大師景文大王 心融鼎敎"에서 '心融鼎敎'는 '마음이 儒佛仙의 三敎를 융합하여 동일한 진리로 본다'는 의미이다.(崔致遠 撰, 「鳳巖寺 智證大師寂照塔碑文」, 李智冠 역주, 앞의 책, 315쪽)

40) "伏惟 先大王[景文王] 虹渚騰輝 鼇岑降跡 始馳名於玉鹿 別振玄風 俄綰職於金貂 肅淸海俗 據龍田而種德 捿鳳沼以沃心 發言則仁者安人 謀政乃導之以道 八柄之重權咸擧 四維之墜緖斯張 歷試諸難 利有攸徃"(崔致遠 撰, 「崇福寺碑」,

비에서 일컬은 삼교란 유교·불교·도교를 지칭하며, 풍류도가 삼교를 포함하여 군생群生을 접화接化하는 도인데, 이를 실천한 모범으로서 경문왕을 꼽았음을 알 수 있다.

요컨대 최치원은 당대의 정치가 삼교를 포함해야 한다고 생각하였고, 이를 정치에서 실천하는 것이 백성을 편안하게 하고 국가에 이익이 된다고 보았다. 이러한 최치원의 정치관은 그에게만 한정되지 않고 신라 하대 지식인들의 일반적인 사조가 아니었을까 생각된다. 곧 최언위崔彦撝는 「정토사 법경대사자등탑비명淨土寺 法鏡大師慈燈塔碑銘」(943)에서 '공자孔子는 인의仁義의 근원을 말하였고, 노자老子는 현허玄虛의 이치를 풀이하였지만, 불교의 이치에는 미치지 못한다'는 관점에서 '현종玄宗[선종]의 이치가 너무 현묘하여 공孔·노老·장자莊子가 각기 자신의 교敎인 일방一方에만 집착하여 마침내 삼교三敎가 서로 통해서 돌아오지 못한다'고[41] 평가한 바 있다. 이는 최치원이 유불도 삼교 가운데 불교를 우위에 두고 '삼교가 융회해야한다'고 한 것과 서로 통한다. 최치원·최언위로 대표되는 신라 말 고려 초 지식인들의 삼교융회三敎融會의 사상은, 고려 성종 원년 최승로가 올린 시무時務 28조 가운데, 불교를 '수신修身의 본행本行'으로 유교를 '리국理國의 근원'으로 여기고 '3교에는 각각의 소업所業이 있으니 행하는 자가 섞어 하나로 할 수 없다'고[42] 주장한 것과는 사뭇 다름을 알 수 있다.

한편 최치원은 풍류도의 가르침의 근원이 『선사仙史』에 갖추어 자세히 기록되었다고 하였다. 『선사』란 신선의 역사 정도로 이해되는데,[43] 고려

朝鮮總督府 편, 앞의 책, 121~122쪽)

41) "故知儒風則詩惟三百 老教則經乃五千 孔譚仁義之源 聃演玄虛之理 然而雖念忘▓ 敢言得理 此則 域中之教方内之譚 曷若正覺道成」 知一心之可得 眞如性淨 在三際之非殊 … 至道希夷 匪稱謂之能鑒 玄宗杳邈 非名言之所銓 於是 各守一隅 難通三 返筌蹄之"(崔彦撝 撰, 「淨土寺 法鏡大師慈燈塔碑」, 朝鮮總督府 편, 앞의 책, 150쪽)

42) "崇信佛法 雖非不善 … 臣聞 人之禍福貴賤 皆禀於有生之初 當順受之 況崇佛教者 只種來生因果 鮮有益於見報 理國之要恐 不在此. 且三教各有所業 而行之者 不可混而一之也. 行釋教者 修身之本行 儒教者理國之源 修身是來生之資 理國乃今日之務. 今日至近 來生至遠 舍近求遠 不亦謬乎"(『高麗史』 권 93, 列傳 6, 崔承老)

인종 때의 곽동순郭東珣의 「팔관회선랑하표八關會仙郎賀表」에는 '저 막고사산藐姑射山에 있다는 신인神人은 바로 우리 월성月城의 사자四子[네 화랑]인가 합니다. 풍류風流가 역대에 전해 왔고, 제작制作이 본조本朝에 와서 경신되었으니, 조상들이 즐겼고 상하가 화목하였습니다'라고 기술하였다. 곽동순郭東珣이 '역대에 전해 온 풍류風流'라고 일컬은 것은 최치원의 '현묘지도玄妙之道로서의 풍류風流'와 상통한 것으로 이해된다. 또한 '원랑原郎·난랑鸞郎같은 적선謫仙'의 기사에 뒤이어 보이는 '계림鷄林의 선적仙籍'은 신라 때부터 전해온 서책으로서, 최치원이 '풍류도風流道의 가르침을 베푼 근원이 갖추어 자세히 기록되었다는 『선사仙史』와 일맥상통한 것으로 여겨진다. 또한 진성여왕 4년(890)에 건립된 「월광사 원랑선사탑비月光寺 圓朗禪師塔碑」에는 월악산月嶽山의 이름을 전하는 『선기仙記』라는 서책이 있었다고 하는데,44) 이는 신라 하대에 풍류도와 관련되었을 선풍仙風의 서책이 상당수 유포되었음을 보여준다.

이러한 서책이 최치원 당대에 유포된 데는 당시 지식인들이 유·불을 기초로 도가적 교양을 익혔던 사례를 통하여서도 살필 수 있다. 곧 혜철慧徹의 아버지가 어려서 수사洙泗(공자)의 발자취를 탐착하였고 자라서는 노자와 장자의 말을 익혔으며, 그의 할아버지도 마찬가지로 관직에 나아가지 않고 거문고와 술잔으로 스스로를 벗하였다는 것이나,45) 경문왕이 3교에 융회하였고 '계림의 지경은 오산의 곁에 있으며, 옛부터 선仙과 유儒에 기특한 이가 많았다'는 것,46) 그리고 법경대사의 아버지 덕순德順이 '특히 노자老子와 주역周易에 정통하였고, 거문고와 시詩를 좋아하였다'는47) 등

---

43) 鮎貝房之進은 최치원 당시 보통 仙郎을 칭함으로 해서 『花郎世記』를 『仙史』로 일컬은 것으로 보았다.(鮎貝房之進, 앞의 책, 1985, 앞의 책, 50~51쪽) 그러나 김부식은 『화랑세기』를 직접 참고하였고, 최치원의 『仙史』는 후술하듯이 동시기의 仙籍, 仙記 등과 함께 유포된 서책으로서 『花郎世記』와는 성격을 달리한다는 점에서 별도의 서책류로 보아야 할 것이다.

44) "△夏夜△月嶽神官來請 … 別封此山 表元勳也 曾授錄於金剛 又傳名於仙記 …"(金穎 撰, 「月光寺 圓朗禪師大寶禪光塔碑」, 朝鮮總督府 편, 앞의 책, 85쪽)

45) 崔賀 撰, 「大安寺寂忍禪師 照輪淸淨塔碑」, 朝鮮總督府 편, 위의 책, 117쪽.

46) 崔致遠 撰, 「鳳巖寺 智證大師寂照塔碑」, 朝鮮總督府 편, 위의 책, 92·95쪽.

의 사례는 신라 말 고려 초기 지식인들의 정신적 사조를 짐작할 수 있다. 더욱이 당시 신라 사회에는 아직 도관道觀이 없었던 만큼 도관을 중심으로 한 도교道教로서의 신비주의보다는 일종 교양으로서 도가道家의 저술을 익히고 도가적 생활을 즐겼던 것으로 여겨진다.[48]

그러므로 최치원이 풍류도를 도가적인 것으로 보지 않고 삼교三教를 융회한 것으로 풀이한 것은 풍류도를 고유의 선풍으로 이해한 때문으로 이해된다. 비교적 후대의 일이지만 이규보와 교유한 바 있는 공공상인 경조空空上人 景照는 '화랑花郎의 선풍仙風'을 중국의 주한周漢이나 당송唐末에서 볼 수 없는 독자적이고 전통적인 것으로 이해하였다.[49] 화랑을 우리 고유의 것으로 인식한 것은 고려 후기에 국한되지는 않을 것이고, 고려 전기에 선랑仙郎의 풍습을 진작시키고자 하는 노력으로 나타나고, 최치원이 이른 '풍류도風流道의 삼교三教 포함 평評' 또한 우리 고유의 '현묘玄妙한 도道'임을 드러내고자 하는 의도였다고 여겨진다. 따라서 최치원이 인용한『선사仙史』를 비롯하여 곽동순이 상고하였다는 계림鷄林의『선적仙籍』, 「월광사 원랑선사탑비」에 보이는『선기仙記』등은 우리 고유의 선풍仙風인 풍류도風流道의 연원을 밝힌 서책으로 보아야 할 것이다.

3. 화랑花郎 관련 제명칭諸名稱의 갈래와 풍월도風月道

신라 하대에 유포되었던『선사仙史』나『선적仙籍』·『선기仙記』등은 우리 고유의 선풍仙風인 풍류도의 연원을 밝힌 서책으로 이해된다. 이들 서책은 분명히 김대문의『화랑세기花郎世記』나『삼국사기三國史記』에 보이는

---

47) 崔彦撝 撰, 「淨土寺 法鏡大師慈燈塔碑」, 朝鮮總督府 편, 앞의 책, 151쪽.

48)『宋史』권 487, 高麗傳에는 고려의 도성에 70군데의 사찰이 있으나 道觀은 없었고, 예종 때에 송나라에서 道士를 파견함으로써 비로소 福源院이란 도관이 생겼다고 한 바, 신라 말 고려 초의 지식인들은 老莊사상을 일종 교양으로서 익혔던 것이라 할 것이다.

49) "…仙風舊莫聞周漢」近古猶難覲宋唐」國有四郎眞似玉」聲傳萬古動如簧…" (『東國李相國集』권 9, 古律詩 五十八首 次韻空空上人˚贈朴少年五十韻)

전기류(傳記類)50)와는 계통이나 성격을 달리하는 것으로 생각된다. 곧 『화랑세기花郎世記』와 전기류傳記類 등에서의 '화랑花郎'을 『선사仙史』와 『선적仙籍』·『선기仙記』에서는 '선仙'으로 서술하였을 것으로 생각되기 때문이다.

그런데 김대문 당대에 『화랑세기花郎世記』로서 제명題名을 삼았던 명칭이 『선사仙史』로 바뀐 데는 나름대로의 이유가 있었을 것으로 보인다. 더욱이 최치원은 풍류도를 서술하면서 그 가르침의 연원이 『선사仙史』에 기록되었음을 분명히 밝혔다. 이는 화랑을 '선仙'으로 인식하였음을 반영하며, 『화랑세기花郎世記』 등을 바탕으로 서술한 『삼국사기』 내의 '화랑' 관련 서술 내용과는 차이가 있다. 그런데 『삼국유사』에는 국선國仙이 등장하고, 미륵선화 미시랑 진자사조에서는 '국선國仙'과 '화랑花郎'을 병기하였음을 살필 수 있다. 또한 『해동고승전』에서는 원화源花를 선랑仙郎으로 표기하면서 화랑花郎을 언급하였다. 한편 고려시대의 기록에서는 선랑仙郎과 함께 사선四仙 등에 관한 많은 기록을 살필 수 있으며, 『삼국사절요』·『동국통감』 등 조선시대 사서에는 '풍월주風月主 → 원화源花 → 화랑花郎'으로의 발전과정을 제시하였음을 볼 수 있다.

국선國仙의 '선仙'이 가지는 의미에 대한 해석은 논자의 관점에 따라 도교道敎, 미륵彌勒, 산신사상山神思想 등과 연관지우는 등의 견해 차이를 보인다.51) 이에 따라 화랑花郎, 국선國仙, 풍월주風月主 모두 신라시대에 사용된 용어라는 견해가52) 있는 한편으로 화랑花郎 이외에 국선國仙, 풍월주風月主

---

50) 『三國史記』 卷 第四十七 列傳 第七 金歆運전에 '三代花郎, 無慮二百餘人, 而芳名美事, 具如傳記'라 이르고, 『花郎世記』가 저술된 효소왕대 이후 9세기 화랑인 明基, 安樂, 膺廉, 孝宗郎 등의 화랑 관련 행적을 『三國史記』에 전하고 있는 데서도 확인된다.(金相鉉, 1989, 앞의 글, 221쪽)

51) 三品彰英은 신선사상에 윤색되어 나타난 國仙이란 호칭은 고려 때에 쓰인 것으로, 『삼국유사』에서는 신라의 화랑에 대신하여 고려적인 호칭인 國仙을 사용한 것으로 보았다.(三品彰英, 앞의 글, 앞의 책 ; 李元浩 역, 앞의 책, 237~239쪽) 이에 대해 金煐泰는 國仙의 仙은 불가에서 佛彌을 仙으로 일컫는 용례라 지적하고 國仙은 나라의 彌勒佛이라는 의미로 쓰인 것(金煐泰, 1966, 앞의 글 ; 앞의 책, 75쪽)으로 이해하였다.

52) 鮎貝房之進, 앞의 책 ; 1985, 앞의 책, 41~52쪽.
金雲學, 1974, 「花郎徒와 佛敎思想」, 『東國思想』 7, 13쪽.

등은 고려시대에 사용되었다고 보기도53) 한다. 또한 국선이란 여러 화랑
을 거느린 일종 대표 화랑으로서 풀이하거나,54) 이들 명칭의 차이는 조직
구성상의 차이보다는 오히려 사료 계통의 차이에서 비롯한 것으로서55)
국선을 화랑의 이칭으로 이해하기도 한다.56) 또한 국선國仙이란 이름은
도교道敎의 영향이 강한 듯하지만 화랑도 본래의 성격이 크게 변질된 후대
에 들어와 예전의 화랑을 회구懷舊하는 마음에서 부회한 것에 지나지 않는
다고 풀이하기도 한다.57) 특히 화랑을 이칭으로 보는 관점은『삼국유사』
에서 화랑花郎이라는 명칭을 국선國仙이라는 명칭으로 대부분 통일해서 사
용하면서도 고려시대에 두루 사용했던 선랑仙郎이란 명칭은 단 한 번도
쓰지 않으며, 만일 국선이 존재했다면 울주 천전리서석 등의 금석문에도
국선의 이름이 나타나야 할 것인데 그러한 흔적이 보이지 않는다는 데에
있다.58) 다만 국선國仙이란 명칭이 신라 때부터 쓰였던 호칭인지 고려시대

　　　金相鉉, 1989, 앞의 글, 226쪽.
　　　鄭雲龍, 앞의 글, 135쪽.
53) 三品彰英, 앞의 글, 앞의 책 ; 李元浩 역, 앞의 책, 235~238쪽.
54) 김유신이『삼국사기』와『삼국유사』에 각각 화랑과 국선으로 나타난 점에 주
　　목하여, 김유신은 15세에 화랑이 되었다가 18세에 국선이 되었던 것으로 풀이
　　하고, 이로 볼 때에 국선은 화랑의 대표자라는 의미가 된다고 보았다.(田村圓
　　澄, 1987,「三國遺事와 佛敎」,『삼국유사의 종합적 검토』, 한국정신문화연구
　　원, 221쪽 : 金煐泰, 1966, 앞의 글 ; 앞의 책, 80쪽 : 車柱環, 1989,「花郎徒와
　　神仙思想」,『新羅文化祭學術發表會論文集』10, 39쪽 : 李鍾旭, 1989,「新羅
　　花郎徒의 編成과 組織·變遷」,『新羅文化祭學術發表會論文集』10, 251쪽 : 尹
　　榮玉, 1989,「花郎의 詩歌」,『新羅文化祭學術發表會論文集』10, 165~166
　　쪽 : 鄭雲龍, 앞의 글, 134~135쪽)
55) 金哲埈, 앞의 글, 210쪽.
　　　洪淳昶, 1989,「花郎과 新羅의 政治社會」,『新羅文化祭學術發表會論文集』
　　　10, 95~96쪽.
　　　金貞淑, 1996,「新羅 花郎의 생활사 연구」,『화랑문화의 신연구』, 문덕사,
　　　471쪽.
56) 金相鉉, 1991,「花郎에 관한 諸名稱의 檢討」,『新羅文化祭學術發表會論文集』
　　　12, 228쪽.
　　　朱甫暾, 1997,「新羅 花郎徒 研究의 現況과 課題」,『啓明史學』8, 96~97·123쪽.
57) 李基東, 1994, 앞의 글 ; 1997, 앞의 책, 245쪽.

에 나타난 것인지에 대해서는 아직 논의의 여지가 있다.[59]

확인할 수 있는 한, 김대문이『화랑세기花郎世記』를 찬술할 당시까지는 여타의 명칭보다는 '화랑'으로 일컬었던 것으로 보는 것이 온당할 듯하다. 이는 신라 경덕왕 때에 유행한「찬기파랑가讚耆婆郎歌」에서 화랑을 '화판花判'으로 일컬은 데서도 짐작할 수 있다.[60] 그런데 최치원의「난랑비서」에서는 화랑도의 역사를 '선사仙史'로 표현하였고, 고려 초에는 영랑 등 네 화랑을 '사선四仙'으로 일컬었다. 또한 고려시대의 각종 자료에는 국선國仙과 선랑仙郎을 병기하였음을 볼 수 있다. 따라서 신라 경덕왕대 이후 어느 시기엔가부터 화랑을 '선仙'으로 인식하는 관념이 생겼고, 그러한 관념이 최치원 당대에 '선사仙史' 등의 서책에 반영된 것으로 생각된다.

먼저『삼국사기』에는 원화를 폐지한 후 화랑을 설치하면서부터 모두 화랑花郎으로 명칭을 통일하여 서술하였다. 이는 진흥왕 37년조에 인용된 화랑도 제정 기사나 중고기 화랑 관련기사의 경우『화랑세기花郎世記』를 참조하였고,『화랑세기』이후 화랑도 관련 기사는 삼대 화랑三代 花郎들의 기록을 실은 전기류傳記類를 바탕으로 서술하였던 것으로 보이는 바, 이들 자료에 모두 화랑花郎으로 서술되었던 때문이 아닐까 생각된다.

『해동고승전』은 대체로『삼국사기』진흥왕 37년조 화랑제정 기사와 김흠운열전의 사론을 다시 정리한 것으로 여겨진다.[61] 이에 따르면 원화源花를 선랑仙郎으로,[62] 화랑花郎은 그대로 화랑으로 서술하면서도 신라 말까

---

58) 朱甫暾, 앞의 글, 96~97쪽.
59) 金相鉉, 1991, 앞의 글, 143쪽.
60) 梁柱東은 花郎의 長, 혹은 花郎의 判官으로 풀이하였는데(梁柱東,『古歌研究』, 372~374쪽), 김완진은 '곳갈(帽)'로 훈독하고 '하늘 높이 솟은 잣나무 윗가지 부분이 耆郎의 모습의 고갈처럼 보이는 것을 노래'한 것으로 풀이하였다.(金完鎭, 1980,『鄕歌解讀法研究』, 서울대 출판부, 90쪽) 필자는 讚耆婆郎歌를 화랑의 기상을 노래한 것으로 이해하여 일단 양주동의 설을 따른다.
61) 金相鉉, 1989, 앞의 글, 222쪽.
62)『海東高僧傳』流通 釋法雲條의 '始奉原花爲仙郎'에 대해서는 고려시대 사람들의 道家的 理解로서 '고려시대 사람들은 화랑의 유풍을 흠모하여 이를 仙郎이라고 이름 붙이기도 하였으나, 이는 어디까지나 懷舊의 대상에 지나지 않았을 뿐이며, 화랑은 바야흐로 현실세계에서 떠난 신선으로 화하고 말았던 것'이라

지 200여 명의 화랑이 있었는데 그 가운데 사선四仙이 가장 뛰어나며, 이들 기록이 '세기世記' 곧 김대문의 『화랑세기花郎世記』에 기록된 것으로 서술하였다. 신라 말까지 200여 명의 화랑이 『화랑세기花郎世記』에 실려 있다는 것 자체도 잘못이거니와,[63) 원화源花를 선랑仙郎으로 보고, 화랑花郎을 사선四仙에 비교한 것 자체에 대한 근거가 전혀 보이지 않는다. 이는 후술하듯이 각훈覺訓이 고려시대의 국선國仙-선랑仙郎의 인식을 바탕으로 『삼국사기』 기사를 재정리하면서 화랑花郎과 사선四仙을 혼돈하여 함께 서술한 데서 빚어진 오류가 아닌가 생각된다.

한편 『삼국유사』 미륵선화 미시랑 진자사조에서는 원화제를 폐지하여 화랑을 설치하고 설원랑을 국선國仙으로 삼았는데 이것이 '화랑국선花郎國仙'의 시초라고 하였다. 또한 진자사가, 미륵선화의 화랑花郎으로 현신할 것을 기도하여 미시랑을 얻어 돌아오자, 국왕이 미시랑을 존경하고 사랑하여 국선國仙으로 삼았다는 것이다. 『삼국유사』에는 미시랑을 포함하여 모두 19명의 '국선國仙'을 살필 수 있는데,[64) 국선國仙이란 명칭은 고려시대 각종 자료에 선랑仙郎과 함께 자주 등장하고 있어 주목된다.

먼저 고려시대의 선랑仙郎은 미혼의 귀족자제를 일컫는 명칭으로[65) 현종顯宗 2년(1011)에 조성된 「개심사석탑기開心寺石塔記」에서도 확인할 수

보기도 하고(李基東, 1988, 앞의 글 ; 1997, 앞의 책, 303쪽), 『海東高僧傳』이 『三國史記』와 동일한 사료를 보고 작성하였는데, 오히려 『삼국사기』에는 '爲仙郎' 부분이 빠졌다고 풀이하거나(鄭雲龍, 앞의 글, 134쪽), '仙郎'이란 표현 자체가 고려시대에 이르러 사용되었을 가능성이 높으므로 『海東高僧傳』 편찬 시 삽입되었을 가능성을 상정해야 한다는 견해가 있다.(朱甫暾, 앞의 글, 95쪽) 또한 『海東高僧傳』流通 釋法雲條의 원화에 뒤이어 나오는 화랑도 모두 仙郎인 셈으로 仙道나 仙徒에 속해 중심적으로 활동하는 젊은이를 말하는 것으로 이해하기도 한다.(金基興, 앞의 글, 120쪽)

63) 김기흥은 『해동고승전』을 편찬하면서 김대문의 『花郎世記』를 직접 보고 『삼국사기』 진흥왕 37년조 화랑관련 내용을 수정 보완하였을 가능성은 거의 없다고 보았다.(金基興, 앞의 글, 119~122쪽)

64) 金相鉉, 1989, 앞의 글, 227쪽.

65) "驅使 與仙郎相類 大抵皆未娶之人 在貴家子弟 則稱仙郎 故其衣 或紗或羅 皆皂也 又有一等縹袖烏巾 卽庶官小吏之奴 名驅使者也"(徐兢, 『高麗圖經』 권21, 皂隷 驅使條)

있다.[66] 고려 후기 최해崔瀣나 민적閔頔 또한 선랑仙郎의 풍속이 신라로부
터 유래한 것으로 인식하였고,[67] 사실 선랑의 풍속은 신라 화랑도의 전통
을 승계한 것으로 인정된다.

고려 초기의 지배층은 선랑仙郎을 연등회燃燈會·팔관회八關會와 함께 일
종 국풍國風·풍속風俗·국수國粹로서 자부하였으며, 특히 난국에 즈음하여
화랑정신에 입각하여 타개해 나갈 것을 주장하였다.[68] 태조 원년 중동仲冬
에 팔관회를 개최하면서 신라 고사에 따라 백희가무와 사선악부를 연희한
것이나,[69] 이때에 양가 자제 4명을 뽑아 예의를 입혀 열을 지어 뜰에서
춤추게 하였다는 데서[70] 그 유행을 볼 수 있다. 또한 태조의 십훈요에서도
불사인 연등회와 함께 천령天靈 및 오악명산대천五嶽名山大川, 용신龍神를 섬
기는 팔관회를 끊이지 않고 계속 이어가라는 유훈을 내린 바 있다.[71] 성종
때에는 이지백李知白이 거란의 공격에 대하여 가볍게 땅을 떼어주는 것보
다는 오히려 선대로부터 전하여 오던 연등燃燈·팔관八關·선랑仙郎 등 행사
를 다시금 거행하여 국가를 보전할 것을 주청한 바 있다.[72]

이로써 보건대 선랑仙郎은 '선대로부터 전하여 오던 행사' 또는 '신라시
대에 크게 유행하던 선풍仙風'으로 인식하였고, 그 명칭 또한 신라시대로부
터 유래하였을 가능성이 높다. 최치원이 일컬은『선사仙史』에는 고려시대
에 일컫던 선랑仙郎 등의 명칭이 이미 있었다고 보아야 할 것인데, 고려
태조 원년 팔관회의 '사선악부四仙樂部'의 명칭은 영랑 등 네 화랑을 '선仙'으
로 일컬었음을 반영하며,[73] 신라 중고기부터 하대에 이르기까지의 각종

---

66)「開心寺石塔記」, 朝鮮總督府 편, 1919,『朝鮮金石總覽』上, 234쪽.
67) "東方故俗 男子有年 必從僧 習句讀 有首面姸好者 僧與俗皆奉之號曰仙郎 聚徒
  或之於百千 其風流起自新羅時…"(崔瀣,『拙稿千百』권 2, 故密直宰相閔公)
  "國俗幼必從僧習句讀 有面首者僧俗皆奉之 號曰仙郎 聚徒或至千百 其風起自
  新羅"(『高麗史』권 108, 列傳 21, 閔宗儒 附 閔頔)
68) 李基東, 1988,「앞의 글」; 1997, 앞의 책, 300~301쪽.
  金相鉉, 1989, 앞의 글, 219~220쪽.
69)『高麗史』권 69, 志 23, 禮 11, 嘉禮雜儀 仲冬八關會儀.
70)『破閑集』권 下
71)『高麗史』권 2, 世家 2, 太祖 2, 태조 26년 夏 4월.
72)『高麗史』권 94, 列傳 7, 徐熙.

명문을 보여주는 천전리서석명문川前里書石銘文에서 '선랑仙郎'을 살필 수 있는 것은74) 그러한 사실을 증거하는 것으로 생각된다.

그런데 인종 때에 활동한 곽동순의 「팔관회선랑하표」에서는, 화랑을 '적선謫仙'으로, 그들의 행적을 '봉래궁궐蓬萊宮闕에서 유유자적 노닐었으니' '신약神藥을 먹고 신선이 되어 훨훨 다 날아가니' 등으로 표현하고 있다. 이는 고려 인종 무렵에 이르러 우리 고유의 선풍仙風이 이미 도가적 신선풍으로 바뀐 것이 아닌가 추측하게 한다.75) 인종의 뒤를 이은 의종은 동왕 22년(1168)에 신령新令을 내리면서 근래에 개경과 서경의 팔관회가 날로 쇠퇴하니 이제부터 팔관회에는 양반가의 재산이 풍요로운 집을 미리 선가仙家로 정하여 선풍仙風을 지키고 숭상할 것을 명하였다.76) 이처럼 예종대 이후 팔관회의 행사가 도가적 신선류의 성격을 띠게 된 데는 아무래도 예종대에 중국의 도사道士가 고려에 처음으로 들어옴으로써 도관道觀이 설치된 사실과77) 무관하지 않으리라 생각한다. 이후 선랑仙郎은 고려시대 유교적 정치이념의 강조와 제술업에서 시詩·부賦·송訟을 중시하는 풍조와 함께 도가적 음풍영월의 대상으로서 일컫게 되고, 조선시대로 이어져 도가적 신선류의 이미지를 담게 되었다고 본다.

여기에서 선랑仙郎이란 명칭의 연원은, 화랑도 제정 당시 화랑花郎을 미륵선화彌勒仙花의 현신으로 보는 관념에서 비롯된 것이 아닌가 생각해 볼 수 있다. 곧 『삼국유사』에는 진흥왕이 '천성天性이 멋스러워 신선神仙을 크게 숭상하여' 화랑도를 제정하였고 일연은 『삼국유사』 편찬 당시에도 신선神仙을 미륵선화彌勒仙花라고 일컫었다고 하였다.78) 그런데 경주 단석산

---

73) 鮎貝房之進은 『高麗史』 徐熙傳의 사례로써, 태조 때의 팔관회에 仙郎이 참여하였음을 지적한 바 있다.(鮎貝房之進, 앞의 책 ; 1985, 앞의 책, 46~47쪽)

74) 「蔚州川前里書石」, 黃壽永 編, 1976, 『韓國金石遺文』, 一志社, 29쪽

75) 金相鉉은 난랑을 謫仙, 곧 세속에 내려온 仙人으로 서술하였다는 점은 아무래도 화랑을 도가적 시각으로 본 결과일 것으로 지적한 바 있다.(金相鉉, 1989, 앞의 글, 238쪽).

76) "一遵尚仙風 昔新羅仙風大行 由是龍天歡悅 民物安寧 故祖宗以來 崇尚其風 久矣 近來兩京八關之會 日減舊格 遺風漸衰 自今八關會 預擇兩班家産饒足者 定爲仙家 依行古風致 使人天咸悅"(『高麗史』 권 18, 世家 18, 毅宗 2, 毅宗 22년 戊子)

77) 본 논문 각주 48 참조.

서쪽의 상인암 남암에서 발견된 '신선사神仙寺'란 명문,[79] 그리고 신선사의 주존이 중고기에 조성된 미륵불이라는 점에서, 신라 중고기에도 미륵彌勒을 신선神仙으로 지칭하였음을 인정할 수 있다.[80]

특히 『삼국유사』 진자사 미시랑조에서 보듯이 화랑을 미륵선화의 화신으로 보는 관념에서 화랑 또한 미륵과 동일하게 신선 또는 미륵선화로 일컬었을 가능성이 높다. 이러한 관념은 신라 하대 선풍仙風이 성행하면서 '유오산수遊娛山水' 등을 즐기는 선랑仙郎으로 일컬어지지 않았을까 추측된다. 곧 중고기에 화랑과 함께 칭해졌을 '신선' 또는 '미륵선화'가 선풍仙風의 성행으로 본래의 미륵을 지칭하던 용어 가운데 '선仙'만을 취하고, 귀족의 미혼 남자를 지칭하던 '랑郎'과[81] 합성하여 '선랑仙郎'이란 명칭이 나타난 것으로 추정된다.[82] 이러한 과정은 물론 풍류도風流道란 이름이 등장하는 것과 흐름을 같이 할 것이다.

한편 국선國仙의 명칭은 고려 예종 11년(1116) 4월 예종이 제문을 내리면서 '이른바 국선의 일은 근래 사로仕路가 많아져 대략 구하는 자가 없으니 대관大官의 자손으로 하여금 행하도록 하라'는 데서 살필 수 있다.[83] 이는 예종 당시에 국선國仙을 출사로出仕路의 하나로 인식하였고, 국선의 제도 또

---

78) 『三國遺事』권 3, 塔像 4, 彌勒仙花 未尸郎 眞慈師.

79) "…仍於山巖下創造伽籃曰靈虛名神仙寺作」彌勒石像一區高三丈菩薩二區明示微妙相相」端嚴銘曰常樂…"(「新羅斷石山神仙寺造像銘記」, 黃壽永 編, 앞의 책, 244쪽)

80) 金煐泰, 1966, 앞의 글 ; 앞의 책, 74~75쪽.
    辛鍾遠, 1994, 「斷石山 神仙寺造像銘記에 보이는 彌勒信仰集團에 대하여」, 『歷史學報』143, 6쪽.

81) 朴南守, 2008, 앞의 글, 129쪽.

82) 鄭雲龍은, 화랑 관련 명칭들이 원화→화랑→국선의 순서로 진흥왕 37년까지 시차를 두면서 생겨난 것으로 보고, 화랑국선 곧 국선화랑의 본래 명칭은 국선이었는데, 국선화랑의 국선과 화랑에서 한 자씩 취하여 선화·선랑이라 부르기도 하였을 것으로 보았다.(鄭雲龍, 앞의 글, 133~135쪽)

83) "四仙之跡 所宜加飾 依而行之 不敢失也 況圓丘大廟社稷籍田及諸園陵者 國家敬重之所也 其管勾員吏以時修葺 無使弊虧 所謂國仙之事 比來仕路多門 略無求者 宜令大官子孫 行之"(『高麗史』권 14, 世家 14, 睿宗 3, 예종 11년 4월 庚辰)

한 이미 오래된 것임을 보여준다. 그런데『고려사』민적전閔頔傳에 따르면,
선랑仙郎은 어린 귀족 자제들 가운데 뛰어난 자로서 승속僧俗들이 받들어
따르는 무리가 천백에 이르렀고, 이를 국왕이 인정할 때에 국선國仙이 되었
다는 것이다.84) 이는 고려시대에 선랑仙郎을 '미혼의 귀족자제들이 구독句讀
을 익히고 무리를 거느리는 존재'로서, 국선國仙을 '선랑 가운데 뛰어난 자를
국왕이 임명한 자'로 뚜렷이 구분하였던 사실을 보여준다.

그런데 일연은『삼국유사』미시랑 진자사조에서 '화랑을 제정하고 설원
랑을 국선으로 삼았다' 하고, 진자사가 '미륵선화가 화랑으로 현신하기를
기원하고 미시랑을 국왕에게 보여 국선을 삼게 하였다'는 과정은, 민적閔
頔이 선랑에서 국선이 되는 과정과 동일하다. 이는『삼국유사』의 '화랑花郎
-국선國仙'의 관계가 고려시대 '선랑仙郎-국선國仙'과 상통함을 의미한다.
따라서 일연은 고려의 선랑을『삼국유사』의 화랑에 비정하고, 고려의 국
선에 상응하는 존재로서『삼국유사』의 '국선'을 서술하였던 것으로 보인
다.85) 이로써『삼국사기』의 화랑은『삼국유사』에서 일괄하여 '국선'으로
바뀌었고, 고려의 선랑에 짝하는 존재로서 왕에게 임명받지 않은 화랑이
상정된 것이다. 그 결과 미시랑 진자사조의 '화랑국선花郎國仙'의 기사가
등장하고, 진자사가 미륵의 현신으로서의 화랑花郎을 기구祈求하여 그를
찾음으로써 국왕에 의해 국선國仙에 임명된 것으로 서술하였던 것이다.86)

---

84) "國俗 幼必從僧習句讀 有面首者 僧俗皆奉之 號曰仙郎 聚徒或至千百 其風起自
新羅 頔十歲出就僧舍學性敏悟 受書旋通其義眉宇如畫風儀秀雅 見者皆愛之
忠烈聞之召見宮中目爲國仙 登第補東宮僚屬"(『高麗史』권 108, 列傳 21, 閔宗
儒 附 閔頔)

85) 鮎貝房之進은 仙郎과 國仙이 신라시대에 이미 존재한 명칭으로 보는 관점에서
時人이 받든 화랑을 仙郎으로, 국왕(조정)이 받든 화랑을 國仙으로 구분하고,
이를 고려시대의 풍속과 동일한 것임을 지적한 바 있다.(鮎貝房之進, 앞의
책 ; 1985, 앞의 책, 48~53쪽) 그러나『화랑세기』를 참조한『삼국사기』에 仙
郎이나 國仙의 이름이 보이지 않는 것이나,『삼국유사』에 선랑의 명칭이 보이
지 않는 것으로 보아『三國遺事』의 國仙은 고려시대의 인식이 투영된 것으로
보아야 할 것이다.

86) 이에 대하여 鄭雲龍은 진흥왕 37년 이전 일반인(時人)이 추대하던 화랑이 존재
하다가, 진흥왕 37년에는 그 가운데 국왕, 국가에서 임명한 國仙이 시작된

요컨대 일연은 고려시대 선랑仙郎-국선國仙의 인식체계하에서 『삼국유사』의 국선國仙 관계 기사를 서술한 것으로 보아야 할 것이며, '화랑국선花郎國仙' 기사는 화랑花郎과 국선國仙을 동일시하거나 부연 설명하였다기보다는 고려시대 '선랑仙郎-국선國仙'에 상응하여 구분한 개념이라고 할 것이다.

풍류風流와 비슷한 명칭으로서 '풍월도風月道'가 있었다. 곧 『삼국유사』 미시랑 진자사조에는 "원화를 폐지시켰다. 그 후 여러 해 만에 왕은 또 나라를 흥하게 하려면 반드시 풍월도를 먼저 일으켜야 된다고 생각하여, 양가良家의 덕행 있는 사내를 뽑아 그 명칭을 고쳐 화랑이라 하였다. 처음으로 설원랑薛原郎을 받들어 국선國仙으로 삼으니, 이것이 화랑국선花郎國仙의 시초다"[87]라고 하여, 화랑의 제정이 풍월도에 바탕하였음을 기술하였다.[88] 이에 대해서는 풍류도와 풍월도를 화랑도가 폐지된 후대의 변화된 의미가 투영된 명칭으로 보거나,[89] 화랑제로 개편하기 이전인 원화제의 시행 시기에도 풍월도風月道라는 명칭이 사용되었을 가능성이 있으며 풍월도와 풍류도가 같은 뜻으로 쓰였던 것으로 이해하기도 한다.[90]

조선시대의 사서 『삼국사절요』(1476), 『동국통감』(1484), 『동국여지승람』(1486)에는 원화源花 이전에 풍월주風月主가 있었던 것으로 기록하고 있다. 이는 『동경잡기東京雜記』(1669), 이익李瀷(1681~1763)의 『성호사설星湖僿說』, 『동사강목東史綱目』(1778)에 그대로 계승되었다.[91] 특히 『동국통

것으로 보았다.(鄭雲龍, 앞의 글, 135쪽) 朱甫暾은 '花郎國仙之始'란 표현으로 보아 화랑과 국선이 동일시되었음을 알 수 있고, 화랑이었던 김유신을 『삼국유사』에서 굳이 국선이라 하였던 것도 이를 방증한다고 이해하였다.(朱甫暾, 앞의 글, 121~123쪽) 金相鉉은 일연이 사용한 國仙이란 명칭은 花郎이란 명칭과 동일한 의미를 가진 異稱인 것으로 추정하였다.(金相鉉, 1989, 앞의 글, 228쪽)

87) 『三國遺事』 권 3, 興法 3, 彌勒仙花 未尸郎 眞慈師.

88) 金基興은, 풍월도 관련 기록은 일연의 작문일 수도 있으나 다른 자료에서 옮겼을 가능성이 있으며, 진흥왕이 신선이나 풍월도에 대한 충분한 이해를 갖고 나라를 다스리는 방편으로 적극 이용했던 것으로 이해하였다.(金基興, 앞의 글. 124쪽)

89) 鮎貝房之進, 앞의 책, 170쪽.

90) 金相鉉, 1991, 앞의 글, 130~131쪽

감』진흥왕 37년조 화랑 설치 기사를『삼국유사』의 기사를 윤색하여 서
술한 것으로 보고, 풍월주風月主는 풍월도風月道와 화주花主에 바탕한 조어
造語로 보거나92) 원화源花를 고친 이름으로 보기도 한다.93) 또한 풍월주란
신묘지도神妙之道인 풍류도風流道의 소유자로 국선國仙을 지칭한다고 보거
나,94)『삼국사절요』와『동국통감』의 기록을 따르면서 풍월주란 풍월도와
관련된 기록으로서 신라시대에는 일정한 시점에 여러 명의 화랑이 있었
고, 그들 가운데 국선이나 풍월주가 뽑혔으며, 풍월주와 국선은 서로 계통
을 달리하는 별개의 화랑도 집단인데, 경우에 따라 풍월주와 국선을 겸할
수 있었다고도 한다.95)

　『삼국사기』권 48, 검군전劍君傳에는 "나는 근랑近郎의 도도徒에 이름을 두
고, 풍월지정風月之庭에서 수행하고 있으므로"라고 하였는 바, 풍월도風月道
란 명칭이 중고기에 사용되었을 가능성을 보여준다. 사실 화랑도花郎徒란
'화랑지도花郎之徒'로 일컬은 데서 비롯한 것으로서 현대 역사가들이 붙인
명칭이라 할 수 있는데, 이들 화랑의 무리를 모이게 하였던 사상적 기조는
풍월도風月道에 있었다고 생각된다. 곧 풍월도의 기치 아래 '화랑花郎 ○○'
를 중심으로 모인 '○○랑郎의 무리' 정도로 일컬었던 것으로 이해된다.96)

　따라서『삼국유사』의 화랑 제정 기사를 따른다면, 진흥왕은 원화제를
시행하다가 이를 폐지한 후 본래 존재했던 풍월도風月道를 일으켜 화랑제
를 시행하였다고 이해된다. 그런데 풍월도風月道와 관련하여 고려 인종仁宗
때의 곽동순郭東珣의 「팔관회선랑하표八關會仙郎賀表」의 다음 구절을 주목
할 수 있다.

---

91) 金相鉉, 1991, 위의 글, 138~139쪽.
92) 鮎貝房之進, 앞의 책 ; 1985, 앞의 책, 55~56쪽.
93) 金基興, 앞의 글, 130쪽.
94) 洪淳昶, 1989, 앞의 글, 96쪽.
95) 李鍾旭, 1996, 「新羅 中古時代의 花郎徒」, 『省谷論叢』 27-4, 9·14~15쪽.
96) 金相鉉은, 풍월도와 풍류도는 같은 뜻으로 쓰였다 전제하고 역사학계가 대부
　　분 花郎徒라는 용어를 사용하면서도 그 지도이념인 風流道라는 용어를 사용
　　하지 않은 것은 유감이라는 견해를 피력한 바 있다.(金相鉉, 1991, 앞의 글,
　　133쪽)

5백년간에 화랑花郎들이 배출되니 원랑原郎·난랑鸞郎같은 적선謫仙들이 명승지를 두루 찾아 소요逍遙하여 노닐었고, 종문입실踵門入室한 자가 천이며 만으로 헤아렸습니다. … 계림鷄林의 선적仙籍을 상고하니 위는 동월東月, 아래는 서월西月로서[按仙籍於鷄林上東月而下西月], "내가 만든 이 법을 옛법으로 삼아서 해마다 한 번씩 일부러 상례를 삼거라"하고 자손에게 물려주시니, 사책史冊에 뚜렷이 실려 있습니다.(곽동순, 「팔관회선랑하표」, 『동문선』 권 31, 표전)

위의 기사에서 '위는 동월東月, 아래는 서월西月로서'는 계림鷄林의 선적仙籍에 실린 것이며, '내가 만든 이 법을 옛 법으로 삼아서 해마다 한 번씩 일부러 상례를 삼거라'는 부분은 사책史冊에 전하는 태조의 유훈으로 판단된다. 다만 계림鷄林의 선적仙籍에서 이른 동월東月과 서월西月의 '월月'은 풍월의 '월月'과 관련되는 것이 아닐까 생각해 볼 수 있다.

『수서』이래『북사』,『구당서』,『신당서』에는 '매년 정월 초하루 아침에 서로 축하하며 국왕은 군관群官들에게 연회를 베푸는데 … 그 날 일월신日月神에게 배례한다. 8월 보름에는 악樂을 베풀고, 관리들로 하여금 활쏘기를 시켜 말과 베를 상으로 내린다'는 풍속을 전한다. 『수서』신라전의 풍속 관련 기사는 진평왕 때의 수나라 사신의 견문을 바탕으로 하여 서술된 것으로서 신라 중고기의 사정을 보여준다.[97] 그러므로 '풍월도風月道'의 명칭이 신라의 전통적인 것이라면, 신라의 일월신日月神을 섬기는 풍속과 모종의 관련이 있지 않을까 생각된다. 선적仙籍의 동월東月과 서월西月은 화랑 제정 이전에 두 명의 원화源花를 두었다는 사실에 비교되며, 이들이 연회에서 가무歌舞 등을 연출하고 일월신日月神을 모시는 의례에 어떠한 역할을 상정할 수 있을 듯하다.

『삼국사기』유리이사금 9년조의 가배嘉俳 기사에서, 6부를 둘로 나누어 왕녀王女 2명으로 하여금 부내 여자를 거느리고 길쌈을 하게 하고 이를 마친 후에 대부大部의 뜰에서 술과 가무를 즐겼다는 전승[98] 또한 신라의

---

97) 朴南守, 1992, 앞의 글, 24~25쪽.
98) 三品彰英은 신라의 嘉俳에 주목하여, '두 왕녀에 의해 통솔된 6부의 여자집회의 조직은 두 귀족 소년을 받들어 결당한 화랑조직과 유사하며, 길쌈은 성년집회의 표상임과 동시에 신을 제사하는 것과 유관했던 것'이라고 지적한 바 있

일월신日月神을 섬긴 풍속과 관련될 듯하다. 특히 2명의 왕녀는 2명의 원화源花와 계림선적鷄林仙籍의 동월東月·서월西月에 상응하는 면이 있고, 그 모임이 8월 한가위를 위한 행사였던 것으로 생각되기 때문이다. 아무래도 가배嘉俳 기사에 보이는 대부大部의 명칭은 중고기에 나타나는 이름으로서,99) 중고기의 사정을 보여주는 『수서』 신라전의 8월 한가위 행사를 예비하는 행사로 보아 좋을 듯하다. 사실 신라의 일월신日月神을 섬기는 풍습과 8월 한가위 행사는 일맥상통하는 면이 있고, 후일 화랑도의 수련덕목인 '상열이가악相悅以歌樂'과도 어울린다. 더욱이 화랑의 사상적 배경을 일컫는 명칭이 풍월도라는 점에서 그 상관성이 깊지 않나 생각되며, 혹『숭복사비崇福寺碑』에서 진성여왕을 '월자매月姊妹'라 일컫은 것도 바로 신라의 이러한 전통과 관련되지 않을까 추리할 수 있을 듯하다.

풍월도風月道는 이후 신라 하대 무렵 선랑仙郞의 명칭이 나타나는 것과 함께 풍류도風流道란 이름으로 바뀐 것으로 생각된다. 앞서 살폈듯이 화랑의 활동을 풍류風流로 일컫은 관념이 생겨나면서 그 명칭이 '음풍영월吟諷詠月'의 의미를 피하여 풍류風流라는 이름으로 변개된 것으로 생각되기 때문이다. 이에 조선 전기의 사서 편찬자들은 풍월도風月道와 원화源花, 화랑花郞을 동일선상에서 이해함으로써 풍월도를 이끄는 존재로서 풍월주風月主를 상정하고,100) '풍월주-원화-화랑'이라는 변천과정의 틀을 제시한 것이라 풀이된다.

다.(三品彰英, 「花郞の傅粉粧飾」, 앞의 책 ; 李元浩 역, 앞의 책, 108쪽)

99) 大部는 국왕 관장하의 부를 일컫는 명칭으로 생각되는데, 이를 통합하였을 大宮의 명칭은 진평왕 7년(585) 대궁·양궁·사량궁에 각각 私臣을 설치한 데서 처음으로 보인다. 중고기 금석문에서 국왕은 탁부 출신으로 나타나는데, 「단양적성비」 단계부터 국왕의 출신부가 사라지고 국왕은 신료들과 구분되는 존재로 부각되었다. 6부의 각 궁과 달리 大宮이 나타난 것도 이러한 흐름에서 이해할 수 있는 바(朴南守, 1996, 「신라의 성장과 수공업 경영형태」, 『신라수공업사』, 56~57쪽), 大部 또한 국왕의 출신부가 사라진 「단양적성비」 단계에서 나타난 명칭으로 보는 것이 타당할 것으로 생각한다.

100) 鮎貝房之進은 『동국통감』 진흥왕 37년조 화랑설치 기사를 『삼국유사』의 윤색으로 파악하면서, 風月主를 『東國通鑑』 찬자의 造語로 보았으며(鮎貝房之進, 앞의 책 ; 1985, 앞의 책, 55~56쪽), 김상현은 『삼국사기』 및 『해동고승전』이 김대문의 『화랑세기』를 참고했음에도 풍월주에 관한 기사가 보이지 않으므로, 『삼국사절요』『동국통감』의 風月主 관계기사는 신빙성이 약한 것으로 이해하였다.(金相鉉, 1991, 앞의 글, 140쪽)

4. 맺음말

 필자는 『삼국사기』・『삼국유사』를 비롯하여 당대의 사정을 보여주는 「난
랑비서鸞郞碑序」나 금석문 및 관련 자료를 통하여 화랑花郞을 어떻게 인식하
고 변화하였는가를 추적하였다. 그러나 이러한 시도는 필자의 독창적인
것은 아니고, 이미 화랑도에 대한 종합적인 연구 성과를 쌓은 선학들에
의해 검토된 바 있다.

 삼품창영三品彰英은, 삼한시대 원시남자집회로부터 유래한 화랑도가 마
립간시대에 샤머니즘을 바탕으로 한 여성화랑집회로서의 원화제源花制로
성립되었고, 신라 발전 융성기에 샤머니즘과 불교가 습합된 화랑도로 발
전하였으며, 다시 신라 말기에 도교의 영향으로 선랑仙郞・국선國仙・선관仙
官・선인仙人 등의 명칭이 나타나 고려시대에 이르기까지 일컬어졌고, 조선
조 이후 무격적인 성격으로 변질되었다고 보았다.[101] 이기동李基東은 화랑
도 제정으로부터 약 1백 년간을 화랑 역사상의 하나의 전형으로서 원상原
像을 이룬다고 보았다. 곧 국난기를 맞은 신라의 화랑도는 무사도의 발양
이라는 시대정신의 구현에 선도자적 역할을 수행하였으나, 삼국통일 이후
오로지 가무歌舞 일변도의 놀이에 치중하게 되었고, 국학의 발달로 화랑도
의 특권의식이 감퇴되었다는 것이다. 고려시대에 들어와서 지배층은 국풍
國風, 국수國粹로서 화랑도를 진작시키고자 하였으나 화랑도 본래의 모습
과는 동떨어진 축제의 장식물에 불과한 존재였고, 선랑仙郞이란 명칭 또한
회구懷舊의 대상으로서 바야흐로 현실세계에서 떠난 신선神仙으로 변화한
것으로 보았다. 또한 화랑이란 어의語義는 가무歌舞를 전업으로 하는 부류
部類에 대한 천칭賤稱으로 바뀌었던 바, 이러한 인식은 조선시대에 이어져
'범박사凡博士・무녀巫女・화랑등花郞等'의 병칭으로 일컫게 되었다고 이해하
였다.[102]

 사실 필자의 이번 작업은 선학들의 인식의 틀을 크게 벗어나지 못한

---

101) 三品彰英, 1943, 「花郞習俗の歷史的眺望と一般男子集會」; 李元浩 역, 앞의
　　책, 266쪽.
102) 李基東, 1988, 앞의 글 ; 1997, 앞의 책, 306~307쪽.

것이지만, 최치원의 「난랑비서鸞郎碑序」에 대한 이해나 풍류도風流道의 의미, 신라 하대의 정신적 사조와 관련한 문제 등을 재검토하고, 그동안 불분명했던 화랑花郎과 국선國仙, 선랑仙郎의 관계, 풍월도와 풍월주, 풍류도에 대한 문제를 천착했다는 데에 의의를 두고자 한다. 이제 본 소론에서 검토한 결과를 바탕으로 화랑 관련 명칭과 그 인식의 변화 과정을 정리함으로써 맺음말에 대신하고자 한다.

먼저 신라의 전통적인 풍월도風月道는, 고려 인종仁宗 때의 곽동순郭東珣의 「팔관회선랑하표八關會仙郎賀表」의 '계림鷄林의 선적仙籍을 상고하니 위는 동월東月, 아래는 서월西月로서'라는 구절로부터 그 단서를 살폈다. 이에 풍월도는 『수서』 신라전의 일월신日月神을 섬기는 풍속과 관련될 가능성이 높으며, 『삼국사기』 유리왕대의 가배嘉俳 풍속과도 관련되는 것으로 이해하였다.

풍월도의 이념하에 진흥왕이 화랑제를 시행한 이후 '화랑'을 미륵선화의 현신으로 인식함으로써 '신선神仙'의 이름이 '화랑'과 함께 일컬어졌던 것으로 보았다. 이는 『삼국유사』 미시랑 진자사조의 '신선을 미륵선화라고 이른다神仙曰彌勒仙花'라는 구절과 경주 단석산 남암에서 발견된 '신선사神仙寺'란 명문으로부터 확인할 수 있었다. 이러한 관념은 신라 하대에 사회전반으로 도가적 사조가 유행하면서 종래 화랑을 '신선神仙' 또는 '미륵선화彌勒仙花'로 일컫던 용어 가운데 '선仙'만을 취하여 귀족의 미혼 남자를 지칭하던 '랑郎'과 합성된 '선랑仙郎'이란 명칭으로 바뀌고, 종래의 풍월도風月道 또한 풍류도風流道로 일컬어지면서 삼교융회三敎融會의 고유의 선풍仙風으로 인식되었던 것으로 보인다.

이러한 양상은 천전리서석명문川前里書石銘文의 '선랑仙郎'이나 고려 태조 원년에 개최된 팔관회의 '사선악부四仙樂部'의 명칭에서 살필 수 있었다. 최치원의 「난랑비서鸞郎碑序」에 보이는 '현묘지도玄妙之道'는 그러한 인식의 반영이었고, 풍류도에 대한 최치원의 '삼교융회三敎融會의 평評' 또한 신라 말 고려 초 지식인들의 정치관과 사조를 반영하는 것으로서, 고려 성종대에 최승로崔承老가 불교를 '수신修身의 본행本行'으로, 유교를 '리국理國의 근원'으로 여기는 관념과 차이가 있었다.

한편 고려시대에는 신라 하대로부터 유래한 선랑仙郎과 이와 관련된 국선國仙의 명칭이 널리 사용되었는데, 고려시대의 선랑仙郎이란 '미혼의 귀족자제들이 구독句讀을 익히고 무리를 거느리는 존재'로서, 국선國仙은 '선랑 가운데 뛰어난 자를 국왕이 임명한 자'로서 구분하여 사용되었다. 이는 『삼국유사』 미시랑 진자사조에서 화랑도의 연원을 밝히면서 '화랑국선花郎國仙'이라 일컫고, 진자사가 미륵선화의 현신으로서 화랑의 출현을 기도하고, 미시랑이 국선으로 되었던 과정과 동일한 것이었다. 곧 『삼국유사』의 '화랑花郎-국선國仙'의 관계는 고려시대 '선랑仙郎-국선國仙'과 상통한 것으로서, 일연은 고려시대 선랑仙郎-국선國仙의 인식에서 『삼국유사』의 국선國仙 관계 기사를 서술하였으며, '화랑국선花郎國仙' 기사는 화랑花郎과 국선國仙을 동일시하거나 부연 설명하였다기보다는 고려시대 '선랑仙郎-국선國仙'에 상응하여 구분한 개념이었음을 알 수 있었다.

그런데 고려 초기의 지배층은 선랑仙郎을 연등회燃燈會·팔관회八關會와 함께 일종 국풍國風, 풍속風俗, 국수國粹로서 자부하였으며, 특히 난국에 즈음하여 화랑정신에 입각하여 타개해 나가고자 하였다. 이 때의 선랑仙郎은 '선대로부터 전하여 오던 행사' 또는 중국의 도가류와는 다른 '신라시대에 크게 유행하던 선풍仙風'으로 인식하였다. 그러나 예종 때에 중국의 도사道士가 고려에 처음으로 들어와 도관道觀이 설치되고, 고려시대의 유교적 정치이념의 강제와 제술업에서 시詩·부賦·송訟을 중시하는 풍조로 인하여 선랑仙郎은 도가적 음풍영월의 대상으로서 일컫게 됨으로써, 조선시대로 이어져 도가적 신선류의 이미지를 담게 되었다고 본다.

특히 조선 전기의 사서 편찬자들은 선랑仙郎과 국선國仙을 도가적 신선류로 인식함과 동시에 풍월도와 원화, 화랑을 동일선상에서 이해함으로써 풍월도를 이끄는 존재로서 풍월주를 상정한 것으로 이해되었다. 이에 '풍월주-원화-화랑'이라는 변천과정의 틀을 제시하였지만, 화랑은 원래의 이미지를 상실하여 '박사博士·무녀巫女·화랑花郎'의 병칭으로 일컫게 되었다. 조선 후기에 들어서면서 화랑은 이제 역사가들에게서나 일컬어지는 존재였고, 현실 사회에서는 무격적巫覡的인 존재로 변화함으로써 일제강점기 일본학자들에게 '조선朝鮮의 기속奇俗' 등으로 인식되었던 것이다.

□ 부록 : 신발견 박창화의 『화랑세기花郎世紀』
잔본殘本과 '향가鄕歌' 1수

1. 머리말
2. 남당南堂 박창화朴昌和의 행장
3. 새로 발견한 『화랑세기花郎世紀』 잔본殘本의 내용 구성
4. 『화랑세기』 잔본과 기발견 『화랑세기』 두 본과의 관계
5. 박창화의 벽해상백파가碧海上白波歌와 파랑가波浪歌
6. 맺음말

1. 머리말

1989년과 1995년에 발견된 『화랑세기花郎世紀』 진위를 둘러싼 논쟁은 이제 새로운 국면으로 들어서 있는 듯하다. 두 차례에 걸친 발견 당시에는 진위에 대한 공방전이 치열하게 전개되었다면, 거의 20년이 다 되어 가는 현 시점에서는 위서僞書로 보는 논자들은 거의 이를 거들떠보지도 않는 반면, 이를 김대문金大問 『화랑세기花郎世記』의 필사본으로 보는 연구자들은 『화랑세기花郎世紀』의 내용을 사료로써 본격적으로 활용하고 있는 양상을 보이고 있다.[1]

학계의 이러한 두 가지 큰 흐름은 필경 한국 고대사학계의 양분화를 촉발하고, 새로이 고대사 연구를 시작하는 연구자들이나 일반인들에게 큰 혼란을 불러일으키고 있다. 이러한 경향은 2003년도에 상반된 관점의 일련의 연구물로써 드러나듯이, 진위논쟁을 뛰어넘어 풀지 못할 평행

---

[1] 『花郎世紀』 진위논쟁의 전개과정과 연구사 정리는 권덕영, 2000, 「筆寫本 『花郎世紀』 진위 논쟁 10년」, 『韓國學報』 99, 참조.

선을 달리는 듯하다. 곧 이종욱의『화랑세기』(소나무, 1999)와 김태식의『화랑세기 또 하나의 신라』(김영사, 2002)에 이어, 이종학 등 6명의 연구자들은 2003년 12월『화랑세기花郎世紀』를 긍정적인 관점에서 보면서 국문학, 사료적 평가, 화랑제의 성립, 진평왕의 왕위계승, 서지학적·사학사적 문제를 검토하였던[2] 반면, 동 시기에 김기흥은 일련의 논문을 통하여『화랑세기花郎世紀』를 일종 창작류로서 평가하고 김대문의『호랑세기花郎世記』와 지금의『화랑세기花郎世紀』는 무관한 것이라고 주장하였다.[3] 또한 최근 맥브라이드 리차드는 2007년 10월 19일(동국대 명진관, 17 : 30~19 : 00)「화랑세기花郎世紀에 대한 미국학자美國學者의 견해見解」라는 제명하의 강연에서『화랑세기花郎世紀』에 나타난 모순되는 계보系譜, 풍월주風月主와 정통正統이라는 시대착오적인 표현, 상당한 역사적 지식을 갖춘 박창화가『화랑세기花郎世紀』를 공개하지 않은 데 대한 의문 등을 들어 이를 박창화가 쓴 한문소설이라고 주장하였다.[4] 그런데 같은 날『흥무대왕 김유신, 새로운 해석』이라는 주제하의 신라문화학술회의에서는 몇몇 연구자들이 다시 이를 논문에 적극적으로 활용하는 모습을 살필 수 있었다.[5]

『화랑세기花郎世紀』에 대한 학계의 이러한 상반된 태도는 양측의 주장대로 필사자인 박창화朴昌和를 중심으로 모본이 되는『화랑세기』의 추적작업을 통해서 해결될 수 있을 것이다.[6] 그러나 지적되듯이『화랑세기花郎世紀

2) 이종학 외, 2003,『『화랑세기』를 다시 본다』, 주류성.
3) 金基興, 2003,「『花郎世紀』두 사본의 성격」,『歷史學報』178 : 2003,「필사본『花郎世紀』와 관련된 기초적 문제들」,『建大史學』10 : 2003,「화랑 설치에 관한 諸 史書의 기사 검토」,『歷史敎育』88.
4) 맥브라이드 리차드,「花郎世紀에 대한 美國學者의 見解」(2007.10.19., 유인물) 이기동 선생은 일찍이 노태돈 교수의「筆寫本『花郎世紀』의 사료적 가치」발표(제34회 한국고대사연구회 정기발표회, 서울 국립민속박물관 2층 회의실, 1995.6.3.) 때의 토론과정에서『花郎世紀』가 한문소설류라는 것을 이미 지적한 바 있다.
5)「흥무대왕 김유신, 새로운 해석」, 2007년 신라사학회·동국대 신라문화연구소 공동학술대회요지문, 2007.10.19.
6) 이종욱, 1999,「권두해제 -『화랑세기』: 신라인의 신라이야기」,『화랑세기』,

』의 모본이 존재했는지 조차 확인되지 않은 시점에서 또 다른 모본의 실체를 밝힌다는 것은 거의 불가능해 보인다.

실로 20여 년 가까이 전개된 『화랑세기』 논쟁에서 우리 학계는 박창화朴昌和에 대한 이력은 다양한 방식으로 검토하였지만, 그의 신라사나 우리 역사에 대한 태도 등에 관한 연구는 박환무가 2003년 봄에 소개한 「신라사新羅史에 대하여」(1)(2)(『중앙사단中央史壇』 94·96, 1927·1928)가 전부이다. 당시 발표회장에서도 찬반 양론의 격론이 있었고, 찬성론자는 1927년 박창화가 「신라사新羅史에 대하여」를 발표하기 전에 『화랑세기』와 『상장돈장』을 보았고 그 저본이 분명히 존재했다는 입장을 고수하였다. 이를 비판하는 입장에서는 박창화의 위서들과 필사본 『화랑세기』를 분리하여 진위논쟁이 전개된 것이 가장 큰 문제이며, 두 종류의 서책의 문투 등으로 보아 위서라는 관점을 피력하였다.7) 그러나 현재 박창화가 근무했던 일본 궁내성 서릉부 또는 교서부의 목록집 어디에서도 『화랑세기花郎世紀』는 발견되지 않고 있다.

국사편찬위원회는 2001년 3월 박창화의 손자 박인규의 호의로 『화랑세기』와 박창화가 필사 또는 저작한 자료들을 일괄하여 디지털 카메라로 촬영·수집한 바 있다. 필자는 제22회 신라문화학술회의 『신라 국가의 기원과 전통』(동국대 신라문화연구소 주최, 서울프레스센터 19층, 2002. 11. 7.)에서 「신라 화백회의에 관한 재검토」를 발표하면서, 알천은 진흥왕의 동생인 숙흘종의 손자뻘에 해당하는 존재임을 추정하였는데, 당시 학술회의에 참여한 이종욱 교수는 소위 발췌본 『화랑세기花郎世紀』의 두주로 적힌 계보도에 '숙흘종-알천'의 계보가 있음을 지적하였다. 이에 발표논문을 정리하는 과정에서 『화랑세기花郎世紀』 문제에 대한 후고를 약속하였기 때문에,8) 스스로 많은 부담을 느껴왔다.

소나무, 20쪽. 권덕영, 2000, 「筆寫本 『花郎世紀』 진위 논쟁 10년」, 46쪽.
7) 박환무, 「박창화의 「신라사에 대하여」」; 김태식, 「박창화와 『화랑세기』」; 윤선태, 2003, 「필사본 『화랑세기』 진위논쟁에 뛰어들며」, 『역사비평』 62.
8) 박남수, 2003, 「新羅 和白會議에 관한 再檢討」, 『新羅文化』 21, 226쪽 각주 77 참조.

이에 국사편찬위원회에서 수집한 「남당 박창화선생 유고」를 정리·검토하는 과정에서 이른바 '모본『화랑세기花郎世紀』'와는 또 다른 유형의 잔본殘本으로 추정되는 고본稿本과 그 안에 게재된 또 다른 '향가鄕歌'를 발견하였다. 따라서 이를 학계에 소개하는 것이 현재 평행선을 긋는『화랑세기花郎世紀』진위 논쟁을 조속히 마무리하는 데 조그마한 도움이 되리라 판단하여 이 글을 쓰게 되었다.

본고는 박창화의 행장을 그의 학문적 성향과 함께 재구성하고, 새로 발견한『화랑세기花郎世紀』잔본의 내용구성과 성격, 그리고 기 발견『화랑세기花郎世紀』2본과의 관계, 새로이 나타난 향가 형식의 '벽해상백파가碧海上白波歌'와 이미 공개된 '파랑가波浪歌'의 관계를 검토하고자 한다. 이로써 박창화의『화랑세기花郎世紀』가 그의 역사 연구와는 별개로 쓰인 역사소설류였음을 밝히고자 한다. 많은 질정을 바란다.

2. 남당南堂 박창화朴昌和의 행장行狀

남당 박창화의 이력은 지금까지의 연구자들에 의해 대부분 밝혀져 왔다. 이에 대한 연구는 주로 박창화가『화랑세기花郎世紀』를 포함하여 향가鄕歌를 창작할 정도의 능력을 소유하였는가, 그리고『화랑세기』가 어떠한 과정을 거쳐 우리 앞에 나타났는가 하는 논쟁으로 요약된다. 이는 지금까지 나타난 자료의 진위여부를 판별할 수 있는 핵심적인 문제로 인식되었기 때문이다.[9] 곧 신빙론의 관점에서는 남당의 유고에서 관등과 관직의 사용에 많은 오류를 보이고, 그 내용에 있어서『화랑세기』보다 구체성이 떨어진다는 점을 들어, 그가『화랑세기』와 같이 치밀하고 정확한 작품을 만들 만큼 신라사에 대한 지식이 풍부하지 못했으므로, 그가 1933년 이후 궁내성 도서료에 근무할 당시에 필사한 것이라고 주장한다.[10] 이에 대해

---

9) 권덕영, 「筆寫本『花郎世紀』진위 논쟁 10년」, 14~17쪽.
10) 이종욱, 「화랑세기의 신빙성에 대하여」,『화랑세기』, 335~337쪽.

위작설의 관점에서는 박창화는 어려서부터 한학을 공부하였고, 사범학교를 나온 인테리로서 1930년대 혹은 1940년대 초반 일본 궁내성 서릉부에 근무할 때 신라 화랑에 대한 자기 나름의 이해에 입각하여 과거의 사실을 자기류로 재현해 보려는 창작 욕구에 의해 위작한 것이라고 주장한다.[11]

어떠한 관점이든 간에 박창화가 1930년대 언젠가 『화랑세기』를 자필로 쓴 사실은 서로 인정하고 있는 셈이다. 그 뒤 박창화의 신라사 관련 논문 「신라사에 대하여」(『중앙사단中央史壇』 13-12·14-2, 1927·1928)가 『역사비평』 62(2003)에 소개됨으로써, 그의 신라사에 대한 이해도가 꽤 깊었음을 알 수 있게 되었다. 이러한 일련의 추적 작업과 더불어 남당의 손자 박인규에 의해 박창화의 『우리나라 강역고』(민속원, 2004)가 간행됨으로써, 그의 이력과 소장도서에 대한 꽤 많은 정보를 얻게 되었다. 그러나 그의 학문적 성향과 관련하여서는 아직도 분명하지 않은 부분이 있다.

그의 이력과 관련된 연보류로서는 「직계존보直系尊譜」(6장, 종서 괘문 첩문, 한문 종서 모필), 「남당선생연보南堂先生年譜」(3장, 괘선, 한문 종서, 모필), 「남당선생오행시南堂先生五言詩」(3장, 괘선, 국한문 종서 모필)가 전하는데, 모두 「남당南堂관련문건」(소장자 고문서번호 01-김-133」; 국사편찬위원회 소장 『남당박창화선생유고南堂朴昌和先生遺稿』 CD-133번 폴더)에 수록되어 있다. 먼저 그의 「직계존보直系尊譜」에는 남당의 이력에 대하여 다음과 같은 사항을 기술하고 있다.

南堂 變來 又昌和 字 念祖 高宗 己丑(1889)五月九日生 己酉(1909)春任敎官 屬師範 尋?轉沃川永同淸州諸校 入培材 遊中國 出江戶 遊芸閣 二十余年 究疆域 唱李衛異域說及平壤辨等(?)諸辨發 前人所小 發呼輩 不能ㅁㅁ 一九六二年三月六日 卒 享年七十四墓分土洞右麓…

대체로 남당이 기록한 것이지만, 밑줄 친 부분은 그 후손이 추기한 것으로 여겨진다. 이에 따르면 남당은 1962년 3월 6일 사망하였다. 그런데

<hr/>

11) 노태돈, 1997, 「筆寫本 花郎世紀는 眞本인가」, 『한국사연구』 99·100, 350쪽.

위의 간략정보에서 그가 1889년 5월 9일생이고, 1909년 봄 교관으로 임용되어 사범학교에 들어가 옥천沃川·영동永同·청주清州 등의 보통학교에서 재직하였음을 알 수 있다. 그 후 그는 배재고등학교에서 교사생활을 하였는데, 지금까지의 알려진 바와 같이 중국을 여행하고 1924년 무렵 일본에 건너가 강역연구를 지속하였으며, 운각芸閣 곧 서릉부 도서료로 20여 년을 근무하고 1942년 귀국하였다.

그의 연보에서 보듯이 강역연구疆域研究는 그의 학문의 가장 중심이 되는 테마였는데, 이위이역설李衛異域說 및 평양변平壤辨 등의 제변諸辨은 그의 대표작이었다. 그러나 그가 술회하였듯이 당시 사람들에게 그리 호응을 얻지 못했음을 짐작할 수 있다. 특히 그의 이위이역설李衛異域說은 기자조선과 위만조선을 우리 역사의 정통에서 제외시키고 우리의 강역을 만주일원에서 구하는 것으로 요약되는데, 대체로 19세기 말 부여정통론과 흐름을 같이 한다. 그에 대한 이해를 바탕으로 지금까지의 연구결과를 보완하여 그의 이력을 재구성하면 다음과 같다.

1889.5.	탄생	碑石峴에서 탄생 – 어려서 허약하여 巫 龍福母를 수양모로 삼음
1894	6세	봄에 諺文을 깨우침 – 겨울에 동학도가 야습하여 부친 石農公을 木川으로 끌고 가 살해하고자 함
		☞ 이는 行廊 金明孫이 그의 처를 石農公이 총애하여 아들 斗億을 낳은 데 대한 음해였다고 함
1895	7세	忍齋 李先生(崦堂의 次子)이 千字文音義를 가르침 → 봄에 千字를 끝냄 가을에 忍齋가 作詩를 명하여 詩題에 따라 '青天星森 地上載萬物 螢火小如燈秋露明似玉'이라 지음 蒙牖과 聯珠詩를 읽어 가을에 蒙牖을 마침 史略을 시작하고, 한문의 문리를 얻어 스스로 해독함 – 정월 16일 母夫人 安東金氏 타계 – 여름에 大成母(27세)가 와서 석농공의 小室이 됨
1896	8세	봄 忍齋 선생이 상경하여 十九史略을 사와 東國史略이 있는 지를 물음 仁應家에서 長篇抄를 빌려와 외움
1897	9세	古文 漁父辭·歸去來辭·黄州竹樓記·岳陽樓記·醉翁亭記·秋聲賦

		등을 읽고 古風을 지음 田艮齋·金斯文이 비를 무릅쓰고 와서 '笠大衣不濕'이라는 詩題로 '不如歸去臥雲林'이라 하니, 필묵으로 '野老衣冠常帶雨 遠人鬚髮早知秋'라 써서 답하고, 또 古風으로 '三山花月落蒼鰲 二水風煙飛白鷺'의 句를 둠
1898	10세	자주 출가하고자 하였는데, 어머니 없는 슬픔 때문이었음 이 해에 族譜를 간행하고, 겨울에는 밤새도록 책을 읽음
1899	11세	鎭川의 姊夫가 지난 해부터 와서 독서하니 孔婿가 朴子라 칭함 남당은 독서와 서당교육을 놀이처럼 좋아함
		- 行廊 一萬이 그 처를 의심하여 넓적다리를 찌르고 쫓아내려 하니, 이를 말림 - 笏山 得貴의 父가 과부가 된 弟婦와 相通하여 官奴들의 야습을 받고 귀향함
1900	12세	忍齋가 죽음 邁堂 선생이 農岩集 八大家를 가르친다 하여 邁堂家에서 기식하며 공부하니, 塾友로는 오직 朴鐘烈과 韓範錫이 있었음
		- 丹齋(系嵋堂의 子), 忍齋, 審齋(忍齋의 弟)는 모두 떠돌아다닌 배움으로 부실을 면치 못했다고 평가함 - 매당의 학문과 행실은 인재보다 나으나 알지 못하는 곳이 많다고 평가함 - 명손의 처가 석농공에게 총애를 잃어 발광함
1901	13세	韓泰錫의 집에서 三國志를 읽음 鷄契를 지음 여름 松子洞 길에서 시를 지어 '細雨霏霏日欲西 一雙布穀向人啼 原來萬物生雍裡 莫笑浮生等甕鷄'라 함 三國志를 번역(新野~華容道까지 번역)
		- 鳳龍 동생과 칡뿌리를 다투어 캘 정도로 굶주림 - 碑岩寺, 具何川, 李端川, 洪泗川 등을 유람
1902	14세	- 봄 兵馬山에서 花遊
1904	16세	日語를 배움 - 처음으로 기차를 타고 한강을 건넘
1907	19세	"東明王: 監獄署 倉庫 東明王 보고 府君祭祀가 싱각되었소" → 고구려사에 대한 관심
1909	21세	사범학교 수학 : "師範學校의 兒孩들하고 消日을 하는 貌樣이려고"
1910	22세	충북 옥천보통학교 本科副訓導로 부임
1911~1917	23~29세	충북 영동공립보통학교 副訓導, 訓導 역임
1918	30세	충북 부강공립보통학교 訓導 역임 (중국 여행 → 고구려 강역도 작성 추정)

1923.10.	35세	도쿄 이주 - 역사연구
1927	39세	「신라사에 대하여」 논문 발표
1928	40세	『國罡上王記』抄 (궁내부 용역 업무 추정)
1930	42세	1930 「上狀敦牂年紀資料」(신발견 『화랑세기』 잔본 所收) 제책
1933.2.~ 1942	45~54세	1933.12. 일본 宮内省 圖書寮에서 조선전고조사 담당 사무촉탁에 임명
1941	53세	오바라 마사카즈(小原昌和)로 창씨개명
1942	54세	귀국
1945~1946	57~58세	청주사범·청주중·청주상업학교 강사
1947	59세	청주사법학교 교사
1948~1950	60~62세	괴산 공립 초급 여중학교 교사
1956	68세	『國罡上王記』 改衣
1962.3.	74세	南堂 사망
1999		장손 박인규가 김경자씨로부터 남당의 유고를 인수·보관
2001.3.		국사편찬위원회 국내사료수집팀 김대길·박대중이 남당의 유고를 일괄촬영·수집

    남당 박창화의 이력에서, 그는 이미 어린 나이 때부터 한학漢學을 공부하고, 역사서歷史書를 두루 섭렵하였으며, 한시漢詩 등에도 조예가 있었음을 알 수 있다. 특히 그는 스스로 기술하였듯이 이위이역설李衛異域說이나 평양변平壤辨 등 각종 강역疆域에 관한 변증辨證에 힘을 쏟았다. 강역에 대한 공부는 이미 20세를 전후한 나이부터 시작되었고, 일본에 건너가 본격적인 근대적 역사학방법론을 배우면서, 고구려사와 신라사에 대한 근대적 인식을 접했던 것으로 보인다. 사실 그의 논문 「신라사에 대하여」에는 오늘날 논의되고 있는 신라사 쟁점들의 상당부분이 지적되어 있다.12)

---

12) 박창화 「신라사에 대하여」 (1)·(2)(『中央史壇』 94·96, 1927·1928 ; 『역사
비평』 62, 2003 재수록)에서 『삼국사기』 자체에서의 전후기사의 모순, 신라

요컨대 박창화는 어려서부터 함께 한학을 수학한 동년배의 학생들을 뛰어넘는 우수한 학생이었다. 그의 발군의 비상함은 이미 7세에 한문의 문리를 터득하고, 9세의 나이로 古風을 지을 줄 알았으며, 그를 만나러 온 구한말의 거유巨儒 전간재田艮齋·김사문金斯文과 당당하게 시문을 주고 받을 정도의 이른바 그 지역사회에서 신동으로 꼽히는 인재였다. 사범학교에서 수학하게 된 계기 또한 그의 우수성으로 말미암았을 것으로 추정된다.

지금까지 연구자들은 박창화가 서릉부에 근무하면서 『화랑세기』를 접했을 가능성에 대하여 추구하여 왔다. 그러나 조선 후기 전적류나 조선고서간행회에서 간행한 『조선고서목록朝鮮古書目錄』(1911),[13] 그리고 일본 궁내성 서릉부의 도서목록에서도 20세기 초엽까지 김대문의 『화랑세기』가 전해졌다는 증거를 찾을 수 없다.[14] 따라서 『화랑세기花郎世紀』의 진위는 결국 박창화 본인이 기술한 각종 전적류에서 판별되어야 할 것이다. 이에 그의 유고遺稿 가운데 새로이 발견한 『화랑세기』 잔본의 내용을 검토하고, 이를 기존에 발견된 두 본의 『화랑세기』와 비교함으로써 그 진실에 다가가는 것이 유효하다고 판단된다.

상고 기년의 문제, 신라 국호 및 왕호, 갈문왕의 문제 등을 지적한 문제들은, 오늘날 신라사 연구자들에게도 주요한 연구과제이기도 하다.

13) 노태돈은, 조인성의 '이규경이 『오주연문장전산고』에서 김대문의 저술이 전하지 않았다고 한 사실'(조인성, 1988, 「김대문의 역사서술」, 『한국고대사연구』 13, 278~279쪽 각주 7)을 확인하면서, 조선 후기에 김대문의 『화랑세기』가 전하지 않았음을 다시 상세히 밝힌 바 있다.(노태돈, 1995, 「필사본 『화랑세기』의 사료적 가치」, 『역사학보』 147, 356쪽) 한편 김희만은 『朝鮮古書目錄』에 보이는 『花郎世紀』라는 명칭에서 김대문의 『花郎世記』와는 다른 서책이 있었을 가능성을 상정하였으나(김희만, 「필사본 『화랑세기』의 사학사」, 『花郎世紀를 다시 본다』, 316~317쪽), 『朝鮮古書目錄』에는 씨가 지적한 『鷄林雜論』뿐만 아니라 『新羅殊異傳』을 崔致遠의 『新羅附異傳』이라 한 오류(조선고서간행회 편, 1911, 『朝鮮古書目錄』, 63쪽)가 있어 오히려 교정 등의 오류로 보는 것이 합당할 것이다.

14) 허영란, 2006, 「일본 궁내청 서릉부와 한국 고도서」, 『역사와 현실』 59 참조.

3. 새로 발견한『화랑세기花郎世紀』잔본殘本의 내용 구성

새로 발견한『화랑세기花郎世紀』잔본殘本은 '상장돈장上章敦牂'의 연기年紀가 있는 일명逸名의 자료資料(본고에서는「상장돈장년기자료上章敦牂年紀資料」로 칭하기로 한다 : 소장자 고문서 번호 01-김-134, 국사편찬위원회「남당박창화유고 CD」-134번 폴더, 실록편찬용지實錄編纂用紙 주인朱印, 종서 모필)에 있는 두 번째 자료이다. 이 자료의 표지에는 왼쪽 상단에 네 자 정도의 제명題名을 쓴 흔적이 있으며, 마지막 글자는 '계系'자의 하단 부분과 같은 모양이고, '상장돈장上章敦牂'이라는 종서가 오른쪽에 조금 치우쳐 쓰여 있다. '상장돈장上章敦牂'은 주지하듯이 구갑자 '경오庚午'에 해당하며 서기연도로 1930년이 된다. 이 연도는 그의 또 다른 원고본『국강상왕기國罡上王記』표지의 사례로 보아 이를 제책한 시기라고 판단된다.15)

『상장돈장년년기자료上章敦牂年紀資料』에는 '화랑花郎의 세계도世系圖'와 '화랑세기花郎世紀 잔본殘本', 그리고『요사遼史』권 37, 지 7, 지리지 1부터 권 39, 지 9, 지리지 3까지 필사되어 있다.『요사』지리지는 그의 연보에서 볼 수 있듯이, 그가 강역疆域 특히 만주 일원의 지리에 두었던 관심에서 비롯된 것이라 해도 좋을 것이다.

『상장돈장년기자료』에 실린 두 번째 자료인『화랑세기花郎世紀』잔본은『상장돈장년기자료』92쪽부터 136쪽까지에 이르는 총 45쪽 분량으로 구성되어 있다. 그런데「화랑의 세계도」와『화랑세기』잔본 사이에는 2쪽의 개별 자료로서,『위화진경魏花眞經』마지막 부분의「화랑도花郎道」관련 내용의 필사 자료가 있다. 이 자료의 마지막 부분에는 남당이 스스로 지은 듯한 "미심선파未審仙派 원문기전願聞其傳"의 구절이 있으며, 그 다음 쪽에는

---

15)『國罡上王記』(소장자 고문서번호 01-김-151, 국사편찬위원회『남당박창화 유고 CD-ROM』폴더 151) 표지에는 좌측에 題名으로서 國罡上王記가 종서로 쓰여 있고,「上章敦牂年紀資料」의 年紀와 동일한 위치에 두 줄의 종서로 '著擁執徐秋在江戶抄而未考者久至」柔兆涒灘至月改衣'라고 하여 '戊辰(1928)에 일본에서 抄하고 살피지 못한 지 오래되어 丙申(1956) 11월에 책표지를 바꾸었다(改衣)'고 한 바, 上章敦牂 또한 책을 제책한 시기라고 할 것이다.

세모歲暮에 부쳐 자신의 심경을 토로한 초서 자료가 실려 있다.

『화랑세기』 잔본은 이른바 '모본母本『화랑세기花郎世紀』'와 마찬가지로 그 명칭이 남아 있지 않다. 여기서는 편의상 '『화랑세기花郎世紀』 잔본殘本'이라 칭하기로 한다. 『화랑세기』 잔본은 주로 영랑공永郎公과 그의 아버지라는 배장공襄長公에 관한 내용으로 구성되어 있다. 엄밀하게 말한다면 영랑공永郎公의 전기 말미에 그의 아버지 배장공의 전기를 첨기하고 있지만, 분량으로 보면 오히려 배장공에 관한 내용이 많다고 할 수 있다. 전체 내용을 요약·정리하여 소개하면 다음과 같다.

1) 영랑공永郎公의 전기傳記

① 표제격으로서, "유신공庾信公이 돌아가고 용화향도龍華香徒가 오랫동안 부진하였다. 영랑공永郎公에 이르러 크게 드러나니, 대개 유신庾信은 무武로써 창성하고 영랑永郎은 문文으로써 드러났다[16]"고 하였다.

② 영랑의 탄생과 배우자 포정抱貞에 관한 내용
· 영랑의 탄생 : 영랑永郎은 효소왕 신축생(701)
· 723년 영랑永郎은 입당사로 파견되어 당나라 황제가 요청한 포정抱貞을 호송하였는데, 이 때 서로 헤어짐을 슬퍼하며 "(碧海上)白波見我搖手招", "深海有限木有梢"라는 문답 형식의 한시漢詩에, 이를 향가鄕歌 형식으로 세주細註를 달아 놓았다.
· 포정抱貞이 당제唐帝와 사흘을 동침한 후 귀국하여 영랑과 결혼하였다. 그 후 당제唐帝의 딸 용녀龍女인 제녀帝女를 낳았는데, 이름을 제정帝貞이라 하였다.

③ 순원順元을 대신하여 집정한 순정順貞이 황후와 모의하여 영종공永宗公을 내쳐 오현별가梧縣別駕로 삼았다.
· (선시先時에) 영종공의 고考 배장공襄長公이 신목태후神穆太后의 구구舅로

---

16) "庾信公沒 龍華香徒久不振焉 至永郎公而又大顯 蓋庾以武昌 永以文顯…"

서, 태후의 밀조密詔를 받고 5주州를 관풍觀風할 때에 홍수삼희紅鬚三姬
를 만나 막내 천茜으로부터 영종공을 낳았다.

· 성제成帝(효성왕)의 사후 제정帝貞 또한 오현梧縣으로 쫓겨나 제녀帝女
를 낳았다.

· 경제景帝(경덕왕)가 형수였던 제정帝貞과 정을 통하고, 제정의 천거에
따라 의충義忠의 딸 만월滿月과 포사鮑祠에서 길례吉禮를, 태묘太廟에서
책례冊禮를 각각 거행하였다.

④ 제정帝貞이 임신하자 만월후滿月后가 주청함으로써, 태후가 허물을 후
회하고 공公을 오梧에 거한 지 5년 만에 돌아오게 하였다.

⑤ 병술丙戌(746)에 공公이 다시 포정抱貞과 더불어 입당入唐하여 방물方
物을 바쳤다. 당제唐帝가 딸 (제정帝貞의) 소식을 듣고, 칙서를 내리니 제帝
가 더욱 사랑하였다. (제정帝貞을) 낳고 기른 영랑永郎과 포정抱貞에게는 한
찬韓粲 수병부령守兵部令과 대등원부인大等院夫人을 배하고, 노비 800구와
서원전西原田 1000결 및 어시魚柴를 내렸다.

⑥ 공과 포정부인抱貞夫人이 서원西原에 가서 소양성逍遙養性의 땅으로 삼
고, 가신家臣 12명과 신력神力을 통한 향가신鄕歌臣 7人 법산法山·혜보惠宝·
능중能俊·당림唐琳응룡·應龍·월명月明·유가兪加을 두니, 이들 향가신을 당
세에 '영문永門 7자子'라 하였다.

· 상上이 태후太后·삼후三后와 더불어 선정仙政에 힘써, 공公에게 나라의
대소제원大小諸院 1,823도徒, 936,785명을 통할하게 하였다.

⑦ 정해丁亥(747) 정월에 공을 시중侍中에, 부인을 품주稟主로 삼았다.

· 공公이 아들 생익甡匿을 야인가野人家에서 낳아 길렀다. 장성함에 서書를
좋아하고 진당명품晉唐名品을 얻어 익혔는데, 김생金生이라 호號하였다.

· 공公이 생甡(金生)을 감監으로 삼고자 누차 불렀으나 오지 아니하였다.
공이 포정抱貞부인과 더불어 순행하다가 그 장녀를 데리고 돌아왔는데,
이가 세오명공주歲五明公主로서 북천후 주원공北川侯 周元公을 낳았다.

2) 배장공裵長公(舅)의 미행微行과 전기傳記 1

① 배장공裵長公의 탄생

· 인문대왕仁問大王이 진덕眞德 백축지년白豕之年(辛亥, 651)에 입당 숙위入唐 宿衛하였는데, 배진공裵晉公의 아들 원元을 구하였다. 이에 그 누이 금궁錦宮과 결혼하여 아들 배장공을 낳았다.

· 인문대왕仁問大王이 숙위를 마치고 돌아오다가 폭풍우를 만났다. 인문의 배는 당나라로 돌아가고, 금궁錦宮은 시신侍臣 김흠운金欽運과 더불어 표류하다가 청해靑海에서 서로 정을 통하였다. 문제文帝(문무왕)가 순행하다가 바다에 이르러 금궁錦宮의 유혈遺血과 결혼을 약속하였는데, 이가 신목태후神穆太后이다. 금궁錦宮은 문제文帝(문무왕)를 섬기고, 혹은 (인문)대왕大王을 섬겼다.

② 신목태후神穆太后의 구구舅로서 세성歲星의 변괴變怪에 따른 미행微行

· 소제昭帝(효소왕) 백달白㺚(庚子, 700)지하之夏에 세성歲星이 월月에 들어가니, 태후太后가 (영랑공)의 고考 배장공裵長公에게 미행微行하여 그 변變을 다스리라는 밀조를 내렸다.

③ 안절按節(배장공)의 애정 행각

· 진공眞功의 처 만금萬金과 정을 통하였다.

· 만금萬金의 아버지 만복의 집에 초대되어 20년 전의 연인 만복의 처 찰심察心뿐만 아니라, 장자長子 만옥萬玉의 부인 잠簪과 정을 통하였다. 다시 만금萬金·잠簪과 잠자리를 하자, 만복의 차자次子 승승勝의 처 균均, 3자子 보宝의 처 방芳 또한 봉로奉露하였다.

· 구구舅가 만복의 4녀女 부錇와 함께 입장笠杖하고 초리草履를 신어 걸무乞巫의 형상을 하고 안찰按節(관찰사)을 나섰다가 치한들이 부錇를 희롱하여 싸우게 되었는데, 려선驢仙의 도움을 받았다.

· 읍리邑吏와 가안절전방假按節前方이 그 지역 부자집 훤萱의 접대를 받아 훤萱의 처 및 그 제수弟嫂와 정을 통하다가, 훤萱의 아우가 가안절전방假按節前方을 칼로 찌르는 사건이 일어났다.

④ 연문燕門의 계승자를 만남

· 옥산玉山에 이르니, 남녀 모두 신선동神仙洞의 사람이었다. 동중洞中에 옥문굴玉門窟이 있는데, 하늘이 만든 옥굴玉窟로 백의단상白衣 檀象을 안 치하였다. 사시제주四時祭主로는 옥두리玉斗里의 형으로 연문燕門의 계승 자였다. 연문燕門의 여덟 딸이 모두 진골眞骨의 첩이고, 옥두리의 후예는 모두 낭두郎頭의 족族이었다. 구구舅와 부아鋸가 백금百金으로써 아들을 구하 니, 제주祭主 옥황문玉媓門이 특별히 위하여 기도하였는데, 그 때 나이 88세로 연문燕門의 원모元母였다. 처음 염장공廉長公에게 시집을 가 7자 子를 낳고, 진공眞功에게 개가改嫁하여 3子자를 낳았는데, 연문燕門이 크 게 번창하였다. 이날 밤 군裙을 만나 부아鋸와 함께 연침聯枕하였다.

⑤ 미행중의 변고變故

· 구구舅가 이에 옥산玉山을 떠나 서포西浦를 유람하다가 들판의 누각(野棚) 에서 취한醉漢이 군裙을 껴안고 물吻하는 봉변을 당하여 촌정村丁들과 싸웠다. 전사자 1명, 부상자 8명이고, 적적賊은 죽은 자 17명, 참斬한 자 8명, 부상자 30여 명이었다.

⑥ 신사辛巳(신문왕 원년, 681)의 여당餘黨을 평정

· 준공이 천방산天房山 흥공興功을 찾아가 상상象과 함께 흥공의 무리를 대 파하여 평정하였다. 또한 월산月山을 포위하여 서운瑞雲과 현전玄田을 산채로 잡았다. 현전으로써 흠관欽官의 아들 관공官功의 처로 삼고, 서 운은 준공의 노奴로 삼았다.

· (서운瑞雲은) 본디 신공信功의 모모母 흠신欽信과 사통하였으나, 신사辛巳 뒤에 흥공興功과 서포西浦로 가서, 신공信功의 처처妻 차홍次紅을 처로 삼 았다. 또 거물巨物을 설득하여 가로되 "신사辛巳(681)의 패배는 단지 경도京徒를 합하고 향도鄕徒를 합하지 않은 데에 있다. 지금 향향鄕香들 은 낭정郎政의 오래됨을 사모하니, 이때에 향도鄕徒를 통합하여 시위 삼도侍衛三徒를 장악하면 가히 천하를 얻을 수 있다"고 하였다. 거물이 (서운을) 모사謀師로 삼았다. 서운瑞雲이 거물의 딸 현전玄田을 략掠하 게 되자, 현전玄田이 관군에 그를 고하여 체포되었다.

· 서운의 처 차홍次紅은 금년 52세로 을제乙祭의 손孫이었는데, 월천역승
月川驛丞 공기貢奇에게 시집보내고, 서운은 노奴로 삼았다.

⑦ 당골唐骨·북골北骨로 삼골三骨을 연합할 징조
· 구구舅가 오수獒樹에 이르러 홍수삼희紅鬚三姬를 들이니, 시인時人이 당골
唐骨·북골北骨로 삼골三骨을 연합할 징조라 여겼다.
· 두구舅는 흑달생黑㺚生(壬子, 652)으로서, 원선元宣의 딸 선명宣明을 취娶
하여 좌부인左夫人을 삼고, 춘장春長의 딸 춘풍春風으로 중부인中夫人을
삼았으며, 빈복賓福의 딸 화복花福으로 우부인右夫人을 삼아, 아들 선종
宣宗, 춘종春宗, 배부裵賦 등을 낳았는데, 첩이 52인으로 그 가운데 오
직 천근비茜根妃를 가장 총애하였다.

⑧ 성황聖皇(성덕왕) 청로青盧(甲午, 754)[17] 10월 15일 중부인中夫人과 단
아하게 앉아 세상을 떠났다. 아들 207인을 두었고, 손자와 증손자는
가히 셀 수 없을 정도였다.

3) 배장공裵長公(舅)의 전기傳記 2

① 구구舅의 길례吉禮
· 구구舅의 나이 13세(664)에 누제文帝가 종녀명부宗女命婦에 명하여 모두
당의唐衣를 입게 했는데, 구구舅는 제帝를 아버지처럼 섬겨 항상 동배同輩
(儕)들보다도 질秩이 높았다.
· 구구舅를 아찬阿飡으로 가작加爵하고 자의후慈儀后의 딸 윤명允明공주와
택일擇日하여 포사鮑祠에서 길례吉禮를 행했다.

② 편작扁鵲
· 청우青牛(乙丑, 665)의 여름에 자후慈后의 넓적다리 종기髀瘡를 효심으

---

17) 성덕왕대에는 甲午년이 없는 바, 성덕왕을 전후한 시기의 갑오년은 효소왕
3년(694)와 경덕왕 13년(754)인데, 뒤에 703년 舅(배장공)의 행적이 보이므로,
경덕왕 13년(754)이 옳을 듯하다.

로 고쳤다.

· 구구舅가 입당사에게 부탁하여 당재唐材 및 의醫를 사와 그 방통方通을 연구하여, 제帝의 설사痢와 금궁錦宮의 종기를 낳게 하니 사람들이 모두 편작扁鵲이라 여겼다.

③ 선명宣明의 아버지는 원선元宣인데 이에 흠순각간欽純角干의 아들이다.

· 선명宣明은 상모相貌가 절묘絶妙하여 15세(666)에 후后와 통하였다. 모母 보룡궁주宝龍宮主가 낳을 때에, 궁주의 나이 이미 41세였다.

· 보룡宝龍은 선품공善品公의 화주花主인데 35세에 과부가 되어 선품공의 유복자 순지順知를 낳았다. 자후慈后, 운명雲明과 더불어 야명夜明에 서악西岳에서 한가히 노닐고 장명리藏皿里에 거처하다가, 문제文帝(문무왕) 잠룡시潛龍時에 염정染情한 지 3년 당원幢元 태자太子를 낳았다.

· 혹은 이르기를 보룡宝龍은 선원仙元태자의 유모인데, 문제文帝에게 행幸을 얻어 선원仙元에게 젖을 먹이게 되었다. 보룡宝龍이 이미 만삭이 되어 자후慈后로써 자신을 대신케 하여 광曠하므로, 제帝가 폐신嬖臣 원성元宣과 정을 통하게 하였다.

④ 보룡 宝龍은 보리菩利의 딸로 위화魏花의 진기眞氣를 받았는데, 구구舅에게 위화진언魏花眞言을 전수하다.

· 보룡宝龍의 어머니는 만룡萬龍인데 만명萬明과 더불어 만호萬呼에게서 동출同出이므로, 선품宣品, 원선元宣과 문제文帝에게는 실로 당고堂姑이다.

· 선품宣品이 (보룡을) 처로 삼아 자후慈后, 운명雲明, 야명夜明, 순지順知를 낳았는데, 문제文帝가 정을 통하여 당원幢元을 낳았고, 원선元宣과 정을 통하여 선명宣明, 원명元明, 선명善明을 낳았으니, 보룡宝龍은 보리菩利의 딸로 위화魏花의 진기眞氣를 받음이라.

· 보룡이 구구舅를 사랑하기를 아들과 같이 하여, 위화진언魏花眞言을 전수하여 마침내는 서로 증보烝報하였다.

⑤ 용장龍長의 다섯 딸을 취聚하였다.

· 보룡宝龍의 포제胞弟 용장龍長은 용춘공龍春公의 아들이다.

· 용장龍長이 공公을 사랑하기를 아들같이 하여 그 다섯 딸로써 모두 구구舅에게 맡기고 그 재산을 전하였다. 구구舅가 이에 그 이름을 취取하여 배장裵長이라 하였다.

⑥ 제帝를 한성漢城에 수종하다.

· 황룡黃龍(戊辰, 668)에 나이 17세였는데 기사주부騎射主簿로 제帝를 한 성漢城에 수종하였다. 공에게 한성 남전南田 800결을 주면서 "부마도 위駙馬都尉…"라 하였다. 구구舅가 그 전田으로써 종군從軍에 공功이 있으 나 상賞을 받지 못한 자에게 나누어 주었으므로, 방명芳名이 크게 떨 쳤다.

⑦ 용장龍長의 첩妾 무사舞師 빈빈賓賓의 아들 능안能晏을 당례唐禮로써 가 르쳤다.

· 용장龍長의 첩妾 빈빈賓賓은 무사舞師로서 긴주緊周의 처이다. 그의 아들 능안能晏은 제帝에게 총총寵을 받았는데, 구구舅가 폐신嬖臣을 멀리할 것을 간하였다. 제帝가 가상히 여겨 능안能晏을 당례唐禮로써 가르치게 하였 다. 능안能晏이 일무일가一舞一歌하면 반드시 그 가르침에 마땅하였다.

· 춘풍春鳳, 화복花福 두 부인 및 원명元明을 납하여 오방제五房制가 갖추 어졌다.

⑧ 당골唐骨 무화지론無花之論과 당파唐派의 시작

· 그때 원선공元宣公이 낭정郎政을 잡고, 구구舅에게 전통傳統하고자 하니, 당골唐骨 무화지론無花之論으로 구애拘碍되어 불통不通하였다.

· 제帝가 특별히 허통許通케 명하여, 천관天官의 문門에서 채采하니 이것 이 당파唐派의 시작이다.

⑨ 대진大眞의 일파一派를 이루다

· 그때 가야파加耶派가 가장 성성盛하고 진골대원眞骨大元은 모두 무력無力

하였다.

- 구구舅가 진골眞骨을 돕고자 하였으나 흠돌欽突, 진공眞功의 저지하는 바 되었다.

- 구구舅가 삼도三徒 중에 그 뜻을 이루지 못한 자를 수습하여 스스로 일파 一派를 이루어, 대진大眞이라 하였다.

- 당쟁黨爭에 흐르지 아니하고 오로지 양진수문養眞修文에 힘썼다. 이로 써 그 무리들이 문장재사文章才士가 많아 팔예칠공八藝七工에 정통하지 않음이 없었으므로 능히 이로써 자급自給할 수 있었다.

⑩ 백사白蛇(辛巳, 681)의 변變

- 구구舅가 재산을 풀어 그 미창자未濟者를 구하기를 10여 년, 백사白蛇(辛 巳, 681)의 변變이 일어났다.

- 구구舅가 자후慈后의 뜻을 받들어 중외中外의 대진大眞의 무리와 오기吳起, 순지順知, 당원幢元 등을 불러 난을 평정하고 구막舊瘼을 파파破하였다.

- 후后가 구구舅를 낭정대감郎政大監으로 삼아 낭도郎徒를 다스리게 하니, 삼파三派가 모두 구구舅에게 속하였다.

- 사도四徒가 이에 구구舅를 국선國仙으로 삼자, 화랑花郎의 기풍이 크게 변하였다. 무武를 장藏하고 문文을 쓰는 조짐이었다.

⑪ 배체 裵體

- 구구舅는 예서隸書를 잘하여, 백사百司의 인印이 모두 구구舅의 글자를 취하 여 주조되었다. 이를 배체裵體라 하였다.

⑫ 희양希羊의 고사故事

- 흑원지년黑猿之年(壬申, 672)에 구구舅가 서포西浦에 놀러가고, 설검薛黔은 옥수玉水에서 조어釣魚하니, 희양希羊의 고사故事를 흉내낸 것이다.

- 청술靑述이 당唐에 들어가 이름을 고쳐 천봉天鳳이라 하였다. 만심滿沈 이 천봉天鳳의 아들 천승天承을 낳고, 천승天承이 뒤에 천근茜根의 매妹 시근施根을 취娶하여 포정抱貞을 낳았다.

⑬ 현토지춘玄兎(癸卯, 703)之春에 설검薛黔의 아버지 수현守玄이 옥수玉水
에서 죽었다.

· 구구舅와 설검薛黔이 다시 서포西浦를 유람하니, 설검薛黔은 이미 47세였
다. 이에 수운水雲을 천거하여 구舅의 딸 신오信鳥를 낳으니 곧 만월萬
月의 어머니이다.

· 설검이 희양希羊의 후신後身으로서 문영文明을 얻었는데, 태후의 총寵
으로 용춘각간龍春角干의 양녀養女가 되어, 선명宣明을 계승하여 오궁五
宮에 들어갔다. 하궁부인下宮夫人이 되어, 아들 영榮·윤충允忠 등을 낳
았다. 딸 고물古勿은 순원順元의 처妻가 되어 소덕태후炤德太后가 되었
고, 직물織勿은 성황聖皇의 총비寵妃가 되어 사소태후四炤太后를 낳았으
며, 장록長彔은 흥평후興平后가 되어 명덕제明德帝를 낳았다.

위의 내용을 살펴보았을 때에 다음과 같은 몇 가지 특징을 살필 수
있다.

첫째, 723년 영랑永郎이 입당사로 파견되어 당나라 황제의 요청으로 사
랑하는 연인 포정抱貞을 호송할 때에, 서로 헤어짐을 슬퍼하며 "(碧海上)白
波見我搖手招 深海有限木有梢"라는 문답 형식의 노래를 불렀는데, 한시漢詩
를 기술하고 그 세주로 '향가鄕歌' 1수를 소개하고 있다. 이처럼 한시를
적고 향가를 표기하는 방식은, 『삼국유사』에서 향가만을 기술하거나, 향
가를 수록하고 이를 한문으로 해解하는 것과 차이가 있다.

둘째, 어떤 사건의 경우 큰 테두리와 주요한 인물의 행적은 『삼국사기』
또는 『삼국유사』와 일치되지만, 그 세부 내용이나 주변 인물의 경우 『화
랑세기花郎世紀』 잔본이나 『화랑세기花郎世紀』 제1·2본에서만 볼 수 있다는
점이다. 그러나 그 세부 내용의 경우에도 이와 비교할 수 있는 유사한 내
용을 『삼국사기』 등에서 살필 수 있다는 점이 특징적이다.

예컨대 영랑永郎에 대한 전고는 『삼국사기』·『삼국유사』 등에서 전혀 찾
을 수 없지만, 그를 신라 효성왕 4년(740) 모반하다가 죽은 영종永宗[18]과

---

18) 『三國史記』 권 9, 新羅本紀 9, 孝成王 4년 8월.

동일시하여 이야기를 전개하고 있다. 또한 영랑永郎의 연인 포정抱貞은『삼국사기』성덕왕 22년 당나라에 바친 미녀 포정抱貞에서 빌려 오지만, 그의 딸 제정帝貞과 용녀龍女를 당나라 황제의 딸로 설정한 이야기는『삼국유사』진성여대왕 거타지眞聖女大王 居陁知 설화와『고려사』서문에 보이는 작제건 설화의 모티브와 유사하다. 당나라 황제에게 포정抱貞을 바친 이야기는 당나라 사람이 미인을 좋아하여 미인을 바쳤다는『화랑세기花郎世紀』제2본의 기사와도 유사하다.19) 사실 영랑永郎과 영종永宗은 그 이름으로 보아 일면 상통하는 점이 없지 않으나, 영랑永郎이 효소왕 신축생(701)이라고 한 데는 성덕왕 22년(723) 당나라에 포정을 바친 사실과 연관하여 산출한 것으로 생각되며, 효성왕 4년(740)에 일어난 영종永宗의 모반사건과 관련하여 시간적 순서를 역산하여 배열하고 이야기를 구성한 것으로 보인다.

요컨대『화랑세기』잔본의 사건과 내용 구성은 영랑의 사례와 같이『삼국사기』와『삼국유사』에 보이는 사건 등을 기초로 등장인물의 상관관계를 추구하고, 다시 그 사이 사이에 새로운 가공인물을 배치하는 방식을 취하였다. 곧『삼국사기』에서 진덕왕 5년 김인문金仁問이 입당 숙위宿衛하여 무열왕 3년 돌아온 것, 문무왕 4년 부인婦人들로 하여금 당복唐服을 입게 한 것 등을 기초로 하여, 그 사이사이에 당녀唐女를 만나 배장공裴長公을 낳은 이야기나 궁중의 사건 등이 서술되고 있는 것은 또 다른 사례이다. 특히 배장공裴長公이 미행微行하면서 만복의 처 찰심察心 등과 정을 통하는 이야기는『삼국유사』권 2, 기이 2, 문호왕법민조文虎王法敏條의 거득공車得公 이야기와 흡사한 면이 있다.

특히 김흠돌의 난은『화랑세기』잔본뿐만 아니라 제2본에서도 등장하지만,『삼국사기』신문왕 원년조에 보이는 김흠돌의 난이 주요 모티브인 것이 확실하며, 그 밖의 등장인물 순원順元과 순정順貞, 신충信忠, 사인思仁, 의충義忠, 삼모三毛, 계오랑주繼烏娘主, 효양孝讓, 경신敬信, 만월滿月, 김생金生, 북천후 주원공北川侯 周元公, 인문仁問, 신목태후神穆太后, 진공眞功, 미재

19) "그때 春秋公이 장차 당나라에 들어가려 할 때,… 조정에서는 당나라 사람들이 색을 좋아한다고 하여, 遊花 3인을 뽑아 꾸며 태우고 거짓으로 종실 여자라고 이르게 하였다.…"(『花郎世紀』제2본 20世 體元公)

美齊, 염장공廉長公, 천관天官, 원선元宣, 춘장春長, 진복眞福, 자의태후慈義太后, 흠순欽純, 순지順知, 당원幢元, 능안能晏, 윤충允忠, 소덕태후炤德太后, 흥평후興平后, 명덕제明德帝 등은 모두 『삼국사기』와 『삼국유사』에 등장한 인물들을 채용하되, 소설적인 내용을 가미하여 가공의 인물을 배치하고 그 활약상과 그에 따른 이야기를 구성하고 있다. 따라서 인물들간에 간혹 계보의 착간이 보이는 바, 영랑공永郎公과 영종공永宗公이 착종되어 나타나거나, 영랑의 연인 포정抱貞이 당황제와 정을 통하여 낳은 딸 제정帝貞을 별칭 용녀龍女, 제녀帝女라 하였다가, 제녀帝女를 제정帝貞의 딸로 묘사하기도 한다.

넷째, 후대의 용어인 '안절按節'과 근대 용어인 '읍리邑吏' 등이 사용되고 있다는 점이다. 안절은 관찰사를 일컫는 별칭이며, 읍리邑吏는 1914년 읍면제 실시 이후의 산물이다. 또한 기년紀年을 표기하는데 있어서 '진덕眞德 백축지년白豕之年(辛亥, 651), '소제昭帝(효소왕) 백달지하白㺚(庚子, 700)之夏', '백사白蛇(辛巳, 681)의 변變' 등과 함께 60갑자의 일반 간지를 함께 사용하고 있다는 점이다. 청靑·백白·적赤·흑黑·황黃과 천간天干의 짐승 이름을 함께 배열하는 방식은 그의 연보인 「남단선생연보南堂先生年譜」의 필법이다. 이는 조선 후기 문집류에서 자주 발견되는 기년 표기방식이기도 하다.

요컨대 영랑永郎의 전기는 그 이름과 고려 말 문인들에 회자될 정도의 것이었는데, 그의 활동이 자세히 쓰인 것이 특징적이다. 그는 주로 입당사로 활동하였고, 20세 초반 그의 연인 포정抱貞을 당나라 황제에게 바치면서 '향가'「벽해상백파가碧海上白波歌」를 지었다는 것이다. 또한 포정抱貞과 결혼하여 당唐 황제의 딸을 낳고 신라 조정에 중용되었는데 김순정金順貞과 황후의 모의로 지방 병가別駕로 쫓겨 나게 되었다는 것이다. 특히 잔본에서는『삼국사기』에서 성덕왕 22년 모반하였다는 영종永宗을 영랑永郎과 동일인물로 서술하고 있는 점이 특징이다.

배장공裵長公은, 김인문金仁問이 진덕眞德 백축지년白豕之年(辛亥, 651)에 입당 숙위할 때에, 배진공裵晉公의 아들 원元을 구함으로써 그 누이 금궁錦宮과 결혼하여 낳은 아들이라는 것이다. 그는 신목태후神穆太后의 구구舅로서 700년에 세성歲星의 변괴變怪를 다스리기 위하여 미행微行하게 되어, 이에 따른 애정행각과 단군을 모시는 연문燕門의 계승자를 만나고, 김흠돌 난의 잔당을 평정한다는 줄거리이다. 또한 그는 당골唐骨로서 화랑이 될 수 없었지만, 당파唐派를 만들어 대진파大眞派를 세움으로써 가야파加耶派, 진골파眞骨派, 대원파大元派 등과 함께 화랑의 4대 당파로서 활동하게 된다는 것이다. 결국 자의태후의 명을 받고 김흠돌의 난을 주도적으로 진압함으로써 국선國仙에까지 올라, 이로부터 화랑의 기운이 문文으로 기울었다고 서술하고 있다.

이야기의 중간중간에 김생金生과 향가신鄕歌臣 등이 등장하고 있으나, 전체적인 내용 구성은 영랑永郎의 사례와 같이『삼국사기』와『삼국유사』에 보이는 사건 등을 기초로 등장인물의 상관관계를 추구하고, 다시 그 사이 사이에 새로운 가공인물을 배치하는 방식을 취하였다. 또한 후대의 용어인 '안절按節'과 근대 용어인 '읍리邑吏', 그리고 '백달지하白達之夏' 등 박창화의 독특한 연기年紀 표현방식이 사용되고 있어, 이 자료가 박창화에 의해 만들어진 일종 역사소설의 성격을 띤 것으로 헤아려진다.

4.『화랑세기』잔본과 기발견『화랑세기』두 본과의 관계

1989년과 1995년에 발견된『화랑세기花郎世紀』에 대한 비교는 여러 연구자들에 의하여 자세히 검토된 바 있다. 그럼에도 불구하고 논자에 따라서는 1995년도본(이하 '제2본'이라 한다)을 발췌한 것이 1989년도본(이하 '제1본'이라 한다)이라고 주장하는 반면,[20] 제1본을 저본으로 창작 저술된 것이 제2본이라고 주장하는 연구자도 있었다.[21]

---

20) 노태돈,「필사본『화랑세기』의 사료적 가치」, 333쪽. 이종욱, 1997,「화랑세기의 신빙성과 그 저술에 대한 고찰」,『한국사연구』97, 4쪽. 권덕영, 2000,「筆寫本『花郎世紀』진위 논쟁 10년」, 26~27쪽.
21) 弘中芳男,「A本, B本, 二つの 花郎世紀論」(미발표 고본 ; 권덕영,「筆寫本『花郎世紀』진위 논쟁 10년」, 14쪽 재인용). 김기흥, 2003,「화랑세기 두 사본의 성격」,『역사학보』178, 17~19쪽.

지적되듯이 『화랑세기花郎世紀』 제1본은 서문과 함께 1대 위화랑으로부터 15대 유신공 중간부분까지 남아 있으며, 제2본은 제4세 이화랑二花郎 원광법사圓光法師 중간부분부터 제32세 화랑(풍월주)의 전기와 발문이 남아 있다. 양본의 내용은 크게 어긋나지 않으나, 간략함과 상세함의 차이가 있을 뿐, 화랑(풍월주)에 대한 전기를 중심으로 각 인물들과 그들이 속한 가문들의 세계世系와 혼인婚姻·통정通情, 화랑도의 조직과 당파黨派 등을 서술하고 있다. 그런데 26세 진공조부터는 찬과 세계가 없고, 27세 흠돌조부터는 몇 세 화랑인지 표시하지도 않았으며, 기록의 분량 또한 적다. 특히 28세 풍월주인 김대문의 아버지 오기공에 대해서도 자세한 기록이 예상되나 실제로는 그렇지 않다. 이에 대하여 이종욱 교수는 필사과정에서 극히 간략하게 발췌된 것이 아닐까 추측한 바 있다.[22]

이번에 발견한 『화랑세기』 잔본은 내용상 기존에 발견된 제2본과는 차이가 있다. 곧 잔본殘本의 내용은 앞서 살폈듯이 영랑永郎과 그의 아버지 배장공裹長公의 전기에 해당한다. 영랑永郎이 효소왕 신축생(701)이고 배장裹長이 진덕왕 신해생(651)이므로, 이들의 전기는 이미 발견된 『화랑세기』의 32세 풍월주 기유생(649)인 신공信功의 다음에 위치 지워질 수 있는 인물이다.

또한 잔본에 보이는 영랑永郎의 전기에는 영랑공이 시중侍中에, 그 부인이 품주稟主가 된 정해년(747) 정월까지의 내용을 다루고 있어, 김대문의 『화랑세기花郎世記』 저작 당대의 내용을 포괄하고 있다. 김대문의 『화랑세기』는 그가 한산주도독漢山州都督으로 임명되었던 성덕왕 3년(704)을[23] 전후한 시기이거나 그가 생존하였을 신문왕대(681~692) 이후 성덕왕대(702~737)무렵에 걸쳐[24] 저술되었을 것으로 이해되므로, 약간의 시간상의 오차를 인정한다면 잔본殘本은 대체로 김대문과 동시기의 사실을 수록

---

22) 이종욱, 1999, 「권두 해제 - 『화랑세기』 : 신라인의 신라 이야기」, 『화랑세기』, 26~27쪽.

23) "金大問 本新羅貴門子弟 聖德王三年爲漢山州都督"(『三國史記』권 46, 列傳 6, 薛聰)

24) 李基白, 1978, 「金大問과 그의 史學」, 『한국사학의 방향』, 일조각, 12~13쪽.

하였음을 알 수 있다.

이러한 잔본의 내용은 이 미 발견된 『화랑세기』의 마지막 내용인 신문왕 원년(681) 김흠돌金欽突의 난을 평정한 내용의 속편에 해당하는 성격을 띠고 있다. 그러나 배장공裵長公의 활동시기가 되는 651년 이후의 내용은 『화랑세기』 제2본과 사건의 전개와 인물 등에 있어서 상당 부분 겹치며, 그 내용에 있어서도 동일한 점이 많으나 서로 차이가 있는 점도 보인다.

먼저 『화랑세기』 잔본과 제2본을 비교할 때에, 그 대상 시기나 내용으로 보아 가장 많이 겹치는 부분이 김흠돌의 난과 관련된 기록이다.

A.① 아버지(오기공)가 비로소 풍월주에 위에 나아갔는데 실제 28세다. 이때 낭정郎政이 이미 어지러워졌기에 급작스레 바로잡을 수는 없었다. ⓐ 진공眞功·흠돌欽突·흥원興元 등이 모두 낭도郎徒 사병私兵을 거느리고 위에서 낭정郎政을 전횡하였다. 아버지는 바로잡을 수 없음을 알고 3년간 재위하고 ⓑ 부제 원선공元宣公에게 물려주었다. 원선공 또한 4년간 재위하고, 역시 군관공軍官公의 적자 천관天官에게 물려 주었다. 천관의 처는 흠돌의 딸이다. ⓒ 그리하여 낭정郎政이 다시 흠돌의 무리들에게 돌아갔다.[25] (『화랑세기』 제2본 28세 오기吳起·29세 원선공元宣公·30세 천관天官)

② 문명태후가 죽자… ⓐ 흠돌 등이 이에 모반하였다. 야명궁夜明宮을 핑계로 삼아 인명仁明을 옹립하였으나, 실제로는 스스로 왕이 되려고 한 것이다. 문무제文武帝의 병이 크게 악화되자 아버지 ⓑ 고考 오기공吳起公이 북원北原으로부터 들어와 호성장군護城將軍이 되었는데, 실제로는 자의황후慈儀皇后의 명에서 나온 것이었다.… 제帝가 죽었으나 비밀에 부쳐 발설하지 않고, 사람들을 시켜 비밀리에 겨외京外의 군대를 입성시켜 흠돌 등이 군사를 동원하여 야명궁과 군관공의 집을 포위하고 난

---

25) 『花郎世紀』 제1·2본의 번역문은 이종욱 교수의 『『화랑세기』 : 신라인의 신라 이야기』(소나무, 1999)의 번역문을 주로 활용하였다. 이후 『花郎世紀』 제1·2본의 번역문은 별도의 인용 각주를 달지 않겠다. 다만 體元·順知와 관련된 부분과 일부 오탈자는 박창화의 稿本에 따라 바로 잡았음을 양해 바란다.

을 일으키려 하였다. 오기공의 심복인 낭두가 그 모의를 공에게 발설하였다. 그때 시위삼도侍衛三徒는 적편에 많이 서 있었다. 자의황후가 걱정하였다. 오기공이 순지順知·개원愷元·당원幢元·원사元師·용원공龍元公 등과 더불어 비밀히 사병을 불러 들어가 호위하고, 삼도三徒의 대감大監을 모두 파면하여 다스렸다. 흠돌 등은 이에 크게 놀라 진격하여 대궁大宮을 포위하였다. 서불감舒弗邯 진복공眞福公이 수병手兵을 이끌고 포위를 깨고 들어와 말하기를 "경외京外의 병력이 크게 이르렀다. 너희들은 적신賊臣에게 미혹되었으니 죽음을 면할 수 없을 것이다" 하였다. 그때 흠돌 등이 그 무리를 속여 말하기를 "상대등 군관軍官과 각간 진복이 제帝의 밀조密詔를 받아 인명仁明을 즉위시켰다" 하였다. 그러나 군관이 움직이지 않았고 진복은 포위를 깨뜨렸으므로 무리들이 의심하여 서로 다투었다. 이에 큰 소리로 왕에게 충성할 자는 오른쪽, 적을 따를 자는 왼쪽으로 서라고 선포하였다. 그러자 무리들 중에 오른쪽으로 간 자들이 많았다. 흠돌 등은 일이 이루어지지 않았음을 알고 포위를 풀고 물러가려 하였다. 오기공 등이 병사를 풀어 대파하였다. 경외의 병력들이 또 이르렀다. 적은 이에 3간을 사로잡아 바쳤다. 반란이 비로소 평정되었고 삼도三徒 중에는 이로써 죽임을 당한 자가 많았다. ⓒ 자의태후가 화랑을 폐지하라고 명하고, 오기공으로 하여금 낭도들의 명단을 작성하여, 모두 병부에 속하게 하고 직을 주었다. 그러나 지방의 낭정은 옛날 그대로 남아 있었다. 실직悉直이 가장 성하였다. 오래지 않아 그 풍속이 다시 서울에 점점 퍼졌다. ⓓ 중신들이 모두 오래된 풍속을 갑자기 바꾸면 안된다고 생각하였다. 태후가 이에 득도하여 국선國仙이 되는 것을 허락하였다. ⓔ 화랑의 풍속은 그리하여 크게 변하였다.(『화랑세기』 제2본 32세 신공信功)

B.① 그때 원선공元宣公이 낭정郎政을 잡고, 구구舅에게 전통傳統하고자 하니, 당골唐骨 무화지론無花之論으로 구애拘碍하여 불통不通하였다. 식자識者들이 한탄하였다. 이에 이르러 제帝가 명하여 특별히 허통許通케 하여, 천관天官의 문門에서 채采하니 이것이 당파唐派의 시작이다. 그때 가야파加耶派가 가장 성盛하고 진골眞骨과 대원大元은 모두 무력無力하였다.

ⓑ 구구舅가 개연慨然히 진골眞骨을 돕고자 하였으나 흠돌欽突, 진공眞功의 저지하는 바 되어, 뜻과 같이 되지 아니하였다. ⓒ 구구舅가 이에 삼도三徒의 그 뜻을 이루지 못한 자를 수습하여 스스로 일파一派를 이루니, 가로되 대진大眞이라 하였다. 당쟁黨爭에 흐르지 아니하고 오로지 양진수문養眞修文에 힘썼다. 그러므로 이 무리들이 문장재사文章才士가 많아 팔예칠공八藝七工에 이르러 정통하지 않음이 없어 능히 이로써 자급自給할 수 있었다.

② 구구舅가 재산을 풀어 그 미창자未滄者를 구하기를 10여 년, ⓐ 백사白蛇(辛巳, 681)의 변이 일어났다. ⓑ 구구舅가 자후慈后의 뜻을 받들어 중외中外의 대진大眞의 무리와 오기吳起, 순지順知, 당원幢元 등을 불러 난을 평정하고 구막舊瘼을 파破하였다. ⓒ 후后가 구구舅를 명하여 낭정대감郎政大監을 삼아 낭도郎徒를 다스리게 하였다. 이에 삼파三派가 모두 구구舅에게 속하였다. 구구舅가 삼도三徒를 어루만지며 위로하니 감흡하여 중망衆望을 얻었다. 신목神穆이 이미 양위하여 국지대사國之大事가 많이 구구舅에게서 결정되었다. ⓓ 이에 사도四徒가 구구舅를 국선國仙으로 삼았다. 이로써 ⓔ 화랑花郎의 기풍이 크게 변하였으니, 무武를 장藏하고 문文을 쓰는 조짐이었다. 아류雅類가 오래 굴屈하였다가 다시 청담淸談을 신장하고, 동각東閣을 다시 설設하였으나, 당채唐彩가 더욱 짙어 토홍土紅이 점차 빛이 바랬다.…

③ 준공俊功이 응락하고 천상川上으로 나가니, 과연 작은 집이 있었다.… 30대 부인이 "… ⓐ 신사辛巳의 원인冤人 진공장군眞功 將軍을 혹시 들어 보았느냐?" 하니, 준공이 "나의 아버지입니다" 하였다. 여자가 달려나와 껴안으며 가로되 "… 나는 천관天官의 딸 흠관欽官이다. ⓑ 남편은 숙叔의 형兄 신공信功의 아들 흥공興功이다.…" 하였다.… 다음날 준공이 천방산天房山에 가서 흥공興功을 방문하여… 흥공을 설득하여 가로되 "숙叔은 조祖와 부父가 서로 껴안고 난전亂箭의 아래에서 죽은 것을 듣지 못하였습니까?…"라 하였으나, 준공은 가히 설득할 수 없음을 알고, (데려간) 개로 하여금 흥공興功을 씹게 하고 참하니, 무리가 크게 어지러워졌다. 준공이 그 우두머리 5명을 참하고,… 상象이 관군을 이끌고 돌격해 들어와 대파하여 적을 평정하였다.… 나아가 월산月山을

포위하여 서운瑞雲과 현전玄田을 산채로 잡았다.… (서운瑞雲은)… 거물
巨物을 설득하여 ⓒ "신사辛巳의 패배는 단지 경도京徒를 합하고 향도鄕
徒를 합하지 않은 데에 있다. 지금 향도鄕徒들은 낭정郎政의 오래됨을
사모하니, 이때에 향도鄕徒를 통합하여 시위삼도侍衛三徒를 장악하면
가히 천하를 얻을 수 있다"고 하였다. 거물이 크게 기뻐하여 받들어
모사謀師로 삼았다.…(『花郎世紀』 殘本, 裵長公)

　　위 A①ⓑ에서는 풍월주의 지위가 오기공으로부터 원선공, 천관天官에
게 승계된 것으로 되어 있다. 그런데 B①에서는 원선공元宣公이 구구(裵長
公)에게 승계하고자 하였으나, '당골무화지론唐骨無花之論'에 규제되어 이루
지 못한 것으로 기술되고 있다. 또한 A①ⓐⓒ에서는 진공眞功·흠돌欽突·
홍원興元 등이 낭도 사병을 거느리고 낭정郎政을 전횡하였다고 기록한 데
대해, B①ⓑ에서는 구구가 무력한 진골眞骨과 대원大元을 돕고자 하였으나
흠돌欽突과 진공眞功의 저지하는 바 되었다고 서술하고 있다. 이로써 구구
는 B①ⓒ에서 보듯이 삼도三徒의 뜻을 이루지 못한 자를 수습하여 대진大
眞이라는 일파一派를 세웠다는 것이다. 따라서 A①과 B①은 풍월주의 계
승에 있어서 차이가 있지만, 당시 낭정을 진공眞功·흠돌欽突이 전횡하였다
는 점에서 동일하다. 다만 A①에는 흠돌의 일파로서 홍원興元이 더 추가되
어 있는 데 대해, B③에서 진공眞功과 홍공興功이 반란에 참여한 사실을
보여준다는 점에서 차이가 있다.
　　A②와 B②는 김흠돌의 난에 대한 기록이다. A②에서는 '흠돌 등이 이에
모반하였다'로 표현한 데 대해, B②에서는 '백사白蛇의 변變', B③에서는
'신사辛巳(의 寃, 敗北)' 등이라 하여 표현 방식만 달리하고 있다. 그런데 A
②ⓑ는 자의황후慈儀皇后의 명을 받고 오기공이 주체가 되어 순지順知·개원
愷元·당원幢元·원사元師·용원공龍元公 등과 더불어 반란을 평정하였다는 것
인데, B②ⓑ에서는 배장공裵長公이 구구로서 자후慈后의 뜻을 받들어 중외
中外의 대진大眞의 무리와 오기吳起, 순지順知, 당원幢元 등을 불러 난을 평정
하고 구막舊瘼을 파파破한 것으로 기술되었다. 등장 인물은 A, B 모두 공통으
로 오기吳起, 순지順知, 당원幢元이 등장하고, 개원愷元·원사元師·용원공龍元

公은 A에서만, 그리고 구구舅는 B에서만 등장하고 있는 점이 차이가 있으며, 무엇보다도 A에서는 오기공吳起公이, 그리고 B에서는 구구(裵長公)가 각각 주체가 되어 흠돌의 난을 평정한다는 점에 큰 차이가 있다.

한편 화랑제도와 관련하여서는 A②ⓒ에서는 자의태후의 명에 의하여 화랑이 폐지되고 낭도의 명단을 병부에 속하게 하였으나, 지방의 낭정은 유지되었던 것이라 하였다. 그러나 B②ⓒ에서는 오히려 후后가 구구舅를 낭정대감郎政大監에 임명하여 낭도郎徒를 다스리게 함으로써 삼파三派가 모두 구구舅에게 속하였고, 삼도三徒를 어루만지며 위로하니 모두 감흡하여 중망衆望을 얻게 되었다 하여 내용상 차이가 있다. 삼도三徒와 관련하여서는 A는 삼도가 정변으로 많이 죽었던 것으로, B에서는 삼도三徒가 구구舅의 위로한 바 되었고 향도鄕徒들이 낭정郎政의 오래됨을 사모하고 있었던 것으로 나타나 있다.

또한 A②ⓓ에서는 태후가 국선國仙이 되는 것을 마침내 허락하였다고 하였는데, B②ⓓ에서는 사도四徒가 구구舅를 국선國仙으로 삼았다는 것으로 차이가 있다. 아울러 A②ⓔ에서는 화랑의 풍속이 크게 변하였다고 하는데 그것이 어떻게 변하였는지를 구체적으로 밝히지 않고 있다. 이에 대해 B②ⓔ에서는 A보다는 구체적으로 화랑의 기풍이 문文 중심으로 가게 되었음을 밝히고 있다.

이상의 사실에서 사건의 배경을 이루는 김흠돌 일파의 전횡에 대해서는 A와 B 기사간에 내용이 대체로 일치한다. 다만 그 명칭에 대하여 '흠돌 등이 모반하였다'와 '백사白蛇의 변變'으로 일컫는 차이가 있다. 또한 난을 평정한 주체에 대해서는 오기공과 배장공으로 서로 대치된다. 사건의 추이에 있어서도 화랑의 기풍이 변한다는 데에는 서로 일치하나, 그 경과에 대해서는 화랑제도의 폐지와 유지·확대라는 차이점을 드러낸다.

특히 화랑의 당파黨派와 관련하여 『화랑세기』 제1·2본에서 보이지 않던 당파唐派가 새로이 나타난 점이 주목된다. 배장공裵長公(舅)이 당골唐骨로서 화랑이 될 수 없게 되었는데, 당시에는 가야파加耶派가 가장 성성盛하고 진골眞骨과 대원大元은 모두 무력無力하였다는 것이다.(B①ⓐ) 이에 진골眞骨(大元)을 돕고자 하였는데 여의치 않자(B①ⓑ) 스스로 대진大眞이라는 일파를

만들고 당쟁에 휩쓸리지 않았다는 것이다.(B①ⓒ) 그 후 김흠돌의 난을
다스리고 나서 낭정郎政을 관장함으로써 3파를 귀속시키고(B②ⓒ), 4도徒
가 국선國仙으로 추대하였다(B②ⓓ)는 것이다.

이와 같이 잔본의 화랑花郎의 당파黨派에 대한 이해는 대진大眞을 세우기
이전의 화랑의 당파를 가야파加耶派와 진골파眞骨派·대원파大元派로 보는 제
2본의 그것과 동일하다.[26] 이는『화랑세기』잔본과『화랑세기』제2본의
내용이 동일한 관점에서 서술되었음을 보여준다.

다음으로『화랑세기』잔본과 제2본간에 서로 내용이 겹치는 부분으로
체원공體元公의 누이 보룡宝龍에 대한 이력을 들 수 있다. 보룡宝龍의 가계家
系 등에 대한 대강大綱은 일치하나, 자녀의 숫자와 이름, 그리고 통정 및
혼인관계 등에 있어서 약간의 차이점을 살필 수 있다.

C.① 늦게 한 아들과 한 딸을 낳았는데, 아들은 체원體元이고 딸은 보룡宝龍
   이니, 곧 우리 문무왕후文武王后의 어머니이다. (『화랑세기』제2본 12세
   보리공)

  ② 21세 선품공善品公은 구륜공仇輪公의 아들이다.… 체원공體元公이 누이
   보룡宝龍을 처로 삼게 하여, 풍월주風月主의 지위를 물려 주었다.… 후에
   공의 딸 자의慈義가 문무제文武帝의 후后가 되자 파진波珍으로 추증되었
   다. 공의 차녀 운명雲明은 체원공의 아들 오기吳起에게 시집갔다. 3녀
   야명夜明 또한 문무제를 섬겨 궁주宮主가 되었다. 외아들 순지順知는 높

---

26) "공은 副弟로 6년, 風月主로 6년을 있었기에, 11년간 실제로 郎政을 주관하여
   3파를 화합시키는데 힘쓰고, 서로 교혼을 시켜 마침내 同化를 이루었다. 그러
   나 郎權의 큰 것은 모두 加耶派에 돌아가고, 眞骨과 大元은 모두 그 안에서
   소멸해 버렸으니, 또한 운명이다. 어떻게 하겠는가."(『花郎世紀』제2본 17 廉
   長公) ; "서현은 만호부인의 딸 만명을 아내로 맞아 (유신)공을 낳았다. 그러므
   로 공은 실로 眞骨·大元·加耶 3파의 자손이다."(『花郎世紀』제2본 15世 庾信
   公) ; "공과 善品은 더불어 郎政을 수행하였는데, 3파를 균등하게 등용하여 衆
   望을 크게 만족시켰다. 仙道는 宝宗을 따르고 武道는 庾信을 따랐다."(『花郎
   世紀』제2본 20世 體元公) ; "염장공 이후 郎政이 가야파에게 많이 돌아갔으므
   로, 진골정통과 대원신통에는 출세하지 못한 자들이 많았다. 공이 개탄하여
   발탁하여 주었다."(『花郎世紀』제2본 24世 天光公)

은 자리에 올라 이름을 날렸다. 처음 공이 죽고 보룡宝龍이 혼자 살았
다. 그때 문명태후가 선원전군仙元殿君을 낳고, 보룡宝龍에게 젖을 먹여
줄 것을 청하였다. 문무제文武帝가 이로써 보룡의 아름다움을 보고 좋아
하였다.[追記 : 당원幢元을 낳았다.] 보룡이 제帝에게 장녀를 허락하고
스스로 여승이 되었다. 제帝가 애석하게 여겼다. 문무가 태자가 되자,
보룡의 딸 자눌慈訥을 비妃로 삼아 궁을 세워 자의慈義라 하고, 보룡에게
명하여 입궁하여 감監이 되도록 하였다. 순지順知는 이로써 궁중에서
자랐으며 선원仙元과 당원幢元 전군과 더불어 같은 예로 작爵이 올라가
니, 영화와 행운이 지극하였다. (『화랑세기』 제2본 21세 선품공)

③ 선시先時에 흠돌欽突은 자의慈儀의 아름다움을 듣고, 보룡宝龍이 홀로 됐
음을 업신여겨 (자의를) 첩으로 삼고자 하였으나 보룡이 막았다. 얼마
안있어 보룡宝龍이 당원전군幢元殿君을 낳았다.… 자의가 태자비가 되자
흠돌은 장차 화가 미칠까 두려워 하여, 사람들로 하여금 자의가 덕이
없다고 험담을 하여 궁지에 몰았다. 그때 흠돌欽突은 문명황후文明皇后의
조카였다.…(『화랑세기』 제2본 26세 진공)

④ 무열제는 자의慈儀의 현숙함을 매우 사랑하였다. 흠돌은 감히 다시는
그 계획을 말하지 못하였다. 이에 宝龍宮에 정성을 바치고, 그 딸을 順知
의 첩으로 들일 것을 청하였다. 보룡궁은 속임수를 두려워 하여 좋은
말로 거절하였다.… 무열제가 죽고 문무제가 즉위하자 자의를 황후로
삼았다. 자의는 흠돌의 악함을 알았으나, 문명태후에게 효도하였으므
로 한마디 말도 발설하지 않았다. (『화랑세기』 제2본 27세 흠돌)

D.① 보룡宝龍은 선품공善品公의 화주花主인데 35세에 과부가 되어 선품공의
유복자 순지順知를 낳았다. 자후慈后, 운명雲明과 더불어 야명夜明에 서
악西岳에서 한가히 노닐다가 장명리藏皿里에 거한 바, 많은 꽃과 대나무
로 운취韻趣하였다. 문제文帝가 잠룡시潛龍時에 서악西岳에서 활쏘기 연
습을 하였는데 매번 이 지역을 지나가다가 우연히 비를 피하여 보룡宝
龍의 집에서 거처하였다. 염정染情한 지 3년 당원태자幢元太子를 낳았다.

② 혹은 이르기를 보룡宝龍은 선원仙元태자의 유모이다. 문제文帝에게 총寵
을 얻어 다과록茶果錄을 안按하였는데, 보룡宝龍이 문제文帝에게 행幸함

을 얻어 선원仙元에게 젖을 먹이게 되었다. 보룡宝龍이 이미 만삭이 되니 자후慈后로써 자신을 대신케 하고자 하여, 욕향미장浴香美粧으로 술을 먹으며 모란곶母卵串을 올렸다. 이에 후后와 더불어 정을 통하니 후后가 점점 총룡이 높아졌다. 보룡宝龍이 광롱하므로, 제帝가 폐신嬖臣 원선元宣과 정을 통하게 하였다.

③ 보룡宝龍은 어머니가 만룡萬龍인데 만명萬明과 더불어 만호萬呼에게서 동출同出이므로, 선품宣品, 원선元宣과 문제文帝에게는 실로 당고堂姑가 된다. 선품宣品이 (보룡을) 처로 삼아 자후慈后, 운명雲明, 순지順知를 낳았는데, 문제文帝가 정을 통하여 당원幢元을 낳았다. 원선元宣과 정을 통하여 선명宣明, 원명元明, 선명善明을 낳았으니, 보룡宝龍은 보리菩利의 딸로 위화魏花의 진기眞氣를 받음이라.… 늙도록 원선元宣을 섬기기를 선품宣品을 섬기듯이 하였는데 일찍이 나태함이 없었다. 진덕제眞德帝가 웃으며 가로되 "자모子母는 우牛라"고 하였다. 그러나 마침내 길례吉禮를 행하여 분골分骨하지 아니하였다. 위궁魏宮에 간 지 백 일, 화조花祖의 탄신일에 연회를 열었다. 그 때 보룡宝龍의 나이 50여 세였으나 살결은 모압母鴨같고 깨끗하기가 자구雌鳩같았다. 구舅를 사랑하기를 아들과 같이 하여 위화진언魏花眞言을 전수하였다. 마침내는 서로 증보烝報하였으나, 원선元宣이 능히 금하지 못하였다. 보룡宝龍의 나이 78세에 장명화암藏皿花岩의 궁宮에서 돌아갔다.(『화랑세기』 잔본, 배장공)

『화랑세기』제2본에 따라 보룡宝龍의 이력을 시간순으로 정리하면, '보룡宝龍은 12세 화랑 보리공菩利公의 딸로서(C①), 처음 21세 화랑 선품공善品公에게 시집을 가 자의慈義·운명雲明·야명夜明과 아들 순지順知를 낳았다.(C②) 선품공이 죽고나서, 선원전군의 유모가 되었는데 문무제文武帝가 좋아하였다. 자의慈儀를 들이고 자신은 여승이 되었다. 당원전군 幢元殿君을 낳았다.(C②③) 무열제武列帝가 자의를 좋아하였다. 자의는 문무가 태자가 되자 태자비가 되었다. 문무왕文武王의 후后가 되자 보룡도 궁에 들어가 감監이 되었다. 차녀 운명雲明은 채원공의 아들 오기吳起에게 시집가고, 야명夜明 또한 문무제를 섬겨 궁주宮主가 되었으며, 외아들 순지順知는 높은 자리에 올라 이름을 날렸다.(C②④)'가 된다. 여기에서는 보룡宝龍이 낳았다는 당원전군幢元殿君의 아버지에 관한 이야기나 무열왕과 자의의 관계가 모호하게 나타난다.

그런데 『화랑세기』 잔본에는 '보룡宝龍은 보리菩利와 만룡萬龍의 사이에 태어나, 선품宣品·원선元宣과 문제文帝(문무왕)에게는 당고堂姑이다. 선품宣品에게 시집을 가 자후慈后(자의태후)·운명雲明·순지順知를 낳았다.(D③) 순지順知는 선품의 유복자이다. 보룡宝龍은 문제文帝와 정을 통하여 당원태자幢元太子를 낳았다.(D①) 다른 설에 따르면 보룡宝龍은 선원仙元태자의 유모가 되어 문제文帝와 정을 통하였는데, 만삭이 되자 딸 자의慈義를 들이게 하고, 이로써 문제文帝가 (보룡으로 하여금) 원선元宣과 정을 통하게 하였다.(D②) 보룡이 나이 50이 되자 구구를 사랑하기를 아들과 같이 하여 위화진언魏花眞言을 전수하였다. 마침내는 서로 증보烝報하였다.(D③)'라고 하였다.

보룡宝龍의 이력에 있어서는 『화랑세기』 잔본과 제2본 두 본의 내용이 거의 일치한다. 그러나 제2본에서는 보룡의 소생으로서 선품공과의 사이에 자의·운명·야명·순지를 둔 데 대해, 잔본에서는 자후·운명·순지로 나타나고 있다. 그런데 제2본의 '순지順知'는 본래 '순원順元'이라 하였던 것을 고친 것이다. 또한 당원전군幢元殿君의 출자에 대해서도 잔본에서는 문무제文武帝와의 사이에서 난 소생이라고 밝히고 있는데, 제2본에서는 본래 C③에서 당원幢元이 누구의 소출인지 분명하지 않았던 것을 C②에서 "문무제文武帝가 이로써 보룡의 아름다움을 보고 좋아하였다.[追記 : 당원幢元을 낳았다.]"라고 하여, '당원幢元을 낳았다'는 내용을 후일에 추기하였음을 살필 수 있다. 그리고 제2본에서 보룡宝龍이 선원전군仙元殿君의 유모로 들어갔다고 한 사실을 잔본에서는 '혹운或云'으로 처리하고, 보룡宝龍과 원선元宣의 관계에 대해서는 제2본에는 전혀 보이지 않는 데 대해, 잔본에는 보룡이 원선元宣과 혼인한 사실과 함께 구구와 관련된 구체적인 이야기를 보여준다. 이상에서 살폈듯이 보룡과 관련된 내용은 잔본이 제2본보다 훨씬 구체적이며, 제2본은 잔본의 내용에 맞추어 추기追記 또는 교정校正하였던 사실을 알 수 있다.

다음으로 주목되는 것은 화랑의 원류인 선도仙徒가 연燕나라로부터 유전하였다는 내용이다. 이에 대해서는 『화랑세기』 제1본의 서문과 제2본의 천광공天光公조에 보이는 단편적인 내용이 전부인데, 특히 연부인燕夫人에 관한 내용은 어느 사서에서도 보이지 않아 의문으로 여겨왔다.[27] 그런데 잔본殘本에는 신라에 일종 제사를 지내는 집단으로서 별도의 연문燕門이 있고, 『화랑세기』 제2본에 보이는 옥두리玉斗里와 관련된 것으로 기술하고 있다.

> E.① 화랑花郎은 선도仙徒이다. 우리나라에서 신궁神宮을 받들고 하늘에 대제 大祭를 행하는 것이 마치 연燕의 동산桐山, 노魯의 태산泰山과 같다. 옛날 연부인燕夫人이 선도仙徒를 좋아하여 미인을 많이 모아 이름하기를 국화 國花라 하였다. 풍속이 동쪽으로 흘러들어 우리나라에서도 원화源花를 삼게 되었는데…(『화랑세기』 제1본 서문)
> ② 그때 가야파의 우두머리 찰인察忍은 나이가 60이 넘었는데,… 그 권세를 당할 자가 아무도 없었다. 찰인察忍의 처 옥두리玉斗里는 절색으로, 역대 의 상선上仙을 섬긴 까닭에 높은 지위에 올랐던 것이다. (『화랑세기』 제2본 24세 천광공)
> F. 구구舅… 일행이 옥산촌玉山村에 이르니… 왕래하는 남녀 모두 신선동神仙洞 의 사람이었다. 동중洞中에 옥문굴玉門窟이 있었다. 하늘이 만든 옥굴玉窟 이니, 백의단상白衣檀象을 안치하였다. 사시제주四時祭主로는 옥두리玉斗里 의 형으로 연문燕門의 계승자이다. 연문燕門의 여덟 딸이 모두 진골眞骨의 첩이다. 옥두리의 후예는 모두 낭두郞頭의 족族이므로, 이 굴의 많은 진보 珍寶와 기완奇玩은 공경가문公卿家門에 없는 물건이다. 구舅와 부鍋가 백금 百金으로써 아들을 구하니, 제주祭主 옥황문玉媓門이 특별히 위하여 기도하 였는데, 그 때 나이 88세로 연문燕門의 원모元母였다. 처음 염장공廉長公에 게 시집을 가 7자子를 낳고, 진공眞功에게 개가改嫁하여 3자子를 낳았는데, 색色이 쇠하자 양모養母로 돌아가기를 구하였으나 진공이 허락하지 아니 하여, 연문燕門이 크게 번창하였다.(『화랑세기』 잔본, 배장공)

---

27) 정운룡, 2003, 「필사본 『화랑세기』를 통해 본 신라화랑제의 성립」, 『花郎世紀 를 다시 본다』, 주류성, 152~153쪽.

위의 인용문 E와 F에서『화랑세기』제1본과 2본에 보이는 연부인燕夫人
과 옥두리玉斗里의 정체에 대하여 전혀 이해하기 힘들었던 내용을, 잔본을
통하여 신선동神仙洞의 옥굴玉窟에 백의白衣의 단군상을 안치하여 연문의
계승자이자 옥두리의 형이 사시四時로 제사를 지낸다는 내용을 보여준다.
여기에서 제1본의 서문에 보이는 '옛날 연부인燕夫人이 선도仙徒를 좋아하
여 미인을 많이 모아'는 분명히 잔본의 '신선동神仙洞 연문燕門의 여자들'과
관련될 것이며, 2본에서 옥두리玉斗里가 섬겼다는 '상선上仙'은 잔본에서는
'백의단상白衣檀象'으로 나타난다. 그 표현의 차이가 인정되지만, 상호간에
는 거의 동일 관념하에 내용들이 서술되었음을 볼 수 있다.

한편 잔편에 보이는 통정관계와 그 주된 요지는『화랑세기』제2본뿐만
아니라 남당南堂의 다른 저작물에서도 동일하게 확인된다는 점이다.28) 곧
통정관계를 인간의 본능으로 묘사하고,29) 색공色供을 통하여 신분이나 지
위를 상승한다든가 재부를 축적하는 수단으로 이용한 반면에 귀척자들은
많은 처첩을 거느리고 색탐色貪하는 것이 다반사였으며,30) 근친간의 통

---

28) '통정관계'는 지금까지의『花郞世紀』진위논쟁에 있어서 주요한 논점 가운데
하나였다. 이기백선생이 '김대문을 설총전에 부전한 것은 그가 유학자로 지칭
할 수 없었기 때문'라고 주장한 데 대해(이기백,「김대문과 그의 사학」,『한국
사학의 방향』, p.15), 이종욱교수는 이기백선생의 주장을 또 하나의 근거로
활용하여 '필사본『화랑세기』와 같은 혼인과 통정관계가 나오는 것은 당연한
일'로 풀이한 바 있다.(이종욱,「화랑세기 연구 서설」,『화랑세기』, p.366) 이
에 대해 조인성은 '김대문의 전기를 열전 6에 실은 것은 그를 유학자라 판단했
기 때문이며, 그를 설총전에 부전한 것은 유학자로서 그의 의의를 최치원이나
설총보다도 낮추어 판단한 때문'이라고 파악하였다.(조인성, 1978,「三國 및
統一新羅時代의 歷史敍述」,『韓國史學史의 硏究』, 한국사연구회, 24~27
쪽 ;「김대문의 역사서술」참조)

29) "금진은 이에 설성 등 다섯 사람을 몰래 거느렸다. … 사다함은 '오히려… 色은
바로 본능입니다. 어머니는 홀로 정해진 짝이 없어야 되겠습니까?' 하였다."(『花
郞世紀』제2본 5世 斯多含) ; "皇后于氏高氏가 亦皆驚來하야 扶上挽止日 皇子之
姦通茶妃는 宮中之常事也라 陛下ㅣ 亦曾有此事하시니 何不思之오. 上이 方才
息怒하시고 投劍하地日 好色은 人之常情이라 渠已至此어날 不爲之室하니 朕
之過也라 하시고…"(「乙弗大王傳」, 소장자 고문서 번호 01-김-129, 국사편찬
위원회『南堂朴昌和先生遺稿』CD 129번 폴더, p.7)

30) "미실이 크게 기뻐하고 태자와 상통하여 임신을 하였다. 대왕이 이를 알지
못하고 미실을 들어오게 하여 色供으로 모시게 하였다. 미실은 陰事를 잘했기
때문에 총애가 날로 중해져서 황후궁 殿主에 발탁되었는데, 그 지위가 황후와
같았다"(『花郎世紀』 제2본 6世 世宗) ; "公(美生郎)은 처첩이 많았고 아들이
100명이나 되었기 때문에 모두 기억할 수 없었다.… 공의 어머니가 보고 공을
꾸짖으며 '… 외척은 본래 사람들이 꺼리는 바인데, 너는 어미와 손위 누이가
왕의 총애를 받은 덕분에 천하의 재물을 가졌으면서도 너는 士에게 겸손하지
않고 무리를 사랑하지 않으니…' 하였다. … 공은 일찍이 銅太子와 더불어 色
을 탐하러(漁色) 다녔다. 그때 奈麻 唐斗의 처가 아름다움이 있다고 공에게
알려주는 사람이 있었다. 공은 태자와 함께 그 집을 찾아가 불러서 幸하였
다.… (공은 당두에게) '… 내가 너의 처로 더불어 천하와 국가를 위하여 인물
을 번성케 하겠다.' 하였다. 대개 당두의 처가 아들을 잘 낳는 것을 말한 것이
다. 당두는 이내 틈을 타서 물러나 그 처로 하여금 공에게 사랑을 받고 아양을
떨게 하였다. 그의 처남 萬世 또한 공으로 인하여 발탁되었다.… 묘도는…
공에게 일러 '우리 집은 대대로 색을 바치는 신하로 총애와 사랑이 지극하였
다.…' 하였다."(『花郎世紀』 제2본 10世 美生郎) ; "그때 大男甫라는 사람이 있
었는데… 어떤 이가 대남보에게 권하여 '그대의 딸이 아름다운데 어찌 新主에
게 바치고 骨品을 얻지 않는가' 하였다. (『花郎世紀』 제2본 13世 龍春公) ; "舅
가 가로되, '너희 3인 중 아이를 낳는 자는 爵을 내리겠다' 하니, 金이 자기에게
징조가 있다 하고, 簪은 자기에게 징조가 있다고 다투었다. 金의 아들 俊功이
舅에게 일러 가로되, '아버지는 어찌 나의 아버지가 될 뿐만 아니라 여러 곳에
자식을 뿌리려 합니까' 하니, 舅가 가로되, '萬民을 子妾으로 삼는 게 나의 일이
다. 어찌 가히 치우치겠느냐? 너는 庶人의 예로써 너의 아버지를 섬기지 말라'
고 하였다. 만복이 舅가 피로할까 두려워, 그 처를 받아 업고 갔다. 이날 밤
金과 簪이 舅를 모시니, 만복의 次子 勝의 처 均, 3子 宝의 처 芳 또한 奉露토
록 하였다.… 象이 가로되 "內主는 色供으로서 忠을 삼고, 臣은 죽음으로 섬김
으로써 忠을 삼으니 각각 그 忠을 다할 뿐입니다.… 舅가 黑媓生으로서, 元宣
의 딸 宣明을 娶하여 左夫人을 삼고, 春長의 딸 春風으로 中夫人을 삼았으며,
眞福의 딸 花福으로 右夫人을 삼아, 아들 宣宗, 春宗, 襄賦 등을 낳았는데,
첩이 52인으로 그 가운데 오직 茜根妃를 가장 총애하였다. 聖皇 靑盧 10월
15일 中夫人과 단아하게 앉아 세상을 떠났는데,… 아들 207인을 두었고, 손자
와 증손자는 가히 셀 수 없을 정도였다."(『花郎世紀』 殘本, 襄長公) ; "원래 이
나라 習慣으로 보면 종실이 代遠下降함을 阻止키 爲 하야 夫人이 萬若 被幸하
야 王子를 生하면 下降을 免하고 其家를 重建하게 되어잇다. 假令 六寸의 子는
七寸으로 宜例 下降하야 臣民이 되는 것이나 萬若 六寸의 妻 가 王子를 誕生하
면 同腹所生의 六寸의 子가 모다 王子로 되는 법이였다. 被幸生子 六寸의 妻는

정31) 또한 일반화되었다는 점 등은, 『화랑세기』 제2본과 잔본, 그리고 남당이 창작한 소설 「을불대왕전乙弗大王傳」,32) 「국보신행기鞠步信行記」33) 등의 주된 소재였다.

그 밖에 양자간에 사용하는 용어의 용례는 대부분 일치한다. 곧 선도仙徒, 가야파加耶派, 진골파眞骨派, 대원파大元派, 삼파三派, 삼도三徒, 국선國仙, 낭정郎政, 낭주娘主, 낭도郎徒, 궁주宮主, 전주殿主, 시위삼도侍衛三徒, 야인野人, 포사鮑祠, 길례吉禮, 화주花主, 봉로奉露, 사절四節, 색공色供, 청담淸談, 보양補陽 등의 용어는 모두 동일한 의미로 사용되고 있다. 또한 신라의 국왕을 '제帝'로 표기하는 것도 동일하다. 야인野人 또한 동일하게 나오는 용어인데, 남당은 야인野人을 '왜倭와 화친하여 서로 시장을 열고 혼인하기로 하며 그 나라를 야野라고 칭'하거나34) '오랑캐 또는 되놈(黑龍江 畔에

王妃로 進奉되야 宮을 賜함으로 下降케 되인 舊宮은 廢棄하고 新宮으로, 다시 三世를 維持하자는 意味이라. 宗室된 者는 이 習慣을 唯一한 方策으로 認定하고 自己夫人의 美貌를 利用하야 聖上을 籠絡코저 하는 者 1 不少하더라.…"(「乙弗大王傳」, pp.2~3)" ; "事二之道 雖非禮 經衣冠家 亦多有之"(「信敬堂小錄」, 200자 원고 종서 모필. 소장자 고문서 번호 01-김-132, 국사편찬위원회 『南堂朴昌和先生遺稿』 CD 132번 폴더)

31) "보량은 평소에 공을 사랑하여 다른 곳으로 시집가기를 원치 않았다.… 공은 본디 동기간에 相合하는 풍습을 싫어하여 따르지 않았다. 보량이 그 때문에 병이 생겼다. 공주가 성을 내어 책망을 하니, 공이 부득이… (누나) 보량을 처로 삼아 良孝를 낳았다.… (『花郎世紀』 제2본 22世 良圖公) ; "이날 밤에 聖上을 뫼시고 同寢하실 夫人은 聖上陛下의 庶弟 達賀大王의 夫人이라 方年 二十三歲의 絕世佳人으로…"(「乙弗大王傳」, p.5) ; "筌 美服濃粧 下堂納拜 抱要奉吻… 曰 昨日伯母 今日吾妻 生我子女 獻于伯父"(「鞠步信行記」, 1책(8장), 200자 원고 종서 펜글씨, 소장자 고문서번호 01-김-131 ; 국사편찬위원회 『南堂朴昌和先生遺稿』 CD 131번 폴더) ; "친족간 혼인으로 인하야 동족이 타족되는 일도 잇고 형제간에도 이모형제는 전연히 타인시한 예가 있다"(「일명의 려말선초를 배경으로 한 국한문 소설」, 소장자 고문서 번호 01-김-172, 국사편찬위원회 『南堂朴昌和先生遺稿』 CD 172번 폴더)

32) 박창화, 『乙弗大王傳』(1책 18장, 21×16.5, 200자 원고 등, 소장자 고문서 번호 01-김-129 ; 국사편찬위원회 『南堂朴昌和先生遺稿』 CD 129번 폴더)

33) 박창화, 『鞠步信行記』(1책 8장, 200자 원고 종서 펜글씨, 소장자 고문서 번호 01-김-131 ; 국사편찬위원회 『南堂朴昌和先生遺稿』 CD 131번 폴더)

居하는 通古斯族)' 등으로 사용하였다.[35]

이처럼 『화랑세기』 잔본과 기존 1·2본간에는 그 대상 시기가 다름에도 불구하고 내용상 서로 통하는 부분이 많다. 또한 그 용어의 사용례 등에 있어서 매우 흡사하므로 이들 자료의 계통은 거의 동일한 것으로 보아 무방할 것이다. 더욱이 이들 자료는 모두 남당 박창화가 모필한 자료이고, 동일한 장소에서 발견되었다는 점에서 그러한 가능성을 더욱 높여준다.

한편 잔본에는 제1·2본에 보이지 않은 새로운 용어들도 보인다. 곧 오방제五房制, 방정房政, 안절按節, 북이北夷, 북골北骨, 당파唐派, 당골唐骨, 연문燕門, 향가신鄕歌臣, 영문칠자永門七子, 오문삼신鰲門三神, 배체裵體, 위화진언魏花眞言, 나정원주蘿井院主, 용화향도龍華香徒, 이령원주梨嶺院主 등이 그것이다. 이는 『화랑세기』 잔본과 제1·2본간의 특성을 드러내는 것이지만, 대상 시기의 차이로 인하여 비롯한 것이라 할 수 있다.

그런데 앞서 살폈듯이 잔본과 제1·2본은 그 내용상 서로 밀접한 관련을 맺고 또한 용어에 있어서도 동일한 사용례를 보이고 있다. 그럼에도 불구하고 앞서 살핀 흠돌의 난 관련 기사와 보룡宝龍 관련 기사에서 잔본과 제1·2본간의 차이가 드러나고 있다. 이는 오기공吳起公과 관련된 부분에서 비롯한다. 곧 흠돌의 난을 평정한 주체를 잔본에서는 배장공裵長公으로, 제2본에서는 오기공吳起公으로 각각 서술함으로써, 화랑의 당파 또한 4파와 3파로 각각 기술되었고, 난을 평정한 뒤의 처리에 있어서도

---

34) 『奈勿大聖神帝紀』 6년 2월. 김기흥, 「필사본 『花郎世紀』와 관련된 기초적 문제들」, 272~273쪽.

35) "명은 고려와 북원의 교통을 차단할 목적으로 고려의 北界를 강탈하였다. 강탈한 地에 鐵嶺衛를 두고 高麗와 北元을 監視할새 明의 耳目을 소기고 暗中活躍하는 北僧(北界에 居하는 高麗僧)과 有志士(北界居民으로 元을 爲하고 明을 抗하는 志士) 等을 捕하여 或殺或竄하다가 居民까지 대부분을 하남에 移送하고 河南民을 북계에 이식하였으나 용이하지 안함으로써 북계의 西部만 漢人의 이식을 試하고 북계의 동부에는 女眞(黑龍江 畔의 거하는 通古斯族)을 招來하여 高麗人을 제압하였다. 이것이 所謂 野人(오랑캐 又는 되놈)이라 하는 것이다."(朴昌和, 『遼東論』, 소장자 고문서번호 01-김-171, 국사편찬위원회 『南堂朴昌和先生遺稿』 CD 171번폴더)

배장공에게 낭정을 맡긴 것과 화랑제도의 폐지로 각각 달리 쓰였던 것이라 하겠다.

오기공吳起公은 잔본과 제1·2본에서 모두 등장하는 인물이다. 다만 잔본에서는 오기공吳起公이 김대문의 아버지임을 밝히는 어떠한 구절도 나타나지 않는데 대해, 제1·2본에서는 오기공이 김대문의 아버지로 분명하게 나오고 있다. 만일 잔본이 제1·2본을 보고 서술된 것이라면, 오기공을 중심으로 한 이야기가 전개되어야 한다. 그러나 어느 사서에도 보이지 않는 새로운 인물 배장裵長이 자의태후慈義太后의 구구舅로서 등장하여, 김흠돌의 난을 평정하고 있다.

또한 잔본을 보고 제1·2본이 만들어졌다면 오기공 대신 배장공裵長公이 화랑(풍월주)으로 등장했어야 한다. 그러나 잔본에서 배장裵長은 김인문金仁間과 배진공裵晉公의 딸 금궁錦宮과의 사이에서 태어난 당골唐骨로서 등장한다. 이는 『화랑세기』 제1·2본에 등장하는 화랑으로서는 부적합하다고 할 수 있다. 오기공이 김흠돌의 난을 평정한 주체로 등장하는 순간 배장裵長은 퇴장해야 할 인물이었다. 사실 잔본에서 기술하였듯이 배장공은 '당골무화지론唐骨無花之論'에 의해 화랑이 될 수 없는 인물이었다. 따라서 잔본에서 배장공裵長公이 김흠돌의 난을 평정하였던 내용을 『화랑세기』 제2본에서는 오기공의 행적으로 서술되었던 것이라 상정할 수 있다. 이는 잔본이 『화랑세기』 제2본의 저본이 되면서 그 내용의 일부가 수정되었음을 보여준다.

잔본이 제2본의 저본이 되었던 것은 보룡宝龍의 이력에서 확인된다. 지적하였듯이 『화랑세기』 제2본에는 보룡宝龍과 원선元宣의 관계에 대해서는 어떠한 언급도 없었지만, 「상장돈장년기자료上章敦牂年紀資料」 안의 '화랑의 세계도'에는, 다음 보룡宝龍의 가계도家系圖에서 보듯이 보룡宝龍이 원선元宣과의 사이에서 딸 선명宣明을 낳고, 선명宣明은 배장공裵長公과 혼인하였다고 기록하고 있다.

[도표 1] 宝龍의 家系圖

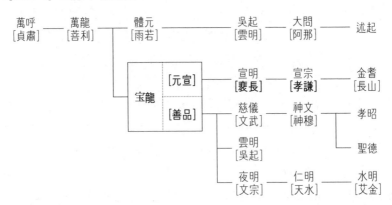

위의 세계도世系圖에서 오기공吳起公은 보룡宝龍과 선품善品 사이에서 태어난 둘째 딸 운명雲明과 혼인한 것으로 나타난다. 이에 대해 배장裵長은 보룡宝龍과 원선元宣 사이에서 태어난 선명宣明과 혼인한 것으로 되어 있다. 이는 『화랑세기』 잔본과 제1·2본이 서로 밀접한 관계에서 태어난 쌍생아와 같은 것임을 보여주는 것이지만, 그 내용에 있어서는 오히려 잔본의 내용이 보다 더 분명하게 서술되었음을 앞서 살핀 바 있다.

곧 잔본에서는 보룡宝龍의 소생 당원전군幢元殿君이 문무제文武帝와의 사이에서 난 아들이며, 보룡宝龍과 원선元宣 사이에서 선품善品을 낳았던 사실을 분명히 하고 있다. 이에 대해 제2본에서는 보룡宝龍과 문무제文武帝의 관계를 본래 보룡이 당원전군幢元殿君을 낳았다는 사실을 기술하면서도 모호하게 처리하였던 것을, 문무제가 보룡을 좋아하여 '당원幢元을 낳았다'는 내용을 추기함으로써 잔본의 내용과 일치시켰음을 볼 수 있다. 그럼에도 불구하고 원선元宣과 보룡宝龍의 관계에 대해서는 제2본이 일관되고 지켜왔던 '화랑의 부계와 모계, 그리고 혼인관계'를 서술하는 일반적인 서술방식과 달리 원선元宣의 혼인관계를 생략하고 있다.

이러한 사례들은 잔본이 제1·2본에 선행하여 작성되었음을 보여주며, '화랑의 세계도'와 잔본의 밀접한 관계를 보여준다. 특히 '화랑의 세계도'가 『화랑세기』 제1·2본과 서로 관련이 깊음은 이미 지적된 바이지만,36)

양자간에 상이한 점이 나타나는 것은 잔본을 쓴 이후, 『화랑세기』 제2본을 정리하면서 계보와 혼인관계 등을 수정·보완하는 과정에서 나타난 것으로 생각된다. 이는 박창화가 잔본의 내용에 따라 『화랑세기』 제1·2본의 내용을 수정한 사실에서도 살필 수 있었던 바, 잔본의 성격이 곧 『화랑세기』의 성격을 규정한다고 할 것이다. 따라서 박창화는 『상장돈장년기자료上狀敦牂年紀資料』에서 볼 수 있듯이, '화랑의 세계도'를 그리고 나서 일종의 역사소설로서 잔본을 만들었고, 그 후 언제인가 『삼국사기』·『삼국유사』의 기사와 인물들의 상관관계를 설정하여 편년 형식으로 배열한 뒤에, '화랑의 세계도'에 보이는 가공인물들과 이야기를 일관된 체계하에 구성함으로써 『화랑세기』 제2본을 만들었던 것으로 판단된다.

5. 박창화의 벽해상백파가碧海上白波歌와 파랑가波浪歌

『화랑세기』 제2본에 보이는 '향가' '파랑가波浪歌'는 그 동안 『화랑세기』 진위논쟁의 가장 큰 이슈 가운데 하나였다. '파랑가波浪歌'가 신라시대의 향가라면 『화랑세기花郞世紀』는 김대문金大問의 『화랑세기花郞世記』를 필사한 것이 되고, 후대에 만들어진 것이라면 『화랑세기花郞世紀』 또한 위작이 되기 때문이었다.

이종욱은 국문학자 정연찬의 해독과 견해에 따라 제2본에 보이는 '향가' '파랑가波浪歌'는 위작일 수 없으며, 향가만큼 확실하게 『화랑세기花郞世紀』가 위작이 아니라는 증거는 없다고 하였다.[37] 노태돈은 가장 늦은 시기의 향가는 고려 예종 때의 도이장가悼二將歌이고, 근대에 들어 향가가 처음 해독된 것은 1929년 소창진평小倉進平에 의해서인데, 설원랑薛原郞과 세종世宗조, 그리고 김유신金庾信의 세계世系를 볼 때 『삼국유사』를 참조한 것이 확실하므로, 미실美室이 지어 불렀다는 향가는 1930년대 이후에 지어진

---

36) 김태식, 2003, 『박창화와 화랑세기』, 『역사비평』 62, 412~414쪽.
37) 이종욱, 1997, 「화랑세기의 신빙성과 그 저술에 대한 고찰」, 26~27쪽.

것이라고 주장하였다.[38] 또한 '박창화는 한성사범 출신으로서, 국어학자 권덕규權惠奎와 일찍부터 교분이 있었고, 소설가 김팔봉金八峯에 따르면 그는 1910년대에 이미 국문 장편소설과 시를 쓰는 등 뛰어난 문학적 자질을 갖고 있었으므로 향가를 창작할 능력이 인정되는 바, 1930년대 이후 어느 시기엔가 이를 창작하였을 것'으로 보았다.[39]

이러한 상반된 관점은 국문학자간에도 동일한 상황이다. 김학성은 '향가 연구의 초창기에 그 해독조차 한번도 해본 적이 없는 아마추어 역사가 혹은 유가적 한학자에 불과한 박창화가 향찰로 향가를 창작하는 것은 도저히 상상할 수 없는 노릇'이라 하면서, 이는 '현존 최고의 향가이고 최초의 사뇌가詞腦歌 형식의 작품'이라 보았다.[40] 이에 대해 김완진은 처음 노태돈이 '파랑가波浪歌'를 보였을 때의 정황을 술회하며, '집음호수執音乎手'은 헌화가의 표현 그대로이며, 나머지 부분들은 향찰의 허울을 쓰고 있으나 향찰의 격조에 맞지 않는다고 하였다.[41]

이와 같이 『화랑세기』제2본에 실린 향가는 그 진위를 판별하는 절대적인 기준 역할을 할 수 있는 부분이다. 그런데 이번에 발견된 『화랑세기』 잔본 영랑공조에는 또 다른 '향가'를 싣고 있어 잔본의 성격뿐만 아니라 그동안 논란이 되어 왔던 향가의 진위문제의 단서를 제공한다.

· 처음 영랑永郎이 입당사로 파견될 때, 그는 천승天承의 딸 포정랑抱貞娘과 연인 사이였다. 이에 영랑이 포정랑의 화상을 그려 당나라에 가지고 갔는데, 중국 황제가 그 화상을 보고 찬탄해 마지 않자, 신라왕이 포정을 공주로 삼아 영랑공에게 호송토록 하여 당나라에 보냈다. 이 때 포정이 푸른 바다 위의 흰 파도를 보고 마음이 아파 노래하여 "백파견아요수초白波見我搖手招"라고 하니 영랑이 "심해유한목유초深海有限木有梢"라고 답하였

---

38) 노태돈, 「필사본 『화랑세기』의 사료적 가치」, 350~351쪽.
39) 노태돈, 「筆寫本 花郎世紀는 眞本인가」, 355쪽.
40) 김학성, 1996, 「필사본 화랑세기와 향가의 새로운 이해」, 『성곡논총』27-1, 78·96쪽.
41) 김완진, 2000, 「향가에 대한 두어 가지 생각」, 『향가와 고려가요』, 서울대출판부, 175~176쪽.

다 하는데, 이 한시에 세주로 향가 형식의 글을 실어 놓았다.[42] 이 노래
는 한시와 함께 소개하고 있어 쉽게 이해되는데, 이를 풀이하면 다음과
같다.

碧海上]白波見我搖手招
[草隱海多肹 白羊水波支 我乙見古沙 手羽乙 爲乃.
푸른바다에 하양물결ㅣ 나를보고사 손짓을 하내

深海有限木有梢
深隱海多刀 限兮 有居等 端無隱 木支   何處   有沙里]
깊은바다도 끝에 있거든 끝없은 나무ㅣ 어느곳 있사리

碧海 → 푸른바다 : 草(풀 : 訓)隱(은 : 音)海(바다의 '바'만 채용)多(다 : 음)
[義字末音添記法]
肹 → 혜(처소격 조사 '에')
白羊水波 → 하양물결 : 白(흰, 하얄의 '하')羊(양 : 음)水波(물결 : 訓)[義字
末音添記法]
支 : '風浪歌'의 주격조사 '只'와 서로 통하는 것으로서 주격 조사 'ㅣ'로 추
정됨
我 → 나 : 我(나 : 訓)
乙 : 이두에 흔히 쓰이는 목적격 조사 '을(音)'
見古沙 → 보고사 : 見(볼 : 訓), 古沙(음)
手羽 → 손짓 : 手(손 : 訓)羽(깃 : 訓, 깃의 옛음 '짓')
爲乃(하내) ← 爲去內(하거나), 爲去等(하거든), 爲遣(하고), 爲良(하여, 하
라), 爲都(하되), 爲等(한들, 하든), 爲尼(하니), 爲乃(하나) 등의 용례에서 '하

---

42) "…初天承女抱貞娘與公懷春 公畫其像於入唐路中 帝見之歎曰 不意東方有此美
女 上乃封抱貞爲公主 命公護送 貞見碧海上白波而 上之歌 曰 白波見我搖手招
公答以深海有限木有梢[草隱海多肹白羊水波支我乙見古沙手羽乙爲乃. 深隱海
多刀限兮省居等端無豈隱木支何處有沙里]"(「上章敦牂 年紀 資料」, 『남당박창
화유고』 고문서 01-김-134-2)

'와 '乃'의 음을 조합

深海 → 깊은바다 : 深(깊을의 '깊')隱(은 : 音)海多(바다)[義字末音添記法]

刀 : 일반으로 이두에서는 동격조사로서 '都'를 사용하나 音을 채용함.

限 : 끝(訓)

兮 : 주격 조사로 사용

有居等 : 이두에서 흔히 사용하는 있거든, 있는데

端 : 끝(訓)

無隱 → 없은 : '없을 無'의 訓에서 '없'만 채용하고 隱은 音을 채용.

木支 → 나무ㅣ : 木 (나무 : 訓), 支는 주격 조사 'ㅣ'

何處 → 何處의 한문 투식을 그대로 사용한 듯하나, 굳이 우리말로 풀이하자
면 '어느 곳'이란 訓을 채용

有沙里 → 있사리 : 有居等 등의 이두식 표현에서 '잇' 또는 '있'을 채용하고
'沙里'의 음을 조합하여 사용

이와 같이『화랑세기』잔본에 소개되어 있는 '벽해상백파가碧海上白波歌'
는 향가 표현의 특징으로 꼽히는 의자말음첨기법義字末音添記法이 일부 채
용되었다고 하지만, 한자의 음音과 훈訓, 이두의 구결口訣 정도만 이해하면
쉽게 해석될 수 있는 것이다. 사실 '바다'의 고훈古訓은 '바들' '바돌' '바를'
'바리' 등으로서43) '바다海多'와는 차이가 있으며, '심深'은『계림유사鷄林類
事』에서 '급흔及欣'으로 새기고 있어44) '깊은深隱'과는 차이가 있다. 또한 '파
波'를 '수파水波'로 표현하고 있으나, '수水'의 고훈은 '미' '믈' '몰' 등이며,45)
'파波' 그 자체가 '믓결' ' 결'로서46) 굳이 '수파水波'로 표기할 필요가 없다.
또한 '푸르다'의 고훈은 '퍼러다' '프르다' 등으로서47) '풀은, 푸른草隱'으로
표현하는 것과 차이가 있으며, '백白'의 고훈古訓은 '힌'으로서48) '하양白羊'

---

43) 양주동, 1965,『增訂 古歌硏究』, 一潮閣, 407·591·707·709쪽.
44) 양주동, 위의 책, 513쪽.
45) 양주동, 위의 책, 197·814·836쪽.
46) 양주동, 위의 책, 629·723쪽.
47) 양주동, 위의 책, 338쪽.
48) 양주동, 위의 책, 327쪽.

과는 다르다. '草隱海多盼'에서 '혜盼'는 '벽해상碧海上'으로 보아 처소격이 분명한데, 헌화가獻花歌에서 보듯이 향가 일반으로 '혜盼'를 처소격으로 사용한 예가 없고 오히려 목적격 '을' '를'로 사용하고 있는 것이다.[49] 따라서 '벽해상백파가碧海上白波歌'가 의자말음첨기법이나 한자의 음과 훈을 사용하여 향가를 흉내냈다고 하지만, 오히려 한시를 바탕으로 하여 근대 조선어의 음과 훈을 차용하여 만들어진 것이라 하겠다.

그러면 '벽해상백파가'와 그동안 학계의 논란이 되어 왔던 『화랑세기』 제2본 '파랑가波浪歌' 및 청조가靑鳥歌와의 관계는 어떠한가. 주지하듯이 『화랑세기』 제2본의 6세 세종조에는 미실美室이 사다함斯多含의 출정에 부쳐 불렀다는 노래인 이른바 '파랑가波浪歌'가 있고, 또 사다함이 전장에서 돌아왔을 때 미실이 이미 궁중의 전군殿君의 부인이 된 데 대하여 사다함이 슬퍼하며 불렀다는 청조가靑鳥歌가 있다.

먼저 청조가는 '해解'하여 기록되어 있는데, 이는 향가를 한문으로 풀이하였다는 의미로 이해된다.[50] 이는 『화랑세기』가 김대문金大問의 『화랑세기花郞世記』라면 매우 부자연스러운 것이 아닐 수 없다. 곧이어 나오는 '파랑가'는 향가로 기술하면서, 바로 앞에 나오는 청조가는 한문으로 해독하여 기록하였다는 것은 서술의 일관성이 없을뿐더러, 김대문이 당대에 애송되었다는 청조가를 굳이 한자로 해독하여 기술하였다는 것 자체가 의문의 여지가 있는 것이다. 사실 『삼국유사』에도 이러한 표현이 있으나, 향가를 기록하고 한문으로 해解하는 방식을 취하고 있어,[51] 이와는 차이가 있다. 먼저 청조가靑鳥歌는 다음과 같이 해독되고 있다.

靑鳥靑鳥 彼雲上之靑鳥
파랑새야 파랑새야 저 구름 위의 파랑새야

---

49) 양주동, 위의 책, 223쪽.
50) 이종욱은 "斯多含作靑鳥歌而悲之 辭妻愴 時人爭相傳誦 解曰…"에서 '解'를 '노래의 한 단을 가리키는' 용어로 풀이하였으나(이종욱, 1999, 『화랑세기』: 신라인의 신라 이야기』, 소나무, 73쪽 주 64), 그보다는 '靑鳥歌를 풀이하면' 정도로 이해하는 것이 옳을 듯하다.
51) 『三國遺事』 권 5, 感通 7, 月明師兜率歌.

胡爲乎 止我豆之田
어찌하온 내콩밭에 머무는가
靑鳥靑鳥 乃我豆?田?靑?鳥?
파랑새야 파랑새야 너 나의 파랑새야
胡爲乎 更飛入雲上去
아찌하온 다시 날아 들어 구름 위로 가는가
旣來不須去 又去爲?何來
이미 왔으면 가지 말지 또 갈 것을 어찌 왔는가
空令人淚雨 腸爛瘐死盡
부질 없이 눈물 짓게 하며 마음 아프고 여위어 죽게하는가
當?死爲何鬼 吾死爲神兵
나는 죽어 무슨 귀신될까 나는 죽어 神兵되리
飛入△??△△
(전주)에게 날아들어 보호하여 護神되어
朝朝暮暮保護殿君夫妻
매일 아침 매일 저녁 전군 부처 보호하여
萬年千年 不長滅
만년 천년 오래 죽지 않게 하리

이 청조가의 특징은 한시에 '어찌하온胡爲乎' 부분만 이두식으로 표현하고 있다는 점이다. 곧 '호胡'는 '어찌'의 훈을 살리되, '하온爲乎'은 이두에서 일상으로 사용하는 '하거온爲去乎'의 준말로서 '하온'이다. 이처럼 이두를 사용하고 있는 것은 앞서 벽해상백파가에서 '있거든有居等'의 이두를 사용한 것과 닮아 있다.

그러면 문제의 '파랑가'라는 향가 1수에 대하여 살펴보기로 하자. 향가 연구자들은 이를 사뇌가의 가장 고형이라고도 하고, 또한 위작이라고도 한다. 이를 벽해상백파가에서의 해독 방식, 곧 이두를 비롯하여 한자의 음과 훈을 채용하여 해독하면 다음과 같다.

風只吹留如久爲都 郞前希吹莫遣

바람이 분다고 하되 랑 앞에 불지 말고
浪只打如久爲都 郎前打莫遣
물결이 친다고 하되 임 앞에 치지 말고
무무歸良來良 更逢叱那抱遣見遣
일찍일찍 돌아오라 다시 만나 안고 보고
此好郎耶 執音乎手乙 忍麼等尸理良奴
이 좋아, 랑이여! 잡은 손을 차마 돌리려뇨[52]

只 : 碧海上白波歌의 주격조사 '支'와 서로 통하는 것으로서 주격 조사 '이'로
추정되고 있음
吹 : 불다의 '불'을 취함
留 : '류'의 음을 취함
如久 : 이두의 '다'를 취하고, '구'의 음을 취함
爲都 : 이두에서 흔히 쓰이는 'ㅎ되, 하되, ㅎ여도, 해도'를 채용
郎 : 랑의 음을 취함
前希 : 전의 훈 '앞'을 취하고, 희는 음을 취함
吹 : 훈 '불다'의 '불'을 취함
莫遣 : 莫은 훈 '말고'에서 '말'을 취함. 遣은 이두 是遣(~이고)에서 遣(~고)
을 취함
浪 : '물결'의 훈을 취함
打 : 훈 '치다'의 '치'를 취함
무무 : '빨리'의 훈을 취함
歸良來良 : 歸의 훈 '돌아올'에서 '돌'을 취하고 良은 이두의 '량·란·랑·라·
랴·양·야·아·애·어·여' 가운데 '라'를 취하고, '來'의 훈 '올'을 취함
更 : 다시의 훈을 취함
逢 : 훈 '만날'의 '만'을 취함
叱 : 이두에서 'ㅅ' 또는 된소리를 취함

---

52) 몇 가지 해독문이 있으나, 최근에 해독한 이도흠의 석문이다.(이도흠, 2003,
「필사본 화랑세기의 사료적 가치에 대한 국문학적 고찰」, 『화랑세기를 다시
본다』, 주류성, 33쪽)

邪 : '나'의 음을 취함

抱遣 : 薯童謠의 안고와 동일. 抱는 '안을'의 훈에서 '안을 취하고', 遣은 이두 是遣(~이고)에서 遣(~고)을 취함

見遣 : 見은 '볼'의 훈을 취하고, 遣은 위와 같음

此 : 훈 '이'를 취함

好 : 훈 '좋은'을 취함

郎 : 음과 훈을 취함

耶 : 음을 위함

執音乎手乙 : 獻花歌에서의 '執音乎手(잡으온손)' + 乙(목적격 '을')

忍麼 : 忍의 훈 '참을'에서 '참'을 취하고, 麼는 음 '마'를 취함

等 : 等의 음 '등' 또는 훈 '들'로 보거나, 아니면 爲去等(하거든), 爲等(한들, 하든) 등의 이두에서 사용하는 '든'이 아닐까 추정할 수 있음

尸理良奴[53] : '尸'는 'ㄹ' 음을 취하여 'ㄹ리라노'

忍麼等尸理良奴 : 분명하지 않지만 '차마 들리랴노' 또는 '참았던 [것]이랴뇨'로 추정할 수 있는데, [것]은 吹莫遣의 '불[지]말고'와 打莫遣의 '치[지]말고'에서 '[지]'가 생략된 것이 아닐까 추측됨

위 '파랑가'를 앞서 살핀 '벽해상백파가'의 방식으로 해독하여도 향가식의 석문과 크게 차이가 나지 않음을 알 수 있다. 그런데 '파랑가'를 '벽해상백파가'와 비교하여 살필 때 다음과 같은 몇 가지 차이점과 동일한 점을 살필 수 있다.

첫째, 명사의 용법이 '바다海多'의 조합 형태(의자말음첨기법)에서 '물결浪'과 같이 훈만을 취하는 형태로 바뀐 사실을 지적할 수 있다. 그런데 향찰에서는 '믓결' '믌결'은 '파波'를 사용했던 바, 과연 '랑浪'으로 이를 대신할 수 있는지 의문이다. 둘째, 그럼에도 불구하고 '돌아오라歸良來良' '차마忍麼'와 같이 훈과 음을 조합한 의자말음첨기법義字末音添記法의 형태가 그대로 유지되고 있음을 볼 수 있다. 셋째, '하되爲都'와 같은 이두가 그대로 사용

---

53) 김태식은 신라 당시 '奴'의 용례를 들어 '良奴'를 '라예'로 읽고, 신라 당대의 표기 흔적을 강하게 추정할 수 있는 증거로 보았다.(김태식, 2003, 「화랑세기 수록 향가 조작설 비판」, 『역사비평』 63, 378~388쪽)

되면서, 한자의 음과 훈, 이두식 표기를 자의적으로 채용하고 있다는 점을 특징으로 들 수 있다.

이러한 두 시가의 특징은 '벽해상백파가'에서와 같이 한시를 짓고 나서 이를 향가 형식으로 옮겼음을 보여주는 것이며, '파랑가'가 훨씬 향가에 유사한 점이 인정되므로, '벽해상백파가'의 단계를 거쳐 '파랑가'가 만들어진 것으로 생각된다. 사실 '파랑가'의 '일찍일찍 돌아오라무早歸良來良'에서 '량良'을 제외한 '조조귀래무早歸來'는 일반 한시에서 흔히 사용된 구절로서,54) '파랑가'가 한시로부터 옮겨진 것임을 짐작케 한다. 이는 청조가를 '해왈운운解曰云云'하였던 것이 결코 우연이 아니라, 박창화의 창작으로부터 비롯하였던 것이고, 박창화 본인으로서도 장문의 청조가를 향가로 옮기는 것은 부담스러웠을 것이다.

그리고 무엇보다도 잔본의 '벽해상백파가'와 『화랑세기』 제2본의 '파랑가'에는 '바다'의 고훈인 '바들' '바돌' '바룰' '바리', '심深'의 고훈인 '급흔及欣', '파波'의 고훈 '믓결' '믏결', '푸르다'의 고훈 '퍼러다' '프르다'나 '백白'의 고훈 '힌'과는 차이가 있고, 그 어법이 근대 조선어와 같다는 점에서 박창화의 창작물로 보는 것이 마땅하다. 특히 박창화가 한시漢詩나 고풍古風 등에 능하였음은 이미 그의 행장 등에서 확인된 바이다.

---

54) "流水浮雲任所之 清風明月獨相隨 遠遊畢竟終何得 早早歸來慰我思"(『三峯集』 권2, 七言絕句 「贈柏庭遊方」; 한국고전번역원[http://www.itkc.or.kr] 데이터베이스 한국문집총간)), 著○昌寧成石璘選○安東權近批) ; "五月五日青飲 館 溝柳風來午襟散 好鳥吻紅櫻桃含 嬌兒謦香菖蒲縮 是時不歡也無睡 何事如 夢而似醉 眼忽搖裔情湊泊 卵雲西圻螺峯翠 佳辰間闊朴楚亭 遠地留滯古鐵城 獨數旣往推未來 暌離之多太勞情 冷節燈宵皆若斯 秋夕菊日應如之 當設何法 塞吾想 泯若從前未交時 譬如茜蘸白地錦 百濯終難贖一染 萬樹紅霜入香山 早 早歸來慰長念"(『青莊館全書』 권 9, 雅亭遺稿 詩, 「端午日 有懷楚亭生遊鐵甕 城 寄長篇」; 한국고전번역원[http://www.itkc.or.kr] 데이터베이스 한국문 집총간)

6. 맺음말

　박창화의『화랑세기花郎世紀』를 둘러싼 진위 논쟁으로 한국 고대사학계
는 몸살을 앓고 있다. 이번에 발견한『화랑세기』잔편은 내용상 이미 발견
된『화랑세기』의 속편에 해당한다고 하나, 그 용어의 사용례나 김흠돌의
난, 보룡宝龍과 관련한 일련의 계보 및 혼인관계, 그리고 선도仙徒의 유래
에 관한 연문緣門에 관한 서술 등으로 미루어 보아 이미 발견된『화랑세기
花郎世紀』의 저본으로 판단된다.

　새로이 발견한『화랑세기』잔본은『삼국사기』와『삼국유사』의 기사를
편년 형식으로 나열하고, 관련 자료의 상관관계를 역으로 추적하여 논리
적인 고리를 만들었으며, 필요시에 가공 인물과 스토리를 만들어가는 방
식으로 만들어졌다. 특히 등장 인물의 면밀한 혼인관계와 계보는 이른바
『상장돈장명기문서』에 보이는 '화랑花郎의 세계도世系圖'를 상호 참조, 보
완해 가면서 쓰였던 것으로 보인다.

　이미 발견된『화랑세기』는 신발견『화랑세기』잔본과 일부 내용 차이가
보이지만 그 대강은 그대로 유지한 채 수정되고, 일관된 체제로 정리되었
던 것이라 하겠다. 특히 잔편의 내용을 수정하게 된 데는 吳起公을 김대문
의 아버지로 설정하면서부터였고, 수정된 내용은『화랑세기』제2본에 채
용되어 위서僞書로서의 면모로 탈바꿈하게 되었다.

　남당 박창화는 애당초 위서를 만들 의향은 없었던 것으로 보인다. 그는
잔본에서 보듯이 소설적 흥미에서 화랑들 관련 이야기를 쓰고자 하였던
것으로 보이며, 그것을 일본에서의 길고 무료한 생활에서 소일거리로 삼
았음이 분명하다. 그러나 자료를 정리하고 글을 써가는 과정에서 자신이
지녔던 신라사회에 대한 이해를 김대문의『화랑세기』로 재구성하고자 했
던 것으로 생각된다. 사실 그의 신라사에 대한 이해 가운데 많은 부분은
오늘날 고대사 연구자들에게도 시사하는 바가 있다.

　남당 박창화는 그의 유고에서 보이듯이 기록하는 것을 즐겼다. 그는 강

역론彊域論을 그의 역사연구에 있어서 대표작으로 꼽았는데, 그것을 세상 사람들이 알아주지 않음을 탄식하였다. 그는 학자로 남고 싶어하였다. 그가 남긴 저작물 가운데 소설류는 그 스스로 자신의 작품임을 표시하지 않았고, 다른 글들의 사이에 잔편 형식으로 남겨놓은 것을 보더라도 그저 소일거리로 여겼던 듯하다.

특히 그는 우리나라의 역사 왜곡이 이성계가 조선朝鮮이라는 국호를 명明의 주원장朱元璋에게 받을 때부터 비롯된 것으로 보았으며, 우리 강역이 본래 만주 일원에 있었던 것으로 인식하였다. 따라서 그는 우리의 역사에서 기자조선과 위만조선을 배제시켜야 한다는 일종 '부여정통론'의 입장을 고수하였던 인물이었다.55) 그가 『화랑세기花郎世記』가 아닌 『화랑세기花郎世紀』란 표제를 붙인 데에도 그의 이러한 역사관이 작용한 듯하며, 역사 왜곡에 대한 강한 거부감과 학자로서의 자존심이 매우 컸던 그가56) 김대문의 것으로 위작僞作하고자 한 『화랑세기花郎世紀』를 세상에 내놓을 수는

---

55) "명태조 朱元璋이가 衛滿朝鮮의 國號이던 朝鮮이라 하는 國號를 三韓의 地인 高麗國의 지역에 移置한 것이다.… 遼東은 본시 中國領土가 안이였다. 箕子를 遼東에 封할 리가 없다.… 遼東箕子國說은 李世民의 僞造이다.… 我國土를 中國領土로 證明하기 위한 箕子朝鮮 衛滿朝鮮의 불합리성이 自然暴露되엿다. 檀君을 國祖라 하는 우리 民族의 史는 史料이 비록 업다하더라도 扶餘로 高句麗로 新羅渤海로 高麗로 李朝에 至하여야 하는 것이지 箕子 衛滿을 正統中에 느어 朝鮮二字를 萬年 固持하자는 意見은 李氏自身이 自己가 獲得한 朝鮮에 대하여 너무나 工作을 널피한것갓다"(박창화, 『강역개론』, 『남당박창화유고』, pp.9~48, 소장자 고문서 번호 01-김-169 ; 국사편찬위원회 『남당박창화유고』 CD-ROM 169번 폴더 ; 박창화, 2004, 『우리나라 강역고』, 민속원, 451·442·413·412쪽)

56) 남당은 우리나라 강역학의 유래를 한백겸과 안정복에서 비롯한다 하고, 安鼎福의 논조는 穩謹하여 遼東卒本說과 王平異域說이 유명하지만 그 밖의 것은 특서할만한 것이 별로 없고, 丁若鏞은 논조가 심히 날카로우나 才氣가 있고 근거없는 抑說을 만히 하여서 안정복보다도 着實하지 못한 점이 있다고 평하였던 바, 그의 강역에 대한 자신감과 자존을 엿볼 수 있다.(박창화, 『彊域槪論』, 『남당박창화유고』 01-김-169 ; 국사편찬위원회 『남당박창화유고』 CD-ROM 169번 폴더 ; 박창화, 2004, 위의 책, 464쪽)

없었을 것이다.

이제 그의 「이위이역설李衛異域說」 중에서 우리나라 역사서의 전승에 대한 박창화朴昌和 자신의 이야기를 소개함으로써 18년에 걸친 기나긴 진위 논쟁을 마무리하고자 한다.[57]

> 우리나라 歷史는 三國史記 高麗史 李朝實錄이다. 三國史記 이전은 若干의 傳說뿐이다. 新羅의 蘿井 仙桃聖母 脫解의 鵲 閼智의 鷄갓흔것과 高句麗의 檀君 柳花 金蛙等의 傳說과 百濟의 召西奴갓흔 것이다. 이 傳記을 記한 古記가 今에는 하나도 남어잇지 안히함으로 三國遺事갓히 虛荒한記錄이라도 唯一한史料로 參酌하는 것이나 이것도 또한 改竄된 痕迹이 잇다.(박창화, 『이위이역설』, 『남당박창화유고』, p.45, 01-김-169 ; 국사편찬위원회 『남당박창화유고』 CD 169번 폴더 ; 박창화, 『우리나라 강역고』, 2004, p.415

---

57) 이 『李衛異域說』은 南堂의 『疆域槪論』에 들어 있는 것이다. 이는 純漢文으로 草하였던 것을 광복 이후 어느 때인가 抄出한 것이다. 특히 이 抄本은 갱지 200자 원고에 쓰여 있는데, 동일한 용지에 국한문으로 抄한 「遼東論」(『南堂 朴昌和 遺稿』 소장자 고문서 번호 01-김-171 ; 국사편찬위원회 『南堂 朴昌和 遺稿』 CD-ROM 171번 폴더 ; 박창화, 위의 책, 2004, p.259)에는 "오늘날 다시 三八線을 作하니 이와갓히 하다가 우리民族은 將且 어대로 가려하느냐"라는 문구가 있거니와, 이로 볼 때에 「李衛異域說」의 국한문 초본은 광복 이후에 쓰인 것임을 알 수 있다.

ㄱ

가라국 迦羅國　20

가리촌 加利村　70

가배 嘉俳　388 391 392 394~396 477 478 480

가실 嘉實　421 425

각간 角干　87

각덕 覺德　88

각훈 覺訓　470

간지 干支　43 80 84 87 90~93 98 100~106 110

간지군 干支群　91

간진 侃珍　73

갈문왕준왕설 葛文王準王說　310

갈문왕 葛文王　21 22 66 100 153 195 266 267 270 274 276 290 292 296~300 302~305 308 311 313 326 329 336 343 361 363 366

갈문왕추봉제 葛文王追封制　233 290 293 310

「갈항사석탑기 葛項寺石塔記」　117

감질허 邯帙許　183

강수 强首　440

「개심사석탑기 開心寺石塔記」　470

개원 愷元　196 339

거벌간지 居伐干支　87 90

거벌모라 居伐牟羅　41 60

거열랑 居烈郎　400 403

거진 擧眞　413 449

거칠부 居柒夫　144 155 163 164 256 261 266 267 302 328 331 343 369 372

거칠부지 居柒夫智　373

건도 乾道　376 377

건모라 健牟羅　74 75 219 316

건복 建福　164

검군 劍君　408 410 421 449

격식 格式　243 270 283

경당 扃堂　438 439 451

경덕왕 景德王　227

경문왕 景文王　237

경외관등제 京外官等制　102 103

경위 京位　93 102 105 106 110

경위17관등 京位17官等　102

경위체계 京位體系　111

경장 京長　87

계림선적 鷄林仙籍　465 477 478 480

계원랑 桂元郎　400

계율종 戒律宗　171

고간 高干　102

고구려율령 高句麗律令　187

고국천왕 故國川王　280

「고려풍속 高麗風俗」 213

고리 古里 50

고리촌 古利村 50 64

고명(제) 顧命(制) 237 269 361 365

고음 顧愔 213 217 227 228 268 274 316 385
457

고직 庫直 420 425

고창국 高昌國 180

골벌국왕 骨伐國王 83

골벌소국 骨火小國 8

골정갈문왕 骨正葛文王 295

골제도 骨制度 105

골품제 骨品制 103 106 108 111 188 258 271
334

공경의 公卿議 353 358

공복제 公服制 188

공식령 公式令 244

공영달 孔穎達 210

곽동순 郭東珣 387 457 465

관등 官等 106 110

관등(제) 官等(制) 67 78 97 108 109 334

관문 關門 213 217 219 227 316

관산성 管山城 174

관성 關城 217

관직 官職 106 110

관창 官昌 403 405 413 443 444 445

교 敎 335

교사 敎事 302

교사령 敎事令 270 283

「교주이래외국전 交州已來外國傳」 213

구근 仇近 416 417 448

구도갈문왕 仇道葛文王 293 296

구도계 仇道系 12 14 21 24 26 293

구도 仇道 10 14 16 19 21 22 293

9명제 九命制 105

9서당 九誓幢 164 414 415~417

구수혜 仇須兮 11 21

구양수 歐陽修 204 211

구참공 瞿旵公 403

구초도 丘草嶋 216

구추각간 九鄒角干 23

「국사 國史」 139 208 256

국선 國仙 387 400 410 442 456 467~470 473
~476 479~481

국수 國粹 471 479 481

국왕자문회의 國王諮問會議 353

국왕추대회의 國王推戴會議 352

국인 國人 157 234

국인추대 國人推戴 289

국풍 國風 471 479 481

국학 國學 189 215

군사 軍師 416

군사당 軍師幢 415 416

군신회의 君臣會議 310 346 360

군신회의 群臣會議 201 272 273 315 318
   319 323~325 339 345 364

군신회의체론자 群臣會議體論者 344

군역 軍役 420 421 425

군주 軍主 12 58

귀간 貴干 102

귀당 貴幢 411 413 414 417 424

귀산 貴山 411 412 413 440

귀숭경 歸崇敬 213

귀족회의 貴族會議 258 273 313 318 320 323
   324 327 336 345 364

귀족회의 貴族(大等)會議 324

귀족회의 貴族(和白)會議 319

귀족회의체론자 貴族會議體論者 344

근랑 近郎 387 403 406 410 421 476

금관가야 金官伽倻 173

「금사어해 金史語解」 314

금산 金山 70

금선 金仙 384

금성 金城 48 212

금평 金評 43 47 48 58 64 69 70 75 85 106

급당 急幢 415 416

급벌군 及伐郡 447

급척간 及尺干 92

기보갈문왕 期寶[智寶]葛文王 297~299 304
   311

기파랑 耆婆郎 400

기패한지 奇貝旱支 87

길달 吉達 154 249

길지지 吉支(之)智 81 102 104

김경신 金敬信 149 236

김구해 金仇亥 84 173

김대문 金大問 371 427 457

김무력 金武力 174

김부식 金富軾 431 451

김서현 金舒玄 175

김양상 金良相 236

김영윤 金令胤 405 446

김위홍 金魏弘 350

김유신 金庾信 172 177~179 196 248~250
   343 403~405 410 413 443~445

「김유신행록 金庾信行錄」 384

김의원 金義元 249

김인문 金仁問 439 446

김장청 金長淸 384

김주성 金周成 236

김지정의 난 金志貞의 亂 236
김진흥 金眞興 5
김춘추 金春秋 162 169 172 177 179 183 190
　248 343 446
김헌창 金憲昌 105
김흠돌의 난 金欽突의 亂 337
김흠운 金欽運 406 408 412 413 414 406 408
　429 433 437 441
김흠춘 金欽春 403~405 413 444 445

ㄴ

나마 奈麻 81 84 91 100 101 103~105 109
나마군 奈麻群 91
나물마립간 奈勿麻立干 298
나물왕 奈勿王 297
나물왕계 奈勿王系 162 195 328
나음 奈音 13 293
나음계 奈音系 12 14 293
난랑 鸞郎 457 458 465
「난랑비(서) 鸞郎碑(序)」 398 430 456 457 479
　480
난승(보살) 難勝(菩薩) 385
남당 南堂 201 238 272 276 277 286 287 310
　313 318 319 345 355 356 359 360 361
남당 박창화(의 이력) 南堂 朴昌和(의 履歷)
　483 487
남당 박창화 관련 문건 南堂 朴昌和 關聯
　文件 486
「남당 박창화선생 유고 南堂朴昌和先生
　遺稿」 486
「남당선생연보 南堂先生年譜」 486
「남당선생오행시 南堂先生五言詩」 486
남당회의 南堂會議 285 325
남모 南毛 381 392
「남산신성비 南山新城碑」 117
「남산신성제10비 南山新城碑第10碑」 447
낭당 416
낭당 郎幢 412~418 424 423
낭도 郎徒 399 402 408~411 413 424 433 437
　444 447 448
낭도의 천거 郎徒의 薦擧 393 447
낭비성 娘臂城 165
내례부지 內禮夫智 265
내성 內省 78
내성사신 內省私臣 165 265
내숙이벌찬 乃宿伊伐飡 298
내음 柰音 13
내지왕 乃智王 300
내평 內評 76

노리부 弩里夫 265 328

노인 奴人 41 242

노인법 奴人法 242 244 283

노지 弩知 265

노차 老且 196

눌지마립간 訥祗麻立干 296 298 304

눌지왕계 訥祗王系 162

능절조 能節租 73

ㄷ

단석산 斷石山 384

「단양적성(신라)비 丹陽赤城(新羅)碑」 117
　174 188 238 283 478

당전 익선 幢典 益宣 423

대교법 大敎法 242

대국통 大國統 171 190

대궁 大宮 77 164 265 425

대나마 大奈麻 84 103

대당 大幢 416

대대로선출 大對盧選出 283 284

대등 大等 38 163 246 256 262~264 266 302
　313 319 322 328 329 331~333 357

대등회의 大等會議 201 272 324 325 327 329
　330 362 363

대등회의 大等(和白)會議 320

대등회의 大等(貴族 和白)會議 320

대방군 帶方郡 9

대보 大輔 287 310

대부합의제 大夫合議制 351

대사 大舍 81

대서성 大書省 410

대신 大臣 246 267 302 319 329

대신회의 大臣會議 273 324 325 336 345 364

대아간지 大阿干支 86 90

대악감 大樂監 215

대야성 大耶城 169 170 177

대왕 大王 102

대왕사 大王寺 152

대인 大人 71 73 104 263 302

대일 大日 406

대일벌간 大一伐干 90 102

대장군 大將軍 256

대중등 大衆等 56 243 261 263 264 276 302
　303 329

대중등회의 大衆等會議 325

「대중유사 大中遺事」 214

대학감 大學監 215

덕만 德曼 166

도관 道觀 466 472 481

도교 道敎 467

도노아아라사등 都怒我阿羅斯等 38
도당 都堂 286 287 346 355
도당회의 都堂會議 317
「도령가 徒領歌」 400 437
도병마사회의 都兵馬使會議 317
도부지갈문왕 徒夫知葛文王 120 130 136
　　→ 사부지갈문왕 徙夫知葛文王
도사 道使 49 72 81 101 103 104 109
도유 都儒 448
도의 道義 434
도인 道人 379 384 385
「도천수관음가 禱千手觀音歌」 123
도화녀 桃花女 249
도화 道化 379
동기정 東畿亭 40 63
동륜 銅輪 157 163
동륜(태자)계 銅輪(太子)系 164 179
동월 東月 387 388 477 478 480
두지사간지궁 豆智沙干支宮 39 64 100
두품제 頭品制 105
득오 得烏 400 408 418 419 421 449
등 等 332 333
등회의 等會議 201 272 320 331
등회의론자 等會議論者 334
등허각간 登許角干 58 297
등흔이찬 登欣伊湌 297

ㄹ

리작상인 里作上人 73

ㅁ

마거 馬阹 216
마립간 麻立干 90
「마운령진흥왕순수비 磨雲嶺眞興王巡守碑」
　　373 374
마제갈문왕 摩帝葛文王 291 292 333
마제국왕 摩帝國王 291 333
마한 馬韓 205
만장일치제 滿場一致制 225 317
「만주원류고 滿洲源流考」 314
만호부인 萬呼夫人 157
말구 末仇 16 17
망산제 望山祭 384
매금왕 寐錦王 66 100 242 263 302
매왕 妹王 122 129~131 159
명망군 名望軍 414 418 424
모단벌 牟旦伐 36

모량부 牟梁部 43 70 420 423
모자모례 牟自毛禮 40
모자 牟子 39 50 67 71 84 106 109
「모죽지랑가 慕竹旨郎歌」 419
모즉지매금왕 另(牟)卽知寐錦王 71 86 152 156 242 261 300 302
모즉지태왕 另卽知太王 120 130 140 152
모즉지태왕비 另卽知太王妃 115 120 122 123 135 140 149 154 158
모지정 毛只亭 40 63
모진 募秦 5
모진사리공 牟珍斯利公 45
모진왕 募秦王 205
모참벌 牟㝡伐 43 64 67 69 70 75 106
모탁부 牟喙部 43 70
묘도 妙道 459
무관랑 武官郎 389 408
무녀 巫女 481
무력 武力 173 175 261 302 331 371
무림공 茂林公 168 182 246 248 250 251 270 302 446
무열왕 武列王 162 191 193 236
무열왕계 武烈王系 163 196
무은 武殷 411
문노 文弩 403 408 412 437
문성왕 文聖王 237 268

문왕 文王 196
문정태후 文貞太后 132 196
문흥대왕 文興大王 196
문희 文姬 175
물력 勿力 155 261 302 331
물장고 物藏庫 286
미륵 彌勒 381 385 467 473
미륵불 彌勒佛 384
미륵선화 彌勒仙花 383 472 480
미륵신앙 彌勒信仰 395
미사흔 未斯欣 298 304
미시랑 未尸郎 402 409 410 441
미추(이사금) 味鄒(尼師今) 16 26 295 296
민적 閔頔 441 459 474
민중왕 閔中王 280 285

ㅂ

박사 博士 481
박제상 朴堤上 84 443
박창화 朴昌和→남당 박창화 南堂 朴昌和
반굴 盤屈 405 413
발계의식 祓禊儀式 149 150
발기 拔奇 279

배장공 전기 裵長公(舅)傳記　494 496
배평 背評　75
백관공복제 百官公服制　184
백관회의 百官會議　262 310 318　358
백운 白雲　402
벌휴이사금 伐休尼師今　295
범교사 範敎師　408 441
범망보살계 梵網菩薩戒　436
법공 法空　155
법관의 法官議　353
법민 法敏　196
법승랑 法乘娘　250
법흥왕 法興王　101 103 105 112 119 123 135
　　141 143 153 157 225 304 357
법흥왕비 法興王妃　114 142 144 233 369 372
「벽해상백파가 碧海上白波歌」　523 524
변한 弁韓　212
별교 別敎　241 242 243 244 262 270 283 302
별교령 別敎令　46 53 263
병부 兵部　190
병부령 兵部令　165 256 328 340
보도부인 保刀夫人　114 135 141 142 144 369
　　386
보동랑 寶同郎　400 403
보용나 寶用那　412 414
복상 服喪　150
복호 卜好　84 298

본파부 本波部　85 86
본피 本彼　70 106
본피궁 本彼宮　77 78
「봉사고려기 奉使高麗記」　180 213
부감 部監　73
부걸지비 夫乞支妃　115 120 121 123 130 135
　　140 144 159 158
부계세습제 父系世襲制　195
부내부설 部內部說　75 106
부도 夫道　286 443
부산성 富山城　420 421 460
부자상속제 父子相續制　306
부제 部制　258
부족장회의 部族長會議　319 327
부체제 部體制　312 335
부체제론(설) 部體制論(說)　106 273
「북사 北史」　205
북천신 北川神　149
「북한산진흥왕순수비 北漢山眞興王巡狩碑」
　　378
불교공인 佛敎公認　143 223 264 268
불국토 佛國土　375
비녕자 丕寧子　413 449
비담 毗曇　168 178 179 181 235 255 256
비담·염종난 毗曇·廉宗亂　177 184 189 192
　　267 305 343

・←‥ ◆ ‥→・
ㅅ

사간지 沙干支 90
사군자 士君子 412 440
「사내기물악 思內奇物樂」 437
사년 巳年 150
사농경 司農卿 215 227
사다함 斯多含 371 402~404 408 410 411
　413 424 444
사대인 事大人 263 302
사도부인 思道夫人 137 138 143
사라 斯羅 207 241
사량궁 沙梁宮 77 164 265 425
사령 祀令 62
사로국 斯盧國 8 294
사륜 舍輪 163
사리 斯利 46 63
사리 沙利 46 63
사리 使吏 73
사방척경 四方拓境 378
사벌국 沙伐國 14
사부지갈문왕 徙夫知葛文王 86 113~115
　121 123 125 131 134 135 146 148 149 151
　156 158 159 261 266 300 302 303

사부지왕 徙夫知王 120 122 123 125 300
사산비명 四山碑銘 463
사선 四仙 458 467 469 470
「사선악부 四仙樂部」 471 480
사신 私臣 77 164 165 166 265 478
사영지 四靈地 224 247 332
사요왕 辭要王 291 333
「사이학청강겸관대성악표 謝二學聽講兼觀
　大晟樂表」 431
사인 使人 42 64 72 73 77 81 101 103 109
사자대 獅子隊 212
사정부 司正府 197
사제지 舍帝智 100 102 104
사족지 邪足智 101 104
사천당 四千幢 164 415 416
「사최추밀관연집 謝崔樞密灌宴集」 432
사탁부 沙喙(部) 70 77 106~109 115 300 305
사탁부갈문왕 沙啄部葛文王 123 128
사피 斯彼 107
산상왕 山上王 280
산신(숭배)사상 山神(崇拜思想) 382 467
살생유택 殺生有擇 436
살우(의식) 煞牛(儀式) 62 147 148 242 243
　261 378
삼광 三光 449
삼교 三敎 463 464 466

삼교융회 三敎融會 464 480

삼산 三山 25

삼성교립 三姓交立 15

삼성교체론 三姓交替論 16

삼성병렬론 三姓竝列論 15 16

삽량주간 歃良州干 84

상간지 上干(支) 94 102

상대등 上大等 168 176 178 183 186 191 247
    256 263~265 267 270 275 276 287 301 310
    323 327 329 330 332 333 336~339 342~344
    352 361 362

상대 上代 193

상대세계 上代世系 15

상등 上等 84 173

상례 喪禮 150

상복법(제) 喪服法(制) 58 208 244

상서도성 尙書都省 355

상신 上臣 263

상인암 上人庵 384

「상장돈장년기자료 上章敦牂年紀資料」
    491

상재상 上宰相 350

상표제 上表制 361

색복제 色服制 185

서당 誓幢 164 165 415 416

서발한 舒發翰 87

서봉총 瑞鳳塚 19

서불감 舒弗邯 87 298

서석곡 書石谷 135 146 148

서월 西月 387 388 477 478 480

서인 書人 44 73 81 101 147

서현 舒玄 165 174 175 176 177 250 251 302
    413 444

석품 石品 166 176 235

선관 仙官 479

「선기 仙記」 466 467

선덕(여)왕 善德(女)王 158 178 301 330

선랑 仙郎 387 441 442 456 459 460 466~
    475 478 479 480 481

「선림원종명 禪林院鐘銘」 117

선부서 船府署 164

「선사 仙史」 456~458 464~467 469 471

선 仙 467 469 480

선인 仙人 479

「선적 仙籍」 387 388 466 467

선종랑 善宗郎 250 253 439

선풍 仙風 466 471 472 481

선혜부인 善兮夫人 298

설계두 薛罽頭 446

설씨녀 薛氏女 421 425

설원랑 薛原郎 387 402 475

섭정제 攝政制 233 236

성골후대추존설 聖骨後代追尊說 194
성골 聖骨 110 193 195 235
성덕왕 聖德王 236
성법흥대왕 聖法興大王 152
성한 星漢 16 17
세군 細群 285
세속오계 世俗五戒 380 389 412 428 430 434 438 440 451 454
세신갈문왕 世神葛文王 292
소감 少監 413 414
소교사 所教事 53 71 86 100 103 147 242 263 335 336
소나 素那 448
소녀 小女 150
소모병 召募兵 418 424
소문국 召文國 8 21
소사제지 小舍帝智 81
소오제지 小烏帝智 104
소인 小人 302
소자 小子 150
소지왕 炤知王 59 162
송기 宋祁 204 211 214
「수동번풍속기 隋東藩風俗記」 18
「수서 隋書」 204 205 210 211 220 225 230
수을부 首乙夫 176 265 404
수품 水品 256 258

수혈식석곽묘 竪穴式石槨墓 19
수힐부 首肹夫 265
숙종랑 叔宗郎 400
숙흘종갈문왕 肅紇宗(葛文王) 174 175 304 307 308 311
순성태후 順成太后 132
순장금지법 殉葬禁止法 244
순장 殉葬 57 59
술간 述干 102
술종(공) 述宗(公) 182 248 249 250 270 302 404 420 445 446
습보갈문왕 習寶葛文王 128 129 297 389
승부령 乘府令 164
시무28조 時務28條 464
시 市 216
시위부 侍衛府 189
시중 侍中 187 213 215
시호법 諡號法 196
식도부인 息道夫人 137 138
신궁 神宮 57
신김씨계 新金氏系 166
「신당서 新唐書」 204 211 220 230 316
신당 新幢 415
신덕왕 神德王 162
신라6부 新羅六部 61 66 68 71 98 100 111
「신라국기 新羅國記」 213 215 217 227 228

찾아보기

230 274 316 385 457

신묘지도 神妙之道 476

신선 神仙 381 383~385 472 473 479 480

신선사 神仙寺 384 473 480

신육지 愼宍智 145

신인 新人 71 73 147

신주군주 新州軍主 174

실지군주 悉支軍主 71 147

실처랑 實處郞 400 403

심맥부지 深麥夫知 114 120 121 123 125 135
142 144 149 150 154 158 159

17관등(제) 17官等(制) 69 79 106 188 208

십훈요 十訓要 471

씨족장회의 氏族長會議 345 364

씨족회의 氏族會議 259 318 323

아간지 阿干支 81 87 90

아랑 阿郞 402

아로 阿老 133

아막성 阿莫城 411

아진함 阿珍含 413

아찬 阿湌 101

아홀 牙笏 184 247 325 357 358

악간 嶽干 102

안장 安臧 410 441

안정복 安鼎福 427

안혜 安惠 249

알제 閼川 302

알지 閼智 4 139

알천(공) 閼川(公) 168 182 183 192 246~ 248
254 256 266 267 301 302 306~308 311 329
343 352

알천안상회의 閼川岸上會議 289 318

알한지 謁旱支 87

압량주(군주) 押梁州(軍主) 169 171

약자두레 若者두레 382

양궁 梁宮 77 164 265 425

양로(행사) 養老(行事) 354 358 359

양명황권 讓名黃卷 421 422

양무제 梁武帝 148

양부 梁部 70

양부 良夫 286

「양산가 陽山歌」 412

양산부 楊山部 70

「양서 梁書」 88 205 206 208 316

「양직공도 梁職貢圖」 207 208

어사추 於史鄒 151 156

여랑 女郞 124 132 159 402

여왕폐위론 女王廢位論 178 182

여자청소년 연령급단조직 女子靑少年 年齡級團組織 382

여주폐위론 女主廢位論 181

「역국전 歷國傳」 213

연군신 宴群臣 355

연등회 燃燈會 471 481

연오랑 延烏郎 402

연제부인 延帝夫人 297

연좌제(형) 連坐制(刑) 166 188

연회의례 宴會(儀禮) 323 353 359

열기 裂起 408 416 417 443 449

염장(공) 廉長(公) 168 180 182 255 270

염종 廉宗 168 179 180 181 235

영객부(령) 領客府(令) 164 189

영랑 永郎 458 469 471

영랑공전기 永郎公傳記 492

영랑도 永郎徒 402

「영일냉수리신라비 迎日冷水里新羅碑」 112 132 147 153 238 283 291 300 331

영제부인 迎帝夫人 49 58

「영천청제비 병진명 永川菁堤碑 丙辰銘」 79

「영태2년명 석조비로자나불조상기 永泰二年銘 石造毘盧遮那佛造像記」 131

영호징 令狐澄 214

예관의 禮官議 353

예부(령) 禮部(令) 164 189 190 398

예신 禮臣 146 148

예파 穢破 412 414

예흔랑 譽昕郎 400

오간지 五干支 85 89 94 102

오두품 五頭品 103 104

오제지 烏帝智 100 102 104

오지암회의 丂知巖會議 154 180 182 225 246 247 250 255 256 270 276 301 302 311 318 319 323~325 327 330 331 342 344 362

옥록 玉鹿 463

옥모부인 玉帽夫人 296

왕교사 王敎事 53

왕도정치 王道政治 375

왕등 王等 332

왕부인 王夫人 132

왕위계승원칙 王位繼承原則 233

왕중 王衆 332

왕즉불사상 王卽佛思想 430

왕태자제 王太子制 195

왕태후 王太后 139 140 141 142 160 233

왜전 倭典 189

「외국전 外國傳」 213

외위 外位 93 101~104 108 109

외평 外評 76

요사렴 姚思廉 208
「요사어해 遼史語解」 314
요원랑 邀元郎 400
요찰 姚察 208
용수 龍樹 425
용춘 龍春 163 165~167 169 176 177 193 196
　444
용화향도 龍華香徒 385 408 410
우경 牛耕 57 58
우군주 右軍主 13
우로 于老 293 296
「우리나라 강역고 疆域考」 486
우산국 于山國 256
「울주 천전리서석 蔚州 川前里書石」 112 114
「울진 봉평신라비 蔚津 鳳坪新羅碑」 112 142
　145 238 283
원광법사 圓光法師 412 440
원랑(도) 原郎(徒) 402 457 465
원성왕 元聖王 220 236
원술 元述 405 413
「원승전 圓勝傳」 253
원시집회소 原始集會所 288 310 319 325
원원사 遠源寺 249 250
원향선사 圓香禪師 252
원화 源花 371 381~383 385 386 394~396
　467 469 470 476~478

원화제 源花制 381 392 475 479
원회의례 元會儀禮 359
월자매 月姊妹 478
월정 月庭 389 390
위징 魏徵 210
위화부 位和府 164 190
유불사상 儒佛思想 430
유신공 庾信(公) 165 167 168 182 183 192
　248 250 251 254 261 302 331 446
6두품 六頭品 101 103 104 325 329 357
6부 六部 69 105~110 143 261 263 270 295
6부감전 六部監典 73
6부병 六部兵 445
6부족장회의 六部族長會議 288 310 318 320
　325 351 360 364 393
6부천거(제) 六部薦擧(制) 386 395 447
6전체제 六典體制 190
6정 六停 416
6촌 六村 69
6탁평 六喙評 74
율령반포 律令頒布
율령 律令 56 102 105 110 111 244
율령격식 律令格式 189
율령반포 律令頒布 101 103 184 244 283
　302
율령비 律令碑 274

을제 乙祭 235 302 306 307 311

음갈문왕 飮葛文王 306~308 311

음성서 音聲署 215

읍륵 邑勒 74 207 219 316

응렴 膺廉 441

의관(제) 衣冠(制) 111 247

의복령 衣服令 185

의부가라국왕 意富加羅國王 38

의안 義安 250

이동촌 伊同村 448

이두 吏讀 117

이리부지 尒利夫智 145

이방부격 理方府格 196 244

이방부령 理方府令 196 244

이벌간 伊罰干 87

이부지 尒夫智 145

이사부 異斯夫 144 151 160 174 256 266 302
   303 328 369 372 404 411 444

이서국 伊西國 18 24 247

이연효 李延壽 204

이원왕제설 二元王制說, 297

이위이역설 李衛異域說 487

이음 利音 12

이이모 伊夷謨 279

이차돈 異次頓 225 319 380 389 435 451

이찬 伊湌 287 310

익선(아간) 益宣(阿干) 400 420

인태 仁泰 196

일간지 壹干支 87 90

일고지 壹告支 87

일금지 壹(一)金知 48 50 80 85 92 93 101
   110

일벌 壹(一)伐 43 47 64 80 85 89~93 98
   100~106 110

일벌간 一伐干 90 92

일부지궁 日夫智宮 39 51 61 100

일성이사금 逸聖尼師今 295

일월신 日月神 388 395 396 477 478 480

일척간 一尺干 102

일척 一尺 94 101 104 106

「임신서기석 壬申誓記石」 117 377 434 435
   440

임전무퇴 臨戰無退 380 436 451

입종갈문왕 立宗葛文王 114

임종(공) 林宗(公) 154 182 248 249 251 254
   270

임해전 臨海殿 359 361 365

입석비인 立石碑人 71 73 147 264

입종갈문왕 立宗[徙夫智]葛文王 113 114
   121 124 133 135 136 138 142 144 153~155
   157 158 160 304 311 369 372

찾아보기

ㅈ

자금서당 紫衿誓幢 415
자랑 子郎 125 159 402
자분한지 子賁旱支 87 88
자비마립간 慈悲麻立干 296
자장 慈藏 168 170 182 190 250 253 254 302
　　446
작공신 作功臣 146
작공인 作功人 146
작민사간지 作民沙干支 72
작식인 作食人 146
잠탁부 岑喙部 43 70 86
잡간 迊干 102
장보고 張保皐 268
장자세습제 長子世襲制 163 164
재상 宰相 165 215 277 347 348
재상가 宰相家 216
재상선출(회의) 宰相選出(會議) 283 284 325
재상회의 宰相會議 202 273 345 352 364
쟁인 爭人 39 41 47 55 67 75 81 103
적득 狄得 412 414
적석목곽분 積石木槨墳 19 27
적선 謫仙 472

전대등 典大等 322 328
전륜성왕 轉輪聖王 375 381
전밀 轉密 408 441
전사법 佃舍法 188 244 283
전사인 典事人 81 103 147 242 262 263 302
전서 典書 54 103
전제왕권 專制王權 186 312 337 340
전제왕권론 專制王權論 321
전제주의왕권 專制主義王權 338
전지왕 腆支王 280
절거리 節居利 241
절교사 節敎事 53 56 303 335
절서인 節書人 264
점량부 漸梁部 43 70
점해이사금 沾解尼師今 296
정강왕 定康王 133
「정관정요 貞觀政要」 188
「정릉유사 貞陵遺事」 214 215
정법행화사상 正法行化思想 430 434
정사당 政事堂 265 276 287 310 322
　　345~347
정사당제도 政事堂制度 361
정사당회의 政事堂會議 325 345 350 352
　　360 364
정사암 政事巖 285 348
정의 廷議 350~352 360 361 364 365

정전 正殿 353 360 361
제가평의 諸加評議 275 277 280 282~284 320
제간회의 諸干會議 273 323~325 331 334 336
제려동맹 濟麗同盟 172
「제번국기 諸藩國記」 209
「제번풍속기諸藩風俗記」 209
제3재상 第三宰相 216
제생금지령 祭牲禁止令 148
제2골 第二骨 214
제1골 第一骨 214
제지군 帝智群 91
제한지 齊旱支 87 88
조당 朝堂 353
조부(령) 調府(令) 164 190 215
조분이사금 助賁尼師今 296
조생부인 鳥生夫人 297
「조선고서목록 朝鮮古書目錄」 490
조원전 朝元殿 358 361 365
조위 造位 102
조의 朝議 350~353 355 357~361 364 365
조정 朝政 352 359
조정화주 朝廷花主 400
조 朝 353
조지마립간 照知麻立干 296 298
조지왕 照知王 297
조하의례 朝賀儀禮 353 358

조회 朝會 359~361 364 365
조회의례 朝會儀禮 353 355
족내혼 族內婚 194
족장회의 族長會議 334
좌가려 左可慮 75
좌광록대부 左光祿大夫 258
좌군주 左軍主 293
좌리방부 左理方府 187 188 190 245 269 283
    326
주국낙랑군공신라왕 柱國樂浪郡公新羅王
    258
주자사 朱子奢 210
주장제 奏狀制 361
죽만랑 竹曼郎 418
죽목홀 竹木笏 358
죽지(랑) 竹旨(郎)[竹曼郎] 247 249 302 400
    403~405 418 420 444 445 447
준영랑도 俊永郎徒 402
준정 俊貞 381 392
중고 中古 193
「중니봉부 仲尼鳳賦」 432
중대 中代 193
중대전제왕권론 中代專制王權論 337 340
    344 363 365
중대전제왕권론비판 中代專制王權論批判
    341

중서문하 中書門下 347
중시 中侍 186 187 197
중위제 重位制 101
지경 智鏡 196
지내외병마사 知內外兵馬事 293
지도로갈문왕 至都盧 葛文王 332
지도로갈문왕 302
지도로갈문왕 至都盧葛文王 57 59 144 224
　　241 260 263 266 275 296~300 302 311 331
　　363
지례부지 知礼夫知 146
지몰시혜비 只沒尸兮妃 60 115 121 130 133
　　135 136 140 150 159
지소부인
지소부인 只召夫人 115 135~137 142 369
지소태후 只召太后 135 160 371
지증왕 智證王 113 128 129 244
지증왕계 智證王系 162 195
지철로왕 智哲老王 57
「직계존보 直系尊譜」 486
직도전 直徒典 391
직역 職役 421 425
진골 眞骨 101 193 195 271 274 329 338
진대덕 陳大德 180
진덕(여)왕 眞德(女)王 105 184 191 193 235
　　301

진성여왕 眞聖女王 133
진시율령 秦始律令 187
진안갈문왕 眞安葛文王 304 305
진육지 眞宍智 145 146
진인 秦人 205
진자사 眞慈師 384 408 409 441
진정갈문왕 眞正葛文王 304
진종 眞種 110 157 161
진지왕 眞智王 157 163 164 249 304 306
진지(왕)계 眞智(王)系 164 166 176
진평왕 眞平王 105 158 164 166 167 225 304
　　410 416
진한 辰韓 70
진한계 辰韓系 6 27
진한6부 辰韓六部 98
진한8국 辰韓八國 9
진흥왕 眞興王 119 120 123 135 138 141 143
　　144 157 158 162 225 233 304 373 376 383
　　394 410 441
진흥왕계 眞興王系 167
집사 執事 249
집사부 執事部 186 189 190
집사부 중시 執事部 中侍 265

ㅊ

찬간 撰干 102
「찬기파랑가 讚耆婆郎歌」 400 469
「창녕신라진흥왕척경비 昌寧新羅眞興王拓
　境碑」 161
창부 倉部 189 190 215
창예창 唱翳倉 421
처용랑 處容郎 402
천거제 薦擧制 395
천명부인 天明夫人 132 196
「천전리서석 川前里書石」 79 472
철관성 鐵關城 217
청동호우명문 靑銅壺杅銘文 19
청조가 靑鳥歌 525 526
촌제 村制 93
최승로 崔承老 464 480
최언위 崔彦撝 464
최치원 崔致遠 456 463 464 480
최해 崔瀣 459
추군 麤群 285
추항 箒項 412 413 440
추화촌 推火郡 73
춘추 春秋 163 183 192
충공 忠恭 265 347

칠숙·석품 柒宿·石品의 亂 234 306
칠숙 柒宿 166 167 176 235
7왕(등) 七王(等) 38 71 77 100 103 109 132
　238 241 242 263 275 291 292 298 300 302
　324 331 332 333 336 363

ㅌ

탁 喙 44 69 70 71 106 107 108
탁부 喙部 44 69 71 76 109 300 305
탁평 喙評 69 71 75 106 219 316
탁평공 喙評公 43 45 74 75
탄항관문 炭項關門 217
탐현 探玄 459
태부령 太府令 215 227
태왕비 太王妃 141
태왕(제) 太王(制) 140 152 153 156 160
태왕태후 太王太后 142
태자제 太子制 157 163 234
태조 太祖 377
태조대왕 太祖大王 280 285
태조성한 太祖星漢 18
태평가 太平歌 248
태후 太后 140

찾아보기

ㅍ

파단 波旦 94 101 104 106
파랑가 波浪歌 521 525 526
파사이사금 婆娑尼師今 295
파진간지 波珍干(支) 91 102
파호갈문왕 巴胡葛文王 304
「팔관회선랑하표 八關會仙郎賀表」 387 457
　465 472 476 480
팔관회 八關會 471 481
팔사년 八巳年 159
「평양변 平壤辨」 487
평의전 平議殿 238 319 345 346 355 356 361
평자 評者 75
평장사 平章事 350
「포항중성리신라비 浦項中城里新羅碑」 30
품일 品日 405 413 445
품주 稟主 185 190 313 322
풍류 風流 398 457 458 459 461 465 475 478
풍류도 風流道 456 459 461 465 466 473 476
　478 480
풍류탁세 風流耀世 460
풍류황권 風流黃卷 418 460
풍속 風俗 471 481

풍월도 風月道 381 387 388 390 392 395 456
　461 475 476 477 478 480
풍월주 風月主 456 467 475 476 478 480 481
풍월지정 風月之庭 390 476
피일 彼日 94

ㅎ

하간지 下干支 89 94 101 104
하고 下古 193
하정지례 賀正之禮 185 354 357 358
한기(지)부 韓歧(祇)部 48 67 292
한성 漢城 207
한지 漢只 49 58 90
한지 旱支 87
한화정책 漢化政策 184 188 190
합절 合節 402 413 449
「해동고승전 海東高僧傳」 467
향가 鄕歌 437
향찰 鄕札 118
허루갈문왕 許婁葛文王 291 292 295 333
허루왕 許婁王 291 333
헌강대왕 獻康大王 461
헌안왕 憲安王 237

혁백 赫伯 314

현계 玄契 459

현묘지도 玄妙之道 457 459 465 480

현자 玄慈 459

현풍 玄風 458 463

형률 刑律 242

형부격 刑部格 196

형제상속 兄弟相續 306

혜공왕 惠恭王 268

혜밀 惠密 408

혜숙 惠宿 408 409

호림공 虎林公 → 무림공 茂林公

호세랑 好世郞 403 409 421 422

호우총 壺杅塚 19

「화라졸리선생기금랑중연 和羅倅李先生寄
　金郞中緣」 432 433

화랑 花郞 396 409~411 424 447 448 475 480

화랑국선 花郞國仙 387 470 474 475 481

화랑도 花郞徒 386 392 393 395 398 399 406
　414 417 418 438 476

화랑도 설치 花郞徒 設置 380

화랑도의 천거제 花郞徒의 薦擧制 452

화랑도 제정 花郞徒 制定 395 371 394

화랑상 花郞像 433 454 479

화랑 선출 花郞 選出 407 424

「화랑세기」 잔본 「花郞世紀」 殘本 491

「화랑세기」 잔본과 기발견 「화랑세기」와
　의 관계 503

「화랑세기」 잔본에 서술된 용어 517

「화랑세기」 잔본의 김흠돌(金欽突)의 난
　서술 501

「화랑세기」 잔본의 배장공(裵長公)과 오기
　공(吳起公) 519

「화랑세기」 잔본의 보룡(寶龍) 서술의 특
　징 513

「화랑세기」 잔본의 선도(仙道) 기원 서술
　514

「화랑세기」 잔본의 통정(通情) 관계 서술
　515

「화랑세기」 잔본의 특징 500

「화랑세기」 진위논쟁 「花郞世紀」 眞僞論
　爭 397 483

「화랑세기 花郞世記」 371 427 457 461 467
　469 470 482

「화랑세기 花郞世紀」 482

화랑의 출사 花郞의 出仕 393

화랑지도 花郞之徒 476

화랑 花郞 456 467~470 472 474 478 480 481

화백권 和白權 166

화백의 어의 和白의 語義 313 314

화백제의 원리 和白制의 原理 338

화백(회의) 和白(會議) 55 154 157 163 167

찾아보기

168 178~182 186 191 201 217 219 226~228
230 232~236 245 246 258 259 264
266~269 271 272 274~276 279 288 300 301
306 308~314 316 321 322 325 326 330 337
341 344 345 352 360~364 372 373 381 387
393 401 406 410 424 444 452 446
화백회의 발전단계론 和白會議 發展段階
論 322 327
「화이제왕기 華夷帝王記」 213
화주 花主 399 400 422 425 476
화판 花判 469

황권 黃券 409 421 425
황룡사구층탑 皇龍寺九層塔 170 180 182 223
「황룡사구층목탑찰주본기 皇龍寺九層木塔
利柱本記」 246
회 會 353
효소왕 孝昭王 236 420
후직 后稷 166
흑의장창병 黑衣長槍兵 413
「흥덕왕릉비 興德王陵碑」 18
흥륜사 興輪寺 144 384
「흥륜사사지 興輪寺寺誌」 461

신라 화백제도와 화랑도

지은이_ 박남수
펴낸이_ 최병식
펴낸곳_ 주류성출판사
　　　　서울시 서초구 강남대로 435
　　　　e-mail_ juluesung@daum.net
　　　　Home_ www.juluesung.co.kr
펴낸날_ 2013년 7월 29일
전　화_ 02-3481-1024
전　송_ 02-3482-0656

값 28,000원

ISBN 978-89-6246-108-4 93910